Automotive Non-metallic
Materials Lightweight Application Guide

全面介绍汽车非金属材料轻量化的新结构、新材料、新工艺、新装备

汽车非金属材料轻量化应用指南

主编◎田亚梅 / 组编◎化塑汇

24位专家委员 指导编写并推荐

北汽、上汽、广汽、一汽、长安、奇瑞、长城、江淮、比亚迪、华晨、众泰、腾势、前途，以及延锋海纳川、北汽模塑、宁波华翔、锦湖日丽、群达模具等**48**家单位参与编写

132名一线工程技术骨干 联合编写

机械工业出版社
CHINA MACHINE PRESS

本书主要介绍了汽车非金属材料的轻量化应用技术，着重对汽车非金属材料轻量化应用的新结构、新材料、新工艺、新设备，以及未来发展趋势进行了阐述，集合了众多汽车制造企业在轻量化技术应用中的创新性实例，反映了我国汽车企业非金属材料应用方面的最新技术成果。本书既是对我国汽车非金属材料轻量化技术的深刻剖析，又为未来技术发展和应用指明了方向。

本书由汽车行业15家权威行业组织和汽车院校的领导、专家担纲，各大整车厂及汽车研究院、零部件生产企业技术人员共同参与编写，书中内容可谓集百家智慧，极具权威性。

本书适合汽车整车厂、汽车零部件企业及相关材料企业研发设计和工程技术人员阅读，所用案例均经过编委会精心筛选，必然会对行业发展起到积极的推动作用。

图书在版编目（CIP）数据

汽车非金属材料轻量化应用指南 / 田亚梅主编；化塑汇组编．
—北京：机械工业出版社，2019.1
ISBN 978-7-111-61634-4

Ⅰ．①汽⋯　Ⅱ．①田⋯　②化⋯　Ⅲ．①非金属材料 – 应用汽车轻量化 – 指南　Ⅳ．① U462.2-62

中国版本图书馆 CIP 数据核字（2018）第 299679 号

机械工业出版社（北京市百万庄大街22号　邮政编码100037）
策划编辑：赵海青　　　　责任编辑：赵海青　谢　元
责任校对：王明欣　郑　婕　责任印制：孙　炜
保定市中画美凯印刷有限公司印刷
2019年2月第1版第1次印刷
184mm×260mm · 26.25 印张 · 2 插页 · 672 千字
0 001—4 000 册
标准书号：ISBN 978-7-111-61634-4
定价：188.00元

凡购本书，如有缺页、倒页、脱页，由本社发行部调换

电话服务　　　　　　　　　　　网络服务
服务咨询热线：010-88361066　　机工官网：www.cmpbook.com
读者购书热线：010-68326294　　机工官博：weibo.com/cmp1952
　　　　　　　010-88379203　　金 书 网：www.golden-book.com
封面无防伪标均为盗版　　　　教育服务网：www.cmpedu.com

《汽车非金属材料轻量化应用指南》专家委员会

特聘专家（按姓氏笔画排名）：

杜善义：中国工程院院士，哈尔滨工业大学教授
俞建勇：中国工程院院士，东华大学教授
蒋士成：中国工程院院士，化纤工程技术专家

委员会成员（按姓氏笔画排名）：

王克坚：北京长城华冠汽车科技股份有限公司总裁
王晓菁：北京北汽模塑科技有限公司副总经理
朱增余：广东亚太轻量化技术研究有限公司董事长，肇庆市新能源汽车行业协会会长
闫建来：中国汽车工程学会副秘书长
汤瑞麟：北京长城华冠汽车科技股份有限公司高级技术顾问
安庆衡：汽车工业资深专家，中国汽车工业咨询委员会主任
余木火：东华大学教授，纤维材料改性国家重点实验室副主任
张　宏：华晨汽车工程研究院常务副院长
张静文：延锋海纳川汽车饰件系统有限公司副总经理
陈平生：中欧汽车材料委员会国际汽车轻量化绿色科技联盟执行会长
陈光祖：汽车行业资深专家
周琨生：中广核俊尔新材料有限公司市场技术总监、高级工程师
郑　垲：中国合成树脂供销协会理事长
胡永宁：北京市化学工业研究院院长
秦　珂：中国模具工业协会秘书长
高　岩：北汽福田汽车股份有限公司专家管理中心副主任
高福荣：香港科技大学教授
龚福根：宁波福尔达智能科技有限公司创始人
粟东平：中国塑料机械工业协会常务副会长、高级工程师
靳玉涛：长城汽车股份有限公司副总经理
熊　飞：苏州华特碳纤维有限公司总经理，前途汽车研究院副院长

《汽车非金属材料轻量化应用指南》编写委员会

主　编：

田亚梅：中汽创汽车零部件投资控股有限公司执行总裁

副主编（按姓氏笔画排名）：

王　旭：北京北汽德奔汽车技术中心有限公司总工程师，原北京汽车研究总院副院长
陈建伟：（原）广州汽车集团乘用车有限公司专家委员会主任

编委会成员（按姓氏笔画排名）：

于　波：华晨汽车工程研究院闭合件工程室处长
王　妍：北京纳通科技集团有限公司项目总经理
王　磊：华晨汽车工程研究院内饰工程室处长
王丙娥："鉴·新"项目主任，化塑汇北京品牌事业部总经理
王利刚：国汽（北京）汽车轻量化技术研究院有限公司技术发展部部长
王利军：上海占瑞模具设备有限公司执行董事
王国勇：北汽福田汽车股份有限公司工程研究总院新技术开发经理
王秋红：绿驰汽车研究院轻量化与虚拟性能工程部工程师
王俊三：浙江凯华模具有限公司总经理助理
王智文：北京汽车研究总院新技术研究院轻量化技术部部长
韦超忠：上汽通用五菱汽车股份有限公司车身工程部车身集成科经理
牛丽媛：众泰控股集团汽车工程研究院副总工程师
牛瑞丽：安徽江淮汽车集团股份有限公司车体设计工程师
毛　迪：上海锦湖日丽塑料有限公司应用开发经理
尹　旭：延锋海纳川汽车饰件系统有限公司制造工艺工程师
尹　苗：成都鲁晨新材料科技有限公司研发部经理
邓双辉：华东理工大学华昌聚合物有限公司研发工程师
卢言成：北京纳通科技集团有限公司研发部主管
申　建：上海塑盛电子商务有限公司项目经理
田　娜：北京纳通科技集团有限公司研发部经理
田际波：中广核俊尔新材料有限公司技术部部长
史荣波：奇瑞汽车股份有限公司非金属材料科科长
白宇鹏：延锋海纳川汽车饰件系统有限公司制造工程科经理
白是钰：延锋海纳川汽车饰件系统有限公司技术管理专务

冯唯珂：广东鸿塑科技有限公司总经理、总工程师
边　策：北京市化学工业研究院工程师
曲　兴：国汽（北京）汽车轻量化技术研究院有限公司技术发展部工程师
吕晓平：华东理工大学华昌聚合物有限公司总工程师
伍世锋：深圳市银宝山新科技股份有限公司技术中心总经理
任佳智：深圳腾势新能源汽车有限公司研发部高级白车身工程师
刘　刚：北京北汽李尔汽车系统有限公司发泡经理
刘　波：重庆长安汽车股份有限公司欧尚汽车研究院材料与轻量化技术总工程师
刘　媛：上海交通大学博士
刘世强：华东理工大学华昌聚合物有限公司研发工程师
刘新领：上海交通大学硕士
汤　湧：华晨汽车工程研究院白车身工程室处长
孙　峻：宁波华翔自然纤维科技有限公司总经理
李　贺：长城汽车技术中心材料技术部副部长
李　智：华晨汽车工程研究院主任工程师、工程材料组主管
李文博：北京汽车研究总院新技术研究院轻量化技术部工程师
李立军：北京航空航天大学交通科学与工程学院讲师
李志虎：众泰控股集团汽车工程研究院材料部副总师
李晓阳：成都鲁晨新材料科技有限公司总经理、教授级高工
李焕浪：深圳腾势新能源汽车有限公司研发部车身经理
李智刚：延锋海纳川汽车饰件系统有限公司资深前期制造工程师
李瑞生：华晨汽车工程研究院车身部部长
杨　洁：国汽（北京）汽车轻量化技术研究院有限公司副总经理
杨　斌：上海交通大学副教授
杨　毅：香港科技大学博士，香港科大霍英东研究院副研究员
杨文谦：长城汽车技术中心材料技术部材料性能科科长
杨金表：群达模具（深圳）有限公司董事、营运总裁、高级经济师
时冬冬：江苏九鼎新材料股份有限公司副主任工程师
岑红迪：宁波福尔达智能科技有限公司慈溪工厂副总经理
岑利强：宁波福尔达智能科技有限公司总部采购副经理
何　翔：中国合成树脂供销协会副理事长
何凯欣：广州汽车集团乘用车有限公司技术中心部长
邹锦莹：宁波华翔自然纤维科技有限公司项目工程部经理
辛敏琦：上海锦湖日丽塑料有限公司总经理
汪智勇：群达模具（深圳）有限公司总裁助理、博士、高级工程师
沈　君：科倍隆集团南京总裁
沈达泉：江苏九鼎新材料股份有限公司主任工程师
宋长胜：天津通信广播集团有限公司副总工程师
宋玉兴：中广核俊尔新材料有限公司LFT线技术经理
宋建新：北汽福田汽车股份有限公司工程研究总院金属材料工程师

张　莉：上海塑盛电子商务有限公司项目经理
张　玺：北京长城华冠汽车科技股份有限公司复材室主任
张　顺：安徽江淮汽车集团股份有限公司车体设计工程师
张华川：成都鲁晨新材料科技有限公司技术总监、博士
陆　博：比亚迪汽车工业有限公司轻量化技术研发部经理
陈小华：北汽福田汽车股份有限公司工程研究总院性能分析工程师
陈云霞：奇瑞汽车股份有限公司材料工程部部长
陈永波：中广核俊尔新材料有限公司 LFT 线技术主管
陈光剑：中广核俊尔新材料有限公司预浸带线技术经理
陈向伟：重庆长安汽车股份有限公司欧尚汽车研究院工程师
陈顺贵：深圳市银宝山新科技股份有限公司标准化部部长
林国贵：台州精超力模具有限公司总经理
茆淩峰：华东理工大学华昌聚合物有限公司研发经理
欧阳俊珩：安徽江淮汽车集团股份有限公司车体设计工程师
罗明华：上海锦湖日丽塑料有限公司副总经理
周明强：宁波华翔自然纤维科技有限公司副总经理
郑云磊：中广核俊尔新材料有限公司 PP 线技术主管
单桂芳：上海锦湖日丽塑料有限公司资深技术官、高级工程师
官澄宇：北京长城华冠汽车科技股份有限公司车身部部长
项光兰：上海塑盛电子商务有限公司北京公司经理
赵　宣：国汽（北京）汽车轻量化技术研究院有限公司综合管理部副部长
胡正华：一汽 - 大众汽车有限公司采购部高工
胡炜杰：广东亚太轻量化技术研究有限公司总经理助理、理学博士
段志平：深圳市银宝山新科技股份有限公司知识产权工程师
段艳兵：成都鲁晨新材料科技有限公司设计部经理
栗　娜：北京汽车研究总院新技术研究院轻量化技术部部长助理
贾义军：北京市化学工业研究院副院长
贾宇霖：深圳市银宝山新科技股份有限公司研发部部长
贾沛阳：成都鲁晨新材料科技有限公司工艺部经理
徐志丹：上汽通用五菱汽车股份有限公司博士、车身工程部车身新技术专家
徐佩弦：上海占瑞模具设备有限公司顾问
徐益明：宁波福尔达智能科技有限公司模具工厂设计科经理
徐晶才：华晨汽车工程研究院外饰工程室处长
翁永华：苏州润佳工程塑料股份有限公司副总经理、总工程师
高　嵩：北汽福田汽车股份有限公司工程研究总院材料工程副经理
高玉桥：延锋海纳川汽车饰件系统有限公司资深前期制造工程师
高国利：深圳市银宝山新科技股份有限公司副总裁
高宝堂：延锋海纳川汽车饰件系统有限公司资深前期制造工程师
郭　晨：北京长城华冠汽车科技股份有限公司项目总监
唐　帅：北京市化学工业研究院研发经理

编写委员会

唐　淳：安徽江淮汽车集团股份有限公司车体设计工程师
陶永亮：重庆川仪工程塑料有限公司教授级高级工程师
黄宗斌：上汽通用五菱汽车股份有限公司车身工程部总监
曹　阳：上海塑盛电子商务有限公司品牌事业部主编
曹亚卿：延锋海纳川汽车饰件系统有限公司资深前期制造工程师
曹金鹏：北京北汽模塑科技有限公司项目经理
崔文兵：长城汽车技术中心材料技术部非金属材料科科长
阎　雷：北京纳通科技集团有限公司市场部经理
梁少雄：广东亚太轻量化技术研究有限公司技术部经理、工学博士
梁正华：浙江凯华模具有限公司董事长兼总经理、高级经济师
董松梅：广州汽车集团乘用车有限公司技术中心产品技术室副部长
韩世亮：江苏九鼎新材料股份有限公司工程师
覃辉林：上海锦湖日丽塑料有限公司资深工程师
程喻达文：广州汽车集团乘用车有限公司技术中心产品技术室车身饰件科副主任
智建鹏：上海塑盛电子商务有限公司（化塑汇）首席执行官
鲁后国：安徽江淮汽车集团股份有限公司车体设计一部总监
谢贵山：上汽通用五菱汽车股份有限公司车身工程部车体工程科经理
蔡考群：群达模具（深圳）有限公司董事长，群达集团总经理、高级工程师
蔡华彰：延锋海纳川汽车饰件系统有限公司资深产品工程师
蔡康杰：北京市化学工业研究院项目开发部部长
廖梅东：广州汽车集团乘用车有限公司技术中心工艺规划室涂装工艺科副主任
阚洪贵：安徽江淮汽车集团股份有限公司车体设计技术经理
熊建民：众泰控股集团汽车工程研究院材料部副总师
Paul G.Andersen：科倍隆集团工艺部顾问
Frank Lechner：科倍隆集团工艺部总监

序 一

田亚梅女士是我的老同事，她长期从事汽车零部件产业的制造、产业布局及宏观研究工作，在汽车电子和非金属材料领域涉猎颇深。凭着对产业的挚爱和46年职业生涯的积累，她潜心编纂了这本《汽车非金属材料轻量化应用指南》(以下简称《指南》)。通读书稿，看到书中翔实的技术数据、先进的轻量化技术以及自主创新的案例之后，我不禁慨叹：在汽车行业迈入新时代的当下，《指南》的出版确实是为汽车轻量化指明了方向，为行业做了一件实事，因此我欣然接受邀请为本书作序，将我自己的一些想法与大家分享。

我在汽车行业工作30余年，无论是在中国汽车零部件公司，还是在中国汽车工业协会以及中国汽车工程学会工作期间，我始终致力于推动汽车产业的健康和可持续发展，尤其在中国汽车工程学会工作期间，更是以传播新思想、交流新技术、宣传新观念为己任。在十九大报告中，习近平总书记向全世界宣告：中国已经进入全面建成小康社会决胜时期，进而进入全面建设社会主义现代化国家的新时代。作为国民经济的支柱产业，中国汽车工业也迎来了新的时代。

新时代下的汽车产业正经历着前所未有的变革。这种变革包括了以低碳化为目标的能源变革；以新一代人工智能、数字化、网联化为核心的技术变革；以共享为核心的模式变革，以及以智能制造和轻量化为目标的基础支撑技术的进步。以致于不少新车上市时都会写上一句"全新一代车型采取轻量化技术，比上一代车型减重多少"，等等。

无可否认，在油耗及排放法规的限制下；在新能源汽车需搭载更多电池、更多电子装置的现实需求下，轻量化已经成为新时代汽车技术变革期的必然趋势和方向之一。2016年10月，中国汽车工程学会发布的《节能与新能源汽车技术路线图》中将汽车轻量化作为了其中的重要内容，并表明："汽车轻量化发展的远期重点目标是发展镁合金和碳纤维复合材料技术，实现碳纤维复合材料混合车身及碳纤维零部件的大范围应用，逐步掌握轻量化材料制造技术"。因此，此时出版的这本《指南》具有极强的引导性作用，它既是对中国汽车非金属材料轻量化现状的深刻剖析，又是对未来发展方向的明确指引。

从内容上来讲，这本书图文并茂、数据翔实，结合许多实例深入浅出地进行分析，为读者提供了大量的汽车轻量化材料选择、结构设计、加工工艺和装备技术的资料；从形式上来说，本书"代表性企业＋国际先进技术"的编排方式，使案例更直观，更具启发性。《指南》汇集了我国汽车轻量化技术研发一线工程师和权威专家的智慧，充分展示了汽车行业在智能制造、新能源、轻量化和绿色制造方面的前瞻性。因此，我认为这本书内容实用，一定能将最先进的轻量化技术传递到生产研发的第一线，我相信，这也是编者和各章作者的初衷，希望本书的出版对汽车行业轻量化技术的应用和创新发展起到一定的指导作用，助力中国汽车产业由大到强。

中国汽车工程学会副秘书长 闫建来

2018年9月

序 二

  2016年冬天,在北京我第一次见到田亚梅女士。我在化工行业从业多年,而田总则是汽车行业的专家及前辈,看似两个不同行业的人,却有着共同的话题,就是非金属材料在汽车行业上的应用。

  通过田总,我更深地了解到中国汽车行业的发展,而我国的汽车制造业还无法与发达国家相比,特别是在非金属材料的应用上差距更大。在与田总几次的见面后,我就想到可以为这个行业的发展,特别是为汽车非金属材料的发展做点事,而田总在这方面的意愿更加强烈,这就是共同组织编写这本书的初衷。

  说要出书,化塑汇的北京团队很快就成立"鉴·新"项目组,与田总共同开始了这本书的组稿工作。2017年是我国新能源汽车发展历程中非常重要的一年,汽车轻量化的趋势也给化工材料在汽车领域的应用带来了更多的机会,中国汽车零部件企业多年来对原材料、元器件的重视不够,上下游企业的协作不畅等弱点也在这一年得到了改善。为充分体现我国汽车轻量化技术应用水平,写出高质量的《汽车非金属材料轻量化应用指南》,"鉴·新"项目组通过组织汽车非金属材料与汽车零部件、整车厂的对接会,走访零部件、整车厂等工作,接触了更多的汽车业内的人士,看到了国内汽车制造业的从业人员对我国汽车制造的发展所表现出的强烈责任感,也看到了中国汽车行业的希望。

  汽车制造是集制造业最新技术之大成的产品,一个国家的汽车制造技术可以体现这个国家制造业的整体水平。衷心希望《汽车非金属材料轻量化应用指南》可以在促进非金属材料在我国汽车产业中的应用与发展上发挥一定的作用,再次感谢《汽车非金属材料轻量化应用指南》编委会所有成员!

化塑汇首席执行官 智建鹏
2018年10月

前言

2018年，中国经济发展进入新时代，已进入由高速增长向高质量增长转变的阶段。作为国民经济支柱的汽车产业也愈发显示出巨大的活力，成为拉动中国经济发展与消费升级的重要引擎。经过100多年的发展，汽车行业面临的问题和挑战也日益增多。尤其表现在动力性、经济性、油耗、环保等方面，轻量化理念的推出则好似"万金油"，其优点能够覆盖到汽车凸显的这些问题。在《中国制造2025》对汽车轻量化的需求中强调："汽车轻量化重点工作领域包含推广应用塑料及非金属复合材料等整车轻量化材料和车身轻量化、底盘轻量化、动力系统、车身内外饰以及核心部件的轻量化设计。"在《中国制造2025》有关"先进基础工艺、关键基础材料"的"四基"论述中，也把高性能结构材料、功能性高分子材料、先进复合材料等作为发展重点。随着轻量化概念的不断升温，车用非金属材料的应用迎来了新的发展机遇和激烈的竞争。

当前，汽车轻量化新材料、新技术的发展日新月异，新材料产品的推出速度越来越快。尤其在快速发展的中国市场群雄逐鹿。对于汽车从业人员来说，如何在这些先进材料中选取所需，快速地查询各种非金属材料的品种、规格，以及品牌优势等方面的内容并非易事。因此，为了便于汽车主机厂、零部件企业、非金属材料企业、设备模具等企业能够快速获取所需，在田亚梅女士的组织下，"鉴·新"项目于2016年12月开始启动，在行业权威协会和学会的专家、领导，权威研究院校的院士、教授，国家重点实验室的带头人、整车企业及汽车研究院的领导、各关键零部件企业的领导，以及各部委及各地政府的支持下，历时18个月，"鉴·新"项目组就本书的大纲、定位、框架结构、内容选择等进行了多次交流和讨论，最终完成了《汽车非金属材料轻量化应用指南》一书。本书图文并茂，技术数据翔实，深入浅出地结合许多实例进行介绍，为汽车从业人员提供了汽车轻量化材料选择、结构设计、加工工艺和装备技术方面的大量资料。

为了编好本书，"鉴·新"项目组还通过实地考察走进企业，了解企业轻量化技术创新实力与管理经验，同时组织了企业互访对接会和专业性的采访活动。在2017年2月至10月，"鉴·新"项目组主办或联合主办了15场线下研讨交流会。来自各地汽车主机厂、零部件厂，以及设备、模具、材料企业的代表共2476人参加了会议，影响人数多达5000余人。通过会议对行业发展趋势、技术经验等的深入交流与分享，对汽车轻量化发展起到了重要的指导意义，并借此为参与企业搭建了上下游交流平台，从而为本书提供了更多的案例参考及创新经验借鉴。

可以说，《汽车非金属材料轻量化应用指南》的出版集百家智慧、融名家所思，当之无愧地成为中国汽车非金属材料轻量化创新发展的集大成者！

希望书中介绍的应用案例，可以帮助国内汽车零部件企业改善设计开发能力有限、工程经验积累不足的短板，突破制约产品升级的共性技术，促进产品向轻量化、绿色化和电子化方向升级。同时，也期望在本书的出版后，我国汽车零部件企业多年来对原材料和元器件不够重视，上下游企业的协作不畅等弱点能得到改善，以便为下阶段提升中国品牌汽车零部件产品的整体轻量化水平夯实基础。

  在本书的撰写过程中，得到了众多行业领导、企业及团体的大力支持，在此深表感谢。也感谢本书的编辑整理团队——化塑汇北京公司的全体工作人员所付出的努力。

  由于新材料及新技术不断出现，有些新技术、新材料、新工艺等不便公开出版，可能存在内容不够全面的情况，加之编者学识有限，不当之处在所难免，恳请广大读者及专家批评指正。

编　者

目　录

序一
序二
前言

第1章　绪论　1

1.1 汽车轻量化发展背景概述……………1
1.2 汽车轻量化的重要意义………………3
　1.2.1 汽车轻量化的必要性……………3
　1.2.2 汽车轻量化的战略意义…………5
1.3 汽车轻量化技术发展现状概述………7
　1.3.1 评价体系与轻量化现状…………7
　1.3.2 汽车轻量化技术剖析……………11
1.4 国外汽车非金属材料轻量化应用概况与趋势…………………………25
　1.4.1 汽车非金属材料应用概况与发展趋势………………………25
　1.4.2 国外非金属材料轻量化应用现状…………………………27
1.5 非金属材料在我国汽车轻量化中的应用概况…………………………31
　1.5.1 非金属材料轻量化应用概况……31
　1.5.2 非金属轻量化材料技术在我国汽车行业应用概况………………33
　1.5.3 非金属材料结构优化推动汽车轻量化……………………38
　1.5.4 非金属材料领域轻量化新技术应用……………………39
　1.5.5 非金属材料轻量化未来发展方向……………………41

第2章　汽车轻量化设计　43

2.1 优化结构设计与分析推动轻量化……43
　2.1.1 车身结构轻量化设计与优化分析……………………43
　2.1.2 非金属部件结构设计与优化在汽车轻量化中的应用………47
　2.1.3 结构设计解析和CAD/CAE/CAM一体化技术结构优化设计………49
　2.1.4 汽车三明治结构设计……………49
2.2 轻量化材料推进汽车轻量化…………50
　2.2.1 工程塑料推进汽车轻量化………50
　2.2.2 复合材料推进汽车轻量化………54
　2.2.3 非金属复合材料的结构设计与检测技术……………………62
2.3 先进工艺技术助力汽车轻量化………66
　2.3.1 轻量化制造技术应用的发展……66
　2.3.2 粘接技术在汽车轻量化中的应用……………………73
　2.3.3 非金属复合材料部件的维修与维护技术……………………82
　2.3.4 塑料及其复合材料的回收再利用技术……………………85
2.4 轻量化结构应用研究实例……………93
　2.4.1 复合材料在汽车前端模块的应用实践……………………93
　2.4.2 汽车前端总成的轻量化应用……101
　2.4.3 塑料前机盖的轻量化应用………107
　2.4.4 汽车发动机塑料进气歧管成套技术研发与应用…………110

第3章　新材料　116

- 3.1 工程塑料在轻量化中的创新
  应用……………………………116
  - 3.1.1 发动机及发动机附件系统……116
  - 3.1.2 内外饰和闭合件系统…………123
  - 3.1.3 电子电器和空调系统…………139
  - 3.1.4 底盘系统和安全系统…………142
- 3.2 工程塑料汽车轻量化
  应用实例………………………145
  - 3.2.1 改性聚苯硫醚材料……………145
  - 3.2.2 改性聚苯醚……………………159
  - 3.2.3 聚对苯二甲酸丁二醇酯
    （PBT）…………………………162
  - 3.2.4 增强尼龙材料…………………164
  - 3.2.5 钢化吸能塑料…………………169
- 3.3 非金属复合材料在轻量化中的
  创新应用………………………173
  - 3.3.1 聚合物基复合材料……………173
  - 3.3.2 复合材料的树脂基体…………179
  - 3.3.3 复合材料的增强材料…………186
- 3.4 复合材料汽车轻量化应用实例……190
  - 3.4.1 先进的环氧树脂材料…………190
  - 3.4.2 长玻纤增强聚丙烯和连续纤维
    增强热塑性材料…………………194
  - 3.4.3 聚丙烯材料……………………201
  - 3.4.4 基于聚氨酯基树脂的先进材料…206
- 3.5 碳纤维材料在轻量化中的
  创新应用………………………210
  - 3.5.1 碳纤维材料与碳纤维复合材料…210
  - 3.5.2 碳纤维复合材料的开发与
    应用概述…………………………214
  - 3.5.3 碳纤维复合材料在汽车行业
    应用概况与趋势…………………221
  - 3.5.4 碳纤维复合材料在汽车行业应用
    现状与前景………………………231
  - 3.5.5 碳纤维复合材料汽车结构产品
    开发及应用实例…………………239
- 3.6 其他材料在轻量化中的创新应用……249
  - 3.6.1 自然纤维材料在汽车上的
    创新应用…………………………249
  - 3.6.2 玄武岩纤维复合材料的
    开发与研究………………………253
  - 3.6.3 聚乳酸复合材料在汽车上的
    应用………………………………257

第4章　新工艺、新装备　263

- 4.1 汽车非金属材料轻量化新
  工艺技术………………………263
  - 4.1.1 可复合面料低压注塑成型技术
    （低压成型）……………………263
  - 4.1.2 气体辅助注塑成型工艺………267
  - 4.1.3 模压注塑混合成型技术与化学
    发泡注塑成型技术………………270
  - 4.1.4 微发泡注塑成型工艺——物理
    发泡法……………………………276
  - 4.1.5 微发泡注塑成型技术——从物理发
    泡到化学发泡……………………277
  - 4.1.6 汽车塑料件微发泡一体化成型
    技术应用…………………………283
  - 4.1.7 汽车座椅聚氨酯发泡成型工艺与
    应用………………………………289
  - 4.1.8 汽车灯具注塑与镀铝
    工艺应用…………………………292
  - 4.1.9 碳纤维复合材料模塑技术……299
  - 4.1.10 长碳纤维增强环氧树脂复合
    材料成型工艺……………………302
  - 4.1.11 汽车内饰件模内层压
    成套技术…………………………310
  - 4.1.12 水性丙烯酸液态阻尼材料研究
    与应用……………………………316
- 4.2 汽车非金属材料轻量化新装备
  技术……………………………321
  - 4.2.1 汽车塑料零部件模具设计与
    制造技术…………………………321
  - 4.2.2 汽车模具热流道成型技术……332
  - 4.2.3 智能热流道注塑模具应用……341

4.2.4 塑料模具数字化设计技术⋯⋯349
4.2.5 同向啮合自清洁双螺杆挤出技术⋯⋯353
4.2.6 模塑智能制造物联网生产管控技术⋯⋯358

第5章 发展与合作　362

5.1 国内外汽车轻量化产业政策分析及趋势展望⋯⋯362
　5.1.1 汽车轻量化技术体系⋯⋯362
　5.1.2 全生命周期内汽车轻量化产业构成⋯⋯365
　5.1.3 汽车轻量化产业政策解析⋯⋯365
　5.1.4 汽车轻量化趋势展望⋯⋯369
5.2 我国汽车轻量化发展相关政策解析⋯⋯371
　5.2.1 汽车轻量化的意义⋯⋯371
　5.2.2 汽车轻量化相关政策解读⋯⋯372
　5.2.3 节能与新能源汽车轻量化技术路线⋯⋯375
　5.2.4 节能与新能源汽车轻量化发展建议⋯⋯377
5.3 汽车非金属材料的发展趋势和技术路线⋯⋯379
　5.3.1 工程塑料⋯⋯379
　5.3.2 复合材料⋯⋯380
　5.3.3 车用碳纤维的成型工艺⋯⋯383
　5.3.4 非金属材料的发展趋势和技术路线⋯⋯384
5.4 上下游协同发展机制推动汽车轻量化发展⋯⋯385
　5.4.1 轻量化技术发展现状⋯⋯385
　5.4.2 轻量化技术发展模式探讨⋯⋯386
　5.4.3 产业政策及自主能力提升需要上下游协同机制⋯⋯387
　5.4.4 汽车轻量化下的上下游协同发展⋯⋯388
5.5 汽车非金属材料轻量化推进供应商角色进化⋯⋯389
　5.5.1 汽车产品开发的同步工程模式⋯⋯389
　5.5.2 同步工程模式下汽车供应商的角色和任务⋯⋯389
　5.5.3 汽车非金属材料轻量化环境下供应商角色的进化⋯⋯391
　5.5.4 总结⋯⋯392

"鉴·新"《汽车非金属材料轻量化应用指南》出版历程回顾⋯⋯393
作者小传⋯⋯398
后记⋯⋯405

绪 论　　第 1 章

1.1 汽车轻量化发展背景概述

1. 汽车轻量化的需求背景

随着我国经济的蓬勃快速发展，汽车保有量持续快速增长，同时近几年来油价的一路攀升，使汽车工业面临着前所未有的压力，特别是传统汽车排放的尾气给环境带来了巨大的危害，怎样最大限度地在减少材料用量的同时，对尾气排放污染进行有效控制，是汽车行业面临的极为重要的挑战。节约资源、减少环境污染成为世界汽车工业界急需解决的两大问题。

同时汽车工业在国家经济发展中起着重要的支柱作用。汽车行业的发展推动着许多相关工业部门的发展，诸如钢铁业、制造业、化学工业等。汽车行业本身属于高技术密集型，涉及科学领域中的新材料、新装备、新技术和新工艺等，上述领域中汇集了大批的科学家和工程师以推动行业不断地向前发展。在"十二五"规划中，节能减排是经济结构调整的重点，汽车行业的节能减排更是重中之重。汽车轻量化是汽车降低油耗、减少排放最有效的途径，数据表明，汽车质量每减轻300kg，寿命期内的排放可降低约20%。因此汽车轻量化是未来汽车发展中的重中之重。

此外，汽车轻量化能非常有效地改善汽车性能。首先，轻量化能够降低整车重心高度，整车重心的降低能明显改善汽车的行驶性能，使汽车行驶更加平稳、舒适。同时，它也能改善汽车的加速性能和弹性，降低转动和振动部件的噪声，提高汽车抗侧翻能力。其次，随着国家正面碰撞与侧面碰撞安全法规相继出台，人们对汽车的安全性的重视程度也逐年提高，而汽车轻量化也是提高汽车被动安全性的有效途径之一，汽车重量减轻将有效地缩短制动距离，减少碰撞惯性与碰撞过程中产生的动能。同时，随着具有良好吸能性能的轻量化材料在汽车车身上的应用逐年增多，不仅增大了碰撞过程中的能量吸收，而且使车辆的碰撞被动安全性得到显著提升。再次，汽车轻量化能有效减少汽车的滚动阻力、爬坡阻力、加速阻力等，为提高汽车的动力性创造了有利条件。综上可知，减轻汽车自重是节约能源、提高燃料经济性和改善汽车性能的基本途径之一。汽车轻量化技术必将成为各个汽车公司的核心竞争技术之一。

2. 国外汽车轻量化发展背景概述

汽车轻量化始于发达国家，最早由传统汽车巨头引领，经过发展已形成一定规模。德国是当前汽车轻量化材料领域占比最高的国家，其次是美国和日本。德国汽车工业十分发达，在新材料工业和机械制造领域聚集了世界上最优秀的几个生产企业，具有推动汽车轻量化得天独厚的优势。一方面由于欧洲在能耗和排放政策上越发严格，另一方面德国是目前豪华品牌车型最多的国家，新材料、新技术对于高端车型也有增加科技豪华感的作用，所以德国以 ABB（Audi、Benz、BMW 的缩写，指奥迪、奔驰和宝马）为代表的车企对于新材料的使用更为热衷，尤其是奥迪在铝合金车身、宝马在碳纤维车身方面都处于行业领先地位。2015 年德国新生产汽车铝合金和其他新材料在车身和底盘中的占比高达 25%，是目前全球汽车轻量化材料使用比例最高的国家，到 2020 年新材料的使用趋势会继续上涨，将达到 34%。美国虽然高端豪华品牌车型也较多，但是美国汽车行业对于新型轻量化材料的热衷主要来源于新能源汽车的发展以及排放和能耗的压力，代表企业是特斯拉、通用、福特等。特斯拉 Model S 和 Model X 在车身和底盘上基本都采用了铝合金和其他复合材料，而通用的高端品牌凯迪拉克在近两年的新车型中也开始采用钢铝复合车身结构，比如凯迪拉克 CT6。福特则是将铝合金车身首先搭载在 F150 这类高端皮卡车型上。目前日本汽车企业轻量化材料的使用也主要是集中在一些非结构件上，比如铝合金的发动机舱盖、塑料翼子板和尾门等，还有就是底盘和发动机的一些铸铝件。其中代表企业是丰田雷克萨斯和本田讴歌。随着全球能耗和排放政策越发严格，预计 2020 年日本汽车企业轻量化材料在底盘和车身中的占比会赶上美国，达到 20%。

3. 国内汽车轻量化发展背景概述

相比国外而言，我国在汽车轻量化方面的研究尚还处于起步阶段，继我国加入 WTO（World Trade Organization，世界贸易组织）后，经济全球化进程不断加快，我国对国际能源及原材料市场的依赖程度不断加深。我国已成为世界第二大能源消费国，当前国际原油及工业原材料价格不断攀升，势必对我国经济发展造成极大的阻碍，汽车轻量化进程刻不容缓。国内很多院校和学者都在轻量化方面做了大量的工作，林忠钦教授课题组在结合汽车的耐撞性与轻量化方面做了卓有成效的工作，华中科技大学、北京航空航天大学和扬州大学等结合有限元优化方法开展了客车轻量化研究。在"十三五"期间，我国在汽车轻量化材料技术方面开展了深入的研究并取得一些成果，包括非金属材料、新工艺、加工技术及设备等方面。另外，宝山钢铁公司也在开发乘用车用高强度钢板上做了大量的工作，并成功开发出 DP（双相钢）、TRIP（相变诱导塑性钢）系列的车用高强度钢板，并逐渐推广运用到一些汽车公司的乘用车车身上等。

近十年来，中国品牌汽车在追随轻量化技术应用方面取得了明显进步，高强度钢、轻合金、非金属材料在乘用车、商用车上的应用比重逐步增加。近两年，随着清洁能源汽车在国内的发展，在全铝车身、钢铝混合车身甚至碳纤维车身技术方面，也有企业开始了工业化小批量生产并投放市场接受考验。

汽车轻量化技术已经成为各个汽车公司的核心竞争技术。我国逐年兴起并蓬勃发展的汽车工业要迅速缩小与世界发达国家的差距，增强国际竞争力，就必须在引进消化吸收国外先进技术的同时花大力气开展汽车轻量化材料关键技术研究，不断攻克并自主掌握轻量化核心关键技术，使我国的汽车工业在全球经济化的激烈竞争中立于不败之地并实现可持续发展。

➔ 作者：

❖ 黄宗斌，徐志丹. 上汽通用五菱汽车股份有限公司

参考文献

[1] 陈辛波，杭鹏，王叶枫. 电动汽车轻量化技术研究现状与发展趋势 [J]. 汽车工程师，2015（11）：23-28.
[2] 王磊，刘莹，乔鑫. 基于正向开发流程的车身轻量化设计 [J]. 汽车工程学报，2015，5（6）：461-465.
[3] 芦长椿. 低成本碳纤维复合材料在乘用车上的应用 [J]. 高科技纤维与应用，2016，41（2）：14-18.
[4] 胡群林，温秀海，陈晓锋. 汽车车身轻量化发展方向探讨 [J]. 成组技术与生产现代化，2014，31（4）：38-45.
[5] 刘磊. 研究汽车轻量化材料及制造工艺 [J]. 工程技术（英文版），2016（11）：3.
[6] 何杰. 新材料助推汽车轻量化 [J]. 农机使用与维修，2015（4）：60-61.
[7] 李建峰. 碳纤维材料在汽车零部件的应用前景 [J]. 中国科技纵横，2015（21）：76.

1.2 汽车轻量化的重要意义

1.2.1 汽车轻量化的必要性

1. 汽车保有量的飞速发展产生严峻的能源危机和环境问题

根据中国汽车工业协会（China Association of Automobile Manufactures，CAAM）发布的数据，2016 年世界汽车生产总量达到 9788 万辆，中国汽车产量达到 2812 万辆（表 1-1），占全世界新车产量的 1/4 以上。2009 年我国首度成为世界第一大汽车产销国，至今已连续 8 年蝉联世界第一大汽车产销国，全国机动车保有量达到 2.9 亿辆，其中汽车保有量达 1.94 亿辆。世界汽车产量和保有量的不断攀升对推动全球经济发展起到了积极的作用，同时也对日益短缺的能源状况和日益恶化的环境状况产生了重大的影响和压力。

表 1-1 近年来世界及中国汽车产量

年份	世界汽车产量 / 万辆	中国汽车产量 / 万辆	中国汽车产量占世界百分比（%）
2009	6099	1379	22.6
2010	7786	1826	23.5
2011	9788	1842	18.8
2012	8424	1927	22.9
2013	8730	2212	25.3
2014	8975	2372	26.4
2015	9068	2460	27.1
2016	9497	2812	29.6

随着汽车行业的飞速发展，以化石燃料为主的各类能源需求也日益旺盛，能源危机日趋严重，各国越来越重视本国的能源安全，尤其对于需要进口大量燃油的国家更是如此。中国作为当今世界上汽车保有量最大的国家，石油对外依赖程度也越来越高。根据中国石油集团经济技术研究院的统计数据，2013 年我国石油对外依赖度为 57.4%，2014 年为 59.6%，2015 年为 60.6%，2016 年为 65.4%，2017 年以来我国石油对外依赖度还在进一步加大。在各类石油消费中，道路

交通占比尤其大，全球汽车保有量不断上升，尽管各国政府在大力推广清洁能源汽车，但在2020年之前，传统能源汽车仍将占全球汽车保有量的绝大多数。

同时石化燃料消耗的增加势必导致CO_2（二氧化碳）排放量的快速增长以及微小颗粒物（PM2.5）的增加。在总体的CO_2排放中，汽车的排放量所占比例较大，根据国际能源机构（International Energy Agency，IEA）统计，全球超过15%的CO_2排放量来自于道路交通，尤其是汽车，发达国家或地区的汽车排放的CO_2已经占其总量的25%。根据相关研究，空气中PM2.5含量主要来源之一为尾气排放。近年来，我国CO_2排放总量快速增加，2013年的CO_2排放量约为1990年的4倍，单位GDP的CO_2排放量处在全球首位。碳排放与经济规模密切相关，我国政府承诺2020年单位GDP的CO_2排放强度较2015年水平削减40%~45%，由此看出，低碳已经成为我国迫在眉睫要解决的问题。在环境污染方面，2014年我国首次大部分地区出现雾霾天气，严重影响了人们的健康和正常生活，这和汽车尾气排放以及汽车生产制造过程中污染物的排放也有一定关系。由此看来汽车行业节能减排势在必行。我国政府制定了大量的措施去推进汽车节能减排工作，如开发替代能源、发展公共交通和智能交通、推广电动汽车等，同时在此基础上大力降低传统燃油汽车的燃油消耗和CO_2排放量，制定了汽车油耗法规和CO_2限制法规。

为减少汽车CO_2排放量和控制环境污染，我国政府也相继出台了各种油耗法规，以实现节能目标。2004年9月我国颁布了GB 19578—2004《乘用车燃油消耗量限值》，明确规定：2010年前乘用车新车平均油耗比2003年降低15%以上；2007年7月我国颁布了GB 20997—2007《轻型商用车辆燃料消耗量限值》，该标准是我国第一个控制商用车燃料消耗量的强制性国家标准，它不仅规定了轻型商用车辆燃料消耗量的限值，也提出了测量和记录CO_2排放量的要求，这为以后控制轻型商用车的CO_2排放量提供了基础数据。2008年4月和6月，交通运输部分别发布了JT/T 711—2008《营运客车燃料消耗量限值及测量办法》和JT/T 719—2008《营运货车燃料消耗量限值及测量办法》。2012年，国务院颁布的《节能与新能源汽车产业发展规划（2010—2020年）》提出：到2015年，当年生产的乘用车平均燃料消耗量降至6.9L/100km，节能型乘用车燃料消耗量降至5.9L/100km以下；到2020年，当年生产的乘用车平均燃料消耗量降至5.0L/100km，节能乘用车燃料消耗量降至4.5L/100km以下，商用车新车燃料消耗量接近国际先进水平。

汽车轻量化是现阶段实现汽车节能减排的最有效手段。在当今车用动力电池与发动机技术提升难度日益增加、交通压力越来越大的背景下，大力发展并推进汽车轻量化技术成为节能减排现实可行的重要途径之一。

2. 汽车平均整备质量不断增加产生诸多环保问题

随着社会的发展，人们对汽车安全性、舒适性、智能化和可靠性的要求不断增加，随之而来的是汽车整备质量不断增加。

汽车安全性分为两个部分：一部分是主动安全技术，其意图是防止汽车发生事故，它们的特点是提高汽车行驶稳定性、操纵性和制动性能，尽可能防止车祸发生，如ABS（防抱死制动系统）、EBD（电子制动力分配系统）、EBA（紧急制动辅助系统）、AFS（灯光随动转向系统）、高位制动灯、前后雾灯、后窗除雾等驾驶辅助系统，还有自动驾驶技术；另一部分是被动安全技术，即事故发生后如何对乘员进行保护，汽车被动安全系统可以分为安全车身结构和乘员保护系统，其中安全车身结构主要是为了减少一次碰撞带来的危害，而乘员保护系统则是为了减少二次碰撞造成的乘员损伤或避免二次碰撞。随着汽车性能的大幅提升，汽车行驶速度也越来越高。为确保汽车高速行驶的安全性，汽车制造企业在汽车上不断增加安全性配置、不断增强车身结构性能，最终导致汽车重量不断增加。

自20世纪80年代以来，全球汽车的平均整备质量在持续增加，如美国1982年乘用车的平均整备质量为1275kg，到2004年乘用车的平均整备质量已增加到1470kg，较1982年上升了15%；欧洲汽车整备质量变化趋势与美国十分相似，中国也是如此，2009年乘用车平均整备质量为1227kg，2012年上升到1295kg，年平均增长率为1.8%。

现在各国政府、汽车制造企业也逐步意识到这个问题，正在大力研究汽车轻量化技术，降低汽车的整备质量。以宝马公司的7系乘用车为例（图1-1），1977年整备质量的1600kg，到2008年整备质量增加到1820kg，再到2015年宝马公司通过大幅度的轻量化设计使其整备质量下降到1725kg。

总之，随着全球汽车工业的飞速发展，给全球经济的发展带来巨大推动力的同时，也带来能源危机和环境污染等问题。各国为了实现经济的可持续发展，纷纷致力于汽车节能减排技术的研究，以期解决日趋严重的能源危机和环境污染问题，"环保、低碳"已经成为世界公认的可持续发展的主题。

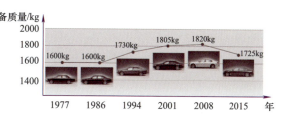

图1-1 宝马7系整备质量变化

1.2.2 汽车轻量化的战略意义

1. 汽车轻量化是实现节能减排的有效手段之一

能源问题是我国乃至全球汽车产业稳定发展所必须面对的严峻挑战，汽车节能不仅关系着汽车产业的可持续发展，而且与各国的能源安全息息相关。节能减排已经成为全球汽车发展的必然趋势。一般来说，开发替代能源、改善用车环境和提高燃油经济性是汽车能源战略中三个主要的发展领域，也是汽车节能减排的三种基本途径。

替代能源是指能够替代汽油、柴油为汽车提供动力的能源，如天然气、石油伴生气、乙醇、氢气、电能等。在上述各种替代能源中，尽管清洁能源汽车在节能减排方面有着巨大的潜力，但受到核心技术尚在发展中、基础设施建设不足和短周期成本等因素的制约，在一定时期内，传统汽车不能规避承担节能减排的重任。

改善用车环境是指通过良好的驾驶习惯和改善交通环境等措施来减少汽车使用过程的燃油消耗。改善用车环境强调了汽车使用人员和汽车使用时的环境因素，与汽车性能无关。

提高燃油经济性则是针对汽车本身的性能。提高燃油经济性有两层含义：一是提高燃油经济性，即降低汽车的油耗水平；二是提高平均燃油经济性，即降低汽车社会平均油耗水平。前者是针对某一辆车而言，后者则着眼于某一类或某一范围的全体汽车，提高单车的燃油经济性和提高平均燃油经济性的措施就涉及技术节能和产品结构调整的概念。

技术节能即通过一系列的节能技术，提高汽车的燃油经济性。一般认为，汽车节能技术有发动机节能技术、整车集成节能技术、汽车轻量化技术、底盘节能技术等。产品结构调整节能是通过调整全社会的车型结构，达到降低社会平均油耗及降低全社会燃油消耗总量的目的，但这在很大程度上受到汽车市场的影响，调整难度极大。虽然各国在应对能源危机和环境污染的战略侧重和战略意图不尽相同，但仍有很多重要的共同性。西门子公司发布的在汽车上采取不同技术的节能潜力对比如图1-2所示，从图中可见，汽车轻量化是现阶段实现汽车节能减排的最有效手段。在当今车用动力电池与发动机技术提升难度日益增加、交通压力越来越大的背景下，大力发展并推进汽车轻量化技术成为节能减排现实可行的重要途径。

轻量化已经成为世界汽车发展的潮流，减小汽车自身质量是降低汽车燃油消耗率及减少排放的有效措施之一。随着汽车整备质量的增加，汽车燃油消耗量也随之增加，但不同车型增加的幅度不同。

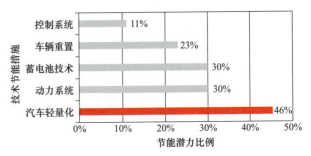

图1-2　西门子公司发布的不同技术措施的节能潜力对比

研究表明，汽车行驶过程中必须克服多种阻力，包括滚动阻力、上坡阻力、加速阻力和空气阻力，除了空气阻力外，其他阻力都与整车质量成正比，所以降低汽车质量可有效降低油耗和排放，汽油乘用车质量每降低100kg将节油0.64L/100km。非金属会议报告也指出，汽车质量每降低10%，可降低油耗6%~8%，排放下降4%。若滚动阻力减少10%，燃油效率可提高7%。有数据显示，在过去的20年间，欧盟、日本等国家或地区的汽车平均质量已降低了25%，在未来10~15年内，汽车平均质量还将降低20%~25%。通过轻量化节能减排与其他技术手段并不冲突，无论采用哪种手段，轻量化都可以在此基础上实现进一步节能减排。即使是电动车，减轻了车身质量，一方面可以降低能耗，另一方面也可以在同样整备质量的前提下增加动力电池容量，这两方面能都可以提升电动车的续驶里程。可见，无论是传统汽车，还是新能源车，轻量化都是重要的节能减排手段，轻量化已成为目前汽车行业的重点研究内容之一。

2. 汽车轻量化是提升国家汽车工业自主创新的驱动力

近年来，消费者对汽车轻量化的认识不断提升，乘用车轻量化可有效提高燃油经济性和动力性，商用车轻量化可有效提高汽车的燃油经济性和运输效率，从而降低油耗和运用成本。同时，汽车轻量化与安全性相辅相成，汽车轻量化对于主动安全影响是正面的，轻量化可以有效增加汽车的操纵稳定性，缩短制动距离，为在紧急情况下采取主动安全措施提供了更多的时间。根据国际铝业协会的研究成果，汽车整备质量减少10%，制动距离可减少5%，转向力减小6%。轻量化有利于提高汽车行驶稳定性，有利于驾驶人在汽车碰撞发生之前采取紧急措施来避免事故的发生。汽车轻量化有利于各种主动安全控制措施的实施，对主动安全是有利的。通过结构轻量化设计和高强钢、轻质材料的使用，并辅以先进的轻量化工艺，在一定程度上也可实现汽车被动安全性的提升。

随着国内外消费者对于汽车轻量化认识水平的不断提升，我国自主品牌要在国内外市场上有大的作为，提升产品自身的轻量化水平，是提高产品竞争力的重要途径之一。汽车轻量化已经成为世界汽车技术发展的重要方向，开展汽车轻量化技术研究与应用也是调整汽车产品结构和产业结构的需要，对提升我国汽车工业自主创新能力有着重要意义。众所周知，汽车电气化、轻量化和智能化是未来汽车技术发展的三个重要方向。汽车轻量化是汽车电气化和智能化的基础，汽车轻量化水平的提升，不论对于传统的燃油汽车，还是对于清洁能源汽车，都是一项共性的基础技术，对于整个汽车产业的可持续发展有着重要的意义。汽车轻量化又涉及汽车材料技术、汽车产品设计技术、汽车产品制造技术等多个学科，需要多产业联合突破。

当今世界汽车工业面临的难题是：节能减排和安全，同时面临着自然资源日趋缺少的发展局面。全球形成共识的目标就是进一步降低汽车的自重，减少燃油消耗量，减少废气排放量。应对日益提高的车辆安全法规、燃油消耗量限值法规和汽车排放法规，汽车轻量化技术已经成为汽车工业发展的重要研究课题之一。汽车轻量化是国家节能减排战略的紧迫需要，更成为车企和全行业提高核心能力的现实需求。

➔ 作者：

- ❖ 鲁后国，唐淳. 安徽江淮汽车集团股份有限公司
- ❖ 黄宗斌，徐志丹. 上汽通用五菱汽车股份有限公司

1.3 汽车轻量化技术发展现状概述

1.3.1 评价体系与轻量化现状

汽车轻量化技术是汽车产业发展的重要方向之一，汽车轻量化是实现汽车节能减排的有效途径之一，是提高安全性、降低油耗的重要手段，对汽车工业的可持续发展具有重要意义。随着汽车轻量化越来越受重视，汽车轻量化技术在我国处于一个飞速的发展期，但目前我国的汽车轻量化水平与国外相比还有一定的差距。本节阐述我国汽车轻量化现状和汽车轻量化评价体系。

1. 我国汽车轻量化评价体系

随着我国汽车行业对汽车轻量化技术的重视，以及研究的逐步深入，行业内对于汽车轻量化的评价逐步形成整车轻量化水平、子系统轻量化水平两个层级评价。

（1）汽车轻量化的定义　所谓汽车轻量化，是指在满足汽车安全性和强度的条件下，通过轻量化设计技术、轻量化材料技术和轻量化制造技术的集成应用，实现汽车整备质量的降低，从而降低汽车燃料消耗，降低排气污染，提高汽车的动力性。

（2）整车轻量化水平评价　对于乘用车，我国汽车行业一般采用名义密度 ρ 和整车轻量化指数 E 两个参数来描述乘用车整车轻量化水平。

1）名义密度。名义密度定义为整备质量与名义体积的比值，该参数反映了整车轻量化的水平，名义密度小的车辆轻量化水平高。其计算公式为

$$\rho = \frac{M}{V} \tag{1}$$

式中，M 是汽车整备质量，单位为 kg；V 是名义体积，单位为 m³；ρ 是名义密度，单位为 kg/m³。

根据变速器类型、乘用车类型（跑车、轿车、SUV、大型车、微型车）等对整备质量影响程度的研究结论（表1-2）：对整车参数中的轴距、车身投影面积、整车投影面积和名义体积进行分析，得出名义体积对整备质量的关联性最大。

2）整车轻量化指数。综合以上分析，引入了整备质量、名义体积、百公里综合油耗和发动机指标，提出了用于整车轻量化评价的指标——整车轻量化指数 E，其表达式为

$$E = \frac{M}{V}\frac{Q}{P} \tag{2}$$

式中，E 是整车轻量化指数；M 是汽车整备质量，单位为 kg；Q 是百公里综合油耗，单位为 L/100km，按照 GB/T 19233—2008《轻型汽车燃料消耗量试验方法》测算；V 是汽车名义体积，单位为 m³；P 是发动机的功率，单位为 kW。

表 1-2 整备质量与整车相关参数关联性分析

参数	计算方法	与整车相关参数关联性
整车投影面积	长 × 宽	0.8611
名义体积	（长－前悬）× 宽 ×（高－离地间隙）	0.867
车身投影面积	轴距 × 轮距	0.865
轴距	轴距	0.729

注：

$$V = (L - 前悬) \times B \times (H - G)$$

式中，V 是名义体积，单位为 m^3；L 是整车长，单位为 m；B 是整车宽，单位为 m；H 是整车高，单位为 m；G 是最小离地间隙，单位为 m。各参数值按照 GB/T 3730.3—1992《汽车和挂车的术语及其定义 车辆尺寸》和 GB/T 12673—1990《汽车主要尺寸测量方法》中的定义和测量方法获取。

（3）子系统轻量化水平评价 车身作为汽车的四大系统之一，占整车质量的 1/4~1/3，是整车轻量化的主要方面。车身系统主要分为覆盖件与结构件，因覆盖件与结构件的功能不同，对用材要求也不同。车身轻量化水平被誉为汽车轻量化技术水平的标志之一。

汽车轻量化通常按照车身→电气系统→底盘→动力传动系统顺序进行，因为车身和电气系统轻量化后，底盘零部件承载减小，其轻量化空间更大。经过上述轻量化后整车质量会明显降低，发动机功率也可以减小，传动系统也需要重新匹配，这样才能实现全面彻底的汽车轻量化。可见，车身轻量化是汽车轻量化的首选，故本节只对车身轻量化评价体系进行描述，车身轻量化水平主要从车身轻量化系数、白车身面密度两个方面进行评价。

1）车身轻量化系数。目前，被普遍接受的汽车车身轻量化技术水平评价指标是车身轻量化系数 L，该参数最早由宝马公司提出。车身轻量化系数的定义为

$$L = \frac{M}{C_T A} \times 10^3 \tag{3}$$

式中，L 是车身轻量化系数；M 是不含翼子板的车体重量，单位为 kg；C_T 是包括风窗玻璃和副车架等安装加强件在内的车身静态扭转刚度，单位为 $N \cdot m/(°)$；A 是车身脚印面积，等于轴距与前后轮距均值的乘积，单位为 m^2。

2）白车身面密度。白车身面密度表征了汽车车身重量与整车尺寸的关系，其值的大小体现汽车车身轻量化水平的高低，白车身面密度的定义为

$$\rho = \frac{M'}{LW} \tag{4}$$

式中，M' 是白车身的重量，单位为 kg；L 是整车长度，单位为 m；W 是整车宽度，单位为 m；ρ 是白车身面密度，单位为 kg/m^2。

2. 我国汽车整车轻量化现状

（1）我国乘用车名义密度现状 对我国 2005—2012 年间的上市车辆进行统计分析。在乘用车市场上，自主品牌汽车产品主要覆盖中低端市场，车型级别主要包括 A00 级、A0 级、A 级车（紧凑型），对其名义密度进行统计计算，并与合资品牌汽车总体及各系品牌车型的名义密度对比，如图 1-3 所示。

从图 1-3 中可以看出，在紧凑型汽车市场中，自主品牌车型的名义密度均值与合资品牌车型相当，低于欧系和美系车型，但高于日系韩系车型的平均值水平。也就是说，在不考虑自主品牌与合资品牌车型性能（动力性、经济性和安全性等）的情况下，仅从车型尺寸角度考虑，自主品

牌车型的轻量化水平与同类合资品牌汽车相当，但低于日系和韩系车型，高于欧系和美系车型。

（2）我国乘用车整车轻量化指数现状　各系乘用车车型整车轻量化指数对比结果，如图 1-4 所示。结合百公里油耗和发动机功率指标，自主品牌车型整车轻量化水平仅略优于欧系车型，而显著低于日系、韩系和美系车型。

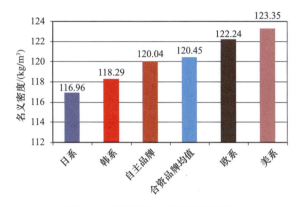

图 1-3　自主品牌与合资品牌乘用车总体名义密度对比

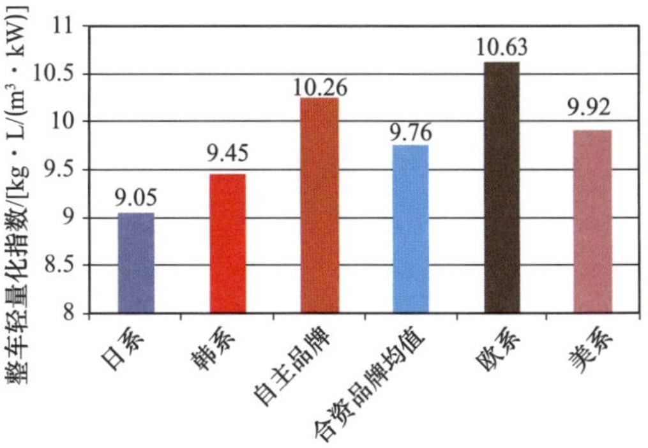

图 1-4　自主品牌与合资品牌乘用车整车轻量化指数对比

自主品牌汽车与不同系列车型整车轻量化指数差距对比，如图 1-5 所示。

在名义密度方面，自主品牌的轻量化水平低于日系和韩系车型，高于欧系和美系车型，与同类合资品牌汽车相当；在整车轻量化指数方面，自主品牌汽车的整车轻量化指数比合资品牌高 4.87%，比日系车高 11.79%，有着较大的轻量化空间。

（3）车身轻量化水平

1）车身轻量化系数对比。图 1-6 为历年欧洲车身会议参展的乘用车车身轻量化系数平均值变化趋势，可以看出，2010—2016 年，车身轻量化系数平均值由 3.14 减小到 2.50，2010—2016 年的轻量化系数平均值为 2.94。

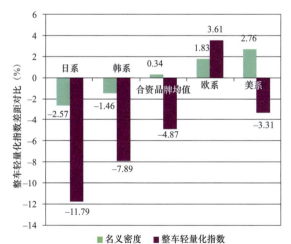

注：轻量化指数差距对比 = $(E_x - E_{自主})/E_x$。其中 E_x 指其他各系乘用车的轻量化指数。

图 1-5　自主品牌汽车与其他各系乘用车整车轻量化指数差距对比

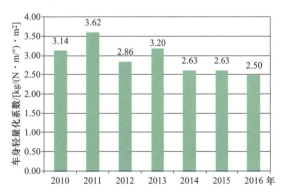

图 1-6　欧洲车身会议参展乘用车车身轻量化系数变化趋势

图 1-7 为 2013—2016 年 CLCB（中国车身年会）乘用车车身扭转刚度和轻量化系数。轻量化系数的平均值由 3.8 减小到 3.6，2013—2016 年的轻量化系数平均值为 3.7。可见，国内在汽车轻量化整体水平上与国外相比还存在一定的差距。

2）白车身面密度对比。图 1-8 为历年欧洲车身会议参展的乘用车白车身面密度平均值变化趋势，可以看出，2010—2016 年，白车身面密度平均值由 44 减小到 42.85，2010—2016 年的白车身面密度平均值为 43.51。

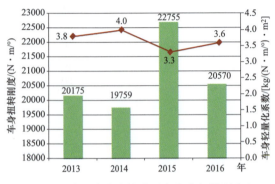

图 1-7　中国车身会议乘用车车身扭转刚度和轻量化系数

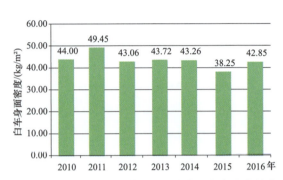

图 1-8　欧洲车身会议乘用车白车身面密度变化趋势

图 1-9 为 2013—2016 年中国车身会议参展的乘用车白车身面密度平均值变化趋势，可以看出，2013—2016 年，白车身面密度平均值由 48.22 减小到 47.44，2013—2016 年的白车身面密度平均值为 47.93。国内白车身面密度与国外先进水平相比仍然较大差距。

轻量化是节能减排的重要手段，有利于提升整体操纵稳定性、制动性能、加速性能，是汽车产业发展的重要方向之一。汽车轻量化的评价包括整车轻量化水平、子系统轻量化水平两个层级评价，通过对比自主品牌与其他各系乘用车的轻量化系数发现，国内白车身面密度与国外先进水平仍然存在较大差距。国内主要汽车企业与相关行业协同，已在汽车结构轻量化设计、材料应用及轻量化成型工艺方面取得了一定的进展。

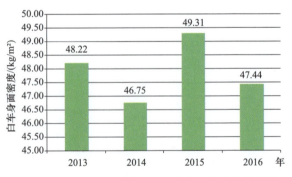

图 1-9　中国车身会议乘用车白车身面密度变化趋势

➡ **作者**：
- ❖ 阚洪贵，张顺，牛瑞丽. 安徽江淮汽车集团股份有限公司
- ❖ 曲兴，王利刚，赵宣. 国汽（北京）汽车轻量化技术研究院有限公司

参考文献

[1] 余志生, 汽车理论 [M]. 北京：机械工业出版社，2000：21.
[2] 中国汽车工程学会. 中国汽车轻量化发展 - 战略与路径 [M]. 北京：北京理工大学出版社，2015：53-54.

1.3.2 汽车轻量化技术剖析

目前，世界交通运输车辆总的发展趋势之一是轻量化，以达到节能降耗和降低排放污染的目的。与20年前相比，国外汽车自重减轻20%~26%。未来汽车不管选用何种动力驱动，都必须轻量化，尤以乘用车最为突出。研究表明乘用车重量每降低100kg，百公里油耗将减少0.4~0.6L，加速和制动性能显著提高。汽车轻量化技术主要包括三方面：轻量化设计技术、轻量化材料技术和轻量化制造技术。

1. 汽车轻量化技术途径

我国乘用车整车应用的轻量化手段包括结构优化设计，采用新型高强、轻质材料（高强度钢、铝合金、镁合金、塑料复合材料等）和先进的制造工艺（液压成形、辊压成形、超高强钢热成形等）。汽车轻量化技术途径如图1-10所示。

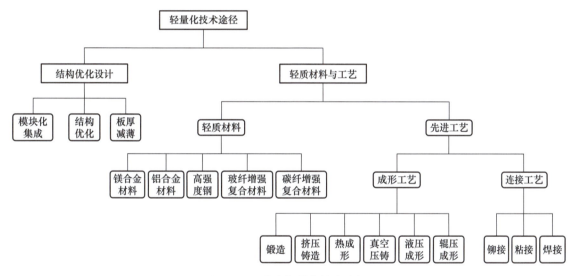

图1-10 汽车轻量化技术途径

整车各系统的轻量化思路如图1-11所示。

图1-11 整车各系统的轻量化思路

2. 汽车轻量化设计技术

汽车轻量化设计技术最早由通用汽车提出，指的是通过计算机辅助进行汽车设计。随着计算机辅助工程（Computer Aided Engineering，CAE）的广泛应用，基于CAE分析的轻量化设计技术成为汽车轻量化技术的基础。轻量化设计技术主要分为尺寸优化、形状/形貌优化、拓扑优化、多学科和多目标优化。

尺寸优化是应用最早，也是应用最成熟的一种汽车轻量化技术。它一般以汽车零部件的尺寸如冲压件的壁厚、梁截面尺寸、减重孔的尺寸等参数为设计变量，以满足不同工况下的刚度、强度、振动、吸能等为约束条件，以结构质量最小为目标函数构建优化模型。

形状优化主要是指改变结构的整体或局部形状/形貌，让受力结构更均匀，使材料得以更充分的应用。形状优化和尺寸优化有一定的关联，尤其是规则几何外形的结构，即参数结构化的几何外形，将形状优化转化为更简单的尺寸优化；而对于不规则的几何外形结构，目前更多采取的是无参形状的优化方法。

拓扑优化相对于尺寸优化和形状优化设计，自由度更多，设计空间更大。使用在结构概念设计阶段，拓扑优化的对象为材料的分布。通过软件计算，得出最佳传导路径，获得优化方案。

汽车轻量化本质上是一个多学科设计优化问题。随着结构分析能力和手段的不断完善，以及现代优化设计理论的不断发展，汽车结构轻量化优化设计的研究已从单一准则减重优化发展到考虑结构强度、刚度、耐撞性、NVH性能和耐久性优化在内的多学科和多目标优化设计。常用的多目标优化设计算法主要有线性目标规划法、分层求解法、响应面法、模糊优化方法、遗传算法和神经网络方法等。常用的多学科/多目标优化设计软件有Isight和Optimus等。以其为核心，结合专用的结构参数化设计软件SFEConcept和DEPMorpher，通过综合调用相关的结构性能分析软件，即可实现汽车零部件的多学科、多目标优化设计。

（1）汽车结构优化设计　国外汽车工业发达国家，各大汽车制造商纷纷开展汽车车身结构优化研究，非常重视汽车结构轻量化设计开发工作。国外已经在汽车概念设计阶段就快速建立参数化的模型，进行多目标的结构优化分析，输出优化后的车身架构和主要梁断面，指导后续工程化详细零件设计，这样减少了整车开发后期的风险，缩短了研发周期。欧洲每年都举办国际汽车车身会议，进行车身轻量化先进设计与制造技术交流，已经积累了丰富的车身轻量化设计数据库资源，在汽车产品开发阶段对于不同级别的轿车已经形成了一套成熟的车身轻量化设计方法，并把轻量化设计纳入汽车的产品开发流程中去，所设计的轻量化车身能够很好满足汽车的使用性能要求。

车身结构设计一般分为正向设计和逆向设计，其结构优化相应的也分为正向分析和逆向分析（包括局部结构拓扑优化分析）。

正向设计是指根据造型数据，以及预定的车身功能结构，利用已有或新构建的车身框架断面，搭建车身的结构构架，进行拓扑结构优化，使之通过优化，满足目标性能要求。逆向设计是指利用已有的有限元车身模型，构建车身的参数化有限元模型，进行结构拓扑优化，达到性能目标要求。或者根据参数化模型，通过改变参数，使其结构参数与开发的目标车身基本一致，得到用于优化的参数化模型，进行车身结构拓扑优化，满足性能目标要求（图1-12）。

正向过程和逆向过程的主要区别在于车身参数化模型建立上，一个是直接搭建模型，但需要断面数据库支持；一个是利用有限元模型，搭建参数化模型，其结构形式比较明确，在建模过程中同时可以补充断面数据库，为今后搭建模型所用。无论是正向设计还是逆向设计，参数化基础模型在车身开发中是必需的。

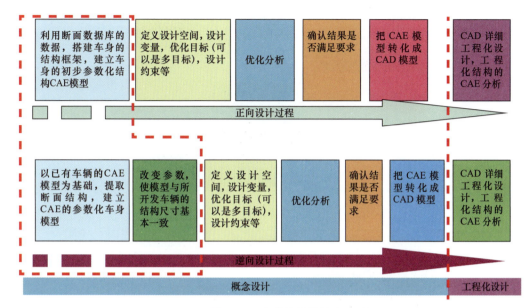

图 1-12 车身结构设计

近年来，由于平台化思想在整车开发中的应用更加深入，对车身结构设计也提出了新的要求。全参数化的车身结构基础模型正好与车身结构平台化思想契合，有利于实现车身设计过程的平台化。因此，全参数化的基础模型既可以作为整车平台的核心车型的优化模型，也可以作为平台车型扩展的衍生车型的车身衍变和继续优化的基础模型，从而对传统的整车开发和车身设计流程来说，将是一个巨大的挑战，推动传统设计流程的革命性优化。

乘用车车身结构重量占整车重量的 1/3 以上，是减重的重点之一，近年来针对车身结构轻量化设计方法的研究越来越多。通过轻量化设计使相应的材料、最优的结构形状和尺寸用在汽车结构合适的位置，使每部分材料都能发挥出其最大的承载或吸能作用，可提高材料利用率、降低车重，减少材料成本，实现节能、减排、降耗。因此，轻量化指标越来越多地作为车身设计的一个关键性指标，与传统的结构刚度、强度、疲劳耐久、碰撞安全性能一起，构成车身设计的优化目标。

基于平台化开发思想，以及包括轻量化指标在内更多项的车身性能指标引入，车身设计在工程化设计阶段和试验验证阶段进行优化和调整的空间越来越小，其难度也越来越高，造成整车开发的周期更长，成本更高，既不利于资源有效的利用，也不适于研发效率的提升，更不适于整车企业对市场节奏的把控，因此，新的开发工具和设计思路将更多地应用于研发过程中，从而改变传统的开发流程（图 1-13）。具体到车身设计领域，车身结构优化及结构方案的提出和方案验证在车身设计流程中的时间节点越来越提前，并且在概念设计阶段完成。

随着高性能计算机技术的不断发展和数值计算方法的深入研究，结构分析和优化技术日趋成熟，并逐渐应用到汽车各个设计阶段。以有限元方法为主体的汽车结构分析和轻量化设计，避免了设计的盲目性、降低了设计成本以及缩短了汽车结构的开发周期，减轻了汽车结构重量。以有限元法为基础的汽车结构分析和轻量化设计已成为一种面向汽车结构设计全过程的分析方法，汽车结构设计的过程也成为一种设计、分析和优化并行的过程，结构优化的思想在设计的各个阶段被引入。

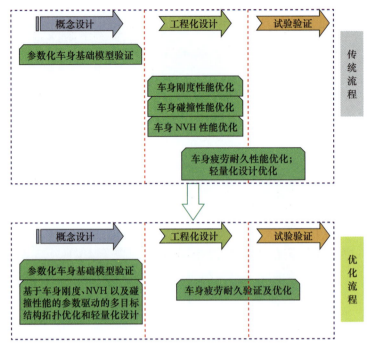

图 1-13 从传统流程到优化流程

  有限元方法作为一种分析手段，其主要功能是对给定结构设计方案进行精确评价和校核。传统的汽车结构设计过程为，设计人员通过对标分析或类比设计确定出零部件的结构设计方案，然后进行性能分析和校核，再根据分析结果依靠经验和直觉提出改进设计方案，直到找到一个满意的设计结果。设计方案的优化，局限在零件壁厚优化，以及高强度或轻质材料的简单替代上，没有对零部件的结构和断面形状以及尺寸参数进行拓扑优化、形貌优化和尺寸优化。结构上有些部位的材料仍未充分发挥其承载、增加刚度或吸收能量作用，结构轻量化仍然有较大空间。强度、刚度、振动和噪声、结构安全性和耐久性各个性能指标都是一门独立的学科，在优化过程中分别针对单一目标进行结构轻量化优化设计方案，无法满足对汽车零部件多性能目标优化的需要，限制了在汽车结构上充分挖掘减重的潜力。这种设计过程不仅耗时费力而且容易出错，并且得到的结果仅仅是一个可行方案，而非结构重量最轻的最优设计方案。把有限元分析方法与优化设计方法相结合，成为汽车结构轻量化优化设计的有效方法之一，并开始在汽车产品开发中得到广泛应用。

  常见的汽车结构轻量化优化设计的基本思想是，将优化设计理论与有限元方法相结合，构建以减重为单一目标的汽车结构轻量化优化设计模型，同时考虑一些结构性能方面的约束条件，基于优化设计算法进行迭代计算，直到找到最优解。这种单目标的优化有其局限性，不能同时很好满足对汽车零部件多性能目标的要求，有时甚至会出现使零部件在某一方面性能改善的同时、导致其他方面性能恶化的问题。随着结构分析能力和手段的不断完善，以及现代优化设计理论的不断发展，汽车结构轻量化优化设计的研究范围已开始从单一准则减重优化发展到考虑结构强度、刚度、耐撞性、NVH 性能和耐久性优化在内的多学科和多目标优化设计。需要建立包含多个目标的优化设计目标函数，并合理分配各目标之间的权重，确定优化设计的约束条件和设计变量，并通过多目标优化设计算法的求解，得到同时满足多个性能目标要求的优化求解方案。常用的多目标优化设计算法主要有线性目标规划法、分层求解法、响应面法、模糊优化方法、遗传算法和神经网络方法等。

利用多学科优化设计软件 Isight 为平台，通过综合调用相关的结构性能分析软件，如 HyperWorks/Optistruct 拓扑优化、尺寸优化和形貌优化软件，LS-DYNA 结构非线性和碰撞分析软件，NASTRAN 或 ANSYS 结构强度、刚度和振动特性分析软件，VirtualLab 和 VA one NVH 分析软件，Ncode 和 Fatigue 结构耐久性分析软件等，即可实现对汽车零部件结构进行多学科、多目标优化设计。用这种多目标、多学科优化方法，不需要用户自己编程和优化建模，且能充分利用已建的结构强度、刚度、振动特性、被动安全性等现有模型和分析结果，是一种技术方法成熟，继承性和应用性好，深受企业欢迎和认可的多学科、多目标优化方法。

以往的结构参数化设计方法都是针对汽车某一相对简单的零部件建立参数化模型，再对结构进行分析，并根据分析结果修改结构的部分形状和尺寸参数，参数化模型中的其他尺寸参数也会随着修改参数的变化而联动，从而大大减少结构修改和建模时间。针对整个白车身，其结构复杂多变，且与整车及零部件的布置、人机工程的约束等各方面相互影响，因工艺条件的影响，其结构也各有不同，而且白车身是由大量的板材冲压零件或挤压型材零件通过各种连接技术，构成的一个复杂的整体，对其进行参数化建模，以及参数驱动模型进行多目标优化一直以来都是难点。德国 SFE 公司和美国 DEP 公司推出了专用的结构参数化设计软件 SFEConcept 和 DEPMorpher，它可以根据车身结构的三维数模或详细有限元模型来提取参数，进而建立整个车身结构的参数化模型，然后进行网格划分，并与不同的求解器实现无缝连接，并输出相应的数据文件进行结构性能的分析计算，根据分析结果和设计要求进行设计变量的参数化结构局部修改，车身参数化模型会根据所修改的参数自动调整与之相互关联的参数，而不再需要人工修改这些参数，从而显著减少了结构修改和改进结构的再建模时间，大大提高了结构轻量化优化设计的效率。这种车身结构参数化设计分析方法，一般用于车身结构概念设计早期，对车身结构进行多目标和多学科轻量化优化设计。

（2）全参数化车身结构拓扑优化的技术路线　全参数化结构拓扑优化技术由两个重点领域需要突破，一是可以实现变量驱动的全参数化的基础车身模型，二是多学科分析与多目标结构优化技术的集成。

基础模型既是结构拓扑优化的基础，也是车型平台化扩展的基础；既对当前车型进行结构拓扑优化，也是对整个平台谱系的基础结构进行优化。因此基础车身模型在整个车身研发体系中的地位非常重要，基础模型必须选取车型平台的核心基础车型作为优化的原始结构，在此基础上规划出未来产品的设计空间和结构方案，从而保证整个车型平台所有车型的基本技术水准得以提升。另一方面，为实现多学科和多目标自动优化，要求模型可以由变量驱动，通过后台程序调动各种求解器进行分析。因此模型必须基于传统数据结构的重建，以适应新的技术要求。参数化建模过程是一个重新描述车身结构的过程，其思路与传统车身结构装配方式有根本上的差异。运用 SFEConcept 软件可以完成建模工作，如图 1-14 所示。

多学科分析与多目标结构优化技术的集成是通过 Isight 等软件来实现的。利用专业软件，将拓扑优化过程用工作流的形式，建立迭代运算循环，在单个迭代运算循环中，可以调用各种求解器，以完成各学科的参数化结构分析。在每个循环结束后，利用数值方法分析计算结果，定义目标函数的求解准则，以获取设计空间内的最优方案。在多目标结构优化平台内，既可以完成单目标的优化，也可以完成多目标的优化，所以整个优化平台是可扩展的，为将来引入更多学科的优化打好基础，如图 1-15 所示。

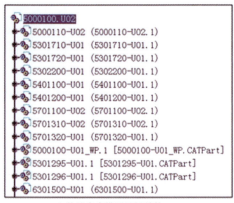
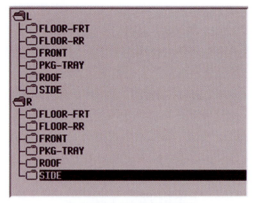

a) 传统车身模型逻辑结构　　　　　　　　b) 全参数化车身模型逻辑结构

图 1-14　传统车身模型逻辑结构与全参数化车身模型逻辑结构对比

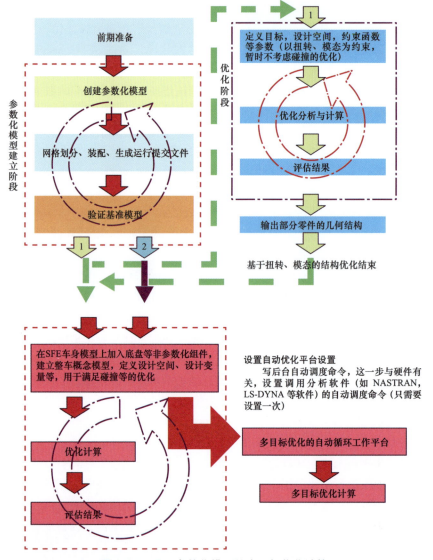

图 1-15　基于参数化模型的多目标优化计算

（3）车身结构轻量化技术　结构轻量化是车身轻量化的重要途径之一，是轻量化车身产品开发的基础和前提，通过轻量化设计使相应的材料、最优的结构形状和尺寸用在车身结构合适的位置，使每部分材料都能发挥出其最大的承载或吸能作用，可提高材料利用率、降低车身结构质量、减少材料成本，实现节能、减排、降耗。

传统车身结构轻量化设计方法仍然以对标或类比设计为主，局限在车身零件壁厚优化以及高强度或轻质材料的简单替代上，没有对零部件的结构和梁断面形状以及尺寸参数进行拓扑优化、形状优化和尺寸优化，结构上有些部位的材料仍未充分发挥其承载、增加刚度或吸收能量作用，结构轻量化仍然有较大空间。由于车身结构复杂，轻量化设计必须同时满足强度、刚度、振动和噪声（Noise Vibration and Harshness，NVH）、被动安全性等多个性能目标要求，传统的以减重为单一目标的车身结构轻量化优化设计方法，无法满足对车身零部件多性能目标优化的需要，限制了在车身结构上充分挖掘减重的潜力。目前，应用于车身结构轻量化的设计方法主要是基于有限元、灵敏度或贡献度的结构优化设计方法，主要有轻量化单目标优化设计方法，轻量化多目标优化设计方法，拓扑优化、形状优化和尺寸优化方法，车身结构参数化轻量化多目标协同优化设计方法。

由于车身结构复杂，包含的零件数量多且形状各异，很难用确定性数学模型对其进行建模与描述，有限元方法是建立车身近似数值计算模型最为有效的方法，是车身结构轻量化优化设计的基础。灵敏度或贡献度分析方法就是要在车身结构众多的零部件中，找出那些对车身结构性能不敏感但对减重较敏感零部件的厚度、断面形状和尺寸等设计变量，从而减少轻量化优化设计的计算规模和分析工作量，提高计算效率。

1）单目标优化设计方法。该方法是最简单、最常用的轻量化优化设计方法。用该方法对车身结构进行轻量化设计时，以车身结构质量最小为目标，以车身弯扭刚度、强度、主要模态频率和车身正、侧碰结构抗撞性指标为约束条件，以车身零件结构尺寸为设计变量。因在车身结构设计中有多个性能目标需要同时得到优化，所以轻量化单目标优化设计方法有一定的局限性。

2）多目标优化设计方法。该方法是车身结构轻量化优化设计中最有效的方法。按照求解优化问题的计算规模，该方法又分为直接优化方法和间接优化方法。

直接优化方法利用优化数学模型直接进行优化计算，不需要再建立近似模型或代理模型。主要有加权系数法、动态规划法、遗传算法、非支配排序遗传算法（NSGA-II）等。直接优化方法用于模型简单、计算量不大的多目标优化问题。

间接优化方法是先计算出样本点，拟合出代理（近似）模型，对代理模型进行检验，满足精度要求后，再利用优化算法进行优化。代理模型主要有多项式响应面（RSM）、克里金（Kriging）、支持向量回归和神经网络方法等。间接优化方法用于计算工作量大的优化问题。

多目标优化设计是以减重和车身某几个性能等为目标，以车身弯扭刚度、强度、频率和车身结构抗撞性指标为约束条件，以车身零件梁断面形状尺寸和板厚为设计变量，对车身结构进行轻量化优化设计。

3）拓扑优化。拓扑优化主要用于优化材料在设计空间上的分布，在汽车概念设计早期，研究零部件结构材料布局，优化结果决定了零件结构的优拓扑，也就决定了零件的最终形状与性能，能保证结构设计的后续尺寸和形状优化是在材料分布最优形式下进行的，能够有效提高材料利用率。在车身结构设计方面，多用于车身安全件和承载件的断面形状拓扑结构设计以及车身板件的加强筋布筋优化上。

4）车身结构全参数化轻量化多目标协同优化设计方法。近年来，参数化建模与分析方法开始在车身结构轻量化设计中得到应用，一般用于车身概念设计早期，对车身结构进行轻量化优化设计，适用于车身的平台化设计开发。德国 SFE 公司和美国 DEP 公司分别推出了专用的结构参数化设计软件 SFEConcept 和 DEPMorpher，它可以根据车身结构的三维数模或详细有限元模型来提取参数，进而建立整个车身结构的参数化模型，然后进行网格划分，并与不同的求解器实现无缝链接，输出相应的数据文件进行结构性能的分析计算，根据分析结果和设计要求进行车身结构的局部修改甚至整体调整和变形，衍生出同一平台的不同车型的车身结构，车身参数化模型会根据所做的修改和变形自动调整与之相互关联的参数，而不再需要人工修改这些参数，从而显著减少了车身结构修改和变形的再建模和设计时间，大大提高了车身结构改进设计的效率。近年来，德国大众、美国福特和通用汽车公司均开始应用这些车身结构参数化设计软件，进行新车型车身结构的先期开发设计，取得了较好的优化效果，缩短了产品开发周期，显著提高了车身结构的分析设计效率，降低了开发成本。

国内一些汽车公司，如吉利、长安、奇瑞、上汽、北汽和一汽等也开始应用车身结构参数化设计软件进行车身结构的建模和轻量化开发设计，减重效果明显。

3. 轻量化材料技术

除了结构优化设计之外，轻量化材料的开发和应用是当前汽车轻量化技术的另一主要研究方向。常用的轻量化材料主要包含高强度钢、铝合金、镁合金、纤维增强复合材料等，本节主要就复合材料的轻量化技术进行阐述。

在国外，车身用钢的使用比例在逐年降低，铝合金、镁合金、车身用塑料的使用比例不断提高，表 1-3、图 1-16 为历年欧洲车身会议（ECB）车身用材情况。

表 1-3　历年 ECB 车身用材情况

年份	车身用钢	车身用铝	镁合金	车身用塑料	其他	合计
2010	75.30%	21.11%	0.07%	3.52%	—	100%
2011	94.63%	4.03%	0.00%	0.86%	0.48%	100%
2012	82.05%	17.12%	0.00%	0.00%	0.83%	100%
2013	70.84%	19.38%	0.00%	8.01%	1.78%	100%
2014	91.77%	6.44%	0.00%	1.45%	0.35%	100%
2015	55.86%	42.14%	0.14%	1.14%	0.71%	100%
2016	63.77%	33.00%	1.09%	1.94%	0.20%	100%

我国在售车型尤其是自主品牌汽车受市场售价的制约，车身材料构成以钢为主，辅以极少量的车身用塑料和轻质合金。表 1-4、图 1-17 为中国车身会议（CLCB）历年来车身用材使用情况。

（1）复合材料概述　塑料、纤维主要具有质量轻、加工性能良好、优良的综合理化性能、优秀的装饰效果、节能和环保等特点。塑料及复合材料正以其独特的优越性逐渐与汽车行业相结合，具有巨大的潜在需求和良好的发展前景。

目前应用在汽车零部件上的复合材料主要有玻璃纤维增强和碳纤维增强两大类。玻璃纤维增强复合材料普遍应用在乘用车车身空气导流板、前翼子板和前挡泥板延伸部件、发动机舱盖、装饰条、尾板等以及商用车保险杠、翼子板、脚踏板、面罩等。碳纤维复合材料（CFRP）具有绝佳的韧性和抗拉强度，其密度一般在 $1.45\sim1.6\text{g/cm}^3$，拉伸强度可以达到 1.5GPa，超过铝合金的 3 倍，接近超高强度钢的水平。

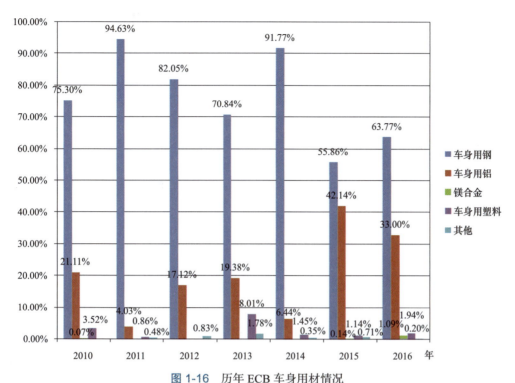

图 1-16　历年 ECB 车身用材情况

表 1-4　历年 CLCB 车身用材情况

年份	车身用钢	车身用铝	镁合金	车身用塑料	其他	合计
2013	98.88%	1.02%	0.00%	0.10%	0.00%	100%
2014	98.41%	0.80%	0.15%	0.64%	0.00%	100%
2015	89.22%	9.39%	0.00%	1.39%	0.00%	100%
2016	98.97%	0.39%	0.00%	0.64%	0.00%	100%

　　碳纤维的应用可使汽车车身减轻质量 30%~60%，但由于碳纤维成本及碳纤维部件制造成本过高，成型速度较慢，碳纤维增强复合材料在汽车中尤其是量产车型中的应用仍然有限，仅在一些 F1 赛车、高级乘用车、小批量车型上有所应用。

　　近年来，随着快速固化树脂体系的出现，工艺和自动化设备不断成熟，碳纤维成本开始降低，成型速度也越来越快。预计到 2030 年，碳纤维复合材料的综合性价比会优于金属，将取代金属材料成为汽车零部件轻量化的主流材料，用于量产车的底盘制造，并涵盖大多数的高端车型和少量的中级车。

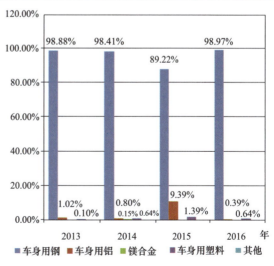

图 1-17　历年 CLCB 车身用材情况

（2）汽车用纤维增强塑料　在纤维增强塑料应用方面，聚丙烯（PP）是汽车用塑料的主要品种，汽车用PP一般都是增强塑料（复合材料）。加入玻璃纤维提高强度（即玻璃纤维增强聚丙烯复合材料）是改性的主要方法之一。在车用玻璃纤维增强塑料中，长玻纤增强聚丙烯不仅能有效地提高制品的刚性、抗冲击强度、抗蠕变性能和尺寸稳定性，而且可以做出复杂的汽车模块制品。由于强度的要求，以往的模块载体通常由以聚丙烯为基材的玻璃纤维毡增强热塑性塑料（GMT）或金属板材经冲压制成。由于采用压制成型，很难对多种零件进行集成。而为了提高刚性和强度以及为了得到薄的成型厚度，还需要使用加强筋。此外，还需要通过其他步骤来去除成型零件的飞边和毛刺。上述所有因素都制约了汽车模块制品重量和成本的降低。由于金属不适合成型复杂的形状，限制了它在很多零件中的应用，这也导致成本偏高。与此相反，采用长玻纤增强塑料注射成型则可以克服上述诸多弊病。然而，玻璃纤维在注射成型的过程中可能被损坏而得不到所需的强度。

为了使玻璃纤维在塑料中很好地起到提高强度的作用，必须使玻璃纤维长度大于其临界长度L_0。有关资料表明，当纤维长度小于此临界长度的纤维增强塑料受到一定载荷时，纤维就会被拔出，纤维的强度就不能得到充分发挥。临界长度L_0与具体的塑料品种有关，就玻纤增强聚丙烯而言，其L_0为3.1mm。然而，一种经过化学改性的PP的L_0可降到0.9mm，而普通短纤维增强塑料的L_0则更小，玻纤长度一般只有0.2~0.6mm。由此可见，破坏模式主要是纤维被拔出而无法满足模块载体材料的强度要求。因此，开发应用长玻纤增强聚丙烯及其注射成型技术，就是要制备出增强玻纤长度在10mm左右的聚丙烯原料，并通过改进的注射成型工艺，保证制品中的玻纤长度在3~5mm。

2002年，国外开发成功长玻纤增强聚丙烯注射成型技术，并将这种技术成功地用于生产马自达6型汽车前端模块和车门模块。该项技术包括两个方面：

一是对玻纤增强聚丙烯的材料改性，即采用一种超低熔融黏度的聚丙烯树脂（树脂熔体流动速度为300g/10min），使包裹在其中的玻璃纤维在注射成型过程中受到较小的螺杆推进剪切力，以减少玻璃纤维的长度折损，同时添加一种高结晶结构的聚丙烯树脂来保证注射成型件的强度。通过这种树脂共混改性，解决了材料流动性和制品强度的矛盾，经共混改性后的长玻纤增强聚丙烯（LGFPP）的弯曲模量、弯曲强度和冲击强度三种力学性能已与玻纤毡增强聚丙烯（GMT）的同一性能相当，其流动性也比普通的玻纤增强聚丙烯（FGPP）的流动性提高了30%。

二是对注射成型工艺的改进，即通过对螺杆的几何形状进行改进，如加深螺槽、加宽螺齿间距、对螺杆头进行优化设计以及通过扩大热流道的方式，使玻纤增强树脂在注射过程中得以平缓流动以降低塑化过程中树脂承受的高剪切力，从而达到减少玻纤长度受损的目的。在使用长玻纤增强聚丙烯原料的条件下，改进型的低剪切力螺杆注塑制品所得平均玻纤长度为普通螺杆注塑制品所得平均玻纤长度的1.7倍。

长玻纤增强聚丙烯的开发成功使之不只被应用在马自达汽车上。最近，福特新嘉年华车型前门模块也相继由Owens Coring汽车公司开发成功，该车门模块集成了多种功能元件，诸如门锁、车门玻璃升降器、扬声器、防盗装置等，采用的基体材料是DSM（帝斯曼）公司的牌号为StaMax P30YM240长玻纤增强聚丙烯材料。在开发该车门模块的过程中，一些专家对注射成型用长玻纤增强聚丙烯材料的性能进行了深入的研究，特别是对该种材料的抗蠕变性能进行了研究，结果表明，长玻纤增强聚丙烯材料即使经受100℃的高温也不会产生明显的蠕变，且比短玻纤增强聚丙烯有更好的抗蠕变性能。

在高温和长时间低负荷条件下，长玻纤增强聚丙烯材料不会产生变形，可使其制品具有良好的尺寸稳定性，这可从批量生产的福特新嘉年华车型前门模块的尺寸实测结果中得到证实。目前，随着汽车零部件模块化日益引起人们的重视且越来越多地得到应用，长玻纤增强聚丙烯无疑将成为一种理想的模块载体材料。

另外，宝马2002款迷你Platform车的前端支架采用帝斯曼公司的30%长玻纤聚丙烯（StaMax LLC）注塑成型。聚丙烯支架把散热器、喇叭、冷凝器、托架这样一些前端部件都整合"悬挂"成为一个零件，从而降低了成本，并且重量减轻了30%左右。

目前塑料复合材料在国外以及国内合资车型已大量应用，如塑料复合材料前端框架因集成度高，已广泛应用于波罗、捷达、桑塔纳、高尔夫、奥迪A4、沃尔沃S60、奔驰C级等高低端车型上；塑料翼子板广泛应用于标致307、标致408、三菱劲炫、宝马X5、宝马X6等高低端车型上；塑料复合材料后背门广泛应用于日产奇骏、DS6、路虎极光、XC60、宝马6系等高低端车型上；还有加速踏板、蓄电池箱上盖板等零件均通过塑料复合材料应用实现了轻量化。

国内自主品牌车型对于此技术已经开始批量应用。国内自主品牌汽车企业一直对纤维增强塑料零部件的模块化应用技术给予极大的关注，其轻量化的效果和整体的性能都很有优势。目前中国已经生产出具有自主知识产权的玻纤增强塑料产品，其性能与国外虽有一定的差距，但是通过后续的技术改进，目前基本能满足使用要求。长玻纤增强塑料的工艺技术提升有三个方面：一是国内自主研发，如杰事杰、金发科技、南京聚隆等，其中杰事杰和重庆玻纤合作；二是和国际一流非金属材料公司，特别是Sabic（沙特阿拉伯基础工业公司）、PolyOne（普立万公司）等国外公司合作，如上海汉特等；三是为国际大公司代工，如上海普利特。原料方面，基料采用中石化旗下的扬子石化和燕山石化的产品即可，玻纤采用国内的重庆玻纤或巨石玻纤。

在前端模块零件的开发上，长春英利、芜湖恒信、北汽模塑等企业已具备塑料前端模块的设计、开发和批量生产制造能力，实现了在一汽-大众、上海大众、奇瑞汽车、吉利汽车、长安汽车和江淮汽车的批量应用，技术相对成熟。

4. 轻量化制造技术

随着汽车轻量化技术的发展，先进材料的应用对制造工艺提出了新的挑战。与传统工艺相比，先进的制造工艺在减轻重量、减少零部件数量、提高强度、降低成本方面具有明显的优势，会在汽车轻量化领域得到越来越广泛的应用。包括在金属方面的热成形技术、激光拼焊技术、内高压成型技术、辊压成形技术、变截面轧制技术等；以及非金属材料方面的先进的成型技术和设备（如气辅注塑、低压注塑）。汽车塑料合金、PVC搪塑成型技术、内饰件成型技术、中空吹塑成型技术、RIM增强反应注射成型技术、包覆技术、大型塑料制品模具加工技术、塑料件的焊接与涂装技术，还有整车轻量化集成技术等。

（1）热成形技术　热成形技术是通过热处理和高温成型相结合的方式来实现零件的高强度。热成形技术主要适用于制造汽车中对舒适性和安全性要求较高、强度级别较高的零件，典型的热冲压零件有前、后门左右防撞杆（梁），前/后保险杠，A柱加强板，B柱加强板，C柱加强板，地板中通道和车顶加强梁等，如图1-18所示。

（2）激光拼焊技术　激光拼焊板就是将两张或多张不同厚度或不同材质的钢板通过激光对焊成一张钢板，然后进行整体冲压成形的工艺。目前，汽车车身已经大范围使用激光拼焊板，如侧围内板、门内板、前地板等，如图1-19所示。但由于存在厚度突变，激光拼焊技术还不能应用于汽车外表面板。

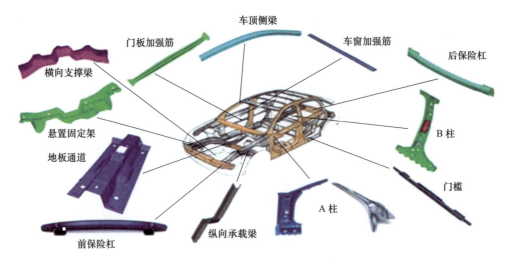

图1-18 热成形技术在汽车车身应用部位

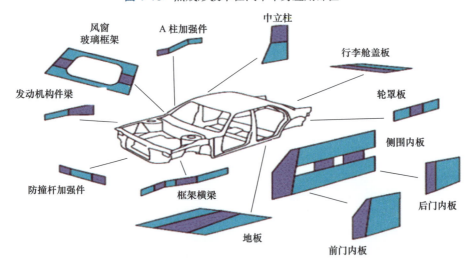

图1-19 激光拼焊技术在车身上的应用实例

激光拼焊技术在20世纪90年代末引进我国,目前大部分国产品牌汽车普遍在前纵梁、门内板和B柱加强板等有所应用。

(3)内高压成型技术 内高压成型是将管坯放入模具内,利用高压液体充入管坯空腔,同时辅以轴压补料,使其直径胀大至贴靠凹模的成型过程。

内高压成型适用于汽车领域的沿构件轴线变化的圆形、矩形截面或各种异形截面空心构件。与传统冲压焊接工艺相比,液压成型技术具有成型精度高、可节约材料、减少成型件数量和后续机械加工与焊接量、提高成型件的强度与刚度、减少模具数量、降低生产成本等优点。液压成型在底盘部件中应用较多,如前副车架主管、扭力梁、控制臂等件,车身结构件主要应用于A、B柱等件。液压成型示意图如图1-20所示。

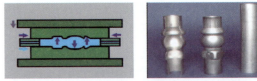

a)管件液压成型

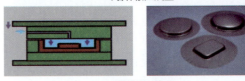

b)板件液压成型

图1-20 液压成型示意图

1999 年开始,哈尔滨工业大学苑世剑教授带领团队对内高压成型进行了开创性研究,系统地开展了内高压成型基础理论、工艺、模具和装备的研究,自主掌握了内高压成型核心关键技术。研制出系列化数控内高压成型设备,最大吨位 5000t,正在研制世界上最大的 1.5 万 t 板材液压成型机,打破了发达国家对内高压模具技术的封锁和对内高压设备的垄断,实现了汽车零件的大批量生产。

(4)辊压成形技术 辊压成形行业,经过 20 多年的发展,在我国取得了长足的进步,但与发达国家相比较,还存在不小的差距。主要表现在产品的品种少、总产量低。目前,发达国家的辊压型钢品种已超过 1 万种,约占到钢材产量的 5%;而我国辊压型钢产品的品种只有 2000 多种,占钢产量的 2.4%。目前,国际新车型的开发设计上,广泛采用了高强钢板,如前后保险杠、门槛加强件、车顶弓形架、底盘构件等由辊压成形制造。我国的汽车产业近年来获得飞速发展,辊压成形工艺广泛应用于汽车部件的制造。

变截面构件在汽车轻量化中具有不可替代的优势,作为变截面构件辊压生产的三维辊压生产技术成为发达国家先进成形技术的热点。由于其成形机理和工艺装备的复杂性,目前国内处于研究阶段。开展三维辊压成形关键技术研究,对于我国的制造行业提供有独立自主知识产权体系的工艺技术和装备,具有重要的意义。

(5)非金属材料的先进成型技术 为充分发挥非金属材料优异的物理性能,人们陆续开发了多种先进成型技术和相应的工装设备,使非金属材料在汽车轻量化中的应用设想成为可能(本书第 4 章将做具体介绍)。

5. 汽车轻量化各项技术研究与应用的主要难点与问题

汽车轻量化是汽车技术发展的趋势,是一个系统的复杂工程,需要多学科多专业的结合,才能把汽车轻量化工作真正推动前进。目前汽车轻量化各项技术还存在诸多难点与问题,包括汽车结构优化技术,铝、镁合金材料,纤维增强汽车前端模块及工艺、超高强钢热成形技术、高强钢内高压成型、三维辊压成形技术、整车轻量化集成技术等。

(1)汽车结构优化技术的难点与问题 建立参数化的白车身轻量化设计有限元模型。目前的白车身有限元模型都没有实现全参数化,没有与 CAD 模型无缝连接。当设计方案和零部件结构改变后,只有重新对有限元模型进行网格划分、连接、约束和加载,无法实现白车身级别的参数化,也就无法实现拓扑优化的自动迭代计算。如何在原有 CAD 或 CAE 模型的基础上建立全参数化的有限元模型,存在两个难点:一是适当简化原车身零部件的结构;二是如何把零部件之间的连接关系清晰地运用软件工具实现参数化。

参数化模型是进行自动迭代优化计算的基础,有了模型还需要搭建拓扑优化计算平台。白车身参数化模型有成百上千个参数,不可能把所有的参数都设置为优化变量,只有通过敏感度分析挑选一些对白车身性能敏感度不大的设计变量作为优化变量,这样才能解决计算的规模和时间问题。其次,需要优化解算器把模型和计算器连接起来,形成一个自主优化计算的平台。采用 Isight 多目标优化软件每次发出指令改变参数的值,驱动全参数化模型进行更新,然后提交到 NASTRAN 有限元分析软件解算器中进行计算。将计算的结果反馈到优化器,在优化器里进行判断是否满足收敛的条件,若不满足,则再次改变优化变量的值,再次自动更新全参数化模型,再次计算。若满足,则自动循环迭代结束,并输出优化结果。在上述过程中的难点在于定义优化变量和约束条件,并设置好输入输出问题和控制参数,否则无法成功搭建自动优化的平台。

在解决以上技术难点过程中,还可能出现的一个问题是:提出轻量化的方案后,疲劳性能、被动安全性能可能会下降,如何在实现白车身减重的同时,确保整车性能目标都满足设计要求,是整车轻量化结构优化的一大挑战。

（2）纤维增强汽车前端模块及工艺的难点和问题

1）长玻纤PP结构集成设计及成型模拟。项目主要结合前端模块的技术要求和结构形式，首先基于模流分析技术对其玻纤排向及分布进行预测，然后根据长玻纤排向及刚度要求进行壁厚优化、加强筋优化、连接结构优化。同时利用Moldflow流动分析技术对浇注系统及冷却系统进行优化，以实现翘曲最小化和成型周期最小化。

2）模流分析与结构CAE耦合技术。项目首先利用模流分析技术虚拟注塑成型过程，获得长玻纤排向及分布，获得每个节点上的残余应力分布，然后将长玻纤排向及分布（即材料方向）和残余应力通过MSA接口将其映射到结构CAE分析网格中，以解决材料的各向异性对结构CAE分析精准度的影响，实现前端模块强度、刚度、模态的精确模拟。

（3）整车轻量化集成技术的难点和问题　整车轻量化的问题在于如何在满足进度和质量的要求下，对车身参数化设计、超高强度钢热冲压成形技术应用、高强度钢冲压成形技术应用等课题的研究成果进行技术转移，消化吸收以及把技术成果与汽车产品开发轻量化目标实现相结合，并进行零部件、系统和整车的性能评估。

整车轻量化集成的主要难点在于轻量化材料与工艺的合理选择、优化结构设计、工艺仿真与装配分析、模具设计与制造、零部件的性能评估与验证。轻量化整车的性能评估与验证包括：轻量化整车的碰撞安全性和NVH性能的模拟与验证；轻量化整车动力性、经济性的模拟与验证；轻量化整车操纵稳定性、平顺性、制动稳定性的验证与评估；轻量化整车耐久性的验证与评估。

轻量化集成应用中材料与传统材料性能的差异，导致成型与制造工艺需重新设计；零部件间连接工艺问题，以及新的连接方式需要进行连接强度的评估；新技术应用带来的装配工艺问题需要解决；轻量化零部件与原有零部件性能存在差异，需要重新建立轻量化零部件性能评估方法。

（4）多学科的系统化、集成化方面　汽车轻量化涉及汽车、材料、装备等多个产业，需要各个方面协调发展。在轻量化设计技术方面，传统的尺寸优化、形状优化和拓扑优化已发展成熟并得到大范围应用。但多学科、多目标优化设计方法还有待更深入的分析研究和完善，以求达到尽快应用的目的。在新型轻量化材料方面，在今后相当长的一段时间内，钢材仍然是汽车的主要材料。但是，为了满足不同市场的竞争，铝合金、镁合金、新型塑料和纤维增强复合材料等都具有很大的应用开发潜力。此外，研究多种材料混合结构的设计理论、方法和相应制造工艺，在汽车不同部位采用不同的材料，能够充分发挥各种材料的优势。这类研究开发将成为汽车轻量化技术的研究热点。在制造工艺方面，液压成型、激光焊接等技术得到更为广泛的应用，异种材料连接等问题也逐渐得到重视。轻量化设计、材料、制造工艺是相辅相成的，需要针对不同案例，采取最佳、最有效的轻量化手段，研究系统化和集成化的方法，是未来汽车结构轻量化技术的发展方向。

目前，我国汽车行业轻量化技术水平与国际一流公司相比还有较大差距，需要充分利用行业内外的资源，加强基础核心技术的持续深入研究，并结合新车型的开发，积累经验和数据，为推动汽车轻量化技术的进步，增强中国品牌汽车企业核心竞争力提供有力支撑。

➔ **作者：**

❖ 刘波．重庆长安汽车股份有限公司欧尚汽车研究院
❖ 曲兴，王利刚，赵宣．国汽（北京）汽车轻量化技术研究院有限公司
❖ 阚洪贵，张顺，牛瑞丽．安徽江淮汽车集团股份有限公司

参考文献

[1] 杨阳,周谊,桂良进,等.双扭杆双横臂悬架有限元建模与分析[J].汽车工程,2006,28(11):1008-1010,1019.

[2] 桂良进,范子杰,周长路.某型载重车车架结构轻量化设计研究[J].汽车工程,2003,25(4):403-406.

[3] 范子杰,桂良进,苏瑞意.汽车轻量化技术的研究与进展[J].汽车安全与节能学报,2014,5(1):4.

[4] 马鸣图,柏建仁.汽车轻量化材料及相关技术的研究进展[J].新材料产业,2006(6):37-42.

[5] 王习文,宗长富,郭立书,等.管件液压成形技术及其在汽车零部件制造中的应用[J].汽车工艺与材料,2013(4):17-22.

[6] 中国汽车工程学会.节能与新能源汽车技术路线图[M].北京:机械工业出版社,2016:374.

1.4 国外汽车非金属材料轻量化应用概况与趋势

近年来,各国对汽车制造业的燃油经济性和排放等要求日趋严苛。在此背景下,汽车轻量化是实现节能减排的重要措施之一,对汽车工业的可持续发展具有重要意义。非金属复合材料因具有优异的性能,已在汽车覆盖件、内饰件、发动机等部件上得到了广泛的应用。非金属零部件不仅可以减少腐蚀、简化工艺、提高生产效率,还可有效降低零部件的重量、降低燃油消耗、改善汽车性能等。因此,采用高性能非金属复合材料替代传统材料的应用,是实现汽车轻量化的又一途径。在日益严格的燃油经济和排放标准法规推动驱使下,从国外汽车非金属复合材料在轻量化技术上的应用现状及发展趋势来看,汽车塑料化已经成为汽车发展的必然趋势。

随着汽车保有量的不断提升,汽车工业带来的能源消耗也在日益增加。为了减少油耗、降低碳排放量,燃油经济和排放标准将会对全球汽车制造业提出更严苛的要求。美国国家高速公路管理局(NHTSA)已经着手对乘用车及轻型载货汽车平均燃料经济性(CAFE)标准进行改革。2015年CAFE标准要求燃效值达到35.5mile/gal,这一指标到2025年将逐步飙升至54.5mile/gal,几乎是当前的2倍。欧盟的汽车CO_2(二氧化碳)排放量限制标准则要求乘用车的CO_2排放量从目前的130g/km减少到2020年的95g/km。

研究表明,约75%的油耗与整车质量有关,降低汽车重量就可以有效降低油耗及排放。汽车整车重量每减少10%,油耗可降低6%~8%,排放降低4%;而汽车整车重量每减少100 kg,百公里油耗量可降低0.3~0.6 L,百公里可减少CO_2排放8~11g。因此降低燃油消耗,就意味着温室气体和其他有害气体排放减少。无论是面对逐渐加大的燃油经济和排放量管控力度,还是从改善人类生存环境角度来看,全球汽车工业对于轻量化的开发与应用势在必行。目前,实现轻量化技术主要有两个方向,一是对零部件结构和加工工艺的优化设计,二是选用能够满足零部件工作要求的更轻质的替代材料。而选用非金属高性能替代材料,必将成为未来轻量化技术发展的主要趋势之一。

1.4.1 汽车非金属材料应用概况与发展趋势

全球约有14.3%的温室气体来自汽车工业,在发展低碳经济成为全球共识的背景下,节能和环保是汽车行业面临的两大难题，塑料在汽车上的应用可实现"轻量化、再利用"的可持续发展。

1. 汽车非金属材料应用概况

在汽车制造中，所用材料包括金属材料、非金属材料等。其中塑料及其复合材料作为非金属材料的重要组成部分，也是实现汽车轻量化的重要应用之一。几种材料单车应用所占比例如图1-21所示。由图1-21可以看出，金属材料仍然是乘用车的主要构成材料，但在相当一段时间内，单车用量所占比例呈下降趋势，高性能塑料材料的应用比例在逐年上升。这是由于塑料材料具有密度小、比强度高，易成型等特点，不仅可以提高零部件的设计自由度和美观性，而且能够有效降低零部件加工、装配与维修的难度和成本。最重要的是，还可以有效降低汽车的整体重量，减少汽车行驶过程中的能耗。

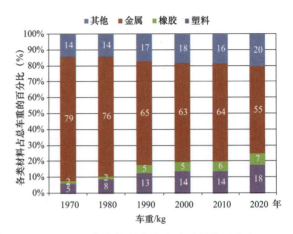

图1-21　各类材料占汽车总重量的百分比

2. 汽车非金属材料应用发展趋势

汽车用非金属材料自20世纪90年代起，发达国家单车用量100~130kg，占整车自重的7%~10%。2011年至今，德国、美国、日本等国家的汽车塑料用量已达到10%，有的甚至达到了20%。伴随着汽车轻量化技术的不断推进和相关研究的深入，塑料及其复合材料与汽车的结合点越来越多。对于欧美等发达国家和地区，为了将汽车对环境的影响降到最低，已将汽车轻量化技术的发展程度作为衡量与评定汽车企业设计和制造能力的一个重要标志，塑料及其复合材料更是实现汽车轻量化的重要途径之一。

随着汽车工业的稳步发展，必将带动与其紧密相关的汽车用塑料产业的快速发展，使其改性技术和加工技术不断完善提升，逐步向高性能方向发展。目前，国内外汽车内饰件已基本实现塑料化，塑料在汽车零部件上的应用范围也正由原来的内饰件向外饰件、车身面板和功能结构件扩展，比如仪表板、顶篷、座椅、保险杠、翼子板、油箱、散热器水室、发动机进气歧管、气门室罩盖等。塑料材料在几款车型上应用比例如图1-22所示。未来汽车用塑料的发展重点将会是结构件和外装件用增强复合材料和高性能树脂材料，有人甚至预言，汽车塑料化已成为汽车发展的必然趋势。

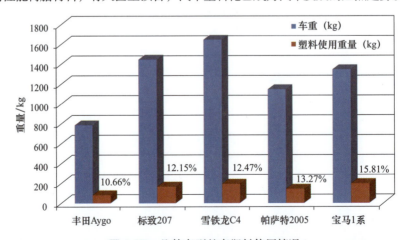

图1-22　几款车型整车塑料使用情况

1.4.2 国外非金属材料轻量化应用现状

塑料分为热塑性塑料和热固性塑料两种，具有密度小、比强度高、抗腐蚀性好等特点。塑料复合材料是通过物理或化学的方法将两种或两种以上不同性质的材料复合以获得新的性能。使用复合材料具有三大优势：一是自身减重；二是集成化功能，使系统减重；三是使系统制造、安装和维修简化，且大部分复合材料的零部件具有减振降噪的效果。将复合材料引入汽车覆盖件和结构件中，使汽车整体质量大幅度减轻，汽车轻量化才能真正得以实现。

在欧洲，英、德、法、意、瑞典等国家较早就采用了聚合物基复合材料汽车部件。目前聚合物基复合材料已在奔驰、宝马、大众、沃尔沃、莲花、曼等欧洲汽车厂的乘用车、客车和货车等各种车型中大量应用。汽车复合材料年消耗量约占其复合材料年产量的25%；其中20%左右的片状模塑料（SMC）、80%左右的玻璃纤维毡增强热塑性复合材料（GMT）与长纤维增强热塑性复合材料（LFT）均用于汽车部件制造。

1. 热塑性材料的应用现状

纤维增强塑料（FRP）具有较高的强度和刚度，相对较低的密度（纤维增强材料密度为 1.3~1.9g/cm³，而铝材的密度是 2.7g/cm³，钢材的密度是 7.8g/cm³），可以有效降低零部件重量。因此，在全球汽车厂中得以广泛应用，比如：克莱斯勒跑车的一体化座椅、保时捷的横向支撑梁，以及宝马的保险杠缓冲器均采用了高强度的纤维增强热塑性塑料，如图1-23所示。

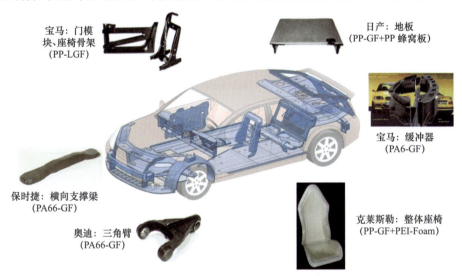

图 1-23　FRP 在结构件中的应用

（1）玻纤增强复合材料的应用现状　LFT 和 GMT 树脂基材多采用聚丙烯（PP）、尼龙（PA）、PBT（聚对苯二甲酸丁二醇酯）材料等，具有良好的尺寸稳定性、优良的耐冲击性、高刚性、化学稳定性（耐盐、油、燃料等）、优秀的长期耐蠕变性、低的高温线膨胀系数及可循环利用等，已成为汽车工业实现低成本高效益目标的理想材料，是目前国际上极为活跃的复合材料开发品种之一。

LFT 和 GMT 材料在欧洲汽车厂各零部件上的应用分布情况如图1-24所示。从图中可以看出，前端模块、底护板、降噪板以及座椅骨架等零部件替代金属材料的应用比例较大，已实现了"塑代钢"轻量化的成熟应用。

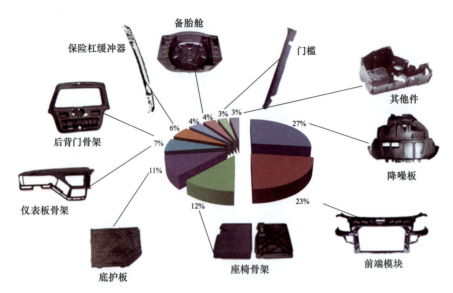

图 1-24 欧洲车企应用 LFT、GMT 情况

此外，由于 LFT、GMT 兼具低密度的同时，还具有高度集成化性能，可以有效减少零部件的设计数量和模具开模数量。目前，LFT、GMT 材料主要开发与应用方向是对力学性能、尺寸稳定性要求较高的结构件上，用以替代金属材料，实现不同程度的轻量化。零部件全塑化在国外各车型应用情况见表 1-5。

表 1-5 全塑化零部件在国外各车型的应用情况

零部件名称	材料名称	车型名称		
门模块	LFT	福特 Fiesta	捷豹 X350	宝马 5 系
仪表板骨架	LFT	宝马 3、5、6、7 系	福特 Focus	高尔夫
后背门骨架	LFT	日产 Murano	奔驰 A 级 W168	英菲尼迪 FX45
前端模块	LFT	奥迪 A6、A8、TT	捷豹 X350	标致 307、406
座椅靠背骨架	GMT	奔驰 E 级	沃尔沃 850	奥迪 TT
底护板	GMT	奥迪 TT	宝马 7 系	别克 LaCrosse

（2）碳纤维增强复合材料的应用现状　碳纤维增强复合材料（CFRP）是由碳纤维作为增强材料与树脂、陶瓷、金属等基体复合制成的结构材料，具有低密度、高强度、高模量、耐高温、抗化学腐蚀性、低电阻等一系列优异性能。碳纤维复合材料不仅在航空航天领域大批量应用，在汽车领域也随着成型工艺的完善和成本的压缩而不断提升市场占有率。

CFRP 在保证汽车安全性和乘坐舒适性的前提下，还可以实现优异的轻量化效果。据英国材料系统试验室（MSL）的研究结果表明（图 1-25），在各种材料制造的车身中，碳纤维复合材料车身是最轻的，是钢制车身重量的 50% 左右，因此受到全球汽车工业的重视，在欧美一些高档、豪华乘用车上已开始试用或已经采用了各种树脂基材的碳纤维复合材料。

宝马公司已经量产的 i3 车型，采用的是 CFRP 车舱（图 1-26）和铝合金底盘，整车质量在 EU 标准下仅有 1270kg，与一台普通小型车相近，比传统电动车轻了 300kg 左右，碳纤维材质的大量使用功不可没。i3 主要碳纤维复合材料结构件包括车身框架、碳纤维车顶、发动机舱盖。宝马公司在 i8、M3、M4、E92 等车型均有碳纤维零部件应用，如车门、座椅、整体车身（图 1-27）、底盘、A 柱、侧护板等，有效降低了整车重量，节省能耗。

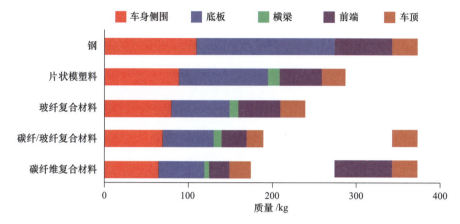

图 1-25　各种材料车身重量对比

图 1-26　宝马 i3 碳纤维车身框架

图 1-27　宝马 E92 全碳纤维车身

戴姆勒-克莱斯勒公司研制的 Dodge Viper 跑车采用了碳纤维复合材料制造的挡板支架系统，每个支架质量仅 1.93kg，碳纤维复合材料中掺杂了 55% 的碳纤，由于没有其他填充物，密度仅为 1.4g/cm³。与金属挡板支架系统相比，质量减轻了 18kg，刚度提高了 22%。此外，作为轻质高强材料，碳纤维复合材料也可应用在高强度承力结构件上，如碳纤维承重架、减振弹簧叶片等。用碳纤维复合材料制造的板簧仅重 14kg，比钢制板簧轻了 76%。

此外，由于碳纤维复合材料具有振动衰减系数大、吸振能力强的特点，用于传动系统和发动机部件，不仅能减轻整车质量，还可以减少振动、降低噪声，从而增加乘坐舒适度。奥迪Quattro系列、日产GTR和Fairladyz、阿斯顿·马丁V8 Vantage Coupe和马自达RX-8上已大量使用了碳纤维复合材料制造的传动轴。保时捷Carrera GT乘员舱整体采用了碳纤维复合材料（图1-28）。

（3）其他热塑性轻量化材料应用概况　聚碳酸酯（PC）材料密度约为玻璃的一半，且具有优异的耐热性、高刚性、抗冲击性、尺寸稳定性和良好的透光率，而成为塑料天窗的首选材料。根据欧洲、美国和日本的玻璃法规要求，塑料玻璃只适用于后三角窗、后风窗玻璃、层叠式天窗和全景天窗。奔驰 smart fortwo（图 1-29）、奔驰 SLK、奔驰 A 级和 B 级、奔驰 GL、本田思域欧洲版、西亚特 Leo、高尔夫 A7 等车型的天窗均采用聚碳酸酯替代钢化玻璃。其中奔驰 smart fortwo 的玻璃天窗厚度为

图 1-28　保时捷 Carrera GT 碳纤维乘员舱结构

图 1-29　奔驰 smart fortwo 塑料聚碳酸酯天窗

3.8mm，产品重量是 11kg，聚碳酸酯天窗的厚度为 5mm，产品重量为 7kg，减重达 30%。

2. 热固性材料的应用现状

（1）片状模复合塑料（SMC）材料应用现状　热固性材料具有质轻、高强度、耐腐蚀及成本低等特点，在欧美汽车工业中获得广泛应用。其中 SMC 材料是把低黏度的热固性树脂化合物浸到玻璃纤维中而制成的连续的片状预成型材料，有利于模压成型。与钢材相比可减重 20%~30%，在保证零部件强度的情况下能够有效降低零部件的质量。SMC 与高强度钢性能对比见表 1-6。

表 1-6　SMC 与高强度钢性能对比

材料名称	密度 ρ/(t·mm^{-3})	弹性模量 E/MPa	泊松比	拉伸屈服强度/MPa
SMC	1.83×10^{-9}	14000	0.33	207
高强度钢	7.85×10^{-9}	21500	0.28	370

SMC 同时具有热变形温度高、抗冲击、易于机械加工、便于钻孔和切割等特性，多用于汽车功能结构件，比如油底壳、备胎舱、后背门内外板等，比较典型的应用案例有沃尔沃 V70、XC60、XC90 后背门内外板，雷诺 Espace 后背门内外板、侧门及车顶，宝马 Z4 硬顶，雪铁龙 Berlingo 车顶模板（图 1-30）、C80 后背门等。

（2）聚氨酯（PUR）蜂窝复合板应用情况　PUR 蜂窝复合板成型方便，具有质量轻、较高的比强度和比刚度、高耐热（120℃以上）等特点，其结构（图 1-31 所示）是上下两层为纤维增强聚氨酯树脂，中间为蜂窝状硬纸板。中夹层的蜂窝状结构可以起到一定的缓冲作用，从而增加材料的刚度与可塑性。满足轻量化设计需求。

图 1-30　雪铁龙 Berlingo 车顶模板

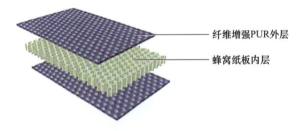

图 1-31　PUR 蜂窝复合板结构

随着制造工业技术的发展，PUR 蜂窝复合板在欧洲汽车厂得到广泛的应用。主要应用案例见表 1-7。

表 1-7　PUR 蜂窝板应用情况

应用零部件	应用车型
搁物板	奥迪 A4、大众帕萨特、奔驰 M/R 级、沃尔沃 V70
遮阳板	宝马 X3
轮胎盖板	捷豹 XK8
衣帽架	奥迪 Q5
行李舱地板	欧宝 Meriva、欧宝 Corsa

汽车轻量化是目前汽车工业发展中所要解决的油耗、排放和安全三大问题的主要途径。由于复合材料具有突出的力学性能、耐腐蚀性能及可加工性能，能够有效降低零部件的重量，从而降低油耗，减少废气的排放，因此非金属复合材料是实现汽车轻量化技术必不可少的材料。基于上述优良性能，非金属复合材料正在全球各大汽车主机厂中得到深入研究及广泛应用，未来汽车复

合材料将向着新工艺、新结构、环保、多种复合材料综合应用方向发展。

→ **作者**:
- ❖ 王秋红. 绿驰汽车研究院
- ❖ 闫建来. 中国汽车工程学会

参考文献

[1] 张荫楠. 汽车轻量化之路：复合材料的机遇与挑战[J]. 纺织导报，2016（5）：40-47.

[2] 杨挺. 汽车工业中塑料材料应用的现状及展望[J]. 化工新型材料，2013，41（5）：1-4.

[3] 唐见茂. 新能源汽车轻量化材料[J]. 新型工业化，2016，6（1）：1-14.

[4] 陈林山，陈翔. 塑料与复合材料在汽车轻量化设计中的应用[J]. 塑料工业，2017，45（7）：103-106.

[5] 严成平. 碳纤维及其复合材料在汽车上的应用[J]. 试验·研究，2015（10）：3-8.

[6] 竺铝涛. 汽车用碳纤维复合材料加工成型工艺研究进展[J]. 石油化工技术与经济，2013，29（1）：59-62.

1.5 非金属材料在我国汽车轻量化中的应用概况

非金属材料由于密度低、比强度高等特点，在汽车轻量化中发挥着举足轻重的作用。我国在非金属材料汽车轻量化方面的应用虽然起步较晚，但近年来越来越受到重视，逐步得到发展，在一些方面已经接近国外水平，尽管和国外比仍有差距，相信将来会取得更大的发展。

1.5.1 非金属材料轻量化应用概况

目前整车还主要以钢板为主，但随着近几年轻量化技术的发展，传统钢板材料用量逐渐下降，非金属用量逐渐增多。图 1-32 所示为北美洲传统汽车用材分布的变化情况。

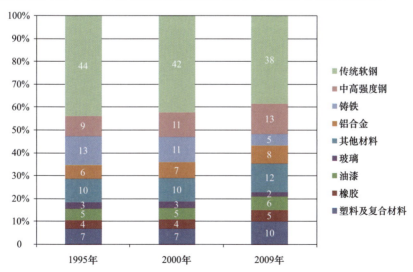

图 1-32 北美洲传统汽车用材分布的变化图

近几年，北美洲整车在镁铝合金用量方面发展迅速。2017年超过100万辆整车采用铝制车身，据神户制钢预计，北美洲汽车铝板需求将增至100万t/年。北美洲也是世界汽车镁合金用量最大的地区，预计2020年，每辆汽车镁合金用量达160kg。

钢板作为汽车的主要原材料，虽然受到镁铝合金、高强度塑料等的严峻挑战，近几年用量有所降低，但作为汽车用材的主导地位仍不会动摇。总体来说，软管用材比例有所降低，但先进高强度钢（及以上）的比例将有较大提高。

以车身为例，图1-33为福特近20年来车身用材的演变情况。

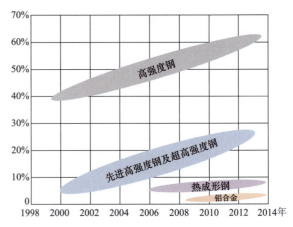

图 1-33 福特近20年来车身用材的演变情况

2014年北美国际车展的一个重大产业变革是各车企相继推出或研发更轻型的车身及零部件，传统的钢铁材料仍占主流，高强度钢得到大量应用；同时，铝合金、镁合金和碳纤维等轻量化材料的应用更加明显。"多材料组合的轻量化结构和合适的材料用于合适的部位"将成为未来轻量化选材的发展方向。

从北美洲整车用材可以看出，传统软钢、铸铁用量逐渐减少，而高强度钢、铝合金、非金属材料（塑料、橡胶）等用量逐渐增加。国内汽车行业整体用材还没有相关数据，不过从行业交流来看，趋势和北美车型基本相同。

相对于金属材料，非金属材料具有密度低、比强度高等特点，在整车轻量化的应用中有着突出的优点。车用非金属材料主要包括塑料、橡胶、皮革面料、胶粘剂、油漆等，其中以塑料为主，用量占非金属材料的50%左右。非金属材料在汽车上的应用十分广泛，其中以内外饰为主，如保险杠、仪表板、立柱、门护板、座椅泡沫、皮革面料等。以下是常用非金属材料分类及其在汽车上的主要应用（表1-8）。

表 1-8 常用非金属材料分类及其在汽车上的主要应用

序号	类别		材料示例	零件示例
1	塑料	通用塑料	PP、PVC（聚氯乙烯）、PE（聚乙烯）等	保险杠、门护板、仪表板等
		工程塑料	PA、PC、PBT等	换挡底座、进气歧管等
2	橡胶	通用橡胶	NR（天然橡胶）、EPDM（三元乙丙橡胶）、BR（顺丁橡胶）等	衬套、软管、轮胎、密封条等
		特种橡胶	FKM（氟橡胶）、AEM（丙烯酸酯橡胶）等	密封圈、变速器冷却管路等
		热塑性弹性体	TPV（动态硫化热塑性弹性体）、TPS（苯乙烯类热塑性弹性体）、TPC（聚酯热塑性弹性体）等	密封条、防尘罩等
3	皮革面料	真皮	牛皮、羊皮等	座椅包覆
		人造革	PVC革、PU（聚氨酯）革	座椅包覆、换挡护套
		面料	涤纶、锦纶（尼龙）、腈纶等	座椅包覆
4	油漆		—	车身油漆、后视镜、保险杠等塑料漆
5	油品油脂		机油、冷却液、制动液等	机油、冷却液、制动液等
6	胶/胶粘剂		PVC胶、沥青等	PVC胶、沥青、结构胶等
7	陶瓷		—	氧传感器材料、催化转换器载体等

非金属材料用量目前占整车的 20% 左右，近几年随着汽车轻量化要求急迫，非金属材料的用量占比也就越来越高。

1.5.2 非金属轻量化材料技术在我国汽车行业应用概况

汽车可以通过多种方法实现轻量化，如减少配置、材料替代、结构优化、工艺优化等。其中最主要的是利用非金属材料的低密度、比强度高等特性，替代高密度的材料。低密度材料替代高密度材料在我国汽车轻量化中的应用常有以塑代钢、塑料替代传统玻璃材料、热塑性弹性体（TPE）替代传统橡胶、低密度 PP 的应用等。

1. 以塑代钢

以塑代钢是采用塑料材料替代传统的金属零件，是汽车行业最常用的轻量化技术方案之一。以塑代钢方案减重效果明显，技术方案实施较容易，在整车轻量化压力下，各主机厂、零件厂家、塑料原材料供应商都在开发、推广以塑代钢技术。以塑代钢技术可实施的零件遍布汽车各个系统，在过去的二三十年我国成熟的以塑代钢轻量化技术成果有塑料燃油箱、塑料进气歧管、塑料换档底座、塑料加速踏板等。

（1）车身系统常用的以塑代钢方案　最近比较热门的以塑代钢车身系统零部件见表 1-9。

表 1-9　以塑代钢车身系统零部件列表

零件	用材示例	应用案例
翼子板	PPO+PA、PP+GF30	路虎极光、雪铁龙 DS6
	PP+EPDM-T30/T20	宝马 X5 等
	SMC	福特 F150
前端模块	PA66-GF30/GF40	大众途观
	PP-LFT30/LFT40	吉利博瑞、吉利博越、汉腾 X5
加油口盖	PPO/PA	奇瑞瑞虎 5、长安悦翔、标致 307、福特福克斯等
前舱盖	复合材料	—
后尾门/行李箱盖	外板：PP 内板：金属或长纤增强 PP	雷诺科雷傲、日产奇骏、奇瑞小蚂蚁
车门	内外板：PP	宝马 i3
天窗顶盖	PP-LFT30	
备胎舱	GMT、PP-LFT30	大众迈腾、奔驰 C 级、通用林荫大道
车顶顶盖	玻纤增强聚酯塑料	奇瑞小蚂蚁

车身重量一般在 400~500kg，占整车重量的 1/3 左右，主要由金属钢板组成。随着轻量化技术的发展，催生了高强钢、铝合金、差厚板、激光拼焊、热压成型等新材料或新工艺的应用。车身用材需保证整个车身的强度和耐撞性，确保零件的强度和吸能能力，目前车身用材还主要由高强度钢等金属材料组成。近几年新能源汽车的快速发展，对轻量化的需求也越来越迫切，车身外覆盖件等零件有逐渐被塑料材料替代的趋势。

目前翼子板、加油口盖外板、前端模块等以塑代钢轻量化技术在国内车型上已经应用。如塑料翼子板的量产车型有标致 307、北汽 C10 等，不过自主品牌主流均采用钢制材料，只是在比较小的新能源汽车上有用塑料翼子板；塑料加油口盖外板的量产车型有奇瑞瑞虎 5、长安悦翔、奔奔、标致 307、雪铁龙 C4、福特福克斯等。塑料前端模块的量产车型有吉利博瑞、吉利博越、汉腾 X5 等。

在传统的车型上,采用塑料后尾门比较经典的车型有雷诺科雷傲、日产奇骏、英菲尼迪等。国内主要在电动汽车上应用,如奇瑞的量产新能源车型小蚂蚁,后尾门采用全复合材料结构,外板材料 PP+EPDM-T30、内板材料 PP-LGF40,总成重量相比全金属结构轻约 40%,同时骨架高度集成各附件安装结构,装配工艺优势明显,无须涂装和防腐。另外奇瑞小蚂蚁还采用了塑料车顶顶盖,其外板采用玻纤增强的不饱和树脂材料,相对于金属外板,减重 40% 左右。

塑料备胎舱在大众迈腾上已成熟应用,另外在进口的奔驰 C 级、通用林荫大道等车型上也有成功应用(图 1-34)。塑料前舱盖在国内传统车型上还未见成熟的应用,不过在一些小的电动汽车上有应用案例,如众泰汽车的 E200,其前舱盖内外板即为 PP+EPDM-TD20 材料。

图 1-34 大众迈腾塑料备胎舱

(2)内外饰系统常用的以塑代钢方案 最近比较热门的以塑代钢内外饰系统零部件见表 1-10。

表 1-10 以塑代钢内外饰系统零部件列表

零件	用材示例	应用案例
防撞横梁	GMT	现代索纳塔(前/后防撞梁)、新途胜(后防撞梁)、悦动(后防撞梁)、伊兰特(后防撞梁)、ix35(后防撞梁)、雪佛兰乐风(后防撞梁)、赛欧(后防撞梁)
	PC+PBT	长安铃木雨燕、吉利 GS
后视镜底座	玻纤增强 PA、PP	丰田威驰、RAV4,菲亚特 Sedici
转向盘骨架	PC	—
安全气囊支架	PC	Autoliv(奥托立夫)、TRW(天合)、Delphi(德尔福)、KSS(百利得)等供应商提供的安全气囊
仪表板骨架	长纤增强 PP	福特 C-MAX、马自达 3、沃尔沃 S40/C70
座椅骨架	GMT	奥迪 TT

内外饰是非金属材料的使用大户,塑料、皮革面料、泡沫等均主要用于该系统。内外饰的主要金属零件有仪表板横梁、前后防撞横梁、座椅骨架等,针对这些件的以塑代钢研究,一直是轻量化技术的热门话题。目前塑料防撞横梁、塑料后视镜底座等在国内都有成熟的应用案例,其技术也比较透明。外后视镜要求安装底座有足够的强度和刚度,以前一般使用的材料有铝合金(ZZnAl4Cu1Y),目前底座材料大部分趋向于塑料材料。

一般常用的塑料材料有 PA6-GF45、PA6-GF50、PA6-GF60 等高玻纤含量增强 PA 材料;丰田威驰、RAV4 上外后视镜底座使用的是 PBT-GF55 材料,这种材料成本上比同等玻纤含量的 PA 增强材料要低,刚度接近,从 PBT 的流动性和结晶程度上看,高玻纤含量增强的 PBT 要比 PA 的外观好;另外一些车型后视镜底座使用玻璃微珠增强 PP,该材料密度小,强度高,而且表面效果好,如菲亚特 Sedici。

前后防撞横梁目前主要采用金属材料,但较多的合资车型开始使用塑料防撞横梁,特别是韩系车型,大量应用 GMT 塑料防撞横梁。除 GMT 材料外,也有很多主机厂在开发 PC+PBT 的防撞横梁。相对于金属安全气囊支架,塑料安全气囊支架具有以下优点:简化系统、功能集成;减重;安全性提升和降低成本。

金属安全气囊支架与塑料安全气囊支架的安全气囊分解图如图 1-35 所示。

气囊总成（金属）	气囊总成（塑料）
重量：3.3kg	重量：1.9kg

图 1-35　安全气囊分解图

目前欧美日等地区主机厂大部分使用塑料安全气囊支架，气囊供应商主要为 Autoliv、TRW、Delphi（德尔福）、KSS、Takata（泰地塔）等，国内主机厂也逐渐开始使用该技术。转向盘骨架目前一般采用镁铝合金，重量轻，性能指标好；但是价格较贵，且相对于钢骨架，减重约 1/3。目前也有些厂家在开展塑料 PC 转向盘骨架的研究（图 1-36）。

a) 镁合金转向盘骨架

b) PC 转向盘骨架

图 1-36　PC 替代镁合金用于转向盘骨架

仪表板骨架目前还主要用钢管焊接成形，随着轻量化技术的发展，镁铝合金的仪表板骨架大量应用。在一些进口车型上，也有增强复合塑料仪表板骨架的应用，如福特 C-MAX、马自达 3、沃尔沃 S40/C70 等车型。另外，最近几年兴起的塑料、金属熔接技术，也催生了塑料在金属管材上焊接而成的仪表板骨架结构（图 1-37）。不过这两种技术在国内目前还没有应用案例。目前的座椅骨架还是以钢板冲压为主，近几年铝合金座椅骨架、塑料 GMT 座椅骨架等也是研究的热题。

 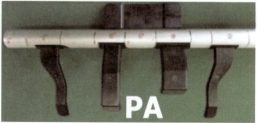

图 1-37　仪表板骨架图

（3）电气系统常用的以塑代钢方案　最近比较热门的以塑代钢电气系统零部件见表 1-11。

蓄电池支架总成作为车身总成之一，其主要功能是固定蓄电池装置，目前蓄电池支架主要以 DC01 钢材冲压焊接为主。国内外的一些车型已经改用增强塑料材料，如 PA66-GF30、PP-LFT40、SMC 等，如奇瑞的 TIGGO5 即为 PP-LFT40 塑料蓄电池支架。

表 1-11　以塑代钢电气系统零部件列表

零件	用材示例	应用案例
蓄电池支架	PP-LFT30	奇瑞瑞虎 7
雾灯壳体	PBT-GF30、PES	沃尔沃 C70

（4）底盘系统常用的以塑代钢方案　最近比较热门的以塑代钢底盘系统零部件见表 1-12。

表 1-12　以塑代钢底盘系统零部件列表

零件	用材示例	应用案例
踏板底座	PA66-GF30、PP-LFT40	大众速腾、宝马 X5、观致 3
离合器踏板	PA66-GF30、PP-LFT40	大众速腾、大众 T5
离合器主缸	PA66-GF30	大部分车型

目前离合器踏板及踏板臂主要采用 Q235、SPHC 等金属材料，部分车型已经采用塑料踏板（图 1-38）。

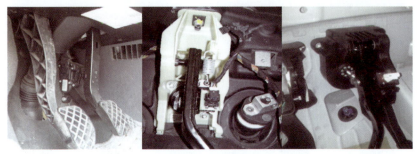

a) 大众 T5 塑料踏板　　b) 宝马 X5 塑料踏板底座　　c) 观致塑料踏板

图 1-38　塑料踏板

塑料离合器主缸使用范围很广，如乘用车、货车、工程机械车等。手动档车型及需要离合器液压控制系统的车型的离合器主缸，主要采用塑料壳体（图 1-39）。

图 1-39　塑料离合器主缸

（5）动力总成系统的以塑代钢方案　动力总成系统最典型的以塑代钢是塑料进气歧管，目前国内大部分发动机采用塑料进气歧管。相比金属进气歧管，减重达 40%。

悬置支架一般采用钢铁或铝等金属材料。金属材料密度较大，为了降低重量，有些车型开始采用塑料悬置支架。塑料悬置支架自 2006 年量产以来，已经在通用、宝马、丰田等车型上实现了应用，其减重效果达 40%~50%。国内车型目前还在研发中，如图 1-40 所示。

另外，塑料油底壳目前还主要采用金属材料，部分车型也实现了塑料化，如凯迪拉克和别克的部分车型（图 1-41）。气门室罩盖，国内外已经有多款车型采用塑料化的成果案例，如丰田 2016 款威驰、通用五菱 2013 款宏光、上汽通用 2012 款荣威 350 和奇瑞 2016 款艾瑞泽 5 等车型。

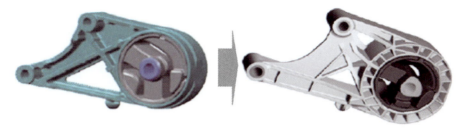

图 1-40　塑料悬置支架

a) 油底壳

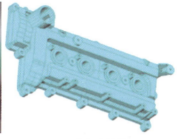
b) 气门室罩盖

图 1-41　塑料油底壳和气门室罩盖

加油管的塑料化，也是轻量化的重要方向。通过塑料化，可以减重约 1kg。部分车型加油管路（包括加油通气管路）的用材及重量见表 1-13。

表 1-13　部分车型加油管路用材及重量

车型	材料	重量 /kg
长安 CX70	塑料	0.47
吉利博瑞	PA12-HIPHL	0.58
吉利 GS	PA6	0.69
长城 H2	HDPE	0.82
江淮 S5	塑料	0.73
宝骏 630	塑料	0.56

2. 其他材料之间的材料替代

在零件轻量化中，以塑代钢，是低密度材料替代高密度材料的最主要方案之一。除此之外，其他材料之间的材料替代（低密度替代高密度）也是轻量化的重要方向。特别是近几年材料技术的发展，使汽车零件在不降低强度和原有使用性能的情况下，大大拓展了材料替代的可行性。

1）塑料玻璃替代现有的无机玻璃，是最典型的材料替换实现轻量化的案例之一。1998 年，smart（精灵）车的问世，使 PC 首度成为量产汽车天窗的原材料。如今，PC 在该领域有三类产品有着显著发展：固定式侧窗；透明天窗；后窗组件（如奔驰 C 级双门运动跑车），以及车身上那些有深色玻璃质感的配件。目前国内外在三角窗、天窗玻璃等均有量产的案例，减重达 40%。

2）随着长纤增强塑料技术的发展，长纤增强 PP 塑料，其力学性能大大提升。一些尼龙结构件中，也逐渐被长纤增强 PP 替代。如塑料前端模块，最初的设计均是按 PA66-GF30 或 PA66-GF40 设计，随着 CAE 分析技术的提高和长纤增强 PP 塑料性能的提升，如今的塑料前端模块，主要以长纤增强 PP 塑料为主。

另外，长纤增强 PP 也在蓄电池支架、天窗连接板、底护板、换档底座等零件上大量使用，替代玻纤增强尼龙材料。

3）热塑性弹性体（TPE），也叫热塑性橡胶（TPR），是继天然橡胶、合成橡胶后的第三代橡胶。由于其分子结构的可调整性和可控性，使 TPE 表现出多种优异性能，如兼具热塑性塑料的重复加工性和橡胶的高弹性；硬度范围广，能填补塑料与橡胶之间的硬度区间；成型周期短，无须硫化等。热塑性弹性体在性能上和传统橡胶接近，且密度更低，因此热塑性弹性体替代传统橡胶也是轻量化的一个重要方向（表 1-14）。

表 1-14　热塑性弹性体替代橡胶零件表

零件	常用橡胶材料	轻量化方案
进气软管	EPDM	TPC、TPV
传动轴防尘罩	CR（氯丁橡胶）	TPC
减振器防尘罩	NR	TPV、TPO（聚烯烃弹性体）
加油口密封圈	EPDM	TPV
车窗密封条	EPDM	TPV、TPS
橡胶垫	EPDM	TPV、TPS
堵盖	EPDM、NR	TPV、TPS

4）目前车辆主要使用的阻尼材料是沥青基材料，而欧美等已开始大量采用水性阻尼材料。水性阻尼材料密度低，同等面积用量的情况下，能减重 30% 左右。另外，水性阻尼材料还能提高环保性能。

1.5.3　非金属材料结构优化推动汽车轻量化

除材料之间的替换外，结构优化也是零件轻量化的重要路径。特别是近几年 CAE 分析技术的发展，加速了零件的结构优化。根据 CAE 分析，通过加强筋等提高局部强度，减少整件的厚度，从而达到轻量化。目前比较热门的零件薄壁化、塑料前端模块化等轻量化技术，都是在 CAE 分析的基础上，通过结构优化来确保零件强度的。

（1）零件薄壁化　通过采用高流动、高模量、高韧性的塑料，零件壁厚可适当降低，从而降低产品重量。如壁厚由 3mm 降低至 2.5mm，重量降低 16% 左右。以塑料保险杠为例，其壁厚最初为 4mm 左右，随着材料技术、CAE 等技术的发展，如今的保险杠壁厚可低至 2mm 左右（图 1-42）。

图 1-42　塑料保险杠壁厚发展历程

（2）塑料前端模块　通过结构优化和材料替代的塑料前端模块是实现零件轻量化的最典型案例之一。该设计集成了散热器上、下横梁，散热器横梁立柱，前照灯臂等二十多个零部件。众泰平台化设计的塑料前端模块融合了 30 多个全配置兼容装配点（图 1-43）。

通过 CAE 分析、金属紧固件预埋等结构优化，众泰某车型塑料前端模块集成了 28 个金属零件，减重约 50%。

通过涂胶、结构泡沫、发泡塑料等，实现金属钢板的薄壁化也是轻量化的重要方向。为弥补钢板变薄后强度及刚度的降低，通过 CAE 分析进行结构优化、在金属一侧或内腔增加结构泡沫、胶等。其中结构泡沫、胶的使用，不仅能降低整件的重量，还能提高 NVH 性能。零件的轻量化，即使是材料之间的替换，均伴随着结构的变化，如塑料尾门、塑料发动机舱盖等，都是在结构优化的基础上进行的以塑代钢。

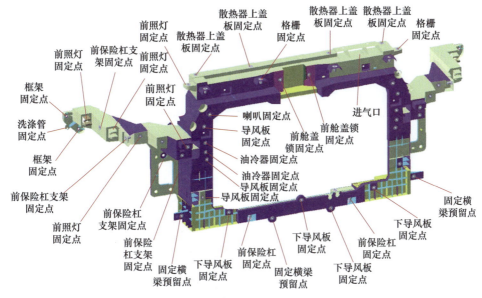

图 1-43 众泰平台化塑料前端模块

1.5.4 非金属材料领域轻量化新技术应用

零件或材料应用的新技术，往往会给零件结构带来革命性的变化，一些变化也能带来零件的轻量化，如聚氨酯轮胎、空气弹簧、碳纤维增强复合材料等技术的发展。材料领域很多新技术的应用，加快了轻量化的发展。

（1）气辅成型技术　气辅成型是目前比较成熟应用的技术，该技术通过减少空腔内的材料用量而实现轻量化。

MuCell 工艺即微发泡注射工艺，是指以热塑性材料为基体，通过特殊加工工艺，使制品中间层密布尺寸从几到几十微米的封闭微孔。MuCell 工艺突破了传统注塑的诸多局限，在基本保证制品性能不降低的同时，减低产品重量 8%~15%，另外，还可消除制件中的残余应力，减少表面凹陷和制品翘曲。目前国内采用 MuCell 工艺的车型有北京奔驰 E 级车门内饰板和地图盒、一汽大众 CC 门内饰板、上海大众新 Polo 安全气囊盖、上海大众途安门饰板等（图 1-44）。

图 1-44　MuCell 工艺产品示例

（2）填充材料替代　玻璃微珠改性塑料内部有中空的玻璃微球，直径在 15~135μm，成分为碱石灰硼硅酸盐，作为矿物填充，替代部分传统矿物填充（如滑石粉），加入 PP 基体中，制得改性 PP 材料，不仅能减重约 10%，还能减少收缩率，防止翘曲；改善树脂流动性等（图 1-45）。玻璃微珠增强 PP 目前在立柱护板、门护板等上有所应用。自主车型中，众泰汽车、奇瑞汽车等已经在开

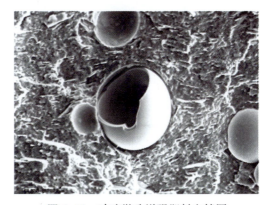

图 1-45　玻璃微珠增强塑料电镜图

展相关的零件应用开发。

（3）金属与塑料连接技术　金属与塑料连接技术结合零件结构的优化，能有效减轻零件的重量。如陶氏的 BETAMATE 结构胶是业内首创的铝材粘结工艺，可将金属板和复合材料板牢固粘结在一起，不仅直接降低了车身重量（18kg）和单车制造成本，改善了车辆结构的牢度、柔韧性、车身静态和动态刚度，而且显著提升了车辆可操控性。

（4）新型滑柱系统　滑柱系统（减振器＋金属弹簧）主要作用是减少路面、轮胎与车身之间的振动传递，提高车内的舒适性（图 1-46）。宝马 X5 的空气弹簧，具有更高的吸振和降噪能力，可以提高商用车的舒适性，且对车辆本身和运输的货物有一定的保护作用，另外，相对于传统的滑柱系统，空气弹簧减重超过 50%。

图 1-46　传统滑柱系统与空气弹簧

（5）聚氨酯轮胎　聚氨酯轮胎虽然减重明显，但技术尚不成熟，目前还主要处在一些专用车领域的试验阶段。图 1-47 中，图 1-47a 是米其林 2004 年推出，2009 年量产的 Tweel 型聚氨酯轮胎。图 1-47b 是韩泰在 2013 年法兰克福国际车展上推出的聚氨酯概念轮胎。这种轮胎的重量比平常的轮圈加轮胎的重量还轻，而且完全不需要充气。图 1-47c 是韩泰的免充气轮胎，据称该轮胎已经在电动汽车上完成 130km/h 的高速测试。图 1-47d 是网络上展现的聚氨酯发泡轮胎。

a) 米其林Tweel型轮胎　　　　　　b) 韩泰i-Flexairless概念轮胎

c) 韩泰的iFlex免充气轮胎　　　　　　d) 聚氨酯发泡轮胎

图 1-47　聚氨酯轮胎

1.5.5 非金属材料轻量化未来发展方向

材料轻量化是目前汽车轻量化技术最主要的途径，通过材料替换、材料优化等贡献目前 80% 以上的轻量化。以往整车材料还主要以钢铁为主，近几年高强度钢的用材比例逐渐上升，其用量逐渐超过传统普通钢材。镁铝合金由于其密度低，近几年成为轻量化材料的热点，但其价格稍高，性能、工艺等方面还有一些难题待攻克。近几年铝合金的研究十分火热，特别是新能源汽车，由于其对轻量化需求更为迫切，铝合金零件应用已成为新能源汽车最为重要的轻量化实施途径。

从轻量化的实施效果来看，高分子材料是最理想的材料，特别是高强度的复合材料，如长纤增强的塑料材料、碳纤维增强复合材料等。特别是碳纤维增强复合材料，其强度高、密度低，是未来轻量化的理想材料之一。

材料轻量化的主要发展方向，如图 1-48 所示。

车身的轻量化与材料轻量化的发展方向基本一致。传统车身重量占整车重量的 30%~40%，且主要以钢铁材料为主。如果将部分零件实现镁铝合金，甚至是碳纤维等高强度复合材料，其减重效果将十分可观，更不用说全铝车身或全塑车身（图 1-49）。

近几年新能源汽车的发展，由于蓄电池系统增重明显，对整车的轻量化要求日益迫切，推动了非金属材料的快速发展。一些在传统车型上难以实施的轻量化方案，在新能源汽车上快速实现量产，如塑料后背门、塑料车顶、塑料玻璃、塑料发动机舱盖等。预计在不久的将来，非金属材料在汽车上的用量比例将越来越高。

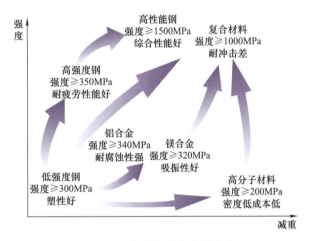

图 1-48 材料轻量化发展方向

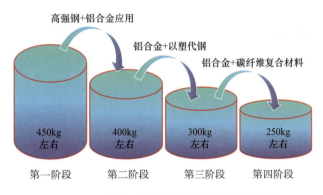

图 1-49 车身轻量化各阶段主要方案及重量

轻量化是汽车未来发展的趋势，无论是最近火热的电动汽车，还是传统的燃油车，都把轻量化零件开发当作整车开发中的重要一环。目前我国汽车呈现井喷式发展，非金属材料在汽车上的应用也发展迅速，但与国外还有一定的差距。非金属材料在汽车轻量化的应用，仅仅是靠汽车销量的急速发展来拉动是不够的，而需要整个汽车产业链的整体发展，包括材料、工艺、模具、设计、CAE 分析、设备、试验等各个领域的完美配合。在一些单项技术上，国内已经接近或达到国外先进水平，但在专有设备、前沿设计等方面，还有较大的提升空间。相信通过几年的追赶，我国非金属材料在汽车轻量化的应用，会提高到更高的水平。

➔ **作者：**
❖ 牛丽媛，李志虎．众泰控股集团汽车工程研究院

参考文献

[1] 李军，路洪洲，易红亮，等．乘用车轻量化及微合金钢板的应用[M]．北京：北京理工大学出版社．2015：23．

[2] 郑瑞，郐芳．北美汽车材料的应用现状与发展趋势探讨[C]．第十届中国钢铁年会暨第六届宝钢学术年会论文集，2015：3-4．

[3] 李书鹏，李树辉．薄壁化技术在汽车保险杠上的应用研究[J]．汽车材料与工艺，2016（10）：27-29．

[4] 俞庆华．陶氏BETAMATETM结构胶系统助力汽车行业轻量化发展[J]．汽车零部件，2016（12）：62．

第 2 章 汽车轻量化设计

2.1 优化结构设计与分析推动轻量化

汽车结构轻量化就是在保证汽车强度和安全性的前提下,通过原材料、零件结构、制造工艺等的最优选择,尽可能地降低汽车零部件、汽车组件、汽车总成的重量,从而降低汽车的整备质量,提高汽车的动力性,减少燃料消耗,降低排气污染。汽车结构轻量化设计方法主要有四种:结构优化设计;使用高强度钢;使用密度小的铝合金材料或塑料聚合材料;精简设计结构。下面重点阐述结构优化设计技术。

随着汽车行业竞争日趋加剧,对整车综合性能要求也在不断提升,而各项性能之间往往存在着冲突矛盾,轻量化与安全性之间的矛盾便是其中的典型案例之一。为了在满足安全性的前提下最大限度地降低车身重量,需要工程师在设计初期就能准确预测产品性能,从而能够对汽车结构进行优化设计。

2.1.1 车身结构轻量化设计与优化分析

车身的主要作用是为乘员提供舒适、安全的乘坐环境。车身主要由车身结构件和车身覆盖件组成。车身结构件主要是车身结构中的梁和支柱等结构,通过各种连接技术组合成车身空间骨架,使车身成为整体式壳体结构,是整车结构中重要的承力模块;车身覆盖件具有不同的曲面形状及大小尺寸,将车身覆盖件安装在车身骨架上,形成车身的外形并可增强车身的强度和刚度。

结构优化设计是在给定的约束条件下,按某种目标(如重量最轻、成本最低、刚度最大等)求出最好的结构设计方案,以驱动设计。传统的结构优化设计实际上指的是结构改进分析,其过程大致是假设→分析→校核→重新设计,有时这个过程需要重复多次,一般耗用时间较长,基本属于结构分析的范畴,通常以校核为目的,不能找出最好的设计方案,最终设计结构的用材余度一般较大。现代真正的结构优化设计,其过程大致可归纳为:假定→分析→搜索→最优设计四个阶段。其中,搜索过程是修改并优化的过程。它首先判断设计方案是否达到最优(包括满足各种给定的条件,如强度、静刚度、固有频率、稳定性、截面尺寸和工艺要求等),如果达不到,则按某种规则进行修改,以求逐步达到预定的最优指标。这一过程可以缩短产品结构的设计周期,按一定的约束条件基本能找出较好的设计方案,设计结构用材也更为合理。图 2-1 所示是我国结构优化设计所经历的三阶段,横坐标表示产品开发过程,纵坐标表示产品开发成本。

车身优化设计的目标是实现车身结构的平衡性，使其能够同时满足车辆安全性、操控性、耐久性、NVH、整车性能和架构集成等多方面的性能要求。车身结构对整车性能有着直接影响，而轻量化设计往往与性能提升之间存在矛盾，因此在车身结构设计方面需采取多种优化手段。在结构优化设计过程中，可以根据设计变量的类型采取不同的优化方式。

现代结构优化设计一般主要采用拓扑优化、形状优化和尺寸优化三种方式。在结构的概念设计阶段一般使用拓扑优化、形状优化和自由尺寸优化；在结构的详细设计阶段一般采用形状优化、尺寸优化和自由形状优化。结构优化设计的一般步骤如图2-2所示。

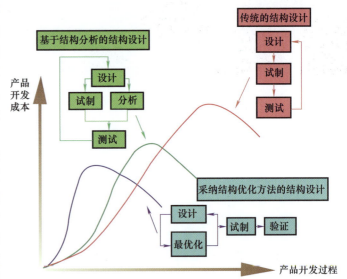

图2-1　结构优化设计经历示意图

尺寸优化是在给定结构的类型、材料、布扑拓扑和外形几何的情况下，优化各个组成构件的截面尺寸，使结构最轻或最经济的优化方法。

形状优化是指结构化的几何也可以变化，即将节点位置或边界形状的几何参数作为设计变量。

拓扑优化是对具有节点联结关系或结构的布局进行优化。

上述三种优化方式中，尺寸优化是使用最简单也最成熟的优化方式，其优化方案对产品制造及装配等生产工艺的影响相对最小，因此对于量产产品也常采取此方法进行优化；形状

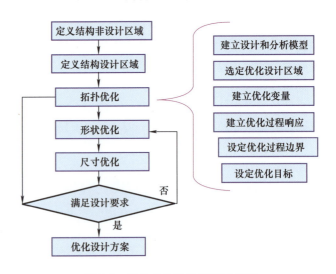

图2-2　结构优化设计步骤示意图

优化相对较复杂，主要是为了改善产品应力分布、降低应力集中问题，优化方案需结合制造及装配可行性进行制定；拓扑优化是根据产品承力传导路径进行结构优化的一种方式，可以在方案设计阶段给出零部件甚至车身原型合理的材料布局，减轻结构重量，该方式的优化分析过程最复杂，减重效果也最为明显。

根据车身设计流程，车身结构一般从概念造型逐步细化为具体产品，因此相应优化顺序一般为拓扑优化、形状优化、尺寸优化。首先使用拓扑优化工具来布置车身结构，从造型以及车内空间布置出发，建立车身空间的基础网格模型，然后根据一定的工况要求，对基础网格进行拓扑分析，确定车身主要传力结构形状，然后根据拓扑结果建立梁、板壳模型，并进行形状及尺寸等多项性能优化，最终完成车身结构的正向开发，如图2-3所示。

  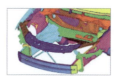

a）原始造型及空间数据　　　b）拓扑优化完成数据　　　c）形状优化完成数据

图 2-3　车身前端优化过程

1. 拓扑优化

拓扑优化是以材料分布为优化对象，通过拓扑优化可以在均匀分布材料的设计空间中找到最佳的分布方案，因此其主要目的是寻找白车身的载荷传递路径。拓扑优化基本思路是从造型以及车内空间布置出发，首先确认并建立车身空间数模以及网格模型，然后根据工况要求对基础网格进行拓扑分析。拓扑优化相较其他优化方式具有更多的设计自由度，从而能够获得更大的设计空间。车身质量直接影响到整车安全性，因此其拓扑优化时需分析的工况也较复杂，主要包括刚度工况和碰撞工况。刚度工况包括弯曲刚度工况和扭转刚度工况，碰撞安全工况包括正面碰撞工况、后面碰撞工况和侧面碰撞工况。

拓扑优化可以采用壳单元或实体单元来定义设计空间，并用均匀化和密度两种方法定义材料的流动规律。对结构实施拓扑优化设计时，可以直接考虑结构的一些工艺和尺寸问题，如最小特征尺寸、最大特征尺寸、拔模约束、加工时的挤压方向、对称模式组、模式重复组等问题。

最小特征尺寸：在优化设计分析软件中，最小特征尺寸一般用最小成员尺寸控制，即优化结果中单元密度为1的区域的最小允许尺寸。施加最小成员尺寸约束可以消除优化结果中细小的传力路径，保证结构最小尺度大于最小成员尺寸，从而得到比较均匀的材料分布，便于铸造过程的材料流动，或提供足够刚度便于刀具加工。一般最小成员尺寸要大于3倍的单元平均尺寸。

最大特征尺寸：在优化设计分析软件中，最大特征尺寸一般用最大成员尺寸控制，即优化结果中单元密度为1的区域的各向尺度不能全部大于该尺寸。因此，最大成员尺寸约束可以消除结果中的材料堆积，避免制造过程引起的产品缺陷（如在铸造过程中散热不均匀），并能提供多个传力路径以提高产品可靠性。一般，最大成员尺寸要大于2倍的最小成员尺寸，因此至少为单元平均尺寸的6倍。

拔模约束：铸造实体件的结构优化时，为了得到易于制造的结构，降低制造成本，一般在概念设计阶段就需要考虑脱模约束条件。

加工时的挤压方向：通过指定挤压方向，使材料沿挤压方向的横截面保持一致，得到的优化结果可以采用型材制造。施加挤压约束后，结构优化实际上是对零件所使用的型材横截面进行优化。该方法用于要求截面沿给定轨迹保持恒定不变的零件，由用户通过指定一系列的点来定义挤压路径。挤压路径可以是曲线形式或扭转形式。

对称模式组：实际上是各种对称模式的约束。对设计空间施加对称约束可以生成对称设计，即使是在网格、边界条件不对称的模型中，例如优化软件 Optistruct 就可以强制生成非常接近于对称的结构优化结果。

模式重复组：通过允许相似的设计区域连接在一起，以产生相似的拓扑布局。通过指定零件某一区域或多个区域的结构样式与另一区域保持一致，或沿某方向进行比例缩放，从而减少工艺设计和制造加工的工作量。

可应用于拓扑优化目标或约束函数定义的响应可以是以下物理量的组合：质量、体积、体积比或质量比；重心、惯性矩、静态应变能；静态位移、固有频率或整个模型的等效应力；屈曲因子或频响位移、速度、加速度等；加权应变能、加权频率或应变能指标等。当单元在拓扑设计域时，不能约束其应力，应变或力。当单元不在拓扑设计域时，静应力、静应变、静力；复合应力、复合应变、复合材料失效指标；频响应力、频响应变和频响力等都可以用作目标或约束函数。

2. 形状优化

形状优化是一种使形状最佳化的优化方法，即在板形结构中寻找最优的加强肋分布的概念设计方法，用于一种面向薄壁结构和钣金件的概念设计技术，在减轻结构重量的同时能满足刚度、强度和频率等要求，在设计初始阶段设计人员就可以快速确定加强肋的布局。与拓扑优化不同的是，形状优化不去除材料，拓扑优化使用单元密度作为变量，而形状优化采用形状作为变量。形状优化的设计区域首先被划分成大量独立的变量，然后进行一系列的迭代优化，计算这些变量对结构的影响，再在可设计区域中根据节点的扰动生成加强肋。

可用于形状优化的目标或约束函数的响应有：质量、体积、重心；惯性矩、静态应变能和静态位移；固有频率、屈曲因子和静态应力、应变、力；静态复合应力、应变、破坏指标、频响位移、速度、加速度和频响力、应变、力；加权应变能、加权频率、组合应变能指标；用户定义函数和肋离散系数等。但是由于质量和体积在形状优化中对设计修改不太敏感，因此在形状优化中一般不推荐使用质量、体积作为约束或目标。形状优化的形状变量由用户自定义参数（最小肋宽、起肋角）确定。

在做形状优化时，同样可以预先考虑一些加工工艺问题，通过加强肋的不同布置类型设置加工方式约束。例如，管道必须有连续的截面，冲压不能有模具锁死的情况等。在形状优化中通常通过模式组合和模式重复选项实现可制造的加强肋设计。例如结构优化软件 Optistruct 就提供了 70 多种模式组合和变量用于形状优化。

形状优化是设计人员对模型有了一定的形状设计思路后所进行的一种细节设计。目的是通过改变模型的某些形状参数（几何特性的形状）后达到改变模型的力学性能以满足某些具体要求，如减小应力集中或者增加构件刚度等。在形状优化中，优化问题的求解通过修改结构的几何边界来实现。优化软件中一般通过区域变形实现形状优化，需要建立形状变量和控制区域变形的手柄。区域的类型分为局部区域和全局区域两类，局部区域有 1D、2D、3D 和 Edge，全局区域影响模型中的所有单元。

3. 尺寸优化

在车身结构布局及部件外形基本确定的条件下，将部件截面尺寸设为变量进行优化，以进一步减轻重量。尺寸优化中的设计变量可能是横截面积、惯性矩、厚度等参数。对于复合材料，其分层厚度和材料方向也是优化设计变量。用有限元计算结构位移和应力时，尺寸优化过程不需要网格重新划分，直接用敏感度分析和合适的数学规划方法就能完成尺寸优化。

尺寸优化是设计人员对模型形状有了一定的形状设计思路后所进行的一种细节设计，通过改变结构单元的属性，如壳单元的厚度、梁单元的截面属性、弹簧单元的刚度和质量单元的质量等，以达到一定的设计要求（应力、质量、位移等）。

可用于尺寸优化的目标或约束函数的响应有：质量、体积、重心；惯性矩、静态应变能和静态位移；固有频率、屈曲因子和静态应力、应变、力；静态复合应力、应变、破坏指标、频响位移、速度、加速度和频响力、应变、力；加权应变能、加权频率、组合应变能指标；用户定义函数和肋离散系数等。

尺寸优化中，结构单元的属性，如壳单元的厚度、梁单元的截面属性、弹簧单元的刚度和质量单元的质量等，一般不是设计变量，但可通过转化其相关量进而把这些属性定义为设计变量方式，对结构尺寸进行优化。

2.1.2 非金属部件结构设计与优化在汽车轻量化中的应用

1. 汽车结构轻量化发展现状

汽车结构轻量化现状是高强度钢在国外主流车型上的应用比例占到车身重量的65%以上，先进高强度钢和热成形钢的用量有了明显上升；铝合金在汽车结构上的运用也越来越多，很多汽车制造企业会根据整车的市场定位来决定铝合金应用水平和应用形式；碳纤维在部分系列车型上也开始逐步得到运用。这些都表明，合适的材料通过结构优化设计并应用于合适部位，最大限度地发挥结构的拓扑关系和材料特性来实现轻量化，是未来汽车结构轻量化的发展方向。金属件结构在整车中所占的比重相当高，因此在材料没有重大突破的状况下，汽车结构的轻量化，很大一部分还是取决于对金属件结构的设计优化。目前车身结构的轻量化流程如图2-4所示，车辆中的其他金属结构可以根据实际使用情况，增减不必要的工况和边界载荷进行设计优化。

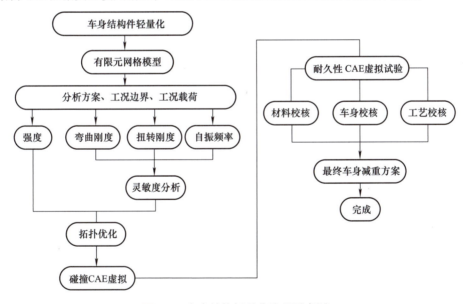

图 2-4 车身结构轻量化流程示意图

2. 非金属件结构设计优化在汽车轻量化中的应用实例

非金属材料在汽车上的用量在急剧攀升，用非金属材料代替部分钢材，对减轻整车重量具有非常重要的作用。使用非金属或复合材料结构，也需要进行必要的刚强度分析。金属结构的优化设计方法对非金属件结构的设计优化也具有指导作用。对于塑料等非金属结构，优化设计模式和金属件结构类似，复合材料和碳纤维等就需要运用遗传算法或改进的遗传算法对其进行结构优化。非金属件结构优化在汽车轻量化中的应用实例如下，图2-5所示为某车型保险杠结构设计优化展示，起始几何模型只是简单描绘出保险杠的外形轮廓，各处材料基本均匀分布，通过保险杠边界受力分析，减少非受力区域的材料分布，拓扑优化和形状优化结合应用，优化连接结构，以到达结构优化轻量化和造型美观的效果。

图 2-5　汽车保险杠的结构优化设计

3. 复合材料结构优化在汽车轻量化中的应用介绍

非金属材料是轻量化设计中经常应用的一类重要材料，树脂基复合材料由于其良好的强度重量比、设计集成度高、易于加工成形等优点，是汽车轻量化设计中应用的主要非金属材料。

用于制造汽车结构件的复合材料一般为纤维增强复合材料，常规纤维种类有玻璃纤维、碳纤维等，而根据复合材料中纤维存在形式，主要分为连续纤维及非连续纤维复合材料。对于非连续纤维增强复合材料，力学性能基本保持各向同性，因此优化设计时与金属材料基本一致；对于连续纤维增强复合材料，其力学性能由于受纤维影响表现为明显的各向异性，并且其力学性能与材料的微观组分和铺层方式有密切的关系，因此得到拓扑优化结构后，在进行形状优化及尺寸优化时，还需进一步分解完成各向纤维布铺层数量及顺序的优化方案，如图 2-6 所示。

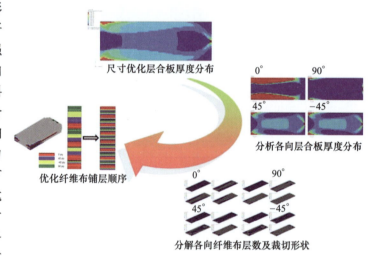

图 2-6　复合材料铺层优化过程

复合材料优化结构案例如图 2-7 所示。原钣金件结构如图 2-8 所示。根据拓扑分析结果，将复合材料部件按强度要求分为三个区域，然后通过形状优化在局部区域增加翻边等结构以增强整体刚度，然后根据不同区域强度要求将产品分为三个区域进行尺寸优化，计算得出最优厚度值，最终优化纤维布的铺层数量及顺序，根据优化结果分析，复合材料零件比钢制零件减重约 50%。

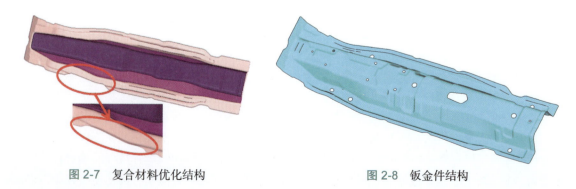

图 2-7　复合材料优化结构　　　　　　　图 2-8　钣金件结构

2.1.3 结构设计解析和 CAD/CAE/CAM 一体化技术结构优化设计

CAD/CAE/CAM 一体化技术是典型的软硬件集成环境，它以计算机及周边设备和系统软件为基础，包括二维绘图设计、三维几何造型设计、有限元分析及优化设计、数控加工编程、仿真模拟及产品数据管理等内容。CAD/CAE/CAM 一体化技术使汽车设计与制造正向着可控化、信息化、智能化和标准化的目标发展，其特点是将人的创造能力和计算机的高速运算能力、巨大存储能力和逻辑判断能力有机结合起来。

1）CAD 是指利用计算机帮助设计人员进行产品的总体设计、造型设计、结构设计等。

2）CAE 主要指用计算机对工程和产品进行性能与安全可靠性分析，发现设计缺陷，并证实未来工程、产品功能和性能的可用性与可靠性。

3）CAM 是将计算机应用于制造生产过程的过程或系统，其核心是数控技术。应用 CAM 技术已经可以直接在 CAD 系统上建立起来的参数化、全相关的三维几何模型（实体＋曲面）上进行加工编程，生成正确的加工轨迹。

利用 CAD/CAE/CAM 一体化技术，在产品开发阶段就能对所设计的产品进行性能分析，确认产品质量及可靠性，针对潜在问题进行分析，从而节约开发成本并大幅缩短开发周期，如图 2-9 所示。

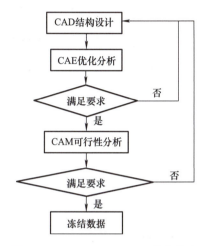

图 2-9 CAD/CAE/CAM 一体化技术

2.1.4 汽车三明治结构设计

由于车身结构的工况条件复杂，而且涉及的零部件数量众多，因此选用多材料组合制造，往往比单一材料更能够实现优异的综合性能。三明治结构是一种特殊的复合材料结构类型，它通过在重量轻而相对厚一点的芯材两侧贴上两层薄而坚固具有一定刚度的面板所组成，该结构有着典型的重量轻、高刚性和高强度特征。当三明治结构承受弯曲载荷时，其工作原理从某种意义上来说类似于工字钢，工字钢翼板（正如三明治结构的面板）承载平面压缩和拉伸载荷，而工字钢腹板（正如三明治结构的芯材）承受剪切载荷。

蜂窝夹层板是一种典型的三明治结构材料，如图 2-10 所示，这种结构的夹芯层是由金属材料、玻璃纤维或复合材料制成的一系列六边形、四边形及其他形状的孔格，在夹芯层的上下两面再粘接（或钎焊）上较薄的表板。蜂窝夹层板由于中层结构对强度影响明显，因此要求制件结构需简单且平整，在汽车上

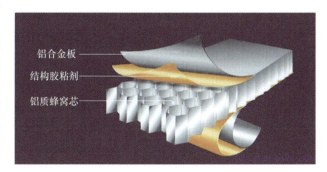

图 2-10 玻璃纤维蜂窝夹层板结构

主要应用于行李舱地板等。针对结构相对复杂的异形件，另有其他形式的三明治结构应用方案。

除蜂窝夹层板结构外，还有泡沫夹层结构。泡沫铝是一种铝基多孔轻质材料，其将连续相铝的金属特点与分离相气孔的空隙特性有机地结合在一起，是一种理想的轻量化材料。部分汽车主机厂已经进行了相关材料的零部件开发。

除金属材料夹层外，碳纤维材料夹层技术也得到了开发应用。宝马新 7 系车身（图 2-11）便采用了多种材料混合设计方案，它不仅应用了高强钢、铝合金以及碳纤维复合材料，还将各种材料进行了组合应用，如车身 B 柱即为典型的三明治结构，其是将碳纤维复合材料部件粘接在先进高强钢与热成型钢部件之间。

图 2-11　宝马新 7 系车身及 B 柱结构图

综上所述，结构优化是实现汽车轻量化的重要途径之一，是轻量化设计的基本方法。尽管汽车起初主要为机械结构，金属件应用广泛，金属件的结构优化方法已比较成熟、应用普及度也更广泛。但随着汽车轻量化趋势的发展，会有越来越多的非金属件代替金属件应用在汽车上，因此对非金属件的结构优化也提出了更高的要求。拓扑优化、形状优化和尺寸优化能够很好地提高材料利用率，减轻结构重量，以实现结构轻量化。在全球汽车排放标准日趋严格的今天，如何迅速地研发出轻量化的产品，对于各个汽车制造商而言都至关重要。结构优化设计因其可通过仿真方式实现轻量化目标，开发成本较低而且周期较短而得到广泛应用，并且随着仿真优化软件的不断开发、优化理论的不断完善，优化结果可能会导致结构布局复杂、制造难度加大，但随着 3D 打印、一体式注塑成型等新的工艺技术的发展应用，结构优化设计必将在新车型设计开发过程中起到重要作用，将会有更广阔的应用前景。

➤ 作者：
❖ 王智文．北京汽车研究总院新技术研究院
❖ 陈小华．北汽福田汽车股份有限公司工程研究总院

参考文献

[1] 郭中泽，张卫红，陈裕泽．结构拓扑优化设计综述 [J]．机械设计，2007，24（8）：1.
[2] 肖志，杜庆勇，莫富灏，等．连续碳纤维增强复合材料汽车顶盖铺层优化 [J]．汽车工程，2017，39（6）：722.
[3] 王刚，杨红新，焦孟旺，等．泡沫铝在汽车上的开发应用 [J]．稀有金属，2015，39（7）：660.

2.2　轻量化材料推进汽车轻量化

2.2.1　工程塑料推进汽车轻量化

汽车轻量化是在保证强度和安全性的前提下，尽可能降低汽车整备质量。汽车轻量化的主要

途径之一是采用轻质高强材料，如高强度钢、镁合金、铝合金、工程塑料、复合材料等，这些材料各自具有独特的属性特点，在汽车轻量化领域都具有自身特有的潜力、用途和优势。汽车是由上万个零部件组装而成，而这些零部件又是由几百个品种、上千种规格的材料加工制成的，可以说材料是汽车的基础。汽车材料包括两个方面：一是汽车工程材料，指用于制造汽车零部件的材料；二是汽车运行材料：指汽车运行过程中用到的材料。用于生产汽车的材料种类很多，有钢铁、有色金属、塑料、橡胶、玻璃、陶瓷等，据统计，近几年生产的一辆普通轿车，其主要材料的重量占比为：钢铁 65%～70%、有色金属 10%～15%、非金属材料 20% 左右。

随着汽车工业的高速发展，塑料制品在汽车上的应用越来越多。塑料代替各种昂贵金属材料在汽车各系统中广泛应用，大大提高了汽车造型的美观与设计的灵活性，减少了汽车重量，降低了零部件加工、装配及维修的费用，这正是汽车向轻量化、节能、美观、安全和环保方向发展的必然。随着先进性工程塑料的研究和发展，使其在汽车各系统中应用的范围越来越广，在一定程度上推进了汽车轻量化的发展。

1. 工程塑料分类

工程塑料是可作为工程材料和代替金属制造机器零部件（如外壳等）的塑料，因其具有良好的综合性能可在比较严苛的化学、物理环境中长期使用，与通用塑料相比，工程塑料具有优良的力学性能、耐化学性、耐热性、耐磨性、尺寸稳定性等。工程塑料按耐热性分为通用工程塑料和特种工程塑料两类。其中，通用工程塑料主要品种包括聚酰胺、聚碳酸酯、聚甲醛、改性聚苯醚和热塑性聚酯五大类。特种工程塑料主要指的是耐热达到 150℃ 的工程塑料，主要品种有聚酰亚胺、聚苯硫醚、聚砜类、芳香族聚酰胺、聚芳酯、聚苯酯、聚芳醚酮、液晶聚合物和氟树脂等。

工程塑料按热性能分类，主要分为热塑性塑料和热固性塑料。热塑性塑料包括聚碳酸酯（PC）、聚酰胺（PA）、聚甲醛（POM）、聚苯醚（PPE）、聚酯（PETP,PBTP）、聚苯硫醚（PPS）、聚芳基酸酯（PAT）和聚芳酯（PAR）等，热固性塑料包括酚醛树脂（PF）、脲醛树脂（UF）、三聚氰胺-甲醛树脂（MF）、不饱和聚酯树脂（UF）、环氧树脂（EP）和有机硅树脂（SI）等，如图 2-12 所示。

图 2-12　工程塑料的分类

2. 工程塑料的特点

（1）改性塑料工程化特点　除了传统的工程塑料，改性塑料也具有工程化的特点。ABS（丙烯腈-丁二烯-苯乙烯共聚物）是最重要的"准工程塑料"，除此之外，改性 PP（聚丙烯）是最为活跃的产品，玻纤和矿物增强 PP 已用于汽车零部件上，并对 PC 共混物市场构成较大冲击。改性 PP 也正在进入传统的 PA 领域，如代替 PA 制作泵体和风扇叶。改性 PP 和 ABS 及其合金材料主要应用于内外饰零部件，随着车型档次提高，工程塑料应用增加，ABS 及其合金应用比例增加，而改性 PP 用量减少。

（2）工程塑料　与通用塑料相比，工程塑料具有优良的耐热和耐寒性能，在较宽的温度范围内力学性能优良,适宜作为外壳材料和结构材料使用;工程塑料耐化学性和耐蚀性良好,受环境影响较小,有良好的耐久性,适宜作为功能性材料。与金属材料相比,工程塑料重量轻,密度低,易加工,生产效率高,并可简化程序,节省加工费用,耗能少,适宜减重降成本和集成模块化;工程塑料有良好的尺寸稳定性和电绝缘性,适宜作为电子电器产品和对尺寸稳定性要求高的产品使用;工程塑料比强度高(材料的抗拉强度与材料表观密度之比叫作比强度,即以较小的单位质量获得较高的机械强度),并具有突出的耐磨性,更适宜作为紧固件和齿轮类产品使用。

某自主品牌小型乘用车和商用车材料重量比例分别如图2-13、图2-14所示。

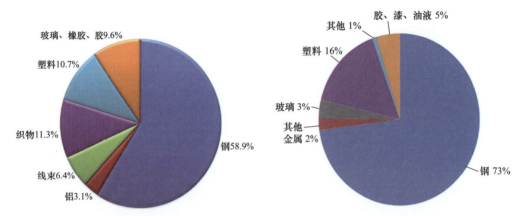

图2-13 某自主品牌小型乘用车材料重量比例 图2-14 某自主品牌小型商用车材料重量比例

某自主品牌乘用车塑料和工程塑料用量比例分别如图2-15、图2-16所示。

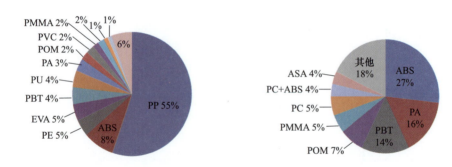

图2-15 某自主品牌乘用车塑料用量比例 图2-16 某自主品牌乘用车工程塑料用量比例

3. 汽车用工程塑料的应用现状及发展方向

塑料在汽车上的应用主要有内装件和外装件,所用的种类世界各国大体相同。日本车使用的塑料主要有聚氯乙烯(PVC)、聚丙烯(PP)、聚氨酯(PU)、ABS(丙烯腈-丁二烯-苯乙烯共聚物)塑料合金和长纤维复合材料(LFRP)。美国车使用的塑料主要有PU、PP、PE、PVC、ABS;欧洲车使用的塑料主要有PVC、PU、PP、PE、ABS。用塑料制作的内装件主要有仪表板、门板、坐垫、转向盘、车内饰、座椅扶手;外装件主要有前后保险杠、侧保险杠、扰流板、车顶盖、挡泥板、发动机罩、车门把手、车顶内饰件、车厢内衬、发动机进气歧管、散热器的水池(PA66+30%GF)、油箱(HDPE,即高密度聚乙烯)、左右翼子板等。

塑料的密度低于镁合金,根据填料的不同其密度在1.0~1.5g/cm³,是非常合适的轻量化材料。PC类的塑料在等弯曲刚度的条件下,和钢相比可减重35%;在等弯曲强度的条件下,和钢相比可减重72%。近几年，塑料在汽车中的应用增长很快，在发达国家，汽车塑料用量已经达到塑料总消费量的5%～8%，在北美洲和日本，这个比例达到12%，且还在继续增加。

汽车用工程塑料的应用方向逐步由汽车内外饰件向底盘动力等系统方向延伸，在装饰件和覆盖件应用逐步提升的情况下向结构件和功能件扩展，随着轻量化进程的不断加深，高性能工程塑料的发展更加迅速，工程塑料的应用范围将更广，以塑代钢将会是工程塑料今后发展的重点方向。未来汽车用工程塑料的发展趋势是节能轻量化、绿色环保化、感官品质化、性能卓越化（图2-17）。

由于工程塑料在汽车的应用范围正在由内饰件向外装件、车身及结构件扩展，今后的重点发展方向是开发结构件、外装件用的高性能工程塑料，并且会更加重视材料的可回收性。预计到2020年，发达国家汽车平均用塑料量将达到500kg/辆。福特LTD试验车的轻量化效果非常明显，整车减重可达300kg，见表2-1。

图 2-17 未来汽车用工程塑料的发展趋势

表 2-1 福特 LTD 试验车的轻量化效果

零件	钢制零件重量 /kg	工程塑料零件 /kg	重量减轻 /kg	重量减轻百分比（%）
车身	209	93	116	55
车架	123	90	33	27
车门	70.6	27.7	42.9	60
保险杠	55.8	20.1	35.7	64
前包围	43.5	13.3	30.2	70
车轮	42	22.7	19.3	46
发动机罩	22.2	8	14.2	64
行李舱盖	19	6	13	68
其他	32.4	16.2	16.2	50
合计	918.5	297	321.5	52

4. 工程塑料在汽车轻量化上的典型应用

从塑料材料品种上看，目前用量最多的是通用工程塑料，大都应用在车内的内外饰件上，如翼子板、后围板、仪表板、车门内板、座椅支架等，相比金属可减重40%，且耐腐蚀和轻微碰撞，其中PA材料主要应用于动力、底盘零部件及结构件，约占整车塑料用量的20%；其他类塑料材料 [聚酯类PETP/PBTP、POM、PC等] 主要应用于电子电器零部件及结构件，约占整车塑料用量的15%。今后发展的方向是高档车越来越多使用工程塑料及其改性材料以替代金属件，如PC、PBT、PET、PPO（聚苯醚）的功能化、合金化改性。典型的例子是PC/PBT/PET、PPO/PA、PPO/HIPS（抗冲击性聚苯乙烯）、PC/PBT/ABS合金等，见表2-2。

表 2-2　高性能工程塑料轻量化典型应用清单

材料	零部件	减重情况
PA/PPE	翼子板	减重约 40%
PPO/PA	加油口盖	减重约 60%
PA66	进气歧管	减重约 40%
PC/PMMA（聚甲基丙烯酸甲酯）	车窗	减重 40%～50%

大众公司选用了陶氏的玻纤增强 PC/ABS 合金生产 Phaeton（辉腾）美国版的仪表板支架，是因为该材料在模拟撞击试验中，能量的吸收要比传统材料高出 50%；使坐在前面不系安全带的乘客可免遭冲击伤害。路虎揽胜极光在制造中采用了一系列高级轻质材料，比如将 PA/PPO 合金应用于前翼子板，PC/PBT 合金应用于行人保护吸能块。

➔ 作者
- 李智，李瑞生，王磊. 华晨汽车工程研究院
- 高嵩，宋建新，王国勇. 北汽福田汽车股份有限公司工程研究总院
- 李贺，杨文谦. 长城汽车技术中心

参考文献

[1] 爱德曼. 沙特轻质材料助力全新揽胜极光可持续性承诺 [J]. 塑料制造，2011（6）：30-31.

2.2.2　复合材料推进汽车轻量化

使用工程塑料和纤维增强复合材料可以有效减少汽车重量，实现汽车轻量化。材料轻量化技术推进了汽车轻量化的发展。车用非金属材料因其具有轻质高强、设计自由度高、吸隔声效果佳的特性，故在汽车上使用非金属材料是快速实现汽车轻量化技术的重要方法之一。非金属材料在今后的轻量化技术发展中将逐步提升在整车中的使用比例，轻量化新材料的应用和发展也将推进汽车轻量化的发展。当前塑料在新能源汽车应用的发展趋势是提高应用比例，以塑代钢，塑料合金及热塑性复合材料已成为汽车工业中重要的轻量化材料。塑料复合材料因具有密度小、比强度高、优良耐蚀性、易成型、使形状复杂的零部件加工简单、耐冲击、抗振好、设计自由度大、外观多样、电绝缘性和绝热性优良等特点。

1. 复合材料的分类

复合材料是由两种或两种以上不同性质的材料，通过物理或化学的方法，在宏观（微观）上组成具有新性能的材料。各组成材料在性能上互相取长补短，产生协同效应，使复合材料的综合性能优于原组成材料进而满足各种不同的要求。

复合材料的基体材料分为金属和非金属两大类。金属基体常用的有铝、镁、铜、钛及其合金。非金属基体主要有合成树脂、橡胶、陶瓷、石墨、碳等。增强材料主要有玻璃纤维、碳纤维、硼纤维、芳纶纤维、碳化硅纤维、石棉纤维、晶须、金属丝和硬质细粒等。

在汽车轻量化中，以纤维增强树脂基体的复合材料应用最多、用量最大。在一般场合下，复合材料通常就是指纤维增强树脂基复合材料。纤维增强复合材料（Fiber Reinforced Polymer 或 Fiber

Reinforced Plastic，FRP）是将各种纤维增强体置于基体材料内复合而成。树脂基复合材料常采用的增强材料主要有玻璃纤维、碳纤维、芳纶纤维、玄武岩纤维和植物纤维等，如图2-18所示。

2. 汽车用复合材料

半个世纪以来，树脂基复合材料作为新材料领域中的后起之秀得到很大发展，为世人瞩目。目前汽车领域在研究使用的树脂基复合材料中最典型的材料有：

1）SMC，称为片状模塑料。它是由长玻纤增强不饱和聚酯制成的片材，经过热成型加工可做成各种车用零件，另外也可用此类浸有树脂的玻纤织物用手工法糊成许多种零件部件，经固化后即可使用。

2）BMC，称为团状模塑料。用此类树脂通过热固性注塑机可制成各类零部件。

3）长纤维增强热塑性复合材料（LFT）。LFT是一个广义的塑料专用词汇，在汽车复合材料工业中有一个非正式但约定俗成的定义，即指长度超过10mm的增强纤维（一般是玻璃纤维）和热塑性聚合物（一

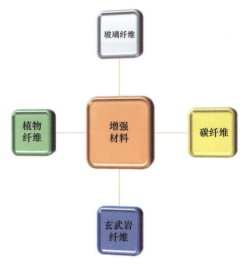

图2-18 树脂基复合材料中的增强材料

般是聚丙烯）进行混合并生产而成的制品，例如GMT（玻璃纤维毡增强热塑性复合材料）、LFT-G（长玻纤热塑性颗粒材料）和LFT-D（长纤维增强热塑性复合材料）等皆属于LFT范畴，具有低密度、高比强度、高比模量和抗冲击性强等特性。

4）碳纤维复合材料。它是一种新型的汽车用复合材料，适用于制造车身和底盘零部件，减重幅度通常可达50%。其主要特点有：一是可大幅度减轻汽车重量，特别适合制造车体部件，如采用CFRP（碳纤增强）复合材料制成的车体部件，其重量比铝材和钢材分别轻30%和50%以上，可减轻整车重量达10%。二是碰撞时表现出优异的强度和刚度，这是因为碳纤维直径大约为0.007mm，受力主要集中在纤维本身的定向流方向，因此可选择合理的排列将纤维彼此层叠构建，从而优化CFRP复合材料特性，将其调整到预期的强度和负载条件。三是可制成高度整合的超大型车体部件，这为车体设计和制造提供了巨大便利，可将固定和支撑等功能直接整合于部件本体之中，即使是复杂的结构件或整车模块，也可用模具一体化制作，从而减少车体所需部件的数量。

（1）玻璃纤维增强复合材料　目前用于高性能复合材料的玻璃纤维（图2-19）主要有高强度玻璃纤维、石英玻璃纤维和高硅氧玻璃纤维等。由于高强度玻璃纤维性价比较高，因此其用量

图2-19 玻璃纤维及其纤维毡

增长率也比较快，年增长率达到了10%。高强度玻璃纤维复合材料不仅应用在军事方面，如防弹头盔、防弹服、直升机机翼、预警机雷达罩，近年来民用产品也有广泛应用，如各种高压压力容器、民用飞机直板、体育用品、耐高温制品以及近期报道的性能优异的轮胎帘子线等。石英玻璃纤维及高硅氧玻璃纤维属于耐高温的玻璃纤维，是比较理想的耐热防火材料，用其增强酚醛树脂可制成各种结构的耐高温、耐烧蚀的复合材料部件，大量应用于火箭、导弹的防热材料。迄今为止，中国已经实现工业化应用的高性能树脂基复合材料有碳纤维、芳纶纤维、高强度玻璃纤维三大增强纤维，其中高强度玻璃纤维已达到国际先进水平，且拥有自主知识产权，形成了小规模的产业，现阶段年产可达500t。

玻璃纤维按其长度分为长玻纤和短玻纤材料。长玻纤材料在汽车上使用比例较大，汽车轻量化主要使用的是长玻纤材料。平均纤维长度大于10mm的称为长玻纤线（LFT），其机械强度、耐冲击性、尺寸稳定性都比较好，更适宜用于增强树脂，以塑代钢。

玻纤增强复合材料较早地应用在汽车领域，主要使用在以下部分：

1）内外饰部分的前端框架、仪表板本体及横梁、门内板模块等。

2）车身及闭合件的天窗骨架、塑料尾门、翼子板、防撞梁。

3）动力总成中的发动机罩、进气歧管、油底壳、分离器等。

4）底盘系统中的后轴变速器横梁、制动齿轮、防尘罩、板簧等。

5）电子电器系统中的蓄电池托盘、电池箱护罩、空调壳体等。

（2）碳纤维增强复合材料　碳纤维具有强度高、模量高、耐高温、导电等一系列性能，首先在航空航天领域得到广泛应用，近年来在运动器具和体育用品方面也广泛采用。据预测，土木建筑、交通运输、汽车、能源等领域将会大规模采用工业级碳纤维。1997—2000年，宇航用碳纤维用量的年增长率约为31%，而工业用碳纤维用量的年增长率估计达到130%。中国的碳纤维总体水平还比较低，与国外差距达20年。国产碳纤维的主要问题是性能不太稳定且离散系数大、无高性能碳纤维、品种单一、规格不全、连续长度不够、未经表面处理、价格偏高等。碳纤维及其纤维布如图2-20所示。

图2-20　碳纤维及其纤维布

碳纤维增强复合材料的特点如下：

1）碳纤维复合材料的密度一般低于1.8g/cm^3，不到钢的1/4，但强度是钢的7~9倍。碳纤维增强复合材料的强度比玻璃纤维增强复合材料的强度高出50%~200%，在特殊领域可取代金属。如果采用碳纤维增强复合材料代替玻璃纤维增强复合材料，可以减薄壁厚，减轻质量。

2)碳纤维增强复合材料具有高的比强度和比模量,用来制造汽车结构件,除可减重50%以外,还可以提高产品的安全性和NVH性能。

3)碳纤维增强复合材料抗腐蚀能力极强,不需要喷涂防护,减少了环境污染,可以用在潮湿、腐蚀性的环境中。

4)碳纤维复合材料设计自由度大,集成能力强,可以大量减少零件数量,减少装配工序。

碳纤维增强复合材料主要应用在车身外覆盖件和结构件。目前,传统整车企业以前瞻性技术储备和调研的方式逐步开发碳纤维增强复合材料的零部件,新能源整车企业逐步开发碳纤维车身及部件,但国内目前尚缺乏有工业化实践的碳纤维增强复合材料零部件供应商。碳纤维增强复合材料在传动轴、板簧和座椅骨架及车身顶盖横梁等部件中的应用均在重点研发当中。

(3)芳纶纤维增强复合材料 20世纪80年代以来,荷兰、日本、苏联也先后开展了芳纶纤维的研制开发工作。后来,日本及俄罗斯的芳纶纤维投入市场,年增长速度达到20%。芳纶纤维比强度、比模量较高,因此被广泛应用于航空航天领域的高性能复合材料零部件(如火箭发动机壳体、飞机发动机舱、整流罩、方向舵等)、舰船(如航空母舰、核潜艇、游艇、救生艇等)、汽车(如轮胎帘线、高压软管、摩擦材料、高压气瓶等)以及耐热运输带、体育运动器材等。

芳纶纤维分为两种:对位芳酰胺纤维(PPTA)和间位芳酰胺纤维(PMIA)。在芳纶纤维生产领域,对位芳酰胺纤维发展最快,产能主要集中在日本、美国和欧洲,如美国杜邦的Kevlar纤维,日本帝人公司的Twaron、Technora纤维等。其中,美国杜邦、日本帝人公司的产能均为3万t左右,在对位芳酰胺纤维市场中处于垄断地位;烟台泰和新材于2011年实现了对位芳酰胺纤维的商业化,在国产对位芳酰胺纤维的商业化运营中走在全国前列。

芳纶纤维增强复合材料主要应用在汽车流体管路的增强层,如在汽车散热器管路、空调暖风管路、燃油系统进出油管、曲轴箱通风管中作为中间加强层使用;在中冷器和涡轮增压器等压力较高管路中以芳纶布的形式作为增强层,以提升管路的抗压性能和脉冲性能。芳纶纤维及其纤维布如图2-21所示。

图2-21 芳纶纤维及其纤维布

(4)麻纤维增强复合材料 近年来随着全球环保意识的增强,人们越来越追求自然、绿色、环保。为了保护环境,人们开始研究各种天然纤维。所谓天然纤维,指的是自然界中存在的或者在经过人工培育的植物或动物身上可直接取得的纺织纤维,常见的包括木纤维、麻纤维、棉纤维、竹纤维等。目前的产品主要是木纤维和麻纤维,木纤维和麻纤维也是目前在汽车轻量化技术中使用较多的两种天然纤维。

麻纤维增强复合材料也是目前应用较广泛的轻量化非金属材料。麻纤维是一类从各种麻类植物上获取的韧皮纤维或叶纤维的天然纤维，相比其他天然纤维，麻纤维强度最佳、来源广泛、成本低，且具有可再生、可降解、环境友好、密度小等突出优点。麻纤维的纵向弹性模量较高、断裂伸长率较低等特点适合做树脂基复合材料的增强体，其结构表现出了典型的复合材料特征。麻纤维增强复合材料契合未来汽车行业轻量化、绿色化、可回收的发展趋势。麻纤维增强复合材料作为塑料等传统制造材料的替代品在汽车工业领域得到应用，成为应用最广泛的天然纤维增强复合材料之一。所以，麻纤维及其复合材料的研究、开发与应用在国内外备受重视，具有广阔的市场前景。

近年来，麻纤维增强复合材料的研究越来越多，从麻纤维种类、树脂基体、成型工艺都有开发应用。

1）麻纤维种类。麻纤维根据取自麻类植物的不同，分为苎麻纤维、亚麻纤维、大麻纤维、剑麻纤维、洋麻纤维、黄麻纤维等，不同的麻纤维因为化学组成不同（表2-3），其主要力学性能不同，但各种麻纤维具有质轻、强度高、吸湿、透气、耐热、耐腐蚀等共性。在汽车上实际使用的麻纤维增强复合材料中麻纤维以黄麻纤维、洋麻纤维、亚麻纤维、大麻纤维为主。

表2-3 不同麻纤维纤维素含量

成分	苎麻	亚麻	黄麻	洋麻	大麻	剑麻
纤维素含量	65%～75%	70%～80%	64%～67%	70%～76%	85.4%	73.1%

2）麻纤维树脂基体。树脂基体一般分为热固性树脂与热塑性树脂。热固性树脂使用较早，易与麻纤维结合，固化温度较低，操作相对简单，但一般生产效率较低，不利于回收，不能重复加工；热塑性树脂可重复加工、可回收性较好。目前在汽车中热固性树脂基体与热塑性树脂基体都有使用，但随着汽车可回收性要求变严，热塑性树脂基体应用越来越多。

3）成型工艺。麻纤维增强复合材料成型汽车零部件，目前主要应用的成型工艺有模压成型、注塑成型等。模压成型对于热固性树脂基体和热塑性树脂基体均可应用。例如麻纤维增强热塑性树脂复合材料是将板材加热、放入模具、加压，经过一定时间成型（图2-22）。这种成型方法能获得尺寸精确、表面光滑、强度较高的产品。

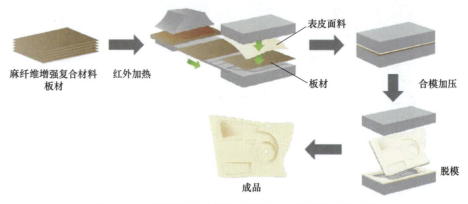

图2-22 麻纤维增强热塑性树脂复合材料模压成型过程

注塑成型适用于热塑性树脂基体，将改性后的麻纤维增强复合材料粒料从料斗加入注塑机的料筒，加热熔融，以设定的压力与速度注入模具内，经过一定时间的冷却，脱模，制成成品。注塑成型具有成型周期短、能制造复杂的外形、尺寸精确、制品可带有金属嵌件等优点。

其他麻纤维增强复合材料还有纤维缠绕成型、树脂传递成型（RTM）、模压+注塑成型等多种成型方法。模压+注塑成型技术是将热塑性材料的模压成型工艺和低压注塑成型工艺进行整合，将产品骨架通过模压成型，使产品结构件通过注塑与骨架进行结合，既可保证结构件的粘接精度，又可保证产品的粘接强度。

4）麻纤维材料性能及优势。麻纤维主要成分是纤维素，其含量对纤维的性质起决定性作用。一般来说，纤维素含量越高，强度越大。麻纤维中含有大量羟基，是亲水的极性材料，而树脂多采用聚丙烯材料，聚丙烯为憎水的非极性材料，两者相容性差，同时纤维在高吸湿后膨胀易导致复合材料的微裂纹，降低材料力学性能，发生霉变，因而需要对麻纤维进行表面处理，改善其界面粘合性，从而改善麻纤维的吸水性。

（5）木纤维增强复合材料　除麻纤维外，木纤维也是目前在汽车轻量化技术中使用较多的天然纤维。木纤维是由80%的木纤维与20%的复合纤维制成的纤维毡（在热模中成型，属于热固型），比塑料轻40%左右，加工完成后非常稳定，不会有尺寸改变或开裂等情况出现，对于石油等不可再生资源的依赖性小。木纤维原丝来源于木材行业的下脚料和木屑等，除了加工成木纤维丝外，有些也会做成无纺布，木纤维制成的部件如图2-23所示。

图2-23　木纤维制成的部件

（6）玄武岩纤维增强复合材料　玄武岩纤维是将玄武岩石料在1450～1500℃熔融后，通过铂铑合金拉丝漏板高速拉制而成的连续纤维，具有耐高温性佳、抗氧化、抗辐射、绝热隔声、过滤性好、抗压缩强度和剪切强度高等一系列优异性能。

尤为重要的是，由于它取自天然矿石而无任何添加剂，是目前唯一的无环境污染的、绿色健康的结晶（玻璃）质纤维产品。在美国，玄武岩纤维在复合材料领域的应用已引起广泛的重视并将快速发展。欧洲业界人士则将玄武岩纤维称为"金色纤维"。

玄武岩纤维已成功应用于汽车消声器、防火墙、吸隔声件。玄武岩矿石、纤维及其纤维布如图2-24所示。

图2-24　玄武岩矿石、纤维及其纤维布

3. 复合材料的发展趋势

近几年，随着汽车轻量化技术的推广应用，复合材料在汽车零部件上的应用日益广泛，占比不断提升。其中，碳纤维复合材料的应用，因受其目前成本及表面质量等各方面的限制，目前仍处在研发储备阶段。阻碍碳纤维在汽车领域商品化的关键因素是制造成本，研发性价比更高的大丝束碳纤维是今后的一个发展方向。随着碳纤维行业的不断成熟与发展，在节能减排和汽车轻量化大方向的指引下，碳纤维材料或将成为汽车界"瘦身革命"的领导者。

随着碳纤维成本的降低以及快速固化环氧树脂的出现,加上工艺和自动化设备的不断成熟,例如针对热固性复合材料快速制造开发的 HP RTM(高压树脂转移模塑)工艺和热塑性复合材料层板热成型自动化设备的研发,到 2020 年,碳纤维复合材料的综合性价比将会突显。面对国际汽车塑料及复合材料应用技术的快速发展,要快速提升我国汽车复合材料的应用水平,需要复合材料供应商、零部件生产商及汽车主机厂共同努力,进一步加强设计、分析、检测和技术研究,提高复合材料应用技术的成熟度。

4. 复合材料的典型应用

(1)复合材料在汽车轻量化上的典型应用 复合材料是由基体材料(包括树脂、金属、陶瓷等)和增强体材料(有纤维状、晶须状和颗粒状等)复合而成的。它具有刚度大、强度高、耐热、耐磨、质量轻等特点,解决了单一塑料无法满足的汽车工业中高应力件、高温件等部件的使用要求,在汽车零部件上的应用显示出越来越强大的生命力。当前,复合材料在汽车上的应用主要有金属基复合材料(MMC)、陶瓷基复合材料(CMC)和树脂基复合材料(RMC)。由于复合材料具有高比强度、高比模量等突出优点,它的应用可显著减轻装备结构重量,从而增加有效载荷,节约能量消耗或提高效率。近几年复合材料在整车上的应用逐渐增多,见表 2-4。

表 2-4　复合材料在整车上的典型应用清单

材料	零部件	减重情况
SMC 复合材料	导流罩	减重约 60%
热塑性复合材料 PP-LGF(长玻纤聚丙烯)	塑料前端模块	减重约 20%
外板 TPO(热塑性聚烯烃)	塑料后背门	减重约 30%
GMT	塑料后横梁	减重 50%～60%
碳纤维复合材料	发动机罩	减重 35%～40%
E 玻璃纤维 + 树脂	纵置钢板弹簧总成	减重约 55%
PP+50%LGF	板簧盖板	减重约 60%
PP+50%LGF	缓冲块软垫	减重约 60%
PP+50%LGF	板簧压板	减重约 60%

目前,纤维增强复合材料在车身上的运用越来越广泛,如玻璃纤维增强树脂基复合材料在空气导流板、前翼子板和前挡泥板延伸部件、前照灯罩、发动机罩、装饰条、尾板等上的运用,纤维增强铝基复合材料在连杆、活塞、气缸体内孔、制动盘、制动钳和传动轴管等零件上的运用等。

(2)应用复合材料模块化设计 应用复合材料,有利于实现模块化生产。为了降低整车的生产成本,国外一些汽车制造商正在试验汽车零部件生产模块化。所谓模块化生产,即以一个零件(或部件)为中心,将周边的零件组合在一起经一次成型加工成模块,这样可以减少许多制造工艺和模具数量。例如,LFT 前端模块(图 2-25),通过产品结构设计优化,结合先进的计算机辅助设计手段,在确保各项性能指标的前提下,有效实现了单件产品减重的效果。与传统前端相比,其优点主要体现在以下 3 个方面:

1)少零件、少工序。原有的金属前端

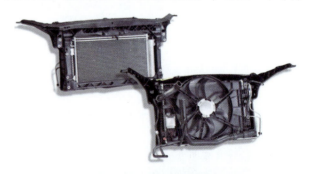

图 2-25　LFT 前端模块

占用大量冲压和焊接设备、人力、工厂场地等，精度差、工时长。采用非金属材料整体注塑后，人力、场地要求低，精度高，工时短等。

2）可实现减重 20% 以上。

3）模块化。塑料前端模块以注塑一体式的塑料前端骨架为平台，可实现散热器及风扇总成、冷凝器、中冷器、机舱盖锁、保护梁、前防撞梁等件的集成化供货，提高了整车生产效率。

（3）纤维增强复合塑料材料的应用　以白车身为例，采用纤维增强复合塑料材料制作的车身与钢制车身相比，可实现减重 35%；如果采用碳纤维增强复合材料，则可达到减重 60% 的效果。例如，宝马 i3 纯电动汽车（图 2-26a）的面世是汽车设计的一次革命，作为第一款车体主要由碳纤维材料制成的量产汽车，新型碳纤维增强复合材料技术的应用使 i3 的整备质量仅为 1195kg，比传统电动车减轻了 250～350kg，同时实现了最高级别的碰撞安全保护。又如蔚来 EP9 纯电动超级跑车（图 2-26b），它的碳纤维使用量高达 360kg。

a）宝马 i3 纯电动汽车　　　　　　b）蔚来 EP9 纯电动超级跑车

图 2-26　宝马 i3 及蔚来 EP9

（4）天然纤维在内饰件的应用　天然纤维主要是用在车辆内饰件上（图 2-27），其优势表现在比塑料更轻。另外，因为受到碰撞之后不会破碎成有棱角的碎片对车内乘员造成二次伤害，因而安全性较高。相比塑料需要二次加工注塑成型，天然纤维更环保。

例如，在大众 XL1 这款车上，其内饰件（包括通风管道）就全部使用了木纤维。将其与大众 Polo 对比，在使用木纤维之后，重量从 184kg 变为 80kg，减重约 57%。天然纤维增强复合材料主要应用在汽车内饰件上，如门内板、衣帽架、行李舱盖板、座椅后背板、顶棚和侧围板等。

图 2-27　木纤维在汽车内饰上的应用

（5）碳纤维复合材料在汽车结构件上的使用案例　几十年前就有专家曾预言碳纤维复合材料将会取代金属用来制造汽车结构件，现在这预言已经成为事实（图 2-28）。碳纤维复合材料（CFRP）凭借其重量轻量、强度高、良好的耐蠕变与耐蚀性等特点吸引了法拉利、宝马、兰博基尼、玛莎拉蒂和雷克萨斯等众多豪华汽车厂家的垂青，碳纤维复合材料已经成为各厂家出奇制胜的法宝。

图 2-28　碳纤维轻量化工艺解决方案

（6）整车内外饰件个性化应用案例　近年来，因国内汽车市场活跃，再加上新能源汽车开发势头强劲，无论是已经走进我们生活的量产车，还是处于试验阶段的概念车，都显示出个性化的潮流。随着国内消费者对于汽车的需求日益个性化与多元化，近两年来中国汽车市场的个性化潮流也越来越明显，具有另类汽车文化的个性化设计车型被更多消费者所接受。从某种意义上说，国内汽车市场已经步入个性化时代，拥有更多造型独特或具有独具匠心的配置和技术的车型，因此能提供整车内外饰件轻量化整套系统、定制的模块化快装零部件以及先进的充电桩系统尤为重要，如图2-29所示。

a) 产品定制化模块

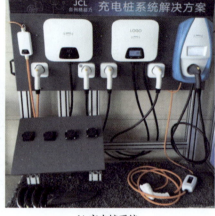
b) 充电桩系统

图 2-29　创新的产品定制化模块及充电桩系统

综上所述，虽然目前车身材料仍以金属及塑料材料为主，但是随着新材料的研发及其成型工艺的完善以及车身新技术、新工艺的开发，轻量化材料与汽车产品设计、制造工艺的结合将更为密切。在未来汽车轻量化材料的解决方案中，更倾向于多种材料的组合，以充分利用各种材料的优势，并通过技术改进来降低材料的成本，减少稀缺金属的使用量，提高材料的利用率，开发兼具更好环保性和可回收性的新材料，推进汽车轻量化向前发展。

➡ **作者**：
- ❖ 李智，李瑞生，王磊.华晨汽车工程研究院
- ❖ 高嵩，宋建新，王国勇.北汽福田汽车股份有限公司工程研究总院
- ❖ 李贺，杨文谦.长城汽车技术中心
- ❖ 林国贵.台州精超力模具有限公司

2.2.3　非金属复合材料的结构设计与检测技术

1. 复合材料的结构设计与分析方法

（1）非金属复合材料的结构设计　在常规的结构设计中，材料是可以直接选择的，即在材料部门提供的有确定性能数据的各种材料中选择结构中所用的材料牌号与规格。而在非金属复合材料的结构设计中，材料是由结构设计者根据设计条件（如性能要求、载荷情况、环境条件等）自行设计的。非金属复合材料结构往往是材料与结构一次形成的，且材料也具有可设计性。因此，非金属复合材料结构设计是包含材料设计在内的一种新的结构设计，它比常规的金属材料结构

设计更复杂。在非金属复合材料结构设计时，需要从材料与结构两方面考虑，以满足各种设计要求，尤其是非金属复合材料的可设计性，使非金属复合材料结构达到更为完满的目的。

非金属复合材料的组分材料和铺层方向可按照设计要求进行选择。选择不同的基体材料与增强材料以及它们的含量比，不同的铺层方向与构成形式，可以构成不同性能的非金属复合材料。每种组分材料都有其自己的固有特性，只有使组分材料彼此相容（包括物理、化学、力学性能等方面），才能使其真正复合成一个整体，成为一种新材料。因此，能够满足设计要求的非金属复合材料不仅是一种比强度、比模量高的材料，而且是一种由设计人员在一定范围内可随意设计的材料。

非金属复合材料的结构设计是一个复杂的过程。为了解决这个问题，多种非金属复合材料设计、分析软件被开发出来，并运用于非金属复合材料的设计和制造中。例如，在航空航天行业，主要巨头波音、空客及其供应商已基本统一采用 CATIA CPD（CATIA 复合材料设计）模块来进行复合材料设计；在汽车工业领域，宝马 i3 和 i8 全车身复合材料也是用 CPD 设计的。CATIA 复合材料设计的一般流程如图 2-30 所示。CATIA 复合材料设计可以实现从打样设计到详细下料图样的全流程设计，使复合材料设计变得非常高效。

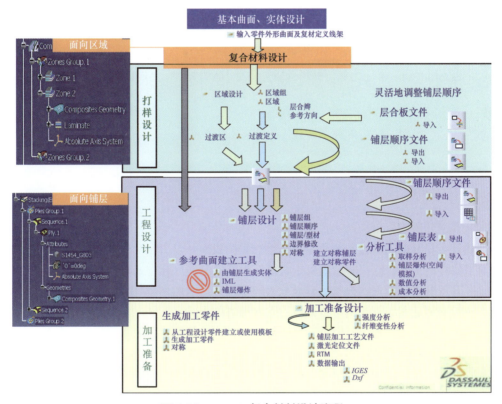

图 2-30 CATIA 复合材料设计流程

（2）非金属复合材料的分析方法 对非金属复合材料来说，由于其复杂性，大多数时候采用有限元分析法来校核结构的强度和刚度，以及屈曲、失效等结构特性。其分析的基本过程与常规材料的过程是类似的，不外乎几何模型构建，提取面片或实体，赋予材料属性，划分有限元网格，施加约束，施加载荷，提交解算器进行计算，对结果进行后处理等几个过程。不同的是，与铁或钢等各向同性材料相比，建立非金属复合材料的模型要复杂一些。由于各层材料性能为任意正交各向异性，材料性能与材料主轴取向有关，因此在定义各层材料的材料性能和方向时要特别注意。

非金属复合材料最重要的特征就是其叠层结构。每层材料都有可能由不同的正交各向异性材料构成，并且其主方向也可能各不相同。对于这种叠层复合材料，纤维的方向决定了层的主方向。有多种方法可用来定义材料层的配置，最常用的一种就是通过定义各层材料的性质，包括各层的厚度、材料属性、方向等，由下到上一层一层定义材料层的配置，底层为第一层，后续的层沿坐标系的Z轴正方向自底向上叠加。如果叠层结构是对称的，可以只定义一半的材料层。有时，某个物理层可能只延伸到模型的一部分。为了建立连续的层，可以把这些中断的层的厚度设置为零。图 2-31 所示为一个四层模型，其中第二层在某处中断了。

图 2-31　有中断层的叠层模型

对非金属复合材料分析来说，还有一个重要的任务是进行失效准则的定义。失效准则用于获知在所加载荷下各层是否失效。用户可以自主选择失效准则，常用的失效准则有：最大应变失效准则，它允许有九个失效应变；最大应力失效准则，它允许有九个失效应力；Tsai-Wu（蔡 - 吴）失效准则，它允许有九个失效应力和三个附加的耦合系数；Tsai-Hill（蔡 - 希尔）失效准则等。有时，失效应变、应力和耦合系数可以是与温度相关的。具体的分析方法和具体使用的分析工具有关，使用者可以参考相关软件的使用手册。常用的复合材料分析工具有 NASTRAN、ABAQUS、ANSYS 等。

➡ **作者：**
- ❖ 张华川，尹苗，段艳兵.成都鲁晨新材料科技有限公司

参考文献

[1] 沈关林，胡更开，刘彬.复合材料力学 [M].2 版.北京：清华大学出版社，2006.

2. 非金属复合材料及结构件的检测技术

非金属复合材料的先进性与其质量的离散性和高成本并存，在实际应用中，即使经过研究和试验制订了合理的工艺，但在非金属复合材料结构件的制造过程中还有可能产生缺陷，出现质量问题，甚至导致整个结构件的报废，造成重大经济损失。因此自 20 世纪 70 年代起，国外针对非金属复合材料的制造和应用开展了全方位的无损检测技术研究。早期主要是沿用金属材料的检测方法，随着研究工作的深入，人们对非金属复合材料的内部规律和缺陷特征有了更深的认识，发现完全采用金属材料无损检测方法不能解决非金属复合材料检测问题。20 世纪 80 年代后，许多适应非金属复合材料特点的无损检测新技术、新方法相继诞生，为解决非金属复合材料的无损检测、促进非金属复合材料的推广应用发挥了重要作用。

（1）非金属复合材料检测方法　在技术上已经从初期的检测方法探索发展到目前的检测方法研究、信号处理技术、传感器技术、缺陷识别技术、成像显示技术、仪器设备技术、结构件检测技术、定量检测与评估、服役结构寿命评估、强度评估和性能测试等。无损检测已经成为复合材料研究和应用中的一项关键技术，融入非金属复合材料从研究到最终装机应用的全过程。

目前，非金属复合材料无损检测已经应用于材料、结构件和服役无损检测三个方面。

1）材料无损检测：主要解决材料研究中面临的问题，进行诸如材料内部缺陷表征、性能测试、缺陷基本判据的建立、无损检测物理数学模型的建立等研究。检测对象主要是试样、试片，

采用精细无损检测技术,面对材料研究过程,重视无损检测物理数学模型的建立,重点开展新的检测方法研究。

2)结构件无损检测:主要解决结构件在工艺制订、结构件制造过程中面临的问题,如对各种结构件进行无损检测所需的仪器设备等检测手段的建立、信号处理技术、缺陷判别、标准建立与完善等。检测对象是各种装机应用的工程结构件,需要工程化检测技术,面对结构件制造过程,重视无损检测手段的建立,重点开展高效可靠的检测技术研究。

3)服役无损检测:主要研究装机结构件在服役过程中所需的无损检测方法、手段等,包括提供有关结构件残余寿命、剩余强度、损伤扩展等综合信息的评估。检测对象是装机后的各种服役结构件,采用易实现、快速可行的外场检测技术,面对产品结构的安全服役全过程,重视外场检测技术与结构件的安全服役的质量保证,重点开展外场检测技术研究。

(2)非金属复合材料无损检测技术 经过不断的研究、发展和完善,目前超声波和X射线照相法检测已成为2种最主要和最成熟的非金属复合材料无损检测技术。

1)超声波检测:超声波是指频率大于20kHz的声波,其波长与材料内部缺陷的尺寸相匹配。该方法根据超声波在材料内部缺陷区域和正常区域的反射、衰减与共振的差异来确定缺陷的位置与大小。超声波检测主要分为脉冲反射法、穿透法和反射板法,需根据不同的缺陷来选择合适的检测方法。

超声波不仅能检测非金属复合材料构件中的分层、孔隙、裂纹和夹杂物等,而且在判断材料的疏密、密度、纤维取向、曲屈、弹性模量、厚度等特性和几何形状等方面的变化也有一定作用。对于一般小而薄、结构简单的平面层压板及曲率不大的构件,宜采用水浸式反射板法;对于小或稍厚的复杂结构件,无法采用水浸式反射板法时,可采用水浸或喷水脉冲反射法和接触延迟块脉冲反射法;对于大型结构和生产型的非金属复合材料构件的检测,宜采用喷水穿透法或喷水脉冲反射法。由于非金属复合材料组织结构具有明显的各向异性,而且性能的离散性较大,因而产生缺陷的机理复杂且变化多样,再加上非金属复合材料构件的声波衰减大,由此引起的噪声与缺陷反射信号的信噪比低,不易分辨,所以检测时应选择合适的方法。

2)X射线照相法检测:X射线无损探伤是检测非金属复合材料损伤的常用方法。目前常用的是胶片照相法,它是检查非金属复合材料中孔隙和夹杂物等体积型缺陷的优良方法,对增强剂分布不均匀也有一定的检出能力,因此是一种不可缺少的检测手段。该方法检测分层缺陷很困难,裂纹一般只有当其平面与射线束大致平行时方能检出,所以该法通常只能检测与试样表面垂直的裂纹,可与超声反射法互补。随着计算机技术的飞速发展,X射线实时成像检测技术应运而生,并已开始应用于结构的无损探伤。其原理可用两个转换来概述,即X射线穿透材料后被图像增强器接收,图像增强器把不可见的X射线检测信息转换为可视图像,称为光电转换;就信息的性质而言,可视图像是模拟量,不能为计算机所识别,如要输入计算机进行处理,需将模拟量转换为数字量,进行模/数转换,再经计算机处理将可视图像转换为数字图像。其方法是用高清晰度电视摄像机摄取可视图像,输入计算机,转换为数字图像,经计算机处理后,在显示器屏幕上显示出材料内部的缺陷性质、大小和位置等信息,再按照有关标准对检测结果进行缺陷等级评定,从而达到检测的目的。数字图像的质量可以与X射线照相底片相媲美。X射线实时成像无论在检测效率、经济性、表现力、远程传送和方便实用等方面都比照相底片更胜一筹,因而具有良好的发展前景。

→ **作者:**

❖ 张华川,尹苗,段艳兵.成都鲁晨新材料科技有限公司

2.3 先进工艺技术助力汽车轻量化

2.3.1 轻量化制造技术应用的发展

轻量化之后的汽车比曾经整备质量较大的汽车在很大程度上更安全。因为车越轻,自身携带的动能就越少。在碰撞发生时,需要汽车缓冲区吸收的动能也就减少了。在碰撞事故中导致车内乘员受伤的主要原因就是动能没有被车体吸收而是被车内乘员共同吸收。所以安全性好的车,在同等速度碰撞时所带动能应该尽可能少,而车身吸收的动能应尽可能多,而轻量化后的车身更易吸能溃缩,从而保证车内人员安全。因此,车身变轻对于整车的燃油经济性、操控稳定性、动力性、碰撞安全性都有很大的益处。

1. 轻量化制造技术

轻量化技术是一项新的技术,在汽车领域中也是一项主要的技术手段,其目的是为了在汽车工程中降低其能耗和减少对环境的污染。这一项技术的应用要求控制车身的使用材料,减小其材料的使用量,保证汽车性能,实现汽车工程中节约材料的目的。

这一技术主要有三个方面的内容:结构设计合理、轻量化材料和先进的制造工艺。在制造工艺上,不断创新的连接技术和成型工艺,使新材料的应用和优化的结构设计得以实现。

轻量化材料在汽车车身制造的应用,降低了汽车的整体重量,赢得了国际汽车工业的广泛认同,形成汽车车身轻量化的主打技术,推动汽车材料革新进程。从轻量化材料的发展趋势着眼,可以从四条途径来实现:

1)高强度钢板(带)替代普通钢板,既能增强屈服强度,优化汽车使用性能,又能将汽车零部件及总成结构厚度减薄。当前,世界汽车工业正在研发的淬火分配钢具有强度高、可塑性强、性价比较好等特点,备受各国的期待。

2)轻金属材料替代钢板。近年来,铝合金在车身上的应用正在扩大,铝的密度约为钢的1/3,对汽车减重的同时,也大幅提高车身零部件的刚性,因而受到社会的瞩目。以美国生产的汽车产品为例,1976年一辆汽车使用铝合金重量仅为39kg,1982年上升到62kg,1998年上升至100kg。

3)复合材料替代钢板。复合材料与金属材料相比,有着更独特的优势,如:耐撞击、减振隔声性能良好等优点,在未来的汽车车身材料中,应用前景一片光明。

4)多种材料组合,打造架构车身零部件。单一地采用某一材料制造车身,制造成本受到限制或成本偏高,难以达到优化车身性能的最终目标。因此,综合利用材料,将合适的材料运用到合适的部位,将是车身结构设计的发展趋向。轻量化全塑外饰件车如图2-32所示。

在车身制造过程中,多种材料混合使用于汽车车身上,激光焊接、弧焊、MIG焊(熔化极惰性气体保护焊)、电阻点焊等多种连接工艺,铸造连接件、覆盖件、挤压型材骨架结构件等零件关键制造技术,面临巨大的挑战。

图2-32 全球第三辆轻量化全塑外饰件汽车

对非金属材料，根据其性能和汽车结构的特点，以及汽车制造对生产效率的追求，人们开发了多种先进制造技术。

2. 汽车轻量化制造的注塑技术

（1）模内注塑技术的案例分析　模内注塑技术是一种在成型过程中与装饰同步进行的工艺。通过在成型过程中对塑料部件进行装饰，减少传统成型后的装饰、在线生产存货和附加的操作步骤，从而使生产成本大幅度降低，主要用于仪表板、空调面板、内饰件、车灯外壳、标志等。

膜片厚度一般为 0.5mm，其组成结构如图 2-33 所示。膜片上的图案可以做成木纹、金属拉丝、铝质、碳纤维、高亮和亚光等各种不同效果。由于其上有 PET 层保护，膜片具有很好的耐刮擦和耐腐蚀特性，而且其图案在产品长时间使用后也不会有任何损伤。

图 2-33　模内注塑的膜片结构

膜内转印的制作工艺流程是指将事先设计有不同花纹的膜片在合模前吸附到注塑模具的型腔表面，再将熔融状态的塑胶（一般为 PC ABS）注射到模具内，从而使膜片与塑胶融合为一体，如图 2-34 所示。

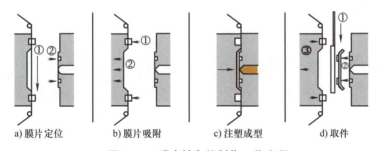

图 2-34　膜内转印的制作工艺流程

（2）双色双物料模具技术的案例分析

1）双色注塑优点。双色模具可将两种不同特性的树脂及颜色，成为单一的双色产品，可减少成型品的组装和后处理工程。节省熔合与印刷的成本，增加产品的美观视觉效果，提升产品的档次和附加价值，不仅具有防滑、增加摩擦力的功能，柔性的树脂材质使其更加符合人体工学，手感更好。双色注塑产品品质稳定性高，产品变形易控制，成型周期短产量高，损耗可比包胶注塑低 7%，产品制造成本可比包胶低 20%~30%。

2）双色成型原理。双色射出成型通常指的是两种颜色或不同种类塑料的成型，由于双色机的两组射出单元及喷嘴是独立分开的，因此其成品的颜色多半是双色分明，没有混杂在一起。双色注塑机与一般注塑机最大的差别在于射出单元机活动模板的设计。一般而言，双色机有两组独立分开的射出单元，一般射出机则只有一组射出单元。两组射出单元的配置方式则随各厂家的设计而有多种形式，至于活动模板的设计则是必须提供旋转的机制，一般常见的设计如增加转盘或转轴机构等，以提供 180°往复旋转功能，使模具产生循环交替动作。另外有些特殊双色模具则不需转盘或转轴机构，而由模具进行滑动交替或水平旋转。

3）注射成型双色制品生产工艺特点。双色注塑机由两套结构、规格完全相同的塑化注射装置组成。喷嘴按生产方式需要应具有特殊结构，或配有能旋转换位的结构完全相同的两组成型模具。塑化注射时，要求两套塑化注射装置中的熔料温度、注射压力、注射熔料量等工艺参数相同，要尽量缩小两套装置中的工艺参数波动差。

双色注射成型塑料制品与普通注射成型塑料制品相比，其注射时的熔料温度和注射压力都要采用较高的参数值。主要原因是双色注射成型中的模具流道比较长，结构比较复杂，注射熔料流动阻力较大。

双色注射成型塑料制品要选用热稳定性好、熔体黏度低的原料，以避免因熔料温度高，在流道内停留时间较长而分解。应用较多的塑料是聚烯烃类树脂、聚苯乙烯和 ABS 等。

双色塑料制品在注射成型时，为了使两种不同颜色的熔料在成型时能很好地在模具中熔接、保证注塑制品的成型质量，应采用较高的熔料温度、模具温度、注射压力和注射速率。

汽车座椅护板双色旋转注塑模具如图 2-35 所示。

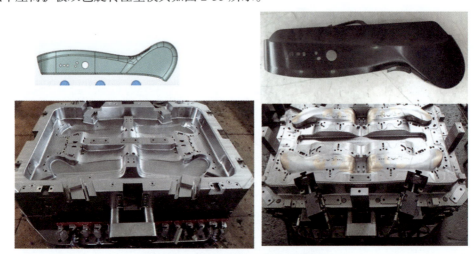

图 2-35　座椅护板双色旋转注塑模具

（3）叠层模具技术的案例分析　叠层式注射模具是一种高效、快捷、节能的新型注射模具，在我国已逐渐开始推广使用。与常规模具不同的是，叠层式注射模具的型腔是分布在两个或多个层面上的，呈重叠式排列，即相当于将多副模具叠放组合在一起。叠模与T模结构说明，如图 2-36 所示。

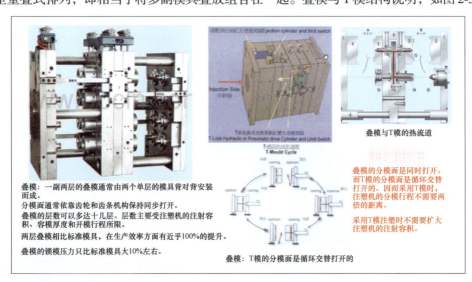

图 2-36　关于叠模与T模结构说明

通常，注塑机与常规模具配合使用时，其本身的注射量和开模行程只使用了额定的20%~40%，没有充分发挥注塑机的性能。与常规模具相比，叠层式注射模具的锁模力只提高了5%~10%，但产量可以增加90%~95%，这极大地提高了设备利用率和生产率，并降低了成本。

叠层式注射模具最适于成型大型扁平制件、浅腔壳体类制件、小型多腔薄壁制件和大批量生产的制件。

叠层模具生产效率超过普通的单层模具一倍或多倍，大幅度降低注塑生产成本。从结构特点来看，叠层模具将多副型腔组合在一副模具中，充分利用普通注塑设备便可满足生产。模具的充模、保压和冷却时间与单层模具相同，这就决定了叠层模具的生产效率将超过普通单层模具一倍甚至多倍，大大提高制品单位时间的产量。

叠层模具可安装在与单层模具相同的注塑机上，无须投资购买额外的机器和设备，从而节约了机器、设备、厂房和新增劳动力的成本。

叠层模具制造要求基本上与普通模具相同。据统计，1副双层叠层模具的制造周期比2副单层模具的制造周期短5%～10%。

叠层模具适合于大批量生产形状扁平的大型制品，小型多腔壁薄制品，批量越大，制品生产成本越低。

（4）低压注塑模具技术的案例分析 低压注塑工艺是一种使用很低的注塑压力将热熔材料注入模具并快速固化的封装工艺，以热熔材料卓越的密封性和优秀的物理、化学性能来达到绝缘、耐温、抗冲击、减振、防潮、防水、防尘、耐化学腐蚀等功效，对电子元件起到良好的保护作用，低压注塑的工艺流程如图2-37所示。

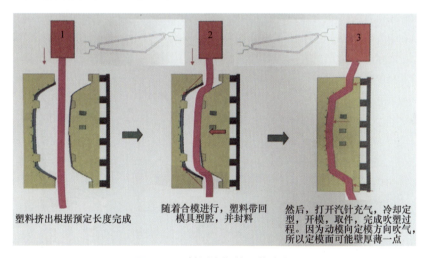

图2-37 低压注塑的工艺流程

1）成型工艺及应用。将表皮预先放到模具内，然后借助螺杆的推力，将已塑化好的处于熔融状态的塑胶注射入闭合的模腔内，再经固化定型后取得制品。低压注塑表皮所用的材料可以是布料，也可以是PVC面料。目前该工艺已被广泛应用于汽车门护板、立柱护板和包裹架护板等产品的生产，关于A柱低压注塑的说明如图2-38所示。

2）相比于传统工艺的优势。与传统的包覆工艺相比，低压注塑工艺具有以下优点：

① 低压注塑是将表皮材料与塑料基材融为一体，不会脱落。

② 由于没有包覆工艺所必需的涂胶工序，低压注塑工艺过程更环保。

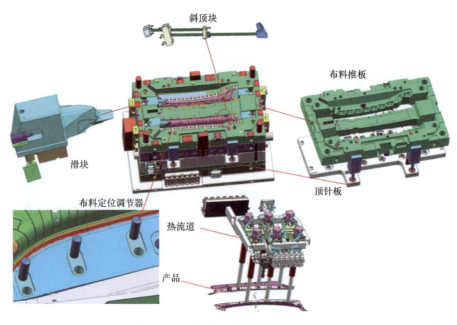

图 2-38　关于 A 柱低压注塑的说明

③ 低压双层注塑零件的内部结构可任意设计，表面造型的自由度相比包覆工艺更大，并且造型特征更清晰、硬朗。

④ 低压注塑的生产效率更高。

（5）气辅模具注塑技术的案例分析　气体辅助射出成型是在射出成型过程中将 CO_2 或 N_2 射入模穴内，并以 CO_2 或 N_2 进行保压工程，因而使成品掏空减重，防止成品收缩凹陷并降低成型所需压力，因此又称为"氮气中空射出成型"或"低压中空射出成型"，简称气辅。门板模具气辅结构说明如图 2-39 所示。

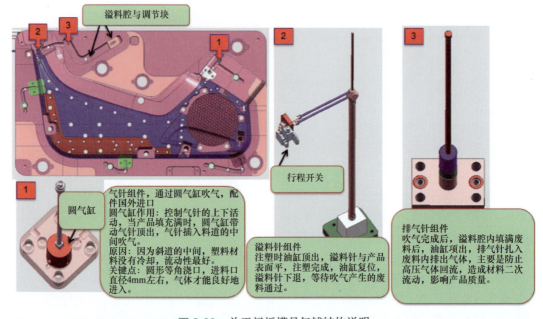

图 2-39　关于门板模具气辅结构说明

气体辅助射出成型与吹气成型并不相同。

将定量塑料注入模具内。

氮气射出：使成品掏空减重，并辅助塑料流动。

氮气保压：因塑料冷却收缩，因此氮气会进行二次渗透，并防止成品凹陷翘曲。

释放高压氮气：将模穴内的氮气释放出来。

（6）发泡注塑模具技术的案例分析

1）MuCell 微发泡成型概述。MuCell 微发泡成型工艺主要是依靠气泡的成长来填充产品，因此其成型过程是在较低而均匀的压力下进行的。由于不像传统注塑成型那样需要机器不断保压，因此产品的内应力大大减小，不同位置的收缩也变得非常均匀。微发泡注塑成型技术在保证制品性能基本不降低的基础上，可以明显减轻制件的重量，并且制件的内应力小、不易产生表面缺陷。对于壁厚差异较大的制品，还具有特殊成型的优越性。该技术与常规的注塑、结构发泡注塑、化学发泡注塑以及气辅注塑相比较，在多个方面都独占上风，成为近年来注塑技术发展的一个重要方向。

2）微泡形成过程。从理论上说，几乎目前所有的非结构性塑料制品和一部分结构性塑料制品都可以采用微发泡工艺注塑成型。但考虑到市场需求及经济性等因素，目前美国、日本等国家开发的微发泡注塑制品主要集中在汽车、电子电器及医用等领域，如汽车进气歧管、仪表板、发动机罩、熔丝盒、电器开关及医用注射器等。

微发泡成型过程可分为 3 个阶段：首先，将超临界流体（主要是 CO_2 和 N_2）溶解到聚合物中，并形成聚合物/气体的单相溶液；然后，通过温度或压力等条件，引发体系的热力学特征出现不稳定性，使气体在溶液中的溶解度下降；由于气体平衡浓度降低，在聚合物基体中形成大量的气泡核，然后逐渐长大天生微小的孔洞（泡孔尺寸从小于 $1\mu m$ 到几十 μm），发泡体的结构如图 2-40 所示。

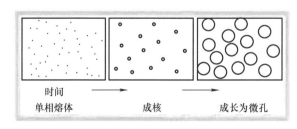 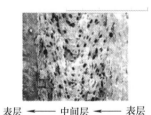

图 2-40 发泡体的结构

3）发泡注塑优点。克服注塑部件翘曲的传统方法是延长注塑和保压时间，但是这样会使生产效率大大降低。而采用 MuCell 技术则不会发生翘曲。微孔发泡的结构使部件不仅在生产时非常平整，而且在热处理后也能保持平整。很多应用均表现出了这一优点，例如，采用模内装饰的玻纤增强 ABS 仪表板部件通过 MuCell 技术有效地消除了 IMD 产品注塑中极易出现的"冲膜"和"渗边"现象，并解决了缩水痕题目，进步了尺寸稳定性和平直度，从而大大减少了不良率。同时，所需要的锁模力也从 250t 下降到了 75t。另外，由于均匀的收缩令产品的尺寸异常稳定，所以减少了模具在设计和制作过程中的修改次数，从而加快了模具的开发速度。

（7）高低压模内切技术的案例分析　技术要点：在成型汽车内饰柱包布料注塑，在模具定模产品沿口区域做有切刀，靠模具合模力直接自动切断多余料，减少低压注塑成型后二次切割工序，提高生产效率，切口整齐美观。定模面料模内切、滑块面料模内切示意图，如图 2-41、图 2-42 所示。图 2-43 所示为奔驰 A 柱低压模内切示意图。

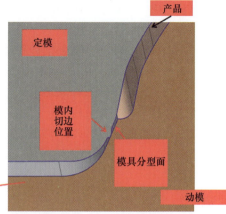
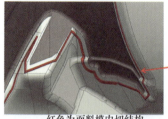

红色为面料模内切结构

图 2-41　定模面料模内切示意图

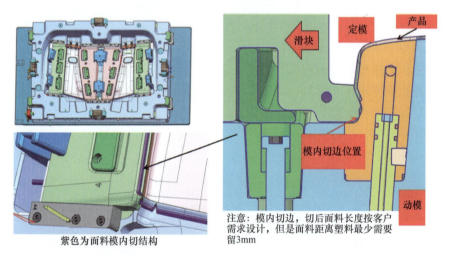

紫色为面料模内切结构

图 2-42　滑块面料模内切示意图

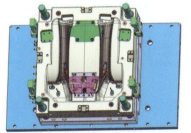
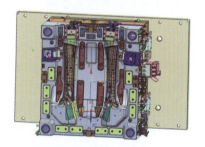

图 2-43　奔驰 A 柱低压模内切示意图

（8）关于轻量化制造新技术应用的发展意义　从世界主流汽车轻量化发展来看，使用先进轻质复合材料和工艺，可保证汽车的强度与安全性，降低排气污染，节约能源，汽车轻量化已成为世界汽车发展的必然趋势，环境友好型汽车必然受到人们的喜爱。

→ **作者**：

❖ 林国贵.台州精超力模具有限公司

参考文献

[1] 周成军，沈嵘枫，周新年，等.电动汽车车身结构轻量化研究进展 [J].林业机械与木工设备，2012（11）：14-18.

[2] 智淑亚.汽车车身轻量化材料的应用及发展 [J].机械设计与制造工程，2012，41（17）：104-106.

[3] 黄信宏.车身轻量化设计研究现状 [J].汽车工艺师，2012（15）：80-82.

2.3.2　粘接技术在汽车轻量化中的应用

粘接是应用最早的一种连接方式，它是通过粘胶剂利用化学反应或物理作用将被粘物连接在一起的技术。20世纪中叶，高分子化学工业的飞速发展，各种合成材料的出现，使古老的粘接技术焕发出了新的活力，新型的合成粘胶剂由于其多样的品种、良好的耐久性、广泛的适用性及更强的粘接强度，逐渐取代了天然粘胶剂。现今，粘接技术在机械、建筑、电子、航天、轻纺及医学等领域均占有十分重要的地位。

1. 粘接技术在汽车上的应用背景

当前，汽车工业的发展正面临着资源短缺及环境恶化的严峻挑战，既要保持汽车发展的竞争力，又要节约能源和降低排放，汽车轻量化是在保持汽车各部分的总体结构及基本性能需求不变的情况下降低重量，实现轻量化其中一种重要的手段便是更多地使用轻质材料，这样就出现了多种材料间的结合问题。金属与金属的连接可以采用焊接、铆接等连接途径，而金属与非金属连接的最佳方式则是粘接。钢和碳纤维复合材料的粘接结构有良好的阻裂、减振、隔热、隔声效果，并且具有质量轻、强度高、价格便宜等优点，同时也能大幅度提高钢板的耐腐蚀性能。无论是作为主承载车身结构件还是次承力结构件，粘接都能够保证强度，减轻车身重量，减振吸热，达到更好的效果，因此越来越广泛地应用于汽车制造工业。伴随着新型胶粘剂的研制开发，金属与金属、金属与非金属之间的粘接技术也在不断发展。

胶粘技术在汽车工程上的使用有着相当长的历史。早在30多年前，出于胶粘接对车辆安全性及相关功能的考虑，首次把玻璃用胶粘剂直接粘接到车身的钢板搭接边上。随着结构胶在航空工程和飞机制造上成功应用的经验，人们试图用胶来连接轿车车身的主要零件甚至整个白车身的想法。高强度粘合剂的开始使用在某些对碰撞不敏感的车身区域。这些胶主要是采用共同的环氧基原材料，强度超过10MPa，弹性模量超过1000MPa甚者几千MPa，但这样高强度、高硬度的胶在碰撞过程中往往呈现脆性，特别是在低温条件下。20世纪90年代末，新一代粘结胶研发，粘接具有高强度、高刚度，同时在冲击载荷作用的时候又具有足够的韧性和柔性，特别是在汽车使用时的整个环境温度范围内，胶粘接都能维持这样的性能，从此汽车制造厂开始大量使用结构胶。正是这种碰撞稳定型结构胶大大推进了轻量化车身工程与设计进程。

2. 粘接技术简介

粘接是将物体粘合时所发生的相互作用,是一种物理、化学连接技术。粘接机理十分复杂,目前粘接理论有很多种,以典型的机械式嵌合理论为例,粘接物间产生良好的粘附性能要求粘胶剂要排除空气且渗入进被粘物的两个表面的孔隙中。当多孔材料粘接时,起重要作用的就是机械嵌合;致密材料粘接时,光滑表面要打磨成粗糙的表面,利于提高粘接效果。粘接结构是一个由被粘物及其表层、粘胶剂层等共同构成的复合结构,在当前的生产和工艺状况下,为了尽可能地提高粘接结构的强度,一方面结合粘接理论,对被粘物的表面进行处理,处理方法有:脱脂和除锈处理、电化学处理、涂底胶处理、等离子体处理、电晕放电处理等;另一方面通过改善所用的粘胶剂的性能,来获得具有高强度性能和碰撞条件下高吸能能力的新型粘胶剂,此类粘胶剂的研制成功,这使粘接结构正式成为车身结构中的承力单元。

(1) 结构胶的分类 目前在生产上使用的粘合剂被划分为物理连接粘合剂和化学硬化粘合剂,其中对化学硬化粘合剂可根据化学反应的类型进行划分。对于化学硬化粘合剂(反应粘合剂)中的环氧树脂和聚氨酯基系统在高要求和较高强度的情况下应用最广泛,因而对于轻量化结构应用具有极大的潜力。该粘合剂像所有的塑料一样,具有极宽的特性范围。通过使用不同的单体和预聚体,并选用填充料和软化剂,可在高弹性到高强度范围内调节粘合剂。在许多技术应用中,将环氧树脂粘合剂作为高强度粘合剂,将聚氨酯粘合剂作为硬弹性和高弹性粘合剂。

1) 环氧树脂粘合剂。在汽车轻量化结构中,人们采用点焊连接,并使用环氧树脂粘合剂来提高汽车车身的刚性。单组分环氧树脂粘合剂具有较高的高强度和高刚性,其在油漆干燥室内于180℃的温度下硬化并具有良好的吸油能力。目前,这种粘合剂被越来越多地用于提高汽车车身的刚性并改善碰撞情况下乘员的安全性。

2) 聚氨酯粘合剂。橡胶弹性聚氨酯粘合剂大多为单组分的,可达到最高 5MPa 的粘合强度并具有约 5MPa 的弹性模量。这种粘合剂的最大优点在于其具有极大断裂伸长率。由于强度相对较低,橡胶弹性聚氨酯粘合剂也称为半结构粘合剂。例如,除了在粘合前风窗玻璃和后风窗玻璃时为改善车身强度的力传输之外,其密封效果也非常重要。橡胶弹性聚氨酯粘合剂可极佳地粘附在涂漆的表面上并在不损失强度的前提下粘接较大的粘合缝隙。

(2) 粘合表面的预处理 有效的结构胶的一个基本前提条件是连接件的表面状态。部件表面应无油脂、无灰尘且干燥,要去除表面上的杂质以及轻金属与氧气极快接触所形成的氧化物。汽车用材主要有钢、铝合金、镁合金、非金属材料等,不同的材料又有不同的加工方式,为确保结构胶发挥最高的性能状态,需要针对不同材料的零部件进行预处理。

1) 汽车用钢。钢板件的表面能量高对浸润连接件有利,所以钢材很容易粘合。从镀层方面分类,汽车上应用的钢板可分为镀层板和裸板,其中,镀层板主要为镀锌板、Al-Si 涂层板两大类,Al-Si 涂层板主要为热成型钢;裸板指无任何表面镀层的钢板,该种钢板为了使用过程中的防腐,一般会采用涂油处理。因此,无论是镀层板还是裸板在冲压成形后,拼焊过程中使用结构胶时都要考虑零件的表面状态。具体如下:

① 镀锌板在成形后要对粘接面进行检查评估表面镀锌层是否出现松动、裂纹、锌粉脱落等现象存在,若有,则需要将镀层去除再进行结构胶粘接;Al-Si 涂层热成型板同样也要进行相同的评估。

② 裸板在成形后至少需要对粘接面进行去油处理。热成型钢中也有裸板的情况,由于热成型工艺的特殊性,即成形后表面会有一层氧化铁皮,因此需要进行抛丸处理,彻底清除表面的氧化铁皮。

2）汽车用铝合金。铝合金在汽车上应用分为变形铝合金和铸造铝合金两种形态，不论何种形态，由于铝对氧气具有很高的亲合力，因此铝合金始终具有一个天然的氧化层。这个氧化层在湿气进入时耐抗性较低，因此在粘合时会渗入粘合层面导致连接损坏。当粘合剂暴露在潮湿环境中时，需要通过相应的表面处理来防止粘合面发生腐蚀。在对粘合的要求降低或湿度负荷低的情况下可机械去除氧化层，在湿度影响较强时可进行湿化学预处理。

常见的处理方法是在汽车涂装车间，通过一个酸洗过程去除存在的氧化层。接着，在充分冲洗后产生一个新的氧化层，其可防止表面发生后续腐蚀。

铝和铝合金的一种新型表面预处理方式是激光预处理。在这里人们借助激光器进行局部表面顶处理，在选择相应处理参数的情况下其可使铝材粘合达到极佳的抗老化性。在这种情况下，起决定性作用的是连接件材料表面附近的涂层所发生的化学和形态的改变。

对铝合金压铸件，在脱模时人们会用脱模剂浸湿压铸模具，从而在每次将压铸件取出后可重新使用模具。因此在粘合铸件和给铸件涂漆时要特别注意，原则上，所有脱模剂都会明显降低粘合牢固性，降低的程度取决于使用的粘合剂和脱模剂两方面，所以对于使用环氧树脂基热淬火粘合剂的未清洁的部件，其强度为 0.5～5MPa。

3）非金属材料。通常塑料的粘合可分为热塑性塑料、合成橡胶和热固性塑料的粘合。一般来说，热固性塑料不进行预处理就可粘合，这同样也包括极性和可溶性热塑性塑料。无极性和不可溶的热塑性塑料未经预处理不能粘合或粘合后强度极低。这种情况同样也适用于大多数合成橡胶，如果采用轻微溶解基质的专用粘合剂，则可达到良好的粘附性。但是这只适用于部件表面未被脱模剂、软化剂等污染的情况，塑料生产工艺通常会造成部件表面的污染。

对于纤维复合材料，尤其是碳纤维增强塑料具有极高的强度和刚性，因此，它们在轻量化结构中被广泛使用。这种极高的数值来自纤维的特性，其弹性模量可达 600GPa，抗拉强度可达 6GPa。基体材料（一般为环氧树脂）的弹性模量约为 10GPa，强度为 50MPa。从这些数据可以看出有益的特性主要来自沿负荷方向布置的纤维。为了在粘合的部件中保留基础材料的有益特性，除了要将良好的粘附作用在基质上以外，还应将相邻的负荷传导到纤维中。

（3）结构胶选用原则　结构胶的使用取决于车辆的级别和大小，一辆汽车车身用结构胶连接的搭接边长度通常为 150~300m 的总长度。选用的结构胶的特点：

1）高的吸油能力。作为结构粘接剂，不能仅拥有某一个特性，首先是弹性系数和强度，还必须满足更多的需求。为了能在涂有润滑剂的金属片上应用，粘接剂能够吸油是势在必行的。

2）高的玻璃化温度。玻璃化转变温度(TG): 有时也被称为玻璃化温度。在某个温度范围内，聚合物的物理特性值得注目的、不定的变化。低于玻璃化温度，聚合物是硬的，具有高的弹性模量，部分布朗运动冻结，聚合物像玻璃。达到玻璃化温度后，弹性系数下降几个数量级，聚合物像天然橡胶。高于玻璃化温度后，产品有韧性，且机械性能随温度变化非常小。

3）韧性而非脆性。为了能够使车身在碰撞发生时吸收更多的动能，需要胶粘接有足够的韧性，只有这种抗冲击性的连接才能使被粘结的底材金属在载荷的作用力超过其屈服点，而发生这种形变时，车辆正在近乎不可想象的条件下运动，特别是在低温下。在大面结胶粘接的周边，被胶粘接的部件会发生了一定形变，但是它的变形一定是比其他地方要小得多。

尖端的结构粘接剂化学配方必须是玻璃化温度尽可能高，且具有合适的弹性模量，但不能有玻璃性脆性，尤其不要在高冲击负载下（快速变形）。即便在低温条件下，对于碰撞稳定的结构胶也必须保证这一点。在车身与安全相关的结构连接不允许在车辆运行的温度范围内对安全有任何妥协。

实际中,选择哪种连接技术取决于对整车性能的标准和要求,以及由制造工艺的要求所决定。特别是包括以下:①车身刚度要求;②碰撞稳定性要求;③抗腐蚀级别要求;④工程强度要求;⑤声学要求;⑥材料组合的匹配要求;⑦流水线速度要求;⑧设备投资和工艺成本要求。

3. 粘接技术优点及轻量化的重要性

(1) 粘接技术优点　目前,粘接技术向高速化、工业自动化及连续化发展,新型粘胶剂的主要发展方向之一是研制出工艺简便,能快速固化,可以连接表面带有油污和锈蚀的金属材料的高强度粘胶剂。胶粘剂的形态也发生了很大变化,由原有的有机溶剂型转变为水溶剂型,从溶剂型转变为无溶剂型,由双组分型转变为单一组分型,同时为了粘接结构承载能力的提高,在工艺上应用了粘接和其他连接技术,如:胶-焊连接、胶-铆接连接、胶-螺连接等复合连接工艺,但这些工艺的基础是粘接,同单一的铆接、焊接和螺栓连接相比较,粘接具有以下优点:

1) 粘接能够最充分的利用被粘接材料本身的强度。因为粘接结构不需要在材料中像铆接、螺栓连接那样穿孔,从而粘接材料的有效截面积不会减少;焊接工艺中因需要高温会引起材料的结构热变形,或使材料的金相组织发生变化,或使涂层、退火状态发生改变,而粘接由于操作温度低,特别是被粘物本身是高强度材料时,能充分保持材料原有的强度。

2) 粘接能有效提高接头使用的寿命。因粘接时在粘接面上粘胶剂的均匀分布,使界面不产生螺纹和铆接缺陷,粘接层面不会形成局部的应力集中,而且粘接结构中,若产生疲劳裂纹,其扩展速度较慢,从而提高接头的疲劳寿命,使粘接技术在汽车制造中获得了广泛的应用。一般粘接的反复剪切破坏为 4×10^6 次,而铆接只有 3×10^6 次,疲劳寿命要高出几倍。粘接薄板,其耐振性要比铆接高。

3) 粘接构件有效地减轻了质量。由于不使用铆钉、螺栓而减轻了接头的质量;粘接件受力均匀,可采用薄壁结构,极大地减轻了接头的质量。这对于车身轻量化方面是极为有利的。

4) 粘接接头可根据使用要求,选取相应的胶粘剂,赋予粘接接头以特定的功能。常见的有导电、导磁、密封、抗特定介质腐蚀功能的粘接接头。

5) 粘接接头所用的材料范围广。粘接可以在金属材料和金属材料之间、非金属材料和非金属之间使用,也可用于金属与非金属之间的连接。这对于现今的汽车生产是一大优势,特别是许多新型材料在汽车上的应用日益广泛的背景下。

6) 粘接结构的耐环境应力强。由不同种金属材料经粘接形成的接头可以有效避免由金属接触电偶尔产生的电化学腐蚀;粘胶剂本身对材料不存在化学腐蚀;粘接面良好的密封性能隔绝了水、空气及其他介质对接头的腐蚀,接头的耐环境应力增强了。粘接技术的工艺要求简单,操作要求低,易于实现生产的自动化、结构模块化、制造和维修成本低。

粘接连接也存在某些不足。例如,胶粘剂的主要材料一般是高分子材料,因此,粘接强度范围相对低,远不如金属材料;使用温度也较低,一般只有耐高温胶粘剂才能长期工作或者短期工作在特定的温度区间内,粘接接头性能的重复性差;使用寿命有限;胶粘剂对材料的连接不如铆接和螺栓连接那么普遍,有的材料难以或无法用胶粘剂连接。以上缺陷在一定程度上限制了粘接连接的应用范围。

(2) 粘接技术对车身轻量化的重要性　车身是最重的部件,约占车辆总重的25%,因此车身是最重要的减重目标。而减重的同时,又必须不损失车身应有的机械性能,特别是整车刚度、车辆工程强度、防撞能力和NVH性能。轻量化的车身需要使用更广泛的金属材料,最重要的是各种轻质材料的复合使用。这涉及使用什么材料、采用何种结构和使用哪种加工技术。因此通常需要组合使用具有独特特性的不同轻量化材料,同时还应考虑的部件的几何形状以及这些材料的加工和处理工艺。粘接技术非常适合用于建立轻量化结构的连接,它的优缺点见表2-5。

表 2-5 粘接技术的优缺点

优 点	缺 点
连接件无热影响	连接的抗拉强度有限
应力分布均匀	在进行时效处理和长时间使用时粘合结构可能发生变化
可进行平面连接	通常要求进行细致的清洁处理并预处理要连接的表面
可连接不同材料	通常要求使用特殊夹具来固定连接(固化相对时间长)
气密和液密接缝,即无间隙腐蚀风险	只能根据条件进行连接的非破坏性试验
作为绝缘层的粘合剂阻止了接触腐蚀	在长时间负荷下易发生蠕变
不需要精确匹配连接面	
有良好的连接减振特性	
动态强度高	

4. 粘接理论

(1)粘接接头的构成 粘接接头是由上、下被胶粘物、粘胶剂或底胶构成的具有"三明治"特征的结构体系,其整体是一个具有稳定机械强度的体系。从接头的微观结构看,粘接接头是一个复杂的多相体系,由三个均匀相和两个界面区域构成。在微观层面上,根据粘接接头的微观结构以及接头材料的成分分布,可以将接头分为多层结构,如图2-44所示,特别地对于碳纤维层压复合板而言,采用九层结构模型可以更好地理解粘接接头的破坏形式。

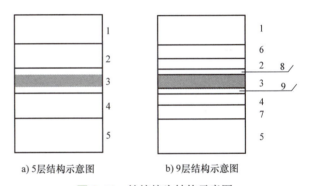

图 2-44 粘接接头结构示意图

1,5—被粘接物 2,4—胶粘剂与被粘接物的界面层 3—胶粘剂
6,7—被粘接物的表面层 8,9—受界面影响的胶粘剂层

根据粘接形成的过程,可以分为两个阶段:首先是粘胶剂液态分子,以布朗运动的方式向被粘接物表面扩散,并逐渐靠近被粘接物表面的过程;当粘胶剂分子和被粘接物表面分子间的距离,在接近时,由于吸附作用,二次键力起主导作用,且二次键力随分子间距离减小而增大,直至最大。这两个阶段相互关联,一直进行到胶液固化前。

(2)粘接接头的破坏类型 一个具有一定粘接强度的粘接接头,由组成到有裂纹产生直至彻底破坏,是两个相反的确又有一定关系的过程。首先,从一个粘接接头的质量可以预测其产生裂纹直至破坏的难易程度,反之,从受到破坏的种类又可分析粘接过程的质量好坏。根据破坏的位置划分为四种破坏类型,如图2-45所示。

1)被粘接物破坏。接头在受到外力作用时,由于胶粘剂本身具有足够高的强度,而且胶粘剂和被粘物表面有足够大的粘合力时,被粘物本身的强度却小于这两个力时,破坏发生在上、下被粘物。

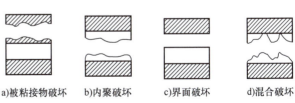

图 2-45 粘接接头破坏类型示意图

2）内聚破坏（又称胶层破坏）。接头在外力作用下，发生在粘胶剂内部的内聚失效（内聚破坏）。破坏发生后，被粘物表面都有残余粘胶剂，表面呈凹凸不平状。此时粘胶剂的内部强度决定了接头的破坏强度。

3）界面破坏（又称粘附破坏）。接头在受到外力作用时，一方面由于上、下被粘物在材料属性上的差异，其表面层和粘胶剂间的强度存在差异，另一方面被粘物分子和胶粘剂分子间粘合力大小不同，一侧的粘合力处于失效状态，导致破坏只发生在一侧粘接面上，而且破坏表面保持光滑平整，此时破坏发生在被粘物和胶层表面的界面上，并且是由于粘附失效而造成的。

4）混合破坏。界面破坏和内聚失效同时发生的混合失效。

一般情况下，粘接接头的上、下被粘物表面和胶层间的粘合力小于粘胶剂本身的内聚力时，界面破坏发生的概率偏大，反之，粘接接头的上、下被粘物表面和胶层间的粘合力大于粘胶剂本身的内聚力时，内聚破坏和界面破坏的概率增大。

5. 汽车制造中的粘接工艺及应用

（1）汽车制造中的粘合工艺　汽车制造中的粘合分为车身制造（白车身）粘合和安装粘合。不同的工艺步骤和生产参数对粘合剂的使用和选择有决定性的影响。安装粘合是指在涂漆表面上的粘合。在此应确保油漆附着在部件上，同时粘合剂附着在涂漆表面上。

1）白车身中的粘合（表 2-6）。

表 2-6　白车身中的粘合

结构胶类型	应用位置	特点
环氧树脂粘结剂	汽车车门、盖板、尾门对焊接头以及各种法兰连接等结构件应用	1. 在多材料表面具有良好的附着特性，且在连接中可达到 30MPa 的高强度 2. 典型特征是灵活性较低，会产生一个相对刚性的连接部位
橡胶基粘合剂	半结构件	1. 可良好粘附在不同的基质、钢、电解或热镀锌钢，上漆板材以及各种铝合金和镁合金上 2. 在不降低强度的前提下，粘合连接的吸油能力是目前白车身制造所需的
塑料溶胶	密封连接部位	1. 这种价格低廉的产品主要用于密封和封堵，可防止连接区域出现间隙腐蚀 2. 在 150～180℃的温度范围内使之硬化

2）汽车装配中的粘合工艺。近些年来，一些在油漆干燥室可能会发生损坏的高集成化组件，因此白车身上使用的粘合剂逐渐转移到装配领域内。在安装中主要使用单组分（潮湿硬化）和双组分的聚氨酯系统作为粘合剂。在强度要求较低的应用情况下也使用胶带。

3）非金属复合材料及混合结构车身的连接。在应用非金属复合材料的车身结构中，大量应用粘结或粘结+铆接方式完成复合材料-复合材料、复合材料-金属间的连接，比如宝马i3、宝马新7系等。其中宝马i3车身连接工艺中，粘接长度达173m，换算后相当于全车身连接点（点焊）数的79%。

（2）粘接技术在部分车企应用的情况　陶氏化学自1999年起将结构胶技术引入汽车市场至今，全球陶氏结构胶应用超过 70 亿 m，一辆使用 50m 陶氏结构胶的中级车，总体减重 17kg，每年减少 32.6kg 二氧化碳排放（图 2-46~图 2-49）。2015 款福特 F150 采用了陶氏的结构胶连接，该款 BETAMATE 结构胶专为福特特定的工艺、材质和性能目标而研发（图 2-50），重量较前款减轻 318kg。

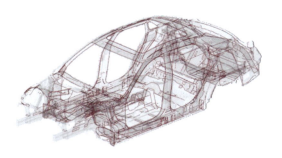

图 2-46 凯迪拉克 CT6 应用陶氏 BETAMATE 结构胶部位

图 2-47 捷豹 XF 粘接应用部位

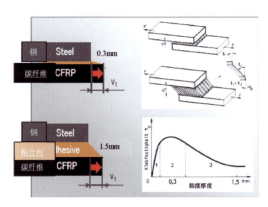

图 2-48 宝马 7 系粘接厚度

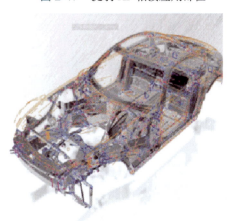

图 2-49 AMG GT 粘接部位（蓝色），粘接长度达到 184m

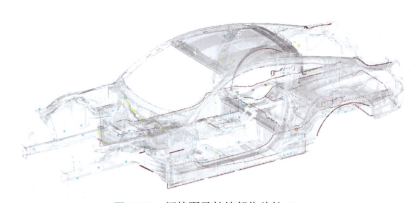

图 2-50 福特野马粘接部位总长 27m

（3）粘接工艺在宝骏 730 上的应用　随着粘胶技术的发展，车用粘胶在汽车设计中的应用越来越广泛，基于整车结构性能及轻量化的需求，上汽通用五菱公司的上市车型中也普遍采用粘接技术。与焊接、铆接、螺栓连接相比，结构粘接不仅能连接不同材料，如金属与非金属、复合材料等，还可以提高结构韧性、耐疲劳性、抗冲击性和耐腐蚀性，起到增强汽车结构、防锈、防振和内外装饰的作用，达到减轻车身重量、降低能耗、简化组装工序、提高制品质量和优化产品结构的目的。

以宝骏 730 为例，结构胶、折边胶、减振密封胶及玻璃胶等主要粘接工艺在此车型上得到了广泛的应用，有效地提升了产品质量和降低生产成本，接下来的内容主要介绍这几种粘接工艺在宝骏 730 上的应用情况。

车身结构胶以环氧树脂及 PU（聚氨酯）材料为基材，通常用于车身钣金件的连接，与传统的点焊工艺相比，车身结构胶不但能够提升车身刚度、防撞性、安全性及耐久性能，降低结构应力集中，提升气密性与防腐蚀性能，而且能够进行不同材料的异质连接，对汽车轻量化的研究也有着重要的意义。此外，使用结构胶能够快速解决现有问题，避免焊点撕裂，可用于连接工艺不可点焊区域与外观要求不能焊接区域。车身结构胶在宝骏 730 上的应用区域主要为轮罩与地板搭接处、发动机罩和尾门翻边处、立柱和内加强板搭接处等区域（图 2-51）。

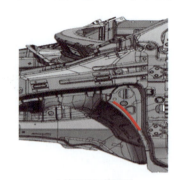
a) 前围板与前侧板

b) 侧围外板与 A 柱上加强板

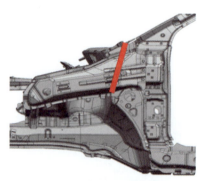
c) 轮罩外板加强板与轮罩外板

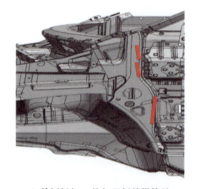
d) 前侧板与 A 柱加强板等搭接处

图 2-51 车身结构胶在宝骏 730 上的应用区域

折边胶主要以环氧树脂、聚氯乙烯等为基材的柔性糊状物，可加热固化的粘合剂，具有储存稳定、粘接强度高、绝缘性能好、适用性强等特点。为提高汽车车身五门一盖的外观质量和防腐、密封性能，折边胶粘接工艺已逐步替代焊接方式用于五门一盖包边后的连接。在车身结构中，折边胶主要应用于外板包边区域，相对于传统的点焊工艺，折边胶工艺的应用可以有效地消除焊接造成的外观缺陷，保证门和盖外表面光顺、平整，同时避免了焊接造成的应力集中，并且不会对镀锌钢板的锌层造成破坏，提高了产品的防锈能力和外观质量。折边胶在宝骏 730 上的应用区域主要为发动机罩包边、尾门包边（图 2-52 所示）、侧门及顶盖包边等区域。

图 2-52 尾门包边

减振密封胶在满足相应的连接性能要求的同时，可起到有效地减振降噪的作用。减振密封胶通常涂装在加强梁与外板之间，减振密封胶在涂装烘房中被加热而膨胀固化，胶层既将外板与加强板隔开，同时又将二者粘在一起（图2-53），可以吸收行车过程中外板与加强梁之间的振动，从而减小行车噪声；膨胀固化后的胶层具有较高的粘接强度，将加强梁与外板紧密结合为一体，能够减少或取消焊点，因而提高车身外表的美观性。减振密封胶在宝骏730上的应用区域主要为顶盖与加强梁、车门与加强梁、车身与翼子板等搭接位置处（图2-54）。

图 2-53 轮罩外板加强板与翼子板

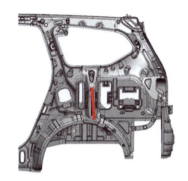
图 2-54 后侧围内板焊合件与侧围外板

玻璃胶具有优异的连接强度、减振及密封性能，同时也使车身外观更加美观。玻璃胶在宝骏730上的应用区域主要为前、后风窗玻璃及后侧风窗玻璃与车身结构连接的区域（图2-55）。

采用轻质材料做粘接材料是实现轻量化的重要手段。与传统的点焊工艺相比，车身结构胶不但能够提升车身刚度、防撞性、安全性及耐久性能，降低结构应力集中，提升气密性与防腐蚀性能，而且能够进行不同材料的异质连接。折边胶工艺可以有效地消除焊接造成的外观缺陷，保证门和盖外表面光顺、平整，同时避免了焊接造成的应力集中，并且不会对镀锌钢板的锌层造成破坏，提高了产品的防锈能力和外观质量。减振密封胶在满足相应的连接性能要求的同时，可起到有效地减振降噪的作用。正是这些粘接技术在宝骏730上的应用有效地提升了产品质量和降低生产成本。

图 2-55 后风窗玻璃

作者：

- 黄宗斌，谢贵山，徐志丹．上汽通用五菱汽车股份有限公司
- 鲁后国，阚洪贵，欧阳俊珩．安徽江淮汽车集团股份有限公司

参考文献

[1] 白红权．胶粘剂在客车制造中的应用[J]．客车技术执行，2006，28(4)：49-51.

[2] 岳清瑞，杨勇新．纤维增强复合材料加固结构耐久性研究综述[J]．建筑结构学报，2009(6)：8-16.

[3] 任慧韬，李杉，高丹盈．载荷和恶劣环境共同作用对CFRP·钢结构粘接性能的影响[J]．土木工程学报，2009，42(3)：36-41.

[4] 陆峰，W.J.vanOoij．铝合金表面硅烷处理后腐蚀性能的研究[J]．材料工程，1999(8)：12-17.

[5] 许小芳，申世杰. 硅烷偶联剂处理玻璃纤维对复合材料界面的影响 [J]. 宇航材料工艺，2010(3)：5-8.

[6] 朱新宇，卢俊文. 基于剩余强度的复合材料补片形状优化研究 [J]. 中国民航飞行学院学报，2011，22(3)：8-11.

[7] 赵培仲，黄旭仁，李艳丽，等. 补片尺寸对胶层应力分布的影响 [J]. 玻璃钢／复合材料，2012(6)：18-22.

[8] 赵培仲，胡芳友，黄旭仁，等. 复合材料粘接修理结构中胶层的应力分布 [J]. 玻璃钢／复合材料，2012(4)：65-69.

2.3.3 非金属复合材料部件的维修与维护技术

目前，随着复合材料部件在航空、汽车等领域的大规模使用，复合材料部件的维修和维护成为一个非常重要的课题。与其他材料不同，复合材料有其自身的特点，主要是：①复合材料构件层间强度低，剪切性能差；②蜂窝夹芯结构在长期的使用过程中，易出现铝蜂窝夹芯腐蚀以及面板与夹芯的脱胶，蜂窝夹心结构蒙皮较薄，撞击后易开裂；③复合材料叠层结构的自由边界存在着层间应力集中现象，容易引起自由边的散层；④铺层顺序的不合理安排，容易造成层板内的耦合效应；⑤吸湿性对环氧树脂基复合材料性能的影响很大。湿气使树脂膨胀、塑化和玻璃化温度降低，导致树脂性能下降。

1. 复合材料维修与维护原则

对于不同的领域，复合材料部件的维护标准及维修标准不尽相同，但在使用和维护过程中，基于复合材料本身的特点，其所采用的方法是大同小异的。

对有缺陷的复合材料构件处理的方法：一是按维护手册规定的范围保持原样使用；二是需要进行修理；三是对超出维修范畴或无法修复的，报废更换。维修的原则：一是等强度修理；二是构件维修后性能及耐久性不变，三是维修后构件增加的重量应最小。

2. 复合材料维护的注意要点

复合材料结构由于制造工艺的因素会产生缺陷，如空隙、分层、脱胶等；在装配过程中，在外载作用下也会出现损伤，常见损伤有分层、脱胶、表面划伤、错钻孔、孔边损伤、冲击损伤、雷击损伤、战伤、裂纹、燃烧等，对于复合材料汽车零部件，碰撞、剐蹭等都会对复合材料件造成损伤。无论是先天生产缺陷还是后天机械损伤都会使复合材料结构受损、性能下降，从而导致结构使用寿命降低。

因此，在使用过程中，必须注意对复合材料构件进行良好的维护，在维护中应注意以下问题：①为了减少不必要的损失，防止腐蚀的发生，在复合材料结构损坏时应及时修补，避免潮气及腐蚀性介质进入结构内部；②在使用过程中，应避免外来物撞击及冰雹风沙的袭击；③复合材料结构表面的漆层损坏时应及时修补；④由于复合材料对温度的敏感性，在维护时应防止烈日暴晒；⑤在沿海和腐蚀性大气中使用后，要及时清洗复合材料部件；⑥注意高温区复合材料板件的散热，防止烧伤；⑦在维护时应按手册推荐的清洗剂清洗复合材料构件。

3. 复合材料维修的注意要点

（1）复合材料维修中的注意事项　对复合材料构件进行良好的维修，在维修中应注意以下问题：

1)对复合材料修理时尽量少开孔,对于需要的制孔,要制成圆孔;如果需要方形孔四角要呈圆弧形,以避免因尖角孔引起应力集中。

在复合材料构件上制孔时容易产生很多缺陷。在复合材料层压板上钻孔时,由于层间剪切强度低,在钻孔轴向力的作用下容易产生层间分层和出口层的分层;在碳纤维复合材料上钻孔时,碳颗粒对刀具磨损严重,降低了刀具寿命;由于碳粉尘污染危害人体健康,同时碳粉尘的导电性容易引起电器设备短路。

为避免上述缺陷应采取的措施为:为了防止分层,孔的出口要衬硬塑料垫板或采取在层压板的出口表层固化一层玻璃布或可剥布;选用硬质合金刀具或陶瓷刀具,并确定合理的钻头几何参数,尽量减小轴向力的作用,同时,选用吸尘器吸除粉尘。

2)修理有装配关系的配合面时,因成形后复合材料零件的配合面不允许修锉,但零件制造必然有误差,应采取小的负差,在装配时用快速固化的液体塑料片充填补偿。

3)复合材料的胶接是复合材料构件的主要连接方法之一,它可以提高结构刚度,减轻结构重量,无应力集中,从而提高结构寿命,并具有良好的密封性。复合材料的胶接应尽量避开与金属件(尤其是铝零件)进行胶接,因两者的热膨胀系数相差很大,在固化过程中会产生很大的热应力。

(2)胶接修理中的注意事项 胶接修理作为复合材料构件的连接方法之一,在修理过程中需要注意以下5个问题。

1)胶接的环境条件:环境温度应控制在18~28℃,环境湿度应控制在30%~60%,空气中直径为5μm的尘埃粒子颗粒不得超过88个/L,胶接修理部位的温度应比操作间的温度高,必要时用红外灯或热风机加热该区域。

2)对胶接零件及材料的要求外形容差(指待胶接零件的相互配合间隙)不超过0.3mm,蜂窝夹芯的高度差一般为+0.1mm;小的蜂窝夹芯结构的损坏可通过注胶的办法加以修补,较大部位的损伤应重新制作蜂窝加以修补;表面无油污及腐蚀,清洁干燥无灰尘,表面处理后8h内进行胶接;胶接用的零件和相关的材料应尽可能保持同一温度,因此它们必须在操作间至少同时存放5h,为了防止受潮,盛树脂、固化剂和底漆的罐在使用前一律不准打开。

3)对涂胶及贴膜的要求:底胶不宜厚,胶膜一般应贴在垫板、长桁的待胶接面上,对于夹层结构,胶模应贴在蒙皮上,涂胶和贴膜应避免出现气泡和皱折,把出现的气泡刺破,把出现的皱折消除;胶膜拼接时应尽量采用对接,对接间隙不得大于0.5mm。

4)固化时,应按所使用的胶和部件的有关要求掌握并控制好温度、压力和时间。温度的控制应尽量使其内部低分子挥发物挥发出去,以减少内部孔隙分层。压力的选择和加压的时机要合适,压力的大小取决于元件的形状和厚薄,加压过早易造成贫胶或分层,空隙率增加等缺陷,加压过迟将使产品尺寸超差及产生表面缺陷等故障,保温保压这段时间是为了使树脂充分固化,消除内应力。若固化时间不足,固化不充分,产品的机械性能差,吸水率增加,外观暗淡无光泽,耐温性能差;保温时间过长,产品抗冲击和抗弯曲性能差。

5)胶接件的分解:用环氧树脂胶接的零件,胶接后难以分解被胶零件,因某种原因必须分解时,最好的方法是用三氯乙烯浸泡几天,但被胶接的材料必须耐该溶剂。也可以通过加热的办法(加热到100~150℃,该温度不能高过易于损坏被胶接材料的温度),然后用剥离的方法分解零件,剩余的树脂用溶剂从胶接面上清除掉,最后用流水漂洗。

4. 复合材料的维修方法

复合材料的维修方法可分为机械修理和粘接修理两大类。

在过去的十几年中，已经有许多研究者针对螺栓连接修理方法分别采用解析法、数值法和试验法进行了研究。这一修理方法是在损伤结构的外部用螺栓或铆钉固定一个外部补片，使损伤结构遭到破坏的载荷传递路线得以重新恢复，连接方法大多采用螺栓连接，亦可以采用铆钉连接，尤其是单面铆接。由于复合材料具有脆性及各向异性的属性，螺栓孔或铆钉孔边会产生应力集中，导致抗疲劳性能不佳。现阶段机械连接修理技术已经广泛采用新设备新技术，向自动化、柔性化、智能化的方向发展。

（1）机械修理　复合材料机械修理具体的方式主要有：

1）用螺栓固定打补修理，先将结构破损部位切除，粘接后钻孔，再用螺栓固定。

2）金属加强板的螺栓连接，先将损伤部位挖掉，用密封填料及嵌入套一同固化，然后从外侧用螺栓把金属垫板固定。

3）用复合材料补片、钛金属薄片粘接。

4）采用斜角进行嵌接固化。

然而，机械修理方法存在着结构增重较多、修理区应力较大、修理补片影响修复区的电性能等缺点，因此，目前复合材料结构损伤主要采用粘接修理方法。

（2）粘接修理　对于粘接修理方法的研究始于20世纪90年代，近些年来又有了长足的发展。对受冲击损伤的复合材料层合板和蜂窝结构挖补修理是一种非常有效的修理方法，可以最大限度恢复结构的强度。挖去损伤或缺陷的部位，留下一个具有锥度的孔，先对层合板进行干燥处理，然后再用复合材料补片通过胶结的方法将其修补完整。层合板结构和蜂窝夹芯结构填补时均可采用阶梯挖补和楔形挖补法，具体如图2-56、图2-57所示。

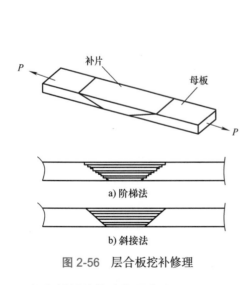

图2-56　层合板挖补修理

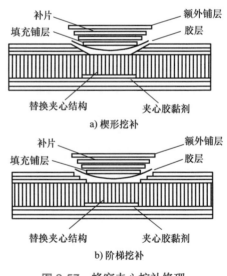

图2-57　蜂窝夹心挖补修理

5. 复合材料的快速修理方法

近些年来，工程上广泛采用了多种新型的复合材料快速修理方法，主要有微波修复、电子束固化修理、光固化修理和激光自动化修理。

（1）微波修复　采用微波对复合材料进行修复能够迅速恢复结构强度，是一种理想的修理方法。补片修理损伤或缺陷结构时，微波能加速固化过程，起主导作用的是微波的制热效应，常用树脂等高分子材料，包括胶粘剂多为含极性基团的聚合物，这些极性分子在交变电场的作用下将随外施电场的频率转动，从而制热。为了使制热效应在复合材料中产生，在修复区注入微波吸收剂，以提高材料的导电磁率，或采用能高效吸收微波的高速固化胶粘剂，同时用特殊设计的微波施加器对修复区施加微波能，使之在数十秒之内形成新的、更强的界面，修复损伤。

（2）电子束固化修理　电子束固化修理具有固化速度快、温度低、模具成本低的优势，法国、美国、意大利等国家先后开始对这种固化方式在复合材料修理方面的研究。电子束固化基体树脂、结构胶粘剂或预浸料可在室温或接近室温及接触压力下固化，电子束可以被限制在修理区域，大大减少固化应力、热应力和局部加热对周围区域的影响。适用于修理的电子束固化机理是采用高能量电子束碰撞目标分子，释放足够的能量使其产生一系列活泼的粒子，临近的分子激发活泼粒子释放能量，形成化学键，达到固化修理的目的。

（3）光固化修理　光固化预浸料胶结修理技术是利用光敏胶固化速度快的特点，将预浸料补片贴到损伤部位，利用紫外光照射固化，对裂纹、孔洞、腐蚀、灼伤等损伤进行快速修复。修复的补片可预先制备，操作简单、从实施修理到装备投入使用的时间短，修理补片在固化前呈柔性，粘贴可根据需要任意改变形状，适用于各种复杂形状的机件修理，修理后补片与原结构贴合较好，具有恢复原有结构形状和保持外形的能力。修理需要操作空间小，适用于空间狭窄的内部损伤修理。

（4）激光自动化修理　近年来，国际上也出现了自动修复复合材料的新技术，如采用激光技术自动修复复合材料结构。使用激光清除损坏的材料，用激光将每层复合材料的树脂融化，剩下松动的纤维用刷子刷掉，处理下一层，而损伤区外的纤维和树脂完好无损。该技术对复合材料结构不会产生力量或振动，对整体强度或完整性没有不利影响。损坏区域很干净，使用现场就可固化的加热毡作为替换的补丁来修补。

不同修理方法适用范围不同，在选择修理方法时需要综合考虑结构承载要求、受载情况、外形要求、损伤严重程度和修理技术水平和经济性限制等因素，选择合理的修理方式。

➡ **作者**：
❖ 张华川，尹苗，段艳兵. 成都鲁晨新材料科技有限公司

参考文献

[1] 刘柏林. 复合材料部件的维护及修理 [J]. 航空维修与工程，2010(4): 36-37.

2.3.4　塑料及其复合材料的回收再利用技术

随着整车轻量化水平的提高，塑料及其复合材料在汽车上应用逐渐增加。汽车中的塑料及复合材料零部件，已经从普通装饰件发展到结构件、功能件。近年来在汽车消费量呈阶梯式快速攀升的同时，越来越多的汽车进入报废阶段。如果报废汽车上的废旧塑料和复合材料得不到妥善处理，将会污染自然环境，对人类的健康造成严重的威胁。

1. 汽车废旧塑料的回收再利用

随着汽车保有量的持续增长，废旧汽车报废量也将大幅度增加。2017 年末，废旧汽车报废量应该突破 800 万辆，2019 年左右将超过 1300 万辆。我国报废汽车回收行业前景较好，但是近年来报废汽车每年实际回收量仅为保有量的 0.5%～1%，远低于发达国家的 5%～7% 水平。预计

到 2020 年，我国汽车拆解市场规模有望超过 1300 亿元。一方面，汽车种类繁多，塑料分类困难；另一方面由于塑料老化等问题，限制了回收汽车塑料零部件的再使用和再制造。废旧塑料不能有效回收利用是制约汽车回收利用的主要因素。所以，研究汽车塑料的回收利用技术，对于节能环保和促进汽车行业的可持续性发展具有重要的意义。

（1）塑料保险杠的回收再生　目前，汽车保险杠的材料主要是模压塑料板材，高压注射改性聚丙烯（PP）材料或玻璃纤维增强材料。汽车保险杠的回收再生主要是 PP 的回收再利用。汽车保险杠拆解费用低，再生料性能强，因而废旧保险杠具有很高的回收价值。一般可以将保险杠的回收方法分为两类：一是保险杠-保险杠回收法，回收料用于再生保险杠，同等附加值最大，可认为是最好的方法；二是保险杠-其他回收法，将回收的保险杠料用于生产性能要求相对低的其他部件。

1）保险杠-保险杠回收法。将废弃的保险杠再生用于新的保险杠时，由于 PP 优异的回收再生特性，无涂层的 PP 保险杠回用基本无问题。然而，大部分乘用车保险杠表面都有油漆，用作再生料时，保险杠的冲击强度、脆化温度、伸长率等都会降低，再生制品的表面质量也达不到要求，因此需要对涂层进行表面除漆处理。PP 保险杠的涂料有丙烯酸-蜜胺树脂构成的蜜胺型、聚酯-氨基甲酸酯树脂构成的异氰酸酯固化型两类。典型的涂层膜无害化技术有机械法、化学法和水解法。

此外，将废弃的保险杠再生用于生产新的保险杠，为了使最终的保险杠满足设计的性能，则需要对回收料进行改性。Maria 等在废旧 PP 保险杠回收料中添加一种再生剂和抗氧化剂后，性能可获得显著提高。

2）保险杠-其他回收法。此方法对环境的负担相对较低，将废旧保险杠生产成其他汽车部件更为合理，如一些汽车制造商将废旧汽车 PP 保险杠回收再造粒，用于生产防尘仪表板和空气过滤器外壳等。其中也可以把废弃汽车保险杠回收料加工制成对外观、性能要求不高的制品，如土工格栅、建筑材料、防水材料等。欧洲废旧汽车材料回收开发的废旧汽车保险杠回收工艺流程（图 2-58）。

图 2-58　废旧汽车保险杠回收工艺流程

（2）仪表台的回收再生　目前大多数的软质汽车仪表板由三部分构成：具有皮革外观和较好的耐用性的聚氯乙烯（PVC）外壳，手感柔软的聚胺酯泡沫，具有较好的刚性和机械性能的丙烯腈-丁二烯-苯乙烯共聚物（ABS）和聚碳酸酯（PC）合金 ABS/PC 衬垫。

Toshino 等开发一套回收 PP 仪表板的方法，将废弃的 PP 仪表板粉碎，添加石蜡聚合物和无机填料组成的混合物，之后加热熔融和提炼成树脂混合物，用于生产新仪表板的基体。G. Ragosta 等开发一套针对具有多层结构的汽车塑料内饰件的回收方法。以废旧聚烯烃类仪表板为样本，再生过程中添加适当的抗氧化剂和稳定剂后，再生塑料的性能仅得到有限的提高。新方法在再生过程中添加一种乙烯-丙烯共聚物和 PP 新料，再生塑料的性能得到显著的提高，用于生产新的仪表板或相似的塑料部件。

（3）塑料燃油箱的回收再生　燃油箱是汽车上应用最多、用量最大的塑料之一，一般由超高分子量高密度聚乙烯（HDPE）制成。近年来，用多层中空成型法生产的汽车用塑料油箱增多。

多层中控成型法是将不易透过汽油的尼龙（PA）作为汽油的阻透层，两侧为 MODIC（三菱油化制粘接性聚烯烃层，用于粘结聚乙烯 PE 和 PA），外面采用超高分子量聚乙烯，组成五层结构。其中回收燃油箱比较重要的一个技术问题是：燃油箱壁内残留的燃油闪点低，使得熔体再加工时比较危险。

BASF（巴斯夫）公司开发了使燃油挥发的技术，采用蒸汽蒸馏的方法清除废旧燃油箱内壁上的杂质，并通过延长加热的方法来防止废旧塑料性能的下降。Gorrasi 等认为采用机械方法回收的废旧 HDPE 燃油箱符合新品的要求；此外废旧燃油箱回收后也可以用于生产其他部件，Brooks 将废旧燃油箱和木材一起转化成一种合成纤维，然后纤维成毡和热压成型工艺后，可以做成各种密度和形状的板材，如汽车内板、隔声阻尼板等。

（4）座椅的回收再利用

座椅上使用的塑料材料主要有表皮（聚丙烯、聚氯乙烯聚酰胺、化纤制品、人工皮等）、骨架（玻纤增强聚丙烯 GMT）和缓冲垫（软质聚氨酯 PU）。其中座椅的缓冲材料 PU 泡沫回收后，可用于生产地毯衬垫等减振防噪部件。Sims 等开发一套回收方法，将颗粒化的废旧 PU 泡沫与泡沫胶布板混合，生产新的泡沫塑料。

（5）地毯的回收利用技术

车用地毯由表层（聚酯纤维和涤纶纤维）、衬垫层（EVA）及吸声层（杂棉毡）3 种不同的材料热压粘合而成，难以分离。废旧地毯主要处理方法：一是废旧地毯切碎，填埋或作为生产水泥的成分；二是修剪和化学处理后，作为新地毯的原料；三是制造成新的类型的塑料。

（6）照明灯罩的回收再利用

汽车灯罩一般由透明的 PMMA（聚甲基丙烯酸甲酯）制成。一般废旧的 PMMA 塑料清洗干净、干燥、粉碎成碎末状然后于丙酮溶液中，用作粘结玻璃、陶瓷、石材等的粘结材料。Kang 等提出一种采用流化床法回收 PMMA 塑料，回收分解的 MMA（甲基丙烯酸甲酯）单体用作 PMMA 的生产原料。

2. 碳纤维复合材料的回收再利用

纤维增强复合材料正越来越多地替代金属材料，广泛应用于汽车的次承力部件甚至结构件。随着纤维复合材料在汽车（特别是新能源汽车）上的应用展开，必将产生大量的废弃物，这些废弃物的处理将对环境构成很大的隐患，甚至成为制约纤维复合材料在汽车行业大规模应用的关键因素之一。欧盟制定的报废汽车法案 EU2000/53/EC 已规定，2015 年起，汽车废旧材料的回收率必须达到 95%，再利用率要达到 85%。我国《汽车产品回收利用技术政策》（2006 年发布）也规定，2017 年起，所有国产及进口 M 类和 N 类车辆的可回收利用率要达到 95%，其中材料的再利用率不低于 85%。因而，迫使需要有更多的具有产业规模的复合材料回收再利用方法。目前，有关于复合材料废弃物的处理方法见表 2-7。

玻璃纤维复合材料废弃物多使用机械粉碎的方法回收，回收后的玻璃纤维可以在热塑性塑料中作为填料，其短纤可应用于片状模塑料 SMC 和团状模塑料 BMC 中。水泥回转窑工艺也被认为是处理玻璃纤维热固性复合材料的可持续的解决方案。而经化学分离回收处理（热解和溶解）后，玻璃纤维作为增强材料的作用大打折扣，其机械性能至少下降 50%，另外考虑到热解和溶解回收方法的成本要明显高于机械研磨，回收得到的玻璃纤维甚至比原纤维要贵，因而这两种方法并不适合玻璃纤维增强复合材料的回收。

表 2-7　不同类型复合材料废弃物的处理方法

方法	玻璃纤维增强复合材料		碳纤维增强复合材料	
	热固性复合材料	热塑性复合材料	热固性复合材料	热塑性复合材料
回收方法	• 机械粉碎 • 水泥窑	• 机械粉碎 • 直接重新加工	• 机械粉碎 • 化学分离回收	• 机械粉碎 • 化学分离回收 • 直接重新加工
重新利用方法	• 纤维组分用于增强热固性复合材料或热塑性复合材料，用量最多20%（wt） • 树脂组分或粉末用作填料或能量来源	• 机械处理后重新加入到相同的树脂中 • 机械处理后或不处理，直接重新加工	• 磨碎后加入到热固性复合材料中（注塑或模压），但是有用量限制，加入热塑性聚酯中可以获得更好的结果 • 树脂组分或粉末用作填料或能量来源 • 化学分离回收的碳纤维在随机不连续碳纤维增强材料中应用时，重新尺寸分级是更可取的 • 长的回收碳纤维有潜力重新纺纱	• 磨碎后加入相同的树脂基体中，注塑或者模压（用量最多50%） • 直接重新加工 • 树脂组分或粉末用作填料或能量来源

由于碳纤维价格较高以及在处理过程中机械性能损失较低，再生碳纤维具有很高的重新利用价值，碳纤维增强复合材料的回收在经济和环境方面受到了更多的关注。众所周知，碳纤维复合材料（CFRP）能够显著减重车身、节省能源、减少排放和增加续驶里程。然而，CFRP几乎不可循环使用，尤其是热固性复合材料，不可熔融二次成型，且难以溶解，因而回收困难。从碳纤维生产到部件产品的制造，碳纤维浪费惊人，各种废料包括过期料、边角料、不合格报废件、测试检验报废件、寿命结束报废件等，报废率高达30%，如此高的废料产出比例，是碳纤维复合材料产业与其他产业的最大不同之处。因而，碳纤维复合材料产业亟须有效的碳纤维废料回收再利用解决办法。

（1）碳纤维复合材料回收处理技术　CFRP废弃物处理方法一般有填埋、焚烧、机械粉碎及化学分离回收等四种，其中填埋、焚烧已经被明令禁止，而机械粉碎是将废料粉碎再用作填料的回收方法，这种方法能耗高、粉尘大、碳纤维无法发挥优异的力学性能而造成严重资源浪费，不具备长期可行性。目前国内外公认的最具可持续发展性的是化学分离回收技术，即通过热分解或溶剂分解等化学方式把复合材料中的热固性树脂分解成小分子物质，从而把碳纤维分离出来的方法，该技术包括热解分离技术和溶解分离技术两大类。

1）热解分离技术。基于不同供热方式或分解氛围，热解分离技术又分为热裂解、流化床热解和微波热解等。

热裂解技术是在无氧环境中把废料在400~800℃的高温炉中进行0.5~6h分解，裂解的固相产物就是表面无树脂附着的再生碳纤维，分解气则是由树脂热分解而成的低分子有机物。将分解气冷凝收集后，可以作为燃油或燃气进行热量回收利用。热裂解技术显著优点在于回收得到的碳纤维性能保持率高，能保持原始材料80%以上的机械性能；此外，裂解技术还具有操作稳定性高、生产能力调节范围大等优点，这对于工业化放大生产非常有利。对于间歇式或连续式的高温气氛炉等热裂解设备，基于一定的放大准则，通过扩大炉膛体积、增加间歇炉个数或延长连续炉炉体长度等方式能够实现生产能力的提高。裂解技术存在的挑战在于废料分解均匀性存在尺寸效应以及碳纤维表面结碳等问题。

流化床热解技术是在有氧环境下、高温分解废料的技术，其原理是通过高温的空气热流使树脂在流动过程中燃烧分解，处理过程充分利用树脂燃烧释放的热量，最终通过旋风分离器将表面干净、长度不同的碳纤维分离出来。该技术虽然在连续化、规模化方面具有工业化生产潜力，但是剧烈的流化摩擦以及热氧化环境往往导致回收的碳纤维受损严重，即使优化工艺条件，再生碳纤维的力学性能也仅有新品的 50%~80%。该技术还存在操作复杂、运行能耗大、烟气中灰尘量大以及对废料粉碎细度要求高等特点，且无法得到较长尺度的再生碳纤维，因而再生碳纤维的再利用价值受到极大限制。

微波热解技术是指 CFRP 受微波热辐射作用从内部被加热，从而使树脂迅速发生降解的处理方法。提取的 CF（碳纤维）性能与原始纤维差别不大。该方法作为一种新开发的技术，具有清洁环保等优点，但是其降解产物对设备的影响以及纤维在微波的作用下性能的损失有待进一步研究。

2）溶解分离技术。基于不同溶剂性质，溶解分离技术通常分为普通溶剂溶解法和超/亚临界流体溶解法。

普通溶剂溶解技术是在 100~500℃加热条件、压力从常压到 20MPa、利用有机溶剂如硝酸或其他稍温和的酸或碱等的化学特性对聚合物解聚，从而分离出 CF 的方法。该方法对基体树脂种类有限制，设备的耐腐蚀性、抗氧化性要求都比较高，含有高分子分解产物的有机废液的后处理也比较复杂，有机溶剂及催化剂还增加了回收成本和环境污染性。此外，溶解反应通常需要加压，不仅设备成本增加，还造成连续化处理的障碍。因此，溶解分离方法目前还主要停留在实验室研究阶段。

超/亚临界流体溶解技术是利用流体在超临界条件下具有高活性、强溶解性以及优异的流动性、渗透性、扩散性等性质，对复合材料进行降解，从而分离出 CF 的方法。虽然具有回收过程清洁污染小、回收的 CF 性能较好等优势，但是超临界条件要求比较苛刻，大部分超临界流体要求高温高压，对反应设备的要求比较高且造价昂贵，安全系数低。总之，超临界流体技术回收热固性树脂复合材料还停留在实验室阶段，工业化放大尚存在很多的问题。

综上所述，热裂解技术是目前唯一可行的碳纤维复合材料废弃物回收处理工业化技术，降低回收能耗、提高再生碳纤维品质以及保持碳纤维长度是研发人员不断技术优化和新技术开发的主要目标。

（2）碳纤维复合材料回收现状　欧洲、美国及日本等国家非常重视开展碳纤维复合材料回收技术的研究，近 20 年来有许多公司和大学分别在波音、空客等航空公司以及福特等汽车制造公司以及政府的大力资助下，积极开展各种废料分离回收技术以及再生碳纤维再利用技术研发。迄今为止，全球具有商业规模可实现碳纤维连续回收的公司或机构，主要有德国 ELG Carbon Fibre 公司、日本碳纤维回收工业公司（由日本碳纤维制造商协会再生委员会成员东丽 Toray、帝人分支机构东邦泰纳克 Toho Tenax 及三菱 Mitsubishi Rayon 合资成立）、美国 Materials Innovation Technologies 公司、英国 Recycled Carbon Fibre 公司，这些公司均采用热裂解回收技术，处理规模在千吨级以上。此外，欧美等国家还拥有数条中试生产线，许多潜在竞争者正在向大规模运营转型，如德国 Hadeg Recycling 公司和 CFK Valley Recycling 公司等。欧美还建立了良好的包括大学、研究机构以及碳纤维产业链上下游若干公司组成的回收碳纤维事业联盟，共同解决回收共性问题，推进回收的商业化发展。

上海交通大学从 2009 年开始研究开发碳纤维复合材料回收再利用技术，针对裂解法固有的缺陷，经过 5 年艰苦的技术攻关，成功开发了国内第一项拥有完全自主知识产权的规模化的新型裂解回收技术和装备，年处理能力超过200t。与国际先进技术相比，上海交通大学的回收技术具有废弃物处理前可保留大尺寸的特点，这样既免除了废弃物切割、粉碎的工序，更重要的是保持了再生碳纤维的足够长度、提高了碳纤维再利用的价值。该项技术已被增补到2015年《车用材料可再利用性和可回收利用性通用判定指南》"已验证再利用技术清单"行业规范中，为碳纤维复合材料在汽车上应用提供了必要的法规依据。另外，中科院长春应化所、华东理工大学、合肥工业大学和北京化工大学等近几年也在开展回收技术及再生碳纤维应用技术的研究。

（3）再生碳纤维的循环利用　再生碳纤维的机械性能通常与原生碳纤维具有可比性，刚性基本不变，拉伸强度有所降低。通过优化热裂解工艺参数，再生碳纤维的力学性能可以保持在90%以上。再生碳纤维的导电性与原生碳纤维相当。另外，经过回收处理后，碳纤维表面具有活性氧化基团，这些基团使得再生碳纤维与树脂的结合性能反而提升。但是，从经济层面来看，再生碳纤维的生产成本低廉，仅为原生碳纤维的20%~25%，具有显著的经济效益。因而，再生碳纤维依然具有很高的性能和价值，若能得到高效的利用，必然能够降低轻量化的成本，扩大碳纤维复合材料在汽车上的应用范围。

再生碳纤维与原生碳纤维最大的差异在外观物理形态上。几种不同物理形态的再生碳纤维（图2-59）。如果是废弃的预浸料，则回收的碳纤维有可能是纺织品的形式，其中的碳纤维呈连续状态，可直接进行二次预浸。大部分情况下，废料在回收前经切割，得到的再生碳纤维相对较短，呈非连续态，具有一定的长度分布。再生碳纤维不再是成束的状态，而是呈现更加分散、蓬松的单丝状态。

图2-59　不同物理形态的再生碳纤维

再生碳纤维最简单和直接的利用，是将其研磨成粉末纤维用于注射成型，或将其切成短切纤维用作结构增强材料，可以代替原生碳纤维应用在导电高分子、燃料电池、汽车部件等高附加价值产品领域。粉末再生碳纤维和短切再生碳纤维特别适合在热塑性先进复合材料中应用，通过注塑、模压等快速成型，能够满足汽车零部件大批量、高效率生产的要求。

而利用再生碳纤维制备的2D-无纺毡、3D-预制品、取向毡增强复合材料的力学性能，可比拟于甚至超过2024-T4铝合金以及飞机内饰用GFRP（酚醛树脂基体，纤维体积含量31%）的性能（图2-60）。因此，为了促进再生碳纤维的循环利用，有必要进一步开发类似于原生碳纤维制备的片状模塑料SMC、团状模塑料BMC、层压板及预浸料等材料，也需要大力开发再生碳纤维的取向技术和连续化技术。利用已有的技术手段，将再生碳纤维制成纤维垫或纤维毡以及纤维纺纱，提升其可加工性，也是至关重要的。经过这样的工艺转化，可避免只将其应用于较低品质的领域，使其能够触及更高级别的应用、更广阔的市场（图2-61）。

（4）应用开发案例　目前，全球已有多家企业及高校，如英国Recycled Carbon Fiber、美国波音、德国Fraunhofer和CFK Valley Stade Recycling、英国Sheffield大学（谢菲尔德大学）和Warwick大学（华威大学）等，正在尝试将回收碳纤维应用在汽车部件、医疗机械部件、航空机内部件、道路铺设、建筑修理及补强等，重新投入到工业产业链中去。

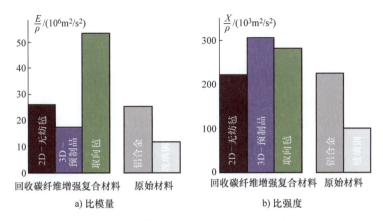

图 2-60 回收碳纤维增强复合材料与传统结构材料的力学性能的比较

图 2-61 非织造材料的生产过程

图 2-62 回收碳纤维制备的应用开发案例

至今为止,最成功的再循环应用示范为宝马 i3 和 i7 系列,将碳纤维加工时产生的废料转化为新的产品形态、并用于闭环回收解决方案。宝马公司和 SGL 集团建立了集成供应链,极大促进了再生碳纤维再利用项目。宝马 i3 所用碳纤维材料包括多轴碳布、短纤增强热塑性材料、碳毡等,共使用了由 48 个预制件合成的 13 个 RTM 部件,2 个 RTM 成型的夹心结构件,19 个模压件,加工过程中产生的碳纤维边角料进行二次成型作为后座(图 2-62a)、车顶、底盘等部件。全新宝马 7 系首次将碳纤维内核车身架构用于量产车上,共使用 16 个碳纤维车身零部件,4 种碳纤维成型技术,碳纤维材料可 100% 回收利用,其中 C 柱和行李舱隔板,是由废弃碳纤维材料 SMC 成型制成(图 2-62b)。另外,宝马在百年庆典上全球首发一款概念车宝马 VISION NEXT 100,车身(如侧围板)主要采用了碳纤维生产中的节余材料制成。

壳牌于 2016 年推出新款轻量化城市通勤概念车(图 2-63),这款 3 座通勤车整车重量为 550kg,其车身完全由回收碳纤维制备的复合材料制造,从而使整车的组装价格降低到传统钢材车的 1/4，并且使全车在报废时几乎都能够回收。由于回收碳纤维复合材料对降低成本和轻量化方面的显著贡献，与英国普通家庭用汽车相比，该车的全生命周期一次能源的使用量降低了 34%，制造阶段能耗和行驶阶段能耗仅为一半。

诺丁汉大学的 Steve Pickering（史蒂夫·皮克林）研究团队正努力研究将再生碳纤维均匀地分散在液体中，然后让它们通过一个微型喷嘴，迫使碳纤维实现重新排列。他们认为，这一工艺最终将使得再生的碳纤维拥有足够的强度，从而能够运用于汽车行业之中。

图 2-63　壳牌推出的回收碳纤维增强复合材料车身概念车

江森自控的 CAMISMA（基于多元材料系统整合的内饰结构件）项目，以多元材料系统取代汽车座椅骨架中的金属件，在同等安全性能的条件下，全新座椅骨架较传统金属骨架减重超过 40%。该项目使用的非织造毡使用了美国 MIT-RCF 公司回收的碳纤维，将这些毡采用单体浸润并类似于单向带的原位聚合法制成 PA12 有机片材，然后热压成型（图 2-64）。

英国 ELG 碳纤维公司联合伯明翰大学及哈德斯菲尔德大学正开发一种用于轨道车辆的新型复合材料转向架框架（图 2-65）。除了管理项目和材料设计外，ELG 将负责提供再生的碳纤维用于复合材料的制备。

图 2-64　江森自控推出的汽车座椅骨架

图 2-65　再生碳纤维制备的复合材料转向架

美国沃尔沃货车公司在 2016 年公布了一款"超级货车"（图 2-66），使用碳纤维复合材料及其他轻质材料，使重型货车车身净减重约 1452kg，其中车顶、机舱盖、侧围整流罩是碳纤维材料制成。但沃尔沃表示碳纤维复合材料价格太高，目前正在开发低成本高性能的类似材料，如回收碳纤维复合材料。

综上所述，报废汽车典型塑料及复合材料零部件回收利用技术的发展，不仅可促进汽车再制造的发展，同时解决废旧汽车塑料及复合材料带来的社会公害问题的重要途径，符合国家循环经济的发展要求。因此，应从绿色经济及可持续发展的角度出发，加大力度研究报废汽车塑料及复合材料零部件的回收再利用技术，对节约资源和保护环境，推动社会、经济、环境的协调发展具有重要的现实意义。

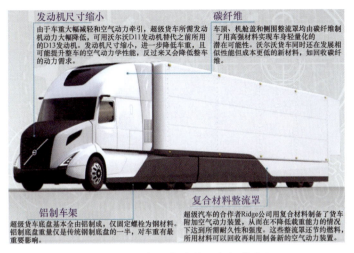

图 2-66 沃尔沃推出的"超级货车"

> **作者：**
> ❖ 刘新领，刘媛，杨斌. 上海交通大学

参考文献

[1] 张洪申. 退役乘用车保险杠塑料同等性能再利用探索 [J]. 高分子材料科学与程，2016，32（8）：182-189.

[2] 石添文. 退役汽车保险杠的同级回收利用 [J]. 工程塑料应用，2017，45（1）：1-6.

[3] 张继游. 废旧汽车塑料的识别技术研究 [D]. 上海：上海交通大学，2010.

[4] 王斌. 高分子材料在汽车座椅上的应用 [J]. 工程塑料与应用，2013，41（1）：114-116.

[5] Pickering S J. Recycling technologies for thermoset composite materials-current status[J]. Composites Part A,2006,37:1206-1215.

[6] Cunliffe A M, Williams P T. Characterisation of products from the recycling of glass fibre reinforced polyester waste by pyrolysis[J]. Fuel, 2003,82:2223-2230.

[7] Wong K H, Pickering S J, Turner T A, et al. Preliminary feasibility study of reinforcing potential of recycled carbon fibre for flame-retardant grade epoxy composite. In: 2007 Composites Innovation-Improved Sustainability and Environmental Performance, NetComposites, Barcelona, Spain.

[8] Janney M A, Newell W L, Geiger E, et al. Manufacturing complex geometry composites with recycled carbon fiber. In: 2009 SAMPE Conference. SAMPE, Baltimore, MD, USA.

[9] Turner T A, Pickering S J, Warrior N A. Development of high value composite materials using recycled carbon fibre. In: 2009 SAMPE Conference. SAMPE, Baltimore, MD, USA.

2.4 轻量化结构应用研究实例

2.4.1 复合材料在汽车前端模块的应用实践

汽车轻量化具有十分深远的意义，已经成为汽车行业的重要研究课题之一。实现汽车轻量化的主要途径是对汽车零部件进行合理的结构设计和使用轻质材料。从轻量化研究与应用实例介绍纤维增强塑料（Fiber Reinforce Plastic，FRP）在前端模块应用的最新进展情况，从设计理念、材料选择、强度对比和过程优化等方面展开，展望了FRP前端模块在汽车轻量化、平台化的卓越前景。

1. 汽车前端模块轻量化应用概述

（1）开发背景　传统的汽车前端模块支架多采用金属板焊接结构，具有多零件、重量大、多工序和高成本等缺点。塑料前端模块支架以FRP产品替代传统金属产品，同时以塑料前端模块支架为平台，将散热器横梁、前照灯、冷凝器及散热器、机舱盖锁、前防撞梁等零件集成装配为一个前端模块，实现集成化供货，提高生产效率。该技术具有减重、降成本的优势，平均单台车同位置减重25%～50%，降成本10%～25%。因此实现前端模块的轻量化对于减轻车身重量进而减少汽车燃油消耗和CO_2排放量具有重要意义。

（2）零件简介　前端模块支架是前端模块各部件的安装和支撑平台，也是整车结构及其力学性能的重要组成部分。前端模块支架的框架结构取决于发动机舱的可用空间及其部件结构，特别是发动机舱盖锁、冷却系统和前灯组等部件的结构。例如，发动机舱盖锁和锁钩的位置以及支架与车身的连接点的空间分布，决定了前端支架中锁桥的框架结构。基于轻量化和控制成本的设计理念，前端支架设计除了要满足整车性能要求外，还必须具有良好的装配工艺性，便于其他部件快速准确安装，同时还要争取前端模块在车辆事故后维修费用最低化。

前端支架材料和结构的选择主要取决于整车设计对前端支架力学和耐温性能的要求，同时还要考虑材料和加工的成本。常用的材料包括：玻纤增强抗老化聚丙烯、玻纤增强尼龙、钢铁、铝合金及镁合金材料。在这些材料中，金属具有极好的可塑性变形特性和很高的刚性，而塑料则可热成型复杂的结构，有利于提高零部件集成度。

目前，越来越多的前端支架采用了塑料/金属复合结构。这种结构充分利用了塑料和金属的性能优势，能够物尽所用并巧妙集成，实现功能的最佳化以及成本和重量的平衡。迄今为止，已有多种多样的塑料/金属复合结构被开发出来。

而从采用的加工技术来区分，主要分两大类：模塑组装技术（即金属嵌入注塑技术）和模塑后组装技术。这两类技术各有优缺点。

模塑组装技术即金属嵌入注塑技术，是预先将加工好的金属嵌件置入注射模具中，然后采用塑料注射成型技术完成支架本体成型及各元件间的紧固连接，从而一次性地成型出整体部件。在这一框架下，又有一些新的专利技术被开发出来，主要用以满足某些特定的需求，如提高刚度、满足特殊整体环境要求等。技术特点：一是支架的整体刚度较好；二是整体生产，具有有较好的表面质量；但是扩展性和兼容性较差，为增加兼容性则增加金属嵌入件导致重量比较大，成本较高。

模塑后组装技术，是用金属件来加固塑料注塑件，其主要特点包括：锁桥的可拆卸性；带有气流调节叶片的电扇支架的集成性；支架零件可替换，平台适用性和扩充性佳，成本适合大批量生产。目前广汽传祺产品的前端模块支架，绝大多数都是采用该技术来生产的，下面以此类型的前端模块为案例进行介绍。

2. 广汽传祺A平台前端模块开发实例

（1）零件概述　2012年起，广汽传祺在Axx车型开发阶段，开始考虑采用FRP复合材料前端模块支架的方式，经过多轮试验修改，最后方案为：材料PP+LGF30（长玻纤聚丙烯），牌号为国内某厂家PG6BK-L01，厚度3mm。具体结构为：背面采用大量米字形的加强筋结构，通过拉铆螺母、悬置等方式实现与各支架进而与周边零件的连接装配,如图 2-67 所示。

前端模块支架要承载连接不同的零件,设计阶段必须根据各承载件的要求进行相关 CAE 分析。在 Axx 型车,主要进行了下面的分析。

(2)重量及成本对比分析 传统支架用金属材料,密度为 7.86g/cm³,料厚在 1.2 ~ 1.5mm;而 PP+LGF30 的密度为 (1.12±0.02) g/cm³,平均料厚为 3mm。传统支架采用多个钣金件冲焊结构,FRP 前端模块支架采用 FRP 复合材料 + 钣金的复合结构。通过在产品背面布置"米"字形加强筋以保证强度刚度。FRP 前端模块支架在满足同等刚度要求的前提下,能有效实现产品减重。FRP 前端模块支架具有模夹具投入少、生产线占地少等优势,单件成本相对较低。比较如表 2-8 所示。

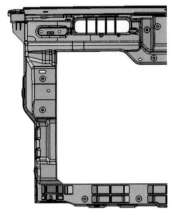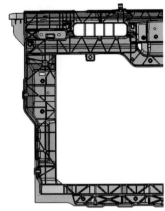

图 2-67　A 平台前端模块支架正反面示意图

表 2-8　两种材料前端模块支架方案对比

FRP 复合材料与金属前端模块支架方案对比		
项目	金属	FRP 复合材料
质量	8.3kg(手工对比样件称重)	4.1kg(Axx 车型实际零件称重)
模夹具数量	23 套冲压模具 + 焊接夹具	一套注塑模具 + 一套钣金支架冲压模具
生产线占地面积	大(冲压焊接,零件多)	小(注塑,零件少)
模块化水平	低(一般只对应单个车型)	高(目前已应用在 A 级平台 4 个大车型数十个派生上)

(3)力学性能对比 通过 CAE 对比分析,FRP 前端模块支架力学性能同等或优于金属支架。关于该 FRP 前端模块支架的详细力学性能,通过大量对比试验后,最终可以参考表 2-9。

表 2-9　该 FRP 前端模块性能分析

序号	项目	图示	验证方法	数据及分析
1	锁扣区 Z 向刚度		在常温下,将零件安装在台架上使其处于正常使用状态。沿发动机舱盖锁扣冲击方向向发盖锁钩轴线位置处施加 500N 向下载荷	0.81mm,OK
2	锁扣区抗拉强度		在常温下,将零件安装在台架上使其处于正常使用状态。沿发动机舱盖锁扣冲击方向向发盖锁钩轴线位置处施加 2500N 向上的载荷三次,然后再施加 2500N 向下的载荷三次	50.9MPa,OK

（续）

序号	项目	图示	验证方法	数据及分析
3	锁扣区抗压强度	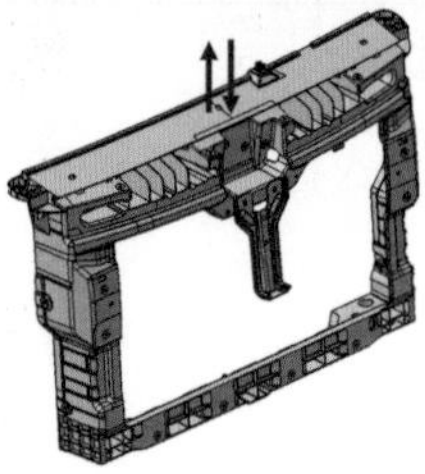	在80℃温度下，将零件安装在台架上使其处于正常使用状态。沿发动机舱盖锁扣冲击方向向发盖锁钩轴线位置处施加2500N向上的载荷三次，然后再施加2500N向下的载荷三次	50.8MPa，OK
4	锁扣区极限拉力	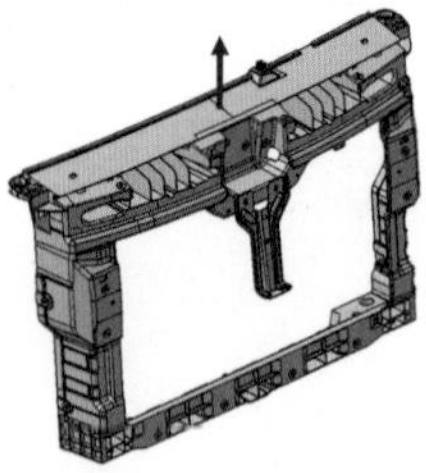	温度23℃条件下，在发动机舱盖锁扣处沿锁扣Z向受力方向瞬间施加5000N拉力	81.5MPa，OK
5	冷凝器Z向刚度	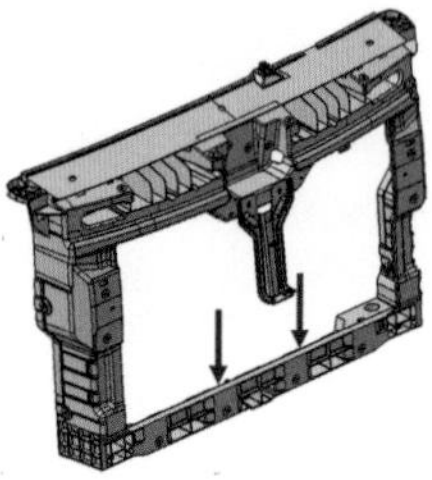	温度80℃条件下，在散热器质心处沿-Z方向施加700N的作用力（每个支撑点施加350N的力）	0.56mm，OK
6	冷凝器X向刚度	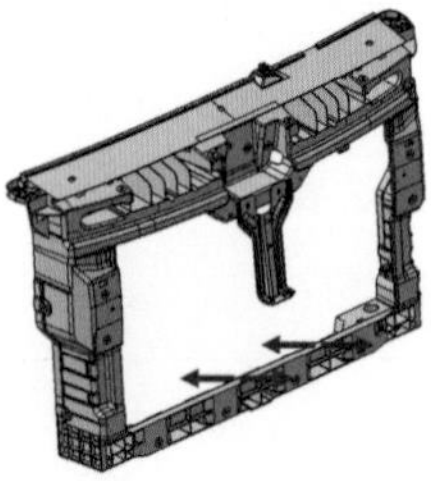	温度80℃条件下，在每个散热器安装点处分别沿±X方向施加150N的作用力。	0.33mm，OK
7	扭转强度	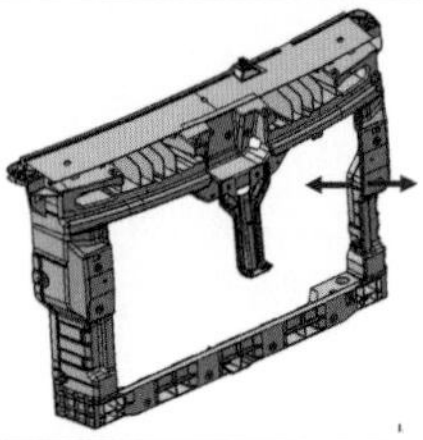	温度23℃条件下，将塑料前端模块框架一侧固定，另外一侧沿中轴线旋转±12°	73.1MPa，OK
8	发动机缓冲块刚度	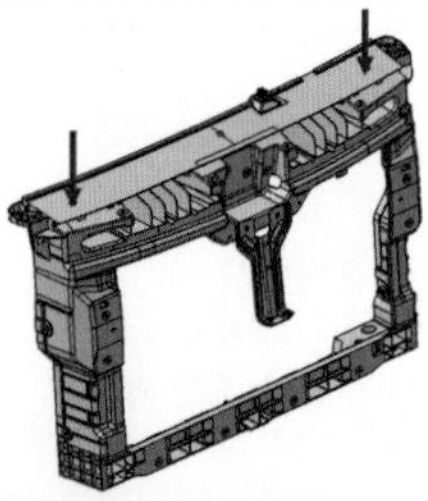	在每个缓冲块安装点沿-Z向施加1000N的力（只检测左右两侧点，中间两点为辅助缓冲）	左：0.36mm；右：0.30mm，OK

（4）两种材料前端模块对比举例说明

1）锁扣区域刚度对比：发动机舱盖锁是重要的汽车安全件之一。前端模块支架的设计必须满足发动机舱盖锁体安装连接的强度刚度要求。该FRP前端模块支架锁扣安装区域采用0.7mm金属板和长玻纤增强PP的复合结构，传统金属骨架为料厚1.5mm的钢板。在500N加载下，塑料前端模块锁扣区域最大变形量为0.81mm，金属骨架锁扣区最大变形量为0.585mm，对比发现FRP前端模块支架在减重超过50%的情况下，刚度基本等同于金属前端模块支架，如图2-68所示。

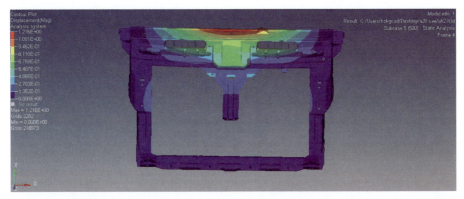

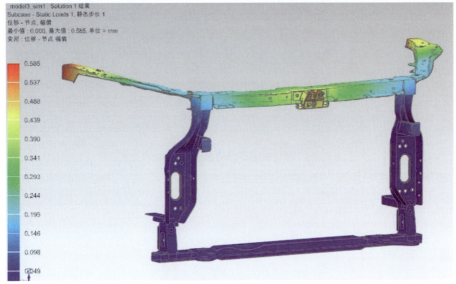

图2-68　两种前端模块锁扣区Z向刚度分析

2）锁扣处极限拉力对比：在发动机舱盖锁扣处沿锁扣Z向受力方向瞬间施加拉力5000N。FRP前端模块支架锁扣区域的最大应力为81.5MPa，金属支架锁扣区域最大应力为280MPa。对比发现，因为FRP材料的优势，FRP前端模块支架可以设计出多样化的承重加强结构，在对极限拉力状态下，表现好于金属前端模块，如图2-69所示。

3）冷凝器安装点区域刚度对比：在散热器安装点处沿X向施加150N的力，金属前端模块支架安装点处X向变形量为0.4mm，而FRP前端模块支架X向变形量仅为0.33mm，刚度满足设计要求，如图2-70所示。

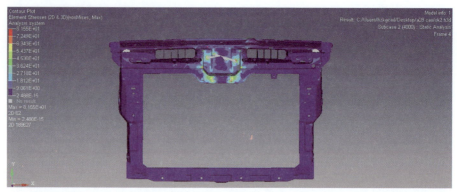

图 2-69 两种前端模块锁扣区极限拉力分析

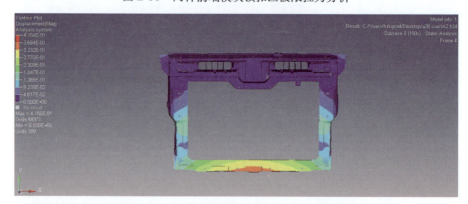

图 2-70 两种前端模块冷凝器 X 向刚度分析

其余各项不再一一列举。

综合比较两种方案，重量、成本、FRP 前端模块支架结构均有明显优势。目前广汽传祺 A 平台 FRP 前端模块支架经过数年的发展，已经应用到 A 平台 4 个以上车型，累计销量超过 60 万台，经受了市场的考验，为提高产品的市场竞争力（性能、成本）做出了贡献。

3. FRP 前端模块支架结构的扩展优化

（1）A0 平台前端模块项目　在 Axx 项目的基础上，为了满足 A0 级车型的需求，进一步降排减重，专门开发了针对 A0 级平台的前端模块。在吸取 Axx 经验基础上，进行结构优化，目标是零件整体重量控制和模具可行性均有较大提升，初步方案如图 2-71 所示。在初期 CAE 分析过程中，纵梁下端冷凝器安装点出现了 Z 向刚度不足情况。

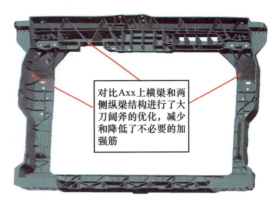

图 2-71　A0 平台前端模块初步方案

（2）设计过程与优化　初期状况设计如下，进行模拟分析发现 Z 向变形为 1.12mm，已经超过规格值，如图 2-72 所示。

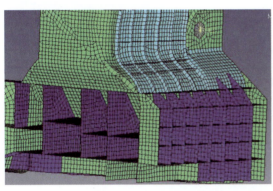 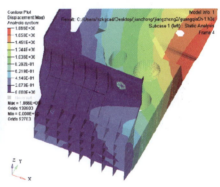

图 2-72　下端初步结构细节及分析

多次尝试后，同时在相邻的两个面均增加 45° 加强筋，如图 2-73 所示。

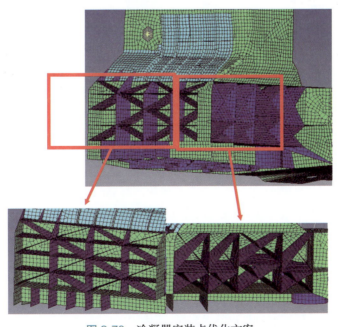

图 2-73　冷凝器安装点优化方案

最后将变形值控制在 0.96mm，如图 2-74 所示。

在校核过程中，发现下横梁应力值很小，是过设计，可以继续去筋减重，如图 2-75 所示。

（3）最终定稿方案　最后，A0 平台前端模块支架结构完成。在保证零件强度刚度的前提下，整体比 A0 平台前端模块支架降低重量 400g，如图 2-76 所示。这是一个经典的结构优化案例，希望可以为后来的零件开发提供一些灵感。

4. 项目实践思考

通过以上的实例，发现 FRP 复合材料的前端模块支架在各方面对比传统金属前端模块支架优势相当明显。尤其是其灵活可扩展性。在现在产品平台化设计、生产的背景下，有着良好的匹配性。

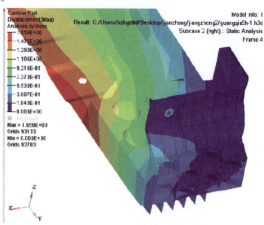

图 2-74　重复 CAE 分析对比

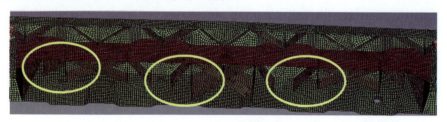

图 2-75　进一步减重示意

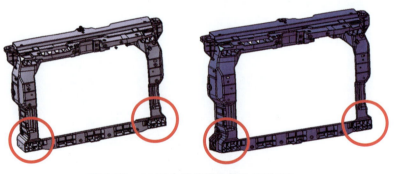

图 2-76　A0 平台前端模块优化前后对比

本案例 FRP 前端模块支架也许还有优化余地。比如：对 A0 平台前端模块纵梁下端的结构还是有所不满，是否还有优化空间呢？目前 A0 平台散热器总成通过上下两侧四个安装点固定在上下两根横梁上，通过下部横梁承载；假设进一步优化冷凝器的安装方式，如果可以将安装点移动到左右纵梁上，则整体重量还有 500g 左右的优化空间，如图 2-77 所示。

方案是否可以实现，可能需要其他零件配合修改设计，还有受到空间可能性、总布置等的约束。

从广汽传祺其中一些经典设计案例，考虑从轻量化，平台化方面推进 FRP 复合材料前端模块的普及。将来，随着新材料新工艺的推广、法规要求更加严格，可以预见，复合材料前端模块是未来车辆前端布置方案的设计趋势，将有越来越广的应用。

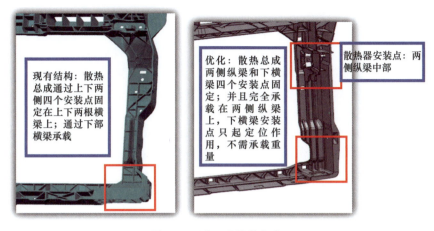

图 2-77　进一步优化方向

➡ 作者：
❖ 程喻达文．广州汽车集团乘用车有限公司

2.4.2　汽车前端总成的轻量化应用

随着原材料和生产工艺的不断进步，以及汽车零部件的轻量化需求，越来越多的汽车零部件采用了塑料或复合材料的方案。以某车型的前端总成为案例，重点介绍其采用复合材料进行轻量化的设计过程，展示轻量化应用的成果。

1. 汽车前端总成轻量化开发背景

汽车零部件的轻量化是当前汽车行业的一个重要研究课题和发展方向，尤其是对于电动汽车，对重量更为敏感，因为整车重量会显著影响其续驶里程，继而影响其在市场中的竞争力。如何针对电动车的特点，结合新工艺、新材料开发出重量轻、成本低的零部件是所有汽车人的一个新课题。

在某电动车型的研发过程中，针对这个课题，该项目的研发团队做了很多创新性的尝试。在该研发团队的努力下，结合供应商的材料知识储备和 CAE (计算机模拟仿真) 分析能力，一个又一个应用新工艺、新材料从而既能减轻重量又能降低成本的零部件被开发出来，该项目的前端总成就是其中的一个典型代表。

2. 前端总成设计过程

（1）前端总成的基本功能介绍　前端总成位于乘用车前舱的最前部区域，通常作为前端模块中的骨架部分，连接到车身本体，并为多个零件部件提供安装结构，其上安装的零部件包括前照灯、前保险杠、格栅上盖板、前防撞梁、吸能盒、散热器、冷凝器、机舱盖锁系统、机盖撑杆、洗涤液壶，以及各种电子组件和线路布置等，对于电动汽车而言，还可能会安装有直流充电口、交流充电口以及充电口盖等零部件。

（2）前端总成方案

1）金属前端总成方案介绍。基于缩短开发周期的考虑，该前端总成最开始采用的是目前乘用车设计中最传统的方案——纯金属方案。该方案总共包含 23 个钢板冲压零件，用焊接的方式组成 8 个子总成，然后进行电泳，最后在总装车间通过螺栓紧固的方式对 8 个子总成进行装配。

2)金属方案存在的一些问题：

① 钢板密度大，重量较重。

② 受冲压工艺的限制，前端总成需要拆分成很多子零件，单件数量多。

③ 生产工艺复杂，需要冲压、焊接、涂装和总装，工序多，尺寸链长，产品尺寸精度不好控制。

④ 冲压模具、焊接夹具、总装夹具等一次性生产设备投资大。

（3）复合材料前端总成方案

1）塑料前端总成方案简介。为了优化金属方案存在的问题，结合电动汽车前舱中电动机温度低（最高温度不超过80℃）的特点，该研发团队提出了使用复合材料的前端总成方案。此方案将前端总成设计成了一个零件，如图2-78所示。

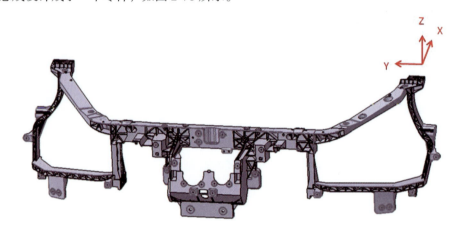

图 2-78 塑料前端

经过一系列的设计优化、生产工艺优化以及试验验证，最终定型的复合材料前端总成完全达到了金属前端的性能要求，而重量降低了34%，单件成本降低了40%，一次性生产设备投资降低了50%。两种前端总成方案对比，见表2-10。

表 2-10 方案对比

方案	金属前端	复合材料前端
重量 /kg	7	4.6
零件（模具）数量	23	1
焊装工序	20	—
涂装工艺	电泳	—
总装工序	12	—

2）塑料前端总成设计过程。

① 设计输入。

a. 确定边界条件。安装在前端总成上的零部件较多，首先需要厘清全部输入条件，包括相关零部件分类、连接方式和边界条件等。相关零部件和连接方式见表2-11。为简化生产工艺同时节省成本，在设计初期统一要求所有安装在前端总成的零件，如果需要前端预埋紧固件的话，均采用M6（螺纹直径6mm）螺栓连接的方式。

b. 试验及技术要求。参照金属前端的技术要求，结合塑料的特点以及其使用环境，试验和技术要求见表2-12，主要分为化学试验、力学试验、整车及系统试验。

表 2-11　设计输入

序号	零部件	连接方式	序号	零部件	连接方式
1	车身本体	螺栓连接	13	前保险杠	螺栓连接
2	前防撞梁	螺栓连接	14	充电口盖	螺栓连接
3	机舱盖撑杆	嵌入连接	15	格栅上盖板	螺栓连接
4	散热器	螺栓连接	16	机舱盖锁	螺栓连接
5	冷凝器	螺栓连接	17	执行器手动杆导向总成	卡扣连接
6	碰撞传感器	螺栓连接	18	前照灯	螺栓连接
7	充电口执行器	螺栓连接	19	机舱盖	边界条件
8	前保线束	卡扣连接	20	充电口加强板	螺栓连接
9	机盖缓冲块	受力接触面	21	快速充电口	螺栓连接
10	挡泥板	边界条件	22	慢速充电口	螺栓连接
11	洗涤液罐	螺栓连接	23	高低音喇叭	螺栓连接
12	前横梁线束	卡扣连接	24	翼子板支架	螺栓连接

表 2-12　试验和技术要求

编号	试验类型	试验项目	编号	试验类型	试验项目
1	化学试验	高温试验	12	力学试验	冷凝器负载试验
2	化学试验	冷热交变试验	13	力学试验	前照灯安装刚度试验
3	化学试验	气候试验	14	力学试验	撑杆安装刚度试验
4	化学试验	化学腐蚀试验	15	力学试验	充电口盖安装刚度试验
5	力学试验	低温冲击试验	16	整车及系统试验	机盖冲击试验
6	力学试验	石击试验	17	整车及系统试验	机盖耐久试验
7	力学试验	掌压两点试验	18	整车及系统试验	振动试验
8	力学试验	弯曲刚度试验	19	整车及系统试验	坏路试验
9	力学试验	剪切刚度试验	20	整车及系统试验	耐久试验
10	力学试验	机盖锁保持试验	21	整车及系统试验	碰撞试验
11	力学试验	缓冲块刚度试验			

② 材料选择。根据前端总成的试验及技术要求，以及其使用环境，PP（聚丙烯）+玻纤或 PA（聚酰胺，尼龙）+玻纤是可能的材料方案。PP 密度更小，造价更低，但是 PA 强度更高，高低温表现更好，因此在项目初期，我们初步选定了 3 种材料，每种材料的属性见表 2-13。在结构设计完成后，根据表 2-12 的要求，进行模拟仿真分析，包括零部件的力学试验分析和整车的碰撞试验分析，最后综合考虑选择了 PA66-43GF（尼龙 66 号 +43% 玻纤）。

表 2-13　材料属性

材料	PP-30GF	PA6-30GF	PA66-43GF
密度 /(kg/m^3)	1120	1360	1490
泊松比	0.34	0.33	0.33
弹性模量 /MPa	4350	9000	11000
抗拉强度 /MPa	75	145	160
断裂伸长率 (%)	3	3	3.5

③ 结构设计。首先根据各连接零部件的连接方式和安装要求，初步确定前端总成的整体结构，之后针对各个功能区域进行设计并结合 CAE 分析优化结构。下文着重描述 4 个重点功能区域的设计。

a. 前照灯安装区域。前照灯总共有 4 个安装点，受限于空间，安装结构比较单薄，另外考虑各个安装点之间的尺寸控制，因此将 4 个安装点连起来设计成封闭形式。如图 2-79 所示。

此封闭结构极大地增强了该区域结构强度，且前照灯的全部安装点均分布框架上，减短了尺寸链，可以更加容易地控制前照灯的公差问题。

除了要考虑前照灯安装点的强度问题，设计时还需要同时考虑前照灯的安装调整方案、前照灯稳定性、工人安装操作空间和前端成型工艺等问题。

在结构设计完成后，CAE 针对前照灯的 4 个安装点做刚度分析。分析结果显示安装点 3 刚度不足，存在失效风险，如图 2-80 所示。由于这个位置受到前照灯结构以及周边零件的影响，空间有限，无法通过增大结构截面积来解决问题。最后通过增加交叉型的加强筋，适当增加加强筋密度，并在安装点根部增加了一个与本体的连接结构来分散此处的应力。另外同步考虑将与翼子板连接的安装点也做到这里，通过钣金支架与翼子板连接后可以进一步提高此区域的刚度。问题最后得以解决。

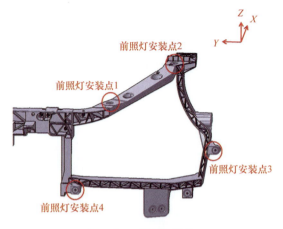

图 2-79 前照灯结构

b. 散热器安装区域。本项目散热器和冷凝器下端直接装配到副车架上，仅上端通过支架与前端总成螺栓连接，如图 2-81 所示。因为不需要直接承受散热器和冷凝器的重量，因此前端总成在中间区域并非传统的封闭式结构而是开放式的。此结构进一步降低了零件材料用量，因此降低了重量。

但也正由于此区域的开放型结构，需要考虑前端总成注塑成型后的翘曲变形问题，以及未装配防撞梁时的强度问题。

散热器安装点在车辆运行时主要受到 X 及 Z 向的力，散热器安装点刚度分析如图 2-82 所示。设计时局部加密加强筋，并在安装点外围设计一圈圆柱形筋用以分散应力。同时用长筋连接到立柱，使应力通过立柱分散，减小上横梁的应变。在散热器安装点的横梁上表面正好是缓冲块的撞击面，增加这个区域的强度也有利于减少缓冲块冲击力带来的变形。

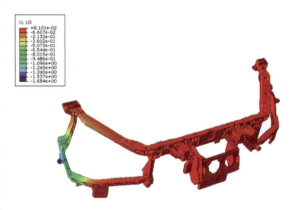

图 2-80 前照灯安装点 3 刚度分析结果

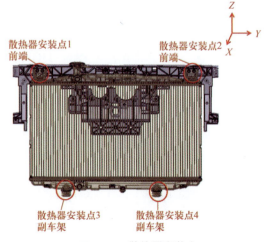

图 2-81 散热器安装点

c. 充电口安装区域。与传统燃油车前端不同，该前端总成还装配有直流和交流充电口，如图 2-83 所示。

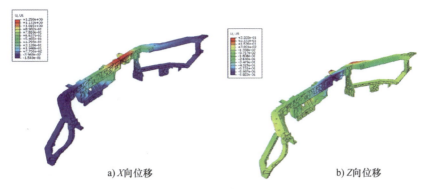

a) X向位移　　　　　　　　b) Z向位移

图 2-82　散热器安装点刚度分析

充电口的安装结构在充电枪插入与拔出时受到垂直于安装面的推力与拉力作用。而充电操作在车辆日常使用过程中比较频繁，需要着重考虑此处的结构强度和耐久性能。由于充电口的安装工艺要求，充电口安装结构只能做成开放型结构，在装配充电口时还需要同时安装一个金属支架。因此在进行充电口安装点刚度的 CAE 仿真分析时，此金属支架也同时作为考察对象。CAE 仿真分析结果如图 2-84 所示。

d. 机盖锁安装区域。如图 2-85 所示，机盖锁的安装区域是前端设计中的一个重点及难点，考虑到车辆快速行进时机盖有 Z 向向上的力，另外还需要考虑碰撞时机盖破坏对机盖锁的 Z 向作用力。该处的结构强度会直接影响到乘客的生命安全，因此该区域需重点加强。

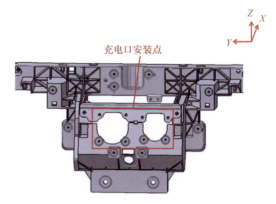

图 2-83　充电口安装区域

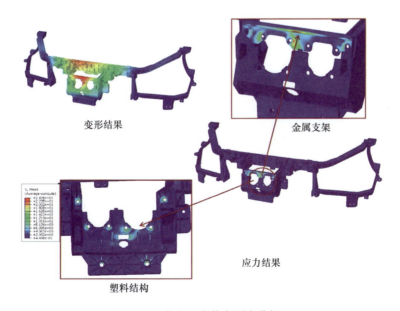

图 2-84　充电口安装点刚度分析

由于各种装配需求，该区域会有很多开孔，这些开孔会降低该处的结构强度，因此需要在周围做加强结构。在机盖锁安装面两侧做特殊圆柱形筋以分散应力，提高安装面料厚度，在开孔周围增加加强筋结构进行加强，如果空间允许，加大结构截面，这些都是行之有效的方法，如仍无法达到设计目标要求的性能，在该处内嵌金属也是一个选择，但这会影响最后的减重效果以及增加模具成本。

④ CAE 仿真分析优化

重点区域的结构设计完成后就需要对整个前端框架做 CAE 分析优化，主要内容是整体的剪切强度、弯曲强度、掌压两点强度和模态等。

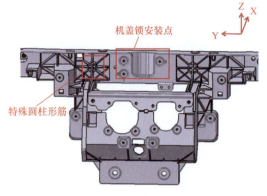

图 2-85　机盖锁安装区域

a. 剪切强度分析。分析前端总成一侧固定，另一侧施加一定位移量时的变形情况。模拟单侧位移时前端总成的强度情况。如图 2-86 所示，找到最大应力点，如果超标需要进行优化。

b. 弯曲强度分析。分析前端总成常规约束，机盖锁处施加 X 及 Z 向作用力时的变形情况。模拟两侧固定中间受力时前端总成的强度情况，如图 2-87 所示。

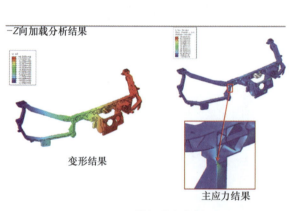

图 2-86　剪切强度分析

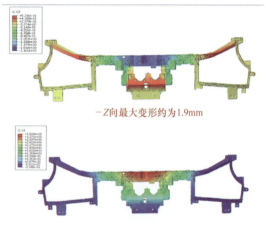

图 2-87　弯曲强度分析

c. 掌压强度分析。分析前端总成常规约束，在横梁上选取两点受 Z 向压力时的变形情况。模拟人手按压横梁区域或站立时前端总成的强度情况，如图 2-88 所示。

d. 模态分析。分析前端总成常规约束时的模态情况。如图 2-89 所示，为防止发生共振问题，前端的最低模态频率需要大于主车身的模态频率。

⑤ 生产工艺分析优化。本项目结构较为复杂，一次性注塑难度很高。在项目初期就需要考虑注塑的工艺问题，考虑点交口的数量及位置、侧抽芯的布置等，并对已设计的结构进行优化。如图 2-90 所示，模流分析可以对成型性、变形量

图 2-88　掌压强度分析

有预判,并及时优化设计。

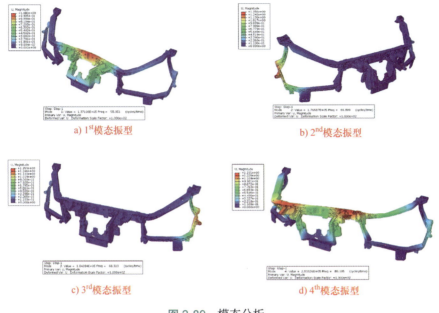

图 2-89　模态分析

图 2-90　模流分析

3）试验验证。在设计完成后,就进入常规的试验验证阶段,在此不作赘述。

汽车轻量化需要大胆挑战现有成熟设计,积极学习引入市场的新材料、新技术。而在设计时需要全面考虑,依靠经验以及 CAE 仿真反复优化结构,最后再用全面的试验进行验证。随着轻量化的需求日渐增加,技术日渐成熟,汽车设计将会进入新的阶段。

➜ **作者**:
❖ 任佳智,李焕浪.深圳腾势新能源汽车有限公司

2.4.3　塑料前机盖的轻量化应用

本节主要阐述一款以塑代钢轻量化前机盖的开发工作,简述了塑料前机盖的选材、设计和模具开发工作,以及其在整车搭载方面存在的优势。选材方面,在传统塑料产品的基础上,以改性塑料为主,保证了生产的可行性;设计方面,充分考虑了塑料产品易变形、收缩的特性,采用

内外板结合，以保证产品的外观和性能需求；模具方面，在开模前期，进行了充分的分析，最大限度地规避了开模风险。由于塑料产品的高温敏感性，本产品适用于电动汽车。若搭载于燃油车上，则在选材上需注重材料的高温性能。

1. 塑料前机盖轻量化开发背景

由于汽车工业的迅速发展，汽车产量和保有量增多，带来了油耗、排放和安全三大问题。汽车节能减排是汽车工业发展的必然趋势，轻量化是实现汽车节能减排直接而有效的手段。塑料复合材料具有密度小、耐腐蚀，及很强的设计性和良好的工艺性能，是重要的轻量化材料；在汽车内饰件、部分结构件应用塑料复合材料可减重60%以上，相关数据显示，目前我国塑料件在国产乘用车重量中仅占10%。国内自主品牌乘用车平均比发达国家同类乘用车重8%~10%，商用车平均重10%~15%，平均每百公里油耗比欧洲高23.2%，比日本高37.8%，因此，塑料产品代替整车零部件存在巨大的潜力。

车身重量约占整车重量的42%，因此车身部件的减重对整车轻量化有着重要的推动作用。整车外覆盖件包括前围、前机盖、发动机支撑板和裙板、前后翼子板、侧围、车门板、顶盖、行李舱盖、后围等。其特点为以片状为主，结构形状比较复杂；通常采用钢板材质；制造工艺复杂；冲压模具复杂。但是这也意味着其轻量化潜力较大。

有文章指出，零部件轻量化是实现汽车零部件轻量化的重要方向之一。轻量化的途径一般包括4种：①等强度、等载荷条件下优化结构设计；②选用高强度钢和合金材料，在现有材料的基础上达到轻量化目的；③选用轻量化的材料；④采用先进的制造技术、模具技术和工艺。

传统汽车的前机盖、后行李舱盖重量分别约为22kg、19kg（依据大小不同而重量有所差别）。而塑料化的前机盖和后行李舱盖产品重量约为7kg和2.5kg（微型车部件）。

2. 塑料前机盖的开发

北汽模塑生产的前机盖产品，采用注塑生产，由内外板结合而成。考虑产品的功能需求，赋予内外板不同功能，外板保证外覆盖所需的外观需求，达到与传统外覆盖件同等级别的外观效果，内板则保证产品的强度，达到整车碰撞性能要求。外板采用与汽车塑料外饰类似的低线性PP（聚丙烯）料，达到外饰件的喷漆及外观需求，内板采用PP-LGF（长玻纤改性聚丙烯）料，满足前机盖部件的强度需求。两者采用焊接工艺连接，单点焊接力达到150N，以满足整车碰撞、开闭耐久性能需求。

（1）选材　为满足部件强度需求，内外板需要连接，连接后为满足高低温试验性能，两者线性膨胀系数不可差距过大，否则部件会在试验过程中出现脱焊、开裂等现象。因此，外板材质选择与内板线性膨胀系数相对较为接近的低线性PP材料（图2-91）。

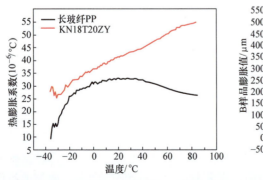
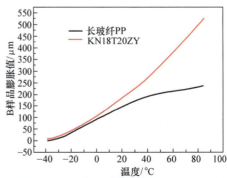

图2-91　PP材料的膨胀系数与温度的变化

随温度升高，两种产品尺寸均发生变化，呈膨胀趋势，但两者膨胀率不同步，温度越高，二者膨胀值差越大。−30℃时，二者膨胀值相差 0.0310mm；40℃时，二者膨胀值相差 0.0389mm；80℃时，二者膨胀值相差 0.2281mm，在前期设计阶段，即应考虑到产品膨胀变形的问题，从而提前预防问题的产生。

（2）设计　在产品设计中，需充分考虑产品的用途及性能需求。产品设计参考传统前机盖，同时结合本公司在塑料件开发过程中的经验积累，考虑前机盖开闭耐久及强度需求，采用内外板结合形式，内板主打性能，外板主打外观，同时考虑内外板的结合问题。因此，在设计时，外板焊点壁厚增加，同时为避免缩印产生，进行过渡处理。

考虑总成产品强度，内外板焊接牢固十分重要，因此焊点的分布十分重要，在三边及中间区域布置焊点，以增强部件的连接性。但后续产品验证阶段，发现产品前端由于未设置焊点，内外板出现松动现象，因此，增加内外板卡接结构，以加固内外板连接性，达到连接牢固的要求，其结构如图 2-92 所示。

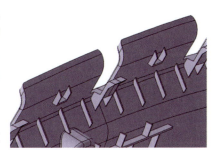

图 2-92　前机盖边缘卡接结构

（3）模具　模具设计之初，对产品进行模流分析发现，由于产品为片体结构，其变形量较大（图 2-93），外板最大变形量达 20mm，内板最大变形量约 14mm，因此在模具设计时进行预变形处理，以期产品出模后达到设计状态，但实际产品与预想相差较大。因此在设计之初，对产品的变形分析十分重要，要充分考虑模流分析的各项条件与实际生产的差别做出正确的判定。

产品采用注塑生产工艺，简化前机盖的生产流程，极大地提高了生产效率。

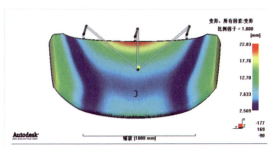 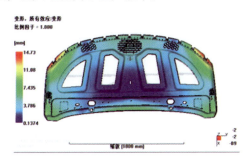

图 2-93　前机盖变形分析

（4）经验总结

1）在内外板连接中，并没有使用普遍推荐的粘接工艺，而是焊接与粘接工艺并用，满足产品外观需求的同时，保证了产品的强度和可靠性。

2）设计中，将塑料件的成熟结构应用到前机盖中，提升了产品制造可行性。

3）积累了塑料件产品在注塑生产中的变形量数据。

3. 整车搭载

产品搭载整车后具有以下优点：

1）本产品搭载国内某纯电动汽车。相比于传统金属前机盖减重约 60%，对于车辆百公里电耗的下降及加速性能的提升具有重要意义。

2）产品通过整车碰撞、开闭耐久、高低温等性能测试。同时在外观上可实现金属制品一样的绚丽外观效果，开发塑胶漆 17 种以上。

3）由于制造工艺简化，材料成本下降，对降低生产成本、提高生产效率具有极大的潜力。

4）进行单独的生产和喷涂，有助于进行模块化生产，具有更强的灵活性，不过整车色差控制难度增加。

在实际的产品使用过程中，发现该产品的耐高温性能还有进一步提升的潜力，以更好地满足传统燃油车的需求，助力汽车轻量化的发展。

北汽模塑所开发的前机盖产品，目前已投入市场使用，实现了以塑代钢轻量化效果。

➡ **作者：**
❖ 曹金鹏.北京北汽模塑科技有限公司

参考文献

[1] 陈一龙.汽车轻量化技术发展状况及展望 [J].汽车工艺与材料，2012(1): 1-4.
[2] 黄磊.以轻量化为目标的汽车车身优化设计 [D].武汉：武汉理工大学，2013.
[3] 聂采顺.汽车及零部件轻量化技术现状及研究方向 [J].汽车实用技术，2015(9):1-3.

2.4.4 汽车发动机塑料进气歧管成套技术研发与应用

汽车轻量化（塑料化）成为当今汽车工业发展方向之一，进气歧管是发动机进气系统最重要的部件，进气歧管会影响汽车发动机的动力性能、油耗、废气排放和生产成本等主要技术指标。由于塑料进气歧管内壁光滑，气流阻力小，因此充气效率明显提高；同时混合气分配均匀，排放也得到改善，发动机的动力性能明显改善；塑料制成的零部件不仅明显减轻了发动机的重量，而且具有金属零部件所无可比拟的优越性能。塑料进气歧管与传统的铝合金进气歧管相比，具有质轻、设计自由度大、成本低、动力性能好、节能减排、环保等优点。

本节以具有动力性能好、节能和环保的汽车发动机塑料进气歧管为例，研究了汽车发动机塑料进气歧管成套技术中的模具设计、注塑工艺、焊接工艺等关键技术，结合 CAE 技术实现了工艺与模具结构的优化。通过该成套技术的实际应用，满足了汽车工艺的要求，为该工艺的进一步推广应用提供了理论指导和技术支撑。

1. 塑料进气歧管发展简介

汽车发动机塑料进气歧管诞生于 1972 年，为当时的保时捷汽车进气歧管。欧洲的汽车商率先采用尼龙制造进气歧管，随后美国、日本、韩国相继开发塑料进气歧管。最早的塑料进气歧管选用了 BASF（巴斯夫）公司的尼龙树脂，并开发成功了熔芯成型法。熔芯法生产塑料进气歧管的优点是歧管内部完整光滑，气体流动特性很好，最大限度地保证发动机的性能。熔芯法塑料歧管是一次成型，气密性好，成品率高，熔芯过程可消除注塑过程中塑料歧管残余应力，使熔芯法生产出的塑料进气歧管有良好的机械性能。但由于熔芯法具有成型工艺复杂、成本相对较高、生产效率较低等明显不足，因此逐渐被其他新工艺替代。目前应用较多的工艺是注塑成型与振动焊接法相结合，其原理是：在设计塑料进气歧管时，将复杂的歧管结构拆分为结构相对简单、能一次注塑成型的几片，各片注塑成型后，用摩擦焊机将各片焊接起来，构成完整的塑料进气歧管，如图 2-94 所示，因而具有生产效

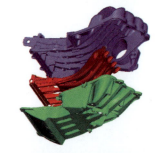

图 2-94 汽车发动机塑料进气歧管的下体、上体、隔板示意图

率高、成本低等优点。

2. 塑料进气歧管成套技术

下面主要研究开发具有设计自由度大，成本低，质轻、节能环保三大优点的进气歧管注塑模具生产工艺与模具技术（包括工艺、模具、焊接装配问题）。

（1）塑料材料性能 塑料进气歧管一般采用的材料是 PA6+30GF（玻纤增强尼龙），其注塑物性参数见表 2-14。

表 2-14 注塑物性参数表

特征	参数	单位	备注
密度	1.36	g/cm³	
熔融温度	≈260	℃	
模具温度	60~80	℃	
缩水率	≈5/1000	—	
烘干	80	℃	除湿机 4~10h
冷却时间	$2*S^2$	S	S = 壁厚
射退	2~4	mm	
背压	5~15	bar	
注塑速度	慢-快-慢	—	

（2）注塑成型工艺分析与设计

1) 干燥处理时，如果湿度大于 0.2%，应在 80℃以上的热空气中干燥 16h。如果材料已经在空气中暴露超过 8h，应采用 105℃进行 8h 以上的真空烘干。

2) 注射参数见表 2-15。

表 2-15 注射参数表

项目	注塑机类型	螺杆形式	转速/(r/min)	喷嘴形式	温度/℃	料筒温度 前/℃	料筒温度 中/℃	料筒温度 后/℃	模具温度/℃	注射压力/MPa	保压压力/MPa	注射时间/s	保压时间/s	冷却时间/s	总周期/s	干燥设备
塑料进气歧管	螺杆线式	突变	20~40	直通式	200~210	220~240	230~250	200~210	80~120	90~130	30~50	2~5	15~40	20~40	40~100	卧式沸腾

（3）注塑模具设计与实现 成套的汽车发动机塑料进气歧管一般由多副模具组成，同其他注塑模具的结构类似，主要包括浇注系统、冷却系统、脱模系统和顶出系统等。

1) 浇注系统。进气歧管产品较复杂而且产品的材料也容易产生较大变形，所以进胶点的设计对于整套模具设计的重点，如图 2-95 所示。进胶点设计有以下 8 个原则：

① 进胶点必须确保各个气道进胶均匀，通常每个气道设计 1 个进胶点。

② 从胶位多的部位进往胶位少的部位。

③ 从胶位厚的部位进往胶位薄的部位。

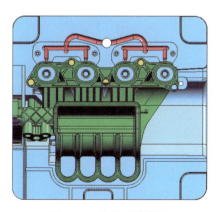

图 2-95 浇注系统设计

④ 与气道相关的部位不能有熔接痕或困气，否则会影响产品的爆破压力。

⑤ 根据 CAE 流动分析的情况选择对产品变形影响最小的进胶方式。

⑥ 所有的进胶点必须做成镶件结构，以便于后序的胶口位置或大小尺寸的调整。

⑦ 采用扁平的侧浇口或者针阀式浇口直接在产品上进胶，这样有利于注塑填充。

⑧ 浇口必须要易断，且断口截面一定要平整。尺寸参考：深 1.5～2.0mm，宽 4～8mm，具体尺寸视产品大小而定。

2）冷却系统。由塑料进气歧管的材料物性表可以看出，PA6+GF30 的熔融温度达到 270℃，注塑模具的温度也达到 80℃，同时产品的胶厚较厚（2.5～3mm）且非常不均匀，胶厚可达 8mm，所以冷却对于进气歧管模具来说同样也非常重要，如图 2-96 所示。其冷却系统的设计遵循以下原则：

① 冷却回路不能少于 4 条，水道直径不小于 12mm，水井直径不小于 20mm，要尽可能做大。

② 对于局部胶位厚或热量集中的部位，一定要进行充分冷却，可以考虑用散热效果极佳的铍铜镶件将该处聚集的热量带走。

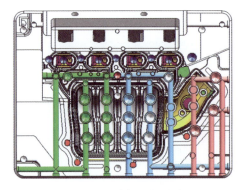

图 2-96　冷却系统设计

③ 因为热流道系统的加热温度太高，所以一定要有一组单独的运水对热流道系统进行冷却。但需要注意，为防止热流道系统的热量损失，所有与热流道系统相配合的模具面要尽可能少，特别是热嘴套封胶面，一般 5mm 左右，太多则容易出现热嘴堵嘴或水口粘模等问题。

④ 因为模具温度较高，定模板、动模板及热流道板通常要单独设计冷却系统，防止在生产过程中因温度过高或温差不一致而损坏导柱或其他精密件。

⑤ 每个行位及斜顶尽可能都要有运水冷却，水道直径不小于 8mm，前后模芯运水离胶位距离为 20mm 左右，且尽可能均匀，可以采用水井冷却凸出的部位，每条运水的距离长度不可太长，并且每组运水的水井数量不能超过 4 个。

3）脱模系统。进气歧管产品特殊的结构有：固定在缸体上的法兰面、管嘴、气道孔、油轨孔、油轨支架固定孔、钢套固定孔等，这些结构基本上都需要做滑块、斜顶或油缸抽芯等模具脱模机构，如图 2-97 所示。

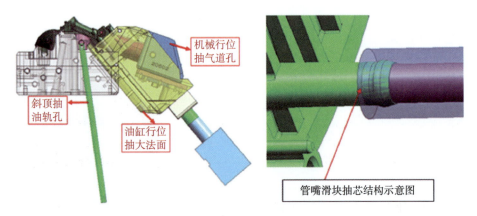

图 2-97　脱模系统设计

4）顶出系统。因为 PA6+GF30 材料的硬度较高，所以进气歧管模具一般不会出现顶白、顶高的现象，需要注意的是顶出要平衡，如图 2-98 所示。动模主要包括模芯、行位机构、顶出机构、冷却系统等，动模结构示意图如图 2-99 所示。

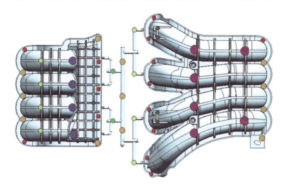

图 2-98　顶出系统设计

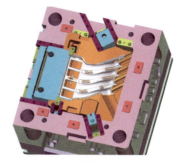

图 2-99　动模结构示意图

（4）焊接装配工艺分析与实现　进气歧管焊接工艺是最关键、也是最后一道工序，直接影响装配后产品的整体性能和质量。为了使焊接强度接近于原材料的强度，需要严格控制焊接工艺参数，包括焊接压力、焊接时间、模具温度和焊头的振幅等，必须建立详细、合理的成型工艺数据库。同时由于影响焊接质量的因素很多，其中产品的变形程度、尺寸配合精度、焊接压力、焊接时间、焊头的振幅等都是关键，所以对模具设计、加工制作、注塑生产、装配焊接每个环节都提出更严格、更良好的生产衔接要求。图 2-100 所示为安装在焊机上的焊接夹具，因此产品采用超声波焊接。超声波焊接优点：超声波焊接是熔接热塑性塑料制品的高科技，各种热塑性胶件均可使用超声波熔接处理，而不需要加溶剂、粘接剂或其他辅助品；可取代过去生产上需要的熔剂、粘合剂、扣钉或其他机械固定法，从而达到提高生产效率、提高产品质量、降低成本等目的。

图 2-100　安装在焊机上的焊接夹具

3. 注塑成型 CAE 技术的应用与优化

注塑模具是塑料进气歧管成套技术中最重要的一环，决定着进气歧管产品的质量、成本、生产周期和产量。而影响模具最关键的环节则是前期的模具结构设计。PA6+GF30 这种进气歧管材料的特性是流动性较好，易产生困气烧焦等不良现象，同时因为玻璃纤维的存在也使产品容易产生较大的变形，所以模具设计会遇到进胶位置不合理、排气不良、尺寸不稳定、冷却不合理等难题。CAE 模拟分析能够提前将这些问题存在的趋势暴露给模具设计师，模具设计师根据模拟分析提供的数据有效地优化模具结构。图 2-101 所示是其中一套模具设计前的 CAE 分析报告实例。

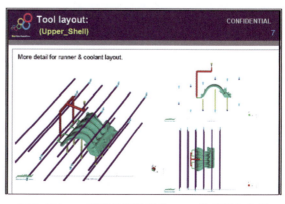

图 2-101　一套模具设计前的 CAE 分析报告实例

如图2-102所示,绿色位置产品几处的温度较高,模具上需要加强冷却。实际中可将模具中这几处局部位置做铍铜镶针,利用铍铜优良的导热性将注塑时此处的热量带走,从而有效地减少生产冷却时间,缩短生产周期。

如图2-103所示,红色位置产品Z方向的变形较大,为确保产品的尺寸稳定,在模具设计前,先做好产品的预变形。这样生产出来的产品尺寸合格,在客户所要求的公差范围内。

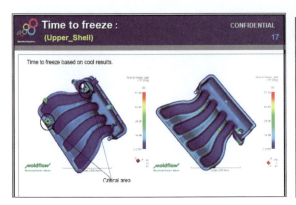

图2-102 冷却效果分析报告

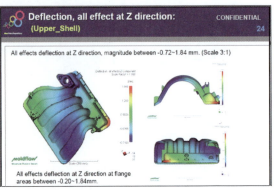

图2-103 翘曲变形分析

4. 工业应用与验证

通过上述模具结构设计与优化,在完成注塑成型与焊接装配后,开发的汽车发动机塑料进气歧管如图2-104所示。通过对该塑料进气歧管的耐热试验、耐久试验、温度交变试验、振动试验等整体性能测试表明,可满足汽车工业的应用需要。且通过汽车整机厂的生产与整车装配应用表明,与铝合金进气歧管相比,塑料进气歧管的重量仅为铝合金进气歧管的一半,发动机动力性可提高3%~5%,油耗可降低6%~8%,生产成本可降低20%~35%,模具使用寿命超过100万次,可取代铝合金进气歧管。

图2-104 开发的汽车发动机塑料进气歧管组件

受到能源危机的威胁,轻量化、降低成本以及降低能耗是世界汽车工业发展的最新趋势,也是汽车行业以塑代钢的根本目的。与传统铝合金进气歧管相比,具有设计自由度大、成本低、节能环保三大优点的塑料汽车进气歧管必然成为国内外未来5~10年汽车模具行业发展重点对象。塑料进气歧管成套技术将带动汽车零部件配套产业的发展,加快我国节能环保型汽车的自主创新,促进节能环保型汽车的产业化,逐步实现我国汽车技术更新和产业升级,提升我国汽车产业核心竞争力;加大汽车等支柱产业产品的国产化,有利于我国汽车工业逐步实现自主品牌和自主开发的战略目标。

➔ **作者:**

❖ 杨金表,汪智勇. 群达模具(深圳)有限公司

参考文献

[1] 王莉. 发动机塑料进气歧管的应用现状与发展趋势 [J]. 小型内燃机与车辆技术, 2007, 36(3):83-86.

[2] 刘芬, 刁思勉, 蔡考群, 等. 发动机塑料进气歧管技术在节能环保汽车上的应用 [J]. 材料研究与应用, 2008, 2(4):413-416.

[3] 唐伟家, 吴汾. 汽车进气歧管用塑料及其成型方法 [J]. 汽车工艺与材料, 2004(10):39-42.

[4] 王光耀, 魏莉霞, 马鸣图. 汽车塑料进气歧管焊接技术的发展和应用 [J]. 新材料产业, 2016(4):48-51.

[5] 范爱花. 基于 CAD/CFD 的塑料进气歧管流场分析及结构改进 [D]. 哈尔滨：哈尔滨工业大学, 2011.

[6] 吴春艳. PA66/GF 汽车进气歧管成型工艺及优化研究 [D]. 重庆：重庆大学, 2005.

第 3 章　新材料

3.1 工程塑料在轻量化中的创新应用

3.1.1　发动机及发动机附件系统

工程塑料主要是指能够用作结构材料的热塑性塑料。工程塑料具有良好的综合性能，刚性大，蠕变小，力学性能高，耐热性好，电绝缘性好，能够在较苛刻的化学、物理环境中长期使用，可作为结构材料使用，是金属材料的理想替代材料。随着材料研究与制造技术的发展，高强度、低密度的塑料材料体系不断完善，其在汽车零部件中的应用范围也日益扩大。本文就工程塑料在发动机及其附件系统的应用进行阐述。

发动机由两大机构、五大系统组成。两大机构包括曲柄连杆机构、配气机构；五大系统包括燃油供给系统、润滑系统、冷却系统、点火系统、起动系统。

汽车设计中的发动机附件主要包含进气系统、排气系统、冷却系统、燃油供给系统。进气系统主要是设计空气滤清器及进气管路。排气系统主要是催化器、消声器的设计。其中进排气还涉及噪声分析、气流场分析、振动分析等仿真。冷却系统主要是散热器、溢水罐及风扇的设计。燃油供给系统主要是燃油箱、燃油泵、炭罐、电磁阀及燃油滤清器的设计。

1. 工程塑料在发动机及其附件系统中的应用简介

工程塑料在发动机及其附件系统中的主要应用（表 3-1、图 3-1），按照其包含各系统及机构具有以下应用。

表 3-1　工程塑料在发动机及其附件系统中的主要应用

系统	零部件	塑料材质
发动机本体	缸体上盖罩	PA（聚氨酯，尼龙）66+（GF+无机矿物粉）、PA66+GF（玻纤）、PA6+GF、SMC（片状模塑料）/BMC（团状模塑料）
	固定支架	PA66+GF
进气系统	进气管（导管）	TPO（聚烯烃类热塑性弹性体）、PP（聚丙烯）+GF、PA6+GF
	空滤器壳	PP+GF、PA6+GF
	缓冲罐	PA66+GF、PA6+GF
	进气歧管	PA66+GF、PA6+GF
	节流阀体	PA66+GF

（续）

系统	零部件	塑料材质
冷却系统	散热器水室	PA66+GF、PA66/612+GF
	散热器支架	SMC、PA66+GF
	水泵出水管	PA66+GF、芳香族PA+GF
	耐热螺栓衬垫（罩盖）	芳香族PA+GF、PPS+GF
	冷却风扇	PP+GF、PA6+GF、PA66+GF
	风扇护罩	PP+GH、PA6+GF、PA66+GF
油路阀门系统	油底壳	PA6+GF、尼龙钢板
	滤油器座	PP+GF
	加油口盖、油面尺	PA66、PBT（聚对苯二甲酸丁二醇酯）+GF、PET（聚对苯二甲酸乙二醇酯）+GF
	同步带轮罩	PA66+GF、PA6+GF、PP+GF
	张紧轮	PA66+GF
	链导槽	PA66+GF
	凸轮链轮	PF（苯酚-甲醛树脂）+GF
发动机装饰罩盖	装饰罩盖	PA6+(GF+无机矿物粉)、PA66+无机矿物粉、PA6+无机矿物粉、PA66+(GF+无机矿物粉)
电气系统	点火线圈	PBT+GF
	分电器盖	PPS（聚苯硫醚）+GF、PBT+GF
	蓄电池盖	PP+GF
	自控器盒	PPS+GF、PBT+GF
燃油供给系统	燃油输出管	PA66+GF
	燃油喷射管	PA66+GF
	燃油过滤器盒	PA66+GF
	燃油管	PA11、PA12、氟树脂/PA(内层+粘合层+外层)
	燃油箱	PA66

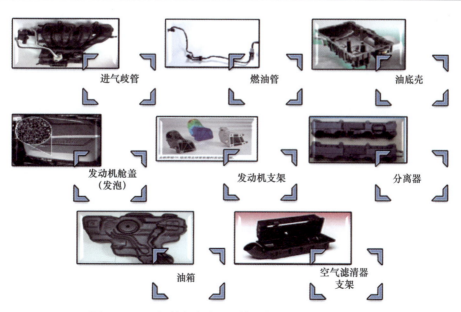

图 3-1　工程塑料在发动机及其附件系统中的主要应用

2. 工程塑料在发动机进气歧管上的应用案例

（1）发动机进气歧管介绍　进气歧管是发动机进气系统中最重要的部件之一，决定着发动机的进气效率和各缸进气的均匀性，进而进一步影响发动机的动力性，经济性和排放特性。

塑料进气歧管如图3-2所示，具有质量轻、成本低和设计自由度高等优点，重量在2~3kg，采用注塑工艺成型，是发动机零件中应用聚酰胺类材料最多的零件，相比传统的铝合金材料，重量可减轻40%~60%，且内腔表面光滑，流动阻力小，有助于提高发动机性能，并在提高燃烧效率、降低油耗及减振降噪方面有一定作用。同时可以进行集成化的设计，将各类阀体（如可变进气道的长短切换阀门、真空阀门等）以及各类支架进行一体化的设计，可以减少零件的数量，有利于提高主机厂的装配效率。塑料进气歧管在发动机上的应用比例逐步提高，目前已占据市场的主导地位，是汽车在发动机部分最有效和最普遍的轻量化产品。

图3-2　塑料进气歧管

（常用材料有PA6+GF30，使用PP+SGF35替代PA6+GF30可以减重13%）

集成模块化的进气歧管将是未来的发展趋势，由常用型向系统型（预装其他不同零部件的进气歧管）再向集成模块化进气歧管发展，如图3-3所示。

a）常用型进气歧管　　b）空滤、进气歧管集成一体　　c）空滤、进气歧管集成一体，系统连接管，冷却系统

图3-3　集成模块化的进气歧管

（2）发动机进气歧管的材料要求　发动机及周边零部件长时间处于发热、振动工作以及经常接触油渍等化学溶剂环境中，因此对材料的力学性能、耐腐蚀以及耐温性能要求较高。进气歧管是发动机中"以塑代钢"的典型部件，其对材料的关键技术要求如下：

1）耐高温：塑料进气歧管与发动机缸盖直接连接，发动机缸盖温度可达130℃，要求塑料进气歧管材料能承受180℃的高温。

2）高强度：塑料歧管安装在发动机上，要承受汽车发动机振动负荷、节气门和传感器惯性力负荷、进气压力脉动负荷等，因此要求所使用的塑料具有很高的强度。

3）尺寸稳定性：进气歧管与发动机的连接尺寸公差要求很严格。

4）化学稳定性：塑料进气歧管在工作时直接接触汽油和防冻冷却液，因此对材料化学稳定性要求很高。

5）热老化稳定性：汽车发动机在很苛刻的环境温度下工作，工作温度在-30~130℃往复变化，塑料材质必须能保证长期可靠性。

（3）尼龙材料在进气歧管上的创新应用　尼龙材料具有较好的综合性能，经过玻纤增强改性后，其强度、制品精度、尺寸稳定性等指标得到很大的提高，是汽车发动机及周边部件中用量最大的工程塑料，目前国外的汽油机基本已全部采用塑料进气歧管。与金属材料相比，塑料进气歧管具有以下 5 个优点：

1）质量轻：玻纤增强尼龙材料密度为 1.3~1.5g/cm³，在强度、刚度相近的条件下，塑料进气歧管比金属件可减重 30%~40%。

2）性能提高：塑料进气歧管表面精度优于金属产品，对提高进气充量很有帮助，而且塑料导热性低于金属，使气体受热膨胀率较低，不仅改善了热起动性，还提高了发动机的效率和转矩。

3）成本降低：尼龙材料成本与铝合金材料相近，但其采用注塑成型、振动摩擦焊接工艺，成型工艺简单，生产效率高，合格率也相对较高，而且其制造模具成本及能耗相对较低，因此其产品成本相对较低，与金属制件相比一般可降低 20% 以上。

4）设计自由度大：尼龙材料的成型加工性良好，使得部件壁厚变化、局部加强筋设计、倒扣结构、多重法兰、与其他部件集成为一体化的可能性大大增强，从而减少部件数量，进一步降低整体成本。

5）强减振、降噪能力：塑料阻尼性能优于金属材料，因此使用塑料进气歧管有利于降低发动机工作整体噪声。

除进气歧管（图 3-4）以外，发动机及周边部件中现已成功使用尼龙材料生产的还有气门罩盖（图 3-5）、油底壳（图 3-6）、进气道（图 3-7）、空滤器盖、齿轮室盖、导风罩、进气管护板、风扇叶片、风扇导风圈、加热器盖板、散热器部件、出水口外壳、水泵涡轮、发动机隔声板等。

图 3-4　进气歧管

图 3-5　气门罩盖

图 3-6　油底壳

图 3-7　进气道

(4)塑料进气歧管在柴油机上的应用简述

欧洲、日本和美国塑料进气歧管占进气歧管的市场份额超过50%，由于技术封锁，国内对柴油机塑料进气歧管的设计研究几乎是空白。我国柴油机几乎全部使用金属材料进气歧管，如铝制进气歧管、铸铁进气歧管，而塑料进气歧管相比于金属进气歧管，质量轻，动力经济性好，成本低，因此柴油机塑料进气歧管设计研究具有十分重要的意义。

罗孚公司与巴斯夫、宝马公司等联合开发的2L四缸涡轮柴油发动机进气歧管由尼龙66制造。这种塑料进气歧管及组件采用注射成型工艺和振动焊接制造，该管较铝制进气歧管轻30%。

塑料进气歧管（图3-8）的常用制造技术有熔芯法、粘接剂粘合技术、摩擦振动焊接技术，目前后者是制造的主流方向。

3. 工程塑料在发动机舱盖上的应用案例

发动机舱盖的轻量化主要以PA66+(GF+无机矿物粉)、PA66+GF、PA6+GF、SMC/BMC为主，为了提升减重幅度还有采用PA+GF发泡的工艺，如图3-9所示。发动机舱盖已实现批量工业化生产。

发动机舱盖的特点：制品壁厚薄、重量轻；表面光洁度高流动性好，注塑压力低；废品率低；集成度高，可减少部件数量。

图3-8 塑料进气歧管

图3-9 采用发泡工艺成型的发动机舱盖

4. 工程塑料在发动机油底壳上的应用案例

发动机油底壳位于发动机的下部，可拆装，并将曲轴箱密封作为储油槽的外壳。油底壳是曲轴箱的下半部，又称为下曲轴箱。传统油底壳多由薄钢板冲压而成，内部装有稳油挡板，以避免发动机抖动时造成的油面振荡激溅，有利于润滑油杂质的沉淀，侧面装有油尺，用来检查油量。油底壳包括冲压成形的钢制油底壳和压铸成型的铝合金油底壳两种。其中冲压油底壳成本低、重量轻，生产效率比较高，但只适合结构简单的产品，同时NVH（噪声、振动与声振粗糙度）也比较差。压铸油底壳目前主要采用铝合金压铸方式，重量轻，刚度高，适合结构比较复杂的产品，另外成品通过加工方式实现，目前广泛应用在发动机行业中。

在零部件重量方面，与铝合金压铸油底壳相比，塑料油底壳的重量会减轻30%~60%。在生产成本方面，塑料油底壳（图3-10）不仅可以减少模具制造的费用，而且也省略了铝合金油底壳压铸后的机械加工工序，仅塑料模具一项可以节约的费用就相当可观，塑料模具的使用寿命是铝合金模具使用寿命的10倍，其生产成本比铝合金油底壳低10%~40%。

由于尼龙具有较好的综合性能，并具有品种多、耐化学腐蚀和易回收利用等特性，替代钢板制成油底壳可以减轻重量，增加制品精度，提升尺寸稳定性等。

图3-11所示为全塑发动机油底壳，重量只有900g，将取代重量为2.2kg的铝合金压铸油底壳。

在模块化设计方面，塑料油底壳还可以集成收集器、机油滤清器座及机油挡板等，进一步减少了空间占用、生产制造费用和装配费用。另外塑料油底壳在抗噪声方面，明显优于冲压和压铸油底壳。

图 3-10　雷诺/沃尔沃发动机油底壳

图 3-11　全塑发动机油底壳

5. 工程塑料在发动机支架上的应用案例

发动机支架在车辆中扮演着重要角色，它作为发动机与车辆的连接元件，能够防止发动机的振动传导至车辆其他部位，此外还起到抑制发动机噪声的作用。最重要的一点，它可保证发动机运行时位置稳定，尤其在颠簸路况。

发动机支架需要在承受永久荷载，即发动机重量的同时完全吸收发动机的扭转振动。在此之前，发动机支架只能采用铝合金制造。目前的发动机支架轻量化方案是使用轻质金属铝合金来制造，在欧洲，索尔维开发出可以部分替代铝合金的材料制造轻质发动机支架（图3-12）。

随着技术的发展，戴姆勒公司的全新 GL 级 SUV 将为六缸柴油发动机配备全球首款塑料发动机支架，如图 3-13 所示。该塑料支架采用了专为高机械负荷优化的巴斯夫高强度特种聚酰胺材料 Ultramid A3WG10 CR，由德国 Joma-Polytec 公司负责注塑模具的设计和支架的生产。

图 3-12　部分替代铝合金的轻质发动机支架

图 3-13　全塑的发动机支架

全塑发动机支架的特点：

1）相对于铝合金支架，聚酰胺材料具有良好的声学特点是其主要优势之一。得益于塑料特有的阻尼性能，塑料发动机支架可使发动机声音更加平稳。

2）塑料的另外一个优点在于其传热能力远低于铝合金。因此，塑料发动机支架可在发动机的高温环境下为天然橡胶悬置提供更好的保护，延长其使用寿命。

3）在二氧化碳排放方面，塑料支架的重量与铝合金相比减轻了 30% 以上，有助于降低排放。

4）视发动机舱的安装条件而定，塑料发动机支架还必须承受较高的弯曲力矩。支架主要用于与底座一起支撑发动机，塑料支架集成度高，设计自由度好。

5）与之前的铝合金支架相比，塑料支架的声学性质和隔热性能更出色，重量更轻，承载力同样出色。

6. 工程塑料在水泵上的应用案例

水泵是发动机中一个重要的装置，主要由水泵壳体、连接盘或带轮、水泵轴及轴承或轴连轴承、水泵叶轮和水封装置等零件组成。水泵叶轮一般用金属铸铁或铸铝材料制成。而使用PPS来替代，不仅能满足高强度、耐高温等特性，还能降低成本及重量。PPS是含硫芳香族聚合物，是一种综合性能优异的热塑性特种工程塑料，其突出的特点是耐高温、耐腐蚀和优越的力学性能。金属叶轮存在很多缺点，所以现阶段越来越多的汽车水泵厂家都开始研发采购塑料叶轮组成水泵。塑料叶轮有以下优点（图3-14）：①性能稳定。叶轮流道的几何形状和尺寸对泵的性能影响最大，塑料叶轮的流道形状有保障，尺寸精度高，因此性能稳定。②流道光洁度高，水力损失小。特别是低比转速泵，叶轮流道狭长，降低粗糙度对提高泵效率有显著的效果。③平衡性好，运行稳定；质量轻，便于装配、维护等。④大批量生产成本低。采用一次成型工艺，节省加工费用等。此外，塑料叶轮还有耐腐蚀、对水质污染小等优点。

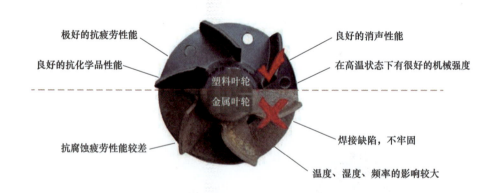

图3-14 塑料水泵叶轮

7. 工程塑料在油箱上的应用案例

油箱由箱体和油箱盖组成，用以储存油料，起着散热、分离油液中的气泡、沉淀杂质等作用。油箱通常是密闭的，这样可防止汽油因激荡而溅出及油箱内的汽油蒸气逸出。箱体一般是铁制或铝制的，用工程塑料(LDPE 低密度聚乙烯)来代替，不仅能大幅降低油箱重量，还具有防腐能力强、造型随意、长寿命、安全性高、成本低等特点，如图3-15所示。比如福田汽车奥铃全系采用塑料油箱，单台减重 2.5kg。

8. 工程塑料在空滤器（空气滤清器）上的应用案例

空滤器一般由进气导流管、空滤器盖、空滤器外壳和滤芯等组成。目前空滤器外壳材料主要是铁质，通过对空滤器外壳性能的研究，在保证空滤器外壳功能正常的条件下，可改用塑料空滤器外壳。比如福田大/中型货车空滤器外壳（图3-16），单件重量由22kg降至16kg。

a) 铝合金材料　　　　　　　　　　　　b) 塑料材料

图 3-15　塑料油箱

图 3-16　塑料空滤器外壳

➡ 作者：

- ❖ 李文博．北京汽车研究总院新技术研究院
- ❖ 李智，王磊，徐晶才，于波，李瑞生，韩峰．华晨汽车工程研究院
- ❖ 高嵩，宋建新，王国勇．北汽福田汽车股份有限公司工程研究总院

参考文献

[1] 樊新民，车剑飞．工程塑料及其应用 [M]．北京：机械工业出版社，2006：1．

[2] 钱志国，姚晓宁，景肃，等．工程塑料及其合金在汽车工业上的应用 [J]．工程塑料应用，2008，36（11）：45-49．

[3] 王莉．发动机塑料进气歧管的应用现状与发展趋势 [J]．小型内燃机与车辆技术，2007，36（3）：83-86．

3.1.2　内外饰和闭合件系统

1. 工程塑料在内外饰和闭合件系统中的应用概述

工程塑料在汽车内饰中的应用主要集中在仪表板、侧围、座椅等部分，外饰集中在前端模块、前后保险杠和轮罩及装饰件部分，车身及闭合件中的应用集中在防撞梁和塑料翼子板、树脂车窗、塑料尾门等部件，如图3-17所示。典型应用有前后保险杠及支架、仪表板本体、门板和副仪表板、仪表板横梁、前端框架、天窗骨架、天窗滑轨、天窗排水管、侧围板、轮罩、扰流板、中网、后防撞梁等，如图3-18所示。

图3-17 工程塑料在内外饰和车身闭合件系统中的应用

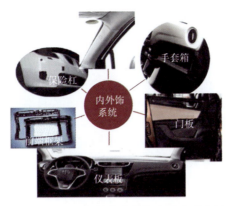

图 3-18　工程塑料在内外饰上的典型应用

从塑料材料品种上看，车身目前用量最多的是改性通用塑料和通用工程塑料，相比金属可减重 40%，且能耐侵蚀和轻微碰撞，在低速碰撞的情况下无须维修，从制造角度相比金属有更大的造型自由度，也便于零件集成，见表 3-2。

表 3-2　塑料轻量化典型应用清单

材料	零部件	减重情况
高刚性及流动性 PP/EPDM（三元乙丙橡胶）	保险杠	减重约 10%
PA/PPE（聚丙乙烯）	翼子板	减重约 40%
PPO（聚苯醚）/PA	加油口盖	减重约 60%
PC/PMMA（聚甲基丙烯酸甲酯）	车窗	减重 40%~50%

比如，大众公司选用了陶氏的玻纤增强 PC/ABS 合金，生产辉腾美国版的仪表板支架。这是因为该材料在模拟撞击试验中，能量吸收要比传统材料高出 50%；使坐在前面不系安全带的乘客免遭冲击伤害。路虎揽胜极光，在制造中采用了一系列高级轻质材料，比如 PA/PPO 合金应用于前翼子板，PC/PBT（聚对苯二甲酸丁二醇酯）合金应用于行人保护吸能块。

内外饰是汽车中使用塑料比例最高的模块，而且涉及的材料种类、用途及技术要求也较复杂。人们日常使用车辆时，最经常观察或接触到的就是内外饰零部件，因此内外饰件直接影响到人们对汽车品质认知以及乘车感受，相应的内外饰零部件设计要求需综合考虑其外观精致性、触感舒适性以及法规安全性等多个方面。为实现丰富多样的汽车外观效果，提升舒适度，内外饰部件通常需进行表面处理，常见工艺有喷涂、水转印、模内装饰技术（In-Mold Decoration，简称 IMD）、电镀、包覆等，不同工艺对材料选择及性能也有着不同要求。

（1）工程塑料在汽车外饰上的应用简介　汽车外饰零件是汽车零部件中应用塑料材料最多的零件系统，主要包括保险杠、后视镜、车灯、门把手、进气格栅、天窗等，根据不同零部件功能及装饰效果，相应使用不同种类的工程塑料。

1）保险杠骨架不仅需支撑保险杠蒙皮以保证外观质量，而且在车辆低速碰撞过程中起到缓冲和吸能的作用，因此对材料具有一定的机械强度要求。常用工程塑料种类有玻纤增强 PA、PC/ABS 等，其具有优异的耐热性、耐冲击性和刚性、良好的加工流动性。

2）后视镜主要包括支座、镜壳、基板、连接件、镜片、加热片、镜头调节模块、转向灯等，一般固定在车门前端，汽车行驶过程中要经受颠簸冲击，因此材料选用要考虑到温度、湿度、强度、冲击以及弯曲性能等方面的要求，同时还要求材料不易老化、耐腐蚀、注塑性能和喷漆性能好等。后视镜底座常用工程塑料有玻纤增强 PA、PBT 合金等，后视镜壳体常用工程塑料有 PC/ABS。

3）车灯在车辆安全行驶的过程中起了重要的作用，可以分为前照灯、后车灯、转向灯、车牌照明灯等，基本结构主要包括配光镜、壳体、饰圈、反射镜、后盖等。配光镜主要用料为 PC、PMMA 等，壳体及饰圈主要材质为 PC/ABS 等，反射镜主要材质为 PC、PBT 等。

4）门把手、进气格栅通常需进行喷漆、电镀等表面处理，表面质量要求较高，通常使用的工程塑料有 PC/ABS，门把手作为功能件，对其零部件有机械强度要求，其骨架材料常用玻纤增强 PA。

5）天窗安装于车顶，能够有效地使车内空气流通，增加乘车舒适度。天窗主要分为天窗总成单元及安装固定框两部分，分别位于车身顶盖的外侧及内侧，通过紧固件使这两部分闭合并同时夹住车身顶盖。天窗总成中透明玻璃常用材质为 PC 材料，固定框中滑轨槽用工程塑料有 POM、PBT 等，骨架用工程塑料有玻纤增强 PA 等。

（2）工程塑料在汽车内饰上的应用简介　内饰件一般是指乘用车车厢的隔板、门内装饰板、仪表板总成、扶手、顶篷、地毯等零部件，其对车辆的运行性影响较小，但其承担减振、隔热、吸声和遮音等功能，对乘用车的舒适性起到十分重要的作用，直接影响到乘车感受，很大程度上决定了人们对整部汽车的印象，因此内饰件设计一般是以安全、环保和舒适为主要目的。针对内饰件技术要求，对塑料提出了诸多的性能要求，如良好的强度和刚度、尺寸稳定性，特别是高温稳定性、耐候性、耐溶剂性、低气味性以及亚光性，上述技术要求中低气味性采用可降解材料和亚光性对于提升汽车内饰品质感尤为重要。

在中低端车型中，内饰件仍主要为塑料材质，而对于内饰件，往往首先考虑的是其品质，常规注塑成型的零部件装饰效果往往给人明显的塑料感，进而产生廉价质劣感觉，因此对于内饰件用料品质提升，并非简单要求力学性能的提升，更多的是从视觉、触觉、嗅觉等感知方面进行评价。

内饰件大面积的塑料很容易让人感到单调，常用方法是增加装饰板以丰富内装饰效果，装饰板常用表面处理工艺有喷漆、电镀、水转印（图 3-19）、IMD（图 3-20）等，使塑料件具有木质、金属材质的外观效果，以此来提升内饰品质感。内饰件塑料感强的另一个主要原因是光泽度较高，降低光泽度主要有两种方式，主要方法为喷漆，常用的工程塑料基材为 PC/ABS，另一种方法是材料改性时添加特殊色粉，常用的工程塑料基材为 POM。

内饰件为实现表面效果与机械强度的综合要求，会采用"蒙皮+骨架"的零件结构，骨架提供零部件所需强度，一般选择力学性能优良的工程塑料，如玻纤增强 PA、PC/ABS 等，相应制件有仪表板骨架、中央通道骨架、立柱骨架等。

图 3-19　水转印装饰效果

图 3-20　IMD 装饰效果

随着工程塑料性能的提升，也在不断拓展其应用零件种类，如 PC/PBT 材料的全塑外覆盖件（图 3-21）、PA/PPO 材料的翼子板、PA 合金材料的轮毂、PMMA 材料的立柱外装饰板等（图 3-22）。

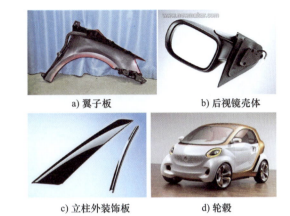

图 3-21　smart 车身全塑覆盖件　　图 3-22　翼子板、后视镜壳体、立柱外饰板、轮毂等

2. 工程塑料在内外饰和闭合件系统中的其他应用案例

（1）工程塑料在汽车防撞梁上的应用案例　防撞梁是安装在保险杠蒙皮内的横向结构件，用来保护车辆前后两端，在碰撞中能够吸收碰撞产生的能量，从而达到在保护车辆内部零件完好的同时保证车内乘客安全、减少车外行人伤害方面取得平衡的目的。

防撞梁多采用金属材料，而连续纤维增强尼龙防撞梁（图 3-23）是一种全新应用，本田新款燃料电池汽车已计划采用这种全新的防撞梁。连续纤维增强尼龙是一种通过连续纤维与尼龙树脂复合分散和熔体包覆浸渍、辊压、收卷成为连续的预浸带，将多层预浸带复合辊压、缠绕、拉挤、铺放而成的高性能材料。该材料具有高韧性、高强度、低密度等优点。其与金属性能对比（见表 3-3）。某厂家连续纤维增强 PA6-GF47（47份玻璃纤维增强尼龙6）材料物性，见表 3-4。

图 3-23　连续纤维增强尼龙材料防撞梁

表 3-3　不同材料性能对比

项目	单位	980MPa 钢板	7N01-T6 铝板	连续纤维增强热塑性复合材料
比模量	GPa/ρ	26.2	25.9	7.8
比强度	MPa/ρ	121	126	224
密度 ρ	g/cm³	7.8	2.7	1.8

相比金属防撞梁，连续纤维增强 PA6 与 PA6-GF50 结合通过创新结构，实现集成化设计，减少总成中零部件数量，防撞梁实现减重 50%；相比金属防撞梁的冲压、焊接、涂装的成型过程，由于集成化设计，连续纤维增强 PA6 材料通过模压、注塑一体成型（图 3-24），减少了工序。

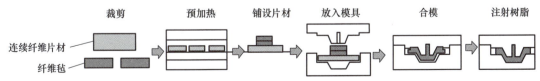

图 3-24　连续纤维防撞梁成型过程

除防撞梁外，目前连续纤维增强尼龙材料在座椅坐盆、座椅靠背等功能结构件上均得到应用。

表 3-4 连续纤维增强 PA6 材料物性

项目	单位	PA6-GF47（连续纤维增强尼龙）	
		纵向	横向
密度	g/cm³	1.8	
纤维含量		47%	
拉伸模量	GPa	22.4	21.5
拉伸强度	MPa	404	390
断裂伸长率		2.2%	2.2%
弯曲模量	GPa	19.2	18.7
弯曲强度	MPa	620	585
简支梁无缺口冲击（23℃）	kJ/m²	145	—
热变形温度（1.8MPa）	℃	215	

（2）工程塑料在前端模块上的应用案例 前端模块是集成汽车前端零部件的系统零件。主要是前端框架，集成诸如机舱盖锁、散热器、冷凝器及一些小的附件。相比金属前端模块，塑料前端模块具有重量轻、精度高、设计自由度高、集成度高、成本低等综合优势。

前端框架需要具备以下条件：①良好的力学性能和环境性能；②与其他部件快速安装并精确集成；③在发生碰撞时，有尽可能低的损坏程度和尽可能少的维修费用；④满足法规要求。

1）前端模块用材分析。目前行业内应用主要为尼龙短纤和 PP 长玻纤材料，行业用材分析如图 3-25 所示。相比 PP 长玻纤材料，尼龙短纤作为汽车前端框架在耐温性、强度等性能方面具有明显优势。两者性能对比见表 3-5。

尼龙短纤材料虽然具有吸水的特性，且吸水后其力学性能下降，但其湿态条件下的强度、模量在常温、高温条件下仍具有优势，且尼龙短纤的长期耐热性能具有明显优势，随着发动机舱内温度升高，尼龙短纤的用材方案适应性更好。

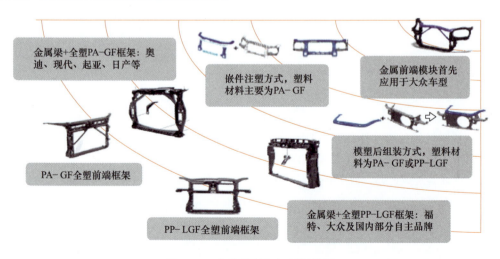

图 3-25 行业前端框架用材分析

表 3-5 材料性能对比

项目	PP-LGF30		PA6-GF40（湿态）	
	23℃	80℃	23℃	80℃
拉伸模量 /MPa	4550	2947	5595	3604
拉伸强度 /MPa	90	46	100	65
密度 /（g/cm³）	1.12		1.46	
热变形温度 /℃	155		200	
热老化后（150℃，1000h）拉伸强度保持率	85%		109%	

以尼龙短纤材料为例，可用仿真分析手段分析 PA6-GF40 材料作为前端模块用材的可行性。

2）模流分析。

① 分析过程：应用 Moldflow（模流）成型分析软件，分析产品的浇口位置和变形趋势。采用 7 点热流道，1 个冷侧浇口进行注塑模拟分析。浇口分布如图 3-26 所示。

② 分析结果：分析出产品的熔接痕（图 3-27）避开了主锁位置及变形因素（图 3-28），符合预期要求。综合分析结果，确定浇口数量及位置，指导模具设计和生产工艺调试。

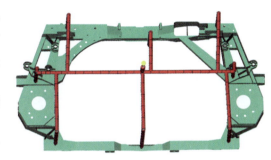

图 3-26 浇口分布

图 3-27 熔接痕

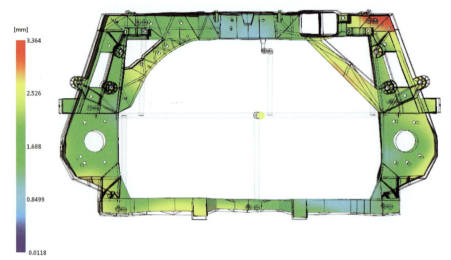

图 3-28 所有变形因素

3）力学性能分析。运用 ANSA/Hypermesh 建立前端框架分析有限元模型，通过 ABAQUS 分析计算，以验证前端框架的力学性能，分析结果见表 3-6。

表 3-6 力学分析结果

序号	分析内容	技术要求			选材方案 PA6-GF40
		载荷		评价标准	分析结果
1	锁扣强度	F_Z=5000N	23℃	最大应力均小于材料的屈服应力	无破坏
		F_Z=2500N	80℃		
2	Z 向锁扣刚度	F_Z=600N		>500N/mm @23℃	2400N/mm
				>400N/mm @80℃	1621N/mm
3	散热器 –Z 向刚度左	F_Z=–600N	23℃	< 1.5mm	0.731mm
			80℃		1.12mm
	散热器 –Z 向刚度右	F_Z=–600N	23℃	< 1.5mm	0.738mm
			80℃		1.14mm
4	散热器 X 向刚度左下	F_X=150N	23℃	< 1mm	0.07mm
			80℃		0.11mm
	散热器 X 向刚度右下	F_X=150N	23℃	< 1mm	0.06mm
			80℃		0.12mm
	散热器 X 向刚度左上	F_X=150N	23℃	< 1mm	0.05mm
			80℃		0.08mm
	散热器 X 向刚度右上	F_X=150N	23℃	< 1mm	0.05mm
			80℃		0.08mm
5	模态	—	23℃	大于等于 42Hz（单件）	78Hz
			80℃		63Hz
6	扭转强度	12°		最大应力均小于材料的屈服应力，允许局部有微裂纹	无破坏

通过力学分析可知，PA6-GF40 材料能够满足前端框架力学性能设计要求。

4）全塑前端框架。汽车全塑前端框架较早地实现了汽车轻量化技术中结构优化和轻质材料的结合。前端框架用材经历了四个阶段：第一阶段全钢制金属框架，第二阶段以金属框架为主体包覆了工程塑料，第三阶段以工程塑料为框架主体，部分嵌入金属加强，第四阶段全塑前端框架。目前全塑前端框架逐步向第五阶段实现集成的模块化发展，将副车架及前照灯框架集成一体。前端框架减重趋势如图 3-29 所示。

目前针对不同车型的前端框架使用的材料也不同，主流自主品牌大多使用 PP+LGF30，德系高端品牌车型常使用 PA6+GF30。

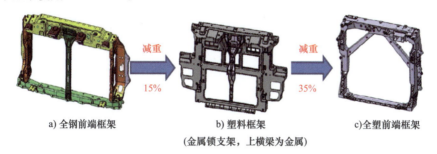

a) 全钢前端框架　　b) 塑料框架　　c) 全塑前端框架
（金属锁支架，上横梁为金属）

图 3-29　前端框架减重趋势

（3）工程塑料在门板、立柱及杂物箱外盖板应用案例　韩系、德系、欧美整车企业低密度材料的应用情况统计，见表 3-7。

表 3-7　韩系、德系、欧美整车企业低密度材料典型用材举例

韩系车企	PP+EPDM+TD20	PP+E/P-(GB+TD)10	PP+E/P-(GB+TD)5	PP+(GB+TD)10	—
密度 /（g/cm^3）	1.04	0.94	0.92	0.93	—
减重效果	—	约 −10%	约 −12%	约 −11%	—
德系车企	PP/PE+TD20	PP/PE+TD15	PP/PE+TD12	PP/PE+TD10	PP/PE
密度 /（g/cm^3）	1.05	1.02	1.0	0.98	0.91
减重效果	—	约 −3%	约 −5%	约 −7%	约 −14%
欧美车企	PP/PE+TD20	PP/PE+MD13	PP/PE+MD5	PP/PE+MD3	—
密度 /（g/cm^3）	1.05	0.98	0.93	0.92	—
减重效果	—	约 −5%	约 −12%	约 −13%	—

杂物箱外盖板减重效果，如图 3-30 所示。

在轻量化的初级阶段，各车企大多直接采用低密度的轻质材料实现减重的目的，随着高刚性低密度材料的开发，逐步实现了在使用低密度材料的同时进行薄壁化开发的方案。如门板、立柱都在原有厚度上进行减薄，如图 3-31 所示。门板厚度目前由主流 2.5mm 逐步向 2.2mm 到 2.0mm 过渡。

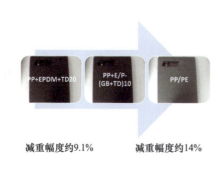

图 3-30　杂物箱外盖板减重效果

图 3-31　薄壁低密度门板

（4）工程塑料在塑料尾门的应用案例　塑料尾门的开发由于其集成度高，减重效果明显，同时NVH性能优异，被各整车企业所看好，逐渐热门起来。目前塑料尾门主要有两种方案（表3-8）：一种是以SMC（热固性材料）为框架，另一种是以PP+LGF（热塑性材料）为框架。

表3-8　塑料尾门技术方案对比

项目	方案	内板材料	外板材料	加工方式	典型车型	缺点	主要供应商
塑料尾门	热固性材料	SMC	改性PP或PC/ABS	内板模压，外板注塑	沃尔沃（XC60），捷豹路虎	材料不可回收	延锋彼欧，日立化成，北汽模塑，成航模塑，芜湖恒信，富维东阳等
	热塑性材料	PP-LGF	改性PP	注塑	DS6，308S	材料可以回收	

尾门的轻量化材料主要有塑料、铝合金、碳纤维复合材料、高强度钢。塑料制品的优势在于弹性高。在受到冲击时，塑料制品会发生弹性变形，能够吸收大量的冲击能量保护行人及乘车人的安全。最新应用塑料尾门方案的品牌有沃尔沃（XC60）、捷豹路虎、长安标致雪铁龙（DS6）、上汽荣威（e50）、东风神龙、东风雷诺等。XC60尾门内板是SMC材料，外板采用的则是热塑性塑料，塑料尾门相比钣金件减重幅度达到36%，如图3-32所示。

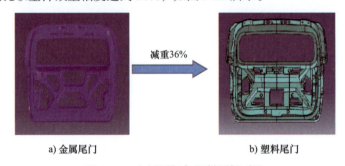

a) 金属尾门　　　　　b) 塑料尾门

图3-32　金属尾门与塑料尾门对比

（5）工程塑料在塑料翼子板的应用案例　塑料翼子板较早应用在法系品牌的汽车上，塑料翼子板与金属翼子板相比减重效果可达53%（表3-9），同时达到节能降耗和环保的效果，在模块化装配、生产效率、成本、安全、制造自由度、耐腐蚀等方面都要优于传统钢板材料，塑料翼子板已成为轻量化发展的又一新的趋势。

表3-9　某车型翼子板与金属翼子板的材料重量对比

项目	塑料翼子板	金属翼子板	差值	减重百分比
面积/cm²	4225.00	3880.00	—	—
料厚/cm	0.25	0.08	—	—
密度/（g/cm³）	1.08	7.85	—	—
零件重量/kg	1.14	2.44	1.3	53%

塑料翼子板（图3-33）因其在与车身匹配、涂装电泳以及冬季存储易变形等方面存在一些不利因素，还没有在各整车企业全面普及工业化应用。

（6）工程塑料在树脂车窗的应用案例　树脂车窗主要被应用在侧窗、天窗和三角窗及后风窗玻璃上（汽车前风窗有法规要求除外），某些新能源汽车厂家还将塑料尾门与树脂后窗玻璃相结合。制造树脂车窗

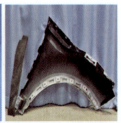

图3-33　塑料翼子板

的材料主要有 PMMA 和 PC 两种材质，见表 3-10，性能对比如图 3-34 所示。

表 3-10　塑料车窗技术方案对比

项目	材料	供应商	零部件应用	典型车型
塑料车窗	PC	SAIBC	三角窗，侧窗，天窗，后窗玻璃	大众 XL1，福特 MMLV 概念车
	PMMA	EVONIK	三角窗，侧窗，天窗，后窗玻璃	福特，奥迪，大众，日产

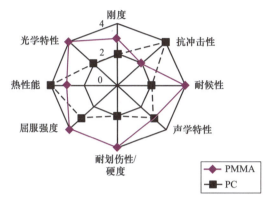

图 3-34　PMMA 和 PC 材料的性能对比

PMMA 应用在上汽荣威 e50 的三角窗和后窗上，减重达 50%，如图 3-35 所示。

图 3-35　树脂车窗的应用

3. 工程塑料在内外饰和闭合件系统中的创新技术

（1）微孔发泡技术在仪表板骨架上的创新应用　目前仪表板骨架可以通过采用化学发泡和物理发泡的方式实施减重，已达到轻量化的目的。微孔发泡技术特点见表 3-11，化学发泡和物理发泡减重情况的对比如图 3-36 所示。

表 3-11　微孔发泡技术特点

项目	发泡方法	微孔发泡的技术特点	典型车型
主要内容	物理发泡	1. 制品重量约减少 10% 2. 需增加加气装置，需充入气体（CO_2、N_2），黏度和注塑压力降低，表面气痕明显，不适用于表观件 3. 改善翘曲变形，隔热、降噪效果好 4. 成本适中	高尔夫 A7
	化学发泡	1. 制品重量约减少 20% 2. 高温下发泡剂释放气体，黏度稳定，注射压力较低，注塑速度快，周期短，可用于表观件 3. 改善翘曲变形，隔热、降噪效果好 4. 成本较高	宝马 3 系、5 系、7 系

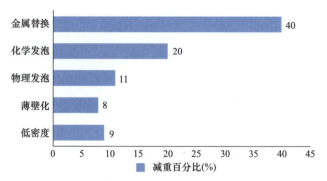

图 3-36　化学发泡和物理发泡减重情况的对比

物理发泡的仪表板骨架可以有效地减轻制品重量，因其增加了气体注入，所以需要注意制品的最小壁厚，同时在产品设计时要关注特征及弯角处的壁厚设计，如图 3-37 所示。

化学发泡仪表板骨架相比物理发泡方式减重幅度更大，但相应的设备和模具投入也较大，同时其改善翘曲变形、隔热、降噪效果也更好，如图 3-38 所示。

图 3-37　采用 PP-GF30 材料物理发泡的仪表板骨架　　图 3-38　采用 PP-LGF20 材料化学发泡的仪表板骨架

（2）车身内外饰件薄壁化设计　汽车零部件尤其是车身内外饰零部件薄壁化设计技术一直是汽车技术发展的重要方向之一，零部件的薄壁化设计水平已经成为衡量各汽车设计中心技术能力的一个重要指标。

1）薄壁化设计的优势分析。

薄壁化设计的优势：①制件重量减轻，在满足设计需求的条件下，单件制件使用材料减少。保险杠蒙皮设计壁厚由传统的 3.0mm 降低到 2.0mm，考虑到制件壁厚减薄会引起刚度下降，调整后的材料密度会有 5%~10% 的增加，制件减重将达到 20%。保险杠前后蒙皮的总重在 8kg 左右，采用薄壁化方案设计后，前后蒙皮总重将降到 6kg 左右。②零件采用薄壁设计，制件制造过程能耗更低。由于制件生产和加工的物料量减少，运输能耗也降低，塑料制件成型过程的降温和升温所需的能耗也必然降低，这对降低原材料生产和汽车零件制造过程的碳排放意义重大。③制件壁厚减薄，改性 PP 材料注塑过程易于实现快速填充。同时，传热厚度减薄和材料密度提高，必然带来注塑生产过程中冷却降温时间缩短，提高了注塑生产过程的整体节拍。现代汽车制造业以集中规模化生产为主要特征，提高节拍使设备利用率提高，直接降低了成本，提高了竞争力。④薄壁制件后收缩小，有利于制件与车身的匹配以及生产过程中的尺寸质量控制。⑤薄壁设计加快了零件选材的同质化进程，这将在报废汽车的回收相关方面带来环境效益和企业利益的双赢。

改性聚丙烯材料技术的发展在推进薄壁化设计方面发挥了相当重要的作用，目前大多数原材料生产企业均开始了高模量、高韧性、高熔指的材料开发，以满足零部件薄壁化要求的刚性、韧性及成型需求。其中，高模量是为了满足制件减薄后的刚性要求，高韧性是为了满足零件碰撞或模拟碰撞试验的要求，这也是保证保险杠材料所固有的高韧性性能，另外，在壁厚减薄的前提下，材料的加工性能必然要求更高，这就更需要以高熔指作为必要条件，在保证外观的前提下完成材料对模具的填充。因此，这种高模量、高韧性、高熔指材料的配方体系及润滑体系需要同时朝着这三个方向发展。

2）保险杠薄壁化设计。车身内外饰塑料件薄壁化设计优势明显，要实现大规模的生产应用，需要从结构设计、制造工艺、模流分析等进行充分分析和验证。以目前应用较多的保险杠薄壁化设计为例，如图 3-39 所示，从零件结构设计上要考虑壁厚大小、壁厚过渡、螺钉柱卡扣设计、翻边设计、避免熔接痕等。

图 3-39 薄壁化保险杠

在汽车外饰中，前后保险杠占的比重最大，同时其体积面积也最大，薄壁化保险杠开发所面临的主要问题集中在：减薄后可能导致零件的刚性下降；减薄后可能导致零件的强度下降；减薄后产品的成型工艺问题；减薄后制品的回弹性和延展性问题。针对上述问题的应对措施有：①提高材料的流动性，提高材料的熔融指数要求，以解决流动性不足难以充满模腔和注射压力过大及注塑温度较高产生的制品应力集中或银纹效应。②对于制品刚度和强度下降的情况，通过提高材料的拉伸强度和弯曲模量来解决由于壁厚减薄导致的产品强度和刚度下降的问题。③对于制品回弹性和延展性下降的情况，可以通过材料组分中软性填料的组分进行调整，增加高结晶度的橡胶相成分，同时改善矿物性填料的粒度，填料粒度越细越好，其表面积与基体结合越紧密回弹性越好。如图 3-40 所示，可见保险杠的厚度变化。

图 3-40 保险杠的厚度变化

随着产品设计和制造能力的提高，保险杠薄壁化设计将会被运用到越来越多的新项目设计中。目前保险杠薄壁化已经推广到内饰件的薄壁化设计中，包括 A、B、C、D 柱装饰板，前后门主体，后侧围饰板，轮罩装饰板等，这些内饰零件目前常用料厚为 2.5mm，通过薄壁化技术减薄后料厚为 2.2mm，平均减重比 8%~12%，对车身轻量化贡献度非常可观。汽车塑料零件的薄壁化过程必然是一个渐进的过程，材料特性也将是一个不断提高的过程。

（3）PC 塑料玻璃的轻量化应用　PC 是一种无臭、无毒、无色透明的热塑性工程塑料，它具有优良的力学性能，蠕变性小，尺寸稳定；良好的耐热性和耐低温性，无明显熔点；耐冲击性能好，折射率高，加工性能好，不需要添加剂就具有 UL94 V-0 级阻燃性能。某塑料玻璃用 PC 材料性能测试结果见表 3-12。

相比无机玻璃，PC 塑料玻璃能够实现 40%~50% 的减重；设计自由度高，能够设计出立体三维、复杂的产品结构；同时还能够集成除霜装置和隐性天线等。未来 PC 塑料玻璃的主驱动力是造型及轻量化需求，例如全景天窗和车身面板一体化、后背门与扰流板一体化等，以实现高度集成化设计及特殊造型线效果。

PC 塑料玻璃以其显著的特点，在固定式侧窗、透明天窗、后窗获得应用，例如奔驰 A 级车天窗玻璃、C 级运动跑车后窗、smart 天窗，本田思域后窗，现代概念车全部车窗，雷诺概念车天窗等。部分应用示例如图 3-41 所示。

表 3-12　PC 材料性能

项目	单位	试验结果
密度	g/cm³	1.2
拉伸模量	MPa	2400
拉伸强度	MPa	66
弯曲模量	MPa	2400
简支梁缺口冲击强度（23℃）	kJ/m²	N
HDT（1.8MPa）	℃	124

图 3-41　PC 塑料玻璃在汽车上的应用

相比无机玻璃，PC 塑料玻璃因抗疲劳强度差，容易产生应力开裂，且在耐候、耐磨、拉伸模量和透光率方面存在不足，如图 3-42 所示。用 PC 塑料玻璃代替传统无机玻璃需要克服自身不足，一般主要通过与其他有机物聚合、共混等来克服，另一方面需要优化模具和工艺设计；同时针对耐候性和耐磨性不足问题，一般会在 PC 塑料表面添加相应的涂层。

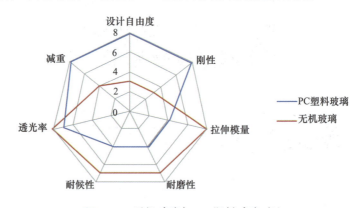

图 3-42　无机玻璃与 PC 塑料玻璃对比

PC 塑料玻璃使用过程中都会通过淋涂工艺、双层涂镀技术取得较好的耐磨、耐候效果。一般涂层为底涂和硬化涂层，具体实施过程中需要兼顾施工的可行性，底涂可以采用喷涂施工，硬化涂层一般采用淋涂工艺，如果想要获得最好的光学性能，最好均采用淋涂工艺。涂层工艺流程如图 3-43 所示。

图 3-43 涂层工艺流程

材料性能的充分发挥需要材料开发、设计和生产技术之间充分配合，为了制造光学上高质量的车窗表面，需要模具表面大面积抛光并且在成型过程中不能够有沉积物，浇口通常设置在长边，并设计成薄膜浇口。同时模内残余应力需要精确的模具温度以及冷却过程温度控制。

（4）免喷涂工程塑料的轻量化应用　免喷涂是通过在材料中添加特殊助剂或使用特殊材料，使产品表面不需采用喷涂或电镀工艺处理即可具有金属质感、高光泽或亚光等特殊效果，从而减少生产工序，提高生产效率，降低产品生产成本。一般在汽车上应用于门内扣手、门板装饰条、玻璃升降器开关面板、仪表板装饰条、中控面板、副仪表板面板、立柱外装饰板、出门口面板、仪表板装饰板等。

喷漆零部件主要存在以下问题：①喷漆零部件需经过预处理、预涂装、涂装等工序，部分喷漆工艺需要底漆、面漆、UV 固化漆等多道生产工序，工艺复杂，同时产生的不良品率高，生产效率低；②喷漆件由于在表面喷涂了涂料，造成零部件 VOC（挥发性有机物）含量高，气味较大，既对生产环境造成污染，又严重影响了车内空气质量；③在喷漆零部件的成本组成中，喷漆成本占据较大比例，且成品率较低，对塑料件进行喷涂，会增加零部件的成本。喷涂与免喷涂工艺流程对比如图 3-44 所示。

而免喷涂工程塑料如 PA、POM、PBT、PC 等可以直接注塑成型，实现不同色彩、高亮、金属光泽等效果。相比喷涂产品，它容易成型、成品率高，制件可 100% 回收再利用，不产生对环境有毒有害的气体、粉尘等污染物质。以高光黑来说，福特蒙迪欧的玻璃升降器开关面板用 PA66 材料，捷豹 X351 及奥迪 A4 的副仪表板面板用 PA66，奔驰空调出风口装饰条用 PA12，其他如起亚的金属光泽 POM 内扣手等。免喷涂工程塑料在汽车零部件上的应用如图 3-45 所示。

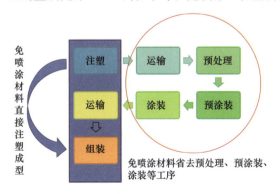

图 3-44 喷涂与免喷涂工艺流程对比

图 3-45 免喷涂工程塑料在汽车零部件上的应用

虽然免喷涂材料优势较多，但是由于免喷涂工程塑料中添加了特殊颜料、金属颜料等，在材料的加工过程中，在温度和剪切力的作用下，金属颜色容易充当催化剂的作用，引起材料降解，造成制品表面产生气痕或银丝，甚至出现表面气孔及材料发黄降解等不良现象。另外，注射速度过高造成剪切力过大，金属颜料沿着剪切方向进行排布，使产品表面产生熔接痕和流痕，影响产品外观。

因此，在实际生产中免喷涂工程塑料的产品对模具设计、注塑工艺的配合要求较高。

以玻璃升降器开关面板成型仿真为例（图3-46、图3-47），由于侧边较厚及背部boss柱较厚，使零部件表面产生缩痕；而在零部件开孔位置存在明显熔接痕。这些均需要在设计阶段进行对策建议，防止出现问题。

图3-46　成型仿真中的缩痕估算

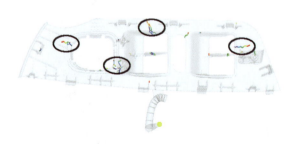

图3-47　成型仿真中的熔接痕估算

综上所述，我们可以看到工程塑料在内外饰件方面的广阔应用前景，同时还应该了解工程塑料在汽车上一些新的应用，往往因为材料用量少，结构、工艺技术的不成熟导致合格率较低，使产品成本相比原方案较高。前期结构设计、工艺技术的支持、产品的评价、各项资源的整合仍是工程塑料应用面临的挑战。

➔ 作者：
- ❖ 靳玉涛.长城汽车股份有限公司
- ❖ 崔文兵.长城汽车技术中心
- ❖ 李文博.北京汽车研究总院新技术研究院
- ❖ 李智，王磊，徐晶才，于波，李瑞生，韩峰.华晨汽车工程研究院
- ❖ 高嵩，宋建新，王国勇.北汽福田汽车股份有限公司工程研究总院

参考文献

[1] 爱德曼．沙特轻质材料助力全新揽胜极光可持续性承诺[J].塑料制造，2011（6）：30-31.

3.1.3 电子电器和空调系统

1. 工程塑料在汽车电子电器和空调系统应用简述

（1）汽车电子电器和空调系统简介　汽车电子电器系统主要包括电源及信号点火系统、照明与信号系统、仪表及辅助电动系统。主要零件包括蓄电池及托板、配电盒、电子加速踏板总成、换档控制器、车用空调控制器、电子节气门、车辆电器音响信号装置、传感器、开关、仪表、导航装置、扬声器和空气调节器等。

汽车空调系统是实现对车厢内空气进行制冷、加热、换气和空气净化的装置。它可以为乘车人员提供舒适的乘车环境，降低驾驶人的疲劳强度，提高行车安全。空调装置已成为衡量汽车功能是否齐全的标志之一。空调系统由制冷系统、供暖系统、通风和空气净化装置及控制系统组成。汽车空调系统重量通常在15~30kg，占整车重量1.5%~2%。

（2）工程塑料在汽车电子电器和空调系统应用简介　工程塑料在电子电器及空调系统中有着广泛应用，主要材料有PA合金、PC合金、POM等。PA材料韧性好、机械强度高、耐磨，主要用于制造各种骨架、支撑件、齿轮、传动轮等；PC的优点是透明、冲击强度高、尺寸稳定，主要应用在电器的透明部分（如窗、外壳、面板等），PC合金则更多地用在电器外壳等零部件；PMMA机械强度较高、耐腐蚀、绝缘性能良好、尺寸稳定、透光性能好，用在汽车照明标志牌、车门玻璃和灯玻璃罩等透明结构件；POM材料刚性高、自润滑性优异，在汽车上用于制造各种电器开关及电器仪表上的小齿轮、各种手柄及门销等。

空调系统中，其内部小件材料与电子电器应用相似，而风扇叶片材料主要为玻纤增强尼龙，空调出风口常选用PC合金材质。工程塑料在电子电器和空调系统中的创新应用如图3-48所示，塑料在电子电器和空调系统中的轻量化典型应用清单见表3-13。

2. 工程塑料在汽车电子电器和空调系统应用案例

（1）工程塑料在蓄电池托盘上的应用简介　蓄电池托盘主要用于盛放蓄电池。一般位于汽车发动机舱内，通过支架固定在前纵梁上；蓄电池托盘承载重达十几千克的蓄电池，在运行过程中要承受经常的颠簸振动，以及加速、减速或转向等的侧面受力；工作环境最高温度约为120℃，最低温度在-40℃左右；蓄电池托盘容易接触到水或机油等介质，有防腐蚀的要求。另外，从汽车零部件设计原则方面还要尽量考虑轻量化、可回收性和低成本的要求。

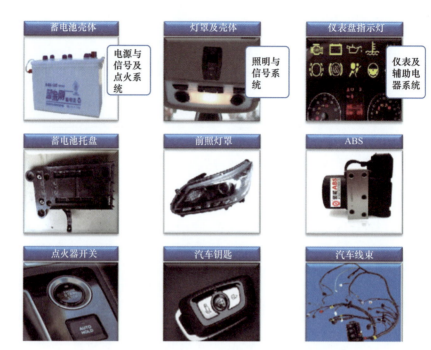

图 3-48　工程塑料在电子电器和空调系统中的创新应用

表 3-13　工程塑料在电子电器系统轻量化典型应用清单

材料	零部件
PC	车灯
PPE	线束
PPA（聚邻苯二甲酰胺）	电子插接件

蓄电池托盘一般选用厚度为 1.2mm 的 DC01 钢板材料冲压成形，托盘通过压板、两根拉杆和螺母与蓄电池固定，通常称为"捆绑式"连接方式，这种固定方式涉及的零部件多，总体质量约为 1.8kg。近年来也有采用通过带有固定侧板的托盘与小压板对蓄电池底部进行固定的方式，固定方式简单可靠，但仍然采用钢质托盘，质量仍较重。

长玻纤增强 PP 材料应用于汽车蓄电池托盘，可以减轻零件质量、降低蓄电池振动噪声并防止蓄电池托盘的腐蚀，此外还方便了包装运输和生产装配，同时还具有集成性。可将上托盘与塑料卡槽集合为一体，增设卡槽，固定下压板，具有良好的实用价值和模块化效果，对比如图 3-49 所示。随着轻量化技术发展进程的不断深入，采用长玻纤增强的 PP+LGF40 材料替代金属制造蓄电池托盘也是主流趋势，总体质量在 0.9kg 左右，减重幅度达 50%。

图 3-49　蓄电池托盘的减重对比

（2）工程塑料在空调压缩机支架上的应用简介　空调压缩机的重量占整个空调系统重量的 25%~30%，所以减少压缩机的重量对整个空调系统的轻量化来说是非常重要的，减少压缩机重量主要从以下 3 个方面入手：

1）选用高性能涡旋式空调压缩机（图3-50），这种压缩机属于第4代压缩机。与其他气缸式、回转式压缩机相比，可减少8%~15%的重量，同时其体积小。因为没有了吸气阀和排气阀，涡旋压缩机运转可靠，而且容易实现变转速运动和变排量技术。涡旋压缩机结构紧凑、高效节能、微振低噪以及工作可靠性好，因此成为压缩机技术发展的主要方向之一。

2）改变压缩机固定支架的材料，一般压缩机固定支架的材料都是球墨铸铁。重量多在1.5~2.5kg，几乎占压缩机总重量的20%~30%。可将压缩机支架的材料改为铝合金。这样就可减少重量实现轻量化。如某款空调压缩机支架采用球墨铸铁FCD45，采用轻质材料铝合金ADC12来替换可以大幅减重，两种材料参数见表3-14。

图3-50 涡旋式空调压缩机

表3-14 材料性能参数

材料名称	密度 ρ /(g/cm^3)	弹性模 E/GPa	泊松比 μ	屈服强度 σ/MPa
FCD45	7.3	175.0	0.25~0.29	250
ADC12	2.67	71.7	0.33	154

除采用铝合金作为空调压缩机固定支架以外，还可以选高性能工程塑料和纤维增强复合材料来制造，其相比金属具有以下优点：①质量轻，密度小，比铝合金密度低；②设计自由度高，可集成化、模块化设计；③采用纤维复合材料噪声小，振动频率低，几乎没有共振；④工艺简单，效率高，成型性好。

3）改变压缩机的安装形式，就是说将压缩机直接固定在发动机上，不通过支架连接，这样可以减少整个压缩机固定总成20%~30%的重量。可以大大减少压缩机对发动机的破坏，改善了整个动力总成的NVH，间接增大了发动机舱的有效空间。

（3）工程塑料在汽车线束上的应用简介　导线作为整车电子线束总成的主体，其重量和成本在整车电子线束总成中的比例是最高的。选择合适的导线是实现线束轻量化最重要的因素。汽车线束重量占整车重量的1%~2%。据统计，一辆高级汽车的线束使用量已达2km，重量在20~30kg。因此，汽车线束的未来发展趋势是更细、更轻、更薄。如今，0.3mm或0.35mm的导线使用非常普遍，0.3mm的使用量在整车导线中占45%~55%。

为顺应节能环保的趋势，德尔福公司研发了0.13mm的细径导线，主要用于替代现有的0.3mm和0.35mm的导线，如图3-51所示。0.13mm的导线外径是0.85mm，而0.3mm的是1.4mm，外径相比减少40%，单根导线重量减轻了66%，这不仅减轻线束重量，也便于布线，且不含卤素和重金属，可回收再循环使用。在绝缘方面，德尔福采用无卤素PPE材料，PPE材料硬度比PVC高，有助于提高抗拉强度。0.35mm导线抗拉强度要求大于100N，从测试结果可以看出，用铜合金的PPE导线抗拉强度超过0.35mm的PVC导线。

0.13mm导线与0.35mm导线对比

图 3-51 轻量化导线

➡ 作者：

- ❖ 李文博. 北京汽车研究总院新技术研究院
- ❖ 李智，王磊，徐晶才，于波，李瑞生，韩峰. 华晨汽车工程研究院
- ❖ 高嵩，宋建新，王国勇. 北汽福田汽车股份有限公司工程研究总院

3.1.4 底盘系统和安全系统

1. 工程塑料在底盘系统和安全系统应用简述

（1）汽车底盘系统简介 底盘主要由传动系统（包括离合器、变速器、万向节、传动轴和差速器等）、行驶系统（包括车架、车桥、悬架和车轮）、转向系统和制动系统等组成。

1) 传动系统作用：将发动机输出的动力传递给驱动轮。

2) 行驶系统作用：将传动系统传递来的转矩转化为汽车行驶的驱动力，并将汽车组成一个整体，支撑汽车总重量，承受并传递路面作用于车轮上的力和力矩，减小振动、缓和冲击，保证汽车平顺行驶，与转向系统配合，以正确控制汽车的行驶方向。

3) 转向系统作用：驾驶人通过转动转向盘，根据需要改变汽车行驶方向。

4) 制动系统作用：根据需要使汽车减速或在最短距离内停车，保证行车安全；在车辆静止时，保障汽车停放可靠并不能自动滑移。

（2）汽车安全系统简介 汽车安全系统主要分为两个方面，一是主动安全系统，二是被动安全系统。所谓主动安全，就是配合驾驶人的意志，从技术上尽可能避免交通事故的发生；而被动安全则是在发生事故时汽车对车内成员的保护或对被撞车辆或行人的保护。

为预防交通事故发生，避免人员受到伤害而采取的安全设计，称为主动安全设计，如 ABS（防抱死制动系统）、EBD（电子制动力分配系统）、TCS（牵引力控制系统）、ESP（电子稳定程序）等。它们的特点是提高汽车的行驶稳定性，尽力防止车祸发生。其他像高位制动灯、前后雾灯、后窗除雾灯也是主动安全设计配置。

为避免或减轻人员在车祸中受到的伤害而采取的安全设计称为被动安全设计，如安全带、安全气囊、车身前后的吸能区、车门防撞钢梁都属被动安全设计，它们都是在车祸发生后才起作用的。

（3）工程塑料在底盘系统和安全系统应用简介 汽车底盘件大多需要承载很大的载荷，不易塑料化。目前在汽车转向、制动、传动、悬架系统普遍采用的塑料零件有转向盘、转向柱套、转向组合开关、转向拉杆球碗、变速操纵机构球碗、变速器操纵机构偏心架、变速器操纵杆滑动套、转向节衬套、行星齿轮垫片、半轴齿轮垫片、制动轮缸阀套等，如图 3-52 所示。

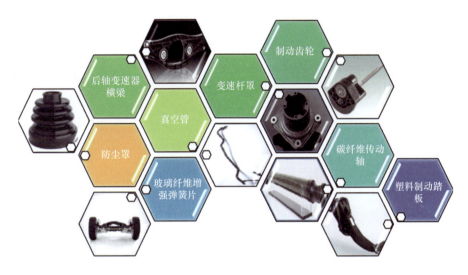

图 3-52　工程塑料在底盘系统上的典型应用

底盘上的塑料件不多，但是大部分用在需要耐磨的运动件上，要求材料高强度、摩擦磨损性能好，对材料的力学性能、耐腐蚀以及疲劳耐久性要求较高，因此改性聚甲醛（POM）、聚对苯二甲酸丁二酯（PBT）、PA 使用较多。工程塑料在安全系统上的应用主要在座椅安全带、收紧器、感应器、ABS 外壳；在行驶系统上的支座（图 3-53）、横梁（图 3-54）、副车架（图 3-55）等；在转向系统中如动力转向器内的蜗轮蜗杆副等。

图 3-53　减振器支座

图 3-54　变速器横梁

图 3-55　副车架

2. 工程塑料在底盘系统和空调系统应用案例

（1）工程塑料应用于汽车制动踏板　制动踏板顾名思义就是限制动力的踏板，即行车制动器的踏板，用于减速停车。它是汽车驾驶五大操纵件之一，使用频次非常高，直接影响着汽车驾驶安全。在 2016 年，宾利 Continental GT 就采用了纤维增强塑料的制动踏板，这种制动踏板在工艺开发设计中一直被作为相关安全部件的原型，如图 3-56 所示。

全塑料制动踏板的重量只有钢制踏板的一半左右，采用多轴纤维层结构材料，该塑料踏板能够满足各类应用的高负载要求，被评为 2016 年 SPE 汽车大奖车身内饰件类别的第一名。

全塑制动踏板的优点：①产品的轻量化，与相同设计的钢制踏板相比，塑料踏板的重量可以减轻一半；②生产效率高，该工艺适合大规模批量化生产制造和模块化生产；③踏板部件表面是排列非常规整的连续玻璃纤维，造就了塑料踏板高科技与动感十足的外观，非常令人心驰神往。

全塑料制动踏板的生产过程：由一块复合材料开始，利用连续纤维层多轴结构进行增强，采用聚酰胺 6（PA6）基体的注塑与包覆过程相结合，通过采用一次复合成型工艺来成型，这种工艺生产周期短，非常适合大规模的批量化生产。注塑成型材料是由 60% 短玻璃纤维增强而成的 PA6。

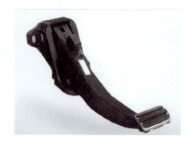

图 3-56　塑料制动踏板

注塑成型的工艺过程使踏板的功能部件能够集成到一起，这些功能件包括用于踏板支架的导向件和接触面，这样就能降低整个部件的制造成本。另外，对于应力较高的区域，还可以选择性地对部件进行增强。

基于连续纤维增强复合半成品的混合设计及新工艺流程制造技术，未来可以设计更多轻量型承载部件，主要应用领域有踏板轴承座、安全气囊外壳、发动机油底壳、变速器，以及底盘、传动系统和发动机舱的一些结构部件。

（2）工程塑料应用于后轴变速器横梁　德国大陆科技（ContiTech）公司振动控制和巴斯夫（BASF）公司联手，共同开发了世界上第一个塑料变速器横梁，如图 3-57 所示，并成功应用于奔驰 S 级乘用车的后轴副车架。该组件以巴斯夫公司生产的 Ultramid A3WG10 CR 聚酰胺为原料，该原料通过增强和优化可承受高强度的机械负荷。

图 3-57　全球首款以聚酰胺为材料的汽车变速器横梁

相比以往的铝压铸的横梁，这种高度耐用的组件不但可以轻量化 25%，还可以提供更加优良的力学性能，即使在高温下也能符合最新的碰撞要求。

塑料部件的承载结构满足变速器横梁的静态和动态载荷的所有要求。作为后轴的一个中心部件，它支持部分转矩从发动机转移到变速器，并承受一部分固定负荷。

为了能够在苛刻的与碰撞相关的应用中替代铝材料，材料必须满足非常高的机械要求：巴斯夫的 A3WG10 CR 含有 50% 的玻璃增强纤维，具备最佳的强度和刚度，能够承受高强度的弯矩。此外，该材料还具有良好的 NVH 性能。

（3）工程塑料在商用车悬架系统活塞上的应用　在商用车领域，目前的空气悬架活塞普遍采用的是金属活塞，但大陆科技公司已推出塑料活塞，如图 3-58 所示。该塑料活塞通过模拟技术全方位控制纤维流向、工艺及材料参数，实现各向异性纤维/高分子材料的强度和刚度特性与纤维走向相结合来贴近实际的应力情况，以满足强度要求。

与钢制活塞相比，塑料材料重量减轻可达 75%。该件设计可靠，在奔驰货车上已批量使用。奔驰通过采用塑料活塞，在节省油耗的同时保证舒适性；单桥 4 气囊设计，最大减重达 12kg；行驶 40 万 km 可减少 200kg 碳排放；无须表面处理，具有天然防腐性能；提高了装配节拍。

（4）工程塑料在商用车挡泥板上的应用　在商用车领域，目前的挡泥板支撑杆普遍采用的是钢材料，现在通过以塑代钢，采用 PA66-GF30 材料注塑成型，可免涂装并实现减重达到 73%。该件已在一汽大型货车牵引车上设计验证，如图 3-59 所示，在长春路试场通过了 3 万 km 的综合工况耐久性路试（道路试验）。

图 3-58　塑料活塞　　　　　　　图 3-59　塑料挡泥板支架

（5）工程塑料在商用车导向板上的应用　北汽福田欧曼某车型导向板材质为金属材料，通过选用 MC（浇铸尼龙）材料（该材料化学稳定性优于金属材料，如图 3-60 所示，无腐蚀；耐磨和自润滑的性能能够改善钢板弹簧的工作环境，降低板簧与导向板冲击或摩擦产生破损的概率）并对导向板进行结构优化，实现了对原有金属导向板的替代，单件重量由 7.1kg 减至 1.07kg，实现单台整车减重 24.1kg，减重效果明显。

图 3-60　金属导向板与塑料导向板

➤ **作者：**
- ❖ 李文博. 北京汽车研究总院新技术研究院
- ❖ 李智，王磊，徐晶才，于波，李瑞生，韩峰. 华晨汽车工程研究院
- ❖ 高嵩，宋建新，王国勇. 北汽福田汽车股份有限公司工程研究总院

3.2　工程塑料汽车轻量化应用实例

3.2.1　改性聚苯硫醚材料

聚苯硫醚（PPS）塑料是一种综合性能优异的特种工程塑料，其特点是出色的耐高温、耐腐蚀和优越的力学性能、尺寸稳定性、电气绝缘性。聚苯硫醚的英文名称是 Phenylenesulfide，成型温度 300~330℃，聚苯硫醚是含硫芳香族聚合物。聚苯硫醚合成物是一种白色粉末，交联型树脂呈深棕色，平均分子量 0.4 万~0.5 万，密度为 1.3~1.8g/cm³。聚苯硫醚树脂有优异的热性能，加入玻璃纤维改性后热性能指标更高，在 232℃经过 5000h 的热老化后，仍保持非常高的力学性能及尺寸稳定性，是一款非常优良的工程塑料。

聚苯硫醚塑料在电子电气和汽车行业均得到了广泛的应用。PPS作为理想的"以塑代钢"材料，主要应用于汽车的轻量化、代替金属的小型化、高集积化领域，其中每年约有30%的PPS用于汽车领域，且年消费量仍以12%~15%的速度增长，是PPS应用拓展最快的领域。我国PPS的需求主要用于注塑塑料，如电子和汽车零部件，约占总消费量的50%，呈快速增长态势。现阶段国外PPS树脂生产商主要为菲利普斯、东丽、泰科纳、宝理等，国内能够实现稳定连续生产的生产商有四川德阳和新和成等。

1. 聚苯硫醚概况

聚苯硫醚是一种综合性能优异的结晶热塑性特种工程塑料，因其分子中含有苯基与硫结构，可使材料具有极高的稳定性。如图3-61所示，PPS分子结构中的苯环赋予了材料杰出的刚性和耐热性，其结构几何形状的对称性可以使PPS充分快速结晶，材料熔点高达280℃。PPS的热稳定性优于其他工程塑料，耐高温性能突出，其长期使用温度可达220℃。PPS材料的耐化学腐蚀性极佳，在170℃以下不溶于任何溶剂，在200℃下能承受酸、碱介质的腐蚀。

图3-61 聚苯硫醚分子式

2. 聚苯硫醚材料特点及性能优势

聚苯硫醚是塑料之中的塔尖材料，具备其他塑料不具备的特殊优势。

1）高阻燃性（氧指数LOI44-57%），因此不需要加入任何阻燃剂，该材料就能达到UL94V0级的阻燃效果。

2）高耐热性，改性后，热变形能达到260℃，且能在230~245℃工作环境中连续使用。

3）高强度，该材料具备金属质感，在高热、高寒环境中使用均保持非常高的力学性能。

4）高电性能，电气绝缘性极佳，其介电常数和介电损耗角正切值都比较低，并且在较大频率中温度变化不大，因该材料吸湿率低，因此长期可保持电性能稳定。

5）耐化学性能优异，耐腐蚀性好，其化学性能仅次于F4（聚四氟乙烯，PTFE），对大多酸、酯、酮、醛、酚及脂肪烃等稳定，目前尚未发现200℃以下溶解聚苯硫醚的溶液，对无机酸、碱和盐类抵抗性极强。

6）高韧性，高流动性，可加工任何一类的薄壁、厚壁成型制件，易于加工成任何形状、外观的产品。

3. 改性聚苯硫醚材料

随着汽车行业的发展，汽车上的塑料零部件已由普通装饰件开始向结构件、功能件方向不断发展。未改性的PPS属高结晶树脂，存在脆性差、不易注塑加工等缺点，且PPS价格十分昂贵，限制了其使用范围。出于对成本、性能及加工性方面的考虑，目前多对PPS进行玻纤和无机填料增强、增韧，或通过共混合金等技术改性，以满足降低成本、高性能化和改善加工性能等需求。

（1）改性聚苯硫醚材料的分类

1）聚苯硫醚的增强改性。

① 玻纤增强改性PPS。汽车的精密零部件或功能性部件大多对材料有高强度、耐温或耐磨的要求。为进一步提高PPS的力学性能和耐温等级，通过双螺杆挤出机将玻璃纤维与PPS树脂进行共混改性造粒，可以得到高刚性、高耐热和耐磨效果理想的复合材料。经研究发现，玻纤的加入对PPS的增强效果比较明显，20%玻纤增强PPS的拉伸强度较PPS树脂提高1倍，当玻纤含量

为 40% 时 PPS 复合材料的综合性能较好。

改性后的 PPS 能够长期工作在高温环境下，并保持高的力学性能和尺寸稳定性，具有与铸铝相近的泊松比，同时进一步降低了材料成本。玻纤增强改性 PPS 可应用于汽车的散热部件或发热部件及周边，或替代金属件，可降低车身重量，是一种理想的汽车轻量化材料。

② 玻璃微珠填充改性 PPS。玻璃微珠作为一种轻质非金属球形粒子填料，其主要成分为 Al_2O_3 和 SiO_2，自身就是一种硬度极高的耐磨材料。使用玻璃微珠改性 PPS 复合材料，可有效提高材料的耐磨性能，降低复合材料的摩擦因数，防止制品成型收缩和翘曲。因为玻璃微珠表面光滑，选用适当粒径的微珠对 PPS 进行改性，比使用玻璃纤维和其他晶须类或片状填料具有更好的流动性，能够赋予制件良好的外观和触感。

选择粒径较小的玻璃微珠会对 PPS 的耐磨性有更好的提高，同时微珠在 PPS 复合材料基体中起到诱导结晶的作用，加快了 PPS 的成核速率，促进了结晶过程。选用硅烷类偶联剂对玻璃微珠进行表面处理后，力学性能可得到进一步提升。

玻璃微珠改性后的 PPS 复合材料，在降低成本的同时，由于玻璃微珠自身密度较小，属于低密度填料，还会使制品变得更轻。尤其适用于汽车零部件的轻量化，对于减轻汽车车身重量，减少油耗起着至关重要的作用。

③ 矿物填充改性 PPS。采用物理混合方法将矿物填充和 PPS 树脂进行共混改性，根据需求选择 1 种或几种填充，可改善 PPS 树脂的性能并降低成本，对尺寸稳定性与抗蠕变性能有较大提升。经过对填料表面进行处理，可有效改善 PPS 材料的力学性能，并赋予材料电性能、导热等新的特性，进一步扩大 PPS 的应用领域。

采用偶联剂对氧化锌晶须进行处理后，与聚苯硫醚共混挤出，可制得高性能抗静电材料；采用纳米级填料，如纳米碳酸钙、SiO_2 等，可在保证材料刚性的同时大幅提高 PPS 的韧性，使冲击强度得到改善。

2) 聚苯硫醚的增韧改性。玻纤增强改性的 PPS 复合材料，刚性和耐温性得到大幅提高，韧性虽有所提高，但脆性较大，制件容易开裂，难以满足某些高韧性产品的要求。现阶段多通过弹性体对填充或增强 PPS 复合材料进行增韧，如甲基丙烯酸缩水甘油酯或马来酸酐接枝类的弹性体，可使复合材料的冲击强度提升，能够在受到外力冲击时，使复合材料基体产生剪切屈服。同时弹性体粒子可有效终止银纹，防止裂纹的产生，使 PPS 复合材料出现韧性断裂的特征，断裂伸长率大幅提高。

增韧改性后的 PPS 复合材料，克服了本身的脆性，可以满足低温环境下的使用要求，对于含有金属嵌件的薄壁制品和螺钉打孔的制件，也能够有效防止开裂，扩大了 PPS 产品的应用领域范围。

3) 共混改性聚苯硫醚合金材料。目前 PPS 合金化的制备方法主要是共混改性，因为共混改性实施简单、成本低廉且贴近材料的实际加工工艺。将聚苯硫醚与聚合物共混改性制备 PPS 合金，可以弥补单一聚合物性能上的缺点，得到综合性能优异的合金产品。通常与 PPS 共混改性的聚合物包括弹性体、通用塑料、工程塑料及特种工程塑料等。

汽车工业未来发展的方向必然是使用越来越多的工程塑料和特种工程塑料，以代替金属材料，实现轻量化。PPS 与工程塑料合金化的改性应用得到了广泛的研究，也越来越引人关注。

4) PPS/PA（聚酰胺）共混体系。PA66、PA6 是综合性能优良的热塑性工程塑料，具有良好的韧性和流动性，同时耐磨和自润滑性优良。PPS 与 PA 共混体系的研究比较成熟，是最早开发成功并商业化生产的合金。由于 PA66 和 PA6 的聚合物溶度参数与 PPS 接近，具有良好的热力学相容性，在高温下几乎可以按任何比例混溶。PA 的加入可以显著提高 PPS 的冲击性能和加工流动性，所得共混物耐磨性有所提升。当 PPS/PA66 为 6:4 时，共混物合金冲击强度最优；当 PPS/PA66 为 1:4 时，玻纤增强聚合物合金的耐摩擦性能得到显著改善，可有效降低磨损。

5）PPS/PPO 共混。聚苯醚（PPO）是一种无定型聚合物，具有突出的电性能、低收缩率以及尺寸稳定性，与聚苯硫醚结构相近。但是两者的溶解度参数相差较大，缺乏相容性，直接熔融共混困难，需要通过特殊手段增加两者的相容性。目前多使用聚苯乙烯（PS）作为两者的增容剂，或将 PPO 与马来酸酐接枝，形成 MAH-PPO 作为 PPS/PPO 的合金相容剂。

PPS 与 PPO 的共混合金不仅保留了 PPS 原有的优异性能，还提高了共混合金的尺寸稳定性和精密成型性能，非常适合应用在耐热电气件和精密部件中，拥有良好的加工成型性。

（2）改性聚苯硫醚的性能优势　改性后的聚苯硫醚呈特点多种化，性能多样化，具体分为 7 类呈现：

1）增强类聚苯硫醚中加入 GF（玻纤）、CF（碳纤）、PPTA（聚对苯二甲酰对苯二胺纤维）或 GF+CF+PPTA，亦可单种或复种复配增强材料。

2）增强类聚苯硫醚 LFT（长纤维增强热塑性材料）、CFT（连续纤维增强热塑性复合材料）工艺中加入 GF、CF、PPTA 连续纤维或连续纤维毡复合增强的片材或板材，该工艺亦可单样或多样复配增强改性。

3）聚苯硫醚矿物填充复配，PPS+ 矿物填充 +CF、GF、PPTA 等多种复配或单样复配改性材料。

4）聚苯硫醚合金类，PPS+PA（聚酰胺）+PBT（聚对苯二甲酸丁二醇酯）+PET（聚对苯二甲酸乙二酯）+PPO（聚亚苯基氧化物）+PS（聚苯乙烯）+PEEK（聚醚醚酮）+PI（聚酰亚胺）等单种或多种复配的合金材料或 PPS+PA+PBT+PET+PPO+PS+PEEK+PI+GF+CF+PPTA 等单种或复种复配的增强型合金材料。

5）聚苯硫醚特殊种类，导电，导热，吸波屏蔽，耐磨，抗静电特种专用改性材料。

6）聚苯硫醚耐水解类，耐酸碱、油脂，耐化学品腐蚀的专用增强改性，复合型专用材料。

7）聚苯硫醚增韧类，增强增韧，合金增韧，复合增韧的改性材料。

（3）改性聚苯硫醚在汽车市场的应用概述　中国的汽车产业在进入 21 世纪以后，进入爆发式增长阶段，产销总量持续增长。随着中国加入 WTO（世界贸易组织），中国的汽车工业也全面融入世界汽车工业体系中，到 2009 年，中国成为世界最大的汽车生产和消费国，2012 年汽车产销量均突破 1900 万辆，成为全球最大的汽车市场。

当前汽车工业的发展趋势是舒适化、轻量化、绿色环保化和低成本化，尤其是汽车轻量化和低成本方面，备受汽车企业的关注。改性 PPS 复合材料的力学性能高，高耐温且不受汽车燃料中化学组分的腐蚀，适用于汽车用流体，包括燃油、润滑油、液压油和冷却液。改性 PPS 复合材料比金属质轻，尺寸精度高，价格相对有色金属或合金更为低廉，并易于设计，不仅可减轻汽车的重量，而且能降低生产成本，这使得改性聚苯硫醚材料成为汽车轻量化的理想用材。

目前在高端车型中，几乎都使用了改性 PPS 复合材料，从外饰件到功能件多达百种。国外高档车的 PPS 用量更是超过 26kg/ 辆，因此整车质量可减轻 120kg 以上。国内汽车行业对改性 PPS 材料的需求将日益增加，各种改性 PPS 材料在汽车工业领域的应用将会以 12% 以上的增长率逐年增长。面对巨大的汽车市场消费潜力与发展前景，国家也积极鼓励促进汽车零部件的国产化进程。

1）改性 PPS 在高力学性能、高耐温方面的应用。30%~50% 玻纤增强改性 PPS 复合材料，拥有出色的拉伸强度、弯曲模量和出色的耐温性能，可用于汽车的点火开关、支架、灯座、定流阀、电动机护罩、散热器零件、座椅基座、汽化器组件、汽化泵、尾气净化器、进气管、温度传感器和节温器等部件。

2）改性 PPS 在耐磨自润滑方面的应用。PPS/PA 合金材料与玻璃微珠填充改性的 PPS 复合材料，具有较好的流动加工性、自润滑性和耐磨性，可用作电磁线圈轴承、制动缸、传动带轮、转向拉杆端部支座、转动零件、汽车动力制动装置、动力导向系统旋转式叶片等部件。

3）改性 PPS 在增韧方面的应用。增韧改性后的 PPS 复合材料，拥有良好的耐冲击性能，断裂伸长率高，抗开裂能力强，尤其是低温环境下可以保证制品的正常使用，多用于汽车离合器、连接器、复合接头管、调节阀和车身外板等部件。

4）改性 PPS 在耐腐蚀、耐溶剂方面的应用。PPS 材料自身拥有良好的耐溶剂性，车辆中的功能性部件经常处于燃料环境下，如燃油、润滑油、液压油和冷却液等。经过矿物玻纤增强后，可专门用于具有侵蚀性的燃料环境下的应用，如甲醇和乙醇等。具体应用有燃料泵零件、配油器、汽化器组件、节温器、油泵、燃料传感器、叶轮和化油器等。

5）改性 PPS 在尺寸稳定性和精密成型方面的应用。PPS/PPO 合金、无机矿物填充 PPS、矿物加玻纤增强改性的 PPS 复合材料，具有良好的尺寸稳定性与抗蠕变性能，能够满足精密成型的要求。多用于制作有耐高温、尺寸要求精密的汽化器、分配器、点火器、灯座灯碗、滑块、制动系统电磁阀、齿轮、热敏电偶和活塞环等。

6）改性 PPS 在低成本化方面的应用。改性 PPS 的成功应用，较金属件至少减轻了 20%，造价也较低，且改性 PPS 材料可以回收利用，回掺两三次后的主要性能基本没有变化，可进一步降低塑料制件的制造费用，最大程度减少物料浪费。

（4）改性聚苯硫醚的市场化应用　改性聚苯硫醚的材料具备的各类性能是常规塑料无法比拟及超越的，改性后的聚苯硫醚市场化应用十分专业并且非常广泛。

1）聚苯硫醚增强型材料分短纤维增强和连续长纤维增强，短纤维增性能材料性能用于汽车结构件是很理想的产品，而长纤维连续增强（CFT 工艺）的材料性能非常适合用于大型结构件的生产。

2）聚苯硫醚的矿物填充增强一般应用于电性能要求高的产品，它具备精密的尺寸稳定性和优异的电器性能，能在高频、高潮湿、高污闪状态下保持很高的 CTI 功能及良好的各类电气性能，其体积电阻率为 $1\times10^{16}\Omega\cdot cm$，表面电阻为 $1\times10^{15}\Omega$，电气强度 $>18kV/mm$。

3）聚苯硫醚合金类材料一般用于非常高耐热的汽车发动机结构件，如 PPS/PEEK、PPS/PI 等合金材料；还可用于在大型制件中降低成本，如 PPS/PPO、PPS/PC（聚碳酸酯）、PPS/ABS（丙烯腈 - 苯乙烯 - 丁二烯共聚物）、PPS/PET 等材料的合金，在成本上有很大的优势。

4）聚苯硫醚高强度材料一般用于汽车结构件，高强度材料一般具有高耐热和高耐寒特质，同时在寒热交替的工作环境中保持材料品质的稳定，在耐候、耐水解、耐老化、耐油脂、耐酸碱、耐化学品腐蚀方面表现优异，具备金属质感，同时可以进行电镀、喷涂、粘接等相关工艺实施，是最理想的金属制品的替代品。

5）聚苯硫醚特殊材料的应用在于使用环境对材料的特殊要求，如使用环境所需的绝缘导热，除陶瓷外，无疑是 PPS 改性材料的导热性最佳了。同理如吸波屏蔽材料，是应用于雷达或军用飞行器专用的材料，耐磨则用于齿轮或耐磨损件。

6）聚苯硫醚耐水解类材料应用于代替金属的管、阀、泵、管道等涉水结构件，该材料还具备耐 99.8% 浓度的硫酸、盐酸及强碱、汽油、油脂等化学品腐蚀，是极好的汽车各类泵、阀的金属品的替代品。

（5）改性聚苯硫醚材料在汽车轻量化中应用优势　改性聚苯硫醚材料在汽车轻量化中的应用优势明显，主要体现在以下4个方面：

1）不添加任何阻燃剂，起火不会燃烧，低烟，安全性比普通材料高，阻燃性能轻松达到UL94V0级。因不加阻燃剂，材料非常环保，阳光直射时车内密闭状态下，无气体、化工原料析出，对人身无害，其他普通材料不具备以上特质。

2）高强度、耐高温、耐寒，耐候性能稳定，耐温达260℃，长期可在-40~245℃的工作环境中安全使用，且无明显老化现象，这是普通材料包括PA无法做到的。

3）耐水解，耐油脂，耐酸、碱化学品腐蚀，这是目前除PEEK、PI、PTFE等材料外，其余材料无法具备的特性。

4）聚苯硫醚LFT工艺的复合改性材料能够保证车身大型制件替代钢制材料所需的冲击强度，避免受到冲击载荷发生屈服现象，保持良好的疲劳耐久性能，并保持原有强度，大幅提高了车身碰撞的安全性。同时，有效降低产品、配件重量（聚苯硫醚LFT工艺复合材料的密度约是钢、铁材料的1/6），有效缩短了车辆制动距离，大幅减少了提速时间，降低了油耗。

聚苯硫醚LFT复合材料采用压塑成型的制造工艺，制造成本低，产品金属质感好，易于喷涂和金属粘接，方便各类条件下的使用，且市场价格稳定，加工成型方便。此材料的结构件的使用寿命更长，质量更好，安全性更高。

4．"北化院"改性聚苯硫醚材料的性能优势

（1）增强增韧改性聚苯硫醚　玻纤增强改性PPS性能分析见表3-15。

表3-15　北化院玻纤增强改性PPS

性能	检测方法	单位	S-113	S-114	S-116
密度	ISO 1183	g/cm³	1.49	1.60	1.68
吸水率	ISO 62	—	0.02%	0.02%	0.02%
成型收缩率	ISO 294-4	—	0.3%~0.9%	0.4%~0.7%	0.3%~0.6%
拉伸强度	ISO 527	MPa	160	180	174
断裂伸长率	ISO 527	—	1.5%	1.7%	1.5%
弯曲强度	ISO 178	MPa	225	265	255
弯曲模量	ISO 178	MPa	11000	15000	13000
缺口冲击强度	ISO 179	kJ/m²	13	10	8
非缺口冲击强度	ISO 179	kJ/m²	40	48	50
热变形温度	ISO 75f	℃	230	270	267
阻燃性能	UL 94	—	V-0	V-0	V-0
灰分	ISO 3451-1	—	30%	40%	55%
备注	—	—	30%玻纤增强	40%玻纤增强	50%玻纤增强、增韧
特性	—	—	高刚度、高强度、耐腐蚀		高强度、高韧性

（2）增强填充改性聚苯硫醚　增强填充改性PPS性能分析见表3-16。

表 3-16　北化院增强填充改性 PPS

性能	检测方法	单位	S-115G	S-116GM
密度	ISO 1183	g/cm³	1.55	1.85
吸水率	ISO 62	—	0.02%	0.03%
成型收缩率	ISO 294-4	—	0.2%~0.3%	0.12%~0.15%
拉伸强度	ISO 527	MPa	145	110
断裂伸长率	ISO 527	—	1.7%	0.6%
弯曲强度	ISO 178	MPa	225	175
弯曲模量	ISO 178	MPa	12000	13500
缺口冲击强度	ISO 179	kJ/m²	14	7
非缺口冲击强度	ISO 179	kJ/m²	45	40
热变形温度	ISO 75f	℃	260	260
阻燃性能	UL 94	—	V-0	V-0
灰分	ISO 3451-1	—	50%	60%
备注	—	—	40%GF+10%玻璃微珠	40%GF+20%矿物
特性	—	—	高强度、耐磨、增韧	尺寸稳定、耐溶剂

（3）改性聚苯硫醚合金　PPS 合金性能分析见表 3-17。

表 3-17　北化院 PPS 合金

性能	检测方法	单位	PPS/PA66	PPS/PPO
密度	ISO 1183	g/cm³	1.58	1.48
吸水率	ISO 62	—	0.04%	0.02%
成型收缩率	ISO 294-4	—	0.6%~1.2%	0.4%~0.7%
拉伸强度	ISO 527	MPa	210	140
断裂伸长率	ISO 527	—	2%	2.1%
弯曲强度	ISO 178	MPa	275	215
弯曲模量	ISO 178	MPa	15500	11500
缺口冲击强度	ISO 179	kJ/m²	12	10
非缺口冲击强度	ISO 179	kJ/m²	50	42
热变形温度	ISO 75f	℃	260	255
阻燃性能	UL 94	—	V-0	V-0
灰分	ISO 3451-1	—	43%	40%
备注	—	—	40%玻纤增强 PPS/PA66 合金	40%玻纤增强 PPS/PPO 合金
特性	—	—	流动性好、高冲击、耐磨	尺寸稳定、精密成型

（4）"北化院"改性聚苯硫醚材料应用案例

1）PPS　S 系列产品应用案例。北化院 PPS S-113、S-114、S-116 产品相较相同玻纤含量的其他工程塑料，拥有更高的刚性、力学性能和耐温性等特性。弯曲模量为 11000~15000MPa，同时可耐酸、碱溶剂。S-114 产品的硬度达到 R123，热变形温度达到 270℃，非常适合用来制作替代金属材料的散热部件或发热部件及周边。

① 汽车节温器根据冷却液温度自动调节进入散热器的液量，以保证发动机在合适的温度范围内工作，可起到节约能耗等作用，对材料有强度、耐温和耐溶剂要求，如图 3-62 所示。

a) 节温器总成　　　　　　　　　　　　b) 节温器套管

图 3-62　PPS　S-114 在汽车的应用

② 汽车散热器是汽车冷却系统中的主要机件。汽车散热器组件大多有耐温要求，同时要求高强度，如图 3-63 所示。

③ 汽车的离合器踏板多使用金属制件，PPS S-116 的高刚性和高机械性能可以完美替代金属踏板，如图 3-64 所示。

图 3-63　PPS　S-113 应用于汽车的散热器框架　　图 3-64　PPS　S-116 应用于汽车的离合器踏板

2）增强填充 PPS 材料应用案例。北化院的增强填充 PPS 材料，拥有出色的耐磨、耐溶剂和尺寸稳定性，适合用于各种转动部件或于具有侵蚀性的燃料环境下的应用，如图 3-65 所示。

节气门是控制空气进入发动机前的一道可控阀门，气体进入进气管后会和汽油混合变成可燃混合气，应用如图 3-66 所示。

图 3-65　PPS　S-115G 应用于散热器风扇和　　图 3-66　PPS　S-116GM 应用于汽车节气门部件
　　　　　暖风机总成

3）改性 PPS 合金产品应用案例。北化院的改性 PPS 合金产品，使用工程塑料和特种工程塑料与 PPS 进行共混改性，所得材料能够保留各自优点，综合性能优异，用以代替金属材料，实现轻量化，如图 3-67 所示。

汽车的转向组合开关因为需要经常转动，需要材料具有一定的自润滑耐磨性能，同时作为汽车室内件，需要具有良好的外观和表面。

汽车发动机的冷却水泵多以金属材料为主，金属叶轮容易出现气蚀，表面麻坑，严重会导致叶轮脱落，效率降低。北化院的改性 PPS/PPO 合金，具有良好的尺寸稳定性与抗蠕变性能，能够满足精密成型的要求，同时耐溶剂和耐磨，成为替代金属叶轮的理想材料，如图 3-68 所示。

图 3-67　PPS/PA66 合金用于转向组合开关

图 3-68　PPS/PPO 合金用于汽车水泵叶轮

5. "鸿塑"改性聚苯硫醚材料在汽车领域中的应用推荐

（1）概述

"鸿塑"改性聚苯硫醚材料在汽车领域中的应用，如图 3-69 所示。

1）增强型：HS–G30、HS–G40、HS–G50 系列适用于汽车的结构件，如：汽车前散热器支架、风挡塑料（导流板、扰流板等）、挡泥板、档叉、烟缸、空调传动带轮、门锁配件、门把手柄、空调器暖风叶轮、汽车加速踏板、制动踏板、离合器踏板、座椅骨架、支架、座椅底座、发动机进气歧管和节气阀。

2）聚苯硫醚 LFT 连续纤维增强复合系列材料（HS–G30、G40、G50 等）应用于：汽车轮毂、车门骨架、前机舱盖、行李舱盖、发动机底板护板、翼子板、仪表板骨架和座椅骨架等大型的结构件。

3）聚苯硫醚合金类，（HS–PPS/PA，HS–PPS/PEEK，HS–PPS/PI，HS–PPS/PPO）材料充分利用聚苯硫醚的优异阻燃性，合金后材料强度和韧性及经济效益，用于汽车内饰件如内门板、仪表壳体、暖风机壳体、中控配件壳体、中控台壳体等和内饰结构件等外观件。

4）聚苯硫醚耐水解（HS–R7 系列）耐酸、碱、油脂及各类化学品；主要应用于汽车水路系统、节温器、水泵、叶轮、水管、风扇扇叶、燃油泵、机油泵、制动主缸、真空压盘、真空分配器和空调管路。

5）聚苯硫醚矿物填充 + 纤维增强类（电性能优异）（HS–B7 系列材料）用于汽车各类传感器外壳、电机骨架、支架、调节器骨架、电容器壳体、保险器基底、连接器、接插件、接线器、电脑壳体及底座壳体、分电器、火花塞罩、车灯壳体、灯环、车灯灯杯（反光碗）、灯座轴承和车灯射圈等。

6）聚苯硫醚增韧类（HS–M 系列材料），高性能增强型耐候性好，耐磨性优异，用于汽车迎宾踏板、行李架、前后保险杆、翼子板和挡泥板等领域。

7）聚苯硫醚特殊等级，导热、耐磨等级，用于汽车变速器与曲轴间连接垫片、齿轮、刮水器齿轮和摇窗机齿轮等领域。

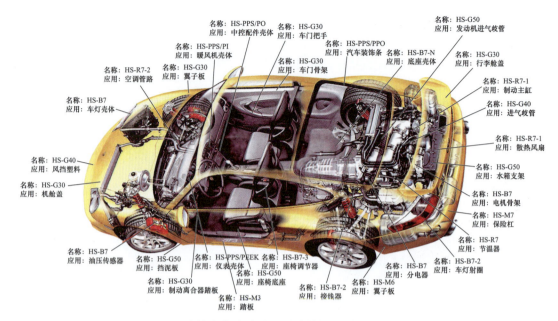

图 3-69 改性聚苯硫醚（PPS）材料在汽车领域中的应用

（2）"鸿塑"改性聚苯硫醚材料的工艺性能

1）聚苯硫醚短纤维增强类改性材料工艺性能，见表3-18。

表 3-18 聚苯硫醚短纤维增强类改性材料工艺性能

项目		单位	聚苯硫醚短纤维增强类改性材料工艺性能		
			HS-G30	HS-G40	HS-G50
密度		g/cm³	1.56	1.68	1.75
水率(23℃、水中24h)		—	0.01%	0.01%	0.01%
熔体黏度(310℃、1000/s)		Pa·s	165	160	135
成型收缩率 (80℃ 2mmt)	流动方向	—	0.35%	0.3%	0.25%
	垂直方向	—	0.55%	0.5%	0.45%
拉伸强度		MPa	125	180	160
断裂伸长率		—	1.5%	1.6%	1.55%
弯曲强度		MPa	195	260	270
弯曲模量		MPa	8000	15000	16000
悬梁臂冲击强度（有缺口）		kJ/m²	13	17	15
负荷变形温度		℃	255	260	260
线性热膨胀 系数（常温）	流动方向	×10⁻⁵	2	2	2
	垂直方向	×10⁻⁵	4	4	3.5
阻燃性		—	V0	V0	V0
介电常数（1MHz）		—	4.2	4.5	4.5
介电击穿常数（1MHz）		—	0.001	0.001	0.01
介电破坏常数（3mmt）		kV/mm	15	16	16
体积电阻率		Ω·cm	8×10^{15}	4×10^{15}	4×10^{15}
表面电阻率		Ω·cm	8×10^{16}	3×10^{17}	3×10^{17}
耐导电径迹（CTI）		V	125	150	145

2）聚苯硫醚连续纤维增强类复合材料工艺性能，见表 3-19。

表 3-19　聚苯硫醚连续纤维增强类复合材料工艺性能

项目		单位	聚苯硫醚连续纤维增强类复合材料工艺性能		
			HS-G30	HS-G40	HS-G50
密度		g/cm³	1.4	1.55	1.65
水率（23℃、水中 24h）		—	0.01%	0.01%	0.01%
熔体黏度（310℃、1000/s）		Pa·s	205	190	170
成型收缩率（80℃ 2mmt）	流动方向	—	0.3%	0.2%	0.2%
	垂直方向	—	0.4%	0.3%	0.25%
拉伸强度		MPa	120	160	190
断裂伸长率		—	1.7%	2.2%	1.9%
弯曲强度		MPa	155	230	250
弯曲模量		MPa	6500	13500	16500
悬梁臂冲击强度（有缺口）		kJ/m²	35	60	70
负荷变形温度		℃	250	260	280
线性热膨胀系数（常温）	流动方向	×10⁻⁵	1.5	2	1.5
	垂直方向	×10⁻⁵	3	3.5	2.5
阻燃性		—	V0	V0	V0
介电常数（1MHz）		—	4.2	4.2	4.2
介电击穿常数（1MHz）		—	0.001	0.001	0.001
介电破坏常数（3mmt）		kV/mm	15	16	16
体积电阻率		Ω·cm³	8×10^{15}	4×10^{15}	4×10^{15}
表面电阻率		Ω·cm	8×10^{16}	3×10^{17}	3×10^{17}
耐导电径迹（CTI）		V	120	140	130

3）聚苯硫醚耐水解类改性材料工艺性能，见表 3-20。

表 3-20　聚苯硫醚耐水解类改性材料工艺性能

项目		单位	聚苯硫醚（PPS）耐水解类改性材料工艺性能				
			HS-R7	HS-R7-1	HS-R7-2	HS-R7-5	HS-R7-6
密度		g/cm³	1.68	1.70	1.70	1.70	1.70
水率（23℃、水中 24h）		—	0.0001%	0.0001%	0.0001%	0.0001%	0.0001%
熔体黏度（310℃、1000/s）		Pa·s	165	160	170	150	150
成型收缩率（80℃ 2mmt）	流动方向	—	0.3%	0.3%	0.25%	0.35%	0.35%
	垂直方向	—	0.6%	0.6%	0.5%	0.6%	0.6%
拉伸强度		MPa	160	170	165	180	180
断裂伸长率		—	3%	3.5%	4%	5%	5.5%
弯曲强度		MPa	215	225	235	250	265
弯曲模量		MPa	10500	13500	15000	15500	16500
悬梁臂冲击强度（有缺口）		kJ/m²	15	17	18	19	22
负荷变形温度		℃	230	235	235	240	250

（续）

项目		单位	聚苯硫醚（PPS）耐水解类改性材料工艺性能				
			HS-R7	HS-R7-1	HS-R7-2	HS-R7-5	HS-R7-6
线性热膨胀系数（常温）	流动方向	×10^{-5}	3	3	3	2.5	2
	垂直方向	×10^{-5}	5	5	5	5	4
阻燃性		—	V0	V0	V0	V0	V0
介电常数（1MHz）		—	3	3	3	3	3
介电击穿常数（1MHz）		—	0.001	0.001	0.001	0.001	0.001
介电破坏常数（3mmt）		kV/mm	18	18	18	18	18
体积电阻率		Ω·cm³	4×10^{16}	4×10^{16}	4×10^{16}	4×10^{16}	4×10^{16}
表面电阻率		Ω·cm	8×10^{15}	5×10^{16}	5×10^{16}	5×10^{16}	5×10^{16}
耐导电径迹（CTI）		V	105	125	125	125	145

4）聚苯硫醚矿物填充+GF增强性改性材料工艺性能，见表3-21。

表3-21 聚苯硫醚矿物填充+GF增强性改性材料工艺性能

项目		单位	聚苯硫醚矿物填充+GF增强性改性材料工艺性能				
			HS-B7	HS-B7-1	HS-B7-2	HS-B7-3	HS-B7-N
密度		g/cm³	1.8	1.85	1.90	1.95	2.05
水率（23℃、水中24h）		—	0.01%	0.01%	0.01%	0.01%	0.01%
熔体黏度(310℃、1000/s)		Pa·s	125	115	115	105	100
成型收缩率（80℃×2mmt）	流动方向	—	0.2%	0.2%	0.18%	0.15%	0.1%
	垂直方向	—	0.3%	0.25%	0.25%	0.25%	0.2%
拉伸强度		MPa	120	115	110	100	100
断裂伸长率		—	1.2%	1.15%	1.12%	1.1%	1%
弯曲强度		MPa	220	200	195	185	190
弯曲模量		MPa	16500	17500	18100	18600	19000
悬梁臂冲击强度（有缺口）		kJ/m²	13	11	10	9.5	8
负荷变形温度（1.82MPa）		℃	260	260	260	260	260
线性热膨胀系数（常温）	流动方向	×10^{-5}	1	1	1	1	1
	垂直方向	×10^{-5}	2.5	2	2	2	1.5
阻燃性		—	V0	V0	V0	V0	V0
介电常数（1MHz）		—	5.3	5.3	5.3	5.2	5.1
介电击穿常数（1MHz）		—	0.002	0.001	0.001	0.001	0.001
介电破坏常数（3mmt）		kV/mm	14	14	20	20	22
体积电阻率		Ω·cm³	8×10^{15}	8×10^{16}	8×10^{16}	8×10^{16}	8×10^{16}
表面电阻率		Ω·cm	9×10^{15}	8×10^{16}	8×10^{16}	8×10^{16}	8×10^{16}
耐导电径迹（CTI）		V	150	175	220	225	250

5）聚苯硫醚特殊级改性材料工艺性能，见表3-22。

表 3-22 聚苯硫醚特殊级改性材料工艺性能

项目		单位	聚苯硫醚特殊级改性材料工艺性能					
			HS-TA30	HS-CT15-G	HS-CTG30-G	HS-CEK40-G	HS-PPTR50	HS-TEK15
密度		g/cm³	1.62	1.55	1.7	1.75	2.05	1.69
水率(23℃、水中 24h)		—	0.02%	0.02%	0.02%	0.02%	0.02%	0.02%
熔体黏度 (310℃、1000/s)		Pa·s	186	250	220	180	105	220
成型收缩率 (80℃×2mmt)	流动方向	—	0.4%	0.15%	0.12%	0.15%	0.2%	0.25%
	垂直方向	—	1.0%	0.3%	0.25%	0.3%	0.25%	0.55%
拉伸强度		MPa	95	150	160	135	80	120
断裂伸长率		—	1%	1.3%	1.25%	1.15%	0.55%	1.7%
弯曲强度		MPa	175	200	210	200	130	190
弯曲模量		MPa	8000	10500	12500	10100	7000	8500
悬梁臂冲击强度（有缺口）		kJ/m²	6.5	12	13.5	11.5	6.5	9.5
负荷变形温度		℃	220	260	260	250	265	250
线性热膨胀系数（常温）	流动方向	×10⁻⁵	2	1	1	1	1.2	1.3
	垂直方向	×10⁻⁵	4	4	3	2.5	2	3.5
阻燃性		—	V0	V0	V0	V0	V0	V0
介电常数（1MHz）		—	7.6	—	—	—	—	—
介电击穿常数（1MHz）		—	0.096	—	—	—	—	—
介电破坏常数（3mmt）		kV/mm	9	—	—	—	—	—
体积电阻率		Ω·cm³	0.096	—	—	—	—	—
表面电阻率		Ω·cm	9×10¹⁶	1×10¹⁰	1×10¹³	1×10¹⁶	1×10¹⁶	1×10¹⁶
耐导电径迹（CTI）		V	150	—	—	175	250	175

6）聚苯硫醚增韧性改性材料工艺性能，见表 3-23。

表 3-23 聚苯硫醚增韧性改性材料工艺性能

项目		单位	聚苯硫醚增韧性改性材料工艺性能			
			HS-M5	HS-M6	HS-M7	HS-M3
密度		g/cm³	1.4	1.35	1.5	1.55
水率(23℃、水中 24h)		—	0.010%	0.010%	0.015%	0.015%
熔体黏度 (310℃、1000/s)		Pa·s	160	135	100	95
成型收缩率 (80℃×2mmt)	流动方向	—	6%	5%	4%	4%
	垂直方向	—	8%	7%	6%	5%
拉伸强度		MPa	90	80	75	70
断裂伸长率		—	6.5%	7%	7.5%	8.5%
弯曲强度		MPa	100	90	85	80
弯曲模量		MPa	3000	2500	2200	2000
悬梁臂冲击强度（有缺口）		kJ/m²	25	35	40	50
负荷变形温度 (1.82MPa)		℃	170	170	160	155

（续）

项目		单位	聚苯硫醚增韧性改性材料工艺性能			
			HS-M5	HS-M6	HS-M7	HS-M3
线性热膨胀系数（常温）	流动方向	$\times 10^{-5}$	4	4	5	7
	垂直方向	$\times 10^{-5}$	5	6	7	9
阻燃性		—	V2	V2	V2	V2
介电常数（1MHz）		—	5	5	6	6
介电击穿常数（1MHz）		—	0.05	0.05	0.05	0.05
介电破坏常数（3mmt）		kV/mm	12	12	11	10
体积电阻率		$\Omega \cdot cm^3$	—	—	—	—
表面电阻率		$\Omega \cdot cm$	—	—	—	—
耐导电径迹（CTI）		V	—	—	—	—

7）聚苯硫醚合金类改性材料工艺性能，见表3-24。

表3-24 聚苯硫醚（PPS）合金类改性材料工艺性能

项目		单位	聚苯硫醚合金类改性材料工艺性能			
			HS-PPS/PA/GF50	HS-PPS/PEEK/GF30	HS-PPS/PI/GF30	HS-PPS/PPO/GF40
密度		g/cm³	1.75	1.68	1.65	1.60
水率（23℃、水中24h）		—	0.02%	0.015%	0.015%	0.01%
熔体黏度（310℃、1000/s）		Pa·s	230	120	135	85
成型收缩率（80℃×2mmt）	流动方向	—	3.0%	2%	2.5%	2.5%
	垂直方向	—	5.5%	3.5%	4.5%	5%
拉伸强度		MPa	180	120	140	115
断裂伸长率			2.5%	1.2%	1.6%	1.8%
弯曲强度		MPa	250	170	225	195
弯曲模量		MPa	15500	12500	16500	10500
悬梁臂冲击强度（有缺口）		kJ/m²	19	12	15	11
负荷变形温度		℃	255	280	270	235
线性热膨胀系数（常温）	流动方向	$\times 10^{-5}$	2.5	1.2	1.5	2
	垂直方向	$\times 10^{-5}$	3.5	2.2	3	3.5
阻燃性		—	V1	V0	V0	V2
介电常数（1MHz）		—	3.2	4.2	4.1	4.2
介电击穿常数（1MHz）		—	0.003	0.001	0.01	0.01
介电破坏常数（3mmt）		kV/mm	20	16	16	16
体积电阻率		$\Omega \cdot cm^3$	2×10^{15}	2×10^{16}	2×10^{16}	2×10^{16}
表面电阻率		$\Omega \cdot cm$	7×10^{15}	3×10^{17}	3×10^{17}	3×10^{16}
耐导电径迹（CTI）		V	165	175	175	170

➡ 作者：
❖ 唐帅，蔡康杰，杨传忠.北京市化学工业研究院
❖ 冯唯珂.广东鸿塑科技有限公司

参考文献

[1] 姚鸿德. PPS 的改性技术 [J]. 上海塑料, 2006, 1 (133): 34-38.

[2] 邓成刚, 李冬滨. 汽车用高性能工程塑料的发展动向 [J]. 材料应用, 2011 (4): 50-53.

[3] 吴彬. PPS 国内外生产及消费情况 [J]. 新材料产业, 2009 (6): 41-45.

[4] 魏磊, 廖鑫, 何波兵, 等. 聚苯硫醚的增强增韧研究 [J]. 塑料工业, 2009, 37 (4): 19-21.

[5] 龙盛如, 吕军, 黄锐, 等. 玻璃微珠增强 PPS 复合材料的摩擦性能研究 [J]. 润滑与密封, 2006 (10): 62-64.

[6] 杨杰, 龙盛如, 张东辰, 等. 聚苯硫醚/氧化锌晶须复合材料的研究 [J]. 工程塑料应用, 2003, 31 (5): 5-8.

[7] 龙盛如, 黄锐, 杨杰, 等. 纳米 $CaCO_3$/PPS 复合材料微观结构及性能研究 [J]. 航空材料学报 2006 (6): 60-63.

[8] Lu Dan, Wu Ying, Guo Jianhua, et al. Surface treatment of indium tin oxide by oxygen-plasma for organic light-emitting diodes[J]. Materials Science and Engineering B, 2003, 97(2): 141-144.

[9] 高西萍, 张辉, 易俊霞, 等. SEBS-g-MAH 增韧聚苯硫醚性能研究 [J]. 塑料工业, 2009, 37 (3): 71-74.

[10] 王港, 芦艾, 陈晓媛, 等. 玻纤增强聚苯硫醚复合材料的增韧研究 [J]. 中国塑料, 2006 (3): 64-66.

[11] 邓程方, 邓凯桓. 聚苯硫醚共混改性研究进展 [J]. 塑料科技, 2011, 39 (7): 111-117.

[12] 王萍萍, 芦艾, 陈晓媛, 等. 聚酰胺 66 改性玻璃纤维增强聚苯硫醚体系的摩擦学性能研究 [J]. 中国塑料, 2008 (11): 43-46.

[13] Kimihiro Kubo, Junzo Masamoto. Dispersion of Poly(phenylene ether)in aPoly(phenylene sulfide)/Poly(phenylene ether)alloy[J]. Macromolecular Materialsand Engineering, 2001, 286: 555-559.

[14] Kimihiro Kubo, Junzo Masamoto. Microdispersion of polyphenylene ether in polyphenylene sulfide/polyphenylene ether alloy compatibilized by styrene-co-glycidyl metha crylate[J]. Journal of Applied Polymer Science, 2002, 86(12): 3030-3034.

[15] 唐楷, 邓肖, 蒋欢欢. 聚苯硫醚的应用研究进展 [J]. 广东化工, 2013, 40 (22): 71-72.

[16] 耿旺, 汤俊宏. 国内外聚苯硫醚市场及应用现状 [J]. 工程塑料应用, 2012, 40 (9): 95-99.

[17] 屈盛官, 杨春兵, 孙自树, 等. 增韧增强聚苯硫醚在发动机水泵上的应用 [J]. 华中科技大学学报, 2001, 29 (1): 33-35.

3.2.2 改性聚苯醚

1959 年，美国 GE（通用电气）公司发明了聚苯醚（PPO）；1966 年，GE 率先将 PPO 和 PS（聚苯乙烯）共混改性成功，此后改性 PPO 工程塑料得到了快速的发展和应用；1979 年，日本旭化成采用苯乙烯接枝法生产改性 PPO，从而打破了 GE 的垄断；进入到 80 年代，由于 GE 公司的专利到期，巴斯夫、三菱、住友化学等化工巨头纷纷进入到 PPO 领域。聚苯醚作为 20 世纪 60 年代发展起来的一种高强度工程塑料，化学名称为聚 2,6- 二甲基 -1,4 苯醚，简称 PPO 或 PPE。英文名：Polyphenylene Oxide 或 Polyphenylene Ether，又称聚亚苯基氧化物或聚苯撑醚，是一类耐高温的热塑性树脂，也是世界五大通用工程塑料之一。它具有刚度大、耐热性高、难燃、强度较高和电性能优良等优点。

1. 聚苯醚材料特点

（1）聚苯醚的性能特点　聚苯醚与其他工程塑料相比较，具有一些其他工程塑料无法比拟的性能优势，主要有耐溶剂、阻燃性能好、尺寸稳定、比重最轻、吸水最小、介电强度最优和高耐热等优点。

1）比重最轻：在众多工程塑料中，PPO 的密度最轻，为 1.06g/cm³ 因此选用 PPO 工程塑料可最大限度实现产品的轻量化。

2）吸水率最低：PPO 的另一个显著的特点为吸水率低。这使得 PPO 在潮湿条件下，尺寸稳定性和机械性能下降不大，非常适合室外使用。

3）介电强度最优：PPO 能保持优异的电性能，因而广泛应用在电子电器领域。

4）玻璃化转变温度最优：PPO 玻璃化转变温度可以达到 200℃，在长期温度较高的条件下，力学性能变化不大。

聚苯醚工程塑料虽然有很多性能优点，但就聚苯醚树脂本身而言，也存在耐溶剂性差、制品容易发生应力开裂和缺口冲击强度低等缺点，另外其最大的缺点是 PPO 树脂熔体黏度高，熔融流动性差导致加工困难，几乎不能单独进行注塑或挤出加工，因而需改性进行应用。

（2）改性聚苯醚的性能特点　在汽车轻量化和实际加工成型应用中，为满足实际用途的需要，更多的是以改性聚苯醚工程塑料合金形式存在。如最常见的是聚苯醚/高抗冲聚苯乙烯（PPO/HIPS）和聚苯醚/尼龙（PPO/PA）工程塑料合金。其中在汽车轻量化应用中，聚苯醚和尼龙工程塑料合金材料最多，应用效果最明显。

尼龙，化学名叫聚酰胺，由于具有良好的综合性能，包括力学性能、耐热性、耐磨损性、耐化学药品性和自润滑性，且摩擦系数低，有一定的阻燃性，易于加工等特点而广泛应用于机械、电器、纺织器材和汽车塑件等领域，但其存在吸水后尺寸稳定性差等缺点。

将聚苯醚和尼龙工程塑料合金化，可解决尼龙吸水后尺寸稳定性差和聚苯醚难加工、缺口强度低等缺点，该合金兼有聚苯醚和尼龙工程塑料的优点，改性合金化后的材料具有优良的综合性能：热变形温度高、尺寸稳定性好、高精度、在低温下仍有很高的韧性、耐化学药品性和良好的加工性等特点。

2. 改性聚苯醚在汽车轻量化中的应用

根据应用类型，改性聚苯醚工程塑料在汽车轻量化中的应用主要集中在三个方面：覆盖件（内外饰）、结构件（以其力学性能为主要应用）和功能件（以其某一方面特殊性能应用）。就汽车轻量化应用的改性聚苯醚工程塑料材料而言，主要是两大类：聚苯醚/尼龙合金 (PPO/PA) 和聚苯醚/聚苯乙烯合金（PPO/PS）材料，其中改性聚苯醚即聚苯醚/尼龙工程塑料合金材料应用最广。通常聚苯醚/尼龙工程塑料合金材料有两类：一类是非增强改性聚苯醚/PA 工程塑料合金材料，另一类是玻璃纤维增强改性聚苯醚/PA 工程塑料合金材料。

（1）非增强改性聚苯醚/PA 工程塑料合金材料　非增强改性聚苯醚/PA 工程塑料合金材料可应用于汽车覆盖件和遮盖车轮的车身盖件，翼子板和轮毂盖都是遮盖车轮的车身盖件，这两个部件最早都是采用钢板冲压成型。改性聚苯醚/尼龙（PPO/PA）合金材料是最早发现可代替金属件，并实现轻量化减重 40%~50% 的工程塑料材料。

具体的改性聚苯醚/尼龙（PPO/PA）合金材料性能指标见表3-25。该改性聚苯醚工程塑料在翼子板和轮毂盖上应用后，具体的轻量化体现见表3-26、表3-27。

表 3-25　可用于汽车轻量化的 PPO/PA 工程塑料合金材料的性能指标

性能指标项目	单位	检测标准	数值标准	产品实测
密度	g/cm³	ISO 1183	1.08	1.08
拉伸强度	MPa	ISO 527	≥ 50	55
弯曲强度	MPa	ISO 178	≥ 75	80
简支梁缺口冲击强度 (23℃)	kJ/m²	ISO 179	≥ 16	18
简支梁缺口冲击强度 (−40℃)	kJ/m²	ISO 170	≥ 4.5	5
热变形温度	℃	ISO 75	≥ 175	180
体积电阻率	Ω·cm	IEC 60993	1000~10000	3200
可电镀性	材料可满足在线电镀且经电镀烘烤后不变形			好

表 3-26　改性聚苯醚工程塑料在翼子板上轻量化的应用情况

产品名称	材料选择	单件重量	轻量化效果
翼子板	传统材料：金属钢板	2.45kg	比金属件轻 50%
	替换材料：改性聚苯醚（PPO/PA 合金）	1.15kg	

表 3-27　改性聚苯醚工程塑料在轮毂盖上轻量化的应用情况

产品名称	材料选择	单件重量	轻量化效果
轮毂盖	传统材料：金属钢板	3.7kg	比金属件轻 30%
	替换材料：改性聚苯醚（PPO/PA 合金）	2.8 kg	

（2）玻璃纤维增强改性聚苯醚/PA 工程塑料合金材料　玻璃纤维增强改性聚苯醚/PA 工程塑料合金材料可应用于车门内板。车门内板主要用来支撑和固定车门上的其他零部件。该部件最早都是采用钢板冲压成型。玻纤纤维增强改性聚苯醚/尼龙（PPO/PA）合金材料是最早发现可代替金属件，并实现轻量化减重30%左右的材料。具体的材料性能指标见表3-28。该改性聚苯醚工程塑料在车门内板上应用后，具体的轻量化体现见表3-29。

表 3-28　用于汽车轻量化的玻纤增强改性聚苯醚/尼龙工程塑料合金材料性能指标

性能指标项目	单位	检测标准	数值标准	产品实测
密度	g/cm³	ISO 1183	1.2~1.33	1.3
拉伸强度	MPa	ISO 527	≥ 100	120
弯曲强度	MPa	ISO 178	≥ 180	200
悬臂梁缺口冲击强度 (23℃)	J/m	ISO 179	≥ 88	100
简支梁缺口冲击强度 (−40℃)	J/m	ISO 170	≥ 50	65
热变形温度	℃	ISO 75	≥ 230	240
体积电阻率	Ω·cm	IEC 60993	1000~10000	3200
可电镀性	材料可满足在线电镀且经电镀烘烤后不变形			好

表 3-29 改性聚苯醚工程塑料在车门内板上轻量化的应用情况

产品名称	材料选择	单件重量	轻量化效果
汽车车门内板	传统材料：金属钢板	20kg	比金属件轻 30%
	替换材料：改性聚苯醚（PPO/PA 合金）	13~14kg	

除以上典型应用外，改性聚苯醚/尼龙(PPO/PA)工程塑料合金材料，也适合应用于汽车塑件，如大型挡板、装饰件、缓冲器、散热器格栅、加油口盖、点火线圈、轮毂护盖等。在目前新发展的新能源汽车电池项目上，利用其低密度、高耐化学溶剂性、耐低温冲击、耐高温和力学性能好等优点，也有用作电池组的底座、内部支撑架和上盖等塑件。

➔ 作者：
- ❖ 贾义军. 北京市化学工业研究院

3.2.3 聚对苯二甲酸丁二醇酯（PBT）

聚对苯二甲酸丁二醇酯（PBT），作为一种结晶性的饱和聚酯，结晶快，易成型，熔点高达 225℃，具有耐高温、耐湿、尺寸稳定性好、摩擦系数低、耐磨耗、电绝缘性能好、耐油、耐化学腐蚀，而且价格适中，相比其他工程塑料合成技术难度较低，在国内外发展迅速，通过阻燃、增强、增韧、填充以及制备 PBT 合金等各种改性手段，可以满足汽车零部件及汽车中的电子电气部分的应用要求。

1. 聚对苯二甲酸丁二醇酯材料特点

（1）PBT 的性能特点　PBT 是由对苯二甲酸二甲酯或对苯二甲酸与 1，4-丁二醇为原料合成。与其他通用工程塑料相比，有以下几个主要特点：优良的电绝缘性，在高温高湿条件下仍保持良好的电绝缘性能；抗化学性及耐油性好；耐热性好，玻纤产品连续使用温度可达到 120℃；可以制备成阻燃塑料，另外可以快速成型。

PBT 作为五大通用工程塑料之一，主要用于 PBT 改性、PBT 抽丝、拉膜、光纤护套等领域，在增强改性后可广泛应用于汽车制造、电子电气、通信等领域。近年来由于国内相关产业的发展，PBT 树脂需求逐年增加。随着中国国民经济的迅速发展，特别是下游电子产业和汽车产业的快速发展，推动了 PBT 市场需求的迅猛增长。

（2）改性 PBT 的性能特点　随着近年汽车行业对塑料的迅猛需求，我国塑料产业和汽车产业已形成"一荣俱荣、一损俱损"之势。塑料业内人士将目标转向了 PBT 塑料改性，使用更轻、更强、更好的汽车配件来缓解油价过高的局面。改性 PBT 塑料是指在聚合物（树脂）中加入小分子无机物或有机物，通过物理或化学作用，从而赋予其某种性能（机械加工性能）或使其某种性能获得改善。如增韧、增强、增塑、阻燃等，而通过改性技术使得塑料变得具有显著特征，而这其中要属在汽车和家电领域，改性 PBT 塑料的应用以及发展潜力最为巨大了。

改性 PBT 塑料是最重要的汽车轻质材料，根据中国合成树脂供销协会的统计数据，国内平均每辆汽车 PBT 树脂的消费量在 4.5kg 左右。随着 PBT 树脂在汽车行业应用领域的不断扩大，尤其是 PBT 合金技术的广泛应用，以及国内汽车产量的快速增长，根据国外汽车产业发展历程，预计未来我国每辆汽车的 PBT 树脂的消费量将达到 10kg，PBT 不仅可减轻零部件约 40% 的质量，而且还可以使采购成本降低 40% 左右，因此近年来在汽车中的用量迅速上升。

2. 改性 PBT 在汽车轻量化中的应用

PBT 广泛地用于生产保险杠、化油器组件、挡泥板、扰流板、火花塞端子板、供油系统零件、仪表板、汽车点火器、加速器及离合器踏板等部件。PBT 与增强 PA（聚酰胺）、PC（聚碳酸酯）、POM（聚甲醛）在汽车制造业中的竞争十分激烈，PA 易吸水，PC 的耐热性耐药性不及 PBT；由于 PBT 的抗吸水性优于 PA，将会逐渐取代 PA。在相对湿度较高、十分潮湿的情况下，由于潮湿易引起塑性降低，电器节点处容易引起腐蚀，常可使用改性 PBT。在 80℃、90% 相对湿度下，PBT 仍能正常使用，并且效果很好。其中 PBT/PC 合金，它的耐热性好，耐应力开裂，具有优良的耐磨、耐化学腐蚀性，低温冲击强度高，易加工和涂饰性好，主要应用于高档乘用车保险杠、车底板、面板和摩托车护板等。

（1）PBT/PET（聚对苯二甲酸乙二醇酯）合金在汽车前照灯饰框中的应用 汽车前照灯饰框能有效保护前照灯易磨损部位，同时也是一种装饰性元素，增强整车亮度和美感，让汽车更具个性，更显豪华时尚。根据其使用环境、长期使用性、配光、壁厚及装配等要求，要求长期使用温度≥160℃，低雾值，表面光洁，具有较高的刚性或者韧性，流动性能好，尺寸稳定性佳。注塑制件具有良好的脱模性，制件表面无明暗纹，无银丝。PBT/PET 合金兼具两者的优点，PET 弥补了 PBT 的耐热性及力学性能的不足，降低了材料成本。PBT 缩短了 PET 的成型周期，成型周期短，收缩率低，制件尺寸稳定，热变形温度高，具有高刚度及高韧性，高的表面光洁度。PBT/PET 合金非常适合制备汽车前照灯饰框。目前一些厂家也开发出了免喷涂阻燃增强 PBT/PET 合金材料，省去了后续的喷涂工艺，缩短了生产周期，如图 3-70 所示。

图 3-70 PBT/PET 合金在汽车前照灯饰框中的应用

（2）PBT/PC 合金在高端汽车保险杠中的应用 PBT 耐热性差、耐冲击性低、缺口冲击性低、强度不高，PC 耐化学药品性、成型加工性和耐磨性不佳。PC 属于无定型材料，薄制品韧性好，PBT 为半结晶材料，其内部结晶结构有助于提高其抗化学品腐蚀的能力，两者共混的性能其实质就是取长补短。PBT/PC 合金当前在汽车上的应用是制造保险杠、车门把手、行李支架、防撞梁等部件。随着汽车轻量化技术的发展，其在汽车中的应用不容忽视。除关注的力学性能外，对低温韧性、气辅成型加工性、耐化学品性、尺寸稳定性、耐候性等都有比较严格的要求。例如：保险杠是汽车的主要外饰件之一。对材料的要求是具备超高冲击、优秀耐寒性、良好防震性。目前普通汽车的保险杠普遍采用抗冲击 PP（聚丙烯）材质，而在高端品牌汽车保险杠应用方面，一般采用 PBT/PC 高性能合金作为保险杠基材，该材料具有较高的抗冲击强度，远高于同类型 PP 材料，可以很好地吸收因碰撞发生的冲击能量，使汽车具有更高的安全性。PBT/PC 合金在高端汽车保险杠中的应用如图 3-71 所示。

（3）阻燃增强 PBT 在汽车点火线圈外壳中的应用 玻纤增强 PBT，具有较高的机械强度、较强的介电性能和较好的耐温性，可满足点火系统外壳耐应力开裂（装有金属嵌件）、尺寸稳定及电绝缘性好的要求。阻燃增强 PBT 在汽车点火线圈外壳中的应用，如图 3-72 所示。

图 3-71　PBT/PC 合金在高端汽车保险杠中的应用

图 3-72　阻燃增强 PBT 在汽车点火线圈外壳中的应用

（4）阻燃增强 PBT 在汽车电子连接器中的应用　连接器是信号间的桥梁，要求材料具有高的电绝缘性能、耐热性、阻燃性、强度和耐疲劳性。PBT 均衡的物性与价格能符合连接器的需要。目前，PBT 作为连接器在计算机、其他数码产品、通信、家电等方面用途广泛。国内 PBT 用于汽车上的数量还不及 PA、POM 和 PC，但随着低翘曲性 PBT 及无卤阻燃 PBT 的出现，今后必将在汽车外部零部件上得到更多的应用。阻燃增强 PBT 在汽车电子连接器中的应用，如图 3-73 所示。例如：杜邦高性能材料事业部（DPM）面向高性能连接器市场推出了无卤产品 Crastin PBT 热塑性聚酯树脂系列，为汽车电子电器提供了环境友好型解决方案。与现有含卤阻燃剂材料相比，杜邦 Crastin PBT 无卤系列产品密度较低，而相对漏电起痕指数较高。这些优异性能使材料很好地适用于对尺寸容差有高要求的高压电动汽车和混合动力汽车连接器。此外，其还易于着色，能满足客户不同的生产需求。DMP 还首次推出了第二代抗水解 Crastin PBT 系列产品，特别针对要求严苛的连接器市场。这些新型产品能确保提升高压连接器等电气电子汽车部件的可靠性，从而使电气部件微型化成为可能。

图 3-73　阻燃增强 PBT 在汽车电子连接器中的应用

➔ **作者**：
❖ 边策. 北京市化学工业研究院

3.2.4　增强尼龙材料

1. 增强尼龙材料产品特点

随着节能减排、新能源汽车的持续发展，轻量化问题越发成为汽车行业的关注点，一些新型的高强度材料成为替代金属的首选，众多以塑代钢项目材料不断被应用。

本文讨论的是以聚酰胺（PA）为基体、添加 30%~60% 的玻璃纤维（GF）的增强尼龙材料。尼龙具有机械性能优异，加工性能好，耐油和耐溶剂性能优良，同时由于具有极性的官能团，采用玻纤增强能大幅度提升材料的力学性能和耐热性能，因此广泛应用在汽车领域以塑代刚的功能件，一般情况下，增强组分的含量在 20%~35% 较多，玻纤含量增多会带来其他不利的影响，如制件外观问题；流动性差，难以成型的问题等；但是普通的增强 PA（聚酰胺）材料还是不能满足部分特殊应用环境的制件，如长期耐热性能、耐醇解性能、低形变性能和高温颜色稳定性能等。

2. "俊钢"增强尼龙材料性能优势

中广核俊尔新材料有限公司在汽车行业服务多年，通过与各主机厂的紧密合作，成功开发出高性能的"俊钢"材料，采用此材料具有以下优势：

1）复杂形状的制件可以一次成型，无须后加工制程，减少了金属制件加工难、工艺复杂的困难，无须工序周转，提高效率及优良率。
2）设计自由度高，容易进行差异化的设计，产品更具特性。
3）低碳环保，无传统工业三废、能耗问题。
4）超长寿命，具有优异的长期热老化性能。
5）回收利用率高，可 100% 回收利用。

俊尔公司开发的"俊钢"材料是以聚酰胺为基体，添加 30%~60% 的玻璃纤维为增强组分，采用具有特殊功能的助剂进行复配，通过双螺杆挤出机制备的具有如下众多优异功能的材料。

（1）优异的长期耐热性能　材料具有优异的长期耐热老化性能：如图 3-74 所示，样条在 150℃、170℃、190℃ 的环境中 1000h 后拉伸强度性能变化很小，3000h 还具有 75% 以上的性能保持率；如图 3-75 所示，缺口冲击强度 1000h 热老化后性能保持率 ≥85%，3000h 还具有 65% 以上的性能保持率。

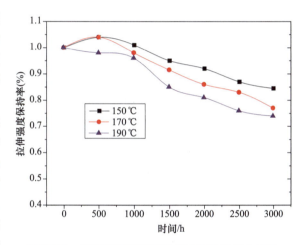

图 3-74　拉伸强度在不同温度下的性能变化情况

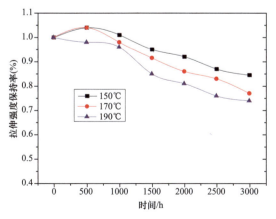

图 3-75　冲击强度在不同温度下的性能变化情况

（2）优异的耐醇解性能　见表 3-30，材料在 118℃ 的乙二醇溶液（1:1）中放置 1000h 后，材料具有较好的性能保持率,完全满足汽车水室和其他需要耐醇解的部件要求。

表 3-30 材料醇老化前后性能

性 能	测试标准	测试条件	单位	醇老化前（湿态）	醇老化后
拉伸强度	ISO 527-2	10mm/min	MPa	130	79
弯曲强度	ISO 178	2mm/min	MPa	180	110
弯曲模量	ISO 178	2mm/min	MPa	5800	4171
简支梁缺口冲击强度	ISO 179-1	23℃	kJ/m²	17	16
简支梁非缺口冲击强度	ISO 179-1	23℃	kJ/m²	90	61

（3）很好的高温稳定性 如图 3-76 所示,材料在高温注塑成型和长期高温放置颜色稳定性:尼龙材料在高温状态下,容易氧化发黄,特别是高玻纤材料,更容易发生黄变,"俊钢"材料具有很好的高温颜色稳定性。

a) 左 5 片为普通材料   b) 右 5 片为"俊钢"材料

图 3-76 材料高温颜色稳定性（标识为停留时间）

从图 3-76 可以看出,普通材料在 290℃的注塑机中停留时间达到 45s 后,发生较明显发黄;"俊钢"材料停留 2min,颜色基本不变。

如图 3-77 所示,材料在 170℃高温烘箱放置 4h,普通材料 1 明显发黄、发红,而"俊钢"材料 2 只是轻微黄变,具有很高的颜色稳定性。

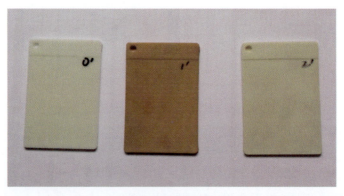

图 3-77 170℃高温烘烤颜色稳定性（0：未烘）

（4）加工性能好，流动性高　如图3-78所示，"俊钢"材料具有优异的流动性能，在相同条件下（温度、压力、注射速度），融长从78提升到113，流动性提高接近50%。

a) 通用材料

b) "俊钢"材料

图3-78　材料融长对比

3. "俊钢"增强尼龙材料应用案例

（1）汽车前端模块中应用　前端模块需要材料具有很高的力学性能，在长期高温下优良的性能保持率，目前俊尔开发的"俊钢"材料已经成功应用在奥迪、大众、吉利等汽车上，如图3-79所示。

图3-79　汽车前端模块的应用

（2）进气歧管中的应用　进气歧管需要材料具有优异的力学性能、良好的加工性能和焊接性能，目前部分主机厂已经开始材料国产化，如华晨汽车、吉利汽车和众泰汽车等，"俊钢"材料得到广泛应用，如图3-80所示。

图3-80　进气歧管的应用

（3）水室、膨胀水壶中的应用 "俊钢"材料具有高刚性、耐冷冻液的特性被应用在汽车发动机周边的水室、膨胀水壶、节气阀等部件，如图3-81所示。

图3-81 水室、膨胀水壶的应用

（4）后视镜基板 后视镜基板通常采用金属材料，加工程序复杂，重量大，采用"俊钢"材料，很好地解决了重量和加工复杂的问题，如图3-82所示。

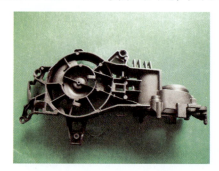

图3-82 后视镜基板的应用

4. "俊钢"材料部分产品典型物性与参考加工工艺

PA6GF材料典型物性及参考加工工艺，见表3-31。

表3-31 PA6GF材料典型物性及参考加工工艺

测试项目		测试方法	PA6-G40	PA6-G50	PA6-G60
密度 /(g/cm^3)		ISO 1183	1.45	1.57	1.70
拉伸强度 /MPa		ISO 527-2	200	230	250
拉伸模量 /MPa		ISO 527-2	13000	17000	19000
弯曲强度 /MPa		ISO 178	300	340	360
弯曲模量 /MPa		ISO 178	12000	14500	18500
简支梁缺口冲击强度 /(kJ/m^2)		ISO 179	18	20	23
简支梁非缺口冲击强度 /(kJ/m^2)		ISO 179	80	85	85
加工工艺	模具温度 /℃	—	60~120	60~120	60~120
	机筒温度 /℃	—	250~300	250~300	250~320
	注塑速度（%）	—	50~85	50~85	50~85

PA66GF材料典型物性及参考加工工艺，见表3-32。

表 3-32 PA66GF 材料典型物性及参考加工工艺

测试项目		测试方法	PA66-G40	PA66-G50	PA66-G60
密度（g/cm³）		ISO 1183	1.45	1.57	1.70
拉伸强度（MPa）		ISO 527-2	210	240	260
拉伸模量（MPa）		ISO 527-2	13500	18000	19500
弯曲强度（MPa）		ISO 178	310	350	365
弯曲模量（MPa）		ISO 178	12500	15000	19000
简支梁缺口冲击强度（kJ/m²）		ISO 179	17	18	21
简支梁非缺口冲击强度（kJ/m²）		ISO 179	80	80	80
加工工艺	模具温度/℃	—	60~120	60~120	60~120
	机筒温度/℃	—	270~300	270~300	270~320
	注塑速度（%）	—	50~85	50~85	50~85

➔ 作者：

❖ 田际波. 中广核俊尔新材料有限公司

3.2.5 钢化吸能塑料

汽车的轻量化是轻量化新材料开发、零部件设计制造和材料回收再利用等一整套产业化技术。塑料具有密度小、易成型、可设计性强等特点，是汽车轻量化的重要材料。

上海锦湖日丽塑料有限公司联合日本科学家开发的高分子纳米合金是为安全而生的一款创新材料，其在静态或受到低速冲击力时表现工程塑料的强度和刚性，而在受到高速冲击力时表现类橡胶的延展性和韧性，从而起到吸能防护作用；即使受外力作用导致材料发生破坏时，破损处容易表现韧性破坏，而不是出现锐角、碎片四溅这样的脆性破坏，也称作"钢化吸能塑料"。

1. 车用吸能塑料的发展背景

汽车工业的发展必须解决轻量化与车辆安全之间的矛盾。汽车轻量化既要有目标地减轻汽车自身的重量，又要保证汽车行驶的安全性和耐撞性。同时，考虑到汽车回收方便和法规的要求，汽车用塑料材料的一个重要趋势是热塑性塑料。

从安全方面看，整个汽车行业的车身轻量化会使两车碰撞时惯性小、制动距离减小；另外，随着安全法规的日益严格，乘用车除了必须满足碰撞安全乘员保护法规外，还必须满足行人安全保护要求。因此，乘用车的前保险杠系统中必须安装碰撞能量吸收系统，而塑料在能量吸收系统中起着关键作用。发泡聚丙烯（EPP）能量吸收块或改性聚丙烯（PP/EPDM+T20）能量吸收结构件是目前较为成功的碰撞能量吸收解决方案，但是其明显的缺点就是能量吸收效率低。

从耐撞方面看，与金属材料相比，塑性材料对人的冲击更小，但是耐撞性却远不如金属材料。随着世界各国安全法规的日益严格，部分内外饰零件的安全性检验已经相继出台。比如，NCAP（新车碰撞测试）中的测试，包括正面碰撞保护、侧面碰撞保护等多个工况；车辆仪表板上表面的头部碰撞试验；其下边缘的膝盖撞击试验；座椅靠背的身体冲击试验等；均要求被检验的汽车内饰塑料件不能发生开裂，更不能碎片四溅或出现棱角伤人。此外，由于其自身使用环境的需要，对材料在低温环境下受撞击时所表现出的能量吸收和韧性破坏要求也越来越迫切。如果低温韧性差，在严寒的气候条件下，汽车内饰件会破裂甚至在碰撞过程中产生碎片，造成二次碰撞,将危及驾乘人员的安全。

2. 车用吸能塑料的发展瓶颈

目前车用吸能塑料主要是橡胶增韧体系或发泡材料,比如发泡聚丙烯(EPP)或改性聚丙烯(PP/EPDM+T20),这些材料都存在强度低,吸能效率低,需要依靠大变形才能提高吸能效率,大大增加布置空间。专利号为 CN101558121 的中国专利公开了利用螺杆长度(L)和直径(D)之比(L/D)大于50以上的双螺杆挤出机制备了聚酰胺6/聚烯烃弹性体树脂组合物,制备的树脂组合物在微观相态上表现为:纳米尺度分散的聚烯烃弹性体内部包藏了大量的更小纳米尺度的聚酰胺6微团;在宏观相态上表现为显著优异的吸能特性,但是该组合物室温下的弯曲模量仅为 1300MPa 左右,不能作为结构件使用;专利号为 EP1595920 的欧洲专利公开了通过旋节线分离的相分离机理制备了结构周期为 0.001~1μm 的两相连续结构或分散相相畴间距为 0.001~1μm 的分散相-连续相结构的纳米合金,所得树脂组合物的耐冲击性能优异,但是组合物韧性的改善是通过提高橡胶增韧剂的含量实现的,势必使得组合物的耐冲击性能与耐热性和机械性能不能兼顾,而通过引入填料可以提升耐热和机械性能,但同时又以牺牲耐冲击性为代价。对于汽车碰撞吸能特性而言,影响最大的是材料的强度和韧性两个指标。有的塑料强度很高但韧性很差,受到外力冲击立刻变形碎裂;然而有的塑料韧性非常好但强度较低,而优良的刚性可保证制件在装配和使用过程不出现变形。因此,材料只有兼具刚性和韧性,其碰撞吸能特性才能得到发挥。

3. 钢化吸能塑料在汽车上的应用概述

鉴于钢化吸能塑料的高效吸能和低温强韧的特性,其可以应用于前保险杠吸能块,替代 EPP,从而解决前保险杠布置空间不足的问题,如 A0 级的车型。对于某些对安全性有更高要求的汽车,采用钢化吸能塑料能够在碰撞过程中吸收更多的能量,更安全。

钢化吸能塑料还可以应用于汽车的后保险杠横梁或吸能盒,实现以塑代钢。在满足汽车后碰撞法规的前提下,实现大幅度降低零件重量的需求。由于汽车实际使用的工况涉及潮湿、高温的地区,也会行驶在寒冷的区域,所以钢化吸能塑料的低温强韧特性保证了零件在不同环境下的安全需求。同钣金相比,钢化吸能塑料的后保险杠横梁重量能够下降 40% 左右,这一价值尤其适用于新能源汽车。

另一方面,钢化吸能塑料在高速撞击时不易产生碎片,如果应用在汽车内饰件上替代 PC/ABS,可以为乘客在汽车碰撞过程中提供更安全的环境,减少碰撞产生的碎片对人身的伤害。

4. 锦湖日丽——钢化吸能塑料的性能优势

工程塑料合金的物理性能与其微观相态密切相关,而微观相态结构强烈依赖于合金配方体系的选择、制备工艺选择、相容剂技术等。通常,如果合金体系中的两组分在热力学上是完全相容的,那么宏观上表现出来的合金性能是简单的两组分的性能相加;如果合金体系中的两组分在热力学上是完全不相容的,如果不借助增容化技术,那么宏观性能上是严重裂化的;只有经过增容化技术改进的不相容合金体系,微观上构筑了精细的相态结构,比如稳定的相态、细化的相态、均一的相态分布等,聚合物合金的宏观性能才可能产生协同效应,发生从量变到质变的转化。

上海锦湖日丽塑料有限公司联合日本科学家最近开发成功的"钢化吸能塑料",其开发思路就是从微观相态结构设计的角度出发,通过模块化设计的创新思路,整合聚合物合金的配方设计、相容剂技术、反应成型技术、高剪切熔融混合技术等先进技术,成功制备了微观上呈现精细纳米相态结构的聚合物合金。纳米合金不同于传统意义上的纳米复合材料,不是通过外加纳米填料或纳米粒子制备纳米材料；而是将合金体系中的第二组分相的相态尺度做到纳米级别。纳米相态由于其尺寸效应、表面和界面效应等效应的存在，可望使材料的性能实现突破。微观相态结构如图3-83所示，完全相容体系在微观相态上呈现均相，纳米相态中其分散相尺度在宽度方向在150nm左右，微米相态中其分散相尺寸在宽度方向呈现不均匀，尺度范围0.5~1μm。从表3-33所列的物理性能上看，与完全相容体系和微观上具有微米尺度相态结构的体系相比，微观上具有纳米尺度相态结构的体系可以兼顾耐冲击性能和耐热性能，尤其是在低温冲击性能上表现优越，根据时温等效原理，"钢化吸能塑料"在高速冲击下的表现也令人期待。

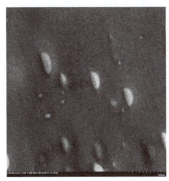 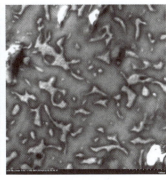 

a) 完全相容体系　　　　　　b) 纳米相态结构　　　　　　c) 微米相态结构

图3-83　同一合金体系呈现不同的微观相态结构

表3-33　同一合金体系不同微观相态结构对应的宏观性能

物理性能　　　　　　　　相态尺度	完全相容体系	纳米相态结构	微米相态结构
1/8" Izod 缺口冲击强度 @23℃ /(J/m)	710	860	811
1/8" Izod 缺口冲击强度 @-30℃ /(J/m)	172	699	273
HDT (1.82MPa) /℃	99	115	112
HDT (0.45MPa) /℃	113	125	116

对于汽车内饰件而言，要求材料在受到高速穿刺和高速撞击过程中不出现碎片四溅而危及驾乘人员的安全。因此，耐穿刺性能是车用内饰塑料件首要考虑的问题。现行的多轴冲击性能测试标准有ASTMD3763和ISO6603，要求汽车内饰件在-30℃的工况环境下受到多轴冲击而不出现破碎现象。

  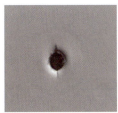 

a) 普通PC/ABS材料　　b) 普通PC/PBT材料　　c) 超韧PC　　　　d) 钢化吸能塑料

图3-84　不同材料的低温（-30℃）多轴穿刺性能（平板厚度3mm，穿刺速度6.6m/s，锤头直径12.7mm，锤头质量23.13kg）

如图3-84所示，将各种塑料注塑成3mm厚度平板，按照ASTMD3763标准，在-30℃的低温环境下经历高速穿刺试验之后的破坏形式照片，穿刺速度为6.6m/s。可见，普通PC/ABS材料基本表现为碎裂成两片的破坏形式；普通PC/PBT材料大多表现为碎片四溅的破坏形式；超韧PC虽然不像前三者表现非常典型的脆性破坏，但穿孔附近仍有微小裂纹出现；而"钢化吸能塑料"则更倾向于表现韧性穿刺，即使连微小的裂纹也不易出现。

对于汽车工业而言，结构耐撞性研究是通过特定结构、吸收碰撞能量来提高碰撞抵抗能力，从而保护成员及货物的安全。提高车辆碰撞安全性能的一个有效途径是加入缓冲结构以吸收撞击动能并降低过载，即耐撞性结构设计要求在满足正常承载时的强度和刚度要求下，还要保证在碰撞过程中能够以渐近压溃的形式破坏，从而有效吸收能量。图3-85所示是各种塑料制备的圆管（圆管高度为10cm、圆管内径为5cm、圆管外径为54cm）在低温-30℃的环境下经历落锤冲击之后的破坏形式照片，冲击速度约为4.4m/s。可见，在低温落锤冲击过程中，普通PC/ABS材料制备的圆管表现为失稳破坏，有大量碎片的碎溅，吸收的能量极少；普通PC/PBT材料制备的圆管也容易发生断裂破坏，载荷水平较高，载荷变化剧烈，能量吸收不易预见，结构不能保持自身完整性；而"钢化吸能塑料"圆管则以轴对称叠缩的破坏形式发生溃缩，破坏形式较为规则，能量吸收的可预见性较好，破坏试件能够保持结构的完整性，且破坏过程没有发生碎屑。

a) 撞击前的圆管　　b) 普通PC/ABS材料　　c) 普通PC/PBT材料　　d) 钢化吸能塑料

图3-85　不同材料制备的圆管在低温下（-30℃）的撞击行为，撞击速度4.4m/s

锦湖日丽开发的钢化吸能塑料是一类从配方设计的角度出发，结合先进的挤出工艺，制备了在微观结构上呈现纳米共连续相或分散相以纳米尺度分散在基体中的精细相态，在宏观性能上表现出优异的耐冲击性能尤其是低温耐冲击性能（包括低温缺口冲击性能、低温多轴穿刺性能、低温撞击性能等）、耐热性能和机械性能，克服了传统树脂组合物的冲击性能（尤其是低温耐冲击性）与耐热性能和机械性能不能兼顾的矛盾。

"钢化吸能塑料"在宏观上主要表现为两个特性：一是吸能，即在静态或受到低速冲击力时表现塑料的强度和刚性，而在受到高速冲击力时表现类橡胶的延展性，不容易发生脆性破坏；二是，即使破坏的时候，其破坏的断裂面也属于韧性破坏，而不是出现锐角或碎片四溅的状况，从而起到吸能、缓冲、防护等作用。根据制品结构设计的不同，材料提供的吸能特性可提高几倍至十几倍。

➔ 作者：

❖ 单桂芳，覃辉林，毛迪，罗明华，辛敏琦．上海锦湖日丽塑料有限公司

参考文献

[1] 小林定之，佐藤大辅，秋田大阵，等．热塑性树脂组合物、其制造方法以及成形品 CN101558121[P].2009-10-14.

[2] Kobayashi Sadayuki , Ochiai Shinichiro , Tanaka Akiko. Polymer alloy, thermoplastic resin

composition, and molded article EP1595920[P]. 2005-11-16.
[3] H Gleiter. Nanostructured materials: basic concepts and microstructure [J]. Actamater. 2000 (48): 1-29 .
[4] Helene Pernot, Martin Baumert, François Court, et al. Design and properties of co-continuous nanostructured polymers by reactive blending[J]. Nature Material，2002（1）: 54-58.
[5] Léa Gani, Sylvie Tencé-Girault, Michèle Milléquant, et al. Co-continuous nanostructured blend by reactive blending: incorporation of high molecular weight polymers[J]. Macromolecular Chemistry and Physics，2010（211）: 736-743.

3.3 非金属复合材料在轻量化中的创新应用

3.3.1 聚合物基复合材料

近年来，随着汽车工业的快速发展，其面临的能源短缺、环境污染等一系列问题日益突出，节能环保型汽车成为 21 世纪汽车工业发展的必然趋势，其中汽车轻量化是关键因素之一。为实现汽车节能减重的目的，汽车中钢铁材料的比例逐步降低，复合材料等新材料的用量将提高。复合材料因其具有比模量和比强度高、耐腐蚀、可设计性强、综合经济效益明显等优点，正日益成为汽车轻量化的首选材料，逐渐受到世界各国汽车生产商的青睐。无论是欧洲、美国、日本等，包括中国在内的许多国家都已在汽车制造中大量采用聚合物基复合材料。

1. 聚合物基复合材料的性能和特点

聚合物基复合材料是以有机聚合物为基体，由短切、长切或连续纤维与热固性或热塑性树脂基体复合而成，是目前制造技术比较成熟且应用最为广泛的一种复合材料。聚合物基复合材料是新材料领域的重要组成部分。与传统材料相比，聚合物基复合材料具有比强度和比模量高、可设计性强、抗疲劳断裂性好、耐化学腐蚀、减振性好以及结构功能一体化等优异性能，是其他材料难以替代的功能和结构材料，是发展现代工业、国防和科学技术不可缺少的基础材料，也是新技术革命赖以发展的重要物质基础。聚合物基复合材料已成为新材料领域的主要材料。

2. 聚合物基复合材料在汽车轻量化中的应用

聚合物基复合材料在汽车中的应用涉及的车辆有商用车、乘用车、工程车、农用车以及改装车等。聚合物基复合材料主要用在车身部件、结构部件与功能件三个部分。

（1）在车身部件中的应用　车身部件是复合材料目前在汽车中应用的主要方向，开发应用潜力依然巨大，主要以玻璃纤维增强热固性塑料为主，典型成型工艺有：片状模压成型（SMC）/块状模压成型（BMC）、树脂传递模塑成型（RTM）和喷射成型等。车身部件包括车身壳体、车篷硬顶、天窗、车门、散热器护栅板、导流板、行李舱板、前后保险杠等（具体应用实例见表 3-34）；车内饰件包括内装饰板、车门把手、仪表板、转向杆部件、座椅等；其他相关部件包括变速器上壳体和齿轮隔声板等（实例见表 3-35）。

表 3-34 复合材料在车身部件中的应用

汽车制造商	车型	部件实例
东风雪铁龙	标致	翼子板
标致雪铁龙	雪铁龙 M59	SMC 双层车顶
雷诺	梅甘娜	SMC 行李舱盖
梅赛德斯	奔驰	车门板
大众	EOS	行李舱盖

表 3-35 复合材料在内饰部件中的应用

汽车制造商	车型	部件实例
上海汽车	荣威系列	LFT 底部导流板
东风雪铁龙	富康	SMC 扰流板
海南马自达	马自达 6	LFT 车门内板
上海大众	帕萨特 B5	GMT 蓄电池托架
上海大众	斯柯达	LFT 仪表板

（2）在汽车结构件中的应用 结构件包括前端支架、保险杠骨架、座椅骨架、地板等，其目的在于提高制件的自由度、多功能性和完整性，主要使用高强 SMC、玻璃毡增强热塑性树脂成型工艺（GMT）、长纤维在线模压成型工艺（LFT）等制造。

（3）在汽车功能件中的应用 功能件的特点主要是耐高温、耐化学腐蚀，以发动机及周边部件为主。此类部件包括发动机隔声板、散热器部件、风扇叶片、加热器盖板、进气管、空气滤清器盖和齿轮室盖等，主要使用 SMC/BMC、RTM、GMT 及玻璃纤维增强尼龙等热塑性复合材料。复合材料在结构件和功能件的应用实例见表 3-36。

表 3-36 复合材料在结构件和功能件上的应用

汽车制造商	车型	部件实例
一汽大众	奥迪 A6	SMC 后保险杠冲梁、GMT 行李舱、BMC 车灯反射罩、GMT 前端模块
一汽大众	宝来	GMT 前端模块
南汽	MG7(名爵 7)	SMC 车顶架
东风雪铁龙	标致	LFT 前端支架
上海通用	凯悦系列	GMT 后排座椅骨架
奇瑞汽车	东方之子	GMT 保险杠缓冲梁

氢燃料电池等新能源汽车开发也将极大地推进复合材料在气瓶中的开发和应用。其他相关部件包括客车与房车卫生设施部件、摩托车部件、高速公路防眩板和防撞立柱、商品检测车顶柜等。

（4）碳纤维增强树脂基复合材料在传动轴上的应用 图 3-86 所示的传动轴分为两端部和中央部 3 个部件。为实现轻量化，传动轴中央部使用碳纤维增强树脂基复合材料（CFRP）制成的管件。此外，为了能够承受大转矩的传递，还提高了强度。与全钢制成的传动轴相比，重量减半，从 2kg 降至 1kg。不过，其成本增加了 1 倍。

CFRP 制管件是通过在芯棒上缠绕预浸料的方法制造的（图 3-87）。制造时，使预浸料以 3 种角度，即相对于轴倾斜交叉的角度 (±45°)，以及沿着轴的转动方向缠绕的角度 (+90°) 卷附。通过这样的缠绕方法层叠预浸料，新型传动轴的扭曲强度提高了 20%。

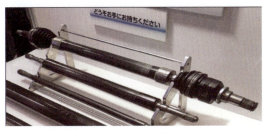

图 3-86　CFRP 传动轴　　　　　　　图 3-87　CFRP 缠绕成型

新型传动轴的两端为钢制部件 (短轴)，因此，CFRP 制管件与短轴之间要实施异种材料接合。具体操作时，首先在短轴上切割出花键 (细齿)，压入 CFRP 制管件。然后，为了掩盖短轴与 CFRP 制管件的接合部，需覆盖钢制外壳，并用环氧类黏合剂接合。这样便使强度达到了与钢制传动轴同等的水平。

（5）汽车玻璃纤维增强板簧的创新应用　汽车板簧具有可靠性好、结构简单、制造工艺流程短、成本低等优点。汽车板簧一般由若干片不等长的合金钢弹簧（一组近似于等强度弹簧梁）组合而成。

汽车零配件供应商 Benteler-SGL 公司采用 Loctite MAX 2 材料研发出了创新的玻璃纤维增强板簧（图 3-88）。Loctite MAX 2 材料是一种用于聚氨酯复合树脂的双元树脂体系。用于生产这种板簧的树脂传递模塑成型工艺经过改进，年产量超过十万件。采用这种板簧，汽车后轴重量可减轻 4.5kg。沃尔沃汽车公司采用此种板簧的后轴作为 SPA 平台的一部分，并且成功地将其应用于最新的沃尔沃 XC90、S90 和 V90 车型。

图 3-88　玻璃纤维增强板簧

此产品的应用展示出复合材料的板簧不仅可以应用在商用车领域，也可以用在乘用车，并且通过结构设计还可以给乘客舱及行李舱拓展空间。国内也有公司目前在尝试这一产品的生产。相信轻量化的板簧未来会有更多的市场和空间。

（6）在电动车电机蓄电池系统的创新应用

1）电动汽车轻量化的重要意义。与传统燃油车相比，电动汽车的轻量化更为重要。电动汽车在重量方面增加了动力蓄电池的重量，一般而言，乘用车蓄电池增重 200~300kg，中型客车蓄电池增重 700~1000kg，大型客车增重 3t 左右。

如果要使电动汽车达到 500km 的续驶里程，其动力蓄电池系统的能量密度理论上应达到 400W·h/kg，然而以目前国内纯电动汽车广泛应用的是磷酸亚铁锂和锰酸锂正极的锂离子动力蓄电池为例，其单体电池的比能量只有 130W·h/kg，组合成蓄电池包后，蓄电池系统能量密度不到 90W·h/kg，较低比能量的蓄电池限制了电动汽车的续驶里程。蓄电池能量密度的提高十分困难，在短期内很难达到汽油和氢燃料的能量密度水平，这就要求减轻电动汽车重量，以增加续驶能力，提升能量利用率。因此轻量化由此成为电动汽车发展的必由之路。电动汽车电机结构简单、体积小，传动系统结构简单，易于轻量化；底盘结构简化更为轻量化技术的实施奠定了基础。

电动汽车轻量化不仅是车身的轻量化，还包含传动设备、蓄电池的轻量化等。例如通过对电芯尺寸的研究设计，使其与整车布置相匹配，且更高效放置更多的蓄电池，从而使电池箱体积不变，增加电芯数量，可实现更长的续驶里程。

汽车轻量化技术方法有很多，是一个系统工程。就电动汽车的轻量化而言，至少从两个方向重点开展工作：一是实现整车30%~40%的轻量化，抵消动力系统净增加的质量（适合现有可用的能量比较低的商品化蓄电池）；二是实现蓄电池的轻量化，提高现有蓄电池的能量比或开发新的动力电源。

2）电动机和蓄电池系统轻量化应用简述。电动汽车四大关键技术包括蓄电池及管理技术、电力驱动及其控制技术、整车控制技术、能量管理技术。

电机和动力蓄电池是电动汽车动力的关键零部件。电机主要采取轻质和高性能材料来实现轻量化，通过选用高性能永磁体和导磁材料来优化电机本体性能、提高功率，从而达到减重的目的；同时通过采用轻质材料替代传统材料，并采用模块化集成设计减少零件数量来实现减重。

一般蓄电池系统主要由电芯、箱体和结构件组成，如图3-89所示，包括蓄电池模块、蓄电池管理系统、热管理系统（风冷、液冷）、高压配电盒、维修开关、高低压线束和壳体等部件。

图3-89　某电动汽车蓄电池箱

蓄电池箱体是新能源汽车动力电池的承载件，一般安装在车体下部，主要用于保护锂离子电池在受到外界碰撞、挤压时不会损坏。传统的车用电池箱体采用钢板、铝合金等材料制造，并对表面进行喷涂处理。在满足同等强度要求的条件下，使用热固性SMC或碳纤维复合材料制作，相对铝铸件、钣金件的减重优势比较明显，如比铝铸件减重约22%，比钢材减重约64%。而碳纤维具有较高的比强度，能达到普通钢材的5倍，且碳纤维与环氧树脂形成的复合材料密度仅为$1.6g/cm^3$，是典型的高强度轻量化材料，而且其还具有优良的耐蚀性和阻燃性，因而在性能方面是传统金属材质蓄电池箱体的理想替代品。

国内某厂家制造的碳纤维电池箱体如图3-90所示。该款蓄电池箱体的重量仅为2.7kg，与传统钢结构材料制作的蓄电池箱体相比大约能减重80%，在强度和荷载力上同样能达到相关的技术要求，更重要的是，车体下方运行环境恶劣，该款蓄电池箱体展现出的抗腐蚀、防水、阻燃、使用寿命长等性能可以很好地应对和解决这些问题。

图3-90　国内某厂家制造的碳纤维蓄电池箱体

蓄电池壳体越来越薄，尺寸越来越大，但对其拉伸强度、重量、安全性的要求却越来越高。

由于蓄电池标准尚未统一，当前国内蓄电池型号繁多，箱体尺寸大小不一，需要蓄电池包供应商开发多种模具和增设生产线对应，增加了企业的成本和风险，因此，制定推行通用的蓄电池标准有助于进一步促进电池包轻量化和降低成本。

结构件（如模块固定支架、框架、端板和壳体等）可以通过采用轻质材料来实现轻量化。目前采用较多的还是 PA、PC/ABS、PBT、PPO 等材料，如果在满足性能的前提下使用 PPO 材料替代 PA 则可以降低重量约 32%，替换 PC/ABS 可以减重约 10%。由于蓄电池箱体需要阻燃要求，所以 FRPBT（纤维增强 PBT）材料也大量使用在欧美等新能源车的动力蓄电池箱罩盖上。

通过部件集成化也可以实现减重的目的。可以将一些支架和线束、水路等部件结合，利用工程塑料和复合材料设计自由度高、易集成化的特点减少零部件数量以达到减重的目的。另外，还可以将导热垫片替换成导热胶以实现减重，并且可以加强导热性降低电芯的热失控概率，使整个蓄电池系统的安全性也得到加强。同时，针对蓄电池包冷却系统可采用单层或双层的聚酰亚胺管路输送介质以达到冷却的效果，具体应用如图 3-91 所示。

a) 电机 +MCU 集成
（节省线束体积，优化 EMC）

b) 电机内置功率集成

c) MCU+DC/DC 集成（共用水道和电容）

图 3-91　集成化的部件

3. 复合材料在国内外汽车轻量化中的应用

自从 1953 年世界上第一辆 FRP（塑料聚合树脂）汽车——GM Corvette（克尔维特）制造成功以后，聚合物基复合材料即成为汽车工业的一支生力军。20 世纪 70 年代开始，由于 SMC、BMC 材料的成功开发和机械化模压技术的应用，汽车用玻璃纤维增强复合材料得到快速发展。SMC、BMC 主要用于汽车的内饰件和防腐蚀外护板件，也有少量用于汽车的结构件和半结构件。随着复合材料原材料的不断发展以及制造工艺和装备技术的不断进步，汽车复合材料构件的制造成本降低、生产效率提高，同时以 GMT、LFT 为代表的高性能复合材料得到了迅猛发展，并应用于汽车的车身、地板、车门、轮毂等结构件和半结构件。

（1）复合材料在国外汽车上的应用　据统计，全世界平均每辆汽车的塑料复合材料用量在 2000 年就已达 105kg，占汽车总重量的 8%~12%。发达国家汽车的复合材料平均使用量为 120kg，占汽车总重量的 12%~20%。预计到 2020 年，发达国家汽车平均复合材料的用量将达到 500kg/ 辆。复合材料在国外汽车车身覆盖件、内饰件等半结构件中得到广泛应用，主要是以 SMC、GMT 等短切玻璃纤维增强复合材料构件为主，包括车顶板、行李舱盖板、行李舱、保险杠、内饰板和车前端等。

由于玻璃钢存在刚度不足的缺陷，不能用于主承力结构，高性能的连续碳纤维复合材料正在引发全球汽车制造业一场新的技术革新。由于碳纤维增强聚合物基复合材料有足够的强度和刚度，已在航天航空等领域广泛使用，另外，它也制造汽车主结构，如车身（图 3-92）、底盘最轻的材料，因此受到汽车工业广泛重视。预计 CFRP 的应用可使汽车车身、底盘减轻重量 40%~60%，相当于钢结构重量的 1/6~1/3，采用 CFRP 制造的板簧重量为 14kg，减轻了 76%。

宝马公司 2013 年推出的首款 i3 电动车以及其后推出的 i8 跑车的整个车身结构都是由碳纤维复合材料制成，采用 RTM 进行高压树脂注射技术，将成型时间控制在 10min 内。在整车组装方面，宝马公司采用新的自动化接合技术，极大提高了生产效率。宝马 i8 Spyder 概念车的重量仅为 1630kg，比传统新能源汽车减轻了 250~350kg（图 3-93）。

图 3-92　碳纤维复合材料车身

图 3-93　宝马 i 系列碳纤维车架

复合材料在国外大型客车中也得到了进一步的拓展应用，应用部件包括前后围、前后保险杠、翼子板、轮护板、踏步围板、行李舱门板、后视镜、仪表板、舱门板、空调顶置壳体等。

（2）复合材料在国内汽车工业上的应用　我国汽车复合材料的应用始于合资车型，近几年在国产品牌车型上也取得了长足进步。自 2009 年的哥本哈根会议以来，"低碳经济、新能源"成为世界各国都关注的焦点。中国作为汽车消费大国，新能源汽车的生产和使用必将成为未来的发展趋势，这是国内汽车轻量化的一个机遇，同时也是复合材料汽车零部件借势发展的一个巨大市场。上汽采用轻质 GMT 复合材料制备的顶棚内饰板 (图 3-94)，可实现减重 20%~30%，综合成本可降低约 20 元 / 件。上汽大通校车车顶凸台采用 SMC 材料，实现了减重 14 kg，重量较原有钣金件降低了 60%。

近年来，复合材料零部件在国内客车及载货汽车上的应用也有不少成功案例，比如南京依维柯都灵 V 系列车的 SMC 豪华面罩、后行李舱门、BMC 前照灯和雾灯、FRP 后围等构件，一汽集团解放 J5、J6 系列的 SMC 前保险杠、前围面板、导流罩等，中国重汽华沃系列的 SMC 前端面板、脚踏板、门下装饰板和侧护板等，陕汽德龙系列的 SMC 面罩、保险杠、脚踏板、左右护栏板和导流罩等。国内首辆自主研发的复合材料车厢运输车如图 3-95 所示。该车车身长度达到了 8.6m，但车身自重仅为 4.8t，其载重能力可达 50t，与传统的金属车厢运输车重量减轻了 29% 左右。

图 3-94　顶棚内饰板

图 3-95　复合材料车厢运输车

近年来，聚合物基复合材料在客车及载货汽车领域应用有所增加，SMC、LFT 工艺正逐步替代传统手糊工艺，而且以短切纤维增强复合材料为主。

（3）复合材料在国内汽车工业中应用展望

汽车轻量化的发展趋势对汽车复合材料提出了更高的要求，在减重的同时，更要提高性能。随着 RTM 等低成本、快速成型制造技术及装备的迅速发展，大大降低了汽车复合材料的工艺及制造成本，促进了汽车复合材料的发展和应用。复合材料从制备简单的 SMC 后保险杠背衬、行李舱、车灯反射罩以及发动机罩板等汽车非承力零件，逐渐发展到制备复合材料高性能汽车板簧及全复合材料轮毂和轮辋等承力构件。复合材料的增强材料也从玻璃纤维向高性能的碳纤维和芳纶纤维以及复合纤维发展，这些高性能材料的使用，大大改善了复合材料的结构性能，加速了复合材料在汽车工业更为广泛的应用。例如，整体碳纤维轮毂和轮辋每个仅重 6.81~8.17kg，其质量比铝合金轮毂和轮辋轻 40%~50%，可大幅提高汽车燃油效率。用碳纤维复合材料取代钢材制造车身和底盘，可减轻质量 68%，油耗下降 40%。

汽车行业面临诸多挑战，包括全球竞争、对更高性能车辆的需求、降低成本以及更严格的环保和安全要求。汽车工程中使用的材料在解决这些问题上起着关键作用。更轻的材料意味着更轻的车辆和更低的排放。复合材料因其强度高、重量轻，将会越来越多地用于汽车行业。

➡ **作者**：

❖ 张华川，尹苗，段艳兵. 成都鲁晨新材料科技有限公司
❖ 李智，王磊，徐晶才，于波，李瑞生，韩峰. 华晨汽车工程研究院

参考文献

[1] 王耀先. 复合材料力学与结构设计 [M]. 上海：华东理工大学出版社，2012.
[2] 冯奇，何健等. 复合材料在汽车中应用的发展趋势 [J]. 工艺材料，2013：50-53.
[3] 周玉敬，杨涛，范广宏. 聚合物基复合材料在汽车工业中的应用 [J]. 材料科学，2016，6(1)：15-321.
[4] 吴宏博，孙立娜. 汽车用聚合物基复合材料的新进展 [J]. 纤维复合材料，2012（1）：7-12.
[5] 郑学森. 国内汽车复合材料应用现状与未来展望 [J]. 玻璃纤维，2010(3)：35-42.
[6] 郑学森，潘徽辉. 玻璃钢/复合材料在汽车工业中的应用 [J]. 新材料产业，2008（3）：25-32.
[7] 张力，张恒. 复合材料汽车零部件设计制造及应用 [M]. 北京：科学出版社，2010.
[8] 陶骏，杨丹，马华跃，等. 浅析轻质 GMT 在汽车内饰板上的应用 [J]. 汽车工艺与材料，2009(9)：65-66.
[9] 凌静，王庆明. 复合材料部件在汽车轻量化中的应用 [J]. 现代零部件，2013(2)：34-37.
[10] 陈绍杰. 先进复合材料在汽车领域的应用 [J]. 高科技纤维与应用，2011，30(1)：11-17.
[11] 方鲲，顾铁卓，刘建才，等. 碳纤维增强(树脂基)热塑性复合材料汽车轮毂的 CAE 分析 [A]. 第十一届先进成型与材料加工技术国际研讨会，2014：12.

3.3.2 复合材料的树脂基体

聚合物基复合材料主要由树脂基体和纤维增强材料组成。树脂基体包括热固性树脂和热塑性树脂；纤维增强材料常用的有玻璃纤维、碳纤维、芳纶纤维、高密度聚乙烯纤维和玄武岩纤维等。

聚合物基复合材料按基体可分为热固性复合材料和热塑性复合材料，其性能与树脂基体有密切关系。

1. 复合材料的树脂基体概述

基体材料由于其粘结性能好，可把增强材料牢固地粘结起来。增强材料的高强度和高模量特性使它成为理想的载体。

热固性树脂在初始加热时软化，可塑造成型，但固化后加热将不再软化，也不溶于溶剂。常用的热固性树脂有酚醛树脂、环氧树脂、不饱和聚酯树脂和有机硅树脂等。热塑性树脂加热时会软化和熔融，冷却即成型并保持既得形状，这一过程具有重复性。应用较多的热塑性树脂有尼龙、聚苯乙烯类、聚烯烃类、聚碳酸酯和热塑性聚酯树脂等。

目前车用复合材料的树脂基体仍以热固性树脂为主，但热固性复合材料的缺点是废弃物的回收再利用很困难。随着国际社会对环境保护的要求程度越来越高，热塑性树脂基复合材料越来越受到人们的关注。与热固性树脂基复合材料相比，热塑性树脂基复合材料有许多优点，如断裂韧度高，成型过程无化学反应，成型快，周期短；预浸料可以无限期存储，对存储无特殊要求，易于回收利用，不污染环境，能够快速自动化生产。

2. 热固性树脂应用介绍

（1）环氧树脂　环氧树脂是聚合物基复合材料中应用最广泛的一种热固性树脂。环氧树脂是含有两个或两个以上环氧基团，以脂肪族、脂环族或芳香族等有机化合物为骨架并通过环氧基团发生交联反应而形成不溶、不熔的具有三维网状结构的高聚物。环氧基团可以位于分子链的末端、中间或成环状结构，由于分子中含有活泼的环氧基，使它们可与多种类型的固化剂反应。

1) 环氧树脂类型（狭义）。环氧树脂从狭义上可分为以下 5 种类型：

① 缩水甘油醚环氧树脂（二官能团型和多官能团型）。

② 缩水甘油酯型环氧树脂（如邻苯二甲酸型）。

③ 缩水甘油胺型环氧树脂（如异氰尿酸酯型）。

④ 脂肪族环氧树脂。

⑤ 脂环族环氧树脂。

上述环氧树脂的 5 个类型中，缩水甘油醚型环氧树脂使用最多，约占环氧树脂总量的 90%；缩水甘油酯型环氧树脂因为使用邻苯二甲酸，其电器绝缘性能和耐候性优良；缩水甘油胺型环氧树脂以异氰尿酸酯型为代表，其耐热性优秀；脂环族环氧树脂因不含芳香环化合物，耐候性和电子绝缘性优异。

环氧树脂在使用时必须加入固化剂，然后在一定温度条件下固化，生成三维网状结构的高聚物后才能使用。环氧树脂的固化剂种类虽然繁多，但大体上可以分为两类：一类是可与环氧树脂分子进行加成，并通过逐步聚合反应使环氧树脂交联成体型结构的固化剂，称反应性固化剂，这类固化剂一般都含有活泼的氢原子，在反应过程中伴有氢原子的转移，如多元伯胺、多元羧酸、多元硫醇和多元酚等；另一类是催化性固化剂，它可引发树脂分子中的环氧基按阳离子或阴离子聚合的历程进行固化反应，如叔胺和三氟化硼络合物等。两类固化剂都是通过树脂分子结构中具有环氧基或仲羟基的反应完成固化的。不同固化剂固化双酚 A 型环氧树脂的性能见表 3-37。

表 3-37　双酚 A 型环氧树脂[①]固化物性能

性能	脂肪胺固化[②]	芳香胺固化[③]	酸酐固化[④]	聚酰胺固化[⑤]
相对密度	1.18~1.23	1.18~1.23	1.18~1.23	1.15~1.20
拉伸强度 /MPa	82	84	87	67
断裂伸长率（%）	3.5	4.4	5.0	5.0
弯曲强度 /MPa	135	109	127	1020
弯曲模量 /GPa	2.9	2.7	2.9	2.4
压缩强度 /MPa	120	120	114	890
冲击强度 /J·m^{-1}（V 缺口）	0.29	0.27	0.22	0.32
邵氏硬度 D	—	—	—	88
热变形温度 /℃	80~110	150~170	110~130	60~80
线胀系数 /(10^{-5}/K)	6.0~6.5	5.5~6.5	—	6.3~7.0

① 环氧当量 186g/mol。
② 三乙烯四胺。
③ 甲基二苯基二胺。
④ TETA/二聚酸改性，胺值 375。
⑤ 六氢苯酐。

2）环氧树脂的性能优势：

① 粘附力强：环氧树脂中固有的极性羟基和醚键的存在，使其对各种物质具有很高的粘附力，而环氧树脂固化时收缩性低也有助于形成一种强韧的内应力较小的粘合键。由于固化反应没有挥发性副产物放出，所以在成型时不需要高压或者除去挥发性副产物所消耗的时间，这也就更进一步提高了环氧树脂体系的粘结强度。

② 收缩性低：环氧树脂和所用的固化剂反应是通过直接加成进行的，没有水护着其他挥发性副产物放出，和不饱和聚酯树脂相比它在固化过程中显示出很低的收缩性（小于 2%）。

③ 化学稳定性：通常固化后的环氧树脂体系具有优良的耐酸性、耐碱性和耐溶剂性。与其他树脂体系一样，其化学稳定性取决于所选用的树脂和固化剂类型。适当地选用环氧树脂和固化剂，可以使其具有特殊的化学稳定性。

（2）酚醛树脂　酚类和醛类的缩聚产物通称为酚醛树脂，一般常指由苯酚和甲醛经缩聚反应而得的合成树脂。它是最早合成的一类热固性树脂。

由于酚醛树脂原料易得，价格低廉，生产工艺和设备简单，而且制品具有优异的力学性能、耐热性、耐寒性、电绝缘性、尺寸稳定性、成型加工性、阻燃性及低烟雾性，因此其成为工业上不可缺少的材料，具有广泛的用途。

酚醛树脂的合成和固化过程完全遵循体型缩聚反应的规律。控制不同的合成条件（酚与醛的比例、催化剂类型）可以得到两类不同的酚醛树脂：一类是热固性酚醛树脂，它是一种含有可进一步反应的羟甲基活性基团的树脂，如果合成反应不加控制，则会使体型缩聚反应一直进行至形成不溶、不熔的具有三维网络结构的酚醛树脂，这类树脂又称一阶树脂；另一类是热塑性酚醛树脂，它是线性树脂，进一步反应不会形成三维网络结构，要加入固化剂后才能进一步反应固化，这类树脂又称为二阶树脂。

1）酚醛树脂固化方式。酚醛树脂的固化方式有很多种，主要包括：

① 热固化。热固化是亚甲基键和醚键同时生成，但二者比例与树脂中羟甲基的数目、酸碱性、

固化温度和苯环上活泼氢的多少有关。醚键在温度＞160℃时脱去一分子，由甲醛转变为次甲基键。

② 酸固化。在树脂中加入适当的酸类固化剂，可以达到低温固化的目的。固化反应主要形成次甲基键。通用酸类固化剂有盐酸、磷酸、对甲苯磺酸、苯酚磺酸等。

③ 碱固化。为了控制固化反应顺利进行，可以用一种或几种较弱或较强的碱性催化剂。通用的碱性固化剂有NaOH（氢氧化钠）、$Ba(OH)_2$（氢氧化钡）、MgO（氧化镁）、氨水等，此外还可以用六次甲基四胺直接固化酚醛树脂。

④ 其他固化方式。酚醛树脂还可以和其他化合物反应来实现固化，例如热固和热塑酚醛树脂互为固化，环氧树脂固化酚醛树脂，异氰酸酯、尿素、蜜胺、不饱和聚合物、具有羧基的化合物等固化酚醛树脂。

2）酚醛树脂性能优势。

① 高温性能：酚醛树脂最重要的特征就是耐高温性，即使在非常高的温度下，它也能保持结构的整体性和尺寸的稳定性。因此，酚醛树脂可被应用于一些高温领域，例如耐火材料、摩擦材料、粘结剂和铸造行业。

② 粘结强度：酚醛树脂一个重要的应用就是作为粘结剂。酚醛树脂是一种多功能，与各种各样的有机和无机填料都能相容的物质。设计正确的酚醛树脂，润湿速度特别快，并且在交联后可以为磨具、耐火材料、摩擦材料以及电木粉提供所需要的机械强度、耐热性能和电性能。

③ 高残炭率：在温度大约为1000℃的惰性气体条件下，酚醛树脂会产生很高的残炭，利于维持酚醛树脂的结构稳定性，也是它用于耐火材料的一个重要原因。

④ 低烟低毒：与其他树脂相比，酚醛树脂具有低烟低毒的优势。在燃烧的情况下，用科学配方生产出的酚醛树脂将会缓慢分解产生氢气、碳氢化合物、水蒸气和碳氧化物，分解过程中所产生的烟相对少，毒性也相对低。这些特点使酚醛树脂适用于公共运输和安全要求非常严格的行业，如矿山、防护栏和建筑业等。

⑤ 抗化学性：交联后的酚醛树脂可以抵制任何化学物质的分解。

酚醛树脂在汽车上的应用：酚醛树脂可替代部分铝、纯铜、青铜等有色金属零件，用于要求耐热、耐化学药品腐蚀、电气特性的电器、机械零件，耐热尺寸稳定好、隔热的化油器基体，制动、加速器件及制动蹄片和离合器片的胶粘剂等。利用酚醛树脂耐热、高弹性模量、尺寸稳定性好等特点已开发出质量轻、噪声低、零件数较少的发动机附件、制动零件和转动零件等，如替代钢制动活塞的酚醛盘式制动用活塞的质量由790g减至350g。液力变矩器连接在发动机之后，当与离合器脱开时，转矩增大，自动变速器零件的使用温度升至100~120℃，起动温度峰值更可达180℃，表面则高达260℃，采用石棉填充的酚醛速率扼流环的零件数为7个，而原来铝制的零件数为10个。

（3）不饱和聚酯树脂　不饱和聚酯树脂是指不饱和聚酯在乙烯基类交联单体中的溶液。通常不饱和聚酯树脂是由不饱和二元羧酸或酸酐、饱和二元羧酸或酸酐与二元醇缩聚而成，在缩聚反应结束后加入乙烯基类单体配制成的黏稠状液体。

不饱和聚酯树脂在固化前为线性的具有反应活性的相对分子质量较低的低聚物，固化后成为透明的、密度为$1.2g/cm^3$的立体网状结构的热固性树脂。其物性与单体的种类及配比、交联密度有很大关系。未增强的不饱和聚酯很脆，性能较差。不饱和聚酯树脂中超过80%用于玻璃纤维增强的增强复合材料，不足20%为非增强的。增强复合材料的成型材料已从手糊成型、喷射成型转向效率更高的BMC和SMC。

玻璃纤维增强的不饱和聚酯树脂的优点如下：
① 力学性能、耐蚀性和电气性能较好。
② 冲击强度高。
③ 成型性和工艺性良好，调节自由度大，根据产品大小、数量可选择各种不同的成型方法，满足不同的用途和要求。

玻璃纤维增强的不饱和聚酯树脂的缺点如下：
① 耐候性不太好，暴露在外易黄变，物性变差。
② 耐化学药品性不太好，在热水中会水解，在 PS 类溶剂中会溶胀。
③ 有残留的苯乙烯单体、废弃物难于回收利用等环境问题。

玻璃纤维增强不饱和聚酯树脂的性能见表 3-38。

表 3-38　不饱和聚酯树脂的性能

性能	GF 层压	SMC	BMC	ASTM
密度 /（g/cm³）	1.5~2.1	1.65~2.6	1.2~2.05	D792
透光率（%）	半透明、不透明	不透明	不透明	D542
拉伸强度 /MPa	210~350	56~180	35~70	D638
断裂伸长率（%）	1~2	3	—	D638
弯曲模量 /GPa	7~21	7~15	—	D790
冲击强度 /J·m^{-1}（缺口）	270~1700	390~1210	220~720	D256
热变形温度 /℃	>204	191~260	160~177	D648
线胀系数 /（10^{-5}/K）	1.5~3.0	2.0	—	D696
体积电阻率 /Ω·cm	10^{14}	10^{13}~10^{16}	10^{14}~10^{16}	D257
介电常数（10^{6}Hz）	4.0~5.5	4.2~5.8	5.2~6.4	D150
介电损耗角正切（10^{6}Hz）×10^{-4}	0.01~0.03	0.016~0.024	0.008~0.02	D150
吸水率（24h）（%）	0.05~0.5	0.1~0.25	0.1~0.45	D570
成型收缩率（%）	0.02~0.21	0.1~0.4	0.05~0.4	D570
耐候性	不太好，黄变，性能变差			—
耐化学药品性	被强酸、强碱侵蚀，在热水中会水解			—
耐有机溶剂性	优良（在 PS 类溶剂中会溶胀）			—

3. 热塑性树脂应用介绍

热塑性树脂作为聚合物基复合材料基体主要有聚丙烯、聚酰胺、聚碳酸酯、聚甲醛、聚对苯二甲酸乙二醇酯和聚砜等。

（1）聚丙烯　聚丙烯（PP）是一种高结晶、高立体定向性热塑性树脂，结晶度 60%~70%，等规度 >90%，熔点 170~175℃，密度 0.90~0.91g/cm³，质轻、无色、无味、无毒，耐酸、耐碱、耐有机溶剂等化学药品，具有出色的抗拉应力开裂能力与挠曲性。聚丙烯的缺点是耐蠕变性较差。聚丙烯用无机填料（玻纤、炭黑等）增强后，可改变制品的力学性能、蠕变和室外老化性能。聚丙烯已成为汽车上应用最多的塑料品种。

聚丙烯在汽车上的应用：聚丙烯用量约占汽车塑料总量的30%。聚丙烯在汽车上被大量用作内饰件、外饰件、发动机有关的零部件和空调机件，如保险杠、转向盘、仪表板、蓄电池壳、散热器面罩（货车）、散热器风扇、暖风管道、转向柱护套、杂物箱盖等。

（2）聚酰胺 聚酰胺（PA）是以内酰胺、脂肪羧酸、脂肪胺或芳香二胺、芳香族二元胺为原料合成，主链上含有酰胺基团的高分子化合物。聚酰胺为韧性角状半透明或乳白色结晶性树脂，作为工程塑料的聚酰胺的相对分子质量一般为 1.5~3 万。聚酰胺具有很高的力学强度，软化点高，耐热，耐磨损，摩擦系数低，自润滑，吸振性和消声性好，耐油，耐弱酸，耐碱和一般溶剂，电绝缘性好，有自熄性、无毒、无味耐候性好。缺点是吸水性大，影响尺寸稳定性和电性能。聚酰胺的品种有 PA6、PA66、PA11、PA12、PA46、PA610、PA612、PA1010 以及半芳香族聚酰胺 PA6T 和特种聚酰胺，其中 PA6 和 PA66 产量最大，约占聚酰胺产量的 90%。

利用玻璃纤维、石棉纤维、碳纤维等增强的聚酰胺复合材料，在很大程度上弥补了聚酰胺性能的不足，其中玻璃纤维增强聚酰胺最为重要。

聚酰胺在汽车上应用：聚酰胺耐热性、耐油性、耐化学品性良好，可满足环境的苛刻要求，在汽车工业中应用广泛。PA6、PA66 制造的汽车部件见表 3-39。

表 3-39 PA6、PA66 制造的汽车部件

汽车零件	PA6	PA66
机械件	燃油滤清器、制动液罐、动力转向液罐	空气滤清器、进气管、发动机罩、散热器水池、水泵壳、齿轮箱盖等
电器、仪表件	连接器、固定夹子、熔丝盒、速度表齿轮、速度表等	刮水器齿轮、照明灯壳、雾灯壳
车身件	门外侧手柄、头枕导向座、遮阳板支架、座席安全带零件	燃油滤清器盖、换气百叶窗、钢板弹簧垫片、风扇

（3）聚碳酸酯 聚碳酸酯（PC）是一种线型碳酸聚酯，分子中碳酸基团与另一些基团交替排列，这些基团可以是芳香族或脂肪族。双酚 A 型聚碳酸酯是一种很重要的工业产品。双酚 A 型聚碳酸酯是一种无定形的工程塑料，具有良好的韧性、透明性和耐热性。碳酸酯基团赋予聚碳酸酯韧性和耐用性，双酚 A 基团赋予聚碳酸酯高的耐热性。聚碳酸酯的缺点是疲劳强度低，耐磨性差，摩擦系数大。聚碳酸酯制品容易产生应力开裂，内应力产生的原因主要是由强迫取向的大分子间相互作用造成的。

聚碳酸酯中加入玻璃纤维，可提高其疲劳强度、拉伸强度、弯曲强度、弹性模量等力学性能，显著改善其应力开裂性，并且可较大幅度地提高其耐热性，成型收缩率也进一步下降。

聚碳酸酯具有透明、高强度、抗冲击性和耐热性好等优点，在汽车上的应用主要有：①灯具，尤其是灯玻璃；②仪表标牌、遮阳板、窗玻璃；③分电器盖，可直接观察到火花状态。

（4）聚甲醛 聚甲醛（POM）是没有侧链的高熔点、高密度、结晶性的线性聚合物，外观呈乳白色或淡黄色。聚甲醛分为两类：一类是三聚甲醛与少量二氧戊环的共聚体，称为共聚甲醛；另一类是甲醛或三聚甲醛的均聚体，称为均聚甲醛。两种甲醛结构虽有差异，但共聚甲醛分子链中 C—C 键所占比例很小，所以两种聚甲醛的性能基本相近，具有相似的特性。

聚甲醛具有良好的综合性能，刚性和强度高，耐疲劳和耐磨性优良，蠕变和吸水性较小，化学稳定性和电气绝缘性好。缺点是密度较大、耐酸耐候性与阻燃性较差。

聚甲醛产量的 25%~30% 被用来替代有色金属及其合金制造各种汽车零件，见表 3-40。

表 3-40 聚甲醛在汽车零部件中的应用

汽车零部件	应用实例
内饰件	遮阳板托架及框架、门调节器手柄、门锁零件、驾驶室内镜框
外饰件	门外侧手柄、铭牌、镜框支架
机构件	油箱盖、单向轴阀、格栅、排水阀、水泵叶轮、燃油泵、制动泵壳体、燃料节流泵、化油器零件、减振器、排气控制阀、轴承保持架、悬置球节、转向臂、轴承垫、方向指示机构
仪表、电器件	速度表、杠杆式开关、起动开关、组合开关的各种零件、车窗密封的各种零件、小电动机零件、门灯开关、刮水器、开关滑板
其他	加热器风扇与操纵杆、空调与真空调节阀

（5）聚对苯二甲酸乙二醇酯　热塑性聚酯品种较多，但 90% 以上是 PET（聚对苯二甲酸乙二醇酯）和 PBT（聚对苯二甲酸丁二醇酯）。PET 和 PBT 属于结晶聚合物，但其结晶度较低（＜30%）。PET、PBT 的玻璃化转变温度较低，相应的高荷重下的热变形温度也不高，从而限制了纯树脂的应用。用玻璃纤维增强后热变形温度大幅度上升，玻璃纤维增强的 PET 和 PBT 的力学性能、热性能显著提高，因此 80% 的 PBT 是经过改性后才用，而其中 97% 是用玻璃纤维增强的。

PET、PBT 在汽车工业中的应用：①增强 PET 应用于汽车的结构件、电器件、外装件等，如各种阀门、排气零件、分电器盖、雾灯支架、配电盘罩、点火线圈等；②增强 PBT 在汽车外装件、内饰件、电器件中得到应用。

➜ 作者：

❖ 张华川，尹苗，段艳兵. 成都鲁晨新材料科技有限公司

参考文献

[1] 陈宇飞，郭艳宏，戴亚杰. 聚合物基复合材料 [M]. 北京：化学工业出版社，2010.
[2] 黄丽等. 聚合物复合材料 [M]. 北京：中国轻工业出版社，2012.
[3] 马翠英，黄晖. 树脂基复合材料在汽车工业中的应用研究 [J]. 现代交通技术，2005，2（6）：70-73.
[4] 陈平，刘胜平，王德中. 环氧树脂及其应用 [M]. 北京：化学工业出版社，2011.
[5] 黄发荣，万里强. 酚醛树脂及其应用 [M]. 北京：化学工业出版社，2011.
[6] 周达飞，吴张永，王婷兰. 汽车用塑料——塑料在汽车中的应用 [M]. 北京：化学工业出版社，2003.
[7] 黄志雄. 热固性树脂复合材料及其应用 [M]. 北京：化学工业出版社，2007.
[8] 车剑飞，黄洁雯，杨娟. 复合材料及其工程应用 [M]. 北京：机械工业出版社，2006.

3.3.3 复合材料的增强材料

粘结在复合材料基体内以改进其力学性能的高强度材料称为增强材料。在不同基体中加入性能不同的增强材料，其目的在于获得更优异的复合材料。增强材料是复合材料的主要承力组分，它能大幅度地提高基体树脂的强度和弹性模量，而且能减少复合材料成型过程中的收缩，提高热变形温度。

1. 复合材料的增强材料概述

聚合物基复合材料采用的增强材料主要有玻璃纤维、碳纤维、芳纶纤维和超高相对分子质量聚乙烯纤维等。增强材料从玻璃纤维向高性能的碳纤维、芳纶纤维等发展。高性能材料的使用大大改善了复合材料的结构与性能，提高了成型速度和制造质量，加速了复合材料在汽车上的使用化进程。

2. 玻璃纤维应用介绍

（1）玻璃纤维的性能优势　玻璃纤维（GF）是玻璃原料经熔融和拉丝工艺制得的一种无机纤维，具有高强度、高模量、耐高温、耐腐蚀和低密度等性能，由于价格相对较低，被广泛用于增强材料。

玻璃纤维的主要成分是 SiO_2（二氧化硅）、Al_2O_3（三氧化二铝）、CaO（氧化钙）、MgO（氧化镁）、B_2O_3（氧化硼）等，根据组分差异，可分为 A-玻璃纤维、C-玻璃纤维、D-玻璃纤维、E-玻璃纤维、S-玻璃纤维、AR-玻璃纤维。复合材料中常用玻璃纤维的物理性能见表 3-41。

表 3-41　常用玻璃纤维的物理性能

性能	纤维种类					
	A	C	D	E	S	AR
拉伸强度（原纱）/MPa	3100	3100	2500	3400	4580	4400
拉伸模量/GPa	73	74	55	71	85	86
伸长率（%）	3.6	—	—	3.37	4.6	5.2
比强度/[MPa/(g/cm³)]	1300	1300	1200	1300	1800	1700
比模量/[MPa/(g/cm³)]	30	30	26	28	34	34
线胀系数/(10^{-6}/℃)	—	8	2~3	—	—	4
折光指数	1.520	—	—	1.548	1.523	1.541
介电损耗角正切（10^6Hz）	—	—	0.0005	0.0039	0.0072	0.0015
介电常数（10^{10}Hz）	—	—	—	6.11	5.6	—
介电常数（10^6Hz）	—	—	3.85	—	—	6.2
体积电阻率/μΩ·m	10^{14}	—	—	10^{19}	—	—

（2）玻璃纤维在汽车中的应用介绍　汽车用复合材料主要为玻璃纤维增强塑料，包括玻璃纤维增强热塑性塑料（GF 增强 PP、GF 增强 PA66 及 PBT 等）、玻璃纤维毡增强热塑性塑料（GMT）、玻璃纤维增强热固性塑料（如聚酯树脂模塑料 SMC 材料）。汽车用复合材料成型工艺主要有 SMC 压缩模塑、树脂传递模塑成型（RTM）、反应注射成型（RIM）以及吹塑成型等。玻璃纤维复合材料成型工艺及在汽车零部件中的应用见表 3-42。

3. 碳纤维应用介绍

（1）碳纤维的性能优势　碳纤维（CF）是由有机纤维丝经固相反应转变而成的纤维状聚合物碳，是一种非金属材料，一般指纤维中含碳量在 95% 左右的碳纤维和含碳量在 99% 的石墨纤维。

表 3-42 玻璃纤维复合材料成型工艺及在汽车零部件中的应用

成型工艺	应用
SMC	轻型车进气罩下体、护风圈、前照灯罩、前端电枢、空调器壳、发动机舱盖等
BMC	车顶导流板、翼子板、前照灯罩、车轮盖、车门、侧板、车身装饰物、风窗玻璃框、顶盖、发动机罩及通风孔等
RTM	护风罩、前后保险杠、导流罩、后尾门、顶盖等
拉挤成型	大型货车用集装箱内外板的隔板、保险杠横梁、推杆、车架等
RIM	保险杠、挡泥板、车门外蒙皮

碳纤维具有密度低、强度高、模量高、耐高温、耐化学腐蚀、电阻低、热导率高、线胀系数低和耐辐射等优异性能。此外碳纤维具有纤维的柔曲性和可编性,比强度和比模量优于玻璃纤维。碳纤维的最大缺点是目前价格高,另外高温抗氧化能力差,高温下有氧存在时会生成二氧化碳,碳纤维怕"打折"和"急转弯",在这些部位只要轻轻一拉就会断裂。

根据原丝不同,碳纤维分为聚丙烯腈基碳纤维、沥青基碳纤维、粘胶基碳纤维和木质素纤维基碳纤维,目前应用最多的是前两种。根据碳纤维性能不同,可将其分为高性能碳纤维和低性能碳纤维,其中高性能碳纤维中有高强度碳纤维(HS)、超高强度碳纤维(VHS)、高模量碳纤维(HM)和中模量碳纤维(MM)等。碳纤维性能见表 3-43。

表 3-43 碳纤维性能

性能	碳纤维				石墨纤维	
	通用型	T-300	T-1000	M40J	通用型	高模型
密度 /(g/cm^3)	1.70	1.76	1.82	1.77	1.80	1.81 ~ 2.18
拉伸强度 /MPa	1200	3530	7060	4410	1000	2100 ~ 2700
比强度 /[GPa/(g/cm^3)]	7.1	20.1	38.8	24.9	5.6	9.6 ~ 14.9
拉伸模量 /GPa	48	230	294	377	100	392 ~ 927
比模量 /[GPa/(g/cm^3)]	2.8	13.1	16.3	21.3	5.6	21.7 ~ 37.9
断裂伸长率(%)	2.5	1.5	2.4	1.2	1.0	0.27 ~ 0.5
体积电阻率 /(10^{-3}Ω·m^3)	—	1.87	—	1.02	—	0.22 ~ 0.89
热膨胀系数 /(10^{-6}/℃)	—	–0.5	—	—	—	–1.44
热导率 /(W/m·K)	—	8	—	38	—	84 ~ 640
含碳量(质量分数,%)	90 ~ 96				> 99	

注:T-300 为标准型;T-1000 为高强型;M40J 为高强高模型。

碳纤维增强树脂基复合材料是一种重要的复合材料,可分为短纤维增强、连续纤维增强和三维编织碳纤维增强。短碳纤维增强复合材料具有加工性好等优点;连续碳纤维增强复合材料具有高强度、高韧性等优点;三维编织碳纤维复合材料具有很高的冲击韧度、抗疲劳强度和抗损伤性能。

(2)碳纤维在汽车中的应用 以往汽车部件用 SMC/BMC 树脂绝大多数选用玻璃纤维作为增强材料,随着人们对轻量化、低油耗、高安全性、环保等要求的提高,高强度纤维复合材料,特别是碳纤维复合材料因其质量小、强度高、刚性高、耐蠕变性与耐蚀性良好,成为很有前途的汽车用轻量化材料。为了尽可能降低汽车型 SMC 和高强度乙烯基酯树脂重量,碳纤维增强材料通常使用不含填料的环氧树脂制成。以前曾和使用手糊成型或树脂传递模塑成型工艺,用于制造小批量的航空部件和赛车等特殊产品。近年开发出多种短工艺周期的成型工艺,以满足中批量、质量一致性要求高的汽车生产要求。汽车部件应用碳纤维增强 SMC（CF-SMC）可使重量明显降低，随之连接件、承载构件、紧固件等附件的重量也可减轻。汽车部件通常要承受多种载荷，如果发挥材料 50% 拉伸强度和 50% 弯曲强度作用，则意味着 CF-SMC 部件的壁厚可以比传统的 SMC 减少 40%，因此基于刚性，如用 CF-SMC 替代标准的 SMC 应可以减重 55% 左右。碳纤维增强复合材料（CFRP）汽车零部件的轻量化效果见表 3-44。

表 3-44　CFRP 汽车零部件的轻量化效果　　　（单位：kg）

零部件	钢	CFRP	减重
车身	209	94	115
车架	128	94	34
罩盖	19	6	13
发动机罩	22	8	14
保险杠	56	20	36
车轮	42	22	20
前端	44	13	31
车门	71	28	43
合计	591	286	306

4. 芳纶纤维应用介绍

（1）芳纶纤维性能优势　芳纶纤维（KF）即芳香族聚酰胺纤维，是以芳香族化合物为原料，经缩聚纺丝制成的合成纤维，主要品种有对苯二甲酰对苯二胺（PPTA）纤维和聚间苯二甲酰间苯二胺（MPIA）纤维。其中 PPTA 纤维作为复合材料的增强材料应用最多，例如杜邦公司的 Kevlar 系列、荷兰 AKZO 公司的 Twaron 系列、俄罗斯的 Terlon 纤维都属于这个品种。常用的 PPTA 纤维品种及其性能见表 3-45。

表 3-45　常用的 PPTA 纤维品种及其性能

品牌	密度/(g/cm³)	拉伸强度/MPa	拉伸模量/GPa	伸长率(%)	吸水率(%)
Kevlar-29	1.44	2900	67	3.5	7.0
Kevlar-49	1.45	2800	125	2.4	4.5
Twaron	1.44	2900	75	3.3	6.8
Twaron-HM	1.45	2800	125	2.0	—
Technora	1.39	3400	72	4.6	2.0
Terlon B	1.45	3000	130	2.2	3.2
Terlon C	1.45	3500	175	2.0	2.5
CBM	1.43	3800	120	3.0	6.0
APMOC	1.43	4500	145	3.0	3.2
Pycap	1.45	4900	132	3.3	3.3

芳纶纤维的密度为 1.39~1.44g/cm³，是钢丝的 1/5，比玻璃纤维小 45%，比碳纤维小 15%，是所有增强材料中密度较低的纤维之一。芳纶纤维比强度和比模量优异，超过玻璃纤维和碳纤维，热膨胀系数小，能在 170~180℃下正常工作，其疲劳寿命大于 1.5×10^6 次，韧性好，便于纺织，常与碳纤维复合材料混合来提高复合材料的耐冲击性能。芳纶纤维的缺点是抗压强度低、耐老化性能差。芳纶纤维制品形式很多，有短纤维、长纤维、粗纱纤维和织物等。

（2）芳纶纤维的应用前景　芳纶纤维增强复合材料由于比强度、比模量较高，在航空航天、舰船行业应用广泛，在汽车制造业也有广阔的应用前景。但因为价格太高，目前在汽车上的应用还不多，主要用于汽车上的轮胎帘子线、高压软管、摩擦材料和高压气瓶等。作为高性能防护材料，芳纶纤维还可用作汽车防弹装甲，例如汽车门及汽车外壳的防弹内衬。意大利 ETR500 高速列车的车头前突部分采用了芳纶纤维增强柔性环氧乙烯基酯树脂复合材料，使车头具有优异的抗冲击能力。近年来，中国军工企业相继成功开发了多种型号的玻璃纤维和芳纶纤维复合材料用于运钞车和防暴车，还研制了透明防弹板和人体防弹材料用于汽车观察部位和驾驶人自身防护。随着科研力度的加大，将会有更多性能及用途独特的芳纶纤维增强复合材料得到推广或被进一步改性。

5. 超高相对分子质量聚乙烯纤维的应用

超高相对分子质量聚乙烯（UHMWPE）纤维是继碳纤维、芳纶纤维之后出现的又一种高性能纤维，它是以相对分子质量很高的聚乙烯为原料，通过特定的纺丝技术得到的。

UHMWPE 纤维具有突出的高模量、高韧性、高耐磨性和优良的自润滑性。由于这种纤维的主链结合强度很高，取向度和结晶度也极高，因此它的比强度最高，相当于优质钢丝的 5 倍，比普通化学纤维高出近 10 倍，比对位芳纶纤维高 40% 左右，密度仅为 $0.97g/cm^3$，比水轻。UHMWPE 纤维的耐磨性在已知的高聚物中排名第一，比聚四氟乙烯高 6 倍，耐冲击性能比聚甲醛高 14 倍，比 ABS 高 4 倍，消声性能好，吸水率在 0.01% 以下，耐化学药品性能、抗粘结性能优良，电绝缘性能好。其缺点是熔点低于其他高性能纤维，这限制了它在高温环境中的应用，另外其轴向抗压强度优于芳纶纤维而劣于碳纤维，容易发生蠕变，与热固性树脂体系粘结性差等。3 种 UHMWPE 纤维的综合性能见表 3-46。

表 3-46　UHMWPE 纤维的综合性能

性能	Dyneema	Spectra900	Spectra100
密度 /（g/cm^3）	0.97	0.97	0.97
拉伸强度 /MPa	3000	2580	3000
拉伸模量 /GPa	100	120	171
断裂伸长率（%）	3.5	3.5	2.7
介电常数	2.25	2.2	2.2
介电损耗角正切	0.0002	0.0002	0.0002

UHMWPE 纤维复合材料质量轻，耐冲击，防弹性能及介电性能优异，在军事、航天航空、医疗卫生、体育用品、工业及建筑材料等均有广阔的应用前景。与芳纶纤维类似，UHMWPE 纤维复合材料价格昂贵，目前在汽车工业中应用较少，只用于汽车缓冲板、防护挡牌等。UHMWPE 纤维复合材料在汽车上的应用还有待进一步开发。

➔ 作者：

❖ 张华川，尹苗，段艳兵. 成都鲁晨新材料科技有限公司

参考文献

[1] 车剑飞，黄洁雯，杨娟. 复合材料及其工程应用 [M]. 北京：机械工业出版社，2006.

3.4 复合材料汽车轻量化应用实例

3.4.1 先进的环氧树脂材料

轻量化技术是汽车行业发展的关键技术之一，而先进轻量化材料技术是汽车轻量化的基础和前提。以碳纤维为增强材料的树脂基复合材料是轻质高强材料的杰出代表，它具有低密度、高比强度、高比模量、耐疲劳、耐腐蚀、整体成型及可设计性强等诸多优良的特性，综合性能超过铝合金及高强度钢，是理想的汽车用轻量化材料。

复合材料在轻量化汽车上的创新应用将完全颠覆传统的汽车生产制造工艺，如图3-96所示。碳纤维黑车身通过模压或注塑等成型工艺及相应的粘接、铆接等工艺来取代传统汽车车身制造的冲压和焊接工艺，并取消了传统的涂装工艺，这对整个汽车制造业的生产工艺和流程将会是全新的革命和巨大的挑战。

值得注意的是，传统的先进复合材料成型工艺，要么是成型周期长、制造成本高，要么是生产一致性、质量一致性保证能力低，无法满足汽车产业的快生产节奏、高质量一致性要求，是制约其在轻量化汽车上大规模应用的瓶颈之一。因此，要实现先进复合材料在汽车领域低成本、短周期和高质量的大规模生产应用，必须解决其成型效率和成本问题。

a）传统汽车白车身的四大工艺

b）碳纤维汽车黑车身的工艺路线

图3-96 传统汽车车身和碳纤维汽车车身的生产工艺

1. 快速固化环氧树脂的产品特点

为了顺应市场的发展潮流并响应轻量化汽车开发对高效率、低成本原材料的需求，华东理工大学华昌聚合物有限公司目前已开发了两款适合高压树脂传递模塑工艺（HP-RTM）以及湿法模压成型工艺的快速固化环氧树脂体系MERICAN 3300A/B和MERICAN 3301A/B，在保证材料优异性能的前提下，有效地提高了树脂与固化剂的反应活性，将环氧树脂的固化时间缩短至2~5min。

（1）快速固化环氧树脂的工艺性能

1）基本参数。由表3-47可知，MERICAN 3300A/B、MERICAN 3301A/B是为不同成型工艺开发的环氧树脂体系，前者适用于HP-RTM工艺，后者适用于湿法模压工艺，不同工艺所需树脂黏度稍有差别，但两种树脂体系在对应的工艺操作温度下初始黏度均比较低，对纤维有良好的浸润性，且树脂的适用期均能达到20min，具有较宽的操作窗口，可以满足HP-RTM和湿法模压工艺对树脂体系的工艺要求。

2）固化特性。在热台上测试环氧树脂凝胶时间，测试结果见表3-48。

两种树脂体系在中高温下的热台凝胶时间短，反应活性高，能在短时间内快速升温完成固化反应过程，如图3-97所示，具有快速固化的特点，且整个浇注体的固化时间在100℃下不超过5min，能够满足HP-RTM以及湿法模压工艺的要求。

表 3-47 环氧树脂体系的基本参数列表

项目	MERICAN 3300A/B	MERICAN 3301A/B
外观	黄色黏稠液体	黄色液体
A/B 混合重量比	100:23	100:24
混合黏度（25℃）/mPa·s	1200 ~ 1600	300 ~ 500
适用期（25℃）/min	20 ~ 40	20 ~ 40
适合工艺	HP-RTM	湿法模压

表 3-48 环氧树脂体系的热台凝胶时间

| 热台温度 /℃ | 凝胶时间 /s | |
	MERICAN 3300A/B	MERICAN 3301A/B
80	120 ~ 180	150 ~ 200
100	60 ~ 100	90 ~ 120
120	20 ~ 50	30 ~ 60

（2）快速固化环氧树脂的物理力学性能　两种树脂体系的浇注体在 120℃固化反应 3min，固化度能达到 90%，不需要进行升温后固化，固化物的耐热温度分别能达到 110℃和 130℃，且各项拉伸和弯曲等力学性能均表现良好，能满足汽车用复合材料对性能的高要求（表 3-49）。

2. 片状模塑料（SMC）树脂的产品特点

（1）片状模塑料（SMC）树脂分类　SMC 片材具有轻质高强的特点，广泛应用于汽车零部件加工，为汽车轻量化做出了突出贡献。SMC 片材在汽车上的应用分为通用型、结构型和功能型。通用型 SMC 片材主要替代原有的装饰件以及非承力结构，结构型 SMC 片材为汽车提供结构件所需的强度、刚度等力学

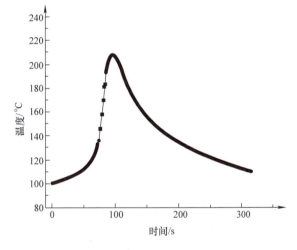

图 3-97　MERICAN 3300A/B 的固化放热曲线图

性能，功能型 SMC 是针对特殊性能需求的材料，如耐温、防腐蚀和高韧性等，树脂基体是 SMC 片材的重要组成部分。为满足快速成型及良好的力学性能，对 SMC 片材所用热固性树脂提出了更高的要求。华东理工大学华昌聚合物有限公司在开发汽车用 SMC 树脂方面取得了一定的突破，并在汽车轻量化上有了应用。

表 3-49 快速固化环氧树脂的物理力学性能

项目	MERICAN 3300A/B	MERICAN 3301A/B	测试标准
固化工艺（参考）	3min(120℃)	3min(120℃)	—
耐热温度 /℃	125 ~ 135	110 ~ 120	DSC
拉伸强度 /MPa	80 ~ 90	80 ~ 90	ISO 527
拉伸模量 /GPa	2.9 ~ 3.1	3.0 ~ 3.2	ISO 527
断裂伸长率（%）	6.0 ~ 8.0	5.0 ~ 7.0	ISO 527
弯曲强度 /MPa	140 ~ 150	145 ~ 155	ISO 178
弯曲模量 /GPa	3.2 ~ 3.4	3.3 ~ 3.5	ISO 178

（2）片状模塑料（SMC）树脂的性能　SMC 树脂工艺性能包括黏度、酸值、固含量和树脂活性等常规树脂检测性能指标，另外还涉及浸润性、增稠性等加工成 SMC 片材的工艺性能。

浸润性是指树脂浸渍填料、玻纤的能力；增稠性是指在金属氧化物或过氧化物作用下，树脂糊黏度的变化情况，使用黏度及锥入度表示。华昌 SMC 树脂性能及活性表分别见表 3-50、表 3-51。

表 3-50　SMC 树脂性能

树脂	黏度/ mPa·s	酸值/ (mg/KOH)	固含量 (%)	拉伸强度 /MPa	弯曲强度 /MPa	热变形温度 /℃	硬度
MERICAN962	1600	21	66	68	98	136	40
MFE751	2000	20	58	78	120	112	35
MFE752	1700	20	59	80	130	102	35
MFE755	2300	40	65.5	70	120	105	42
MFE756	800	42	62	65	110	135	40
MFE757	2500	33	60	60	105	130	38

表 3-51　SMC 树脂活性表

树脂	82.2℃ (1%BPO)	130℃ (1%TBPB)
MERICAN962	2.5min	0.5min
MFE751	28min	4min
MFE752	30min	4min
MFE755	10min	2min
MFE756	7min	2min
MFE757	30min	4min

MFE 系列为乙烯基酯树脂，MFE755 及 MFE756 成功解决了 VE 树脂活性低的问题，增稠速度能够达到不饱和聚酯树脂（MERICAN 962）的水平。

图 3-98 反映了 SMC 树脂浸润填料的优越性，手糊树脂添加量 100 份以上后，黏度呈指数级增加，SMC 树脂黏度增加幅度较小，满足了 SMC 配方中加入填料的需求。

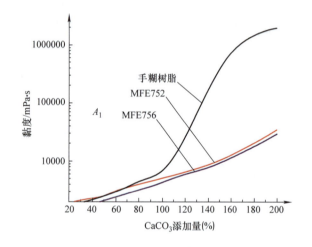

图 3-98　碳酸钙（$CaCO_3$）添加量对树脂黏度对数影响曲线

SMC 树脂的增稠性能见表 3-52，树脂糊配方（树脂：碳酸钙 =3:5；增稠剂为氧化镁，添加量树脂糊 1.0%）。

表 3-52　SMC 树脂的增稠度 - 时间表

树脂	0min Pa·s	5min Pa·s	10min Pa·s	20min Pa·s	锥入度/mm	
					24h	48h
MERICAN962	1.5	9.6	18.7	40.0	130	50
MFE751	1.8	3.0	5.6	9.8	180	97
MFE752	2.0	3.5	6.0	11.2	170	93
MFE755	5.0	9.0	13.0	20.0	150	80
MFE756	1.8	6.8	11.4	19.5	145	76
MFE757	2.5	6.5	10.4	18.7	155	80

3. 汽车轻量化用先进树脂材料应用案例

（1）快速固化环氧树脂在汽车上的应用　环氧树脂基复合材料具有高强度、低 VOC、体积收缩率小、能量吸收强、减振降噪、高冲击性、耐疲劳性和耐化学性等一系列优良的特性，故其在汽车对强度、刚性和耐冲击性等要求均高的主承载车身结构件上的应用必将发挥重要的角色。快速固化环氧树脂在汽车部件上的应用如图 3-99 所示。

HP-RTM 是近年来推出的一种应对大批量生产高性能热固性复合材料零件的新型 RTM 工艺技术。它采用预成型件、钢模、真空辅助排气、高压混合注射、在高压下完

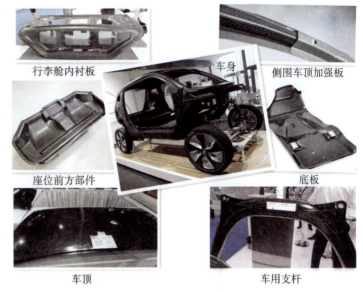

图 3-99　快速固化环氧树脂在汽车部件上的应用

成树脂对纤维的浸渍和固化的工艺，所制备的复合材料具有强度模量高、孔隙含量低、表观性能优异和生产高效等特点。湿法模压工艺是将经过树脂浸渍的碳纤维编织物在润湿的状态下置入三维模具中，然后进行压型和硬化处理。这种方法省去了 HP-RTM 中所需的预成型体，原材料成本和设备投入低，所制备的复合材料纤维含量高且性能优异。这两种工艺都通过优化的生产工序实现了在极短时间内低成本、大规模地生产碳纤维部件。目前，已采用这两种工艺成功地生产了各种汽车用复合材料制品，包括车身、车顶、底板、行李舱内衬板、座位前方部件、侧围车顶加强板和车用支杆等。

（2）片状模塑料（SMC）树脂在汽车上的应用情况　汽车行李舱盖板（图 3-100）采用通用型 SMC 树脂制造，重量减轻了 40%。SMC 可设计性好，减少了冲压工序钢材的浪费，利于节能减排。

图 3-100　汽车行李舱盖板

发动机油底壳（图 3-101）长期接触高温、油污，需要采用防腐蚀、耐高温的 SMC 树脂制作。MFE757 采用酚醛环氧改性，接枝酸酐基团，耐高温、耐腐蚀、增稠性好，能够满足使用要求。此项技术处于国内外领先水平。

图 3-101　发动机油底壳

汽车保险杠（图 3-102）采用增韧 SMC，具有较高的抗冲击韧度。MFE751 中采用橡胶弹性体增韧，能够有效吸收能量，提高材料抗受力破坏的能力。橡胶弹性体带有双键基团，一方面可参与树脂的交联固化，另一方面与树脂具有良好的相容性，是技术上的一大突破。

结构型 SMC 树脂为高强度乙烯基酯树脂或环氧树脂，需选用含水率低、与玻纤浸润性好的树脂类型。SMC 使用玻璃纤维或碳纤维增强（重比 200% 以上），可赋予制品良好的力

图 3-102　汽车保险杠

学性能。使用 SMC 生产的汽车车架如图 3-103 所示。另外，还可以使用 SMC 制作其他汽车零部件，如图 3-104 所示。

先进复合材料在汽车轻量化上的应用是汽车产业可持续性发展的必然趋势，而开发低成本、短周期和高质量的复合材料技术是推动汽车轻量化的关键要素之一。华东理工大学华昌聚合物有限公司已成功开发的快速固化环氧树脂体系 MERICAN 3300A/B 和 MERICAN 3301A/B 适用于 HP-RTM 和湿法模压工艺，将环氧树脂的固化周期缩短至数分钟，并且具有良好的热和力学性能，从而为轻量化汽车用复合材料技术的发展奠定了材料基础。

图 3-103　汽车车架

此外，汽车轻量化对树脂提出了多样化的需求。华昌聚合物有限公司在分子结构设计上创新，并取得技术突破，成功开发了几款用于汽车领域的 SMC 树脂，包括通用型、增韧型和耐高温型等，极大地改善了乙烯基酯树脂增稠不佳的问题，同时提高了浸润填料、玻纤的能力，优化了工艺性能。其产品应用案例为生产型企业提供了技术参考。

图 3-104　其他汽车零部件

➡ **作者：**
- 刘世强，邓双辉，茆凌峰，吕晓平. 华东理工大学华昌聚合物有限公司

参考文献

[1] 鞠晓锋，陈昌明，吴宪. 现代汽车轻量化技术 [J]. 上海汽车，2006（9）：31-33.
[2] 毕鸿章. 采用 HP-RTM 工艺为汽车模制部件 [J]. 高科技纤维与应用，2013，38(6)：68.
[3] 陶永亮. SMC 模塑料在汽车中的应用 [J]. 上海塑料，2012(4)：10-14.
[4] 黄 J L，陈 S M，陈 I R，等. 用试验方法确定 SMC 增稠性能 [J]. 玻璃钢/复合材料，1990（4）：46-49.

3.4.2　长玻纤增强聚丙烯和连续纤维增强热塑性材料

根据统计，汽车的自身能源消耗中，42% 由动力系统消耗，3% 由电力系统消耗，13% 由摩擦因素消耗，19% 由空气阻力消耗，车身重量却消耗了 23% 的能源，接近全部能源消耗的 1/4。为此，世界各地的材料工作者不断地对车用材料进行开发和研究，从热固性纤维复合材料开始，逐步向短纤维增强热塑性复合材料、长纤维增强热塑性复合材料，再到连续纤维增强热塑性复合材料（CFRTP）进行深入研究，以期在降低重量的同时，能够满足材料的使用性能、成本及环保要求。不同纤维长度热塑性复合材料的机械强度如图 3-105 所示。

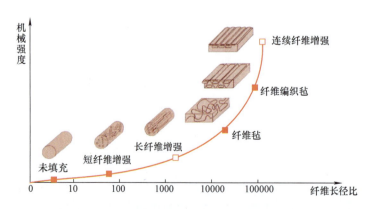

图 3-105　不同纤维长度热塑性复合材料的机械强度

连续纤维增强热塑性复合材料是未来新材料的发展方向之一，是通用塑料高性能化、高附加值产业化的一个重大工程。该材料有别于热固性纤维复合材料，是可回收、无污染的绿色循环经济材料，是实现以塑代钢、节能降耗、最具竞争力的新型材料，因此在汽车、机械和建筑等领域的应用会日渐突显。

下面分别对长玻纤增强热塑性复合材料和连续纤维增强热塑性复合材料（CFRTP）在汽车轻量化中的应用予以阐述。

1. 长玻纤增强聚丙烯系列材料

轻量化可以使汽车的可靠性、安全性和舒适性均衡提升。中广核俊尔开发的"俊强"长玻纤增强聚丙烯系列材料（简称LGF-PP材料）能够实现以塑代钢，确保汽车零部件强度、刚度和韧性各种性能均衡，被广泛应用于生产汽车的前端模块、仪表板骨架、后尾门等内外饰件，是一种高强度的轻量化材料。

（1）"俊强"长玻纤增强聚丙烯材料产品的特点 "俊强"长玻纤增强聚丙烯材料采用先进的熔融浸渍工艺，玻纤分散浸渍效率高，玻纤含量控制精准，常用的玻纤含量为10%～60%。

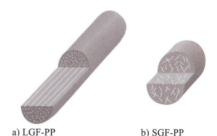

a) LGF-PP   b) SGF-PP

图 3-106 长玻纤与短玻纤增强聚丙烯的粒子示意图

与普通增强材料相比，LGF-PP材料粒子的玻纤长度可以进行设计（图3-106），跟切粒的长度完全一致。为了方便加工，用于注塑成型的粒子通常保留11～12mm的玻纤长度。LGF-PP的性能优势见表3-53。

表 3-53 LGF-PP 的性能优势

测试项目	单位	SGF-PP	LGF-PP
拉伸强度	MPa	95	115
弯曲强度	MPa	135	150
弯曲模量	MPa	6500	6500
简支梁缺口冲击强度	kJ/m^2	13	23
简支梁无缺口冲击强度	kJ/m^2	45	50
热变形温度	℃	148	153

"俊强"长玻纤增强聚丙烯系列材料通过注塑机成型后，仍然可以保持相当长的玻纤长度，且玻纤在制件里面形成的三维玻纤网络结构显著提升了制件的力学性能与疲劳寿命。制件及煅烧后的玻纤网络结构如图3-107所示。

图 3-107 制件及煅烧后的玻纤网络结构

由于不同的注塑机、模具结构和流道对玻纤都有一定的折损与破坏，为了使制件的性能得到进一步提升，尽可能发挥"俊强"材料的优势，推荐使用压缩比较小、螺槽螺距较大的注塑机，且在流道或模具结构中尽可能避免大拐角。此外，优化的成型工艺也可明显地提升制件性能。

（2）"俊强"长玻纤增强聚丙烯材料的性能优势　在轻量化的应用中，"俊强"长玻纤增强聚丙烯材料也可取代增强尼龙材料制造换档器（图3-108）、发动机舱盖、电动汽车加速踏板（图3-109）等汽车制件。"俊强"长玻纤增强聚丙烯材料与短纤增强尼龙的性能对比见表3-54。由于聚丙烯不吸水，使用"俊强"长玻纤增强聚丙烯材料生产的零件没有干湿态环境条件对性能的影响，性能、尺寸更加稳定；而且密度更小，同性能的零件可减重8%左右。在生产零件阶段，"俊强"长玻纤增强聚丙烯材料的加工能耗也更低，因此具有优异的性价比。蠕变实验表明，"俊强"长玻纤增强聚丙烯材料在80℃高温、1000h长期测试中，变形量要明显优于短纤材料，更适合应用于有耐疲劳要求的制件中。

表3-54　"俊强"长玻纤增强聚丙烯材料与短纤增强尼龙的性能对比

测试项目	单位	PP-LGF40	PA6-GF30 湿态	PA6-GF30 干态
密度	g/cm³	1.22	1.36	1.36
拉伸强度	MPa	135	118	170
弯曲模量	MPa	7700	6000	8900
简支梁缺口冲击强度	kJ/m²	23	21	15
收缩率	—	0.4%～0.6%	0.4%～0.6%	0.7%～0.9%

图3-108　换档器底座

图3-109　电动汽车加速踏板

（3）"俊强"长玻纤增强聚丙烯材料应用案例　"俊强"长玻纤增强聚丙烯材料可作为结构材料应用于汽车零部件上，见表3-55。

表3-55　"俊强"长玻纤增强聚丙烯材料在汽车零部件上的应用

序号	分类	零件名称
1	燃油车发动机周边	前端框架、电池托盘、发动机罩、风扇框架
2	燃油车内饰	仪表板骨架、门基板、换档器底座、后尾门
3	燃油车外饰	脚踏板、行李舱支架、后视镜支架
4	电动汽车	加速踏板、机舱盖

1）在汽车支架中的应用。汽车支架制件以往采用金属、热固性塑料或增强尼龙等材料制作，存在加工烦琐、不环保、价格高等缺点，而"俊强"长玻纤增强聚丙烯材料具有密度小、可回收和优异的可设计性等优势，可以使零件高度集成，减少总成的装配工序，因此获得显著的轻量化

效果，非常适用于支架类零件的复杂结构。

2）在汽车前端框架中的应用。全塑前端框架是"俊强"长玻纤增强聚丙烯材料以塑代钢的典型应用，通过结构设计，能使数十个钣金零件集成为单个塑料前端框架。该框架采用注塑设备生产，加工方便，效率高，能耗低，而且单件减重可达到20%。

如图 3-110 所示，LGF-PP 材料玻纤长度长，注塑过程中熔体高速流动玻纤易形成保险取向，导致制件翘曲变形，而且多浇口以及复杂结构使制件上出现了很多熔接痕，对制件整体强度影响大。

"俊强"长玻纤增强聚丙烯材料通过减小玻纤不同取向方向收缩率的差异，提升了零件的尺寸稳定性，它的熔接痕强度可以达到正常强度的 50%。但是在设计开发过程中，还需要合理设计浇口位置与制件结构，避免熔接痕出现在零件的关键位置，以最大限度地发挥材料优势。

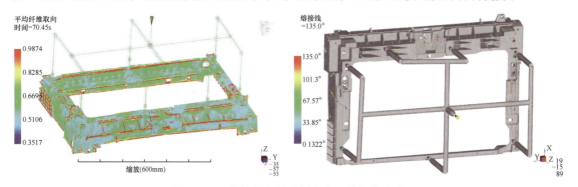

图 3-110　前端框架的玻纤取向、熔接线分布

3）在塑料后尾门中的应用。塑料后尾门具有与前端框架类似的结构，但是零件尺寸更大，结构更加复杂，而且零件还需要与外板（PP-TD 材料）粘合并完成整体的装配。使用低翘曲的"俊强"长玻纤增强聚丙烯材料可满足汽车全塑尾门的使用要求，目前已在多个主机厂得到验证。

门基板（图 3-111）是"俊强"长玻纤增强聚丙烯材料以塑代钢在汽车内饰中的重要应用，中高端车型普遍采用这种包含门基板的门系统结构。"俊强"长玻纤增强聚丙烯材料可实现一步注塑成

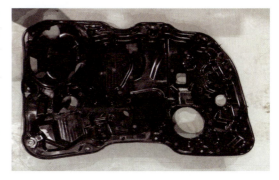

图 3-111　门基板

型，具有明显的高集成化、轻量化的优势，在安装时可以集成导轨、升降支架等配件，从而使门基板总成重量比钢制框架减轻了 900 ~ 1200g。另外，用其制作的产品的 VOC（挥发性有机物）、气味等散发性指标满足了宝马、克莱斯勒等主机厂的内饰要求。

"俊强"长玻纤增强聚丙烯材料密度小、力学性能优异，通过结构设计，可替换传统的短纤增强尼龙、金属等材料，广泛应用于汽车支架类制件中，具有轻量化、性价比高等优势。

2. 连续纤维增强热塑性复合材料

（1）连续纤维增强热塑性复合材料的种类　连续纤维增强热塑性预浸带是连续纤维增强热塑性复合材料制造生产环节中的中间体材料，在很大程度上决定了复合材料或最终成品的性能（图3-112）。连续纤维增强热塑性单向预浸带作为最基础的单层材料，是整个制件或成品设计的根基。

而不同的加工方式、树脂与纤维的选择及配比均影响着单向预浸带的性能。仅加工方式而言，针对常规材料（聚乙烯、聚丙烯、聚酰胺等）多采用淋膜法和熔融浸渍法进行生产，针对高温材料多采用熔融浸渍法和粉末高压法进行生产。

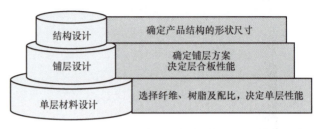

图3-112 连续纤维增强热塑性复合材料性能的决定因素

如图3-113所示，连续纤维增强热塑性单向预浸带经不同的铺层方案及铺层角度设计，采用复合成型设备可制备连续纤维增强热塑性复合片材，再向下进行产品拓展，可制备连续纤维增强热塑性复合层合板和复合夹芯板材。

（2）连续纤维增强热塑性复合材料的应用案例 连续纤维增强热塑性复合片材/板材由连续纤维增强热塑性单向预浸带经层铺模压复合而成，具有较好的力学性能和抗冲击性能，见表3-56。

在汽车轻量化需求下，连续纤维增强热塑性复合材料的成型及应用在不断地创新。利用CFRTP材料高强轻质的特性，可直接采用模压成型工艺将连续纤

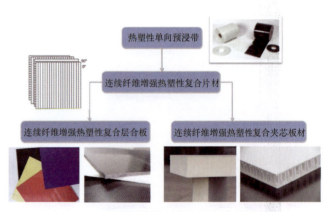

图3-113 连续纤维增强热塑性复合材料种类

维增强热塑性复合板材模压成制品，也可将连续纤维增强热塑性复合片材作为镶嵌件与注射成型工艺相结合制备制品，以赋予最终制件更高的性能、更轻的重量、更好的经济性和更佳的安全性。

表3-56 不同形式玻纤增强聚丙烯材料性能对比 （单位：MPa）

材料	拉伸强度	拉伸模量
40%长玻纤增强聚丙烯	124	9000
60%连续玻纤增强聚丙烯（0/90）	350	15000
60%连续玻纤增强聚丙烯（单向）	700	28000

1）连续纤维增强热塑性复合板材在汽车上的应用。如图3-114所示，预先将连续纤维增强热塑性单向预浸带根据制品形状和性能进行设计铺层后，放置烘箱内进行预热处理，然后快速移至模压设备内压制成制品毛坯，再进行修边裁剪形成最终制品。目前，该种方式应用范围不大，主要应用于保险杆横梁、门框支撑结构、底护板等零部件。该种方法应用的主要原因在于，连续纤维增强热塑性复合板材的比强度高（见表3-57），达到同等钢材强度所需的物质重量较轻，较为适合轻量化应用。

2）连续纤维增强热塑性复合片材在汽车上的应用。如图3-115所示，相同厚度的制件，采用CFRTP-PA6（连续纤维增强聚酰胺6复合材料）片材和SFT-PA6（短纤维增强聚酰胺6复合材料）通过注射成型工艺

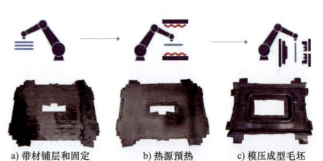

图3-114 连续纤维增强热塑性复合材料模压成型工艺

制备的制品重量要比 LFT-PA6（长纤维增强聚酰胺 6 复合材料）材料轻 10%，刚性却得到大幅度提升，且材料成本可节约 10%~20%。而采用 CFRTP-PP（连续纤维增强聚丙烯复合材料）与 LFT-PP（长纤维增强聚丙烯复合材料）进行注射嵌件方式成型结合，材料的各项性能可提高 20%。

表 3-57　不同材质的比强度

材质	密度 /（g/cm³）	拉伸强度 /MPa	比强度 /（MPa·cm³/g）
普通钢	7.8	320	41
铝	2.7	290	107
连续玻纤增强尼龙 6	1.78	1100	617
连续碳纤维增强尼龙 6	1.38	1600	1159

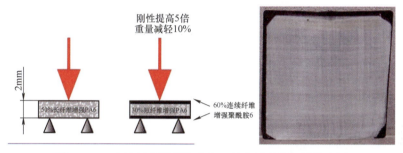

图 3-115　连续纤维增强聚酰胺 6 复合材料的轻量化应用

该方法是将连续纤维增强热塑性复合片材作为镶嵌件，预先将复合片材进行预热处理，再快速置入注塑模具内，结合熔体注射成型方式制备成制件。连续纤维增强热塑性复合材料模压结合注射成型工艺如图 3-116 所示。该种成型方式是目前较为流行的一种，成熟应用的制件有门基板模块、制动踏板、底护板、座椅底座、行李舱支架等，如图 3-117 所示。

图 3-118 所示为座椅骨架制作方案，即将模压成型的连续纤维增强聚酰胺 6 复合片材制备的侧向支架置入注塑模具内，再注射 PA6 树脂熔体

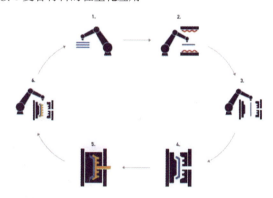

图 3-116　连续纤维增强热塑性复合材料模压结合注射成型工艺

进行其他部位填充。该方案可为制品提供很好的力学性能，同时降低了制品的重量和成本。该方案受欢迎的原因是，利用连续纤维增强热塑性复片材高模高强的特性，对核心部位进行补强，在厚度和强度不变的情况下，通过替换主体材料，达到减重目的；或是利用复合片材高强的特性，在保证设计强度不变的前提下，通过降低制品厚度，达到减重目的。

a）门基板模块

b）制动踏板

c）底护板

d）座椅底座

图 3-117　连续纤维增强热塑性复合片材 / 板材在不同制件应用

3）连续纤维增强热塑性复合夹芯板材的应用。连续纤维增强热塑性复合夹芯板材是用连续纤维增强热塑性复合片材做蒙皮，通过热熔粘接或胶膜粘接聚丙烯蜂窝芯制备的。连续纤维增强热塑性复合片材提供了整个复合板材的弯曲强度、拉伸强度和立面的抗压强度，蜂窝芯提供了侧面的抗压强度和剪切强度。

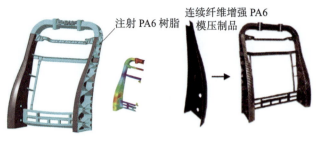

图 3-118　座椅骨架制作方案（巴斯夫）

连续纤维增强热塑性蜂窝夹芯板在性能上能媲美市场上常见的复合板材，而且具有更轻的重量（图 3-119），是未来商用车和乘用车轻量化发展的重要材料。目前，连续纤维增强热塑性复合夹芯板材主要应用于货车厢体（图 3-120）、行李舱盖板、侧裙板和建筑隔墙等领域。

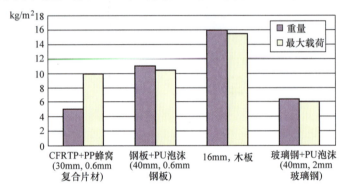

图 3-119　不同夹芯复合板材的重量与性能对比

图 3-120　连续纤维增强热塑性复合夹芯板材在货车厢体上的应用

连续纤维增强热塑性复合材料是未来的发展方向之一，将有越来越多的行业关注，并进行不同制品领域的拓展，未来将有更多的成型方式及制品出现以引领市场发展。可以预见，越来越多的连续纤维增强热塑性复合材料制品将会在汽车工业中出现。

随着社会的进步与发展，特别是随着航空、航天工业对新材料的要求越来越高、需求越来越大，从资源、技术及经济角度来看，高性能的热塑性纤维复合材料在性能、价格、生产效率、装配和维修费用等方面的优越性，使其在即将到来的复合材料时代中扮演举足轻重的角色。

➡ **作者**：

❖ 宋玉兴，郑云磊，陈永波，郑京连，黄志杰，陈光剑．中广核俊尔新材料有限公司

参考文献

[1] 陈光剑，宋玉兴，陈永波，等.长玻纤增强热塑性复合材料中玻璃纤维的分散与统计方法 [J].厦门大学学报，2014，53（2）：8.

[2] 宋玉兴，方万漂，刁雪峰，等.长玻纤增强聚丙烯冲击强度的研究 [C]// 中国汽车工程学会汽车非金属材料分会.中国汽车工程学会汽车非金属材料分会第三届年会论文集.出版地不详：出版者不详，2008：42.

[3] 张宇，段召华，陈弦，等.注塑工艺参数对长玻纤增强 PA66 复合材料力学性能的影响 [J].塑料科技，2011，2（39）：65.

[4] 黄志杰，宋玉兴.LGF-PP 在汽车支架类制件中的应用 [J].AI 汽车制造业，2012（1）：33.

3.4.3 聚丙烯材料

目前，在汽车用材中，钢铁材料仍占据主导地位，但其他材料在汽车上的应用比例也在逐渐变化。汽车所用材料主要包括高/超高强度钢板、轻金属材料（如铝、镁、钛合金材料）、碳纤维材料、粉末冶金材料（如泡沫铝合金、铁基粉末烧结材料）和车用塑料等。其中，高/超高强度钢、铝合金、镁合金、塑料和复合材料所占比例增长较大，而铸铁和中、低强度钢所占比例正在逐渐下降。另外，越来越多中级乘用车的塑料用量已占到整车质量的 12%～15%。在车用塑料中，聚丙烯是发展最快、应用比例最大、使用频次最高的品种之一。

然而，自聚丙烯材料开始取代价格昂贵的工程塑料或笨重的金属材料以来，经过几十年的发展，这种替代从某种程度来说已经逐渐接近极致，短期内从材料替代的角度而言，很难会有大的进展。因此，在现有的材料体系下，如何进一步降低部件的重量，提高生产效率，实现汽车轻量化、节能减排的更高目标，同时为主机厂带来更好的经济效益，成为国内外汽车行业共同关注的热点。

大部分汽车内外饰零部件采用的聚丙烯材料类型均为 PP-T20，即 20% 滑石粉填充聚丙烯，材料密度为 $1.05g/cm^3$ 左右，不同的是各主机厂聚丙烯轻量化技术水平。目前，聚丙烯相关汽车内饰件的轻量化途径主要有三种：化学微发泡聚丙烯、薄壁注塑聚丙烯和低密度聚丙烯。三种类型的材料各有特点，对设计、模具和工艺也有不同的要求，最终输出的轻量化整体解决方案和减重降本的效果也各有特点。

1. 化学微发泡聚丙烯

（1）微发泡技术简介　微发泡技术出现较早，最初是物理微发泡，即 MuCell 技术，由美国麻省理工学院提出。最初是希望能够减少部件的材料用量，同时得到更好的刚度。物理微发泡技术发展至今，已经在欧美、日本以及亚洲市场得到较广的应用，所用材料以聚丙烯为主。该技术主要特点是：超临界流体溶解在聚合物熔体中起到降黏作用，使单相熔体的流动性大大改善，充填更容易，注塑时间短，注塑温度和压力降低；气泡推动熔体充填整个模腔，使零部件表面更平整，避免了缩痕、欠注等成型缺陷；整个成型过程无须保压，可降低锁模力 40% 以上，延长了模具寿命，且使得采用低吨位注塑机注塑大型零部件成为可能；注塑周期缩短 20% 以上，提高了生产效率；零部件可实现 8% 左右的减重效果。目前，MuCell 技术主要应用在仪表板骨架、部分有包覆要求的车门内饰板中。但物理微发泡设备费用、维护成本高，减重幅度有限，且一直无法解决产品的表观质量问题，因此使用范围受限较大。

（2）化学微发泡聚丙烯概述　化学微发泡聚丙烯是一种以热塑性聚合物材料为基体、以气体为介质的复合材料，它的特点是聚合物基体内部分布了大量的闭合泡孔，泡孔直径分布在 1~500μm 之间，泡孔直径越小，分布越均匀，微发泡材料的性能越优越。

（3）化学微发泡的实现方式　苏州润佳开发的化学微发泡材料（分为滑石粉填充和玻璃纤维填充）配合自主开发的高外观发泡剂，可应用在汽车门板、仪表板骨架、风道和尾门等部件中。该材料根据客户的不同诉求和客观条件，通过灵活选用常规注塑设备和模具进行模内发泡，或者使用二次开模技术，可实现减重的目的。

1）闭模发泡。闭模发泡（也称为模内发泡）无需增加新设备，也无需改变现有模具，即可实现产品减重 5%~8%，同时，缩短成型周期 10% 左右，从而达到减重、增效的目的。该工艺与传统注塑工艺相比，可以实现减重和降本双重目的；与 MuCell 技术相比，设备投资少，成型工艺更简单，同样也可以实现减重。

2）开模发泡。开模发泡需要引入具有二次开模功能的注塑机和模具。在注塑过程中，发泡剂和聚合物的混合物在融化时，发泡剂受热分解成气体，与聚合物同时进入模具型腔完成充模，在模具微退时聚合物在气体内压作用下向外膨胀，从而实现发泡，同时完成保压，然后冷却，脱模，即可完成产品成型过程。

① 化学开模微发泡的优点：

a. 减重效果更明显。以苏州润佳开发的化学微发泡专用聚丙烯为例，从第一代材料 5050C-LI 在某合资品牌的车门内饰板和仪表板装饰板等部件的应用来看，实际减重幅度均在 20% 以上。目前在开发的第二代化学微发泡专用料 4050CT10 可以实现 30% 以上的减重。

b. 生产效率更高。利用化学微发泡成型，因聚合物在料桶中与气体（通常是二氧化碳）相混合，从而提高了材料的流动速率，使得成型周期相应缩短。苏州润佳开发的 5050C-LI 在注塑汽车门板时成型周期仅为 37s。

c. 尺寸稳定、无缩痕。利用化学微发泡成型，因材料在型腔中充满气体，制件内部的内应力得到了有效释放，从而使得部件冷却后不会产生缩痕。

② 二次开模化学微发泡的材料问题及应对措施：二次开模化学微发泡工艺相对于传统注塑和 MuCell 技术来讲，对材料的要求更高。

a. 需要更高的熔体强度。PP 为结晶型聚合物，在熔点以下几乎不流动，在熔点以上熔体强度急剧下降，容易产生气泡孔，导致不同部位的密度和性能不一致，故适用于 PP 发泡的温度范围十分狭窄。针对 PP 发泡中熔体强度低的缺陷，需要通过提高聚丙烯基材熔体强度来使得泡孔分布均匀，各部位的密度和性能一致。

b. 材料需要更高的成型流动性。由于物理发泡过程中超临界流体与树脂之间形成了单相熔体，从而使得在物理发泡过程中树脂黏度大大降低，流体的流动性大幅提高，材料充模变得非常容易，因此对材料本身的成型流动性要求不高；而化学发泡则无此过程，因此对材料的成型流动性要求很高。通常，用于化学微发泡的材料流动性都要求大于 40。

c. 需要考虑制品在快速充模时导致的流痕和虎皮纹等缺陷。由于微发泡聚丙烯材料要求快速注塑充模，故材料在成型过程中极易在部件表面形成虎皮纹或流痕的表观质量问题，而且发泡剂产生的气体会急剧放大虎皮纹，造成外观缺陷。因此，材料本身需要能够抗虎皮纹。

d. 需要综合考虑制品发泡后刚性、韧性等力学性能的下降。聚合物经过化学发泡，制品膨胀以后，其力学性能（如刚性、韧性等）会出现较大幅度的下降，从而给产品的使用带来风险，因此如何确保制品在发泡后力学性能下降的情况下不降低制品的质量是非常重要的。因此，与传统注塑材料相比，化学微发泡材料需要具备超高刚度和和超高韧性。

2. 薄壁注塑聚丙烯

（1）薄壁注塑聚丙烯概述　Mahishi 和 Maloney 把流长厚度比 L/T（L：Length，流动长度——从熔体进入模具到熔体必须填充的型腔最远点的距离；T：Thickness，塑件厚度——制件相应的平均壁厚；L/T 也简称为流长比）在 100 或 150 以上的注塑定义为薄壁注塑。

对于汽车行业，我们可以通俗地理解为：通过模具设计、合理工艺以及薄壁材料的配合，使原有注塑部件的厚度下降，在保持部件的刚性和韧性满足使用要求的同时，达到减重的目的。以门板为例，通常壁厚小于 2.2mm 时称为薄壁注塑门板，如图 3-121、图 3-122 所示。

图 3-121　薄壁注塑门板

（2）薄壁注塑聚丙烯材料的优点

1）比传统注塑零件具有较轻的质量。制件薄壁化，意味着产品重量更轻。

2）成型周期缩短，生产效率提高。薄壁注塑的型腔通道狭窄，要顺利地完成制件注塑，就需要更好的材料流动性和更高的填充速率，从而缩短了产品成型周期。

3）相对于微发泡注塑工艺，无需特殊注塑设备，易推广应用。

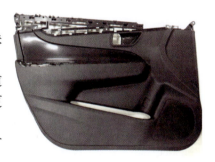

图 3-122　薄壁注塑门板

（3）薄壁注塑对材料的要求

1）高流动性，通常 >35g/10min。薄壁注塑成型中，因部件壁厚比常规部件要薄，模具型腔流道比常规注塑要窄，因此聚合物溶体在型腔中形成的冷凝层对注塑成型的影响会比常规注塑大。因此，要求材料流动性要高，以解决材料充模性能。

2）材料结晶度和冷却速度要低。薄壁部件成型后，相对于常规壁厚的塑料部件来讲，冷却会比较快，容易导致产品出现缩痕。因此，材料本身的结晶度和冷却速度要低，以解决部件的缩痕问题。

3）材料组分之间的相容性要好。薄壁注塑的部件很容易出现虎皮纹现象，要求材料各组分之间的相容性要比较好，形成抗虎皮纹的特性。

4）材料的刚性要高。用同一种材料制作的产品，薄壁部件比常规壁厚的部件刚性要差，因此，需要高刚性的材料用于薄壁注塑。

5）材料的内应力要小。薄壁注塑部件内部更容易产生应力不均匀的问题，导致部件翘曲变形，因此需要把材料本身的内应力减小，以解决产品翘曲问题。

（4）薄壁注塑聚丙烯的注塑机和模具特点

1）注塑机特点：满足一定压力和速度需求即可，总体上无需大的变动。

2）模具特点：

① 采用加强筋来保证部品强度。

② 一般采用大浇口设计。

③ 热流道比传统的大，需要应用顺序阀式浇口技术。

④采用模温控制系统来保证温度均匀。

⑤配备优良的排气系统。

⑥采用数量更多、尺寸更大的顶出销。

（5）薄壁注塑聚丙烯的成本分析　汽车塑料注塑零部件的基本成本通常包括：

1）设备投入成本：模具、注塑机及辅助设备不需要进行大的变动，成本基本不变。

2）生产效率成本分析：薄壁注塑为快速成型，整个成型周期可比传统注塑缩短10%~20%。

3）原材料成本：以一部件壁厚由2.5mm调整为2.0mm为例，材料价格约为传统材料的1.15倍，减重幅度=（2.5−2）/2.5×100%=20%。

此处必须要考虑加强筋部分，根据实际经验，减重幅度在上述计算结果的基础上通常要减5%左右值。材料价格按1.15倍计算，部件材料的成本=1×1.15×（1−0.20+0.05）=0.97 = 97%，即部件材料的成本约为传统材料的97%。

（6）苏州润佳薄壁注塑聚丙烯的应用示例　目前，苏州润佳已与多家主机厂（上汽、江淮、比亚迪等）开展薄壁注塑项目合作。以已经成功应用在江淮MPV门板上的薄壁材料为例，老款车型部件壁厚为2.5mm，新车型部件壁厚为1.8mm，实现了综合减重20%以上，且产品表观质量良好，性能优异。典型薄壁门板材料的性能见表3-58。

表3-58　典型薄壁门板材料的性能

编号	测试项目	单位	测试标准	标准数值
1	密度	g/cm^3	ISO 1183	1.06
2	熔融指数	g/10min	ISO 1133	41
3	拉伸强度	MPa	ISO 527	18.5
4	弯曲强度	MPa	ISO 178	28.5
5	弯曲模量	MPa	ISO 178	2250
6	缺口冲击强度（23℃）	kJ/m^2	ISO 180	29
7	缺口冲击强度（−30℃）	kJ/m^2	ISO 180	3.5

3. 低密度聚丙烯

（1）低密度聚丙烯概述　聚丙烯材料为结晶性材料，在成型过程中，当材料由熔融态向固态转变时，分子链段有序排列导致部品尺寸变小。另外，聚丙烯材料的变形温度、刚性和耐热性不高，影响材料应用范围。通常，可通过填充改性（滑石粉、碳酸钙、云母、硅灰石等）解决这些问题。

但是，加入填充物后，材料密度会大幅上升，且材料流动性能下降。针对这种情况，苏州润佳开发了低填充、低密度改性聚丙烯材料，即在聚丙烯材料中加入低份数填充物。该材料达到了高填充聚丙烯材料的尺寸稳定性、物理性能及耐热性等性能，用其替代高填充聚丙烯，可以达到减重的目的。

（2）低密度聚丙烯材料的优点

1）密度低，可使部件减重9%左右。

2）注塑机不用更换。

3）模具无须改动。

4）黏度低、成型性能好。

（3）低密度聚丙烯的材料问题及应对措施

材料问题：尺寸稳定性下降；耐热性差；刚性下降。

解决方案：采用特殊的粉体处理技术，提高组分相容性；采用高强度聚丙烯作为原料；采用更高效更合理的增韧体系；采用特殊助剂。

（4）低密度聚丙烯的成本分析　汽车塑料注塑零部件的基本成本通常包括：

1）设备投入成本：模具、注塑机及辅助设备不需要进行大的变动，成本基本不变。

2）生产效率和成本：同传统常规材料。

3）原材料成本：当前低密度材料价格为传统材料的 1.1 倍，低密度材料较传统材料轻 9%，部件材料的成本 =1×1.1×（1–0.09）=1.001。

计算结果表明：与传统材料相比，部件材料的成本基本不增加。

（5）低密度聚丙烯的应用　苏州润佳开发的低密度聚丙烯，目前已经在大众、上汽等多款车型的饰柱、门槛以及门板上实现了量产。典型低密度聚丙烯门板材料的性能见表 3-59。

表 3-59　典型低密度聚丙烯门板材料的性能

编号	测试项目	单位	测试标准	PP/PE-T05	PP/PE-T10
1	密度	g/cm³	ISO1183	0.93	0.96
2	熔融指数	g/10min	ISO1133	25	35
3	拉伸强度	MPa	ISO527	20	20
4	弯曲强度	MPa	ISO178	26	27.5
5	弯曲模量	MPa	ISO178	1430	1750
6	缺口冲击强度（–30℃）	kJ/m²	ISO180	4	3
7	缺口冲击强度（23℃）	kJ/m²	ISO180	35	25
8	热变形温度（1.8MPa）	℃	ISO75	55	55
9	收缩率		公司内控	0.8% ~ 1.0%	0.8% ~ 1.0%

4. 薄壁与低密度相结合

薄壁注塑需要材料具有较高的流动性、刚性和韧性。目前，应用较为成熟的薄壁材料是 PP/PE-TD20 材料，滑石粉填充份数较高时，刚韧平衡较容易满足标准。随着原材料和改性技术的提升，低填充份数的改性聚丙烯（如 PP/PE-TD10）也可以达到薄壁 TD20 材料的性能要求。在普通薄壁的基础上，实现更低的密度，可达到更大的减重效果。部分开发/应用案例见表 3-60。

成型设备：同薄壁注塑。

模具：同薄壁注塑。

成本分析如下：部件壁厚由 2.5mm 调整为 2.0mm，用 PP/PE-TD10 替代 PP/PE-TD20，材料价格约为传统材料的 1.2 倍。

壁厚减重幅度 =（2.5–2）/2.5×100%=20%

密度减重幅度 =8%

在此必须要考虑加强筋部分，根据实际经验，减重幅度通常在上述计算结果的基础上要减 5% 左右。材料价格按 1.2 倍计算。

部件材料的成本 =1×1.2×（1–0.20–0.08+0.05）=0.92=92%。

部件材料的成本可以下降约 8%。

表 3-60 部分开发 / 应用案例

主机厂	部件	壁厚 /mm
众泰	门板	2.3
众泰	饰柱	2.2
众泰	尾门	2.2
上汽	饰柱	2.2
上汽	饰柱门槛	2.2

5. 聚丙烯轻量化方案的应用

微发泡、薄壁化和低密度等轻量化途径各有特点，对材料、设计、模具和工艺也有不同的要求，最终输出的轻量化解决方案和减重降本的效果也各有特点，见表 3-61。

表 3-61 轻量化解决方案

方案	减重（%）	材料综合成本（%）	成型周期（%）	应用领域
微发泡聚丙烯	15～25	95	70～85	仪表板、门板、尾门饰板等
薄壁注塑聚丙烯	10～20	100	80～90	门板、饰柱、尾门饰板、中央通道、座椅饰板
低密度聚丙烯	8	100	100	

注：所有对比以传统材料为准。

以上方案可根据实际情况灵活选用，既可以是上述三种方案的单独应用，也可以是两种方案的结合应用（如低密度材料 + 微发泡聚丙烯或低密度聚丙烯 + 薄壁注塑），从而实现更优的效果，见表 3-62。

表 3-62 轻量化方案结合应用

方案	减重（%）	材料综合成本（%）	成型周期（%）	应用领域
低密度材料 + 微发泡聚丙烯	＞30	90	70～85	仪表板、门板、尾门饰板等
低密度聚丙烯 + 薄壁注塑	＞20	95	80～90	门板、饰柱、尾门饰板、中央通道、座椅饰板

➤ **作者：**

❖ 翁永华．苏州润佳工程塑料股份有限公司

3.4.4　基于聚氨酯基树脂的先进材料

《乘用车企业平均燃料消耗量与新能源汽车积分并行管理办法》促使众多汽车制造商都在试图减少排放或提高燃油经济性，而达到该目标最有效的策略之一就是轻量化。轻量化技术是汽车以及轨道交通行业发展的关键技术之一，而先进轻量化材料技术则是汽车和轨道交通轻量化的基础和前提。轻量化技术应用的一个主要方面就是开发轻量化材料。对于轻量化材料的开发和应用，一般汽车制造商的开发优先顺序是：高强钢、超高强钢→铝合金→镁合金→纤维复合材料。这里的纤维复合材料是指高性能的复合材料，如高强高模玻纤复合材料、碳纤维复合材料等。基于高强高模玻纤和碳纤为增强材料的高性能树脂基复合材料是轻质高强材料的杰出代表，具有低密度、高比强度、高比模量、耐疲劳、耐腐蚀、整体成型及可设计性强等诸多优良的特性，综合

性能超过铝合金及高强度钢，是理想的汽车用轻量化材料。

复合材料在汽车轻量化上的创新应用将完全改变和提升传统的汽车生产制造工艺。例如，高性能纤维车身将通过模压或注塑等成型工艺及相应的粘接、铆接、栓接等工艺来取代传统汽车制造的冲压和焊接工艺，并取消了传统的涂装工艺。诸如此类的变化对整个汽车制造业的生产工艺和流程将是全面的革新与提升。

要实现先进的纤维复合材料在汽车领域低成本、短周期和高质量的大规模生产应用，必须解决其成型效率和成本问题。对于纤维复合材料来讲，它包括高性能纤维和高性能树脂两个因素。纤维固然非常重要，但是现有的纤维材料和相关工艺技术已经可以满足当前的需求，所以目前最核心的需求还是在于找到更好的高性能树脂以及与之匹配的复合材料成型工程技术。

1. 基于聚氨酯基结构树脂的优势

（1）复合材料常用树脂比较　树脂基复合材料工业中，最常用的树脂是不饱和聚酯树脂、乙烯基树脂和环氧树脂。不饱和聚酯树脂的使用量最大，价格最低，但其缺点也是最明显的：固化后的材料偏脆，即虽然硬度高，但延展性低，不适合力学强度要求比较高的场合。

相对来说乙烯基树脂各项性能总体优于不饱和树脂，这是由其自身的化学结构决定的。乙烯基树脂本身采用的是刚性的环氧骨架，两端辅以受保护共价键键合的 – C=C – 双键，使其结构相对比较稳定；相对来讲，不饱和聚酯树脂分子链中的酯键含量较高，且没有额外的基团保护，因而更容易被降解。这也是乙烯基树脂固化物耐水解、耐化学酸碱及盐的性能更优异的原因。

不饱和聚酯树脂和乙烯基树脂另外一个短板就是其 VOC（Volatile Organic Compound，挥发性有机化合物）残余问题。由于市场上广泛使用的不饱和聚酯树脂和乙烯基树脂均含有大量苯乙烯等小分子单体，因此在树脂固化以后，这些单体不可避免地会产生部分残余并在长期使用的过程中被释放，造成二次污染。然而，在环保要求日益严格的情况下，这种 VOC 残余问题会面临越来越大的挑战，也不利于不饱和聚酯树脂和乙烯基树脂在汽车和轨道交通领域的应用。

环氧树脂含有大量刚性的环氧骨架分子结构，且采用热开环固化的机理，其树脂固化物各项性能总体来说会优于乙烯基树脂。由于是采用胺类或酸酐类固化剂，VOC 问题没有饱和聚酯树脂和乙烯基树脂这么突出。但是，环氧树脂固化以后，总体来讲材料还是偏脆，可以总结为刚度有余、韧性不够。其次，环氧树脂固化速度总体偏慢，不利于工业化快速成型。另外，那些常用的高性能环氧树脂起始黏度均偏高，不利于在短时间内对纤维的充分润湿，也增加了生产操作工艺的难度。

然而，相比较以上三种树脂，聚氨酯树脂总体而言会更加优异。首先，聚氨酯树脂完全没有 VOC 问题，无论是操作过程还是最后的产品中均不会含有 VOC 小分子，或者 VOC 含量极低。因此，聚氨酯树脂被认为是一种绿色环保材料。其次，由于聚氨酯树脂不仅含有常规的共价键，还含有二级可逆的氨酯键氢键，所以高度交联的聚氨酯树脂固化物不仅力学强度更优异，它的韧性也更好。这也是聚氨酯的动态耐疲劳性能远高于其他树脂的原因。聚氨酯树脂的耐水解性能和耐化学酸碱及盐等的性能也很优异。基于芳香族聚氨酯结构的树脂强度高、韧性好，非常适合做承力结构部件；另外，聚氨酯树脂的起始黏度可以很低，低至大概 100 mPa·s，因此能够快速浸润纤维，非常有利于生产操作；聚氨酯的反应活性可调节空间大，根据特定的产品、工艺和实际操作需求，它的实际固化时间可以调节至从几十秒到几十分钟，满足各类产品的生产工艺需求。

（2）环氧改性聚氨酯树脂的优点　江苏九鼎新材料股份有限公司基于环氧和聚氨酯改性技术，成功地开发出一种新型的高性能热固性树脂 - 环氧改性聚氨酯树脂。这种树脂既嫁接了环氧树脂优异的刚性和强度，又保留了聚氨酯树脂的高韧性。此树脂固化以后得到的产品，其力学性能优于传统的环氧和聚氨酯树脂。此类环氧改性聚氨酯树脂固化前具有可调节的低黏度和固化速度。一些有代表性的要求，例如阻燃、抗老化等，均可被有效嫁接在此树脂体系中。

此树脂固化后，可成为一种新型高性能工程塑料，无论是树脂基体本身，还是基于此树脂制造得到的复合材料，都具有优异的力学性能和持久的耐疲劳性，在很多领域可以有效地代替金属，达到减重量、降能耗、增性能的要求，可以广泛应用于涉及轻量化的高性能工程塑料生产和应用的各个领域，在新能源车辆、轨道交通等行业均可找到广泛的应用前景。

基于不同的使用工艺，表 3-63 列举了这类环氧改性聚氨酯树脂的力学性能。

表 3-63 环氧改性聚氨酯树脂的力学性能

应用方向	拉伸模量 /GPa	拉伸强度 /MPa	最大受力时形变（%）	弯曲强度 /MPa
拉挤、缠绕	4.1	110	6.0	170
RTM	3.4	92	5.3	150

2. 环氧改性聚氨酯基玻纤增强复合材料力学性能

环氧改性聚氨酯基玻纤增强复合材料力学性能如表 3-64 所示。

表 3-64 环氧改性聚氨酯基玻纤增强复合材料物理机械性能

项目	单位	UD 铺层	连续毡铺层	方格布铺层
密度	g/cm^3	1.94	1.51	1.75
纤维含量（wf%）		72.0	41.0	61.1
拉伸模量 x	GPa	43.3	9.72	20.7
拉伸模量 y	GPa	15.5		
拉伸强度 x	MPa	845	146.8	440
拉伸强度 y	MPa	65.1		
弯曲模量 x	GPa	45.9	9.46	19.2
弯曲模量 y	GPa	14.7		
弯曲强度 x	MPa	1197	237.6	532
弯曲强度 y	MPa	109.7		
冲击强度	kJ/mm^2	381	74.5	222

注：x 方向为 UD 纤维 0° 方向；冲击强度试验为 GB/T 043.1/1fU。
UD 铺层——800g/m^2，E-glass，16μm，通用型浸润剂。
连续毡铺层——280g/m^2，E-glass，通用型浸润剂。
方格布铺层——600g/m^2，席纹机织布，通用型浸润剂。

3. 环氧改性聚氨酯树脂在中、低压 RTM 工艺的优势

（1）中、低压 RTM（树脂传递模塑成型）工艺的优势　目前高性能复合材料的生产制造技术用于量产的汽车零部件有巨大市场需求，却面临着三重挑战：生产节拍（循环时间）、成本和材料的可获取性问题。为缩短制造循环周期和提高复合材料本身的力学性能，目前已商业化生产采取的技术路线是采用高压 RTM（HPRTM）工艺配合高反应活性树脂体系和高强高模量的碳纤维来制造轻量化的复合材料汽车结构件，但这一解决方案仍存在着原材料成本高，制造设备和模具投资巨大的弱点，对于生产批量不够大和材料力学性能可以妥协的半结构件等的生产是不适宜的。

改性的聚氨酯树脂系统可以根据其成型工艺的需要在极宽的范围内调节加工工艺窗口期，并且借助于适当调整的内部脱模剂可以容易地脱模。此外，较低的初始黏度使它兼容适用于几乎所有可能的复合材料成型工艺（如：真空辅助 RTM、非常规 RTM、间隙浸渍、开放模具中的液体浸渍等）。

由于初始黏度低这一特性，在 RTM 工艺过程中应用该树脂，就可在不延长注射时间的前提下，适当地降低树脂注射传递压力，减少树脂对增强纤维铺层冲刷影响。树脂配方中定制的催化作用，可以在可控的时间范围内和较低的模具温度下引发树脂反应并快速固化成型。整个工艺过程时间较常规 RTM 大为缩短，能耗低，基体树脂与增强纤维浸渍充分，能非常好地发挥增强材料力学特性。

因此，采用玻璃纤维增强、中低压 RTM 工艺和较高活性的树脂体系，不仅可以达到较高的生产循环节奏，其材料的力学性能也达到相当的水平，尤其是高疲劳强度和出色的损伤容限，而设备、模具和材料成本将大幅下降，这将是中小批量、较低材料机械性能要求零部件制造技术的最佳选择。

（2）聚氨酯基结构树脂复合材料在汽车部件的应用　宝马 i3 自支撑后排座椅壳采用巴斯夫 Elastolit® 聚氨酯组合料制造，如图 3-123 所示。这是碳纤维和聚氨酯基体的组合首次用于量产汽车。该部件整合了包括杯托架和储物盘在内的多种功能，既减少了组装工作量，又减轻了重量。巴斯夫 Elastolit® 的优点在于加工工艺窗口宽、疲劳强度高、损伤容限大。得益于卓越的材料性质，这种在碰撞中非常重要的部件达到了宝马集团严格的安全要求，而其壁厚仅为 1.4mm。

图 3-123　宝马 i3 自支撑后座部件——聚氨酯基体树脂/碳纤维增强材料（图片来源：BASF，2014）

沃尔沃 XC90 等三款车型正采用高性能、轻量化的复合材质的横向叶片弹簧，该部件应用汉高双组份聚氨酯树脂基复合材料系统和树脂传递模塑成型 RTM 工艺成型，截至 2017 年末，其总产量达到 20 万个/年，如图 3-124 所示。

德国 Roding Roadster R1 跑车的聚氨酯复合材料车顶，由汉高与 KraussMaffei 合作，采用汉高开发的 Loctite MAX3 聚氨酯树脂和 HP-RTM 工艺成型制造，如图 3-125 所示。

图 3-124　Henkel 聚氨酯复合材料弹簧板（图片来源：Henkel，2014）

图 3-125　汉高聚氨酯复合材料车顶板（图片来源：Roding Automobile GmbH）

汽车非金属材料轻量化应用指南

环氧改性聚氨酯树脂，结合了环氧树脂和聚氨酯树脂的优点，既具有很好的机械强度和刚度，又具有很高的韧性，同时还具有良好的工艺性能和不同增强纤维的适应性。基于该类改性聚氨酯基树脂的复合材料零部件可以选用多种工艺成型，如：真空灌注 VIP、树脂传递模塑 RTM、预浸料模压、SMC 共模成型等，为其复合材料零部件的设计、制造提供了更多的选择和空间，可获得力学性能较高、形状结构较复杂、整合性较高的复合材料部件。源于该树脂系统的低黏度和高反应活性，其零部件的工艺制造周期较短、硬件投资要求较低，可作为一定批量的复合材料汽车半结构件、结构件的生产工艺加以进一步研究和推广。

影响车辆工程（汽车和轨道交通）行业将新型复合材料应用与结构产品的阻力之一就是用于设计和模拟的材料数据完整性和保真度问题，在后期的研发中，我们将进一步完善该环氧改性聚氨酯树脂在不同增强材料、不同工艺条件下的材料数据，形成符合 FEA 分析应用的材料卡，并加以充分验证，以使该材料能尽早应用于我国的车辆轻量化工程中。

➡ **作者：**

❖ 沈达泉，时冬冬，韩世亮．江苏九鼎新材料股份有限公司

参考文献

[1] 黄发荣．不饱和聚酯树脂 [M]．北京：化学工业出版社，2001．

[2] 祝斌．铅酸蓄电池槽用乙烯基树脂固化性能的研究 [J]．合成材料老化与应用，2016，45（3），39．

[3] 何栋，唐婷．一种高效聚丙烯阻燃剂的制备研究 [J]．当代化工，2018，47（9），1836．

[4] 刘树．嵌段聚氨酯弹性体的热行为 [J]．聚氨酯工业，1987，4（1），2．

[5] 姚云龙．聚氨酯玻璃纤维复合材料单管通信塔应用研究 [J]．建筑结构，2018，48（13），13．

[6] 古缘，郭延昆，王晓亮．聚氨酯改性环氧树脂复合材料的制备及其耐磨性能 [J]．材料保护，2018，51（6），118．

[7] 魏波，周金堂，姚正军，等．RTM 及其派生工艺的发展现状与应用前景 [J]．广州化学，2018,43（4），68．

[8] BASF. plasticsportal [OL]. https://worldaccount.basf.com/wa/plasticsAP~zh_CN/portal/show/common/plasticsportal_news/2014/14_176

[9] Inside Composites. News [OL]. https://www.insidecomposites.com/volvo-adopts-composite-leaf-springs-on-more-models/

[10] Henkel. Spotlight News [OL]. https://www.henkel.com/spotlight/2014-04-03-lower-weight-components-for-the-automotive-industry/187396#lightbox

3.5 碳纤维材料在轻量化中的创新应用

3.5.1 碳纤维材料与碳纤维复合材料

碳纤维作为一种高性能纤维，自实现商品化生产以来，其产品产量及种类迅速增长，应用领域并在不断拓展。碳纤维作为增强材料，其主要用途是与树脂、金属、陶瓷等基体复合，碳纤维复合材料的比强度、比模量综合指标在纤维复合材料中较高，而且随着纤维制造技术的日臻完

善，其性能指标仍有极大的提升空间，在密度、刚度、重量、疲劳特性等有严格要求的领域以及要求高温、化学稳定性高的场合，碳纤维复合材料都颇具优势。

1. 碳纤维材料特点及分类

碳纤维材料是一种含碳量在95%以上的高强度、高模量纤维的新型纤维材料，由片状石墨微晶等有机纤维沿纤维轴向方向堆砌、经碳化及石墨化处理而最终制成，具有无蠕变、耐高温耐腐蚀、耐疲劳性好和热膨胀系数小等优点。

碳纤维按力学性能主要分为通用碳纤维和高性能碳纤维，通用碳纤维强度一般在1000MPa左右，模量一般在100GPa左右，高性能碳纤维又可分为高强碳纤维（强度2000MPa左右、模量250GPa左右）和高模碳纤维（模量在300GPa以上）。随着航天和航空工业的发展，对碳纤维的性能要求也在不断提升，为满足新的材料需求，各大碳纤维生产企业陆续开发出更高强度、高模量的纤维产品，通常将强度大于4000MPa的碳纤维称为超高强碳纤维，模量大于450GPa则被称为超高模碳纤维。另外还出现了高强高伸碳纤维，一般其延伸率大于2%。除按力学性能区分外，根据碳纤维丝束大小，碳纤维也可分为小丝束与大丝束，通常把1K、3K、6K、12K和24K的称为小丝束碳纤维，36K以上的称为大丝束碳纤维，包括48～480K等不同规格（1K表示1根纤维束内有1000根纤维丝）。

2. 碳纤维材料制备流程

碳纤维加工原料主要有聚丙烯腈纤维、沥青纤维及粘胶纤维，其中由聚丙烯腈（PAN）纤维原丝制备碳纤维的生产工艺较其他方法简单且产品质量稳定，因此其产量占全球碳纤维总产量的90%以上。

碳纤维的制造包括纤维纺丝、热稳定化（预氧化）、碳化、表面处理、卷取等五个主要步骤，以用量最大的聚丙烯腈纤维为例，其生产主要流程及各环节内容如图3-126所示。

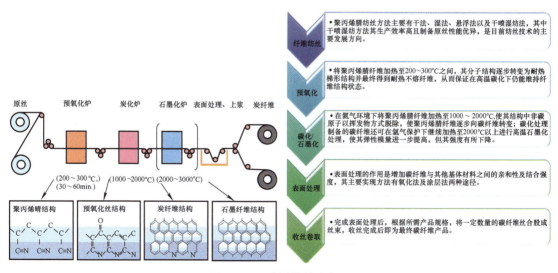

图3-126 碳纤维制造流程

3. 碳纤维材料技术发展趋势

随着碳纤维材料应用的日益广泛，对碳纤维材料发展也不断提出新的要求，其主要集中在提升性能以及降低成本两个方面。

(1) 性能提升　根据理论计算，碳纤维固有强度和模量分别可达到184GPa和1020GPa，而目前超高强型碳纤维的抗拉强度仅为7～9GPa，仅为理论值的4%，因此碳纤维材料仍具有极大的发展提升空间。要提升碳纤维材料性能，则需控制好聚丙烯腈有机纤维向无机碳纤维的结构转化，其中原丝结构的完整性至关重要，必须使原丝中杂质、缺陷尽可能消除，纤维结构均匀致密、取向规整完好，在脱除非碳原子的热转化时使碳原子尽可能地不脱离，形成的碳结构更加完好。为实现以上目标，则需从提高原材料纯度、优化预氧化及碳化工艺参数、改善碳化过程挥发物脱除方式等多个方面进行完善优化。

(2) 成本降低　目前制约碳纤维材料应用的一个重要因素就是其成本高昂，与用量最大的玻璃纤维相比，其价格是其数倍甚至数十倍，因此在各领域应用中，碳纤维往往与玻璃纤维混合应用，以实现性能与成本的优化组合。

通过分析碳纤维材料生产成本构成，如图3-127所示，对碳纤维成本构成中占比最大的为PAN基纤维成本，因此各大公司以及研究机构一直在开发降低PAN基纤维成本的相关技术，如美国橡树岭国家实验室开发了丙烯酸基纤维替代PAN基纤维，可降低50%的原料成本，东丽等公司研究团队通过改进PAN基体并优化生产工艺，可将PAN基纤维纺丝速度提高10倍，从而降低整体成本。

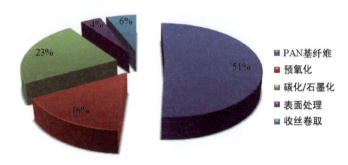

图3-127　碳纤维生产成本构成

4. 碳纤维材料的产品形式

碳纤维材料在实际生产中，除直接使用丝束外，另有三种产品形式：碳纤维布、碳纤维预浸料以及短切碳纤维。

(1) 碳纤维布　碳纤维布是指将碳纤维丝束按一定方式织造成布料形式，主要产品种类有：机织碳纤维布（如平纹布、斜纹布、缎纹布、单向布等）、针织碳纤维布（如经编布、纬编布、横机布等）、编织碳纤维布（如二维布、三维布、立体编织布等）。

(2) 碳纤维预浸料　碳纤维预浸料是指由碳纤维丝束、环氧树脂、离型纸等材料，经过涂膜、热压、冷却、覆膜、卷取等工艺加工而成的复合材料，又名碳纤维预浸布。使用碳纤维预浸料进行生产，可以省去树脂浸渍碳纤维环节，并降低了复合材料内部孔隙率，既提高了生产效率同时也提高了产品质量。

(3) 短切碳纤维　短切碳纤维是由碳纤维长丝经纤维切断而成，其基本性能主要取决于其原料的性能。短纤维具有分散均匀、喂料方式多样、工艺简单等优点，可以应用于碳纤维长丝所不适合的生产领域。

5. 碳纤维复合材料原材料开发、选择及预期方向

(1) 碳纤维复合材料原材料开发要求　碳纤维复合材料能否满足汽车结构应用的要求，原材料是最为关键因素之一。此处所述的材料，主要包括碳纤维、树脂、固化剂等。汽车碳纤维复合材料对于原材料的要求，原材料开发归结起来主要包含以下6个方面。

1) 力学性能要求。应用碳纤维复合材料的主要驱动力就是其材料力学性能优异，替代金属

材料能起到明显的减重作用。毋庸置疑，在航空航天领域主承力结构成功应用已经证明了碳纤维复合材料应用于汽车结构是游刃有余的。然而，汽车应用也有其不同的要求，比如高速碰撞吸能要求、覆盖件的抗凹性要求等。基于不同需求去开发产品，碳纤维复合材料的材料供应商也不例外。另外，低成本原材料应用、高节拍制造技术对树脂的改良，形成的新型复合材料，其力学性能是否还一样能足够出色以满足汽车轻量化需要，这些都是需要原材料开发时必须考虑的。

2）工艺性要求。对原材料的工艺性要求主要体现在 7 个方面：所选材料应适应于所选工艺，对不同的成型固化工艺应选择适合的纤维的材料形式和专用的树脂体系；应能够满足复杂构型零件的可铺覆性。在选择纤维形式时，应考虑其铺覆性，以确保制件的质量满足要求；树脂固化周期应能满足汽车批量化生产节拍要求；夹芯材料的选择需要考虑固化温度；应用于液体成型工艺的树脂黏度低（$180 \sim 200 CP/25℃$），低压流动性好，固化放热峰低、固化时无低分子物逸出（$< 0.5\%$），不需要溶剂；制件可机械加工性好，易修补；树脂及预浸料贮存期长。

3）材料的质量一致性要求。产品的一致性要求，其基础就是原材料的质量一致性。原材料供应商需要对各制造环节进行严格过程控制，以及按照相应的规范进行出厂验收。

4）成本要求。使用大丝束的碳纤维，例如宝马 i3 使用的是西格里的 50K 大丝束纤维；使用沥青基碳纤维等新型碳纤维，其成本更低；研究发展廉价原丝。高性能碳纤维用的原丝是降低碳纤维成本的重要因素，在高性能碳纤维成本中原丝所占的比例为 40%～60%。国外从两方面试图降低原丝的成本，正在尝试采用聚丙烯腈外的其他材料用作高性能碳纤维用的原丝，包括低密度聚乙烯、高密度聚乙烯和聚丙烯等其他聚烯类高分子材料以及木质素等。另一方面是改进现有工艺聚丙烯腈原丝的技术，达到降低成本的目的，包括采用纺织用的聚丙烯腈、化学改性、幅照稳定化处理等。

5）货源稳定性要求。由于技术掌握在少数的碳纤维行业巨头手中，当前碳纤维市场产能规模有限，其扩张速度不会很快。考虑到汽车市场需求量大，就碳纤维的可获取性而言，解决这一问题的一种方法是，汽车主机厂与一家碳纤维生产商发展成为合作伙伴关系，从而为主机厂自身的汽车创建一个专属的碳纤维供应链。如宝马与西格里、戴姆勒-奔驰与日本东丽公司。

6）耐环境性要求。使用环境要求主要体现在 5 个方面：耐湿热环境要求；耐温度要求；抗冲击要求；耐介质性能；耐老化能力等。为满足相关性能，需要树脂供应商通过树脂配方改良、碳纤维制造工艺减少初始缺陷等来实现，且需要大量的试验进行验证。

对于主机厂来说，在汽车结构应用碳纤维复合材料，进行结构选材时，一般可遵循下述选材原则：

① 在满足结构完整性要求下尽可能选用价格低的材料，成本的计算应考虑下列内容：材料成本、工艺成本、维修成本。

② 在满足使用要求的前提下，尽量选用有使用实例的材料。

③ 增强纤维材料可以单向带、织物预浸料等多种形式供应，材料货源质量可靠，供货及时。

④ 对有特殊要求的结构部件，材料应满足其特殊要求，如阻燃、外露纤维纹理要求等。

⑤ 环境保护要求的投资费用小。

（2）碳纤维复合材料原材料开发方向　当现有的材料无法满足汽车复合材料应用要求时，则需要开发新的材料。从必要性来讲，虽然碳纤维复合材料在航空航天领域应用已经有几十年的经验，已有的碳纤维碳丝满足力学性能要求，但对于汽车复合材料应用，在低成本、高生产效率方面有更高的要求，以及为适应近几年不断涌现的量产制造工艺，原材料供应商为扩大市场，仍需要不断地开发新的原材料，以适应汽车行业的需求。

原材料的开发方向、要求需要从主机厂及制件厂家获取，基本流程是：主机厂基于汽车使用要求提出材料的性能指标、成本目标等制件厂家根据工艺需要对材料的一致性、可成型性、工艺性等提出要求；原材料厂家根据具体要求对材料进行开发，同时对主机厂和制造供应商关心的一些材料及工艺特性进行测试，建立不同性能表征、工艺特性、成本的数据库，供使用方根据不同的要求选择；主机厂和制件供应商通过一系列的验证试验，积攒试验数据，并将试验结果反馈给原材料供应商，完善材料配方，完成新材料开发。

对于汽车复合材料来讲，原材料开发的方向主要包括：低成本碳纤维技术、低成本高效率三维编织技术、快速固化树脂、树脂增韧、与纤维界面特性改进、树脂自身耐紫外线黄变、可回收热固性树脂体系、热塑性树脂应用技术等。

➡ 作者：

- ❖ 栗娜．北京汽车研究总院新技术研究院轻量化部
- ❖ 张玺，官澄宇，郭晨．北京长城华冠汽车科技股份有限公司

参考文献

[1] 金立国．我国碳纤维工业现状和碳纤维应用 [J]．合成纤维，2009（10）：1．

3.5.2 碳纤维复合材料的开发与应用概述

碳纤维复合材料是指以碳纤维及其织物、纤维毡等为增强体，树脂、金属、陶瓷等为基体的复合材料的总称。常见的有树脂基碳纤维复合材料、陶瓷基碳纤维复合材料和金属基碳纤维复合材料，汽车用碳纤维复合材料以树脂基复合材料为主。

碳纤维复合材料是一种力学性能优异的新材料，它的密度不到钢的1/4，碳纤维树脂复合材料抗拉强度一般都在3500MPa以上，是钢的7~9倍，抗拉弹性模量为23000~43000MPa，亦高于钢。因此碳纤维复合材料的比强度即材料的强度与其密度之比可达到2000MPa/(g/cm^3)，是一种理想的汽车轻量化材料。碳纤维复合材料用于汽车轻量化的优势主要在于：密度小，比强度、比模量高，轻量化效果明显；集成度高，减少零部件数量；可设计、造型自由，实现流线型曲面的成本低；吸收冲击性能是金属的5倍，提高碰撞过程人员安全性；减振性能好。

国内外汽车厂商均已开展碳纤维复合材料在汽车上的应用研究，早期主要用在F1赛车、超跑和豪华车上，用量较少。自宝马i3使用碳纤维复合材料作为车身主要材料后，才开始真正进入主流车型（表3-65）。

表3-65 汽车轻量化材料性能对比

材料种类		密度/(g/cm^3)	拉伸强度/MPa	弹性模量/MPa	比强度/m	比模量/km
高强度钢		7.8	1000	214000	1.3	0.27
铝合金		2.8	420	71000	1.5	0.25
镁合金		1.79	280	45000	1.6	0.25
钛合金		4.5	942	112000	2.1	0.25
玻璃纤维复合材料		2.0	1100	40000	5.5	0.2
碳纤维复合材料	高强度型	1.5	1400	130000	9.3	0.87
	高模量型	1.6	1100	190000	6.2	1.2

1. 碳纤维复合材料的组成

碳纤维复合材料主要指以碳纤维为增强体，聚合物树脂为基体的一类高性能复合材料，碳纤维复合材料组成示意图如图 3-128 所示。碳纤维复合材料的主要力学性能也是由纤维和树脂共同决定（图 3-129）。

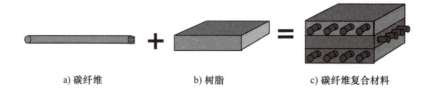

a) 碳纤维　　　　b) 树脂　　　　c) 碳纤维复合材料

图 3-128　碳纤维复合材料组成示意图

碳纤维增强体作为具有较高的强度纤维复合材料的主要承载体，决定碳纤维复合材料的拉伸强度、刚度及抗损伤性能。

树脂基体通常为有机聚合物，作为碳纤维复合材料的基体，其主要作用是将纤维增强体粘接至一体，向增强体传递载荷，并决定了碳纤维复合材料工艺特性、部分力学性能、理化性能及耐环境性能。

在碳纤维复合材料中，碳纤维增强体和树脂基体之间存在着明显的结合面，称为"碳纤维复合材料的界面"。由于碳纤维复合材料的界面位于树脂和碳纤维之间，并使两者互相连接，能够起着传递载荷的作用，对碳纤维复合材料的部分力学性能、破坏模式及耐环境特性均具有很大的影响。

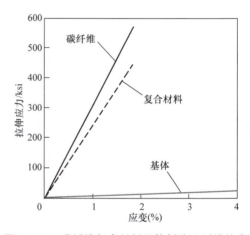

图 3-129　碳纤维复合材料基体树脂和纤维的力学性能比较示意（1ksi=6.895MPa）

在碳纤维复合材料中，除了树脂基体和碳纤维增强材料这两种主要成分外，同时包含树脂固化剂、阻燃剂等用来保证碳纤维复合材料使用性能的其他填料成分。

2. 碳纤维复合材料的分类

碳纤维复合材料按增强体的连续性可分为连续型和非连续型两大类（图 3-130），根据纤维排布的方式不同，又可分为不同的小类，几种常见的纤维增强体的示意图如图 3-131 所示。

非连续型碳纤维复合材料，由于在预成型体制作时无须考虑纤维方向排布，成型工艺简单，适合复杂构型件成型，但制件力学性能差，仅能用于力学性能要求低的次承力结构。连续型碳纤维增强体是碳纤维复合材料应用最为广泛的形式，而其中应用最多的是织物或单向纤维增强复合材料。缎纹布、针织布、无纹布及 3D 编织等，各自有相应的性能特性，由于纤维编织成本较高，

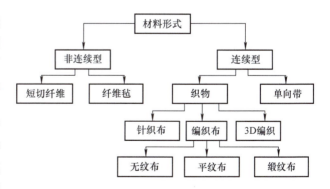

图 3-130　碳纤维复合材料增强纤维常见材料形式

应用较少。值得一提的是，3D 编织适于构型复杂的整体成型件，是汽车复合材料结构整体集成化的一种可选成型方式。

按照树脂固化特性的不同，可分为热固性和热塑性复合材料两类，二者性能对比见表 3-66。

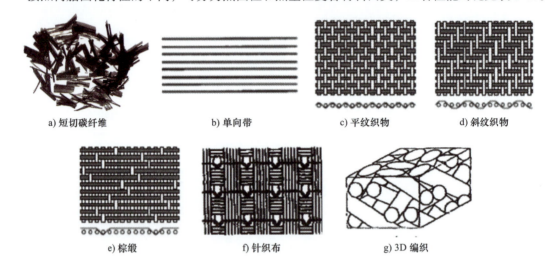

图 3-131 典型复合材料增强纤维材料形式示意图

表 3-66 热固性树脂和热塑性树脂特性比较

材料	工艺特性	主要优点	主要缺点	材料举例
热固性树脂	固化时发生化学反应；工艺过程不可逆；黏度低/流动性高；固化时间长；预浸料发黏	工艺温度低；纤维浸润性好；可成型复杂形状；树脂黏度低；应用经验丰富	工艺过程时间长；储存时间受到限制；要求冷藏存储；不可回收	环氧树脂、不饱和聚酯、聚氨酯、酚醛树脂、双马树脂
热塑性树脂	固化时不发生化学反应；工艺过程可逆；黏度高/流动性低；工艺时间短；预浸料僵硬	韧性优异，抗分层能力强；可重复利用，可回收；成型速度快；存储期限无限制，无须冷藏	需要非常高的工艺温度；纤维浸润性差；应用经验少，较热固性树脂高	聚乙烯、聚丙烯、聚苯乙烯、聚醚醚酮

一般来说，热固性树脂有更好的工艺特性，易于实现复杂形状零件的制造，且制造工艺经验非常丰富，在现阶段来说是首选的基体种类。在热固性树脂当中，常应用于碳纤维复合材料的有环氧树脂、不饱和聚酯、酚醛树脂、聚酰亚胺树脂等。对于汽车复合材料，可能用到的树脂种类有环氧树脂、不饱和聚酯以及聚氨酯，其特性比较见表 3-67。

表 3-67 汽车复合材料用热固性树脂特性比较

树脂种类	环氧树脂	不饱和聚酯	聚氨酯
工艺特性	黏性适中，流动性好；固化收缩率低；易加工成型；固化时间长	树脂黏度适中；固化收缩率大；固化过程无挥发物；成型速度快，易加工成型	固化反应放热低；固化速度快；易机械加工
力学性能	强度和模量高，综合力学性能好	力学性能好略低于环氧树脂	拉伸强度高；动态载荷下优异的抗疲劳强度
固化温度	室温至 180℃；最常见为高温固化 180℃；低温固化 120℃	室温大气压力或 180℃高压	80～110℃

（续）

树脂种类	环氧树脂	不饱和聚酯	聚氨酯
使用温度	90℃	82℃	90℃
耐环境性	良好的耐化学性；良好的耐湿热性能；	在硝酸、浓硫酸等氧化介质中极易老化；耐碱和耐溶剂性能差；温度升高会加速老化	良好的耐酸碱性能
抗分层性	好	一般	好
韧性	一般、良好	一般	好
价格	低或中等	低	中等
备注	脆性和吸湿后性能下降；加入增韧剂可提高韧性，按韧性可分为基准环氧、改性环氧、韧性环氧和高韧性环氧；在复合材料中应用最为广泛	能快速成型，易于制造，多用于次承力结构，多与玻纤复合	在HP-RTM（高压树脂转移模塑成型工艺）汽车板簧已有一定应用实例。如沃尔沃S90

由于目前工艺经验有限，热塑性树脂在碳纤维复合材料的应用很少，但具有固化成型周期短、可再成型及回收、可焊接、机械加工难度小等更适合汽车量产的工艺特性，随着相关成型技术的开发，将来极有可能替代热固性树脂成为汽车碳纤维复合材料的首选种类。

3. 碳纤维复合材料的性能特点

与其他连续纤维增强树脂基复合材料一样，碳纤维复合材料同样具有材料和结构同时成型、可设计性、各向异性、层间性能和面外性能薄弱、疲劳性能优异、易受湿热环境影响等特点。碳纤维复合材料也有一些独特的特性，归结起来主要有以下6点：

（1）力学性优异　由于碳纤维本身力学性能优异，与树脂结合形成的复合材料结构，沿结构主承力方向的拉伸强度一般可超过高强度钢，拉伸模量可超过铝合金，完全可以替代金属材料应用于主承力的结构件上。

（2）比强度和比刚度高　比强度和比刚度是材料可实现结构轻量化程度的最重要的参数。在这方面，对比其任何工业常用的金属材料或其他非金属材料，碳纤维复合材料均有明显优势。8种工业常用材料的比强度和比模量对比见表3-68。

表3-68　8种工业常用的材料比强度和比模量对比

材料种类	密度/（g/cm³）	拉伸强度/MPa	拉伸模量/GPa	比强度/（10⁵N·m/kg）	比模量/（10⁶N·m/kg）
高强度钢	7.8	1000	210	1.3	27
铝合金	2.8	470	69	1.5	26
镁合金	1.79	280	40	1.6	25
钛合金	4.5	942	112	2.1	24
S玻璃纤维复合材料	1.99	1931	51.7	9.7	26
高强碳纤维复合材料	1.55	1700	130	11	83.9
高模碳纤维复合材料	1.63	1172	206	7.2	126.4
PP+GF20	1.05	65	4.5	0.61	4.3

（3）耐腐蚀性能良好　碳纤维是高温碳化的具有微晶结构的惰性无机纤维，具有非常高的耐腐蚀性能。环氧树脂分子链上侧链上有苯环、次甲基等官能团，具有很好的耐热性能、耐候性能和刚性。因此，碳纤维复合材料具有较高的耐腐蚀性，除了能被强氧化剂如浓硝酸、次氯酸及重铬酸盐氧化外，一般的酸碱对它的作用很小。

（4）碰撞吸能特性好　5种工业常用材料的高速碰撞时能量吸收率的对比如图3-132所示，可见碳纤维复合材料在碰撞过程中单位重量吸收能量数值是钢或铝的4~5倍。

（5）抗疲劳性能强　大多数金属材料在交变应力作用下，疲劳强度极限为其静载拉伸强度的30%~40%，由于纤维与基体复合可缓和裂纹扩展，以及存在纤维内力再分配的可能性，因此碳纤维复合材料的疲劳极限较高到70%~80%，并在破坏前有变形显著的征兆。

（6）相对金属具有较高的阻尼系数　通常情况下，碳纤维复合材料阻尼系数比金属高一两个数量级，因此其减振性能良好。例如：轻金属合金梁需要9s停止振动，碳纤维复合材料只要2.5s就能静止。

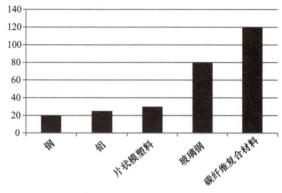

图3-132　能量吸收率对比

此外，碳纤维复合材料还具有热膨胀系数小、弱导电性、电磁屏蔽等特性。

4. 碳纤维复合材料制造工艺

由于碳纤维其独特的材料性能，除用作绝热保温材料以外，碳纤维材料一般不单独使用，而是将其作为增强体加入到树脂、金属、陶瓷和混凝土等材料中构成复合材料。随着碳纤维复合材料的广泛使用，其加工方法也在不断地推陈出新。从传统劳动密集型的质量一致性较难保证的手糊成型到现在机械化程度较高的喷射成型、注射成型等，碳纤复材的成型方法在向着高质量、高效率、低成本的方向发展。尤其是针对在汽车上的应用特点，不断有新的成型工艺出现。

（1）成型工艺　由碳纤维复合材料产品有多种成型方式，目前常见成型方式见表3-69。

表3-69　碳纤维复合材料产品主要成型方式

工艺名称	操作方式	工艺特点	适用产品
模压成型	将裁切后预浸料放入模具内，合模加压使多余的胶液溢出，然后高温固化成型	生产周期较短、尺寸精度高	精度要求高、结构较简单产品
树脂传递模塑（RTM）	将裁切后碳纤维布铺放在模具内，合模后将树脂注入模腔浸渍纤维，然后高温固化成型	产品尺寸精度高	精度要求高、结构复杂产品
真空导入袋压	将裁切后碳纤维布铺放在模具内并覆上耐热薄膜，利用真空泵将空气抽出以引导树脂浸渍，然后在烘箱或热压罐内加热进行固化成型	工艺简单、费用较低	单面质量及精度要求较低产品
缠绕成型	将碳纤维丝束浸渍树脂后，在一定张力下缠绕在芯轴上，然后放置于烘箱内里加热固化成型	可实现连续自动化生产，质量稳定性高	圆柱体或空心结构产品

（续）

工艺名称	操作方式	工艺特点	适用产品
挤拉成型	将碳纤维丝束浸渍树脂后，牵引使其通过特定型面的口模，并在口模内加热逐步固化	可实现连续自动化生产，质量稳定性高	等截面形状产品

碳纤维复合材料初期主要应用于航空航天领域，其产品一般价格高、产量小，因此发展重点及趋势是不断提升产品性能，随着碳纤维复合材料逐步向工业及民用领域拓展，生产成本、生产节拍以及材料回收等问题越来越引起人们的广泛重视，对于这些新的市场需求各相关企业也在成熟技术基础上不断进行优化。

1）动态流体模压。在模压成型技术基础上，通过使用快速浸渍及固化的树脂体系，可使用碳纤维布进行生产，与预浸料相比可降低材料成本，并能够将生产周期缩短至10min以内。

2）高压树脂传递模塑成型技术（HP-RTM）。常规树脂传递模塑工艺注射压力一般是0.6~1.5MPa，树脂注入浸渍周期大约为1h，使用高压树脂传递模塑工艺（注射压力为1.0~6.0MPa），采用高压技术，实现树脂基体的高压注射、高压浸渍和高压固化，即在高压状态下使树脂基体快速填充模腔，加速树脂与增强体之间的浸润，同时加速树脂反应系统，缩短固化周期。树脂注入浸渍周期可缩短至6min左右，结合碳纤维铺覆方面的优化设计以及工装应用，从而将2~3h的生产周期缩短至10min以内。

宝马与西格里合作开发了固化时间为2min及5min的环氧树脂，采用HP-RTM技术，实现了"一分钟循环周期"。近期推出的surface HP-RTM工艺可在满足汽车工艺节拍的前提下制造A级表面的碳纤维部件（图3-133）。

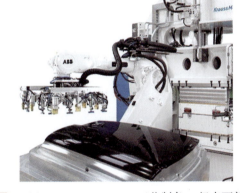

图3-133 surface HP-RTM工艺制备A级表面部件

3）热塑性树脂复合材料。传统碳纤维复合材料多为热固性树脂基体，热固性树脂固化后加热不溶不熔，因此回收工艺复杂，材料再利用困难。热塑性基体预浸料，可缩短生产周期，基体可热熔重复利用，降低成本，因此对于热塑性树脂基碳纤维复合材料产品，可通过加热方式使树脂与碳纤维分离，易于将材料进行回收利用。目前碳纤维热塑性树脂预浸料已实现商品化生产，未来研究重点是研发测试低黏度热塑性树脂体系，以实现热塑性树脂对碳纤维材料的在线浸渍，从而进一步降低其生产成本、缩短生产节拍。

热塑性树脂的成型工艺时间短，具有可再加工性和可回收再利用的特点，可缩短复合材料的生产周期，降低生产成本。目前通用汽车公司与帝人公司在联合开发聚丙烯和聚酰胺两种树脂与碳纤维的复合成型技术。

4）碳纤维混合加工成型技术，包括与其他纤维混合或金属混合。针对碳纤维复合材料的抗冲击性和断裂韧性差的缺点，将碳纤维和玻璃纤维混杂使用，共同作为增强材料，达到性能互补的作用。戴姆勒-克莱斯勒公司采用重叠加料，混合使用碳纤维和玻璃纤维，缩减了零件数量，减轻了重量，提高了刚度。碳纤维/金属混合结构正在成为汽车轻量化部件新的开发热点，充分发挥碳纤维的高模量和高强度，对金属进行补强。宝马新7系的B柱加强版就是碳纤维和金属混合结构成型。

（2）连接技术　随着汽车复合材料的应用日益广泛，汽车复合材料部件之间的组合装配以及复合材料部件与邻近金属零部件的连接固定的问题日益突出，常用金属零部件之间的连接方式不能满足复合材料部件的要求。在此情况下，需要对汽车复合材料的连接与固定的连接方式进行合理的选择。汽车复合材料连接固定的方式主要有三种方式，其中机械连接如图3-134所示。

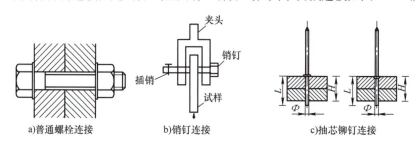

图 3-134　机械连接示意图

1）机械连接：这种连接固定方法使用的是铆钉和螺栓，是最普及也是最容易理解的一种连接方式。对汽车行业来说，机械紧固连接方式有许多不足之处，如：重量增加、应力集中、部件之间的交叠、高公差的要求、电蚀性等。但是，从另一方面说，机械连接不需要对表面进行处理或后续的抛光，这样重复拆卸就很方便（如：检查、维修和回收）。相对而言，对环境的影响也不是很敏感，如温度的影响等。目前碳纤维复合材料汽车应用时，尤其是与金属材料连接，多以铆接为主。

2）胶接：相对于机械连接，胶接具有以下优点：减轻结构重量，外观平整光滑，改善疲劳强度，适应性强，最适合薄壁部件的连接，粘接工艺简单，可缩短生产周期，但胶接也存在一些缺点，如部件的工作温度范围不高；胶接质量易受不同因素影响，产品性能的分散性较大；没有可靠的检验方法；胶接面的表面处理和胶接工艺过程要求较严；需要专用的加热加压处理胶接工装等。

胶接还是防止连接结构产生电化学腐蚀的有效方法。碳纤维复合材料与金属材料连接需要面临的一个很大的挑战就是电化学腐蚀，当两种不同的金属通过电解质相通时，即会产生电化学腐蚀，尽管碳纤维不是金属，但是其也是良好的导体，也和钢或铝合金存在很大的电势差。金属间的腐蚀发生在金属连接处，虽然不会腐蚀碳纤维复合材料，但是会侵蚀钢和铝合金，而且水就是最常见的电解液。在宝马新7系中，碳纤维复合材料仅被用于车体关键结构件并且干燥的区域。另外通过结构胶，一方面实现不同零件粘接，同时也阻断碳纤维和金属材料的化学腐蚀发生路径，从而实现对电化学腐蚀的防腐（图3-135）。

3）混合连接：在一些重要的部件和连接位置，往往会采用胶接与某一种机械连接的混合连接方法。这种连接方法既充分利用了粘接的优点，又确保了连接部位的足够强度和可靠性。对于复合材料与金属零件的胶结，因为不同种材料具有不同的热膨胀系数，所以结构胶要具有良好的韧性。工艺中可以通过增加结构胶的厚度，来提高粘接韧性。通过增加结构胶的厚度，可以实现更好的伸缩补偿量、更高的断裂延伸率，但是粘接强度会有所降低，因此和铆接或螺栓连接混合使用，可有效满足连接性能要求（图3-136）。

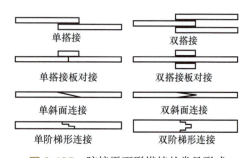

图 3-135　胶接平面形搭接的常见形式

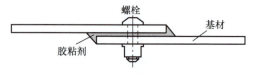

图 3-136　混合连接的常见形式

综上所述，汽车复合材料连接的方式主要有三种，每一种都有各自的优缺点，适应不同的应用场合。但相对而言，最有发展潜力的汽车复合材料连接工艺是采用胶接固定方法，随着粘结剂向着功能性不断提高、具有双重效力（既可以粘结热固性复合材料，又可以粘结热塑性复合材料）以及绿色环保的方向发展，汽车复合材料粘结剂连接固定方法正日益为汽车工业所重视、接受并盛行起来。

➤ **作者：**
- ❖ 张玺，官澄宇，郭晨. 北京长城华冠汽车科技股份有限公司
- ❖ 栗娜. 北京汽车研究总院新技术研究院
- ❖ 牛丽媛，熊建民. 众泰控股集团汽车工程研究院

参考文献

[1] 张婧，于今，熊磊，等. 车用碳纤维复合材料性能及成型工艺 [J]. 科技导报，2016，34（8）：28.

3.5.3 碳纤维复合材料在汽车行业应用概况与趋势

碳纤维复合材料具有良好的物理特性及力学性能、质量轻、设计自由度高等优点，其应用是目前汽车行业轻量化的重点研究方向之一，但是限于成本较高、生产周期较长等问题，目前主要还是集中应用于高端车型，尚未得到普遍应用，随着世界各国排放标准的日益严格，全球诸多汽车厂商牵头组成联盟，集合产业链各环节优势资源，必将推进碳纤维复合材料在汽车行业的量产应用。

1. 碳纤维复合材料在汽车行业的应用概况

由于具有优异的综合力学性能、高的比强度和比模量，碳纤维复合材料目前已经在对轻量化要求高的航空航天领域、体育器材、医疗器械等领域得到广泛的应用，碳纤维复合材料已有广泛应用的领域（图3-137），全球碳纤维复合材料不同应用领域的消耗量的比例如图3-138所示。

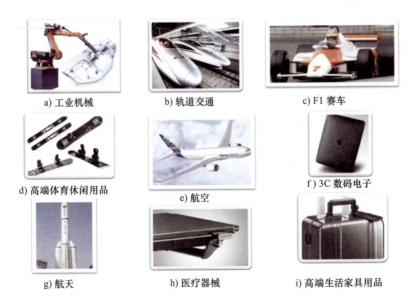

图 3-137 碳纤维复合材料主要应用领域

在汽车领域，目前碳纤维复合材料主要应用于超级跑车以及高附加值乘用车上。近几年来，随着全球范围内汽车轻量化的大力发展，作为轻量化新材料，碳纤维复合材料逐渐进入汽车企业的视野。尤其是在国外，已有部分车企开始在量产汽车车型上使用碳纤维复合材料。

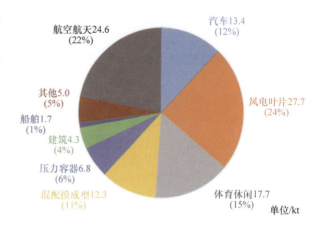

图 3-138　全球碳纤维需求量

（1）碳纤维复合材料在国外汽车行业应用现状　在民用车型领域，初期使用碳纤维材料的车型主要集中在一些豪华车以及跑车上，除法拉利、迈凯伦（图 3-139）、兰博基尼（图 3-140）等少数车型使用碳纤维作为车身承载结构，其他车型主要使用碳纤维材料制作车身覆盖件或内饰装饰件，如碳纤维发动机舱盖、顶盖、内饰板等。宝马公司是首家将碳纤维复合材料大规模应用于汽车制造的厂商，不仅在新能源汽车 i3 与 i8 上采用碳纤维车身，还为高性能 M 系列车型设计了众多内外饰的零部件。此外，奥迪、奔驰等其他厂家厂商也相继发布了 CFRP（碳纤维增强复合材料）概念车，并逐步应用于具体车型，而丰田、本田、日产和福特（图 3-141）等厂家也已经将碳纤维复合材料应用于旗下高性能汽车。

图 3-139　迈凯伦碳纤维车架

图 3-140　兰博基尼碳纤维车架

图 3-141　福特 GT 碳纤维车身及零部件

在兰博基尼、迈凯伦等高端跑车品牌进行碳纤维材料使用和推广的同时，大众、宝马等车企已开始尝试将碳纤维材料用于制作经济型汽车。大众公司推出了"1-Litre car"概念车，如图3-142 所示，并最终推出了其量产车型 XL1，该车型整备质量为 795kg，碳纤维材料用量占比约为 21.3%。

宝马公司是碳纤维复合材料在汽车领域应用的领先者，国外碳纤维复合材料最成功的实施案例之一是宝马的 i3 电动车，宝马公司为这款车型建立了一条包括碳纤维原丝、碳丝、编织布、复合材料零部件、整车装配等各环节的碳纤维复合材料车身产业链，日产量可达 100 辆。宝马公司在 2014 年推出纯电动车型 i3 和 i8 上使用了大量的碳纤维。i3 和 i8 车体架构由 2 部分组成：一部分是由铝合金材料制成、驱动车辆的驾驶模块；另一部分是构成车厢主体的"生命模块"，全部由碳纤维复合材料制成，整车比设计之初减轻了 250 ~ 350kg，为碳纤维产品在通用汽车领域的大批量应用迈出了重要的一步。2015 年推出的全新宝马 7 系汽车，实现了碳纤维材料、高强度钢材和铝材完美组合且应用到车身上。这种独树一帜的车身结构被称为"碳核心高强度碳纤维内核"，不仅优化了车身重量，增强了车身的强度和抗扭刚度，也为碳纤维复合材料在汽车上的应用提供了一条前景广阔的路径（图 3-143）。

图 3-142　大众 XL1 车身结构

图 3-143　宝马 i3 碳纤维复合材料乘员舱

宝马公司目前正在研发碳纤维轮毂，这将有效减轻汽车的重量。宝马公司的碳纤维复合材料轮毂是与 i 系列汽车同时开发的，包括全碳纤维轮毂和碳纤维轮辋+合金轮辐的轮毂。全碳纤维轮毂的重量比锻造合金轮毂轻 35%，而合金+碳纤维轮毂比锻造合金轮毂轻 25%，宝马公司有望在 2 年内把这种轮毂推向市场。此外，全碳纤维制造的传动轴还将作为单独配件配备新宝马 M3 和 M4 系汽车。宝马还在大力宣传他们的碳纤维材料二次利用，例如 i3 和 i8 汽车的边角料可以用来取代传统铝镁合金材料制作仪表板支撑结构、座架以及备用车轮。宝马公司将碳纤维复合材料用于新能源车型 i3（图 3-144）、还为高性能 M 系列车型设计了众多内外饰的零部件（图 3-145）i8 中，用于制造乘员舱体。i3 车型整备质量 1195kg，碳纤维复合材料用量占比为 49.4%，如图 3-146 所示。

图 3-144　宝马 i3 车身结构

图 3-145　宝马 M4 碳纤维零部件

梅塞德斯-奔驰从 2004 年起开始使用碳纤维复合材料至今也已有 14 年。奔驰的麦凯伦 MP4-12C 超级跑车具有能够保护乘坐者的碳纤维复合材料一体成型制成的 MonoCell 座舱，该部件采用东丽公司的碳纤维，由奥地利供应商 Carbotech 生产，具有中空结构，重量小于 80kg。兰博基尼也将碳纤维复合材料应用在其产品中。经过重新设计的 Murcielago LP670-4 SV 减轻了 100kg 的重量，主要就是因为大量采用了碳纤维复合材料部件，兰博基尼公司表示，这为汽车提供了更好的重量/功率比，并增加了设计的灵活性。

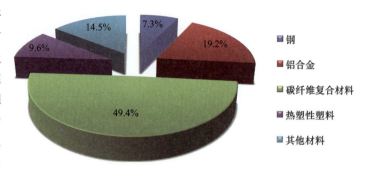

图 3-146　宝马 i3 车身用料比例

2008 年日本 Weds Sports 公司在推出的概念车上第一次使用了碳纤维轮毂，但当时还是停留在概念阶段。2009 年，澳大利亚碳革命公司开发出了 CR9 "一体式" 全碳纤维复合材料轮毂，相比铝合金轮毂，其重量减轻了 40%~50%，并且首次应用在 Shelby Ultimate Aero 跑车上。2012 年该公司生产的碳纤维复合材料轮毂成功地在保时捷 911 上使用。目前碳革命公司在筹备为兰博基尼、奥迪 R8 推出碳纤维轮毂。2015 年初，美国福特公司发布了全新一代野马汽车，其采用的碳纤维轮毂再一次引起了关注。以福特 GT350R 所装备的碳纤维轮圈为例，将原本每个轮毂重 14.98kg 的铝合金材质换为 8.17kg 的碳纤维轮毂后，全车减重 27.24kg，这将显著地改善车辆的操控性能。另外，由于轮毂减重 45%，轮毂+轮胎的转动角动量能降低约 40%，也改善了加速和制动效能（图 3-147）。

图 3-147　碳纤维复合材料轮毂

美国莫里森公司为达纳公司生产的碳纤维复合材料汽车传动轴，供通用汽车公司载货汽车用。福特 1999-2004 野马载货汽车也采用了碳纤维复合材料传动轴，采用碳纤维复合材料可使原来 2 根传动轴简化合并成 1 根传动轴，且与钢材料相比，可减重 60%~70%。英国 GKN 技术公司也开发了碳纤维复合材料传动轴，重量减轻 50%~60%，抗扭性比钢大 10 倍，弯曲刚度大 15 倍。

日本东丽与丰田公司合作开发的碳纤维增强热塑性聚合物复合材料，可用作制造燃料电池反应堆框架，目前已应用于丰田燃料电池汽车中，这是世界上第一次将热塑性碳纤维复合材料用于量产汽车结构部件。碳纤维增强热塑性聚合物具有成型时间短的优点，与热固性聚合物相比，生产效率更高，更适合大规模生产（图 3-148）。

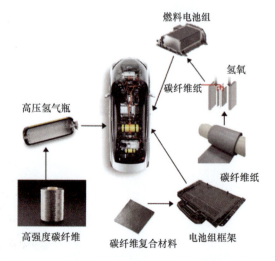

图 3-148　碳纤维复合材料燃料电池反应堆框架

2015年东京车展上,雅马哈展出了仅重 750kg 的全新碳纤维概念跑车,该车身长 3900mm,宽 1720mm、高 1170mm,超轻的车身得益于其碳纤维复合材料底盘。其碳纤维底盘由英国戈登穆雷设计公司开发,历经 2 年时间,材质由最初的玻璃纤维转变为碳纤维,并采用了创新的"三明治"结构,蜂窝状的内核被 2 片碳纤维板夹在中间。相比超跑所采用的碳纤维单体壳结构,碳纤维底盘的生产周期更短,生产过程可实现全自动化,节拍时间仅为 100s,年产量可达 350000 件。碳纤维底盘同样具有轻量化、高刚性的特点,相比宝马 7 系仅关键部件为碳纤维材质,碳纤维底盘的减重效果更加明显(图 3-149)。

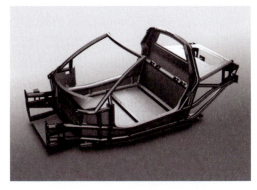

图 3-149　雅马哈碳纤维概念跑车

与此同时,近年来在各国政府的大力支持下,各大碳纤维制造商纷纷与汽车巨头联手发展汽车用碳纤维复合材料设计制造技术,已经形成"碳纤维、复合材料供应商+零部件供应商+主机厂"的联盟式产业化布局,并突破了车用碳纤维复合材料零部件及车体的规模化、自动化制造技术,国外部分主流的主机厂与碳纤维制造商的联盟情况如图 3-150 所示。作为全球领先的碳纤维生产商的东丽公司,已经将汽车作为其碳纤维产品最优先发展的应用领域。东丽公司期望市场能在短期内更多地采用碳纤维复合材料,作为生产更轻量汽车的方法。通过与戴姆勒公司的合作,东丽表示将计划批量生产碳纤维增强复合材料汽车零部件,并进一步扩大其在汽车领域内碳纤维以及先进复合材料的业务。另外,日本东丽研发出"TEEWAVEAR1"电动汽车,共用碳纤维复合材料 160kg,碳纤维车身成型周期 10min/ 套。日本东邦与丰田合作成立"复合材料创新中心"生产 LEA 跑车。

图 3-150　车企与碳纤维制造商建立战略联盟

(2)碳纤维复合材料在国内汽车行业应用现状研究,目前以前瞻性质的技术开发和测试验证为主。国内主机厂都在开展碳纤维复合材料应用方面的以长城华冠、北汽、长安、奇瑞等为代表的主机厂也都在积极探索碳纤维复合材料在汽车结构应用技术,并开始将碳纤维复合材料应用到实际量产的车型当中。长城华冠汽车技术开发有限公司开发了一款名为前途(EVENT)的纯电动跑车概念车。该电动跑车以节能、环保为设计出发点,产品集成了众多汽车行业的前沿科技。长城华冠 EVENT 车体内外覆盖件整体采用碳纤维复合材料,在大幅度减轻车体重量的同时,产品的力学及安全性能也优于传统金属钣金部件。前途 K50 纯电动汽车如图 3-151 所示,所有的外

图 3-151　前途 K50 纯电动汽车

覆盖件均采用碳纤维复合材料,将成为国内第一款大量应用碳纤维复合材料的量产汽车。

2014年奇瑞汽车开发了一款碳纤维复合材料电动汽车——艾瑞泽7碳纤混动版,其优势在于采用碳纤维复合材料部件后的车身仅重218 kg,相比金属车身418 kg,车身减重48%。另外,碳纤维复合材料部件的应用也显著提高了汽车的抗冲撞性能和操控性。奇瑞汽车目前正努力解决该车型实现低成本、批量化生产所面临着的诸多技术难题(图3-152)。

图3-152　奇瑞艾瑞泽7碳纤混动版

北京汽车在推动汽车轻量化用碳纤维复合材料方面,成功研发了用于碳纤维发动机舱盖及车身功能件的一系列碳纤维复合材料部件。在2016年其新型SUV车型上,将会搭载碳纤维发动机舱盖,相比钢质前机舱盖可减重17 kg(50%)。BJ40车型使用了玻纤、碳纤混杂复合材料车顶盖,较钢制顶盖减重48%。绅宝D60则采用了碳纤维复合材料前格栅和尾翼,彰显运动和时尚特性。北汽新能源与国内领先的碳纤维部件供应商康得新在2017年上海车展共同宣布成功开发国内首个量产的碳纤维部件。

众泰汽车公司已在B级车上开展碳纤维结构件的应用开发,包括车身上的多个关键部位。以B柱加强板为例,采用高强钢B柱加强板外板+碳纤维复合材料B柱中部支撑板的混合结构方案。该方案可减重55%,经仿真分析,力学性能完全满足现有要求,侧碰时侵入速度和侵入量比传统方案均有明显改善,提升了整车安全性(图3-153)。

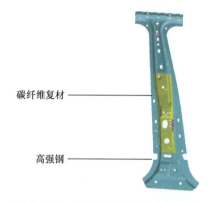

图3-153　碳纤维/高强钢B柱总成方案示意图

毫无疑问,碳纤维复合材料在汽车领域的应用将会越来越广泛,哪些汽车部件适合于应用碳纤维复合材料是很多尝试应用碳纤维复合材料的汽车主机厂都在思考的问题。总结目前已有的汽车碳纤维复合材料在汽车中的应用案例,主要有以下6类情况:

1)在车身骨架主承力结构上大量应用碳纤维复合材料,如宝马i3、i8以及阿尔法·罗密欧159等。

2)在车身骨架局部应用碳纤维复合材料对金属结构进行加强,如宝马7系。

3)应用在外覆盖件等次承力结构上,如前途K50。

4)应用在个别典型部件上,如轮毂、传动轴等。

5)应用在部分为外露碳纤维纹理件上,如奥迪R8。

6)在汽配改装领域,如在反光镜外壳、车轮装饰条、车牌框、发动机舱盖、防撞梁、侧裙、转向盘、内饰装饰件和门把手等零件的应用。

2. 碳纤维复合材料在汽车领域的应用优势

在节能减排、提倡新能源的大环境下,汽车轻量化对几乎所有车企来说是一个无法回避的话题。而作为轻量化选材之一的碳纤维复合材料逐渐从赛车、超跑、改装领域向大众量产化领域过渡。近两年来,更是受到新能源电动汽车厂家的大力追捧,在汽车领域大放异彩。有人甚至预言，碳纤维复合材料是汽车轻量化的必选材料。碳纤维复合材料相比于传统汽车材料具有独特的优势，主要体现在以下 7 个方面：

1）优异的力学性能，较高的比强度和比刚度，显著的轻量化效果。在工业领域上，出于成本考虑，一般采用力学性能相对较低的 T300 或 T700 级别、24K 以上的大丝束为主的碳纤维丝，与环氧树脂结合后形成的复合材料件。作为入门级碳纤维复合材料，其拉伸强度一般也可达到 1500MPa，拉伸模量可达到 100GPa，足以媲美金属材料。英国材料系统实验室曾对碳纤维复合材料减重效果进行研究，结果表明，碳纤维增强聚合物材料车身重 172kg，钢制车身质量为 368kg，减重约 50%。

2）可设计性。碳纤维复合材料设计时，可基于零部件的受载情况去排布碳纤维复合材料的纤维铺层方向，可最大限度提高材料利用率，减少非承载方向的性能冗余，实现最大程度轻量化。

3）可实现不等厚度设计。碳纤维复合材料件，可以通过调整碳纤维复合材料铺层数目，来实现变厚度设计，以满足同一个零件不同区域的受载需要，相比传统钣金件通过焊接加强板方式，能节省制造和装配成本。

4）复杂的构型面成型。碳纤维复合材料的原材料是柔软的织物，有很灵活的形变能力，并且是依靠模具（单面模具或双面模具）成型，可以不受约束地制造各种满足动力学需求及美观需求的外形曲面。

5）可实现整体复杂件结构件的成型，有利于减少零件数目，降低装配成本。模具费用少。相比于金属冲压件模具，碳纤维复合材料成型模具费用少，这对于批量少的车型或样车的制作是很有利的。

6）吸能效率。如果应用于碰撞吸能，有利于提高整车的安全性。

7）减振性。相比于传统金属材料，碳纤维复合材料的比刚度较大，因此拥有更高的固有频率，另一方面碳纤维复合材料的纤维与树脂之间的界面吸振能力较好，所以具有更大的振动阻尼，这样有利于降低汽车行驶过程的产生的噪声，提高舒适性。

3. 碳纤维复合材料在汽车领域应用的阻碍

尽管碳纤维复合材料在轻量化应用方面有显著的优势，但距离汽车行业大规模产业化应用，还有很长的路要走，主要有下述阻碍因素。

1）材料成本和制造成本高昂。从碳纤维的生产到其复合材料的制备都伴随着高成本的投入（表 3-70）。相较于钢材、铝材等金属材料汽车部件，碳纤维复合材料部件的成本要高出太多，目前从碳纤维的生产和制造工艺，均在开发低成本的方法，只有当碳纤维复合材料部件与铝合金部件的成本相当时，其在主流汽车上的应用才能全面展开。工业常用的几种材料成本比较见表 3-68，可见碳纤维复合材料成本几乎是传统汽车用钢材的 40 倍。碳纤维复合材料成本高原因主要有两个方面。一是原材料成本高，主要是碳纤维本身成本高。由于碳纤维丝制造本身能耗高、前驱体聚丙烯腈成本高、质量稳定性实现技术难度大，高性能纤维制造的核心技术掌握在少数碳纤维行业巨头手中，因此成本很难降低，且此情况短期内难以有所改善。二是碳纤维复合材料的制造成本很高，主要是因为碳纤维复合材料目前普遍存在的问题是所采用的制造工艺生产节拍慢、人工投入多、质量稳定性差、机加工和后处理成本高等原因，有望在采用适合量产的制造工艺后大幅降低。

表 3-70　碳纤维复合材料与其他工业材料价格比较

材料		成本/(元/kg)
碳纤维增强复合材料(碳纤维复合材料)		约 800
玻璃纤维增强复合材料		约 70
玻璃纤维		约 15
碳纤维		约 50
环氧树脂		约 60
钛合金		约 100
铝合金		约 35
钢	不锈钢	约 20
	低碳钢	约 6
	铸铁(灰)	约 10

适合汽车量产的制造工艺及设备短期内难以得到推广。当前按照航空航天的制造工艺制造碳纤维复合材料件,存在生产节拍慢、自动化程度低、质量管控困难、制造成本高等问题,显然无法满足汽车批量生产要求。而适合汽车轻量化生产的工艺,如高压 RTM(树脂转移模塑)、湿法模压等工艺,技术尚未广泛推广,且设备耗资大。对于大多数汽车主机厂来说,对碳纤维复合材料相关开发应用技术本身就很陌生,加上碳纤维本身成本高,而汽车轻量化的收益又远不及航空航天,因此短期内要让很多主机厂投入大量的资源去研究碳纤维复合材料应用及制造技术,以及购买碳纤维量产设备是不现实的。好在国内目前已有部分企业看好汽车碳纤维复合材料应用的这个方向,并致力于相关技术的研究和推广。

2)设计和使用经验欠缺,产品设计开发难度大、缺少成熟的数据库。碳纤维复合材料的生产技术还不够成熟,从树脂基体、增强体的选择,到连接点的选择、连接部位力学分布以及复合工艺都缺少成熟的数据支撑,新产品的开发难度较大。碳纤维复合材料相关设计方法和理论多应用在航空航天方面,对于汽车行业,短期内难以得到推广。适用于航空航天的许用值标准、制件质量标准、试验方法和标准、设计准则等,考虑到使用要求、工艺方案、法规的不同,无法直接照搬,而目前汽车行业并无相关的标准。另外,由于应用经验有限,对于采用了碳纤维复合材料的汽车,会不会出现安全问题,会不会长期使用后存在性能退化等,尚需验证。

3)维修难度大,成本高。当碳纤维复合材料应用于外观件时,如果出现损伤,相比于金属结构,维修难度较大,如果无法维修需要更换,则会造成维修成本加大。

4)回收再利用难度大。由于热塑性树脂复合材料制造技术存在瓶颈,当前绝大多数工业用碳纤维复合材料是热固性树脂基体复合材料,常规条件下不溶于溶剂,无法自然降解,回收难度非常大。现阶段,碳纤维复合材料废料的主要处理方法是填埋,回收利用率不到 3%。已有的回收利用方法主要有分离法和燃烧法,均存在回收的碳纤维多为附加值低的短切碳纤维,回收成本高,难以产业化。如果碳纤维复合材料在汽车领域大量应用,会出现碳纤维复合材料迅速增加的问题,如果不进行回收处理,将会造成环境污染。

5)连接方式经验不足。碳纤维复合材料特性固有的特性,导致常用的金属部件连接方式不能直接用来连接复合材料部件。开发适合碳纤维复合材料部件的连接方式需要经过较长时间的测试和验证,而且目前还缺少适合的连接性能预测方式。

4. 突破应用瓶颈,促进碳纤维复合材料在汽车行业发展

目前汽车产业正驱动着碳纤维复合材料产业在创新和发展,其中纤维和树脂的发展主要围绕成本、性能、固化时间和工艺方法开展。近几年，在价值链上的不同点迅速实现了相当多的新材料和工艺技术的商业化。尤其是成型工艺方面产生了合适汽车产业的创新工艺，如HP-RTM、动态流体模压和多点浇注等。最新的趋势是结合汽车具体部件的应用，对汽车部件设计和汽车整体设计上进行创新。如宝马新7系倡导的碳核心技术，即利用碳纤维复合材料对金属进行补强。通过对具体的部件或系统进行相应功能化重新设计，会带来性能和成本双方面的收益。

目前汽车行业内已普遍认识到碳纤维复合材料的应用价值以及发展前景，但在实际汽车零部件开发及生产过程中，也逐步暴露出诸多问题，制约着其在汽车行业内进一步推广应用，逐步解决这些不利因素，才能促进碳纤维复合材料的大规模应用。

1）逐步解决零部件成本过高的限制。与传统钢制部件相比，碳纤维产品价格往往是其十几倍甚至更高，高昂的成本极大限制了碳纤维零部件的推广应用。通过分析碳纤维零部件成本构成，如图3-154所示，其成本高昂并不仅仅是由于碳纤维价格高昂，其制造费用也相对较高，一般可占总成本的50%，部分工艺复杂的产品甚至可占总成本的70%以上。通过整理分析制造成本构成，其中铺层工序的成本占制造成本的50%以上。

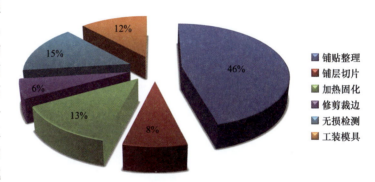

图3-154 碳纤维零部件制造成本构成

针对上述情况，目前行业内也从相应方面着手研究降低零部件成本手段：原材料方面减少预浸料使用，尽量选用碳纤维丝束或其布料（优选大丝束碳纤维，同等规格可比小丝束成本降低20~30元/kg）；制造方面可应用碳纤维预成型技术降低铺层制造成本，针对部分封闭截面等特殊结构，可应用表面编织等成型技术，使用丝束直接成型零部件结构形状，从而降低制造费用。

2）逐步摸索大批量、高生产效率的零部件生产方法。汽车行业应用碳纤维材料初期，主要沿用航空行业内应用的成型工艺（如热压罐等），而相关成型工艺适用于产品体积较大、形状较平整、内部孔隙率要求高等结构特征，而对生产周期、数量等要求较低，因此与汽车行业的快节拍、大批量的生产要求有一定差异。

针对汽车行业的生产需求，相关厂商从材料、设备、工艺方面进行相应调整优化，陆续开发出液体成型工艺、模压和热塑性冲压成形等方法，重点提升了外形精度、表面质量和成型速率等技术指标。

3）积累零件设计经验。碳纤维复合材料不同于传统的金属材料，具有自身的材料特性，参考传统金属车身设计经验来设计碳纤维零部件，不仅无法充分发挥其材料性能，而且会导致成本高昂。

根据碳纤维材料特性，其零部件采用整体化设计方式，以减少零部件数量，从而降低其制造周期及费用，整体式设计方案主要采用共固化及共胶接技术。以宝马i3（图3-155）为例，其碳纤维乘员舱零件数量为34个，零件之间以及与金属采用胶粘连接方式，而碳纤维零件中，有13个零件由48个预成型件采用共固化技术制造，以车身侧围（图3-156）为例，它由9个预成型件共同固化制得。

图 3-155　宝马 i3 共胶接连接图示

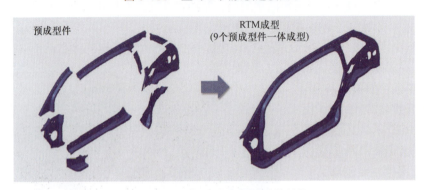

图 3-156　宝马 i3 车身侧围零件结构

随着对车身结构及碳纤维材料性能认识的不断深入，为能充分发挥碳纤维的优异性能并能保持生产成本的经济性，车身结构的发展趋势倾向于多种材料综合应用，碳纤维材料用于关键区域的局部增强，宝马 7 系以及奥迪 R8 便是代表车型：一是宝马 7 系白车身重量 323kg，碳纤维材料占比约 3%，分别应用于 B/C 柱、车顶横梁、车身侧围、中通道等位置，宝马 7 系白车身结构及用料比例，如图 3-157 和图 3-158 所示；二是奥迪 R8 白车身重量约 200kg，使用碳纤维制造中通道、侧围等结构件，重量占比约为 13%，奥迪 R8 白车身结构及用料比例，如图 3-159 和图 3-160 所示。

碳纤维材料主要生产商有东丽、东邦、卓尔泰克和三菱等，为更有效推动碳纤维材料在汽车行业得到推广，解决应用过程中出现的问题，国外在碳纤维复合材料方面的发展已初具规模，形成了碳纤维供应商 + 复合材料供应商 + 零部件供应商 + 主机厂的联盟式产业化布局（表 3-71），在碳纤维全产业链层面与材料供应商、零部件制造商等建立新型合作模式，最具代表性的就是宝马公司，其与碳纤维生产商 SGL 建立合资公司，所生产碳纤维材料用于宝马各车型零部件的生产。

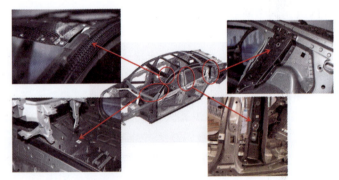

图 3-157　宝马 7 系白车身结构

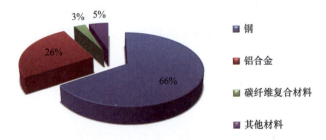

图 3-158　宝马 7 系白车身用料比例

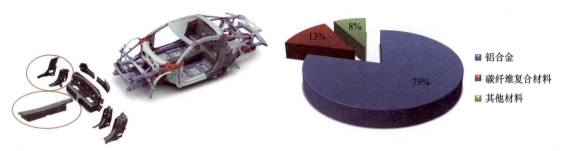

图 3-159　奥迪 R8 白车身结构　　　　图 3-160　奥迪 R8 白车身用料比例

表 3-71　联盟式产业化布局

主机厂	供应商	合作项目	合作目标
奔驰	东丽	成立碳纤维合资公司	为奔驰车型开发并生产碳纤维材料零部件
奥迪	福伊特	联合开发纤维增强复合材料	开发材料用于奥迪车型
通用	帝人	合作开发冲压成型热塑性碳纤维零部件	碳纤维零部件生产周期缩短至 60s
丰田	东丽	合作开发碳纤维零部件	实现中级车减重 10% 目标

碳纤维复合材料是汽车轻量化最有潜力的手段之一，尤其是电动车轻量化的首要选择之一，因此逐步解决阻碍其应用的限制问题后，碳纤维复合材料在汽车上必将获得大批量的应用。

➡ **作者：**
- ❖ 张玺，官澄宇，郭晨. 北京长城华冠汽车科技股份有限公司
- ❖ 栗娜. 北京汽车研究总院新技术研究院
- ❖ 牛丽媛，熊建民. 众泰控股集团汽车工程研究院

参考文献

[1]　冯永忠，康永禄. 宝马新 7 系车身概览 [J]. 汽车维修与保养，2016（3）：75-77.
[2]　Warnecke M，Wilms C，Seide G. 碳纤维市场现状概述 [J]. 国际纺织导报，2011（6）：5.
[3]　林刚. 2015 全球碳纤维复合材料市场报告 [J]. 高科技纤维与应用，2016（4）：1-15.

3.5.4　碳纤维复合材料在汽车行业应用现状与前景

树脂基碳纤维增强复合材料（CFRP）具有力学性能高、密度低、刚性大、易加工成型、抗冲击能力强、材质轻量化比大等优点，代替汽车的钢材部件应用在汽车等交通运输工具上能提升车体的安全性、舒适性，以及车体减重条件下的节能、环保等使用特性，实现汽车轻量化的同时也实现了低碳经济、提高续驶里程的需求，吸引了国内外越来越多的汽车行业众多学者、工程师和整车厂、零部件公司对碳纤维复合材料的关注。尤其是在 2014 年 CFRP 在宝马 i3 电动汽车上实现了的大规模应用从而引发全球轰动后，各大汽车集团对 CFRP 爆发出强烈的研制热情，争相开发、试用不同工况下的碳纤维复合材料零部件甚至整车。

1. 碳纤维复合材料在汽车行业的性能应用特点和使用优势

碳纤维在汽车上的应用最主要是它所带来的汽车轻量化，与传统汽车用金属材料，比如已广

泛引用的典型金属轻量化材料——（镁）铝合金相比，碳纤维复合材料有更高的比模量、比强度（表 3-72），因此在应用过程中满足结构刚度和强度等要求的基础上，总体上减少了材料的使用量，获得更好的轻量化效果，并且通过集成化的结构优化设计减少了零部件的数量，从而减少了部分小尺寸金属部件间的焊接工序，节省了人工成本。

表 3-72　汽车常用结构材料与 CFRP 力学性能比较

材料体系	抗拉伸模量 / GPa	抗拉伸强度 / MPa	密度 /(g/cm³)	比刚度 GPa/ (g/cm³)	比强度 MPa/ (g/cm³)
钢 S355	206	355	7.8	26.0	46
铝合金 2017A T4	72	420	2.8	26.0	151
T300 碳纤维单向板	130	1760	1.6	81.0	1100
环氧树脂结构铺层	60	810	1.6	38.0	506

理论分析和实验验证表明，CFRP 的模量高、韧性好、弹性区间延伸率大，当受损发生断裂破坏时，受力破碎成若干细小碎片的同时吸收大量的冲击能。图 3-161 表明 CFRP 的强度和韧性高于多数金属材料。与金属材料相比，具有密度非常低（1.5~1.6g/cm³）特点的 CFRP 有更大韧性的应用优势。应用在汽车上，在安全方面，碰撞中对能量的吸收能力比钢材高出 4~5 倍，CFRP 结构能够在发生碰撞时吸收更多能量，以达到保护乘客的目的；同时，CFRP 的结构断面不会产生金属材料断裂时常见的尖锐边角，能减少汽车碰撞对乘客和路人的伤害。因此，CFRP 材料能够给汽车等交通工具带来更高的应用可靠性和安全性。

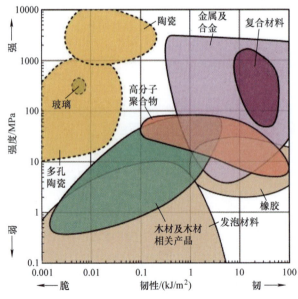

图 3-161　不同材料的强度及韧性的比较

CFRP 材料的抗疲劳能力也远高于金属材料，就碳纤维本身而言是几乎不产生疲劳破坏的，在拉伸强度数值达 90% 的循环载荷条件下，疲劳寿命达 100 万次，基于此，CFRP 制作的汽车结构的维护成本低，具有使用寿命长等优点。

基于 CFRP 的物理特性中，CFRP 的两种组分——碳纤维和树脂（例如：常用的环氧树脂）都具有稳定的化学性能，抗腐蚀性和耐候性好，与金属材料相比，在应用中可以减少过多的防酸碱腐蚀等处理工序。

作为一个两相材料，CFRP 的纤维直径非常小（5~8μm），其材料为非均质多相体系，内部存在大量的纤维/树脂界面，同时具有模量高、密度低两个特点的 CFRP 有另一个应用特性：谐振频率高，对振动有反射和吸收的作用，有效增大了阻尼，CFRP 结构更能避免共振。这种材料应用在汽车上时，发动机、路面颠簸带来的振动能量很快就被衰减，极大提高了乘客的乘坐舒适性。

此外，CFRP 低密度物性产生的材料制品轻量化效果，可以有效降低汽车驱动的能耗。而其较低的导热系数 0.5~0.8W/m·K，对比金属材料（铝 210W/m·K，铁 80W/m·K）可以提供更好的保温和隔热效果，这样在夏冬时节需要对车体内制冷/制暖的时候，减少热量流动而进一步降低汽车的能量消耗，进一步降低能耗、减少排放，提高电动汽车的续驶里程，展现高节能、高环保的材料应用特性。

2. 碳纤维复合材料在国外汽车工业中的应用现状

全球第 1 台纤维增强复合材料汽车 GM Corvette 于 1953 年制造成功后，复合材料正式出现在汽车工业生产的历史中。随着科学技术的不断推进和全球汽车行业的蓬勃发展，碳纤维复合材料在汽车零部件领域展现了巨大的应用潜力，初期 CFRP 主要是 F1 赛车、改装车和高性能跑车（法拉利、兰博基尼、保时捷等）的车身材料。

其中，重要的转折点出现在 1981 年把碳纤维材料应用在一级方程式迈凯伦的 MP4/1 赛车的整个底盘上，该车队中的一辆车在意大利站的比赛中撞击到护栏上，发生剧烈碰撞后，赛车手却能够毫发无损地走出来，CFRP 表现出优异的力学性能。自此，CFRP 在 F1 赛场上被更广泛应用，到如今的 F1 赛车约有 85% 的体积和 30% 的质量都是碳纤维复合材料。

而一些改装车公司聚焦 CFRP 车身覆盖件上的同时，受 F1 赛车等设计影响，在一些内饰、外观件上也大规模采用碳纤维复合材料，从表观质量角度对整齐靓丽的碳纤维织物纹路，也就是外观视觉效果有较高的要求。

在高性能和豪华车方面，通用汽车公司 1992 年的超轻概念车（Ultralite Concept Car）的车身采用碳纤维复合材料取代钢材制造车身和底盘构件，制造工艺是手工铺碳纤维预浸料成型，整体车身质量约 191kg，减轻质量 68%，节约汽油消耗 40%。德国奔驰 SLR McLaren 把碳纤维材料用在承载式车身的结构件上（图 3-162）；平行进口车改装版 G50 的外部套件、内外饰等多处使用碳纤维复合材料，在减重的同时动力也得到升级。大众汽车集团旗下高尔夫 7 的车顶采用碳纤维减重了 9kg，而豪华汽车品牌保时捷公司不仅研究了机舱盖、翼子板、后视镜壳等车身外覆盖件，保时捷 AG 等采用碳纤维制动盘，提高性能表现在 50m 内将车速从 300km/h 降到 50km/h，卡雷拉 GT 车型开发了碳纤维横向稳定杆（图 3-163）、连杆这样的核心承重类零部件。

图 3-162　SLR 迈凯伦碳纤维承载式车身

图 3-163　保时捷卡雷拉 GT 碳纤维横向稳定杆

对 CFRP 材质应用在汽车行业中大众化汽车领域的提速作出巨大贡献的是宝马公司。首先，在 2014 年批量化生产的 i3 和 i8 纯电动车的车体结构由铝合金和 CFRP 制成，其中大量采用了碳纤维复合材料，包括 CFRP 构成车厢主体的 Life 模块（图 3-164）。宝马 i3 上的 CFRP 零部件仅约为 150 个，数量比传统的金属零部件减少了 2/3。其次，2014 年 12 月，宝马宣布与美国波音航空公司展开合作，共同开发碳纤维材料技术应用于新型汽车和飞行器。接下来，在 2015 年 7 月正式投产的宝马核心产品的第六代宝马 7 系，采用被称为碳纤维内核的车身结构，比老款减重 230kg，优化了车身设计和轻量化，使其力学性能和驾驶舒适性得到提高，实现了在车身上将工业制造的碳纤维材料、高强度钢和铝材完美的结合。

图 3-164　宝马 i3 碳纤维车身

随后，宝马公司全面开始了 CFRP 在汽车上面的应用研究，包括各个部件：车身、底盘、车顶、车门、头盖、机舱盖、尾翼、压尾翼、中控台、装饰条、仪表板、传动轴、特殊动力传动系统、座椅、座套/垫、前扩散器、扰流板、后扩散器、后视镜外壳、悬架臂、前唇、侧裙、侧格栅、车用箱包、导流罩、A 柱、遮阳罩、散热器面罩、侧护板、低位踏板、副保险杠等外部和车身、内饰和外饰配件等系统。例如：碳纤维材质的宝马 M4 前后保险杠、碳纤维材质的宝马 E82 135i 高流量进气系统。

除了宝马，丰田、大众、通用、福特等多家汽车制造商在汽车轻量化的部件开发和设计中采用 CFRP，包括：车身、轮毂、座椅、氢气瓶、底盘结构件、传动轴等承载部件，具体举例如下：

在日本，丰田 86 的碳纤维传动轴仅 5.53kg，减重 50%。Mirai 燃料电池车在 2018 年正式下线，预计到 2020 年累计生产 3 万辆，氢燃料储气罐、燃料电池堆栈框架主要由碳纤维复合材料制成。斯巴鲁 WRX STItS 的 CFRP 车顶，相比钢板减重 80%。

在美国，福特野马 Shelby GT350R 的碳纤维轮毂仅重 8.6kg，远轻于常规的 15kg 重的铝合金轮毂。福特 FalconXR6 Sprint 采用 100% 碳纤维制造的进气系统中的碳纤维进气管仅重 235g，小于 438g 的塑料进气管。美国道奇蝰蛇和 2014 款雪佛兰科尔维特（计划销量 2 万辆/年）采用了碳纤维材质的发动机罩等部位。

在瑞典，柯尼赛格 Agera 车型的整个轮毂上除轮胎气门嘴的其余部件均为碳纤维材质，降低约 20kg 的簧下质量的同时，保证了坚固和安全性。

在意大利，兰博基尼的第六元素概念车使用碳纤维连杆取代钢制连接件，重量减轻 40%~50%。在 2011 年推出的全碳纤维单壳体车身的 Muciélago 的车身质量仅为 145.5kg，一辆车的重量与两名成年男性的体重相当，完美诠释了碳纤维的轻量化应用效果。

3. 碳纤维复合材料在国内汽车工业中的应用现状

在 21 世纪，宝马、大众、通用等国际厂家等汽车生产巨头是 CFRP 汽车轻量化的引领者和推动者，与发达国家相比，我国碳纤维复合材料汽车零部件应用相对落后。伴随着近 20 年来的我国大中型车企快速发展、汽车产业的不断发展壮大，国内相关碳纤维生产企业的大规模建设和产量产业线升级，为汽车用 CFRP 的国产化和低成本化奠定了坚实的基础。自 2008 年起，上海汽车公司先后承担了多项国家级、上海市和地方的汽车轻量化项目，包括：上海市科委科技创新计划项目"新能源汽车 CFRP 典型部件的开发与应用"、上海市科委重点攻关项目"新能源汽车轻量化技术开发"、专项创新项目"轻量化技术在荣威e50纯电动汽车上的应用研究",为汽车轻量化技术方面的研究与开发积累了良好的基础。

此外,长城、长安、广汽、吉利、一汽、北汽、华晨等汽车主机厂也迈开了脚步,在碳纤维复合材料零部件的研发、甚至批量生产方面进行相关研发。

长安汽车承担国家科技部十三五专项课题(2020年结题)6.2课题,任务是开发CFRP单体式车身为代表的新一代轻量化汽车,开展了大量CFRP在汽车轻量化应用的探索工作,研发了准备在量产车应用的碳纤维传动轴和后举门等。上汽承担6.1课题CFRP子课题,开发CFRP车身地板等。

一汽开展了复合材料板簧、传动轴和CFRP前后盖的研究,复合材料传动轴采用碳纤维增强环氧树脂预浸料,经由卷搓/热压罐成型工艺制造,相比传统金属传动轴,碳纤维传动轴可减重40%,还使原2件合并成1个单件传动轴;CFRP前后盖,采用T300碳纤维和环氧树脂,经由RTM工艺制造,相比金属材料减重64%。

2012年11月6日,由包头德翼车、北京蓝星和中材科技三方合作的我国首辆配装全碳纤维复合材料箱体的8.6m自卸车在包头问世,原金属车厢重68t,而碳纤维复合材料车厢重48t,减重20t。减重比为29%,且可以进一步减重,使用寿命是金属车厢的4~5倍。

2014年,奇瑞汽车股份有限公司与中国科学院宁波材料技术与工程研究所开发一款插电式混合动力汽车艾瑞泽7。这是中国第一台车身主体由碳纤维复合材料构成的车型,车顶盖、前机舱盖、行李舱盖、四个车门、翼子板、外后视镜等部件皆采用CFRP制作,CFRP车身重218kg,相对于金属车身的418kg,减重48%。

2014年,长城华冠汽车技术开发有限公司开发的纯电动跑车——前途(EVENT)采用铝合金车体框架,车体内外覆盖件整体采用碳纤维复合材料,在大幅度减轻车体重量的同时,产品的力学和安全性能也优于传统金属钣金部件。该款车型在2018年已经在苏州基地进入量产阶段。

2015年1月20日,江苏奥新全新研发的新能源汽车E25A级车在盐城下线(图3-165),车身采用全碳纤维材质乘客舱设计,同比减重50%;并通过覆盖件与内板件粘合形成结构强度功能、优化集成零件模块方式,使整车零部件数量减少至传统汽车零部件的40%;在工艺上采用HP-RTM和LFT-D复合材料成型工艺及相应的粘接、铆接等工艺,取代传统汽车制造的冲压和焊接工艺,取消了前处理和中涂等传统涂装工艺,实现整车制造工艺由传统汽车工业的铸、锻、冲、焊大批量规模化生产方式向嵌入式的电子产品生产方式的转变。

图3-165 奥新碳纤维新能源电动汽车E25

2015年,在上海汽车集团乘用车公司牵头下,上海耀华大中新材料有限公司与上海交通大学、同济大学合作共同研发了碳纤维复合材料后尾门、电池盒上盖、前保险杠、翼子板等研制类制品的探讨,采用了真空导入工艺成型,其中翼子板与钢板冷冲压相比,减重39%。

2016年起,北汽成功研发了CFRP发动机舱盖、车身功能件等,在其新型SUV车型上搭载碳纤维复合材料发动机盖,实现相应零部件50%的减重效果。例如:BJ40的玻纤、碳纤混合复合材料车顶盖,北汽绅宝D60的CFRP前格栅和尾翼。

2017年，中科院宁波材料所联合吉利集团基于碳纤维复合材料特性进行了全新的整车设计，共同研发的新型EV车型，车身由36个碳纤维复合材料零部件组成，与传统钢材车身相比，车身减重30%以上，整车减重20%，续驶里程150km，0~50km/h的加速时间为4.9s，实现了从零部件到整车正向设计研发的跨越。

同时，广东亚太新材料科技有限公司、山东英特力、江苏亨瑞、河北康得新等复合材料制品公司也加大投入，配合主机厂的研发试制，开发了部分碳纤维汽车零部件的快速成型制造技术和设备，目前正处在批量化生产研究的开发阶段。例如：在广东地区，广东宝龙汽车与广东亚太新材料科技有限公司于2017年共同研发的高性能、轻量化的玻纤、碳纤混合材质复合材料机舱盖，成功小批量搭载在特种防爆车上（图3-166）。此类产品的特征之一是，与汽车部分内外饰的改装件一样，局限于大多碳纤维制品加工厂家的生产能力。

图3-166 特种防爆车用碳纤维机舱盖

而国内对碳纤维汽车重要结构件的生产尚未形成规模，碳纤维的生产工艺不同于汽车金属零件的制造工艺，碳纤维汽车零件要确保足够的安全性能，需要耐冲击、耐腐蚀、抗疲劳，材料寿命长等优越的性能，因此在制造方面需要独特的制造工艺。为了解决这些应用潜在的问题，为汽车领域的发展做先导性工作，广汽集团与广东亚太新材料科技有限公司密切合作，自2015年以来，已经采用多种成型制备方法运用CFRP等多种复合材料成功开发出包括翼子板、发动机罩盖、备胎池、后地板等非承载件（图3-167），并且具有典型示例的碳纤维复合材质的B柱加强件在2018年完成模拟仿真和设计开发后完成了首件制备，进入产品测试验证阶段。

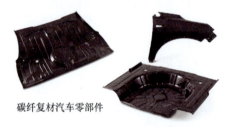

碳纤复材汽车零部件

图3-167 碳纤维复材非承载件

总之，经过多年努力，我国许多企业采用VARI、RTM、LFT-D、热压罐成型、模压成型与智能控制、机电一体化等技术的有机结合，实现了碳纤维复合材料自动化成型、优质外观汽车标准零件和车身覆盖件的大规模智能制造产业化，全国各地蓬勃发展中的一个个碳纤维复材汽车零部件制造企业，为碳纤维复合材料在汽车产业化的多元化发展，为进一步发展交通运输业和提高民族装备制造水平作出了重要贡献。

4. 碳纤维在制造业大规模的应用主要瓶颈与途径

碳纤维复合材料具有轻质、高强等一系列性能优势，尤其是在轻量化应用方面优势显著。但碳纤维原材料生产成本高、复合材料成形工艺周期长、产品质量不稳定、高效量产率低等是必须要解决的问题：

（1）原材料成本高是碳纤维复合材料在汽车上大批量应用的主要难题。CFRP的原材料碳丝的生产成本较高，批量一致性差、合格率低导致价格昂贵；与碳纤维配套的树脂体系的价格约30~40元/kg，特殊性能（高玻璃化温度、快速固化、附加其他功能等）则高达数千元/kg。

解决办法是：1）通过改进原丝生产工艺，降低原丝成本；2）发展新的预氧化、碳化和石墨化技术，缩短预氧化时间，降低碳化、石墨化成本；3）强化工艺过程的质量控制和技术攻关，稳定产品质量、提高合格率；4）加强碳纤维表面处理技术、与碳纤维配套的树脂体系研究，拓展碳纤维复合材料根据产品需要设计树脂体系的范围；5）根据 CFRP 在汽车具体零部件的应用，开展合理应用各种形式的碳纤维（包括回收处理后的碳纤维），以提高碳纤维的利用率，达到降低碳纤维复合材料成本的目标。

在我国，随着国防科工、航天航空及其他领域的应用需要，越来越多的产业把碳纤维列进制造业发展趋势规划中。21 世纪以来，经得益于国家"十五"和"十一五"863 计划专项支持，我国国产碳纤维的原丝制造自 2007 年起进入飞速发展阶段，T300、T700 以及 T800 级碳纤维相继实现了国产产业化，发展至今有约 30 家碳纤原丝生产企业和若干家预浸料或编织布中小型生产企业。我国已成为全球推动碳纤维大规模应用的主要力量。

（2）成型方面，碳纤维复合材料的生产工艺相对于汽车的产量来说成型效率偏低，成型成本偏高。

山东大学材料科学与工程学院教授朱波曾说："在发展碳纤维方面，我们以技术开发为主，为板簧、盖、壳和保险杠等零部件企业提供技术支持。发展碳纤维，工艺没有问题，已经有成功案例。碳纤维推广应用前景总体不错，需要用户支持。批量小，成本就高。自动化水平提高，批量增加，就能解决成本问题。原材料成本不是大问题。"可以预见，CFRP 降本的发展趋势的另一方向是不断开发低成本的制造工艺。

要想实现碳纤维复合材料能够在汽车上大规模应用，必须要同时满足低成本和高生产节拍的产业化市场要求。宝马开发的高压树脂转移模塑工艺（HP-RTM），实现了针对热固性树脂基的 CFRP 的快速制造。在该工艺中，预成型、材料入模、高压树脂转移、固化脱模等整个产品制造过程实现了全自动化，其中树脂注入、高温保压固化过程仅需 5min，相比传统 CFRP 制造工艺的数十分钟到几个小时的浸润固化过程，显著提高。因此，这套 HP-RTM 生产工艺无疑是为了满足大规模批量化应用和发展作出了突破性贡献。对于 CFRP 部件的组装工序，一般采用胶水粘结或胶铆接。宝马研发的粘合剂在涂覆到车身部件后 90s 就可以接受加工操作，快速的连接过程实现自动化，既节约了人力成本，又降低了粘合剂中的有机化学成分对工人的危害。此外，为了完成从源头开始整合碳纤维生产链，宝马还通过合资、购买碳纤维厂家的股份、投资生产碳纤维等方式来控制 CFRP 产品的生产成本。

目前在国内也有单位在进行这方面的技术研究，但未有批量生产的报道。因此，应加强适合汽车零部件的 CFRP 快速成型技术研究，因为只有解决了碳纤维复合材料汽车产品的生产效率问题、生产成本问题和质量稳定性问题，才能满足汽车行业的生产要求。

（3）设计理论相对复杂。碳纤维复合材料不同于传统的金属材料，碳纤维复合材料具有方向性和可设计性，复合材料产品的设计应根据复合材料的特点进行设计，充分发挥材料性能，例如一个模块中采用若干个零件分开成型然后进行连接整合成一个模块。中国汽车设计正在学习追赶国际先进水平，对复合材料来说，主机厂缺乏经验和数据积累，国内的相关设计规范和验证标准处于空白状态。在这种情况下，主机厂可以牵头、联合原材料厂家、复合材料生产厂家以及有关工程技术机构进行合作设计开发，积累经验、开发新产品，通过工艺改进来完善和装备产业链的产业生产线。

（4）维修困难。汽车在使用过程中难免会有碰撞刮伤，一旦发生破坏就会遇到修复问题。对传统金属材料，维修工艺和配套设施已经相当成熟，而对碳纤维复合材料汽车而言，其修复专业性较强，修复人员必须具备一定的专业基础。应加强修复专用材料和技术的研究与开发，开发出使用方便、容易操作的修补材料和工具，同时研究开发修复的技术规范。

（5）可回收性。碳纤维复合材料大多与环氧树脂等热固型树脂结合。由于两者都有较稳定的化学特性，在产品的生命周期结束的时候，会面临着材料难以回收，或回收过程产生挥发性污染物的问题。目前开发有生物基新型环氧树脂、热塑性树脂体系，使得复合材料的可回收性得以改善，但是技术难题使得其应用还有待推广。

5. 碳纤维复合材料在未来汽车工业中的应用趋势

陈光祖指出："飞机上铝合金已经改成碳纤维了。汽车工业爱上新材料。新型汽车发展是从发展新材料开始的。推广应用碳纤维是汽车工业发展方向。现在有成本问题。汽车发动机盖用碳纤维，核心好处不是减轻重量，而是更加安全。不少厂家已经把发动机金属盖改成碳纤维盖了。车门隔板过去用塑料，现在改成生物纤维，可以保证安全，可以降解、无害。美国车身用碳纤维材料，甚至骨架都用碳纤维，不用焊接，而是用高强度粘结剂粘结，再用铆钉固定。推广应用碳纤维，技术问题不大，最后还是价格问题。"

从原材料角度，美国岩石山研究所曾经对汽车工业应用的碳纤维进行研究分析，结论是当碳纤维价格降至 16.5 美元/kg 以下时，碳纤维与钢材相比就有竞争性了。而降低碳纤维价格的途径之一就是应用大丝束碳纤维。因为大丝束碳纤维制备属于低成本生产技术，售价只有小丝束碳纤维的 50%~60%。

从工艺制备角度，受限于当前的工艺技术，碳纤维复合材料的成本不管是与传统的钢材相比，还是与现在轻量化优先选择的玻璃纤维和铝合金相比，都有不小的差距，因此尽管在性能和重量上都有显著优势，但目前的应用仍比较局限。在汽车领域，碳纤维复合材料最先在 F1 赛车上应用，代表了"高性能"，进而被汽车发烧友追捧，进入到改装车市场，还有就是超级跑车上的应用。CFRP 真正进入工业化应用的，则是 2014 年以来宝马连续推出的 i3 电动汽车和 7 系。但这些车型的共性是都属于超跑或高价车，表明碳纤维复合材料在中低价车上的应用仍然需要时间。原材料生产工艺、复合材料低成本快速生产工艺的创新研究，才能拉动整个生产环节的成本下降，才能推动碳纤维的广泛应用，才是碳纤维在汽车领域大放异彩之时。

在新能源汽车领域，新能源汽车技术经历了百花齐放的探索期后，主流技术已逐步清晰，实现汽车动力电气化，发展电动汽车是其总体趋势和战略重点，这在国际上已形成共识。全铝车身、全碳纤复合材料车身、铝+钢+CFRP 混合结构车身……整车厂在轻量化车身技术方案的探索仍在进行中。

2018 年 7 月份的广州汽车轻量化技术交流会上，广汽研究院技术总监袁焕泉总结道："未来汽车必然要持续减重，汽车轻量化道路上，高强度钢、铝合金、复合材料和工程塑料会持续增加使用比例，适才适用。碳纤维复合材料是唯一能将钢制零部件减重 50% 以上且提供同等强度的先进材料，发展潜力巨大。"预计中国汽车用碳纤维材料将会从 2018 年的 960t 提高到 2022 年的 2150t。袁总监对更长远的未来给出了比较保守的技术预测，到 2030 年，CFRP 使用量占车重的 5%。

目前，碳纤维复合材料应用在汽车中的比例显著提升，国内外汽车行业运用性能优异、轻质高强的碳纤复合材料来实现汽车轻量化，推动了汽车工业的变革，取得了显著成果。在中国，技术更新、材料费用降低、多方合作、政策引导等多种利好之下，碳纤维材料将会大规模应用，并且有希望成为汽车轻量化的主要材料。不仅如此，碳纤维套件已经被有些汽车制造商纳入原厂车开发计划，未来的走向值得关注。碳纤维材料将会大规模应用的背后不仅仅在于经济价值的体现，更在于社会效益价值的实现，大量使用碳纤维材料的新能源汽车成熟后，未来也可能应用于几乎所有制造业需求中，这个示范和带动效应将会为中国整体装备制造能力的提升带来无法估量的价值！

➡ **作者：**
- 胡炜杰，梁少雄. 广东亚太轻量化技术研究有限公司

3.5.5 碳纤维复合材料汽车结构产品开发及应用实例

碳纤维复合材料应用于汽车结构，从成本、技术、供应商链资源等方面都目前存在很大的挑战，但并非不可逾越。随着越来越多车企将视野投放在碳纤维复合材料应用上面，部分车企已经开始尝试在量产车型使用，将有利于拉动上游原材料供应商、设备供应商和制件供应商去进行加大相关方面的技术开发投入和资源投入，进而有望实现通过碳纤维复合材料在汽车结构上的应用，为汽车实现大幅度轻量化开辟一条新的路线。

1. 碳纤维复合材料汽车零件产品开发关注要点

汽车零部件产品开发选材，是否采用碳纤维复合材料，在哪些部件应用碳纤维复合材料，需要进行技术可行性和经济可行性分析。考虑的要素包括产品市场定位、轻量化要求紧迫性、技术可行性、产品可实现性等方面。

从产品定位角度来讲。由于现阶段碳纤维复合材料的材料成本远高于传统的金属结构，使用碳纤维复合材料意味着整车成本增加，因此需要根据车型的市场定位去考虑是否应用碳纤维复合材料。应用碳纤维复合材料在汽车结构，是轻量化可选路径之一，但并非所有车型都适合去选用碳纤维复合材料，使用碳纤维复合材料件能够带来轻量化的效果，但相应会付出成本增加的代价，需要对二者进行成本与收益的权衡。

从技术可行性应重点关注在汽车零部件上选用碳纤维复合材料，是否能满足产品功能性能要求，包括满足整车安全性要求、可靠性要求、力学性能要求、重量要求、耐环境要求、外观要求、装配精度要求、维修要求和质量一致性要求等。

技术可实现性需要重点关注设计、量产制造技术上是否可实现，即是否具有复合材料结构设计开发能力，是否有满足项目批量生产要求的制造工艺。

2. 汽车产品对碳纤维复合材料的要求

对于主机厂来讲，能够在车身结构上采用碳纤维复合材料，且愿意在车身结构上采用碳纤维复合材料，也是在一定的前提下，归结起来，主要包含以下 8 个方面的要求。

1）材料性能要求。碳纤维复合材料替代传统的金属结构来实现轻量化，但前提是不能降低整车的各方面性能要求。虽然碳纤维复合材料有着比拟金属的力学性能，但其自身也存在一些缺点，比如面外承载能力差、抗冲击性能差、开孔后应力集中严重、在湿热环境下性能会发生退化等，汽车产品采用碳纤维复合材料，需要慎重考虑这些问题，尤其是和整车安全性有关的件应用碳纤维复合材料时，应对设计方案进行充分的试验验证。

2）低成本要求。对于民用领域，成本的重要性是不言而喻的。发展低成本碳纤维复合材料应用技术，是碳纤维复合材料在汽车领域进一步推广的前提条件。降低碳纤维复合材料成本，是整个复合材料上游原材料到下游应用共同努力的事，需要从碳纤维制作、产品设计开发和产品制

造工艺等各环节共同努力去实现。

3）量产生产节拍要求。汽车工业对生产节拍有着更严苛的要求。现有的碳纤维复合材料制造技术，大多数都存在生产效率低的问题，如果碳纤维复合材料在量产车型上应用，必须开发出相应的快速固化成型工艺。现行的金属冲压件："60s工艺""每分钟一个部件"，这是汽车主机厂在金属冲压生产中保持了几十年的生产循环周期，复合材料行业目前还难以实现，特别是热固性复合材料。但复合材料的支持者们强调，用于复合材料成型的模具比钣金冲压成型的模具成本低，因此可以通过使用多副模具和多台压机，加上较短的工艺流程，来让"每分钟一个部件"的生产节拍得以实现。同时，在过去的几年里，随着创新成型工艺的不断推出，成型周期已逐渐降低。对于预浸料/热压罐工艺而言，零件的生产节拍从几小时到几十小时不等。而对于快速RTM成型而言，挑战"60s工艺"进程在逐步推进。

4）质量一致性要求。复合材料产品的质量一致性与原材料以及工艺过程各环节的变异性有关系。固化工艺通过严格控制工艺过程以实现各工艺环节的高度重复性、选取优化的工艺参数、全过程高度自动化等方式可以有效控制产品质量的一致性。制件的制造缺陷，包括影响到制件性能的制造缺陷，如分层、空隙和针孔等。制件的外观质量也是考查的因素之一，尤其是对于应用于外覆盖件的外观表面，如果外观质量差，后期表面处理工作量会很大，一方面成本增加，另外质量一致性保证难度很大。

5）装配尺寸精度要求。碳纤维复合材料件，由于金属结构全然不同的材料工艺，制件的单件制造精度也是需要重点考虑的因素。制件能够达到的尺寸精度与模具、工艺参数、铺层设计、预成型体制作、后机加方式等都有关系，且工艺变异性很大，因此，需要通过工艺过程控制，确保制件精度在可接受范围内。

6）最大限度满足轻量化要求。毫无疑问，轻量化是汽车应用碳纤维复合材料的主要驱动力，而碳纤维复合材料能否实现轻量化目标，与材料本身的力学性能有着最直接的关系。碳纤维复合材料由于不同类型碳纤维布和不同树脂组合，形成的碳纤维层合板力学性能的范围本身跨度很大，如果总体上力学性能过低，或者在某项力学性能上存在明显的短板，应用碳纤维复合材料轻量化比之金属无明显优势，而成本上又远高于金属。一般而言，可通过实现同等性能指标的金属构型进行对标，基于金属结构方案设定减重目标，结合各关键性能指标的分析计算，确定能够实现减重目标的原材料的性能要求范围。

7）复杂结构构型的可成型要求。在汽车外覆盖件上应用碳纤维复合材料，由于造型需要，通常构型比较复杂，会出现圆角半径、拔模负角等特征等，加大了制造难度。对于复杂构型件，既要求快速成型，且要保证质量一致性，是对复合材料工艺的一个挑战。

8）材料可回收要求。如果碳纤维复合材料在汽车上大量应用，而没有相应的材料回收措施，必然会造成环境污染，这是社会和政府无法接受的。另一方面，碳纤维丝本身成本很高，如果能够回收再利用，也是降低碳纤维复合材料成本的有效途径。

为满足上述汽车应用对碳纤维复合材料的要求，需要从材料技术、制造工艺技术、产品设计开发技术、试验技术、过程控制技术和自动化技术等方面，以汽车应用为目标去进行创新。

3. 汽车碳纤维复合材料产品开发

对于汽车碳纤维复合材料产品开发，同其他产品开发过程并无太大差异。首先需要考虑产品的设计目标，主要包括：产品的功能和性能要求、法规要求、轻量化要求、成本要求、产品质量要求及质量一致性要求等。

（1）产品开发设计步骤　产品开发的最终目的是得到满足各方面要求的碳纤维复合材料产品，整个开发可以分两大步骤来实现，第一是产品结构设计，第二是产品制造实现。

产品结构设计是产品开发的基础，主要包括结构构型设计、铺层设计和连接设计。碳纤维复合材料结构构型设计与金属结构构型设计一样，同样需要满足结构强度、界面连接、工艺、维修、法规及其他特殊要求，应在满足这些要求的基础上设计最优的结构构型。

常见的复合材料结构构型包括：短切纤维注塑或模压结构、层压板结构、夹层结构和三维编织/缝合结构几种，各类结构的示意图如图3-168所示，各自特点如下：

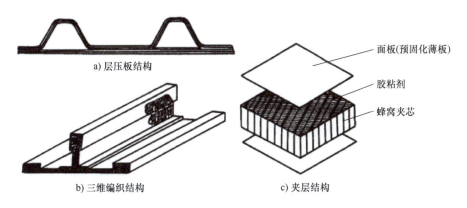

图3-168　碳纤维复合材料常见结构形式

1）短切纤维注塑或模压成型结构件的力学性能相对较低，适合于复杂构型件的成型，多用于非主承力结构，如：覆盖件、面板等；连续纤维层压板结构是复合材料最常用的结构构型，面内力学性能优越，但层间性能差，多用于面板、加强板、开口剖面梁和纵向加强件等。

2）三维编织结构比层压板结构有更好的层间力学性能，冲击韧性好，适合于一体成型的复杂立体结构，由于工艺成本高，应用受到限制。

3）夹层结构承受弯曲载荷时结构效率最高，结构需要一定的面外刚度时可考虑采用。

（2）产品构型设计准则　对于产品构型设计，一般可考虑下述设计准则：

1）在功能相同的前提下，通常要考虑用一个相对复杂的零件取代由多个零件连接而成的构件。这样除了提高结构效率外，还可以节省模具费用，因为一个复杂模具的成本通常比多个简单模具的总成本低。

2）在满足界面连接、结构刚度等的前提下，应尽可能降低结构构型面的复杂程度，从而降低模具制造难度和纤维铺放难度，以利于降低成本和提高制件的质量稳定性。

3）对汽车外覆盖件等曲率复杂的结构，应确保零件能满足拔模角度要求。对局部难以实现拔模的情况，可考虑修改构型面或采用分件的方式。

4）结构中不可展开的型面，应有缺口补偿设计和搭接裁剪设计。

5）弯曲结构在固化后弯边角度会回弹，零件和模具之间角度变化程度取决于：树脂、纤维的方向、厚度。闭合度是由内表面和其他表面之间膨胀程度的差别而体现的，在设计模具外形时应该考虑这个因素。

6）复合材料结构设计，一般采用许用应变设计，应保证结构在使用载荷下有足够的强度和刚度，设计载荷下安全裕度应大于0。

7）在确定结构设计许用值时，必须考虑环境对材料性能的影响，如：温度、湿度等。

8）采用碳纤维复合材料时，应注意防止与金属件接触时的电偶腐蚀。

9）在满足各方面要求的前提下，尽量采用低成本高效率的设计技术，工艺方法和材料体系。

10）所设计的结构充分发挥复合材料的特性和优点，综合考虑材料性能、工艺、成本、使用实例等方面以合理选材。

11）应避免或减小层合结构承受面外载荷、刚度突变、应力集中、传力不连续等情况。

12）结构可修理性和可交换性，在方案设计时考虑。

（3）铺层设计　铺层设计是层压结构设计的一项极为重要的内容，因为层压板的强度、刚度、稳定性等特性均与铺层有着十分重要的关系，碳纤维复合材料层压板结构的示意图如图3-169所示。铺层设计包括以下内容：定义层压板具体每层所用材料的牌号、类型及规格；定义坐标方向；确定铺层数量、比例、方向及铺贴顺序；确定铺层的剪裁、拼接位置及要求。

对于汽车复合材料结构铺层设计，一般需要遵循下述设计准则：

1）铺层方向应按强度、刚度要求确定，为满足铺层板力学性能要求，可以设计任意方向铺层，但为简化设计、分析和工艺，通常采用四个方向铺层，即0°、+45°、-45°、90°铺层，如图3-170所示。

2）受拉、压为主的构件，应以0°铺层居多；受剪为主的构件，应以±45°铺层居多。

3）铺层外表面宜选用+45°或-45°铺层，推荐在层压板的表面至少采用一组45°/90°/-45°铺层，以便提高损伤容限和稳定性。

4）单一方向的铺层数占总铺层数的10%～60%。

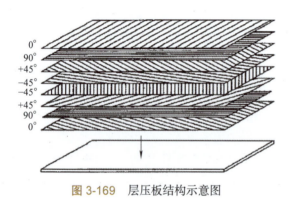

图3-169　层压板结构示意图

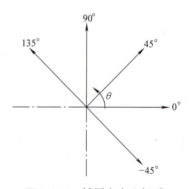

图3-170　铺层方向坐标系

5）如果层压板有些铺层无法实现对称，可将非对称铺层尽量靠近中间布置。

6）相同方向的连续铺层最好不超过4层，以减小边缘分离。

7）除织物结构之外，相邻铺层的夹角尽量不超过60°。

8）连接区铺层±45°层比例不低于40%，0°层比例不低于25%，90°比例为10%～25%。

9）受拉部位可适当增加0°铺层，以利提高拉伸强度。

10）最外层应是连续的完整形状的铺层。

11）相邻铺层间的铺层角度应尽可能小于60°，以减小层间应力影响，避免固化引起的微裂纹，少于16层的薄板可不遵循此原则。

12）单向带铺层需要沿宽度方向拼接时，拼接间隙应小于1mm，不允许在垂直于纤维方向拼接。

13）织物铺层不允许对接，只允许搭接，搭接宽度一般为20～30mm。

14）碳纤维复合材料的连接设计，一般分为粘接和机械连接设计两大类，以及其衍生出的其他连接方式。常用的连接方法及优缺点对比见表 3-73。

表 3-73　碳纤维复合材料主要连接方法对比

连接方法	主要优点	主要缺点
机械连接	在制造、更换和维修中可重复装配和拆卸； 便于检查质量、保证连接的可靠性； 制造工艺简单，对零件连接表面的准备及处理要求不高； 无胶接固化产生的残余应力； 受环境影响较小； 没有厚度限制，贯穿厚度的增强对剥离应力不敏感	连接孔导致局部应力集中，降低连接效率； 为了弥补基层压板制孔后强度下降的影响，层压板可能需局部加厚，使重量增加； 由于增加制作孔的工作量，可能增加成本； 钢紧固件与复合材料接触会产生电化学腐蚀，故需选用与碳纤维复合材料电位差较小的材料制成的紧固件，或者采用一定的防腐蚀措施
胶接	无钻孔引起的应力集中，连接效率高，重量轻； 抗疲劳、密封、防腐蚀、减振及绝缘性能好； 有阻止裂纹扩展作用，破损安全性好； 能获得光滑气动外形； 不同材料连接无电化学腐蚀问题； 没有磨蚀问题； 刚性连接	质量控制比较困难，无损检测困难，胶接强度分散性大，可靠性差； 胶接性能受环境（湿、热、腐蚀介质）影响大； 剥离强度低，较难传递大的载荷； 可能有残余应力； 胶接表面需作特殊的制备和表面处理； 被胶接件间配合公差要求严，需加温加压固化设备，修补较困难； 胶接后不可拆卸
缝合连接	明显提高层压板的层间断裂韧性和层间剪切强度，克服传统层压板的缺点； 可以避免机械连接由于钻孔带来的应力集中的强度降低； 避免胶接连接可靠性较低和耐环境较差的缺点在零件破坏后，缝线可使碎片连接在一起，避免后续的灾难性破坏； 缝线有利于阻止损伤扩展	面内强度有所降低，一般约 10%； 对缝线材料性能要求严格，材料有限； 吸湿和密封问题； 需要专用的缝纫设备，投资大，制造成本增加
混合连接	能克服胶接抗剥离应力和劈裂应力弱的缺点，提高了连接可靠性	有孔应力集中带来的缺点； 增加了重量和成本

（4）连接设计　连接设计的主要考虑因素包括：传递载荷的大小、连接部位的重要程度、被连接件的材料特性、环境状况、可检测性、可拆卸性及可修理性、工艺性和制造成本等。机械连接一般用于传递集中载荷、强调可靠性、需要拆卸、连接主承力结构的部位。胶接一般用于传递均布载荷或主要承受剪切载荷的面与面之间的永久性连接。缝合连接多用于要求层间剪切强度较高的部位，在液体模塑工艺成型的预成型体制作阶段采用。混合连接适用于要求多裕度连接部位，一般适用于中等厚度板的连接。

1）胶接连接　胶接连接是汽车碳纤维复合材料应用最多的连接方式，其设计原则主要包含下述 11 条：

① 总原则是应尽可能使胶接连接强度高于被胶接件强度或与之相近。
② 力求避免连接端部层压板发生层间剥离破坏。
③ 承受动载荷时，应选择低模量韧性胶粘剂。
④ 工艺尽可能简单，降低制造成本。
⑤ 胶接连接设计应使其胶接强度不低于连接区外边被胶接件本身的强度，否则胶接连接将成为薄弱环节，使胶接结构过早破坏。

⑥ 胶层方向要求胶接连接设计应充分发挥胶层承受剪切能力很强的优点，根据最大载荷的作用方向，使所设计的胶接连接以剪切的方式传递最大载荷，而其他方向载荷很小，尽量避免胶层受拉力和剥离力。

⑦ 对于平面形搭接胶接构型，包括简单搭接和搭接板对接，被胶接件各个位置的总刚度应该相等，以便降低应力集中。

⑧ 被胶接件热膨胀系数要匹配。特别是碳纤维复合材料沿纤维方向的线膨胀系数与金属的热膨胀系数相差较大。它与金属胶接时，在高温固化后会产生较大的内应力和变形，因此胶接连接设计应尽量避开与金属件尤其是铝合金胶接，必要时可采用热膨胀系数较小的钛合金零件，钢也是可接受的。

⑨ 保证胶接连接形状 100% 目视可检，提高可靠性。

⑩ 复合材料层压板被胶接表面纤维取向最好与载荷方向一致，或者纤维方向与载荷方向成 45° 角。禁止将 90° 层与胶层相邻，除非它也是主载荷方向，这是为了尽量减小胶层与承载层间的距离，防止表面层出现"滚动圆木"形式的破坏，过早产生层间剥离破坏。

⑪ 由于连接会变形，对变形也要施加限制，确保结构的有效性，推荐进行结构的验证试验以便确定临界设计载荷。

2）机械连接。机械连接是汽车碳纤维复合材料在有拆卸要求或传递几种载荷情况下采用的连接方式，其设计原则主要包含下述 13 条：

① 连接的几何尺寸和铺层设计应满足强度要求，设计载荷下不能超过许用挤压应力。

② 尽可能采用双剪连接形式而不采用单剪连接，使传载路径更靠近中性轴有助于减小诱导力矩；

③ 紧固件应承受剪切，避免受拉和弯曲。

④ 尽可能避免采用 2 排以上的紧固件。由于复合材料低的塑性，第一排和最后一排钉承担多数载荷。作为一般规则，应采用不多于 4 排紧固件（很特殊的情况采用 5 排钉）。

⑤ 尽可能在同一连接中采用一样的间距、孔径、螺栓类别、孔间隙和材料。

⑥ 应考虑使用环境条件的影响和特殊要求。

⑦ 机械连接所用紧固件不得在连接件失效前失效。

⑧ 连续纤维层合板形式复合材料结构中不得采用过盈配合紧固件。

⑨ 紧固件应留足够的边距，以防止被连接件剪切失效。

⑩ 紧固件的直径、数量及材料主要取决于强度要求。在满足强度要求的前提下，尽可能减少紧固件的数量。

⑪ 为了防止电化学腐蚀，紧固件的材料应与连接件的材料电化学性能相近。

⑫ 对可拆卸连接，在拧螺栓或螺母一头，应增加垫片，以防止损伤碳纤维复合材料。

⑬ 连接区的铺层比例应根据连接受载情况进行设计，在机械连接点处，采用至少 40% 的 ±45° 层来增加挤压强度。

（5）有限元 CAE 分析　对于碳纤维复合材料结构的设计，同样可应用有限元 CAE 分析技术进行分析和优化，相关分析内容包括静强度分析、动态分析和结构拓扑优化等，不同的是，对于层压板结构的复合材料为各向异性材料，应用于有限元建模所需的单层力学性能数据需要利用选定的材料和工艺制成的层合板进行试验得到。

复合材料分析主要关心的是应变，CAE 分析时应按照设计许用值来校核。设计许用值通过一系列设计许用值试验得到。对于汽车应用来说，设计许用值的选取标准需要行业探讨确定。

对复合材料进行分析时，应确保在限制载荷下不会发生基体破坏，在极限载荷下不会发生纤维破坏。分析时所使用的破坏准则有多种，包括最大应变理论、蔡-希尔准则和蔡-吴准则等。

需要注意的一点是，复合材料对环境较为敏感，温度、湿度、辐射可能改变其力学性能。复合材料选材时，应考虑汽车在制造和使用全周期内可能遇到的各种极限环境要求，以此作为选材的要求。复合材料力学性能测试及设计许用值确定试验，同样也要考虑相应的环境因素。

高温下复合材料吸湿是一个重要的环境因素，水分渗入基体会导致基体膨胀，将导致基体软化，并致使基体的玻璃化转化温度降低。最大限度减少吸湿量的办法是：对机械加工的边缘和层合板的表面采取密封措施；表面涂漆或保护层。如果零件没有涂漆，应该在零件表面铺覆一层很薄的热固性或热塑性树脂膜，以防止水分通过表面裂纹渗入。

在易于受到冲击的区域采用层压板结构复合材料结构时，在选材时应优选增韧的树脂体系作为基体，或采用三维编织增强结构形式，也通过零件表面铺放芳纶纤维以提高制件的抗冲击性能。复合材料选材时，需进行相应的耐环境试验，验证材料对环境要求的符合性。

4. 汽车碳纤维复合材料制造工艺开发

（1）汽车碳纤维复合材料制造工艺要求　汽车上应用碳纤维复合材料，对制造工艺一般有下述要求：

1）应能够满足汽车批量化生产节拍要求。为提高工艺生产节奏，需要碳纤维制件供应商针对汽车批量化生产开发专门的成型工艺技术，原材料供应商配合开发出有利于提高生产节拍的树脂。

2）性能要求，如力学性能要求、外观质量要求等。成型工艺对制件的性能有很大的影响，满足批量化的快速成型工艺时必须确保性能。另外，如果应用于外观件，对外观质量也有很高的要求。

3）产品质量一致性要求。产品一致性，是汽车品质的最基本保证，相比金属件，碳纤维复合材料制造工艺过程更为复杂，质量一致性保证更加难以实现。为保证一致性，需要对每个环节进行过程控制，制定质量控制计划，并且经过大量的工艺试验去优化工艺参数及流程。

4）复杂构型的工艺性。当应用于汽车外覆盖件时，由于外观造型要求，往往结构构型比较复杂，对制造工艺形成了挑战，尤其是量产工艺。

5）成本尽可能低。

6）成本允许前提下，尽量自动化程度高。

（2）汽车碳纤维复合材料产品开发过程　汽车碳纤维复合材料制造工艺开发，包括从产品设计阶段工艺可行性分析，到最终产品制造实现的整个过程，所包含的工作内容如下：

1）工艺方案制定。

2）制造可行性分析：材料可行性、设备可行性、技术可行性、人员可行性、模具可行性。

3）编制过程流程图。

4）编制 PBOM。

5）编制质量控制计划。

6）编制作业指导书。

7）编制工艺规范。

8）编制 PFMEA。

9）过程特殊特性清单。

10）工、检、模、设备清单。

11）工、检、模设计方案。

12)工艺调试方案。

13)包装方案。

14)试制跟踪。

工艺开发最需要确定的是固化工艺方案,目前已有的可考虑的固化成型工艺方案见表3-74。

汽车按纤维复合材料进行工艺方案选择时,一般需要重点考虑下述原则:

1)满足质量及性能要求。包括纤维体积含量、孔隙率、外观质量、尺寸精度和制造缺陷水平。

2)成本考虑。制造成本尽可能低,可以从原材料成本、设备成本、工装检具模具材料成本、工装检具模具加工成本、人工工时、能耗和废品率等角度去考虑。

3)生产节拍满足产品批量要求。

表3-74 汽车复合材料可选工艺对比

工艺类型	工艺流程	最优生产节拍	设备成本/万元	产品成本	产品质量
高压RTM	模具清理→喷脱模剂→模具干燥→HP-RTM成型→脱模→机加工→检验→粘接→检验→喷涂;纤维布裁剪→铺层/预成型	5min/件	≥1000	高	中
湿法模压	模具清理→喷脱模剂→模具干燥→压机成型→脱模→机加工→检验→粘接→检验→喷涂;纤维布裁剪→铺层/树脂涂覆	3min/件	40~1000	低	中
预浸料模压	模具清理→喷脱模剂→模具冷却干燥→预浸料铺覆→压机成型→脱模→机加工→检验→粘接→检验→喷涂;预浸料裁剪	5~10min/件	40~500	较高	高
碳纤维SMC	模具清理→喷脱模剂→模具干燥→压机成型→脱模→机加工→检验→粘接→检验→喷涂;SMC片材裁剪→模具投料	2~5min/件	100~500	中	中
热压罐成型	模具清理→喷脱模剂→模具冷却干燥→预浸料铺覆→热压罐成型→脱模→机加工→检验→粘接→检验→喷涂;预浸料裁剪	6h/件	70~5000	最高	最好

5. 汽车碳纤维复合材料应用实例

(1)某款国产电动跑车碳纤维应用介绍 作为首款中国自主研发具备量产状态的纯电动跑车,前途K50以节能、环保为设计出发点,产品集成了众多汽车行业的前沿科技,其中之一就是在车身大量应用轻质材料。

为确保续驶里程要求,前途K50布置了约600kg的电池,重量约占整备重量的30%。电池不仅笨重,而且价格昂贵,几乎占到整车成本的1/3。在满足续驶里程的前提下,减少电池组数对降低整车重量和成本都是有利的,实现该目标的主要途径就是车身轻量化。

为此,前途汽车在车身上大量使用新材料。其材料分布情况如图3-171所示,整个白车身框架为全铝合金结构，重量为 225kg，实现比传统钣金车身减重约 150kg。整个外覆盖件内外板为全碳纤维复合材料结构，共 29 个件，总重量约 50kg，比传统钣金结构实现减重约 50kg，如图 3-172 所示。

覆盖件上使用碳纤维复合材料，针对前途 K50 做出如下考虑：

1）跑车极致轻量化需求。电动跑车昂贵的电池成本对轻量化的要求更高。使用碳纤维复合材料结构，在确保力学性能的前提下，实现比铝合金减重 20% 左右。

2）产品市场定位，提高车身科技感及用户体验。现外露纤维件的纤维纹理视觉效果，更轻质开闭件结构等，提供全新的用户体验。

3）量产实现可行性。国外已有大量使用碳纤维复合材料的量产车型，已有适合于汽车量产的复合材料制造的成熟工艺；原材料技术近几年迅速发展，材料成本有望降低。

图 3-171　前途 K50 汽车车身材料应用情况　　　图 3-172　前途 K50 碳纤维复合材料件

4）结构设计灵活性。碳纤维复合材料本身独特的材料特性及工艺特性，通过局部变厚度、夹芯结构、变截面空腔结构设计等方式，可实现减少零件数据，以及实现金属结构无法实现的设计构型。

5）探索汽车碳纤维复合材料应用技术。有别于传统钣金的设计开发技术，采用全新的制造工艺。通过碳纤维覆盖的设计研发，积累了碳纤维复合材料关于材料选择、工艺选择、结构设计、CAE 分析、试验、喷涂、装配和制造等多方面的经验。

（2）某款国产电动跑车碳纤维部件设计开发　前途 K50 汽车碳纤维复合材料开发过程，借鉴了航空复合材料设计开发流程，并结合汽车开发的特殊性，其开发流程如图 3-173 所示。

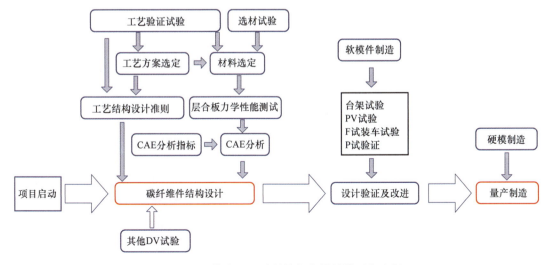

图 3-173　前途 K50 碳纤维复合材料件开发流程

碳纤维复合材料件开发的前期主要是开展了结构设计阶段相关工作，该阶段主要的工作包括结构选材、工艺方案确定、结构设计及优化以及必要的验证试验。其流程如图3-174所示。

（3）电动跑车碳纤维部件工艺开发　前途K50选用全碳纤维复合材料外覆盖件，在确定成型工艺方案方面做了大量的考查与验证工作，归结起来，主要对下述6种工艺进行可行性分析和比较。

1）HP-RTM工艺。该工艺在宝马i3有使用经验，适合于汽车量产工艺。国内目前HP-RTM技术主要应用于板簧、板材之类较简单的开发。缺点是开发成本过高：设备生厂线成本、模具成本和加工成本较高；模具的流道设计难度很高，需要较长时间的设计验证和制造验证；该工艺外观质量一般，也需要很长时间的设计和制造验证。

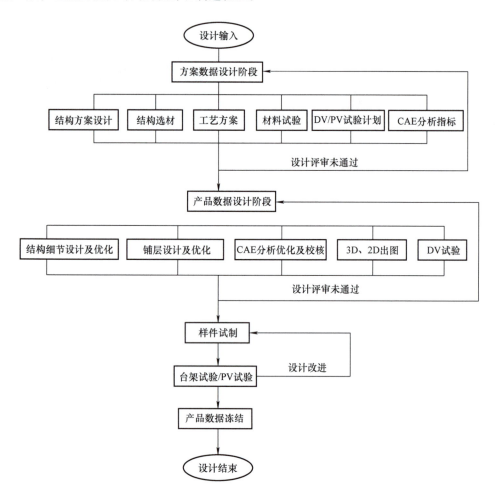

图3-174　前途K50碳纤维复合材料件设计流程

2）湿法模压工艺。该工艺同样适用于汽车量产工艺，适合构型简单的制件制造，在材料成本上比高压RTM工艺有优势。缺点是目前国内还不具有湿法模压成熟技术。开发成本过高：由于树脂黏度低于30mPa·s、操作时间相对较长、固化时间在2～5min、浸润性很好的树脂技术目前掌握在国外化工巨头手里，需要很长时间的设计和制造验证。

3）预浸料模压工艺。材料成本相比于树脂后注塑工艺来说更高一些，但该工艺成型件纤维体积含量高，力学性能更为优异。目前国内预浸料模压技术较成熟。设备及生产线成本较低，开发成本较低；模具设计难度较低、设计验证和制造验证较易实现工艺成本较低、产品质量较高。采用快速预浸料，有望将生产节拍提高至 5 ~ 10min/ 件。

4）碳纤维增强 SMC 工艺。由于采用的是非连续纤维，力学性能相对较差，不适合主承力结构。目前国内碳纤维 SMC（片状模塑料）相对技术成熟，设备及生产线成本较低，产品质量稳定性好，生产节拍 5 ~ 10min/ 件（根据制件复杂程度有一定浮动）。

5）热压罐成型工艺。航空航天领域复合材料件主流工艺，制件的力学性能优异，质量一致性较好。目前国内该工艺技术成熟；设备生产线成本较低；开发成本较低：具备成熟的应用经验；工艺成本高、生产节拍约 6h/ 件。

6）加压袋压工艺。一种通过向模腔中充气方式施加压力，为零件提供固化成型压力的工艺成型方法，可实现有拔模负角零件的成型。国内有部分制件供应商掌握该工艺技术，模具相对复杂，模具成本较高。采用快速固化预浸料，急冷急热模具，将生产节拍提高至 10min 以内（复杂件或拔模件需要 30min）。

考虑到产品批量、力学性能、产品外观质量要求、结构设计构型、前期开发投入、工艺经验成熟度等各方面因素，前途 K50 前期主要采用预浸料模压和加压袋压工艺，并在部分件上考虑采用 HP–RTM 工艺。

➤ 作者：
❖ 张玺，官澄宇，郭晨. 北京长城华冠汽车科技股份有限公司

参考文献

[1] 牛春匀. 实用飞机复合材料结构设计与制造 [M]. 北京：航空工业出版社，2010.
[2] 谢鸣九. 复合材料连接 [M]. 上海：上海交通大学出版社，2011.

3.6 其他材料在轻量化中的创新应用

3.6.1 自然纤维材料在汽车上的创新应用

随着汽车产量的增加及能源消耗的加剧，汽车轻量化的趋势越来越明显。因此，轻量化汽车新材料的研究受到重视。汽车内饰材料不仅要有装饰、耐磨和阻燃等功能，同时还应具备吸声降噪的能力，以提高乘驾人员的舒适性。国外汽车内饰材料多选用木纤维或麻纤维，因为它是可再生资源，比合成纤维能更好地吸收能量，可以制造更强韧的板材，受撞击不易碎裂，安全性更佳，使用木、麻纤维内饰材料还有利于降低车辆的重量，提高车辆的燃油经济性。经过多年的发展，这两种材料近两年在中国汽车行业的应用也在快速增长。下面将介绍这两种不同原材料以及它们的成型工艺。

1. 麻纤维以及麻纤维产品

麻纤维是取自麻类植物的纤维，分两大类：一年生或多年生草本双子叶植物皮层的韧皮纤维和单子叶植物的叶纤维。韧皮纤维主要源自苎麻、亚麻、大麻等，叶纤维比韧皮纤维粗硬，主要来自剑麻、蕉麻等。麻纤维作为环境友好型的原料，具有可种易种、不需化肥、生物可降解、燃

烧后不会产生有害气体等特性。这完全满足当前人们追求绿色环保、可持续发展以及资源节约型的需要。同时麻纤维吸湿透气性能卓越,不产生静电现象,而且刚度好,抗紫外性能优良,有一定消声性能及抗菌保健性能,除此之外,麻纤维还具有一定的强力,满足了纺织品开发的需要。

麻纤维毡是由50%麻纤维和50%丙纶纤维混合,经过气流成网,再通过针刺机针刺成毡,对成毡后的产品进行切片处理。麻纤维毡的密度一般在1000g/m²以上。因为不同麻纤维的主要力学性能不同,因此通过改变麻纤维的种类可改变麻纤维成型后的性能,由此可见麻纤维可应用在各行业的不同领域,给各领域带来多项选择。

2. 木纤维以及木纤维产品

木纤维材料是取之于带油脂的木种,木头碎屑从开始进行大小筛选,通过清洗、蒸煮、抽丝、烘干,最后经过一根直径10mm的超音速管道,每个木纤维丝通过管道被喷射出的胶粘剂均匀地包裹后成为半成品纤维丝。再与聚酯短纤维合成纤维混合后制成木纤维毡。木纤维毡的密度为 $800 \sim 2800 \text{g/m}^2$,通过不同的配方配比可改变木纤维成型后的性能。

木纤维材料凭借质量轻、强度好、环保、吸音性好、价格低等特点,可应用在汽车门板、仪表板、备胎盖板、搁物板等部件上。木纤维还具有良好的透气性能与双向散热功能,冬天汽车的耗能非常大,而木纤维因其特点在冬天的车既能保温又不闷。这一卓越功能完全出于木纤维的特殊结构,即独具大量不规则的天然空隙在正常情况下能够自由调节温度;木纤维在安全性上优于传统塑料,因木纤维毡成型后的吸能性优于传统塑料,在碰撞时可将大部分能量吸收转化。

3. 麻纤维及木纤维在汽车中的应用

目前国内能生产木纤维和麻纤维产品的公司宁波华翔自然纤维科技有限公司,该公司具有世界最先进的木麻纤维生产线。

宁波华翔将木纤维、麻纤维材料及生产技术由国外引进入国内,并大力推广木纤维、麻纤维材料,为各行各业带来新的亮点和突破,目前在汽车行业内饰门板、仪表板、搁物板、行李舱盖板等应用已得到各方认可;在非汽车行业如家装、家居等行业也同样为广大企业带来新一轮的突破及低甲醛、低挥发的难解之题方案。

(1)麻纤维产品应用范例 麻纤维产品在宝马5系前后门板应用如图3-175(右前门板正面)、图3-176(右后门板背面)所示。

图3-175 宝马5系右前门板

图 3-176　宝马 5 系右后门板

（2）木纤维产品应用范例　木纤维产品应用范例为汽车中嵌板、门饰板和后侧围饰板等，如图 3-177 所示。

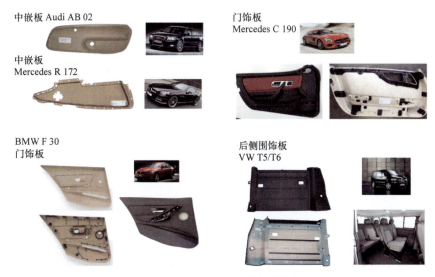

图 3-177　木纤维产品应用范例

4. 麻纤维、木纤维的生产工艺及成型工艺

1）麻纤维毡生产工艺：生产工艺如图 3-178 所示。

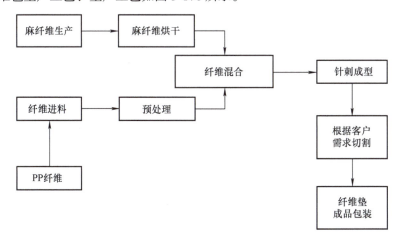

图 3-178　麻纤维毡生产工艺

2）麻纤维成型工艺。麻纤维零件成型工艺一般是成毡在烘箱或烘道180°～230°进行预热、热后在模具里面进行冷压成型、零件孔及零件边界冲切工序、零件表面进行喷胶后在工装中进行粘附、包覆成型，工艺流程如图3-179所示。

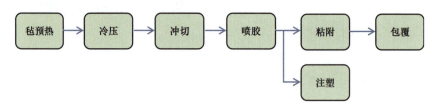

图3-179　麻纤维毡成型工艺流程图

3）木纤维毡生产工艺：生产工艺如图3-180所示。

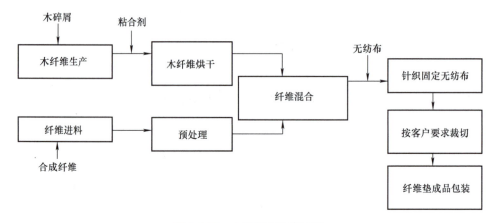

图3-180　木纤维毡生产工艺

捆装的木纤维进行初步开松打散，开松打散的木纤维进行精细开松，离心开松。离心开松好的木纤维向下道工序喂给，纤维在喂给中自行进行长片段称重调整，通过重量有变化的木纤维通过牵伸调整。叠加输送过来的纤维通过气流机进行混合铺网，上针刺好的纤维层进行下部针刺加工，针刺好的纤维毡通过冷轧进行定型。定型好的纤维毡按照要求进行裁切，裁切工序的边角物料在回收过程中进行开松打散，裁切好的纤维毡片自动堆叠成垛，完成木纤维毡。

表3-75所列是Lignoprop（丙烯酸树脂）纤维相关技术特点。

表3-75　木纤维材料物理性能指标

技术参数	数值	技术参数	数值
密度/（g/cm³）	0.85	弯曲模量/（N/mm²）	3000
燃烧性能/（mm/min）	35	弯曲强度/（N/mm²）	50
压应力/MPa	2.0	冲击韧性/（kJ/m²）	12

自然纤维材料物理性能与传统PP材料对比有明显优势，阻燃速率远远高于PP/ABS等传统内饰材料且强度均符合要求。

4）木纤维成型工艺：木纤维成型工艺一般是木纤维毡裁切、模具预热在200～220℃高温下热压成型、零件孔冲切、零件表面喷胶、粘附、包覆成型,工艺流程如图3-181所示。

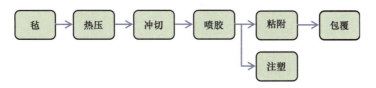

图3-181　木纤维成型工艺流程图

→ **作者**：
   ❖ 孙峻，周明强，邹锦莹.宁波华翔自然纤维科技有限公司

3.6.2　玄武岩纤维复合材料的开发与研究

玄武岩纤维熔化过程中没有硼和其他碱金属氧化物排出，使玄武岩纤维的制造过程对环境无害，无工业垃圾，不向大气排放有害气体，且玄武岩纤维分解后即为土壤母质，能自然降解，对环境不会造成二次污染。因此，玄武岩纤维是21世纪的一种新型环保材料，成为目前研究的热点。

1. 玄武岩纤维的现状及发展

玄武岩系火山喷发地表后的产物，其结构致密，产地不同，成分略有不同，如图3-182所示。针对国内外市场对生态环境保护措施的要求越来越严格与迫切，同时为实现可持续发展，对无污染的绿色环保型纤维开发的速度进一步加快。

我国玄武岩矿石分布广泛，且具有较好的质量，为生产出优质的玄武岩纤维提供了较为丰富的原料。玄武岩纤维同时兼备许多纤维无法具有的优异性能，同时世界各国也对玄武岩矿石能生产出玄武岩纤维表现出浓厚的兴趣，因此对玄武岩纤维的研究具有重要意义。现在玄武岩纤维生产线在全世界只有为数不多的几个国家可以生产。

图3-182　玄武岩

我国玄武岩分布很广，因此具有稳定的原料来源。我国对玄武岩纤维的研究始于20世纪70年代起。

近年来，玄武岩纤维在我国发展较为迅速，我国成为拥有世界上最领先的玄武岩纤维生产技术的几个国家之一，多家研究机构相继发表了许多研究成果。2002年，我国将"连续玄武岩纤维及其复合材料"列入国家863计划。目前该项目正成为各地发展高技术材料热门选择的对象。"十二五"期间，拥有自主知识产权的863计划成果为玄武岩纤维项目的产业化奠定了坚实的基础。

2010年全国玄武岩连续纤维生产能力只有1万t，2015年已经超过2万t，目前产能已经达到5万t，预计2020年产能将达到40万t，实际产量不会超过5万t；目前，依然有一些企业在玄武岩纤维上大量投入资金。不完全统计，中国玄武岩纤维生产企业已经超过30家。

2. 玄武岩纤维的性能优势

玄武岩纤维作为21世纪的一种新材料，性能优异，替代性强，应用领域广泛。玄武岩中含有的不同组分会赋予纤维特定的性能。SiO_2（二氧化硅）的含量增加有利于提高纤维的弹性；SiO_2、Al_2O_3（三氧化二铝）、TiO_2（二氧化钛）、MnO（一氧化锰）和CrO（一氧化铬）的含量增加可提高纤维的化学稳定性；SiO_2、Al_2O_3、TiO_2 含量增加时，可提高熔体的黏度，有利于制取长纤维；CaO（氧化钙）、MgO 的含量增加有利于原料的熔化和制取细纤维；在原料配方中大量引入 Fe_2O_3（三氧化二铁）后可提高纤维的使用温度。

纯天然的玄武岩纤维颜色似金色，外观呈光滑的圆柱体，其截面呈完整的圆形，如图 3-183 所示。玄武岩纤维的密度较高（1.9～2.35g/cm³），硬度很高（莫氏硬度 5～9 度），因而它具有优异的耐磨、抗拉增强性能。玄武岩纤维为非晶态物质，使用温度一般在 –269～700℃（软化点为 960℃），耐酸耐碱，抗紫外线性能强、吸湿性低、高的力学强度，有更好的耐环境性能，此外还有绝缘性能好，高温过滤性佳、抗辐射、良好的透波性能、良好的热振稳定性、环保洁净性和结构性能与结构质量的比值优良等优点。玄武岩纤维生产设备及流程如图 3-184 所示。

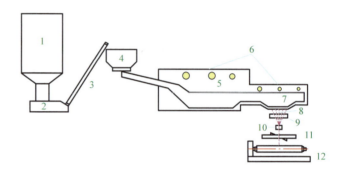

图 3-184　玄武岩纤维生产设备及流程示意图

1—料仓　2—喂料器　3—提升输送机　4—定量下料器　5—原料初级熔化带　6—天然气喷嘴　7—二级熔制带（前炉）　8—铂铑合金漏板　9—施加浸润剂　10—集束器　11—纤维张紧器　12—自动卷丝机

图 3-183　纯天然的玄武岩纤维

（1）玄武岩纤维的特性　玄武岩纤维具有非人工合成的纯天然性，加之生产过程无害，且产品寿命长，是一种低成本、高性能、洁净程度理想的新型绿色主动环保材料。由于玄武岩熔化过程中没有硼和其他碱金属氧化物排出，使玄武岩纤维制造过程的池炉排放烟尘中无有害物质析出，不向大气排放有害气体，无工业垃圾及有毒物质污染环境。玄武岩纤维在很大程度上可代替玻璃纤维，广泛用于航天航空、石油化工、汽车、建筑等多领域，因而玄武岩纤维被誉为 21 世纪"火山岩变丝""点石成金"的新型环保纤维，其特征如下：

1）显著的耐高温性能和热震稳定性。玄武岩纤维的使用温度范围为 –260～880℃，这一温度远远高于芳纶纤维、无碱 E 玻纤、石棉、岩棉、不锈钢，接近硅纤维、硅酸铝纤维和陶瓷纤维；热震稳定性好，在 500℃温度下保持不变，在 900℃时原始重量仅损失 3%。

2）较低的热传导系数。玄武岩纤维的热传导系数为 0.031～0.038W/m·K，低于芳纶纤维、硅酸铝纤维、无碱玻纤、岩棉、硅纤维、碳纤维和不锈钢。

3）高的弹性模量和抗拉强度。玄武岩纤维的弹性模量为：9100～11000kg/mm²，高于无碱玻纤、石棉、芳纶纤维、聚丙稀纤维和硅纤维。玄武岩纤维的抗拉强度为 3800～4800MPa，比大丝束碳纤维、芳纶、PBI 纤维（聚苯并咪唑纤维）、钢纤维、硼纤维、氧化铝纤维都要高，与 S 玻璃纤维相当。

4）化学稳定性好。玄武岩纤维的耐酸性和耐碱性均比铝硼硅酸盐纤维好。其耐久性、耐候性、耐紫外线照射、耐水性和抗氧化等性能均可与天然玄武岩石头相比美。

5）吸声系数较高。玄武岩纤维的吸声系数为 0.92～0.99，高于无碱玻纤、碳纤维和硅纤维；优良的透波性和一定的吸波性，吸音和隔声性能优异，具有良好的隐身性能，可以制造隐身材料。

6）良好的电绝缘性和介电性能。玄武岩纤维的比体积电阻较高为 $1\times10^{12}\Omega\cdot m$，大大高于无碱玻纤和硅纤维；体积电阻率比电绝缘 E 玻璃纤维高一个数量级，介电损失角正切高 50%。

7）较低的吸湿性。玄武岩纤维的吸湿性低于 0.1%，低于芳纶纤维、岩棉和石棉。

8）天然的硅酸盐相溶性。与水泥、混凝土的分散性好，结合力强，热胀冷缩系数一致，耐候性好。

玄武岩纤维与各种纤维材料的物理性能对比见表 3-76。

表 3-76　玄武岩纤维与各种纤维材料的物理性能对比

性能	玄武岩纤维	E 玻纤	碳纤维	芳纶纤维	岩棉
密度 /(g/cm³)	1.9～2.3	2.5～2.6	1.76～1.9	1.49	2.5
使用温度 /℃	-260～880	-60～350	最高 2000	最高 250	最高 600℃
热传导系数 /(W/m·K)	0.031～0.038	0.034～0.040	5～185	0.04～0.13	0.034～0.048
比体积电阻 /Ω·m	1×10^{12}	1×10^{11}	2×10^{-5}	3×10^{13}	—
吸声系数（%）	0.92～0.99	0.8～0.9	—	—	—
弹性模量 /GPa	79.3～93.1	72.5～75.5	230～600	70～140	—
抗拉强度 /MPa	3000～4840	3100～3800	3500～6000	2900～3400	—

（2）玄武岩纤维分类

1）热塑型玄武岩纤维复合材料　热塑型材料的热加工过程只是一个物理变化的过程，加热后的熔融体在冷却时变硬，在反复加热冷却后，其性能并没有发生变化且可以重复多次。因此，热塑型材料可以进行塑料再塑化再加工，其塑料制品可以重复回收，经加工后材料再利用。这类塑料的优点是易加工成型，力学性能良好，可回收利用。

玄武岩纤维与各种热塑型的基材与各种助剂进行科学的配比、优化后生产出来复合材料。其性能与碳纤维复合材料无惫，高于玻纤复合材料。其加工工艺与碳纤维复合材料类似；但是，绝对的不同于玻纤复合材料。

国内只有处于试制阶段，且完成实验室阶段试验、试片、检测、小批量的生产。

目前批量生产，不存在任何技术障碍。

2）热固型玄武岩纤维复合材料　热固型塑料的加热过程发生了化学变化，分子间形成了共价键成为体型分子。在冷却之后继续加热，在进一步升温的过程中导致共价键破坏，从而原材料的化学结构也随之改变。也就是说，热固型塑料在一定的温度、压力或加入固化剂的条件下，经一段时间后形成的制品，在硬化后不能回收再利用了。这类塑料尺寸精度不高，但加工周期长，部分性能较差，且不可回收利用。

3. 玄武岩纤维在汽车领域的应用

汽车轻量化技术是在满足汽车使用性能和成本控制的条件下，轻量化结构优化、轻量化材料运用与轻量化加工制造的综合应用技术。

轻量化的途径之一是选用成型容易,可使形状复杂的部件加工简单化;热塑型玄武岩纤维复合材料制品的弹性变形特性能吸收大量的碰撞能量,对撞击有较大的缓冲作用,具有吸收和衰减振动和噪声的能力;热塑型玄武岩纤维复合材料的耐腐蚀性强,其抗腐蚀能力远大于钢板;通过添加不同的填料、增塑剂和硬化剂可制出所需性能的热塑型玄武岩纤维复合材料,可以满足汽车上不同部件的用途要求。

汽车上可采用热塑型玄武岩纤维复合材料的零部件包括:汽车防火墙、油路阀门系统、发动机罩盖、新能源汽车的电池舱、电路系统等的部分零部件,如图 3-185 所示。热塑型玄武岩纤维复合材料在汽车领域的应用不断扩大,主要表现在纳米复合材料、可喷涂和免喷涂热塑型玄武岩纤维复合材料、塑件镜片和热塑型玄武岩纤维复合材料,以及热塑性玄武岩纤维复合材料等的应用。

对于一个具体的汽车零部件而言,选择什么材料不能简单地归因于材料的密度,而是要考虑综合性能指标的要求,不能单纯追求轻量化而忽视汽车的整体性能。在材料的选择上,要将结构设计、材料运用和加工制造作为整体综合考虑因素。

图 3-185 热塑型玄武岩纤维复合材料在汽车零部件上的应用

物流车的箱体、方仓车体可以充分利用玄武岩纤维挤出板材制造,如图 3-186 所示。

对于天然玄武岩矿物相和成分组成,有着严格的筛选条件。因此生产玄武岩纤维过程中有着较高的成纤难度、严格的工艺控制条件和很高的技术门槛。目前世界上最大的玄武岩熔池窑年产才几百吨,拉丝板的最多喷嘴数为 800 孔,而以 200 孔最为经济和稳定。因此这也是全世界玄武岩纤维发展 20 多年还停留在 200 孔拉丝漏板初级技术水平的主要原因。乌克兰以 13μm、17μm 的为主。但是,我们国家在 6μm、9μm 上有突破。6μm、9μm 和 13μm 都能够成熟地生产,已经超出引进阶段的 13μm 以上的水平。

图 3-186 玄武岩纤维挤出板材在物流车的箱体、方仓车体上的应用

玄武岩纤维复合材料预计的市场需求,首先满足玻纤复合材料功能不具备为主;其次才是在成本上替代碳纤维复合材料。随着生态环境保护措施的要求越来越严格与迫切,为实现可持续发展,对无污染的玄武岩纤维开发和应用速度一定会加快。

➔ 作者:

- ❖ 宋长胜. 天津通信广播集团有限公司

3.6.3 聚乳酸复合材料在汽车上的应用

1. 聚乳酸材料简介

汽车行业的快速发展加剧了石油资源的过度消耗，数据显示 35% 的石油消费品被用作汽车燃料，同时大量石油基高分子材料也被广泛地用于汽车部件的制造。根据中国汽车工业协会的统计数据，2016 年我国汽车产量 2811.9 万辆，按照单车用塑料 200kg 计算，国内汽车行业共生产塑料制品 562.4 万 t，随着汽车轻量化和以塑代钢的发展，到 2020 年预计单车塑料用量可达 500kg。同时，大量石油基高分子材料的使用也带来环境污染等问题，《中国制造 2025》中指出要重点关注生物基材料等战略前沿材料。生物基高分子材料源于可再生资源，生物基材料的应用可减少对石油等不可再生资源的依赖和消耗。生物基可降解材料废弃后在堆肥条件下分解为 CO_2（二氧化碳）和 H_2O（水），可减少"白色污染"，生物基材料的创新应用能够推动汽车工业绿色制造的发展。

聚乳酸材料是目前应用最为广泛的生物基材料之一，机械性能优异，成型工艺与传统塑料相同。聚乳酸材料通常以玉米淀粉为原料，经发酵生成乳酸，由乳酸合成丙交酯，由丙交酯合成聚乳酸，聚乳酸改性后便可作为一种优异的生物基材料。聚乳酸材料废弃后在微生物的作用下可分解为 CO_2 和 H_2O，节能、环保、低 VOC（挥发性有机化合物），实现了原材料来源于自然、回归自然，对环境零污染。因此聚乳酸是公认的 21 世纪绿色环保、可持续发展的新型材料。

2. 长玻纤增强聚乳酸复合材料

改性后的聚乳酸材料因其拥有高强度、高模量等特点可被用于汽车组件，聚乳酸在乘用车的应用方面，丰田、马自达、福特等多个主机厂已率先开展了聚乳酸材料汽车零部件的开发应用。日本帝人、东丽、德国劳士领等公司先后开发出了车用聚乳酸织物，聚乳酸过滤器组件及内饰件等组件并获得了应用。

聚乳酸通常可通过共聚、共混等方法改性，聚乳酸经过 LFT 技术与长玻纤复合改性通常可大幅提高复合物的性能。经长玻纤增强后（图 3-187），材料的拉伸强度、冲击强度等方面大幅提高，可作为高端工程塑料用于汽车内外饰、结构件等。

图 3-187　长玻纤增强聚乳酸材料

3. 聚乳酸 / 长玻纤复合材料性能

（1）机械性能　经过长玻纤增强后，在连续玻纤的作用下聚乳酸复合材料的拉伸强度、弯曲强度、弯曲模量、冲击强度大幅提高，基础性能达到或接近 PP+40%LGF（长玻纤增强聚丙烯）材料水平，基本达到了工程塑料的使用要求，见表 3-77。

表 3-77 材料的机械性能

项目	PP+40%LGF	PLA+30%LGF	依据标准
灰分含量	39%～42%	30.1%	ISO 3451-1
熔融温度	≥158℃	180~200℃	ISO 3146
拉伸强度	≥80MPa	98.9MPa	ISO 527
弯曲强度	≥178MPa	200MPa	ISO 178
弯曲模量	≥5800MPa	9180MPa	ISO 178
简支梁冲击强度	≥28kJ/m²	31kJ/m²	ISO 179/1eU
简支梁缺口冲击强度	≥8kJ/m²	11kJ/m²	ISO 179/2eA

（2）优异的可靠性　汽车作为工业化高度集中的产物，对材料的各项性能、对材料的各项测试指标具有很高的要求。根据汽车产业的行业标准，耐候可靠性测试通常包含100℃/240h耐高温、-40℃/240h耐低温、-40～85℃/95%RH湿热交变、150℃/24h耐热老化、1.06W/m²@420nm氙灯老化1000h、机油、工业除尘剂等。经过测试发现，经以上老化测试后聚乳酸复合材料的拉伸强度（变化见图3-188）、拉伸模量（变化见图3-189）、缺口冲击强度（变化见图3-190）、无缺口冲击强度（变化见图3-191）保持率高，呈现出优异的耐候可靠性。

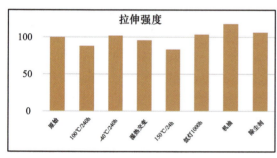

图 3-188　拉伸强度的变化　　　　图 3-189　拉伸模量的变化

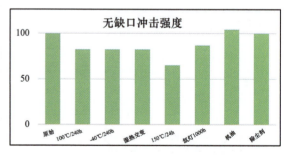

图 3-190　缺口冲击强度的变化　　　　图 3-191　无缺口冲击强度的变化

（3）优异的阻燃性能　基于安全考虑，车用塑料通常具有严格的阻燃要求，按照UL94标准测试后，聚乳酸复合材料的阻燃性能可达V0级，满足车用内饰件的要求。

（4）低VOC释放　为满足乘用舒适度和保护车内人员健康，车用塑料要求材料具有低的挥发物和低VOC释放。聚乳酸基生物材料来源于植物，在整个合成、加工过程中不含有或不接触苯、甲苯等有害物质，因此在加工后材料具有低挥发物，低VOC释放量的特点，表现出优异的环保特性（表3-78）。

表 3-78　VOC 限定物质测试

测试项目	μg/收集管	收集总量/μg	挥发量/μg	限值/(μg/收集管)
甲醛	≤0.10	N.D.	N.D.	0.1
乙醛	≤0.10	N.D.	N.D.	0.1
丙烯醛	≤0.10	N.D.	N.D.	0.1
苯	≤0.010	N.D.	N.D.	0.01
甲苯	≤0.030	N.D.	N.D.	0.01
二甲苯	≤0.010	N.D.	N.D.	0.01
乙苯	≤0.010	N.D.	N.D.	0.01
总碳（C6-C16）	≤0.010	N.D.	N.D.	0.01

（5）材料的加工　由于聚乳酸材料具有与传统石油基材料相似的物理性能，聚乳酸材料不但可以采用传统的注塑、挤出、模压、吹塑等方式加工，还可通过微发泡、化学发泡等方法降低材料的密度，从而实现制品的轻量化。微发泡后的形态及减重和性能变化如图 3-192、表 3-79、表 3-80 所示。

图 3-192　微小发泡后的形态

表 3-79　微发泡后的减重变化

材料	重量/g 实体	重量/g 发泡	减重效果（%）
PP	94.8	83.1	12.3
PE	109.5	103.0	5.94
PLA-GF30%	165.2	146.7	11.2

表 3-80　微发泡后的性能变化

测试项目	实体	发泡
拉伸强度/MPa	62.4	48.2
弯曲强度/MPa	134	133
弯曲模量/MPa	8.50×10^3	8.03×10^3
简支梁无缺口冲击强度/(kJ/m²)	17	22
简支梁缺口冲击强度/(kJ/m²)	6.2	8.4

4. 聚乳酸材料在汽车上的应用

聚乳酸材料具有高强度、高模量，优异的耐机油、耐除尘剂、高低温性能，阻燃性能，可广泛应用于汽车顶灯壳体、三角窗等内饰件，也可用于功能件蓄电池托盘、翻转结构总成等外饰件，如图 3-193 所示。

（1）聚乳酸材料在蓄电池托盘上的应用　在汽车中，蓄电池托盘主要起盛放和固定蓄电池的作用。是汽车零部件中的一个重要功能件。基于蓄电池托盘的特殊性，按照汽车行业标准对蓄电池托盘进行了耐溶剂性、高低温、振动、燃烧、限定物质做了系列测试。测试后

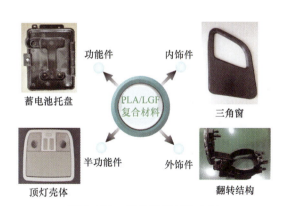

图 3-193　聚乳酸材料的应用

发现，聚乳酸材料具有优异的高温老化性能、盐雾性能，抗振性能。聚乳酸复合材料具备在蓄电池方面的应用可行性。蓄电池托盘耐盐雾、振动测试如图 3-194 所示。蓄电池托盘燃烧测试见表

3-81。蓄电池托盘挥发物测试见表3-82。

序号	测试项目	结果
1	外观质量	符合要求
2	尺寸试验	符合要求
3	尺寸稳定性	符合要求
4	耐划伤性	符合要求
5	耐低温试验	符合要求
6	耐高温试验	符合要求
7	耐温度变化试验	符合要求
8	耐振动实验	符合要求
9	耐盐雾试验	符合要求
10	耐工业溶剂	符合要求

a) 试验中（H201511303403-01-01#）

b) 试验后（H201511303403-01-02# 内侧）

c) 试验中（H201511303403-01-05#）

图 3-194　蓄电池托盘耐盐雾、振动测试

表 3-81　蓄电池托盘燃烧测试

燃烧距离 /mm	燃烧时间 /s	燃烧速率 /（mm/min）	试验结果
249	1200	D-12.5	符合要求
254	1120	D-13.6	符合要求
225	1200	D-11.3	符合要求
254	1159	D-13.1	符合要求
254	1200	D-12.7	符合要求

注：按照 GB 8410—2006《汽车内饰材料的燃烧热性》测试

表 3-82　蓄电池托盘挥发物测试

散发性检测项目	结果					单位	限值
雾化值	1.36					mg	≤ 2
甲醛（HCHO）	N.D.					mg/kg	/
总碳挥发	20					μgC/g	≤ 50
气味（80℃ ±2℃，2h ±10min）	3.0	3.0	3.0	2.5	3.0	—	≤ 3.5

（2）聚乳酸材料在三角窗方面的应用　为了提高避免前风窗玻璃过度倾斜带来侧面盲区，增加驾驶人的视野，车辆通常会安装三角窗部分，作为内饰件，三角窗在车辆中起着重要作用，经

过测试发现聚乳酸材料的尺寸稳定性，湿热交变、热老化耐溶剂性等具备在三角窗制品上的应用可行性能。三角窗样件高低温测试如图3-195所示，挥发物测试见表3-83。

序号	测试项目	结果
1	外观质量	符合要求
2	尺寸试验	符合要求
3	尺寸稳定性	符合要求
4	耐刮擦	符合要求
5	耐低温试验	符合要求
6	耐高温试验	符合要求
7	湿热交变	符合要求
8	热老化	符合要求

a) 原始件　　b) 100℃/240h 高温试验后

c) 湿热交变试验后　　d) –40℃/240h 低温试验后

图 3-195　三角窗样件高低温测试

表 3-83　挥发物测试

散发性检测项目	结果	单位	限值
雾化值	1.40	mg	≤2
甲醛（HCHO）	N.D.	mg/kg	1.0
总碳挥发	12	μgC/g	≤50

（3）聚乳酸材料在翻转结构总成的应用　按照汽车行业的产品标准测试，翻转结构总成在外观、耐高低温、湿热交变、闭合测试、氙灯老化测试均满足试验要求，聚乳酸复合材料具备在翻转结构总成方面的应用可行性。翻转结构总成高低温、闭合疲劳测试如图3-196所示。

序号	测试项目	结果
1	外观质量	符合要求
2	耐高温	符合要求
3	耐低温	符合要求
4	热循环	符合要求
5	高低温湿热交变	符合要求
6	10000次闭合	符合要求

图 3-196　翻转结构总成高低温、闭合疲劳测试

聚乳酸复合材料的性能能够达到汽车一般塑料内饰件的技术要求，同时具有生物基，可降解，安全环保等特性，具备在汽车内饰品应用的可行性，以聚乳酸为代表的生物材料的创新应用，能够推动汽车工业"绿色制造"的发展和实现绿色出行。

➔ 作者：

❖ 田娜，王妍，卢言成，阎雷. 北京纳通科技集团有限公司

参考文献

[1] 杨斌. 绿色塑料聚乳酸 [M]. 北京：化学工业出版社，2007.
[2] 张留进. 汽车环保内饰材料—聚乳酸增韧改性研究 [D]. 大连：大连理工大学，2011.

第 4 章 新工艺、新装备

4.1 汽车非金属材料轻量化新工艺技术

4.1.1 可复合面料低压注塑成型技术（低压成型）

随着现代科技的不断创新与发展，越来越多的先进技术已经运用到工业制造中，尤其是汽车制造领域。众所周知，在汽车的车身结构设计中有 A 柱、B 柱和 C 柱。这些立柱支撑了整个车身，而与其相连接的立柱护板则是起到了吸收冲击、保护驾乘人员、装饰车辆内部的作用。立柱护板现在的成型工艺普遍属于高压注塑成型法，以立柱护板为例的低压成型法不但注塑时间短，而且十分环保，是立柱护板成型方法的一次革新。

1. 低压注塑与高压注塑特点对比

低压注塑与高压注塑从设备、模具、原材料、工艺和外观质量等方面存在很多差异。

首先，从设备选择上，高压注塑的注塑机大多选择卧式；低压注塑的注塑机大多选择立式，而且对储料精度及注射精度要求高，需要在 0.01mm 的数量级。

从模具选用上，高压注塑的模具会选用高硬度钢，在 45HRC 左右，不低于 35HRC，浇口大多采用侧进浇，无合模间隙，分型面预留排气槽，例如 PP 粒子的排气间隙为 0.04mm。低压注塑的模具会选用低硬度钢，硬度不会超过 35HRC。浇口采用直入式点进浇，点到产品 B 面。模具有合模间隙，一般为表皮压缩值的上限，例如 2.5mm 厚的面料，合模间隙选择 0.5mm。

从原材料对比上，高压注塑对原材料的流动性规定是 16~47g/10min，范围比较广；低压注塑对原材料的流动性规定≥ 27g/10min，低压注塑对原材料的流动性规定是 27~40g/10min。

从工艺对比上，高压注塑需要设备高压锁模，同样是 A 柱，锁模力需要 600~1000T，注射压力在 7.0MPa 以上，流量在 45% 以上。低压注塑锁模力仅需 10~100T，注塑压力小于 5.0MPa，流量在 35% 以下。

从外观质量上比较，高压注塑因为是硬塑皮纹，大多会有气斑、银纹、困气和亮斑等缺陷。低压注塑因为有面料复合，不会体现出气斑、银纹、困气和亮斑等缺陷。

2. 低压注塑工艺

低压注塑工艺通过设备动作分两种：开模低压注塑和闭模低压注塑。

（1）开模低压注塑　开模低压注塑，动模在合模到7~13mm间隙时浇口开放进行射胶，注塑胶料为料饼状态，浇口关闭，通过合模动作将料饼压散，产品成型。该工艺的包覆一般会选择PP（聚丙烯）泡沫层+PU（聚氨酯）表皮，成型过程中表皮需要加热防止拉破。

开模低压注塑的优点是不会产生浇口烫伤；缺点是容易发生溢料，产品尖角位置不容易填充，熔接痕位置容易体现在表皮上，原材料的流动性MFR要求很高。该工艺类似于压铸成型工艺。

（2）闭模低压注塑　闭模低压注塑，铺面料，合模到底，加载锁模力，一般锁模力不大于100T，浇口开放进行填充。对材料的MFR（熔体质量流动速率）要求略高些，但没有严格的约束。

开模低压注塑和闭模低压注塑对面料的复合均不需要通过喷胶，直接通过熔融的胶料与面料进行粘结，不会产生因使用胶水而导致的挥发性有机化合物（Volatile Organic Compounds，VOC）不达标。成型工艺优于阴模及阳模成型。

（3）低压注塑工艺成型A柱的工艺流程　低压注塑工艺成型A柱，如图4-1所示。

图4-1　低压注塑工艺成型的A柱

工艺流程：粒子烘干→上料→螺杆加热→储料→铺面料→合模→进座台→注射→冷却→保压→开模→顶出→取件→顶杆回退→合模。

调试过程：

模具：一模4腔，每腔3点顺序阀进胶，24组水路，47组加热，固定面料方式为氮气弹簧，合模间隙0.6mm。

原材料：PP（API2515），烘干温度85℃，烘干时间2h。

面料：织物+棉，压缩厚度0.3mm，尺寸770mm×530mm，重量190g，胶水复合。

设备：1000T立式，韩国制造。

工艺调试：螺杆及热流道洗料，清洗模具，动模模温20℃，定模模温25℃，调试浇口出胶平衡，四个型腔产品重量差异在2g内，产品填充重量的76%，铺面料，按照成型工艺过程成型，取件。检查产品缺料、溢料和刺穿等缺陷。本产品只有轻微溢料，通过二次调整合模间隙解决。

过程控制：统计过程控制（SPC控制）面料及光板重量，面料波动±10g，光板件波动±3g。

3. 低压注塑特点与装饰面料

低压注塑具有以下特点：极佳的表面质感；较高的设计自由度；遮盖熔接线等外观缺陷；降低模具型腔压力；较高的生产效率；有利于车内空气质量（消除车门 VOC）。

低压注塑装饰面料：真皮、PVC（聚氯乙烯）表皮、带 PP-Foam（聚丙烯泡沫）的 TPO（聚烯烃类热塑性弹性体）表皮、PUR（聚氨酯）表皮、带无纺布的针织面料和纤维毡，应用见表 4-1。

表 4-1　低压注塑装饰面料的应用

	壁厚 /mm	原料	功能要求
顶层	纺织品：1~4 金属薄片：0.5~1	PP，PET，TPO，PVC，PA（聚酰胺，俗称尼龙）	装饰品的表面感觉
发泡层	1~3	PUR，PP，PET（聚对苯二甲酸乙二醇酯）	柔软，良好的热绝缘性
后层	无纺布：0.5~1.8g/cm^2	PP，PET	热绝缘，温度的结合
基体	2~3	PP，ABS（丙烯腈-丁二烯-苯乙烯共聚物），PC/ABS（聚碳酸酯和丙烯腈-丁二烯-苯乙烯共聚物和混合物）	外形稳定

4. 模具技术与产品设计

（1）模具技术（图 4-2）

1）阳模带有潜入式封口，防止面料滑落。

2）装饰材料从机器上面放进型腔。

3）潜入式封口/修剪封口依靠装饰材料的型式和壁厚来确定。

4）带有自锁喷嘴的热流道系统。

5）在装饰面料的固定边（动模）没有滑动部分，顶出系统在注射（定模）集成的装饰材料固定系统。

（2）产品设计

1）料厚设计。由于面料的加入，对注塑过程中的塑料熔体的流动性有较大的影响，在设计阶段需要考虑面料的厚度。若厚度过小，则产品很难打满，需要增加浇口，增加了模具成本。反之，若厚度过大，则增加了材料用量，提高了产品材料的成本。产品料厚的设计需要综合考虑，在满足产品强度要求的情况下确定最优的方案。

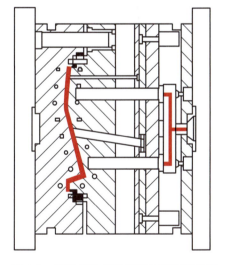

图 4-2　嵌饰板低压注塑模具剖面示意图

2）边缘轮廓设计。产品在低压注塑完成后边缘会有一定宽度的多余面料，根据外观要求，一般使用超声波切割或焊接方式处理。若产品边缘足够复杂，会对切割及焊接产生较大的影响，导致产品边缘轮廓不均匀等缺陷，增加废品率。

3）断面结构设计。低压注塑过程中，面料首先在模具中平整铺展，在合模时，面料被模具型芯压入型腔，受到拉伸作用，若产品断面过深，面料就有被拉破的风险。

如图 4-3 所示，产品断面表面弧线的长度 H（红线）与 L（绿线）的比值一般要求小于装饰面料的断裂伸长率。

若比值过大，就需要在模具上增加特殊的面料固定压紧结构，极大地增加了模具成本。

4）产品结构设计。产品四周脱模角度要求 5°以上，若小于 5°，表皮会出现拉伤。产品不能出现尖角、锐角等缺陷，会造成产品易破（表皮 PU-Foam 易破、发亮；表皮为皮革、海绵、无纺布的复合表皮时，出现塌角，从而影响产品外观）。为解决产品的尖角、锐角，需圆角过渡，圆角需超过 15mm。

此产品有尖角、锐角如图 4-4 所示。

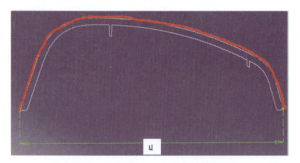
图 4-3　A 柱低压注塑产品断面图

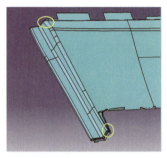
图 4-4　嵌饰板低压注塑产品尖角、锐角示意图

试模效果（表皮 PU-Foam）：表皮发亮，如图 4-5 所示。

试模效果（表皮 PU-Foam）：表皮破损，如图 4-6 所示。

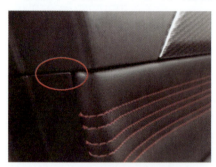
图 4-5　试模效果—表皮发亮

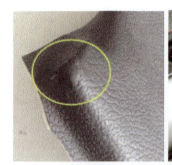
图 4-6　试模效果—表皮破损

试模效果（表皮、海绵、无纺布）：塌角，如图 4-7 所示。

产品在脱模方向上弯曲过大且有尖角，导致皮革在此处过度挤压导致表皮破损，产品应尽可能接近水平，角度不宜超过 2°，如图 4-8 所示。

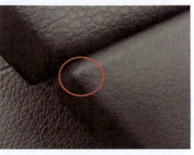
图 4-7　试模效果—表皮塌角

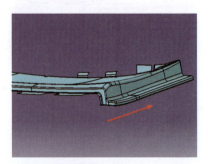
图 4-8　嵌饰板低压注塑产品截图

试模效果（表皮 PU-Foam）：表皮破损上图已有，圆角加大至 13mm 时表皮仍有发亮现象，如图 4-9 所示。

5. 低压注塑常见问题与解决措施

（1）产品浇口处出现烫伤　解决措施：热流道不能选用常规热流道，热流道附近布置水路。

（2）表皮击穿、破皮　解决措施：控制进胶量；增加排气；查看模具是否有尖角导致表皮破损；产品侧壁封胶预留空间是否偏小。

（3）表皮拉伤　解决措施：查看脱模角度是否足够；模具表面抛光是否满足要求。

（4）圆角处发亮　解决措施：查看圆角是否在尖角处；产品是否翘曲角度很大，但圆角不够大；表皮的延伸性是否满足要求。

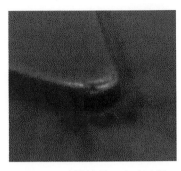

图 4-9　试模效果—表皮破损

综上所述，低压注塑成型法不但可以提高生产效率，更重要的是环保节能，随着这种方法的推广和应用将在各制造领域掀起一次革命性的改变，使人们真正从事了高效高质量的工业制造。低压注塑在制造过程中只需要一套模具，不像其他包覆成型需要开多套模具，降低系统成本与库存成本。低压注塑成型产品具有良好的稳定性和耐久性，制造过程产品缺陷很低。

➔ **作者：**
❖ 高宝堂，尹旭，白是钰．延锋海纳川汽车饰件系统有限公司

参考文献

[1] 黄俊，张平．装饰表层低压一体注射绿色模具研究与应用 [J]．模具工业，2013（6）：45-49.
[2] 陈磊．汽车内饰件模内层压成型技术研究 [D]．武汉：华中科技大学，2009.

4.1.2　气体辅助注塑成型工艺

气体辅助注塑成型（简称 GAIM）技术，是 20 世纪 90 年代开始兴起的一项新型的塑料加工技术。它利用高压惰性气体推动熔体充满型腔，通过气体保压，使塑件厚壁内部形成中空截面，可以降低锁模力、提高生产效率、消除塑件表面缩痕，为壁厚不均匀无法一次注射成型的塑件的成型技术。

1. 气体辅助注塑设备

气体辅助注塑设备包括气体辅助控制单元和氮气发生装置。它是独立于注塑机外的另一套系统，其与注塑机的唯一接口是注射信号连接线。注塑机将一个注射信号注射开始或螺杆位置传递给气体辅助控制单元之后，便开始一个注气过程，等下一个注射过程开始时给出另一个注射信号，开始另一个循环，如此反复进行。

2. 气体辅助注塑技术与工艺优点

气体辅助注塑成型技术是利用高压气体在注塑件内部产生中空截面，并推动熔体完成充填，实现气体均匀保压、一次成型，是一项"专、精、特、轻、新"成型技术。

（1）气体辅助注塑技术优点

1）轻量化：与其他注塑件相比重量减轻 35%~40%，气体辅助注塑中空成型强度高。

2）生产周期缩短：气体辅助注塑能缩短射胶和冷却时间，去除了保压补缩时间。

3）模腔压力和锁模力减少：普通注塑机在注塑和保压时需要很大的模腔压力，尤其在解决缩孔和凹痕时要有很大的锁模力来保证，而气体辅助注塑只需较小的气体压力就能将塑料向前推动。

4）节省材料：气体辅助注塑在制件内填充了一定量的气体，壁厚控制较好，原材料消耗要比传统注塑方法少。

5）制品缺陷大幅度减少：由于注塑压力小，塑料熔体内部中的气体各处等压。因此，模腔内压力分布均匀，冷却过程中产生的残余力较小，制品出模后翘曲倾向减小，且采用气体辅助成型可将制品较厚部分掏空，既减少重量又消除缩痕，可提高表面质量，降低废品率。气体辅助注塑成型和传统注塑成型参数对比，见表4-2。

表 4-2 气体辅助注塑成型和传统注塑成型参数对比

对比项目	气体辅助注塑	传统注塑	经济效益
模具结构	不需要内滑块结构，一副模具成型	内滑块结构或多副模具成型	大幅度降低对注塑机的要求，延长注塑机和模具的使用寿命
筋板设计	筋壁厚，量少，简化	筋多，壁薄，面复杂	产品结构简化，模具加工工时缩短
锁模力	约 600T	约 1200T	所需注射压力和锁模力小
成型周期	约 60s	约 90s	加快制品的冷却速度，缩短成型周期

（2）气体辅助注塑技术组成

气体辅助注塑技术的整体系统，包括气体辅助成型设备、气体辅助流动分析软件及气体辅助工艺开发和应用。其中，气体辅助流动分析软件包括 UG、PRO/E、AUTOCAD、MOLDFLOW（模塑仿真分析）等先进的模具设计、编程、模流分析 CAD/CAE 软件；气体辅助工艺开发和应用，是气体辅助成型技术组成关键的核心内容。气体辅助注塑技术的整体系统如图 4-10 所示。

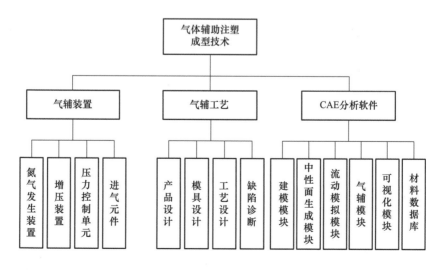

图 4-10 气体辅助注塑技术的整体系统

(3）气体辅助注塑成型工艺

合模→射座前进→充填→气体注入→预塑计量（气体保压）→射座后退（排气卸压）→冷却定型→开模→顶出制件。

用传统注塑工艺生产，图 4-11 所示汽车顶棚拉手的重量为 110g。采用气体辅助注塑，由于该技术在制件内充填了一定气体，壁厚控制较好，因而原材料消耗要比传统注塑方法少，可以使拉手减轻至 70g，节约原材料达到 35%。

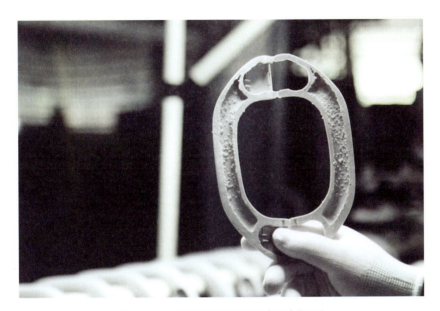

图 4-11 气体辅助注塑成型产品剖视图

(4）气体辅助注塑实用案例

用气体辅助成型技术，模具与普通模具的制造方法不同(要考虑气道和气针放置位置，可以有多个进气口和排气口）；只是塑件的产品结构与常规的大不相同，成型时需要注意进胶与进气的时差。进气口与气体辅助设备连接，出气口可用引槽将气体直接排出模外，气体辅助成型工作原理如图 4-12 所示。

气体辅助注塑工艺是国外 20 世纪 80 年代末研究成功，90 年代中期才得到实际应用的一项创新实用型注塑新工艺，因具有减轻制品重量、消除缩痕、提高生产效率、提高制品设计自由度等众多优势，近年来气体辅助注塑得到越来越广泛的应用，最适宜于具有粗大柱孔或厚筋的制品以及胶位粗大内部有孔穴的制品。

气体辅助注塑技术为汽车内外饰件轻量化生产中广泛的应用提供可行性，积极推广气体辅助注塑技术在我国汽车注塑件领域中的应用，对于提高整车塑料零部件质量、降低材料能源消耗、减轻零件重量、降低整车成本、提高零件设计的自由度、轻量化、抗冲击，具有重要的意义。

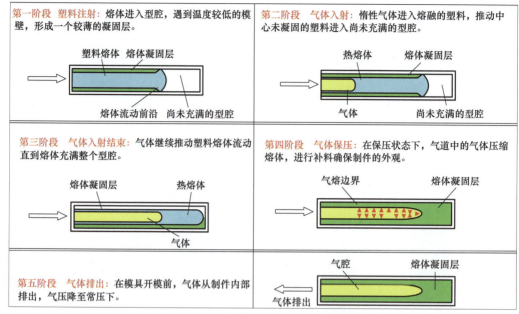

图 4-12 气体辅助成型工作原理

→ **作者：**

❖ 岑红迪，岑利强，徐益明．宁波福尔达智能科技有限公司

4.1.3 模压注塑混合成型技术与化学发泡注塑成型技术

随着经济的高速发展，汽车已成为人们日常工作生活中不可或缺的重要工具。汽车性能的好坏受到很多参数的制约，而车辆本身的重量无疑是最重要的一个环节，如何使车辆减重的话题成为近几年行业内的热门话题。随着一些新兴材料的论证成功和投产，碳纤维、镁铝合金和玻璃纤维等材料广泛应用在车身、车架等可以替代传统钢材的场合，并且几乎已经被挖掘到极致。那么轻量化的课题自然需要更深入的挖掘，至此，内饰行业必须担负起这项新的挑战。模压注塑混合成型是创新轻量化的工艺方案，发泡注塑在内饰创新轻量化的应用前景也十分广泛，这些技术正在为国际知名品牌汽车厂商提供内饰产品服务，本文结合工厂生产的实践，系统展示目前在行业内较为领先的轻量化技术，这些技术的工艺原理、流程以及相应的工艺装备，对进一步研究开发新的材料和工艺具有一定的参考价值。

1. 模压注塑混合成型技术

模压注塑混合成型技术是创新轻量化的工艺方案，与传统普通注塑相比可减重 40% 左右，该轻量化方案可改善整车燃油经济性以满足国家日益增长的节能减排要求。因麻纤维板材质主要为天然纤维，同时此技术可最大限度满足原材料回收、利用，以及低挥发的要求，目前此技术主要应用于车门内饰板等外观包覆零件，与后续的真空成型工艺完美对接，压合后的产品具有透气性，从而避免如注塑零件激光打孔等烦琐工艺，既节约时间，又降低设备投入成本；天然纤维与塑料粉末按照一定比例融合，受热压合时既保证产品外观的一致性，也为后续的注塑工艺做好衔接，注塑粉末融化后将会和局部注塑的卡接、焊接结构进行相互交融，在强度上完全能够满足法规以及主机厂要求。

模压注塑混合成型生产的麻纤维门板将天然纤维和热塑性塑料的优势集于一身，精简的一步式工艺能够缩短生产时间并减少成本，同时又可以提供高质量、轻量化的零件。模压注塑混合成型门板具备良好的尺寸稳定性和后续工艺加工性，并通过客户指定试验项目验证，比如表面刚度、抗冲击强度、气味试验以及挥发性测试，可完全满足产品的定义。

在实际项目开发过程中，应注意纤维板区域与热塑性塑料分布，由于是最大化减少注塑区域，以便最大程度上降低产品重量，加强筋需少而精，配合CAE模拟分析来分布，进而满足零部件强度及匹配要求，与此同时注塑浇口的分布也需严格分析。在减重的同时，确保每个注塑区域都有足够饱满的结构外观。所以模压注塑既要满足零件强度、功能要求，又要满足热塑性塑料工艺要求，最大的亮点是实现零件的轻量化。

模压注塑混合成型技术应用前景广泛，可广泛应用于门板、尾门等外观包覆内饰零件及特殊外观要求的内饰零件，是新型材料以及工艺的标杆范例。

模压注塑混合成型工艺流程：

1）上料：上料位置有自动激光线定位，共有左、右两个上料区可以保证不停机上料，如图4-13所示。

2）原材料抓取：机械手X、Y轴自动移动抓取，自动探测料的高度，保证抓取准确性。原材料抓取自动对中，保证原材料两个边对位垂直，进入设备前位置准确，如图4-14所示。

图4-13　麻毡上料工位

图4-14　麻毡自动抓取

3）热压区：预加热原材料到210℃左右，温度分区域可调。预压原材料至5mm，如图4-15所示。

4）自动抓取机构：自动抓取夹爪从加热区抓取原料至成型模具中，抓取位置可调，保证放在成型模具中的姿态。

5）成型模具：成型模具采用冷模结构；自动换模，模具存储区可存储一套备用模具，如图4-16所示。

6）下料区：下料采用自动接料机构，将成品取出推至传送带传送至下道工序。整个生产过程不用人员操作，如图4-17所示。

图4-15　麻毡预加热

图 4-16　模具存储区域　　　　　　图 4-17　自动接料机构

2. 发泡注塑

鉴于产品尺寸与结构的不同，与传统普通注塑相比，发泡注塑制品减重10%~20%，该轻量化方案改善整车制造商燃油经济性以满足国家日益增长的节能减排要求，在汽车内饰制造方面提供可操作方案。目前，采用发泡注塑工艺生产的制品具备优异的尺寸稳定性和良好的后续工艺加工性，并通过客户指定试验项目验证，满足产品要求。

在项目设计开发起始阶段，依据价值流程统筹规划发泡注塑零件在总成产品中的部位，既要保证零件强度、刚度及功能满足设计要求，又要达到总成样件的目标成本控制，并依据模外发泡或模内发泡的工艺定义，作为定义产品主断面的输入之一。

在结构设计阶段，除考虑正常注塑工艺要求及后续加工工艺要求，还可适当考虑部分薄壁件及渐变壁厚件的设计，如1.5mm壁厚风道及2.0mm左右仪表板骨架，着重注意局部加强结构及加强筋的设计，满足足够的强度及刚度。另外对于薄壁仪表板骨架，还需考虑后续火焰处理等工艺加工过程对零件变形的工艺补偿。

原材料定义及计算机辅助设计阶段，充分考虑不同原材料供应商的相同原材料之间的物性差异，如拉伸屈服强度、拉伸模量和弯曲模量等关键物性，利用计算机辅助技术验证不同材料及不同结构的差异，减少零件开发周期及功能验证的反复次数，保证试验验证的一次通过率。

在原型件阶段，利用快速模样件验证设计结构及工艺可行性，在零件结构完整、后续工艺可行的情况下，充分验证产品关键功能，为正式模具做好铺垫。

发泡注塑应用前景广泛，可广泛应用于仪表板骨架、门板、风道和尾门等内饰零件，做到内饰创新轻量化，内饰性能不变，满足提升整车性能的要求。

3. 化学发泡剂注塑

汽车产品注塑工艺中，减轻产品重量，实现轻量化产品的目标有3种工艺：化学发泡剂注塑（CBA）；物理微孔发泡注塑（MuCell）；气辅成型及水辅成型。其中，物理微孔发泡注塑及气辅成型等，需要专用的注塑成型设备及辅助设备或特殊的模具结构来实现，投资较大，技术难度较大。而化学发泡剂注塑CBA工艺的优点是：使用一般注塑设备就可以轻易实现添加和保持生产。

（1）化学发泡剂注塑简介　化学发泡剂（CBA）是一种受热能利用化学方法释放出气体诸如氮气、二氧化碳等的物质，来使塑料发泡。对化学发泡剂的要求是：其分解释放出的气体应为无毒、无腐蚀性、不燃烧、对制品的成型及物理、化学性能无影响，释放气体的速度应能控制，发泡剂在塑料中应具有良好的分散性。应用比较广泛的有无机发泡剂如碳酸氢钠和碳酸铵，有机发泡剂如偶氮甲酰胺和偶氮二异丁腈。无机发泡剂，它的主要成分为小苏打和柠檬酸衍生物，有效成分在65%以上，裂解产物是水和二氧化碳，可以用于食品接触使用，符合环保要求。使用聚丙烯类材料混合特殊的发泡剂，运用特殊注塑工艺以达到降低密度的目的，同时满足结构件的性能要求，并满足超声波和摩擦焊接等二次加工工艺。

CBA工艺，即把定量的化学发泡剂母粒添加到高分子材料注塑中，使最终产品的芯层部分具有完美的均匀的微气泡孔结构（$< 300\,\mu m$），工艺上基本与一般注塑工艺相同，塑胶的加热升温，混合塑化，使发泡剂在注塑料管中完成高压气泡核，然后注射到模具内，由于压力降低，高压气泡核膨胀，使材料充填效果更容易和明显，最后经过气泡核塑胶固化定型阶段，最终形成芯层部分具有微小的闭孔气泡结构。

CBA工艺特性可以改善产品的质量物性，降低产品重量，改善产品的外观质量，这些性质已经用于汽车下盖板及风道的解决方案中。注塑工艺添加CBA的目的是：

1）生产轻量化产品。
2）节省原料的使用量。
3）提高产品的刚性。
4）吸收并降低声音传导。
5）缩短加工周期，提高单位时间内的产量。
6）工艺上消除凹陷。
7）工艺上防止翘曲。

所以，添加发泡剂可以解决注塑工艺难点，提高生产效率。

（2）CBA用于注塑生产设备及工艺特点

1）生产设备：在大部分情况下，CBA可以使用一般的注塑设备，建议配备以下装置：
① 闭锁式喷嘴：可以避免预发泡问题产生。
② 如果发泡用于结构件，配备蓄能器，可以提供高速流动性。
③ 螺杆长径比(L/D) 在25以上，具有最佳的溶解分散性。
④ 充分的熔融温度有助于使发泡剂完全分解。
⑤ 注射时，料管中保持较大的注塑压力，避免压力降造成预发泡产生。
⑥ 喷嘴和流道设计需要可以帮助发泡的胶料加速均匀地注射到模具中。
⑦ 模具的排气孔设计要充分。
⑧ 模具材料建议选用耐腐蚀性能优的合金钢。

2）工艺特点：化学发泡剂具有较窄且稳定的分解温度、起泡温度。在160~180℃区间，为了避免在进料区产生预发泡，料管温度设定在工艺窗口范围内尽量越低越好，这样发泡效果较佳，它与PP（聚丙烯）料树脂相容性好，气体透过率低，扩散速度小，分散性优良，这些优异性能为生产高效率的闭孔微气泡结构提供了最基本的条件。同时，发泡剂不影响塑料的原有特性，微气泡构造明显提升产品的刚性特性指标。

3）应用范围：
① 消除凹陷。
② 去除翘曲，改善尺寸稳定性。
③ 减轻重量，依据产品壁厚及发泡剂添加量来确定。
④ 较低的射出压力，可以降低模具锁模力，实现小吨位注塑机生产大尺寸零件。锁模力可以

降低 20%。

⑤ 减少冷却时间，提高生产效率，循环周期时间可以减少 10%~15%。

⑥ CBA 注塑一般采用欠注注塑法，即将一定量（不注满模腔）的塑料熔体（含有发泡剂）注入模腔，发泡剂分解出来的气体使塑料膨胀而充满模腔。在普通注塑机上进行 CBA 发泡注塑，一般是将化学发泡剂与塑料混合，在机筒内塑化，必须采用自锁式射嘴。注射时，由于气体的扩散速度很快，会造成制品的表面粗糙，因此注塑机的注射速度要足够快。一般采用增压器来提高注射速度和注射量，使注射动作在瞬间完成。这一工艺特性改善了充填远端凹陷难以控制的问题，达到尺寸稳定性的要求。

⑦ 工艺局限性，表面会有银色条纹产生，一般不可以用于外观件产品。

（3）CBA 对模具的要求

1）模具材料：需要高硬度、高强度、耐磨损、耐腐蚀钢材，以满足注塑压力的高速高压。

2）模具设计：模具的外形尺寸要比一般模具大一些，特别是厚度方向，如图 4-18 所示。

3）模具水路设计：

① 使用等边三角形方式，杜绝冷却井冷却。

② 模具温度控制到 30℃恒温，模具局部温度不能高于 5℃（包括 5℃）。

③ 800T 以上的模具，水路的进口温度与出口温度相差不得大于 5℃。

图 4-18　注塑模具

4）模具排气设计：

① 多点进胶需在结合处设计排气镶件，镶件形式多片式。

② 分型面排气间隔 50mm，前端 10mm 深度 0.02mm，后端深度 0.1mm。

③ 较深筋位需做排气镶件。

5）热流道：不论是多点还是单点，都必须使用针阀式直接进胶。

6）网格质量：

① 连通区域（冷却水路除外）。

② 自由边（冷却分析会报错）。

③ 交叉边（冷却分析会报错）。

④ 配向不正确的单元。

⑤ 相交单元（冷却水路和流道除外）。

⑥ 完全重叠单元。

⑦ 最大纵横比。

⑧ 平均纵横比。

⑨ 相互百分比。

7）填充分析：

① 填充时间等值线图（配合动画显示）。

② 填充结束时的体积温度。

③ 料流前锋温度。

④ v(速度)/p(压力)，切换点时的压力。

⑤ 锁模力。

⑥ 顶出时的体积收缩率（壁厚变化区域）。

⑦ 冻结层因子。

⑧ 表皮分子取向。

⑨ 浇口处的剪切速率。

⑩ 浇口、型腔内剪切应力。

⑪ 困气。

⑫ 熔接痕。

⑬ 平均速度。

⑭ 缩痕深度（背面存在结构处）。

8）冷却分析：

① 同一条水路进、出口水路温差。

② 冻结时间。

③ 型腔非结构处各位置温差。

④ 型芯非结构处各位置温差。

⑤ 型腔、型芯模之间的温差。

9）翘曲变形：

① X 方向最大变形 (基准处、匹配处)。

② Y 方向最大变形 (基准处、匹配处)。

③ Z 方向最大变形 (基准处、匹配处)。

④ 引起翘曲变形的主要原因（收缩不均，冷却不均，分子取向，角落效应）。

更多详细的要求根据全球模具制作标准与各个生产工厂的机械匹配标准。

（4）CBA 的应用　CBA 应用于产品壁厚薄而投影面积大，易于产生凹陷及翘曲的产品。例如一些汽车下盖板注塑及风道产品，产品壁厚 1.5mm，但是长度方向尺寸高于 1400mm。此类产品如采用普通的注塑，需要高的注塑压力及较长的冷却时间，这样工艺上容易导致产品内应力过大而产生翘曲变形及顶针印痕；采用 CBA 工艺后，翘曲改善，在较短的循环时间下，没有顶针印痕。

应用 CBA 化学发泡剂注塑，注塑循环时间可以降低 20% 左右。对于大的产品，PP 料的下盖板及风道，注塑周期（含机械手取放件）可以控制在 38s 以内。应用 CBA 化学发泡剂注塑，产品减重 5%~8%。CBA 的添加比例控制在 1.5% 左右，可以实现产品重量的降低。对于注塑壁厚较大的产品，CBA 的减重功能更加明显。CBA 发泡注塑除了具有上述优异性能外，蜂窝状的微孔结构使产品具有很好的力学性能、刚性、绝热性能和较低噪声性能，应用范围广泛。

→ **作者**：

❖ 蔡华影，曹亚卿，高玉桥，白宇鹏，李智刚，白是钰. 延锋海纳川汽车饰件系统有限公司

4.1.4 微发泡注塑成型工艺——物理发泡法

20世纪80年代初，美国麻省理工学院首先提出微发泡塑料的概念并发展了相应的成型技术，提出该概念是希望在聚合物基体中引入大量比聚合物原已存在的缺陷尺度更小的空隙，从而在减少材料用量的同时提高其刚性，并避免对强度等性能造成明显的影响。如今该技术已在世界各地获得七十多项相关的专利，成为非常成熟的技术，并在全世界广泛使用。微发泡技术的使用先从美国、欧洲开始，再延伸到日本及东南亚等地区，虽然在我国起步相对较晚，但经过多年的发展，用户正在迅速增长。

1. 微发泡注塑设备

微发泡注塑包括注气、塑化、注射、模具和液压系统，要求在注塑机上安装特别的螺杆和机筒，并加装注射器和射入界面系统，以及外接一个超临界流体控制器等。它是使用往复式螺杆对超临界流体和熔体进行混合，通过机筒把超临界流体注入往复式螺杆中。这样充分利用了螺杆的剪切和混合作用，能够快速完成超临界流体注入，维持超临界流体往螺杆和机筒中注入的最小注塑压力。从而可以连续地微发泡注塑成型制品。

2. 微发泡注塑技术与工艺优点

微发泡注塑成型技术是一项新型的微孔塑料加工技术，其生产制品的最大特点就是泡孔小而密。泡孔最小直径在 $101\mu m$ 以下，泡孔密度为 $10^9 \sim 10^{12}$ 个 $/cm^3$。微孔发泡塑料制品具备"皮芯"结构，可以在节省原材料基础上，最大限度地保留未发泡时制品的机械强度。据相关资料显示，与普通注塑成型工艺生产制品相比较，微孔发泡注塑成型制品疲劳寿命可以延长5倍，断裂韧性可以提高4倍，冲击强度可以提高6~7倍。

微发泡注塑成型工艺突破了传统注塑的诸多局限。微发泡注塑成型主要是靠发泡体的成长来填充产品，是在一个较低而平均的压力下进行，不像传统注塑成型要靠模板不断保压，所以产品的内应力大大减小，不同位置的收缩也变得非常平均。同时微发泡注塑成型中树脂黏度降低令流体的流动性更高，这样可以降低溶胶的温度，模温和射胶压力低，塑件稳定，成型视窗大，可以明显减少制件重量和缩短成型周期，大幅度降低设备的低锁模力40%~80%、成型周期缩短20%~30%。微发泡注塑成型和传统注塑成型参数对比见表4-3。

表4-3 微发泡注塑成型和传统注塑成型参数对比

对比项目	微发泡注塑	传统注塑	经济效益
锁模力	约400T	约1200T	减少毛边，降低能耗，延长模具寿命
成型周期	约70s	约90s	增加生产效率，降低能耗，降低运营成本
原材料使用	90g	110g	薄壁结构的制品来降低制品的材料成本

3. 微发泡注塑实用案例

微发泡注塑成型技术首先是将超临界流体（主要是氮气）溶解到聚合物中，并形成聚合物，然后通过温度或压力等条件使气体在溶液中的溶解度下降，从而在聚合物基体中形成大量的气泡核，然后逐渐长大生成微小的孔洞。微发泡注塑成型产品剖视图如图4-19所示。

（1）微发泡注塑产品轻量化优势　微发泡注塑与其他传统注塑相比，在轻量化方面具有绝对的优势。不同材料制得的微发泡成型件的重量均比由相同材料制得的实心制件低，而且微孔结构更加规整，同时微孔的分布也更加均匀。对于小型的薄壁制品，微发泡成型工艺的注射速度非常快，而且晶核都是瞬间形成的。由于微发泡注塑制品的密度降低，可以设计具有更薄壁结构的制品，同时降低制品的材料成本，制品设计方面的灵活性更大。

（2）微发泡注塑产品强度优势　微发泡注塑成型技术突破了传统注塑的诸多局限，在基本保证制品性能不降低的基础上，具有诸多优点。与其他注塑相比，其中比较明显的是微发泡注塑成型使材料的撕裂强度及硬度大大上升，既保证的产品的质量，又减轻了产品的重量。

汽车轻量化已经成为世界汽车发展的潮流，也是国际汽车制造商所追求的重要目标。微发泡注塑成型

图 4-19　微发泡注塑成型产品剖视图

技术作为一种非常成熟的注塑成型革新技术，在全世界被广泛使用，顶篷拉手作为汽车内饰关键功能件，一直是汽车零部件制造业研发的重点，推广微发泡成型技术在顶棚拉手领域的应用，成功地解决了传统注塑工艺造成的诸多不良问题，对汽车轻量化的发展具有重要的意义。未来随着汽车技术的发展，汽车的功能日益完善，汽车的结构会越来越复杂。为满足汽车对节能、环保、安全性和舒适性的要求，微发泡注塑成型技术将被越来越广泛应用于各个领域。

→ **作者**：

❖ 岑红迪、岑利强、徐益明．宁波福尔达智能科技有限公司

4.1.5　微发泡注塑成型技术——从物理发泡到化学发泡

塑料微发泡技术最早主要指 Mucell 物理发泡，因其具有注塑时间短、制品表面更平整和避免产品缩壁等优点，在欧美、日本等主要汽车市场商业应用较多，但物理发泡技术设备投入、维护费用较高，成型工艺复杂，且一直无法解决产品外观气痕问题，减重幅度有限，无法满足汽车行业轻量化的要求，大大约束了 Mucell 技术的应用范围。化学发泡比物理发泡有更多优点，解决了产品缩壁，缩短成型周期，可采用吨位更低的注塑机，减少材料用量 20%~40%，还可以兼顾产品的表观质量，可以广泛应用在各种汽车零部件中，如车门内饰板、仪表板等。

1. 微发泡技术发展概述

微发泡成型技术最早由美国麻省理工学院提出，希望在聚合物基体中引入大量比聚合物原已存在的缺陷尺度更小的空隙，从而在减少材料用量的同时提高其刚性，并避免对强度等性能造成明显的影响。后来由美国 TREXEL 公司将其进行商业化应用，从美国、欧洲开始，后逐步延伸到日本以及东南亚地区，近年在中国开始起步，受到多个行业的关注，尤其是国内各汽车大主机厂和各类汽车零部件工厂，都在密切关注微发泡技术的发展，并且已有汽车主机厂和零部件工厂采用微发泡技术进行产品设计、开发和应用，比如在汽车仪表板骨架、车门内饰板、仪表板前沿盖板、行李舱门等部件中已经成熟应用。

微发泡成型技术发展至今，已经延伸出注塑微发泡、挤出微发泡和吹塑微发泡等成型技术，

可应用在不同形状、不同功能的产品中。

微发泡材料是一种以热塑性聚合物材料为基体，以气体为介质的复合材料，它的特征是聚合物基体内部分布了大量的闭合泡孔，泡孔直径分布在 1~500 μm 之间，泡孔直径越小，分布越均匀，微发泡材料的性能越优越。与常规的泡沫塑料相比，微发泡制品的泡孔要小得多，而泡孔密度要大得多。

聚合物微发泡成型技术以无定型和半结晶型聚合物微发泡材料的成型过程为主，如聚氯乙烯（PVC）、聚苯乙烯（PS）、聚碳酸酯（PC）、聚甲基丙烯酸甲酯（PMMA）、聚对苯二甲酸乙二醇酯（PET）和聚砜（Polysulfone）等。为了便于技术说明，以下仅以聚丙烯为例，对微发泡的有关问题进行探讨。

微发泡注塑成型工艺是一种革新的精密注塑技术，突破了传统注塑的诸多局限，微发泡注塑时间往往控制在 2s 以内，无保压时间，大大缩短了整个成型周期；由于无保压，对注塑设备的吨位要求较低，注塑的微发泡制品内应力小，应用于厚制件或较厚加强筋的零部件可保证制品饱满，同时极大地改善了制件的翘曲变形和尺寸稳定性。为聚丙烯微发泡材料的成型机理如图 4-20 所示。

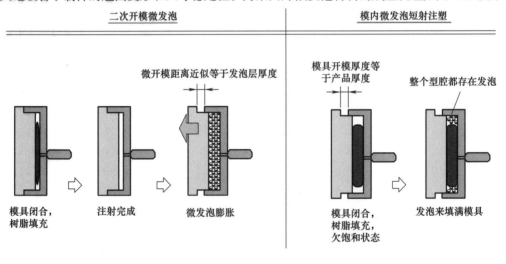

图 4-20　聚丙烯微发泡材料的成型机理

微发泡成型制件往往呈现"汉堡包"的夹心结构，模具温度维持在较低水平，熔体注塑至模腔后，与模具接触的表皮即冷却固化形成致密层，中间层温度较高，此时减压发泡形成尺寸从十到几十微米不等的封闭微孔。综合来看，微发泡技术在基本保证制件应用性能的前提下，质量可降低30%；成型周期缩短约50%，综合成本降低20%左右。根据泡孔形成原理的不同，微发泡分为两类：物理发泡和化学发泡。

2. 物理微发泡注塑技术

物理微发泡注塑技术又称 Mucell 技术。它是首先将超临界流体（二氧化碳或氮气）溶解到聚合物熔体中形成单相熔体并保持高温和高压状态；然后通过闭锁式喷嘴射入温度和压力较低的模具型腔，由于温度和压力降低引发相不稳定从而在尚未冷却的熔体中形成大量的气泡核，这些气泡核逐渐长大生成微小的泡孔结构。

(1)物理微发泡注塑成型特点 超临界流体溶解在聚合物熔体中起到降黏的作用,单相熔体的流动性大大改善,充填更容易,注塑时间段,注塑温度和压力降低;气泡推动熔体充填整个模腔,使零部件表面更平整,避免缩痕、欠注等成型缺陷;整个成型过程没有保压,可降低锁模力 40% 以上,延长模具寿命,使得采用低吨位注塑机注塑大型零部件成为可能;注塑周期缩短 20% 以上,提高生产节拍;零部件可实现 8% 左右的减重效果。

(2)物理微发泡注塑成型缺点 Mucell 技术引进费用昂贵,设备投入费用高,维护费用高,与相同能力的化学发泡注塑机相比,Mucell 设备至少贵 25%,其次,Mucell 注塑工艺较为复杂,气体压缩时噪声较大,对注塑工人的技术要求较高;再次,Mucell 一直无法解决产品外观气痕的问题,熔体从高压注射至低压模腔中,熔体中的气核在熔体前后巨大压力差的推动下,快速长大形成气泡并从前沿逃离,最终在制件表面形成一道道的气痕。气痕缺陷大大约束了 Mucell 的应用范围,使其一直无法进入具有外观 A 级效果零部件的巨大市场,同时减重比例一直在 8% 左右,无法满足日益提升的轻量化需求。

3. 化学微发泡注塑技术

聚丙烯化学微发泡注塑是指聚丙烯材料为基础,通过化学发泡注塑工艺(图 4-21),在气体内外压差的作用下,使制品中间密布尺寸从十到几十微米的封闭微孔而两侧具有致密的表皮结构,从而达到省料和减重的目的。聚丙烯化学微发泡技术采用二次开模和反压填充工艺,制件表观质量优异,避免流纹、气痕等缺陷。该技术主要应用在汽车车身内板(图 4-22)、风道、风管和仪表板等零部件上,如在某合资主要车型门板上有所体现,该门板由 1.9mm 开模至 2.8mm,如图 4-23 所示,零部件总重 1125g,成型周期仅 38s,减重比例达到 23%。

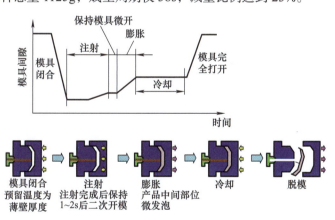

图 4-21 化学发泡注塑工艺

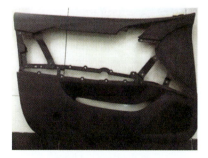

图 4-22 汽车门板

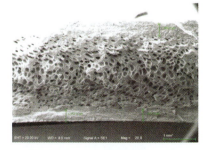

图 4-23 1.9mm 膨胀成 2.8mm

（1）化学发泡注塑成型优点及应用领域　与传统注塑成型工艺以及物理发泡成型工艺等相比较，化学发泡注塑成型具有很多优点：

① 比相同重量薄壁注塑零件具有较高的强度。
② 可以采用较低的压力注塑更平整、更笔直、尺寸更稳定，可以有效解决零件缩印。
③ 因尺寸更稳定，可减少模具尺寸反复修改，从而降低模具设计和制造成本。
④ 降低锁模力 30%~50%，减少毛边，降低能耗，延长了模具寿命。
⑤ 可以考虑使用更低吨位的注塑机或使用多模腔。
⑥ 注塑周期缩短 15%~30%，增加生产效率，降低能耗，从而降低运营成本。
⑦ 减少材料用量 20%~40%，更可以设计具有薄壁结构的制品来更加降低制品的材料成本。

化学发泡主要应用在以下领域：

① 注塑微发泡主要应用于各种内外饰件，如车身门板、尾门、风道等。
② 吹塑微发泡主要应用于汽车风管等。
③ 挤出微发泡主要应用于密封条、顶棚等。

（2）聚丙烯化学微发泡注塑成型工艺特点　化学微发泡注塑成型工艺过程中最重要的特点是，注塑过程中没有保压，增加了二次开模的过程，制品在气体内压的作用下膨胀，在此过程中完成了相当于传统注塑成型工艺中保压、冷却阶段，制品在二次开模完成后直接脱模。如图 4-24 所示。由于有气体内压，制品中间层膨胀，释放了制品的内应力，解决了翘曲变形等缺陷，制品的尺寸稳定性优于传统注塑。

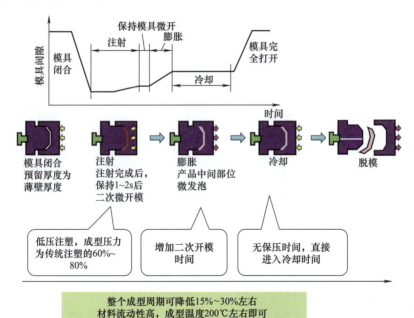

图 4-24　微发泡注塑成型工艺

（3）聚丙烯注塑微发泡的材料问题及应对措施　聚丙烯注塑微发泡的材料问题有：

1）熔体强度：PP 为结晶型聚合物，在熔点以下几乎不流动，熔点以上熔体强度急剧下降，容易产生气泡并孔，导致密度和性能不均匀，故适用于 PP 发泡的温度范围十分狭窄。

解决方案：针对 PP 发泡中熔体强度低的缺陷，通过提高聚丙烯基材熔体强度，使得泡孔分布均匀，密度和性能也分布均匀。常用以下三种方法来增强熔体强度进行发泡：高熔体强度 PP；部分交联 PP；共混改性 PP。其难点在于提高熔体强度后会大幅降低材料流动性。

2）成型流动性：由于物理发泡过程中超临界流体与树脂之间形成了单相熔体，从而使得在物理发泡过程中树脂黏度大大降低，流体的流动性大幅提高，材料充模因此变得非常容易，材料本身的成型流动性要求不高；而化学发泡则无此过程，因此对材料的成型流动性要求很高。

解决方案：通过共混改性，开发超高流动性材料，通常 MFR > 40。

3）快速、薄壁成型已导致缩痕和虎皮纹等缺陷：由于微发泡聚丙烯材料快速注塑充模的需求，材料在成型过程当中极易在部件表面形成虎皮纹或流痕的表观质量问题。与此同时发泡剂产生的气体会急剧放大虎皮纹，造成外观缺陷。

解决方案：通过共混改性，开发抗虎皮纹材料。

4）冲击和模量等力学性能下降：聚合物经过化学发泡，制品膨胀以后，原先的力学性能（比如刚性、韧性等）都会出现较大幅度的下降，从而给产品的使用带来风险，因此，如何确保制品在发泡后力学性能下降的情况下确保不影响制品的质量是非常重要的。

解决方案：通过开发超高刚性、韧性材料，提高材料的冲击和模量。

（4）聚丙烯注塑微发泡的成本分析　汽车塑料注塑零部件的基本成本构成通常包括以下及部分：原材料成本；设备投入成本；能耗成本分析；生产效率成本分析（人工成本）；成品率成本分析。由于不同注塑工厂的状况不一，事实上我们无法对各成本组成部分占总成本的比例作一量化的定义，以下的成本分析我们只能就传统注塑零部件与微发泡零部件各成本构成部分做出单独的分析评估。

1）原材料成本分析

① 原材料减重的计算方法：本微发泡注塑聚丙烯材料的成型方法为二次开模成型，即在注塑成型过程中，模具首先合模至比标准部件厚度小的材料充模厚度，之后材料充满模具型腔，最后模具二次开模微退至部件标准厚度发泡。故部件原材料成本降低，部件原材料减重的计算方法为：

成本降低幅度 =（标准部件厚度 – 首次合模后材料的充模厚度）/ 标准部件厚度 ×100%

例如：部件标准厚度为 3mm，材料充模厚度为 2mm，则成本降低幅度（%）=（3–2）/3 ×100%=33%

需要说明的是，在此必须考虑到卡扣及细小加强筋部位材料可能未充分发泡，故根据实际经验通常在上述计算结果的基础上要减 5% 左右的数值。

② 原材料降本的计算：本微发泡注塑聚丙烯材料的当前价格为传统注塑料的 1.25 倍，故最终原材料的降本计算如下：

设传统原材料的成本为 1，则注塑一个标准部件厚度为 3mm，充模厚度为 2mm 的微发泡聚丙烯材料零部件的成本为：

微发泡材料的成本 =1 × 1.25 ×（1–0.33+0.05）=0.9=90%，微发泡材料较传统材料原材料的降本幅度为 10%。

2）设备成本分析

① 注塑机成本：

a. 成本增加部分：采用具备二次开模能力的液压式锁模注塑机。

b. 成本降低部分：由于本材料注塑时所需锁模力远低于常规注塑件，故注塑同等大小的零部件可用小吨位的机台，注塑机台的购置成本与传统注塑基本接近。

② 模具使用成本：

a. 成本增加部分：增加增压装置的购置成本。

b. 成本降低部分：由于使用低压注塑，对模具的损耗可以大幅降低，故可以大大延长模具的使用寿命，大幅降低模具使用成本。具体数据尚未有效支持。

③ 其他配套设备成本：同常规注塑产品。

3) 能耗成本分析：

① 同常规注塑相同的能耗部分：

a. 塑料原材料的加热熔融部分。

b. 其他辅助设备的能耗。

② 可降低能耗的部分：

a. 锁模力为传统注塑的 50%~70%。

b. 低压注塑，成型压力为传统压力的 60%~80%。

c. 不需要背压。

d. 成型周期可降低 15%~30%。

4) 生产效率成本分析：成型周期较常规注塑方式可降低 15%~30%，体现在成本降低方面主要有：人力成本可以进一步降低；模具费用可以进一步降低；能耗可以进一步降低。

5) 成品率成本分析：基本同常规注塑零部件，但由于微发泡材料使用了较低的压力，因此注塑更平整、更笔直、尺寸更稳定，同时，由于微孔的支撑作用，还可以有效解决零件缩印。

4. 润佳公司车用微发泡技术

2012 年，当时国内汽车行业对微发泡技术的接触不是很多，即使在欧美、日本等主要汽车市场，对车用微发泡技术的应用，也仅以物理微发泡为主。但物理微发泡技术的局限性非常明显：一是在汽车减重方面幅度有限，只有 5%~8%；二是对于外观要求较高的部件如车门内饰板、仪表板等部件无法应用，故当时微发泡技术多应用在非外观件（如仪表板骨架）或需要包覆的内饰件（如比较高端的车门内饰板用物理微发泡技术成型后再进行包覆）。润佳公司研发团队想在此基础上对微发泡材料和工艺的应用进行拓展，对微发泡技术进行升级，用化学发泡的方法，把微发泡技术应用由非外观件拓展到汽车外观（非包覆）件上，同时实现较大幅度的减重，以顺应汽车行业发展的趋势。

首先，润佳公司用化学微发泡技术替代物理微发泡技术，实现零件减重幅度的大幅提高，满足汽车非外观件的减重要求。在此基础上，通过工艺创新和材料配方的升级，实现化学微发泡在外观部件如门内饰板、仪表板等部件上的应用，实现较大幅度减重的同时，减少门内饰板表面蒙皮包覆工艺的成本，是化学微发泡的应用得到更大范围的拓展。

2013 年，润佳公司的化学微发泡材料 3020HT20 在某合资品牌的汽车仪表板风道（非外观件）上首次取代物理微发泡成功应用并实现量产，部件减重 18%，比物理微发泡的减重幅度高出 10% 左右。2014 年，润佳公司研发的专门用于汽车外观件的第一代化学微发泡材料 5050C-LI 在某合资品牌的主打车型门内饰板（非蒙皮包覆外观件）开发成功并实现量产，该车型的塑料门内饰板比传统成型工艺制件减重 23%，单件产品成型周期仅为 37s，部件综合成本下降 10% 左右。2016 年，5050C-LI 在某合资品牌 MPV 的仪表板饰板中成功应用。2017 年，润佳公司着手第二代化学微发泡材料4050CT10研发，以期实现更大幅度的减重。

截至目前，润佳公司已将化学微发泡产品进行整合，将微发泡材料分为滑石粉填充和玻璃纤维填充，可以根据不同客户的诉求和现实条件，灵活选用传统注塑或者开模发泡工艺，以达到减重、降本增效的目的。如果在现有模具和设备的基础上，需要减重、降本增效，可以使用传统注塑装备，在不增加新设备，不改变现有模具的情况下，可以实现减重5%~8%，成型周期得到相应缩短，从而实现减重、降本增效的目的。如果希望达到更大幅度的减重，可以使用开模发泡工艺，配合二次开模机台、模具以及专用的发泡材料，可以实现30%的综合减重。

→ **作者**：
❖ 翁永华，苏州润佳工程塑料股份有限公司

4.1.6 汽车塑料件微发泡一体化成型技术应用

汽车塑料件微发泡技术，其工艺装备就是目前国外汽车模具行业最核心的技术之一，自1990年推广以来，在全世界被广泛使用。目前，在汽车非金属材料轻量化领域，微发泡技术成为主机厂商竞相研究的最重要课题之一。国内微发泡技术研发应用尚处于起步阶段，受制于国外核心专利，国内微发泡技术研发实力与国外有较大差距，应用领域、层次和产品质量也有待进一步提升加强。下面就汽车塑料件微发泡一体化成型技术应用进行剖析。

1. 微发泡一体化成型技术工艺流程

微发泡大型精密汽车零部件一体化成型技术主要包括设备引入、改造、模具设计、仿真分析、模具的加工、装配、测试、售后维护等，工艺流程如图4-25所示。

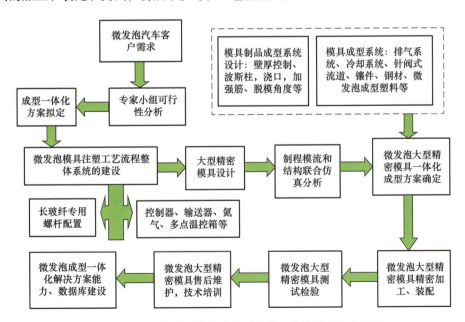

图4-25 微发泡大型精密汽车零部件一体化成型工艺流程

Mucell微发泡成型工艺过程可分成三个阶段：

第一阶段：首先将超临界流体（CO_2或N_2）溶解到热熔胶中，以形成单相熔体并使之保持在高压下，如图4-26所示。

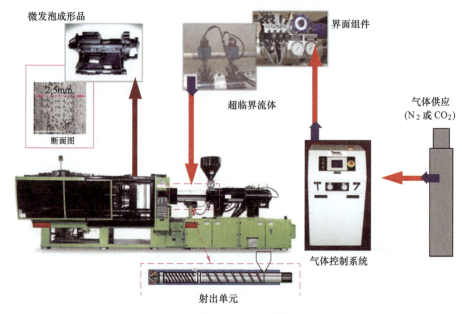

图 4-26 微发泡成型工艺第一阶段

第二阶段：单相熔体通过开关式喷嘴被射入到温度和压力较低的模腔中，由于温度和压力的降低，因此引发了分子的不稳定性，从而在制品中形成大量的气泡核，如图 4-27 所示。

第三阶段：最后这些气泡核逐渐长大生成微小的孔洞。通常，制品的表层是未发泡的实体层，这是由于模具温度较低，表面树脂冷却迅速，从而使气泡核没有成长时间而导致的未发泡。在成型过程中，由于单相熔体的形成，使树脂黏度降低，从而流动性更高，这有利于降低熔胶温度、模温和射胶压力，使塑件的成型更稳定，成型视窗变大，如图 4-28 所示。

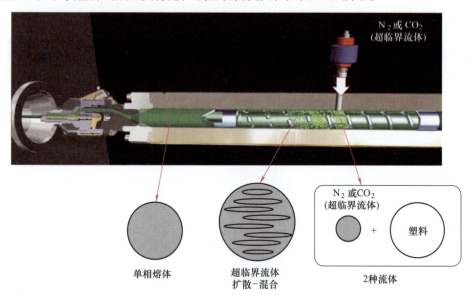

图 4-27 微发泡成型工艺第二阶段

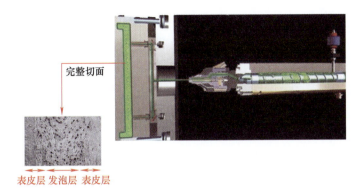

图 4-28　微发泡成型工艺第三阶段

2. 微发泡一体化成型技术工艺流程说明

（1）微发泡模具注塑工艺系统建设　微发泡模具：注塑工艺专用注塑机建设可以采取两种方式：一是 OEM（原始设备制造商）模式，直接购买微发泡新机台；二是改装机台模式，购买微发泡设备，升级现有机台。因第一种模式成本费用太高，我们采用第二种 MMU 模式，和海天注塑机生产厂家及美国 TREXEL 厂家一起对现有注塑机进行改造，改造后的微发泡专用注塑机具备实体注塑与发泡注塑的切换功能，具有 Interface kit（界面组件），同时，还根据微发泡产品的克重来配置同规格的微发泡注塑控制器、多点双向时间控制器、多点顺序温控箱、氮气存储及注入设备和长玻纤专用螺杆等一系列设备，如图 4-29 所示，微发泡模具注塑工艺系统建设是保证微发泡注塑工艺顺利完成的最基本保障。

图 4-29　微发泡专用注塑机配套设备图

（2）模具制品成形系统设计　要根据需求，进行模具制品成形系统进行分析设计，重点针对浇口设计、波斯柱、加强筋进行精心设计规划。

1）浇口设计，以微发泡仪表板为例，产品浇口设计要遵循"每一个区间有相同的体积和压力""仪表板会充填模流平衡状态""多色成形仪表板快速换色要求""熔接线及熔合线的位置必须在最不会影响成品品质的区域""料口数目及位置选择符合 P1=P2 要求"等要求，将产品依塑料允许流长比，做多区段分割，并使每一个料口充填距离、压力和充填体积是相等的，才能有均一的收缩效果，如图 4-30 所示。

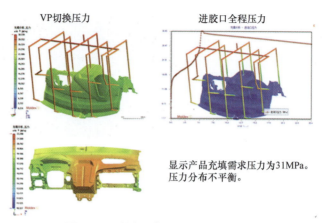

图 4-30 微发泡仪表板浇口设计要点

2）波斯柱设计，波斯柱底部壁厚须是正常壁厚的 75%~90%，以免吹破；使用高导热性材料来制造型芯，在波斯柱底部加上半径不小于 1mm 的圆角，型芯需要有排气，在细薄的波斯柱上应该使用加强筋 (若塑件壁厚小于 2.5mm)，加强筋的厚度须是波斯柱壁厚的 80%，以防止缺料和困气。

3）加强筋设计，Rib 壁厚比例更加弹性，壁厚可以做到 1∶1，必须避免筋位厚度小于 1mm，才能消除排气和防止短射、缺料问题，除此之外，Rib 沿出模方向要加强抛光，通常在肋骨和壁厚交接处要设计 R，高负荷位应用的 R/T 为 0.6，低负荷位应用的 R/T 为 0.4，通常不小于 1mm，脱模角度与实体一致，通常单边 0.5~1°，咬花需要增加脱模角度。

（3）微发泡制程模流和结构联合仿真分析 微发泡制程模流和结构联合仿真分析重点开展涉及制程参数设定、成型时间、射压、锁模力、气体膨胀 / 减重、体积收缩 / 凹痕、翘曲 / 残留应力分布、气泡大小、气泡分布及密度等方面的联合仿真分析，如图 4-31 所示。

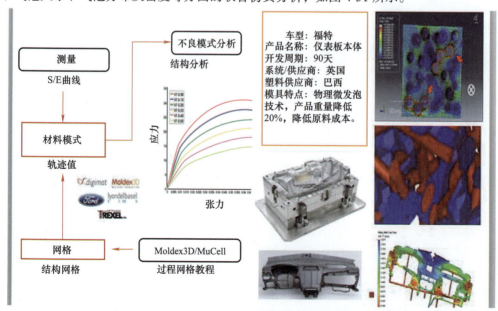

图 4-31 微发泡产品制程模流和结构联合仿真分析系统图

汽车微发泡产品成型面积大，各成型部位分布不均匀，容易造成尺寸不稳定、流痕、熔接线和困气等不良。为确保成型效率与塑件品质，针对该模具成型过程中多浇口分布的特点，采用了针阀式浇口热流道系统，通过采用 Moldflow、Moldex3D（模流仿真分析系统）等分析软件，对微发泡产品的抽芯系统、冷却系统和塑料在整个型腔中的流动状态进行模拟与优化，联合仿真分析，如图 4-32 所示，将各条流道设计成相对应大小，采用对应加热圈，合理的排布热嘴位置、调整流道及浇口大小，从而有效地保证塑料件各部位压力平衡及消除熔接线，保证产品的质量。

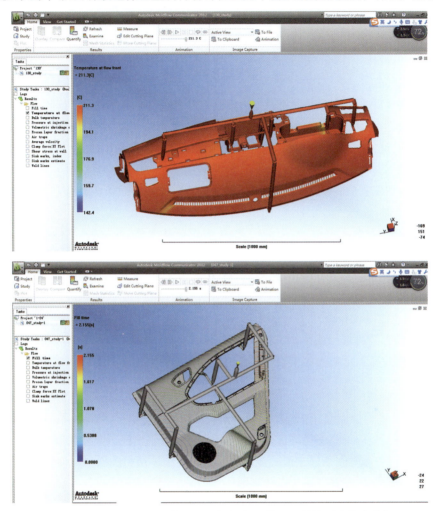

图 4-32　大型精密汽车仪表板、门板制程模流和结构联合仿真分析

（4）模具成形系统设计　主要对微发泡模具的排气系统、冷却系统、针阀式流道、镶件、钢材和微发泡成型塑料等进行合理规划与设计。

1）排气系统：排气对微发泡模具成形非常重要，因为微发泡注塑时注射速度比较快，SCF 在释放时需要排气，加强排气会降低型腔压力，利于注塑成形；在产品周边要有宽度加倍或一定数量的排气槽，充填末端的排气槽深度可加大 50%，排气槽的开始宽度最低限度为 6mm，较宽的排气通道，在流道的转角位加上排气，在产品非周边筋条或波斯柱处增加排气针，加厚筋条壁厚 80%~100%，波斯柱处的排气只要定期清理气筒即可。

2）冷却系统：微发泡成形产品需要更均一的冷却以便产生良好的品质和冷却周期，需要通过模流分析评估冷却水管的设计，因现场成型时都喜欢使用冷水机，采用公母模温差较大来控制，会产生实体表皮与发泡芯层偏析的现象，可采用加装温度传感器来控制型腔型芯模温度，此外,模具镶件应该有直接冷却水路,如果不能设定水路,需要有导热针,行位与塑胶接触的不为超过 0.9m² 的部位应该设有直接水路,通常使用铍铜材料设计冷却困难区域的镶块,因为冷却不均造成产品表面鼓包 Post-Blow 现象,需要局部过热点在开模时候材料被充分冷却,多数情况出现在较厚胶位和较长的柱位处。

3)针阀式流道。微发泡注塑成形的产品全部采用针阀式热流道,设计要点如下:在注入口袖套设置冷却的装置,注入口和流道的大小将为了充填而不为保压,横截面积可减少 25%。

正确的注入口设计:注入口尽可能地短,注入口轴衬套管要光滑,注入口和流道交接处要加 R,R 取 1~3mm。

设计在 24 MPa 的压力下能保持关闭,热流道需要用阀门控制,必须保证胶流平衡。

4)模具镶件、钢材的选用。在低压微发泡注塑中无腐蚀气体,模具不需要选用特殊钢料及镶件,低压注塑锁模力减小,钢材可以选用硬度较低的钢材,镶件用质量可靠的就可以,提高加工速度、降低加工成本。

5)微发泡注塑工程塑料的选用。采用长玻纤工程塑料,可以大大减轻产品重量,缩短成形周期,降低翘曲变形。

(5)加工和装配优化 开展产品加工、装配及再优化工作,确保产品性能指标满足客户要求。

(6)测试检验 重点开展注塑机测试、强度测试、隔声效果、变形量测试等测试工作,以及辅导汽车厂商开展微发泡模具注塑工艺系统建设、微发泡成形工艺调试和技术培训等售后服务。

(7)微发泡成形一体化解决方案能力、数据库建设及上下游合作 建设集发泡常见注塑缺陷、解决办法、微发泡模具注塑工艺系统建设、加工装配工艺流程优化、微发泡产品设计、微发泡模具设计、制程模流与结构联合仿真分析等内容的行业公共服务平台和数据库。

3. 微发泡一体化成型技术优势

① 提高尺寸精度,微发泡注塑成型是通过泡孔来代替注塑机保压,并且使压力分布均匀,内应力大幅下降,对于长玻纤的塑料可优化玻纤的配向性,提高产品的尺寸精度。

② 降低保压压力和时间,通过泡孔成长压力代替传统注塑机的保压,使产品在成型过程中,通过自身均匀发泡膨胀的方式,快速有效塑形。

③ 降低锁模力,减少模穴的压力,降低注塑机的锁模力。

④ 减轻产品制品的重量,实现汽车轻量化生产,通过中间层的泡孔结构降低产品制品的材料密度,实现可控制的发泡率来减轻产品制品重量。

⑤ 缩短成型周期,超临界流体降低塑料黏度,提高流动性,泡孔成长压力代替传统注塑机的保压,工艺温度降低,缩短注塑成型周期。

⑥ 提高产品的力学性能,在普通注塑成型和微发泡注塑成型的同样产品抗拉强度试验中,微发泡产品截面的各项试验数值明显优越于普通产品强度。

⑦ 降低装备制作成本,在汽车行业采用微细发泡技术,装备使用的钢材采用一般的钢材即可,装备结构简单,使用寿命长,大大降低了装备制作成本。

综上所述,汽车微发泡成形一体化技术有效提高了产品的尺寸稳定性,还显著减轻了制品的重量,消除了飞边,保证产品的质量,该一体化技术可以推广应用到电子、医疗、包装和物流等领域，前景十分广阔，未来该技术将朝着自动化、智能化的方向发展，更有利于提高生产效率，减轻劳动强度，实现节能降耗，绿色生产。

➜ 作者：

❖ 王俊三．浙江凯华模具有限公司

4.1.7 汽车座椅聚氨酯发泡成型工艺与应用

汽车座椅是汽车内饰的重要组成部分，涉及人员的安全性和舒适性。而作为汽车座椅重要构成的座椅发泡，其生产工艺和质量控制比较复杂。其生产工艺涉及骨架焊接、蒙皮缝纫和发泡成型等各种工艺，而其中的座椅发泡成型是化学过程与机械过程完美结合的产品。

1. 座椅发泡工艺流程

座椅发泡成型是聚氨酯原料在充分混合后，通过发泡设备浇注在发泡模具，经过足够的熟化时间而得到的聚氨酯发泡产品。发泡工艺流程图如图 4-33 所示。

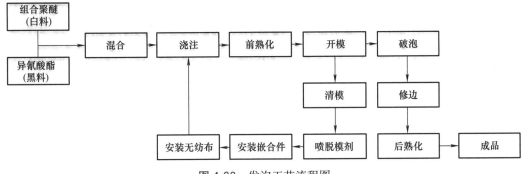

图 4-33　发泡工艺流程图

以上流程图是发泡的生产过程，汽车座椅发泡生产要从人、机、料、法、环等方面整体系统开发，才能确保生产出质量满足要求的发泡产品。

2. 发泡生产系统人员的能力

（1）工艺人员　发泡过程是复杂的化学反应过程，影响因素很多。所以当发泡产品出现质量问题时，要有快速判断的能力，找到问题的根源，然后尽快解决。另外新项目的调试，也是需要较高的技术能力，所以一个经验丰富的工艺人员是必不可少的，一般需要有 3 年以上相关经验，才能独立地开展发泡的相关工作。

（2）设备维护人员　发泡设备的控制非常复杂，尤其是弱电的控制点非常多，在实际的工作中，设备出现异常问题，如果是纯机械的问题，比较容易判断，一旦出现电气控制方面的问题，会比较棘手，所以需要一名经验丰富的电气维护人员。

（3）发泡生产人员的技能培训和储备　发泡是化学反应过程，有特殊的职业健康防护要求，目前生产环境还有改善的空间。所以发泡的人员要做好多技能的岗位培训和人员储备，当有操作人员缺岗时，可以对人员进行有效调剂，不影响正常的生产和产品质量。

3. 发泡设备的选型和评估

发泡设备主要分为湿部和干部，而湿部是核心的部分，有高压机和低压机两种可选的设备。高压机器的设备稳定性好,但设备投资会较高。从全球来看,德国设备是最好的,所以湿部首选是德国的高压发泡设备。从目前中国的发泡工厂的发泡选型来看,合资或外资的企业在湿部和干部设备方面基本会选国外设备供应商,而民营企业会选择湿部设备用进口的、干部用国产的配置。

发泡设备前期的规划和方案,决定了以后发泡生产的生产效率和产品质量,所以规划过程要谨慎、细致、全面。首先,设备的布局要合理,同时要充分考虑后续产能扩充的问题,尽量一次性投入足够产能的发泡设备,否则后期的设备扩充所造成的库存建立、产品积压以及额外的设备投资,会给企业造成很大的压力,30 工位的发泡设备,建议整个厂房面积不低于 3500m²。其次,枪头的选型,包括流量的设定、喷针尺寸、计量泵的流量等,需要结合企业的实际情况,选择适合的型号。再次,通风系统的能力要充分评估,建议每小时循环 6 次以上,同时要考虑夏冬两季的自然气候,做好降温和升温的相关设备设施准备。

4. 发泡模具的开发

发泡模具对汽车座椅发泡,是很重要的基本硬件。发泡体是聚氨酯软发泡成品,其产品质量(形状、尺寸、密度、密度分布……)受模具结构、产品结构形状、原辅料、过程参数等影响。所以发泡体开发过程要开展工艺同步工程工作,遵循发泡 3D 数据评审、模具开发数据评审以及模具调试评审的准则。尤其是前期的 3D 数据的评审,非常关键。在实际的发泡生产过程,会发现有的产品,无论怎么努力,产品的质量都很难保证,这是因为这些质量缺陷是设计不合理造成,所以在整个座椅的设计验证阶段,就应参与发泡体设计的评审,提前发现设计缺陷,及时进行更改,为后期的发泡质量保证奠定良好的基础。从以往的经验来看,以下的设计问题是需要特别关注的:大的倒扣,会导致发泡成型不良;隔料槽太浅,会导致软硬化料混合,硬度不合格;厚度小于 10mm 的区域,会导致发泡缺料。

5. 发泡化料选择

(1)脱模剂 脱模剂对发泡过程来说,是必不可少的辅料,主要成分是腊和石油溶剂,因为含有石油的衍生物,所以它是易燃易爆的化工原料,从生产、销售、运输、存储、使用等环节,都是受严格管控的。从目前的货源渠道来看,有国外直接进口的,有外资企业在国内建厂生产的,有购买国外材料自己生产的,有自主开发生产的。无论怎样选择,闪点都是很重要的指标,建议选择的脱模剂闪点不低于 56℃,这样能保证在自然环境中,基本不会燃烧和爆炸,安全性能大大提高。从使用的角度,需要做好充分的风险评估,并做好相应的改善措施,确保安全使用。储存环节,建议储存的温度能控制在 30℃ 以下,尤其是在夏天要做好相应的降温措施;同时要具备良好的通风效果。开桶的扳手,要选择铜质的,避免开启桶盖过程中的静电火花;脱模剂的料罐和存放地需要有良好接地导电装置,避免静电的产生。

(2)聚氨酯原料 聚氨酯原料是发泡过程最核心的原料,分为组合聚醚和异氰酸酯,俗称白料和黑料。黑料(异氰酸酯),集中在几个大的供应商,又分为 MDI 和 TDI 体系(MDI 系,甲苯二异氰酸酯;TDI 系,二苯基甲烷二异氰酸酯),国内使用较多的 TDI 与 MDI 的混合物,另外一种全部使用改性 MDI。而白料,也有两种方式,一种是直接从供应商购买;另外一种方式是购买基础原料,自己混合而成。MDI 和 TDI 互为替代品。但是 2016 年的 TDI 价格疯狂上涨,给发泡工厂造成了很大的成本压力。而 MDI 相对环保,而且供货渠道广泛,所以从长远考虑,采用 MID 体系的化料是以后的趋势。MDI 是纯 MDI、聚合 MDI 以及纯 MDI 与聚合 MDI 的改性物的总称。而 POLY(聚醚多元醇,白料)具备自混能力,可以很好地控制成本,同时当出现质量问题,可以就地进行配方优化。综上所述，具备POLY（白料）自混能力的MDI体系是汽车座椅聚氨酯原料选择的趋势。同时在催化剂选择上，要使用低雾化反应性的催化剂，可以有效地降低发泡的气味。

6. 汽车座椅发泡生产工艺控制

要生产出满足质量要求的发泡产品，良好的生产工艺控制是必不可少的环节，主要体现在以下环节：

（1）温度控制　座椅发泡的温度控制是非常重要的工艺参数，主要分为化料温度、模具温度和环境温度。化料温度，根据不同的原料体系，一般控制在20~25℃。化料储存的温度也尽量控制在此范围内。模具温度，TDI体系的化料，一般控制在60~70℃；MDI体系的化料，一般控制在50~60℃。环境温度，一般控制在15~35℃，尤其冬季，需要有良好的加温措施。化料温度和模具温度，在日常需要进行点检和监控，如果温度超出控制的要求，会对发泡的质量生产影响。

（2）流量控制　流量的波动会对发泡的重量以及硬度产生影响，因此也是很重要的工艺参数，一般需要控制在1%~1.5%，一旦控制失效，很容易出现批量的产品质量。控制的方法通过3个方面来进行：在设备控制界面设置合理的参数区间，一旦超出范围，设备就会报警，及时查找原因；班前的自由泡实验，确认浇注的重量是否满足要求，超出设定的范围，需要及时进行流量的标定和确认；每日进行发泡首件的重量检验，超出设定的范围，需要及时查找原因。

（3）压力控制　压力控制，主要分为浇注压力和模具压力两个方面，浇注压力，根据不同的原料体系，需要控制在12.0~16.0MPa，控制的核心是要确保良好的混合效果，不能出现混合不均匀的情况发生。一般来说，POLY（白料）和ISO（黑料）适当的压差，会保证更好的混合效果。模具压力，一般控制在0.2~0.3MPa，压力太低或太高，会出现发泡质量问题。

（4）线下的模具清理　脱模剂连续喷涂一段时间后，随着蜡的堆积，发泡模具表面会越来越粗糙，发泡的产品质量会下降，撕裂、气泡、暗洞等缺陷会变得严重，所以定期模具清理是很有必要的。行业中，一般采用将模具加温的方式，将模具加热到120℃左右，蜡会融化，变成液体，然后清理干净。另外国外采用的方式是干冰清理的方式。使用干冰迅速冷却，蜡层会脱离模具，用气枪吹干净就可以了。建议3天清理完所有的模具，尤其是前靠背和后靠背的发泡模具，需要及时清理。

（5）设备的TPM（全面生产维护）和PM（预防性维护）　在发泡生产中，发泡设备是非常重要的环节，行业中也曾经出现过因发泡设备故障而造成的长时间停机，有的停机2天以上，甚至导致客户停产。所以发泡设备的TPM维护是非常重要和必要的，通过TPM的深入开展，需要识别出发泡设备的关键区域，并对关键的区域制定预防性维护的周期，按时进行预防性的维护和维修；而且需要识别出关键的设备备件的数量和更换周期。总之，TPM一定要是全员参与的，而且一定要落在实处。

7. 发泡生产安全与环境

发泡过程是化学反应过程，安全生产永远要放在首位，同时又要考虑对环境的影响，应做好以下5个方面：

（1）风险评估　要对所有的过程进行充分的风险评估，识别出风险点，制定切实可行的改进措施和计划，逐步完成，尤其是相关的法律法规，一定要满足。人员的防护，化料泄漏的应急措施，挂牌上锁（安全作业连锁），气体排放，是评估的重点。

（2）发泡人员安全　针对不同的岗位操作人员，评估要佩戴的劳保用品，并要求员工按照规定佩戴；发泡的安全操作和化料的安全使用，要进行定期的培训，让员工充分了解；每年要对员工进行职业健康体检，确保员工的人身健康。

（3）化料泄漏的监控和应急　发泡的化料，尤其是TDI，一旦泄漏，就会对人员和环境产生危害，所以要有专业的监控设备，化料如果泄漏，要第一时间能够发现。同时，要有专门的泄漏处理小组，定期进行演练，化料一旦泄漏，可以快速及时的进行处理。

（4）挂牌上锁规定　当发泡设备停机，有人需要进入线体进行相关的操作时，一定要严格遵守挂牌上锁规定，确保所有人员都离开线体，方可开动线体。

（5）发泡环境安全　车间排风系统要充分，确保发泡车间的环境满足员工健康要求；每年要对发泡车间的环境进行第三方的检测，如不满足，要及时进行整改；车间的气体排放口，要有防护设施，不能直接排放，满足相关法规要求。

综上所述，座椅发泡的生产要建立在良好的工艺控制上，必须健全和规范各项管理制度和文件，通过工艺来带动发泡的生产，同时加强质量控制意识，不断优化作业环境，符合各项法律法规。

➡ **作者：**
- ❖ 刘刚，北京北汽李尔汽车系统有限公司

4.1.8　汽车灯具注塑与镀铝工艺应用

车灯是汽车必不可缺的组成部分，车灯是汽车的"眼睛"，它有两种功能，一种是照明，一种是装饰。随着车灯光源的演变，灯具制造材料也跟随汽车的发展，发生了重要的变化。20世纪80年代，受能源危机的影响，以日本为代表的经济型乘用车车灯在设计革命上取得巨大的成功，提出灯具注塑的制造工艺，大大降低了手工制作成本，目前汽车灯具已向全塑料化发展，特别是在真空镀膜技术在灯具上的应用，是实现汽车轻量化、节约能源、促进环境改善的途径之一，使灯具自动化生产效益进一步提高。

汽车灯具塑料件生产及后加工不同于一般塑料件，不仅有尺寸、装配要求，而且外观要求极为严格，测试项目多。汽车灯具材料使用极为广泛，品种之多，颜色广泛，各种工程塑料和一些其他材料，都会用于灯具内部结构件和外部装饰件。在采购新设备时，要有意向选择生产不同塑料而选用不同型号的螺杆，做到加工设备有梯度，选择正确的螺杆型号针对塑料件生产，这样可提高产品质量、减少报废。加工镀铝件是汽车灯具上必不可少的工序，镀铝件质量事关整个塑料件的质量。

1. 灯具注塑的分析研究

（1）灯具注塑及镀铝的应用　汽车灯具主要分为前灯、雾灯、后灯和其他装饰灯等，如图4-34所示。汽车前灯安装在离地面较近的车头两侧，起到夜间行车道路的照明和车辆示宽作用，需要镀铝零件主要是反射镜，或与反射镜相关的反射视圈和装饰视圈，如图4-34a、b所示；雾灯是黄色的，因为黄色的穿透力比别的颜色强，前置的雾灯称作前雾灯，如图4-34c所示；反之后置的雾灯称作后雾灯，雾灯是在用于雨雾雪等能见度低天气状况打开对前边或后边的车辆起警示作用，需要镀铝零件主要是反射镜；汽车尾灯的作用比较多（如转向灯、制动灯、后雾灯、倒车灯等），起到告诫后车的作用，镀铝零件只是灯体，如图4-34d、e、f所示。现在这些灯具的灯体、面罩、内部饰件和结构件等零件均为工程塑料制作，因此，汽车的灯具生产制作

离不开注塑工艺和镀铝工艺。

a) 日产公爵组合前照灯

b) 悦翔V101组合前照灯

c) 天语轿车前雾灯

d) 日产公爵组合后灯

e) 东风本田组合后灯

f) 上海通用组合后灯

图 4-34　常见的灯具塑料件和镀铝件
1—反射镜　2—视圈　3—反射镜　4—灯体

（2）灯具注塑件应用案例　汽车灯具的注塑件主要有灯体、面罩、内部饰件和内部结构件等，涉及的材料很广泛，有改性聚丙烯（PP-T40）、亚克力（PMMA）、聚碳酸酯（PC）、ABS（丙烯腈 - 丁二烯 - 苯乙烯共聚物）和 PC+ABS 合金等材料，结构件采用聚甲醛（POM）、尼龙 66（PA66）等。由于产品和材料不同，相应的注塑工艺也不同。前照灯灯体是灯具内部零件连接或装配的固定件，也是前照灯与汽车固定的连接件。前照灯灯罩采用聚碳酸酯材料制作，镀硬膜处理后使用。Y1W 微车前照灯用于长安铃木羚羊轿车上。灯体外形尺寸长 380mm × 高 180mm × 深 180mm，基本壁厚 2mm，有个别地方不足 2mm，也有个别地方在 3mm 以上，灯体形状近似长方体而结构复杂的薄形制品，单件重量（357±4）g。灯体属于车灯的内部结构件，应满足不变形、不收缩和注塑满足的常规基本要求。灯体使用改性聚丙烯 PP-T20 制作，T20 表示滑石粉 20% 的含量，滑石粉主要成分是一种含水的硅酸镁，理论上的化学式为 $3Mg·4SiO_2·H_2O$。随产地不同，其组成亦有所不同，塑料改性其粒径根据用途和塑料品种的不同从 300 目到 3000 目不等。使用滑石粉的目的是改善或提高 PP 材料成型制品的机械强度，提高制品的热变形温度；减少成型收缩率，稳定制品尺寸等。前照灯由聚碳酸酯灯罩和改性聚丙烯灯体使用粘胶粘接式进行装配，如图 4-35 所示，一般使用的热熔胶由苯乙烯 - 异戊二烯 - 苯乙烯共聚物树脂、增黏树脂、EVA、钛白粉和增塑剂等加热熔化后制成。使用热熔胶颜色应与灯体颜色保持一致。热熔胶通过熔胶机熔化后，由灌胶头按照灌胶机上 PC 控制板调整适合灯体的走胶路线，对放在工装的灯体灌胶槽匀速等量进行灌胶，灌胶合格的灯体放在压合机与灯罩进行压合装配等。

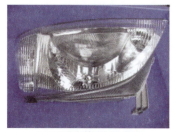
a) Y1W微车前照灯示意图

b) 熔胶走胶示意图

c) 灯体与灯罩压合示意图

图 4-35　Y1W 微车前照灯及熔胶和压合示意图
1—灯体　2—工装　3—走胶　4—熔胶机　5—灯罩　6—压合机

塑料注塑制品后变形是指注塑制品的形状在注塑成型后由于内在取向应力、异向收缩不均匀或外力作用，偏离了原始设计的形状而产生的变形。后变形的产生使制品在库存或使用过程中发生翘曲、局部开裂等质量缺陷而导致报废，是塑件常见缺陷之一。灯体变形也是属于塑件后变形范畴，其主要形式是一种是灌胶槽变形，影响灌胶轨迹正常的行走，使走胶偏离灌胶轨迹，导致灌胶失败和灯体报废，如图4-36a所示。另一种灯体翘曲变形，扭曲变形灯体放在相应的工装上不平稳，有一处或多处与工装贴合面有偏离现象，会出现两种情况：一种是会影响走胶，另一种是灯罩和灯体粘胶粘接装配，在变形处会有影响气密性，导致整灯报废或返工。

灯体采用改性聚丙烯，材料基体是聚丙烯为主，聚丙烯是结晶型塑料，成型后收缩变形比非结晶型大得多，注塑温度范围较广，在200～300℃之间，而多数选用270℃以下，一旦进入型腔，需要一定的时间凝固下来，收缩不均匀和内应力释放和产生应力作用，脱模后灯体还继续收缩变形过程。灯体从模腔取出时并没有全部完成结晶，而将在常温下继续进行结晶。此继续结晶必然引起灯体尺寸变化，成为影响灯体后收缩的主要因素，这是由聚丙烯塑料本质所决定的。其收缩变形大小与料温、模温、压力、冷却效果、生产周期变化不定的操作，将导致灯体收缩变形。聚丙烯表现加工收缩、后收缩和热收缩，收缩过程伴随变形。聚丙烯后收缩和热收缩受到加工条件影响，低的模温虽加工收缩减少，熔融树脂冷却快，结晶性树脂冷凝定型前结晶程度低，但造成的灯体内能却增大，后收缩又大了。从理论上来讲，注射压力过高，制品内应力会过大，从而产生翘曲和变形。在生产实践中，调整注射工艺，改变不同的压力、温度和保压时间，灯体变形仍然还会存在，变形不是工艺问题，与灯体的结构特点有关。这就是造成灯体翘曲变形的基本原因。

灯体的基本特点是形状复杂呈不规则，厚薄不很均匀。由于PP是结晶性材料，除了对温度较敏感外，还有产品的后收缩的时间较长，带来的变形概率很大。由于灯体是批量生产出来的，灯体的堆放是个重要问题，堆放不当也会引起变形，灯体出模后没有完全冷却或收缩后（一般冷却变化在24h内完成，随后收缩变形在半年内完成），相互排列式堆放如图4-36b所示，堆放层数越多，堆放在下面灯体受到外力的作用也会导致变形，对堆放2个月以上，灯体相互之间堆放和挤压，会增大变形的概率。

a) Y1W灯体走胶偏离示意图　　　　b) Y1W灯体堆放示意图

图4-36　Y1W灯体走胶偏离和堆放示意图

灯体生产在出模后4h是收缩变形最关键的时间，收缩变形变化最大的时间段。操作工在生产过程中，灯体一出模后进行简单的修剪处理后，立即挂架处理，一般挂架冷却时间保证4h以上，夏天气温较高选择8h以上，现场备用较多的挂架竹竿等。通过这样挂架冷却处理，较好地解决了灯体互相受外力的影响，属于自然冷却的状态，冷却情况比较好，容易控制灯体变形，如图4-37所示。

对结晶型塑料改性聚丙烯而言，模具的冷却系统设计是关系到制品变形程度的重要方面。如果冷却时各部分的冷却速度不一致，也会造成制品内各部分的结晶度有差异，结晶度的差异就会在灯体内产生内应力，从而引起制品的变形甚至开裂。经常疏通冷却水道，在模具没有生产的时候，可以用稀盐酸（30%以下）灌满水道，停留 5~10min。用清水将稀盐酸清理出来，同时用高压气枪将水道里的污垢吹出来，用清水清洗干净水道，将水道吹干后，用生胶带封好各个节水口，以免生锈等，使模具冷却水道通畅，能达到模具各处冷却均匀，冷却速度尽量达到一致。

图 4-37　Y1W 灯体挂架冷却示意图

灯体出模后手摸产品表面的温度，表面温度均匀说明冷却情况是好的，冷却速度基本达到一致的。如果对灯体个别的部位温度较高时应重视，可检查水路情况或进行水路调整；对产品实行称重量控制，塑件重量的广泛变化表明不适当的工艺条件和机械方面的误差。称重控制法能稳定注塑工艺，提升外观，保证尺寸和其他性能有效途径之一。灯体塑件有着各种功能也可以使用称重控制法。重量在外观检查合格后称重，重量（357±4）g；对易发生变形的部位进行测量，借用简易检具和量具测量控制尺寸，做好注塑控制变形；注塑工艺中对灯体变形的参数做好控制。熔体温度、保压时间和保压压力事关制品的保压程度，保压不足和保压过度都会引起灯体变形，因此，合理的工艺选择应使保压适当。另外，在成形工艺条件中注射时间与制品变形也有一定关系，原因是注射时间会影响取向程度，从而影响到制品变形。

灯体存放时间久了，灯体也会发生的变形情况，变形的因素也是比较复杂的，变形也会导致灌胶不符合要求。在实际中寻找到一种简易的测量方式，如图 4-38 所示。用直尺进行对比测量变形点集中处，测量数据有 160~170mm，有 10mm 的误差，变形很明显，利用走胶轨迹可以调整、灯罩可以滑入胶槽里的原理。在征得用户的同意下，规范变形（163±3）mm。将 160~163mm 放在一档集中送货，将 164~166mm 最多放在一档集中送货，167mm 以上是极少数作报废处理，灯体上做好标识，用户根据灯体变形误差范围进行调整走胶轨迹，使灯体利用率得到提高。

a) 测量160mm　　　　　　　b) 测量165mm　　　　　　　c) 测量170mm

图 4-38　Y1W 灯体测量示意图

（3）灯具注塑的实践思考　灯具注塑件除了灯体外，还有灯罩、内饰件和结构件等。生产现场控制极为重要，首先注塑件要注塑满足，有缺料现象的产品不注意装成整灯，导致漏气或者不能发给满足灯具应有的要求，势必造成整灯的报废，注塑件注塑满足是保证灯具装配的功能要求；其次是注塑件的外观质量，灯罩外观要求极高，有部分内饰件需要镀铝，现在多数产品采用无底镀工艺，产品的表面质量控制，除杜绝熔接痕、银丝、发雾和手印外，还要对注塑环境进行控制，要有注塑采用洁净室设置，并且尽量做到注塑和镀铝一体化操作，保证注塑件不受环境的影响，提高镀铝件合格率；再次是塑件的尺寸要求，所有的尺寸往往和装配有着重要的关系，如安装孔位置尺寸和底孔尺寸、外形尺寸、零件之间的相互装配等都是现场控制的重点，只有抓好塑件的完整性，符合质量的外观性和相互装配的尺寸性，才能保证灯具的需求。

2. 镀铝加工的分析研究

（1）有底涂镀铝的案例分析　有底涂镀铝的一种后灯体用ABS（丙烯腈-丁二烯-苯乙烯共聚物）生产的（简称ABS后灯体），毛坯需要经过清洗、喷漆、固化、镀铝和镀膜等工序完成。ABS后灯体在用户使用过程中，发现有一角向上翘曲，偏离热焊工装模板约1.0mm，考虑灯具焊接好的面差值超差问题，用户在工装尽了很大力量调整，但是效果不太好。为改进这一缺陷，从注塑工序查起，一直查到镀铝的各个工序，经过很多次试验验证，终于找到原因，固化有两种方法，用热固化基本没有变形，用光固化有变形了，说明光固化UV室（紫外线光固化）温度过高，导致灯体有变形，如图4-39所示。

 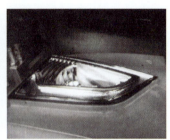 

a) 热封工装下模部分　　　b) 灯体放在工装下模吻合状态　　　c) 灯体放在工装下模偏离状态

图4-39　灯体热封工装示意图

针对这一问题，对光固化UV室温度过高进行分析，属于光固化室散热情况差，原因是排热效果不好。采取的措施：定期更换UV室的全部灯管；做好UV室排热装置，UV室里装上温度仪，表头直接放在操作台上，UV室的温度设定在85℃，让操作者一目了然知道UV室温度；对初检产品用能量仪测试三次，确认无变形再生产；为了检测产品变形，自制检具，让固化后的产品放在检具无缝隙为合格；同时，也将产品之间用样板件进行比较。检查灯体变形的方法如图4-40所示。

a) 用样板件比较方法　　　b) 用靠模比较方法　　　c) 观察变形角情况

图4-40　检查灯体变形的方法

调整油漆中光引发剂含量，从原来的比例1%~3%，调整到选用的比例3%~5%，比常规的比例偏高些，它通过吸收强紫外灯光发射的紫外量子，从而引发聚合交联和接枝反应，使液体在几分之一秒内形成固态薄膜，加大光引发剂比例量，同时也能选择稍低的能量（1100~1200 mJ/cm²）进行固化。对注塑工艺进行必要的调整，取消定模加温，动定模全部采用冷却水冷却，增大保压压力。通过这些努力，较好地解决ABS后灯体光固化变形的缺陷，产品得到用户认同。

（2）无底涂镀铝的案例分析　无底涂镀铝的一种后灯体用PC（聚碳酸酯）+ABS合金生产

的（简称 PC+ABS 后灯体），毛坯需要经过检查后经过在真空机里清洗后，直接镀铝、镀膜等。PC+ABS 后灯体在产品耐高温（120℃，1h）试验后发现灯体底部有轻微的发彩，用户不予接受。

过去一直认为发生高温发彩是由喷漆层未干透造成的，现在没有经过喷漆工序，怎样会有发彩现象？带着这一疑问，我们先从注塑烘料做试验，将烘料时间延长几小时，但试验效果不好。对于试验后或灯具经过回火后才能看到发彩的现象，有可以分为两种情况，一种有底涂镀铝，即做了底漆后镀铝的情况，另一种无底涂镀铝，即素材直接镀铝的情况。两种情况原因是不一样的，前者是喷涂的底漆没有固化好，通俗说法是底漆没有烘干烘透，在高温下有水分等逸出造成的发彩现象。后者是没有喷涂油漆素材直接镀铝，高温试验后有发彩的情况就比较复杂了，经过多次验证后其主要是由内应力引起发彩的，如图 4-41 所示。

a) 正表面发彩示意图　　　　　　　　　　b) 深腔底部发彩示意图

图 4-41　倒车灯体镀铝镀膜试验后发彩示意图

这主要是分析为 PC/ABS 材料是由 PC 和 ABS 等采用接枝共聚方法共混改性而成。PC 和 ABS 的分子链中均含有苯环，如 4-42 所示。PC 的溶解度参数为 $39.8\sim41.0(J/cm^3)^{1/2}$，ABS 的溶度参数为 $40.2\sim41.9(J/cm^3)^{1/2}$，所以，PC 和 ABS 具有一定的相容性，其相容性与 ABS 中的 AN（Acrylonitrile 丙烯氰）含量有关。当 SAN 质量分数在 25%~75% 之间变化时，PC 与 ABS 之间的粘接力达到最大。

在 PC/ABS 塑件成型后，为什么会产生应力？这是由于材料的结构决定材料的性能。PC/ABS 在成型时，分子链被迫取向，但是由于分子链上含有苯环，所以解取向比较困难，而在成型后，被取向的分子链有恢复自然状态的趋势，由于整个分子链已经被冻结，从而造成制品存在残留应力。当然在注塑成型阶段中，还有剪切应力，取向应力和收缩应力也属于产品内应力的范畴。这些内应力在有颜色的产品中是很难识别的，只有通过相关的试验进行识别。PC/ABS 塑件进行无底涂镀铝后，是无法识别内应力的情况。只有在高温试验后，能识别到内应力。

图 4-42　PC 和 ABS 结构式示意图

对于透明件塑件除了用溶剂浸泡法，还有用偏振光透仪，把透明塑料制件放在两块透振方向相互垂直的偏振片之间，通过白光观察到彩色图样，压力改变，彩色图样也发生变化，说明双折射性质随应力变化，判定内应力的大小。如图 4-43 所示，应力图上彩色为应力较集中处。

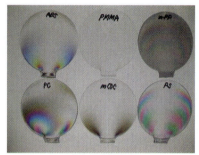

a) 偏振光透仪外形图　　　　　　　　b) 应力检查效果图

图 4-43　偏振光透仪和应力检查示意图

通常情况下，PC/ABS 塑件镀铝在高温试验后，其有两个过程：一是高温过程中材料中有气体物质逸出；二是高温过程中塑件有形变（无法目测，变形微小）现象。作为镀铝件由于气体物质逸出和不太规则形变，造成内应力的释放，经过铝膜等反射后表现出来就是幻彩，或称发彩，即发彩的最主要原因是塑件内部的应力在恒定高温的诱导下产生应力释放，最终导致开裂。

消除素材的内应力的方法采用退火，通过退火处理后能减少镀铝件高温状态下发彩现象，对素材退火预处理的温度和时间的设置，并结合产品可接受的变形温度，通过做试验进行确认，见表 4-4。

表 4-4　素材退火处理试验记录

序号	素材预处理温度和时间	素材光镀铝后试验温度和时间	试验结果	判定
1	90℃，1h	113℃，1h	有发彩	不合格
2	110℃，1h	113℃，1h	轻微发彩	不合格
3	110℃，2h	113℃，1h	轻微发彩	不合格
4	120℃，2h	113℃，1h	基本无发彩	合格

从表 4-4 中，选择素材预处理温度和时间 120℃，2h 能够把 PC/ABS 塑件的内应力释放出来，素材放在检具检查塑件无底涂镀铝发彩与否的方法是进行恒温试验。PC/ABS 塑件镀铝恒温试验条件为 110^{+3}_{0}℃，1h 后在灯光或自然光下观察发彩现象。检查方法可以分两种情况分别试验，一种是 PC/ABS 塑件镀铝后，不镀保护膜后进行 110^{+3}_{0}℃，1h 恒温试验后，可以直接判定 PC/ABS 塑件素材的内应力，这种方法是最有效的判定素材的内应力；另一种是 PC/ABS 塑件镀铝镀保护膜后进行 110^{+3}_{0}℃，1h 恒温试验后，可以判定产品镀铝镀膜的合格依据。原则上有发彩现象均为不合格品。当然，在满足客户技术规格前提下，也可根据发彩位置和装配关系后，判断能否让步接收。

（3）镀铝加工的实践思考　经过这两起镀铝件产品质量的改进，很好地促进了注塑工艺的调整，也提高了注塑件的产品质量，这是一个互相促进、互相关联的工作。注塑件上的缺陷在无底涂加工过程中会暴露无遗地体现在产品上，只有做好注塑件的同时才能保证镀铝的进行，同时镀铝生产中也是注重镀铝环境和工艺控制，尽量减少炸铝、发黄发黑等缺陷出现，提高镀铝产品的合格率，保证车灯的需求。

3. 汽车灯具注塑、镀铝加工应用分析的研究意义

自 1898 年首个车灯诞生以来，经过 100 多年的演变发展，车灯已经成为汽车、特别是乘用车漂亮的外形和功能的重要构成。车灯从 20 世纪 80 年代末，车灯开始用塑料加工，随着汽车工业的发展，经过 30 多年的车灯发展，塑料件利用率越来越多，应用的材料品种越来越广泛，几乎占据整个灯具。灯具注塑件重要性越来越显示出灯具加工的重要性，注塑件的质量事关灯具的外观和功能质量，镀铝件起到灯光的反射和漫射的功能，同时使灯具更美观。灯具中注塑件的注塑和镀铝互为一个整体，两者之间质量互相关联。关注灯具中注塑件注塑和镀铝的质量就是关注整个灯具的质量。

➔ 作者：

- ❖ 陶永亮. 重庆川仪工程塑料有限公司

参考文献

[1] 陶永亮. 真空镀铝膜在汽车灯具上的应用 [J]. 电镀与涂饰，2014，33（13）：573-576.
[2] 陶永亮，刘馨玲. 汽车前照灯灯体变形控制方法 [J]. 工程塑料应用，2015，43（2）：67-70.
[3] 陶永亮. 带底涂镀铝 ABS 车灯变形问题的解决 [J]. 电镀与涂饰，2016，35（10）：536-539.
[4] 陶永亮. 聚碳酸酯在汽车灯具上的应用与分析 [J]. 塑料工业，2014，42（4）：120-123.
[5] 陶永亮. 解决倒车灯体无底涂镀铝后发彩问题的方法 [J]. 电镀与涂饰，2016，35（24）：1307-1310.
[6] 陶永亮. 汽车车灯造型的回顾与展望 [J]. 汽车电器，2012（12）：4-7.

4.1.9 碳纤维复合材料模塑技术

碳纤维是一种含碳量在 90% 以上的无机高分子纤维。碳纤维具有相当独特和出众的物理和化学性能，它具有高强度、高模量、耐腐蚀、耐摩擦、耐高温、导电和导热等多种优异的性能，碳纤维与各种基体材料经过复合工艺后制成的碳纤维复合材料，早就在航空航天和军事领域得到了广泛应用，碳纤维复合材料也在诸如高铁车体、风力发电叶片、自行车架等民用领域得到了大量应用。碳纤维的密度仅有不到 $2t/m^3$，但强度却是钢材的 10 倍以上，以其优越的性能在以汽车为代表的多种消费品应用领域掀起研发热潮。

1. 碳纤维复合材料成型工艺

碳纤维复合材料成型工艺依据产品对象的外形与性能需求，已经有丰富的材料制备与产品成型工艺方法，但受限于碳纤维复合材料本身材料开发市场的成本经济性较差的现状，在汽车轻量化领域其应用主要集中在高端市场，工艺形式也多为手工处理，产品性能虽然优越，但产量与效率均不高；同时，其产品质量一致性保证高度依赖作业者的经验、对技术规格的理解和忠实执行，难以保证批量生产。因此，难以进入大众化普及型乘用车的应用当中。

碳纤维重量比铝轻，强度却高于钢，又有耐腐蚀、耐高温、模量高等优点，被称为"新兴材料之王"。常用碳纤维复合材料产品的成型方法有：

（1）模压法 将早已预浸树脂的碳纤维材料放入金属模具中，加压后使多余的胶液溢出来，然后高温固化成型，脱膜后成品。这种方法最适合用来制作汽车零件。

（2）手糊压层法 将浸过胶后的碳纤维片剪形叠层，或是一边铺层一边刷上树脂，再热压成型。这个方法可以随便选择纤维的方向、大小和厚度，被广泛使用。注意的是铺层后的形状要小于模具的形状，这样纤维在模具内受压时就不会挠曲。

（3）真空袋热压法 在模具上叠层，并覆上耐热薄膜，利用柔软的口袋向叠层施加压力，并在热压罐中固化。

（4）缠绕成型法　将碳纤维单丝缠绕在碳纤维轴上，特别适用于制作圆柱体和空心器皿。

（5）挤拉成型法　先将碳纤维完全浸润，通过挤拉除去树脂和空气，然后在炉子里固化成型。这种方法简单，适用于制备棒状、管状零件。

（6）BMC（团状模塑）成型工艺　由纤维短切原丝、树脂、填料以及各种添加剂经充分混合形成模塑料，可进行注塑成型或模压成型。

（7）真空成型工艺　将增强材料铺入模具内，整个铺层用真空袋覆罩好，周边用密封胶密封，然后抽真空吸入树脂，树脂完全浸透增强材料并固化成型，制得最终制品。

（8）热压罐成型工艺　成型周期较RTM（纤维增强树脂传递模塑工艺）慢，制品强度高，孔隙率低，固化速度快，设备投资较大。超跑车型碳纤维结构件基本是用此工艺制成。

上述碳纤维复合材料成型方法大部分自动化程度不高，虽然可以制造高性能零件产品，但生产连续性与效率均不太理想，因此成本也相对较高，在面向普及型消费汽车产品应用时，不具备大规模使用的优势条件。碳纤维复合材料与当前大行其道的玻纤在工艺形态上基本相似，只是玻纤成本低、碳纤维性能高，在综合产品需求与价格的平衡考量下，普及型汽车高性能塑胶结构件还是以玻纤复合成型为主。

2. RTM树脂传递模塑成型工艺

RTM树脂传递模塑成型工艺(Resin Transfer Moulding，RTM)，可以使碳纤维复合材料完成汽车合金钢板簧的轻量化。板簧产品成型需要在模具内铺58层纤维总高度达到32mm，分型面跟塑料模具设计区别很大。RTM喷射进胶时，分型面有0.02mm间隙模具都会漏胶。现在采用双层T型密封条封胶，模具吸真空要求很高，型腔真空度 < -0.098MPa，采用了吸真空系统。模具加热水孔排布必须依照产品形状均匀排布，型芯与型腔模温控制在5℃左右，如图4-44所示。

图4-44　碳纤板簧模具和制品

RTM作为一种闭模成型工艺（图4-45），其优点是：无需胶衣涂层即可使构件获得双面光滑的表面；在成型过程中散发的挥发性物质很少，有利于工人的健康和环境保护；模具制造与材料选择的机动性强，不需要庞大、复杂的成型设备就可以制造出复杂的、有极好制品表面的大型构件；根据设计需求，增强材料可以按任意方向铺放或局部增强，因而容易实现按制品受力状况铺放增强材料的目的。成型效率高、投资少以及易实现自动化生产等特点，使RTM工艺日益为汽车复合材料行业所重视，并逐步成为取代手糊成型、喷射成

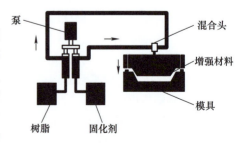

图4-45　RTM工艺原理简图

型的主导成型工艺之一。

3. 与传统注塑工艺结合的成型技术

注塑成型是一种可以高效自动化生产的工艺形式，对于高性能汽车零部件的量化生产应用广泛，因此在汽车零部件中采用注塑成型工艺完成碳纤维复合材料产品一直是重要的研发方向。

首先沿袭传统注射成型工艺——粒料成型，采用碳纤维与热塑性树脂基材复合成型的颗粒状材料在模具中加热填充冷却成型产品。此种工艺可直接在常规注塑机上实现，无须添置其他设备。为了保持足够长的碳纤维长度，以及考虑粒料在注塑机中的应用尺寸限制，粒料一般选择12~15mm 长。在注塑机螺杆熔化混料过程中，粒料受到螺杆、水口等剪切位置的影响，最终在成型产品中碳纤维尺寸很难实现 60% 达到 5mm，一定程度上使注塑成型产品在强度上不能达到预先设计强度。但总体强度仍高于玻纤复合材料注射成型工艺，如图 4-46 所示。

图 4-46　粒料注射成型

为了进一步提升成型产品中碳纤维长尺寸纤维保有量，从材料与工艺源头寻找解决方法，形成现在一种在线混炼的注射成型工艺。在线混炼直接使用碳纤维原丝，导入到专门的混料设备中，切断成所需或设定的长度，并与熔化树脂材料混合；再直接将混合熔融态复合材料挤入到注塑机中由螺杆推射进入模具型腔，完成注射成型。相比粒料的材料复合处理过程中熔融、混合、挤出、冷却、烘干后的材料供应模式，在线混炼实现直接在注塑机现场进行材料的复合材料，免除一定的能耗与处理工艺，节省约 20% 的材料成本。同时由于材料熔化复合在进入注塑机之前就完成，无须考虑材料颗粒尺寸问题，因此在纤维混合时可以切取较长的纤维尺寸，就算经过螺杆、水口等位置的剪切，也能在成型产品中保留更多 5mm 以上长度的碳纤维含量。经试验检测，采用 PP+30%CF（聚丙烯 +30% 玻纤）配比进行在线混炼注射成型，当设定混炼挤出碳纤维长度为 30~40mm 时，注塑机射出碳纤维长度能保持 15~30mm，最终在产品中，80% 的碳纤维长度在 5~20mm 范围中。如图 4-47 所示。

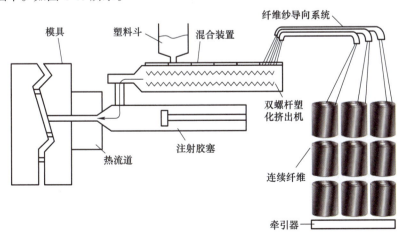

图 4-47　碳纤维在线复合混炼注射成型

在对汽车零件轻量化工艺改造时，充分分析零件的强度、结构等应用需求，从多材料、多工艺角度进行组合，形成满足要求同时更经济的工艺方案。一款钣金钢支架，从其装配关系与支撑强度需求出发，最终定义高强度碳纤维复合模压片为主要结构嵌件结合树脂注塑复合成型产品。碳纤维复合模压片材嵌入模具中，通过预加热结构在模内软化弯折，最后型腔填充树脂材料，通过对嵌件的包裹、骨位的强化固定，来完成两种材料在结构上的融合。该汽车结构件从钢材钣金工艺转换到碳纤维复合成型，整体减重 60% 以上。在轻量化优势明显的状态下，还可以看到碳纤维复合模压片材的热塑性，可以在模具中通过结构与温控系统进行一定的整形，达到预处理与注射成型一体化生产的效果，对产品成型工艺流程与自动化处理效率有明显的简化与提升，如图 4-48 所示。

图 4-48　碳纤维复合模压板嵌件注塑成型

在汽车制造领域，各类碳纤维复合材料与成型工艺的应用已经有很长时间了，但受制于其材料制备成本较高与回收再利用困难等问题，在普及型汽车全方位结构件轻量化应用中仍然有限。作为整个行业都看好的一种未来高性能轻量化材料，其确定的前瞻技术应用效果，将是材料、模具、制造、汽车等相关行业的研究重点与热点。在国家政策扶持下新能源汽车市场带来的重大机遇中，期待碳纤维复合材料为全行业带来更多合作共赢的机会。

➡ **作者**：

❖ 贾宇霖．深圳市银宝山新科技股份有限公司

参考文献

[1] 塑料模具技术手册编委会．塑胶模具技术手册 [M]．北京：机械工业出版社，2015：311-313.
[2] 田福祥．先进注塑模设计评注 [M]．北京：机械工业出版社，2008：210-225.
[3] 高国利，贾宇霖，黄福胜．模具零件材料清单的自动生成 [J]．模具工业，2011.37（1）：25-28.
[4] 刘朝福．注射模设计师速查手册 [M]．北京：化学工业出版社，2010：378-390.
[5] 高国利，黄家强．模具加工程序清单的自动化与网络化后处理 [J]．模具工业，2011，36(4):16-18.

4.1.10　长碳纤维增强环氧树脂复合材料成型工艺

复合材料因为其成型工艺很多，所以其成型设备也很多，在此关于热塑性碳纤维复合材料和短切纤维增强热固性碳纤维复合材料成型工艺以及设备不再赘述。下面仅就长碳纤维增强环氧树脂复合材料（EP/CF）的主要成型工艺和所需配套设备进行介绍。

1. EP（环氧树脂）/CF（碳纤维）复合材料的特性

EP/CF 复合材料的特性主要取决于 CF、EP 及 EP 与 CF 之间的粘结特性。EP/CF 复合材料具

有优异的性能,与钢相比,EP/CF 复合材料的比强度为钢的 4.8~7.2 倍,比模量为钢的 3.1~4.2 倍,疲劳强度约为钢的 2.5 倍、铝的 3.3 倍,而且高温性能好,工作温度可达 200℃。

此外还具有密度和线膨胀系数小、耐腐蚀、抗蠕变、整体性好、抗分层、抗冲击等,在现有结构材料中,其比强度、比模量综合指标最高。在加工成型过程中 EP/CF 复合材料具有易大面积整体成型、成型稳定等独特的优点。

2. EP/CF 复合材料的成型工艺及工艺设备

(1)手糊成型 手糊成型是依次在模具型腔表面涂脱模剂、胶衣、黏度适中的 EP(胶衣凝胶后涂覆)和 CF 布,手持辊子或刷子使 EP 浸渍 CF,并驱除气泡,压实基层。铺层操作反复多次,直到达到制品的设计厚度。

该工艺的主要优点是可室温成型,设备投资少,模具折旧费低;可制造大型制品,适合与单件或小批量的部分产品。

主要缺点是属于劳动密集型生产,制品质量由工人技术熟练程度决定;手糊用树脂分子量低,通常可能较分子量高的树脂有害于人的健康和安全。

手糊成型几乎不需要工艺设备,主要投入是模具,而手糊成型因其固化不需要很高的温度,所以一般采用复合材料模具,极少采用金属模具。

(2)树脂传递模塑成型(RTM)以及设备 RTM 成型是将 CF 置于上下封闭的模具之间,合模并将模具夹紧,在压力条件下注射 EP,EP 固化后打开模具,取下制品。该工艺必须保证 EP 在凝胶前充满型腔,压力促使 EP 快速传递到模具内并完全浸渍 CF,RTM 工艺示意图如图 4-49 所示。

该工艺分为低压成型工艺(LPRTM)和高压成型工艺(HPRTM),低压成型时,EP 注塑压力为 0.2~0.4MPa,当制造高 CF 含量(体积分数超过 50%)的制品时,采用高压成型工艺,注射 EP 时压力甚至可达 0.7MPa。

通常可预先将 CF 在一个预成型模内预成型(带粘结剂),再在第二个模具内注射成型。为了提高 EP 浸渍 CF 的能力,可选择真空辅助注射。当 EP 一旦将 CF 浸透,要将 EP 注入口封闭,以使树脂固化。注射与固化可在室温或加热条件下进行。模具可以用复合材料与钢材料制作。若采用加热工艺,宜用钢模或者耐高温的碳纤维复合材料模具。

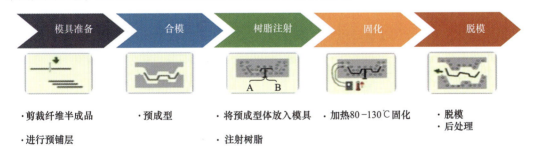

图 4-49 RTM 工艺示意图

该法的主要优点是复合材料中 CF 含量可较高,未被 EP 浸润的 CF 非常少;闭模成型,成型周期较短,5~10min 即可出一件制品;生产环境好;生产成本较低;制品可大型化,强度可设计。

主要缺点是不易制作较小制品,以及小曲面、带有倒钩等无法拔模的产品。因要承压,故模具较手糊成型工艺用模具要笨重和复杂。

RTM 设备主要由两部分或三部分组成,分为树脂汇合注射部分、模具加热加压部分、真空部分,RTM 成型压机、树脂注射机、真空泵如图 4-50~图 4-52 所示。

图 4-50　RTM 成型压机

图 4-51　RTM 树脂注射机

图 4-52　RTM 真空泵

(3) 真空袋压法成型以及设备　真空袋压法又分为干法和湿法,真空袋压法示意图如图 4-53 所示。

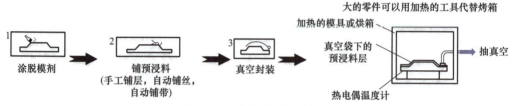
图 4-53　真空袋压法示意图

湿法袋压法是将手糊好的积层在 EP 的 A 阶段与模具在一起,在积层上覆以真空袋,周边密封,然后用真空泵抽真空,使积层受到 –0.09MPa 的真空压力而被压实、成型。该法的主要优点是采用普通湿法铺层技术,通常可获得高 CF 含量的复合材料;EP 可较好地浸渍 CF。主要缺点是额外的工艺过程增加了劳动力和成本,并且要求操作人员有较高的技术水平,生产效率不高,环境较差。

干法成型的真空袋压法是将碳纤维预浸料按照设计好的切割下料图进行裁切,后按照特定的铺层顺序将碳纤维预浸料铺覆在模具的内表面,然后在产品积层上用真空袋将产品包裹,并在产品的四周进行密封,形成一个密闭空间,最后用真空泵进行抽真空,使积层受到 –0.09MPa 的真空压力而被压实,并放入烘箱进行加热、在真空压力和烘箱高温下成型。

干法袋压法的优点是使用了碳纤维预浸料干法操作,操作现场全程无液体树脂,现场环境整洁,工人操作难度小。可以按照固定的切割下料图进行标记料片,对照铺层作业指导书严格控制操作。因为碳纤维预浸料的含胶量是稳定的,铺层料片都是固定的,固化是在高温烘箱中进行的,所以做出的复合材料产品品质较湿法高,尤其是可以品质均一、稳定地进行批量生产。缺点是需要使用碳纤维预浸料,成本较湿法高。对设计人员和工艺人员技术水平要求略高。

真空袋压法成型装备也较为简单,湿法工艺主要类同于手糊成型,只需要配备一台真空泵和树脂收集器即可。而干法的真空袋压法可能需要另外增加的有自动裁切设备、烘箱(图 4-54)、预浸料储存的冻库。

图 4-54　真空袋压法用烘箱

（4）纤维缠绕成型以及设备　缠绕成型工艺是将浸过树脂胶液的连续纤维（或布带、预浸纱）按照一定规律缠绕到芯模上，然后经固化、脱模，获得制品的工艺方法。根据纤维缠绕成型时树脂基体的物理化学状态不同，分为干法缠绕和湿法缠绕。

1）干法缠绕与湿法缠绕的优缺点。干法缠绕是采用经过预浸胶处理的预浸纱或布带，在缠绕机上经加热软化至粘流态后缠绕到芯模上。由于预浸纱（或布带）是专业生产，能严格控制树脂含量（精确到2%以内）和预浸纱质量。因此，干法缠绕能够准确地控制产品质量。干法缠绕工艺的最大特点是生产效率高，缠绕速度可达100m/min，缠绕机清洁，劳动卫生条件好，产品质量高。其缺点是缠绕设备贵，需要增加预浸纱制造设备，故投资较大。此外，干法缠绕制品的层间剪切强度较低。

湿法缠绕是将纤维集束（纱式带）浸胶后，在张力控制下直接缠绕到芯模上。湿法缠绕的优点为：①成本比干法缠绕低40%；②产品气密性好，因为缠绕张力使多余的树脂胶液将气泡挤出，并填满空隙；③纤维排列平行度好；④湿法缠绕时，纤维上的树脂胶液，可减少纤维磨损；⑤生产效率高（达60m/min）。

湿法缠绕的缺点为：①树脂浪费大，操作环境差；②含胶量及成品质量不易控制；③可供湿法缠绕的树脂品种较少。

以上缠绕方法中，以湿法缠绕应用最为普遍；干法缠绕仅用于高性能、高精度的尖端技术领域，湿法缠绕成型示意图如图4-55所示。

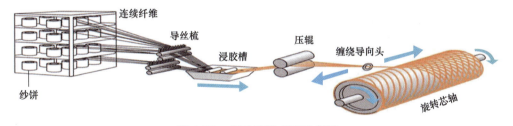

图4-55　湿法缠绕成型示意图

纤维缠绕成型的优点：①能够按产品的受力状况设计缠绕规律，使能充分发挥纤维的强度；②比强度高：一般来讲，纤维缠绕压力容器与同体积、同压力的钢质容器相比，重量可减轻40%~60%；③可靠性高：纤维缠绕制品易实现机械化和自动化生产，工艺条件确定后，缠出来的产品质量稳定，精确；④生产效率高：采用机械化或自动化生产，需要操作工人少，缠绕速度快，故劳动生产率高；⑤成本低：在同一产品上，可合理配选若干种材料（包括树脂、纤维和内衬），使其再复合，达到最佳的技术经济效果。

缠绕成型的缺点：①缠绕成型适应性小，不能缠绕任意结构形式的制品，特别是表面有凹陷区域的制品，因为缠绕时，纤维不能贴紧缠绕芯模表面凹陷区域而产生架空；②缠绕成型需要有缠绕机，芯模，固化加热炉，脱模机及熟练的技术工人，需要的投资大，技术要求高，因此，只有大批量生产时才能降低成本，才能获得较高的技术经济效益。

2）缠绕成型工艺装备。缠绕成型工艺所需工艺装备主要有：纱架以及纤维张力控制系统，缠绕机，芯模，固化炉（湿法缠绕需要增加缠绕芯模旋转机构），脱模设备。大部分缠绕成型工艺的复合材料厂家还要配备相应的车床，以解决缠绕成型后回转体产品的机加问题。

3）缠绕芯模。缠绕芯模设计时需要考虑的基本要求：①要有足够的强度和刚度，能够承受制品成型、加工过程中施加于芯模的各种载荷，如自重、制品重、缠绕张力、固化应力和二次加工时的切削力等；②能满足制品形状和尺寸精度要求，如形状尺寸、同心度、椭圆度、锥度（脱模）、表面光洁度和平整度等；③保证产品固化后，能顺利从制品中脱出。缠绕成型钢制模具及典型制品，如图4-56、图4-57所示。

缠绕成型芯模分两类：可溶性芯模和不可溶芯模。可溶性材料是指石蜡、水溶性聚乙烯醇型砂、低熔点金属等，这类材料可用浇铸法制成空心或实心芯模、制品缠绕成型后，从开口处通入热水或高压蒸汽，使其溶、熔，从制品中流出，流出的溶体，冷却后重复使用。不可溶芯模材料常用的有铝、钢等。另外还有复合材料缠绕芯模。

图4-56　缠绕成型钢制模具

图4-57　缠绕成型典型制品

4）缠绕机。缠绕机是实现缠绕成型工艺的主要设备，对缠绕机的要求是：①能够实现制品设计的缠绕规律和排纱准确；②操作简便；③生产效率高。

缠绕机主要由芯模驱动和绕丝嘴驱动两大部分组成。为了消除绕丝嘴反向运动时纤维松线，保持张力稳定及在封头或锥形缠绕制品纱带布置精确，实现小缠绕角（0~15°）缠绕，在缠绕机上设计有垂直芯轴方向的横向进给（伸臂）机构。为防止绕丝嘴反向运动时纱带转拧，伸臂上设有能使绕丝嘴旋转的机构。典型四轴龙门式缠绕机及参数，如图4-58所示。

➢ 缠绕制品长度：3000mm
➢ 缠绕制品直径：3×φ420mm
➢ 四轴缠绕
➢ 生产环境：(25±2)℃，RH≤55%

图4-58　典型四轴龙门式缠绕机以及参数

机械式缠绕机类型如下：

① 绕臂式平面缠绕机。其特点是绕臂（装有绕丝嘴）围绕芯模做均匀旋转运动，芯模绕自身轴线作均匀慢速转动，绕臂（即绕丝嘴）每转一周，芯模转过一个小角度。此小角度对应缠绕容器上一个纱片宽度，保证纱片在芯模上一个紧挨一个地布满容器表面。芯模快速旋转时，绕丝嘴沿垂直地面方向缓慢地上下移动，此时可实现环向缠绕，使用这种缠绕机的优点是，芯模受力均匀，机构运行平稳，排线均匀，适用于干法缠绕中小型短粗筒形容器。

② 滚翻式缠绕机。这种缠绕机的芯模由两个摇臂支承，缠绕时芯模自身轴旋转，两臂同步旋转使芯模翻滚一周，芯模自转一个与纱片宽相适应的角度，而纤维纱由固定的伸臂供给，实现平面缠绕，环向缠绕由附加装置来实现。由于滚翻动作机构不宜过大，故此类缠绕机只适用于小型制品，且使用不广泛。

③ 卧式和龙门式缠绕机。这种缠绕机是由链条带动小车（绕丝嘴）作往复运动，并在封头端有瞬时停歇，芯模绕自身轴作等速旋转，调整两者速度可以实现平面缠绕、环向缠绕和螺旋缠

绕，这种缠绕机构造简单，用途广泛，适宜于缠绕细长的管和容器。有德国 EHA 公司生产的四维三工位缠绕机，有四个可以控制运动的轴，在德国西门子 840D 精密数控下，可实现同时对三个相同产品的精密缠绕生产，如图 4-58 所示。

④ 轨道式缠绕机。轨道式缠绕机分立式和卧式两种。纱团、胶槽和绕丝嘴均装在小车上，当小车沿环形轨道绕芯模一周时，芯模自身转动一个纱片宽度，芯模轴线和水平面的夹角为平面缠绕角。从而形成平面缠绕型，调整芯模和小车的速度可以实现环向缠绕和螺旋缠绕。轨道式缠绕机适合于生产大型制品。

⑤ 行星式缠绕机。芯轴和水平面倾斜所成角即缠绕角。缠绕成型时，芯模作自转和公转，绕丝嘴固定不动。调整芯模自转和公转速度可以完成平面缠绕、环向缠绕和螺旋缠绕。芯模公转是主运动，自转为进给运动。这种缠绕机适合于生产小型制品。

⑥ 球形缠绕机。球形缠绕机有 4 根运动轴，球形缠绕机的绕丝嘴转动，芯模旋转和芯模偏摆，基本上和摇臂式缠绕机相同，第四个轴运动是利用绕丝嘴步进实现纱片缠绕，减少极孔外纤维堆积，提高容器臂厚的均匀性。芯模和绕丝嘴转动，使纤维布满球体表面。芯模轴偏转运动，可以改变缠绕极孔尺寸和调节缠绕角，满足制品受力要求。

缠绕产品固化炉是为了配合 EP/CF 产品高温固化而配备的，其特点是产品在固化炉中加热固化的全程中保持产品在水平的进行自转，有精度要求特别高的产品不但要求产品在固化炉中自转，同时还要进行公转已消除烘箱里面的温差影响。

（5）预浸料模压成型工艺以及设备　碳纤维复合材料预浸料模压成型工艺又分为干法预浸料模压成型和内涨法模压成型。

干法预浸料模压成型工艺是将一定量经一定预处理的模压料放入预热的模具内，施加较高的压力使得模压料填充模腔，在一定的压力和温度下使得模压料逐渐固化，然后将制品从模具内取出，在进行必要的辅助加工即得最终产品的成型工艺。此工艺主要适用于大曲面，形状较为开放的，两面形状尺寸精度要求较高的复合材料部件，如图 4-59 所示。

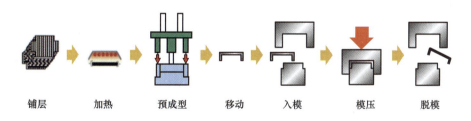

图 4-59　干法预浸料模压工艺示意图

内涨法模压成型工艺是对干法预浸料模压成型工艺的补充，其工艺是现在预制的阳模上铺覆预定的预浸料，然后将阳模抽出，形成一个中空的预成形体，再将预成型体放入两半阴模中。上压机对两半金属阴模进行加热加压、同时在产品中空内腔中通过内涨袋通入压缩空气，使产品在 0.8~1.5MPa 的空气正压和模具加热中固化成型，脱模以及抽出内涨袋后得到产品。此工艺适合于具有不规则的中空内腔的封闭型且对产品外表面形状精度要求较高的复合材料部件。此工艺在碳纤维自行车架领域应用极为广泛。

预浸料模压成型工艺总体优点为全封闭模具成型，产品几何尺寸好，由于预浸料中碳纤维含量精度较高，产品在高压、高温下成型，得到制品品质高，成型速度快（只需15min），稳定性好，适合于大批量快速成型。

预浸料模压成型工艺缺点为全封闭模具成型，考虑模具刚度和热膨胀等因素，模具造价较高。产品尺寸受压机台面尺寸限制。

预浸料模压成型工艺设备主要为压机，如图4-60所示，内涨法模压成型工艺需要增加压缩空气装置，预浸料裁切过程中可以考虑自动化裁切设备，如图4-61所示。

图4-60　干法预浸料模压机

图4-61　预浸料自动化裁切设备

（6）热压罐成型工艺以及设备　热压罐成型工艺是一种使用碳纤维预浸料，在模具内进行精确铺层，然后将产品放入热压罐进行抽真空、同时加热、加压、固化而得到产品的先进复合材料成型工艺。

碳纤维（织物或Uni-Directional Fabric or Cloth，简称UD），预先在加热、加压的条件下，用EP预浸渍CF，制作成碳纤维预浸料。碳纤维预浸料在环境温度下贮存20天时间后仍能保质使用，当要延长保质期时，须在冷冻条件下贮存材料。通常会在−18℃的冷库中进行储存，储存期可以达到1年。预浸料树脂通常在环境温度下呈临界固态，故触摸预浸料时有轻微的黏附感。

预浸料按照特定设计的下料图进行手工或机械自动化裁切成特定形状的料片，再按照特定的铺层图，在特定的洁净间以及温度、湿度控制下，用手工或机械铺于模具表面，通过真空袋抽真空，放入热压罐中，在热压罐中通过真空辅助和高压空气、加热使树脂重新流动，排出产品中的空气，最终固化，得到产品，如图4-62所示。

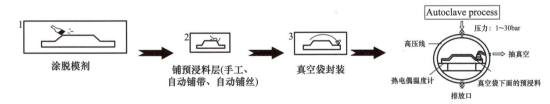

图4-62　热压罐成型工艺流程示意图

该法的主要优点是可精确地调整EP/固化剂配比和EP在CF中的含量，得到高含量CF的复合材料。由于制造过程采用可渗透的高黏度树脂，树脂化学性能、力学性能和热性能是最适宜的。同时在0.6~1.5MPa的压力下和真空辅助以及高温下，能够得到优质、性能极其稳定碳纤维复合材料部件，同时作业环境优良。主要缺点是热压罐固化复合材料制品的辅料以及设备耗费大、作业循环周期长、制品尺寸受热压罐内腔大小限制，模具需能承受作业温度并且生产成本较高，通常模具均为金属模具，最近也出现了一些技术水平较为领先的企业开始使用耐高温碳纤维模具。

热压罐成型的主要设备为热压罐，如图4-63所示。同时需要辅助以洁净的铺层间，如图4-64所示。预浸料储存用的冷库，以及自动化的裁切设备，如图4-65所示。有实力的厂家甚至还需要配备织布设备和预浸设备（图4-66）以及预浸料自动铺放设备（图4-67）。

图 4-63　热压罐

图 4-64　铺层用洁净间

图 4-65　预浸料自动化裁剪机

图 4-66　预浸机

图 4-67　预浸料自动铺放机器人

（7）拉挤成型工艺及设备　该工艺是指将浸渍了EP的连续CF经加热模拉出形成预定截面型材的过程（图4-68）。该工艺程序是：①使CF增强材料浸渍树脂；②CF预成型后进入加热模具内，进一步浸渍、基体树脂固化、复合材料定型；③将型材按要求长度切断。该工艺中，EP浸渍CF有两种方式，其一为胶槽浸渍法，即将增强材料通过树脂槽浸胶，然后进入模具，通常采用此法；其二为注入浸渍法，即GF增强材料进入模具后，被注入模具内的树脂所浸渍。

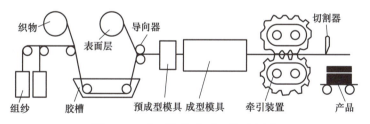
图 4-68　典型拉挤成型工艺示意图

拉挤成型工艺的主要优点是制造速度快，拉挤成型材料的利用率为95%（手糊成型材料的利用率仅为75%）；树脂含量可精确控制；由于纤维呈纵向，且体积分数可较高（40%~80%），因而型材轴向结构特性可非常好。主要缺点是模具费用较高；一般限于生产恒定横截面的制品，制品型材沿径向结构性能差。现已有厂商将拉挤工艺和缠绕工艺结合在一起形成新的复合材料拉绕成型工艺，以改善拉挤产品径向结构性能。

拉挤成型工艺主要设备是拉挤成型生产线（图4-69），含有纱架、浸胶槽、预成型模具和成型模具、牵引装置、产品切割装置，因为拉挤成型能够实现连续生产，加之更换模具非常麻烦，故一般拉挤成型厂家会投入多条拉挤成型生产线，用以满足不同截面制品的批产需要。

长碳纤维增强环氧树脂复合材料（EP/CF）的主要成型工艺和所需配套设备很多，每一种成型工艺都有其优缺点，具体选用时需要依据零部件的形状、力学性能指标、性价比等进行合理的选择。成型设备的型号、规格需要依据零部件的尺寸、技术要求、能耗等因素综合考虑，而复合材料成型的模具更是依据每一个零部件成型需求、工艺要求、价格因素等进行权衡设计，不可一概而论。

图 4-69　典型拉挤成型生产线

➡ **作者：**

❖ 张华川，贾培阳．成都鲁晨新材料科技有限公司

4.1.11　汽车内饰件模内层压成套技术

在汽车内饰件方面，随着科技的进步和人们生活水平的提高，提高车内的居室化设计、车型的美观设计、改善乘员的舒适性已成为汽车技术发展的一个重点。在汽车内饰件的外表面添加织物、皮革等覆盖层是改善车内装饰和车型美观的最快捷、经济、有效的方法。由于模内层压工艺具有避免粘结剂空气污染、成本低、黏附力等明显优势，模内层压将成为汽车内饰件的主导工艺。此外模内层压技术不仅适用于汽车内装饰塑料件，还可以广泛应用于家电、电子通信、仪表、塑料家具等国家支柱产业及与人民日常生活相关的各个领域中。

1. 模内层压技术简介

模内层压成形最早先在1986年的德国国际橡塑展上展示，经过10余年的研发开始在欧洲取得工业应用，主要是欧美发达国家为了降低汽车内部空气甲醛的含量，提高车内视觉和手感舒适度，提供更人性化的车内环境而研发的一项新型成形工艺。开始主要以PVC人造革为层压材料的简单汽车装饰件为主，目前模内层压成形工艺在美国、欧洲和日本等发达国家取得了比较普遍的应用。层压材料从PVC人造革也扩展到织物、色彩鲜艳的布、个性化的地毯条、PU皮革、真皮等，产品已扩展到汽车门内板、汽车内板、汽车立柱等复杂的汽车内饰件产品，而且也应用到家电、家具等行业中。

传统的添加外覆盖层的工艺是先通过注射模具成形塑料基材，并在其表面涂上化学粘合剂，同时对外覆盖层进行加热，最后将塑料基材和外覆盖层放在复合模具内粘结在一起。这种传统的工艺存在工序多、生产成本高、生产效率低及环境污染等问题。

随着技术的进步与发展，采用模内层压成形新工艺是解决上述问题的有效途径，其原理是：先在模具型腔内嵌入层压材料（外覆盖层），在模具合模时将层压材料逐渐拉深紧贴在模腔内部（称为层压过程），然后在层压材料的内表面进行注射，塑料熔体在流动充填过程中与层压材料接触、融合，并在冷却后与层压材料粘结在一起，可以生产出由层压材料做表面装饰的模内层压产品，如图4-70所示。表面覆盖了PVC人造革的某乘用车内门板上框架模内层压产品，如图4-71所示，其中图a为CAD模型（局部），图b为实物照片。

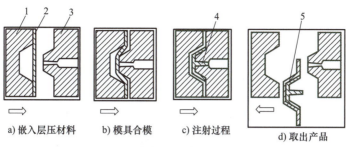

图 4-70　模内层压成形工艺原理图
1—动模部分　2—层压材料　3—定模部分　4—塑料熔体　5—模内层压产品

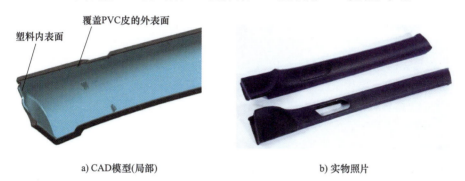

图 4-71　汽车内门板上框架

模内层压成形工艺与传统的先成形塑料基材、再粘结外覆盖层的工艺相比，具有以下优点：

1）模内层压成形工艺是一体化的成形工艺且只需要一副模具，避免了传统工艺的工序多和需要两副模具，因而生产效率高，并可节约 15%~30% 的生产成本。

2）模内层压成形工艺利于环保，层压材料在模具型腔内与塑料基材粘结成形的过程中不需要添加任何粘接剂，使用中不会释放挥发性溶剂，可有效减少产品生产和使用过程中有害气体的排放。

但模内层压成形新工艺与常规注射成形工艺区别很大，实现难度很高，主要表现在成形工艺条件要考虑多方面的因素、需要专用的注射成形机、模具结构复杂等，具体包括：

1）由于模具型腔表面覆盖了层压材料，且模内层压产品的尺寸一般较大，往往为薄壁件，层压材料在层压过程中容易出现拉裂和起皱等缺陷，影响模内层压产品的表面质量和力学性能。

2）注射过程需要考虑更为复杂的因素，不仅要保证塑料熔体在层压材料表面的充填效果，还要避免层压材料出现滑移、损坏或烫伤等缺陷，从而需要更加严格的设置和控制料筒温度、注射速度、注射压力和保压压力等注射工艺参数，一般需要模内层压专用注射机，但价格过于昂贵，提高了工艺的应用成本。

3）模内层压模具的结构非常复杂，主要体现在倒装模具结构、多点针阀式热流道浇注系统、复杂的侧抽芯结构和多回路多方式的冷却系统等方面，目前还缺乏相关的模具设计知识和经验，从而导致模具设计和制造周期长、模具设计质量低。

2. 汽车内饰件模内层压成套技术

在中高档汽车的塑料内饰件产品中，往往采用模内层压技术在坚硬形态的塑料制品外表面添加一覆盖层，以提高产品的外观、质量和档次。下面以汽车内饰件为研究对象，系统研究模内层压成形工艺中的工艺、模具、CAE 和装备等关键技术，突破该工艺的技术瓶颈，实现工程化应用。

（1）模内层压工艺　模内层压工艺与传统的注射成形工艺有很大的不同，由于型腔表面覆盖了 PVC 皮、真皮、布或地毯条等，需要考虑更为复杂的因素，对注射压力、注射速率和注射料温等工艺参数的要求更加严格，也十分关键。

具体而言，包括如下 3 个方面：

1）注射压力和注射速率控制。模内层压需要采用低压注射成形。注射中必须以较低的压力、较慢的速度稳定地注入模具（尤其是熔体开始进入模腔时），以避免层压材料的损坏或滑移，而速度又不能过慢，以免熔体温度过低而不能顺利充填。因此，需要研究塑料材料、层压材料对注射速率的敏感性，获得注射速率控制的基本准则。塑料进入模腔后，其熔体前沿的推进速度需要保持恒定。因为熔体前沿的推进速度决定了制品表层分子和纤维的取向程度。熔体前沿的推进速度的变化会造成制品内不同的取向和收缩，因此产生翘曲，同时也对层压材料有不同的拉伸力。

2）注射料温控制。在模内层压工艺中由于采用了较慢的注射速率和较大的浇口尺寸，充模所需的热量几乎全部来自于塑化阶段。这与传统的注射成形工艺不同，在传统工艺中，有相当一部分的熔体热量来自于熔体的高速剪切生热。在模内层压中，料温过高，容易烫伤层压材料，料温过低，熔体流动性差，不利于充填。料温的变化是通过控制塑化阶段螺杆转速和背压来实现的（增强混合与剪切）。

3）顺序阀式浇口控制。常规模具在注射过程中所有的浇口都是全部打开的。模内层压则不同，由于层压材料表面粗糙，对熔体的流动产生很大的阻力，又是低压成形，因此很难像常规模具一样借助注射压力使熔体通过浇口迅速充满模腔。所以模内层压通常需要设计多点热流道进料，以缩短流程和降低注射压力。若各浇口同时进料，两股熔体汇合会产生明显的熔接痕，影响产品强度和外观，如图 4-72 所示。因此，模内层压采用了顺序阀式浇口控制。顺序阀式浇口控制通过顺序地开关设在关键位置的阀式浇口来优化充模过程，如图 4-73 所示，塑料熔体最先注入中心浇口 A，当熔体流过两个下游浇口（B、C）时，这两个浇口才打开。同样继续这一过程，直到熔体充满整个模腔。这样，通过浇口的顺序开关避免了熔体汇合，也就消除了熔接痕的形成。

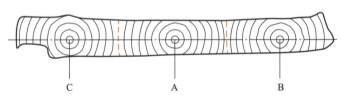

图 4-72　常规模具充填示意图，浇口 A、B、C 同时充填（虚线为熔接痕）

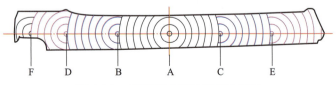

图 4-73　顺序阀式浇口充填示意图

（2）模内层压模具　在模具结构方面，模内层压模具与常规模具相比更加复杂，主要表现在：多级阀式热流道系统、倒装式模具结构、多回路多方式冷却系统、复杂液压油路系统等。

1）由于模内层压模具为了减少流动长度，一般设计成多级阀式热流道系统，每条热流道包括流道、设置在流道内的热嘴针阀、包围流道的热嘴体和沿流道方向依次布置的多级加热装置、温度感应装置、电磁阀和针阀时间控制装置等。

2）因为层压材料通常放置在动模一侧，制品必须从定模方向顶出，因此模内层压模具必须采用倒装结构。

3）模内层压模具的热流道数量较常规模具多，同时层压材料散热慢，因此需要更充分的冷却，否则会大大延长产品的生产周期。一般要求每个模板、镶件、滑块、斜顶都要设计单独的冷却回路，设计不同的冷却水温。

4）热流道针阀油缸、顶出油缸、推板油缸、抽芯油缸等，构成了模内层压模具的复杂液压系统。油路需要避开传统的外接油管式结构，全部设计成在模板中加工孔或在模板中加入不锈钢管，并在模具外部设置快插集成板。错综复杂的油路、冷却水道交相辉映、十分壮观。

图 4-74~ 图 4-76 所示为常规模具结构与模内层压模具结构的比较。

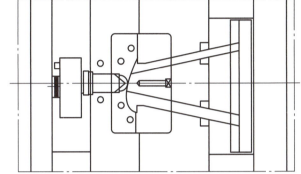

图 4-74 现有常规模具的结构剖视图

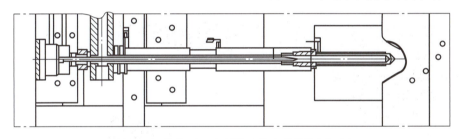

图 4-75 模内层压成形模具热流道结构剖视图

（3）模内层压工艺 CAE 模拟　传统的注射成形开发方法主要是尝试法，依据设计者有限的经验进行产品、模具和工艺开发。但在实际生产中，塑料熔体的流动性能千差万别，制品和模具的结构千变万化，工艺条件各不相同，仅凭有限的经验和简单公式很难对这些因素作全面的考虑和处理。同时在模内层压工艺过程中，除了要考虑塑料注塑成形的过程，还有考虑层压材料挂在模具内部后在模具合模过程中所受到的拉伸成形的过程，这一过程受层压材料的强度、伸长率等材料性能和模具的合模参数等因素的影响，也很难依靠经验进行考虑。因此在塑料制品生产中需要反复试模和修模，导致开发

图 4-76 所设计模具的部分油路、水路快插集成板的照片

周期长、费用高，产品质量难以得到有效保证。而结合数值模拟的办法，对塑料注塑成形过程和层压材料的成形性进行模拟，可有效预测缺陷，这种 CAE 方法对模具优化或合理选择材料是一种很有效的办法。

如图4-77、图4-78所示，分别是模内层压工艺的塑料注塑成形过程的流动分析模拟和层压材料在模具合模过程中的受力情况模拟。

（4）模内层压工艺外接数控系统　在模内层压设备方面，由于模内层压模具结构和成形工艺的复杂性在模内层压注塑成形过程中需要采用用于模内层压工艺的专用注射机，目前模内层压工艺的专用注塑机完全依赖进口且价格十分昂贵（如奥地利Engel公司的900t专用机价格为700多万元）。因此，在分析模内层压注塑过程和注塑机的信号控制原理基础上，利用普通注塑机产生的关键信号来控制外接数控系统和

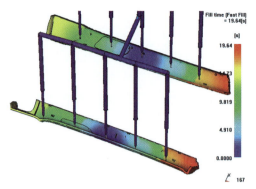

图4-77　模内层压工艺注塑成形过程的流动分析模拟

低压注塑模具的开模、合模和注塑等关键动作，再用外接数控系统产生的、普通注塑机无法产生的控制信号去控制模内层压注塑模具的各个子系统，达到使用普通注塑机实现模内层压注塑的目的。采用这种方法开发出应用于模内层压工艺的外接数控系统，并将其与普通注射机的控制系统关联起来，以实现低价位的模内层压注射机，具体包括：

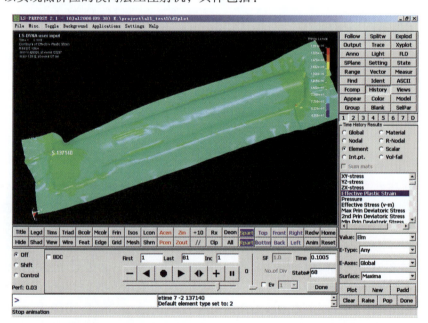

图4-78　层压材料在模具合模过程中的塑性应变情况模拟

1）外接数控系统与普通注射机控制系统的联动。需要在普通注射机控制系统与模具之间接入一个外接控制系统，因此需要解决外接控制系统与普通注射机控制系统之间的信息传输与信号控制问题。

2）外接数控系统的架构。外接数控系统包括数据采集装置、处理器、显示/键盘装置、存储装置、多个输出装置和多个控制信号输出装置，需要实现热流道加热及温控、开合模及抽芯、阀浇口开关等控制功能。

3）顺序阀式浇口控制。普通的注射机还不具备阀浇口顺序开关控制功能。顺序阀式浇口要求多阶段、分次序地控制阀浇口的开关，时间控制一般需要精确到0.05s以内。

如图 4-79~图 4-83 所示，是模内层压外接数控系统的原理结构示意图和应用情况。

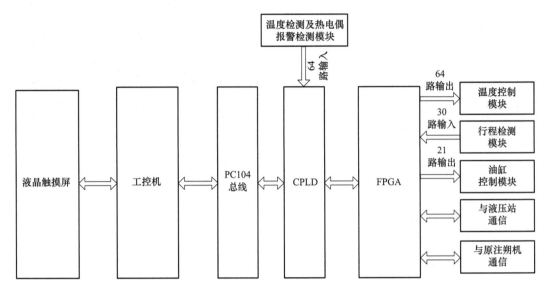

图 4-79 模内层压工艺外接数控系统整体结构框图

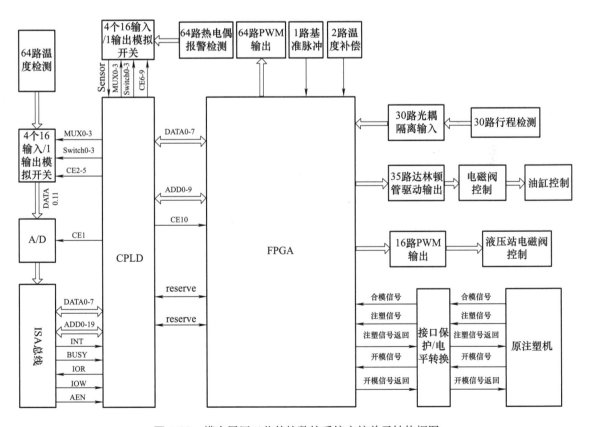

图 4-80 模内层压工艺外接数控系统主控单元结构框图

图 4-81 模内层压工艺外接数控系统的实物照片

图 4-82 汽车内饰件模内层压工艺制品的注塑生产

a) 汽车内门板上框架

b) 产品在汽车上的应用

图 4-83 汽车内门板上框架模内层压产品及其应用

3. 我国模内层压技术发展现状

我国的汽车塑料件及模具发展很快,但在模内层压技术方面与国外差距较大。到目前为止,仅有深圳群达、银宝山新、宁波方正、青岛海尔等少数行业龙头企业为国外汽车企业开发了汽车内饰件模内层压模具,而我国其他企业还缺乏相关的模具设计知识和经验。导致这种现状的原因一方面是模内层压技术的工艺及模具设计十分复杂,很难掌握其中的核心技术。另外,适用于模内层压的专用注射机完全依赖进口且价格昂贵,国内生产企业还很难负担。这一状况导致我国汽车零部件中的模内层压制品全部依赖国外进口,严重影响了我国汽车工业自主品牌的发展和自主创新能力的提高,尤其是高档乘用车,情况尤为严重,同时也限制了模内层压工艺在汽车内饰件中的推广应用。

随着我国经济的快速发展,作为代表国内外先进模内层压工艺代替采用粘接剂将覆盖层黏附在塑料件表面上的工艺必然成为国内外未来年模具、汽车、家电、通信、仪器仪表和医疗器械行业发展重点对象,是未来年相关制造工业发展市场急需研发技术。因此,对模内层压工艺及模具设计进行研究并进行产业化应用是当前模具行业迫切需要解决的难题。

➡ **作者**:

❖ 汪智勇,杨金表,蔡考群. 群达模具(深圳)有限公司

4.1.12 水性丙烯酸液态阻尼材料研究与应用

随着汽车行业内的竞争和社会的进步,汽车厂为提高自身的竞争力,从汽车性能、环保和生产自动化等方面进行优化材料和生产工艺。汽车液态可喷涂型阻尼隔声材料,则是近几年逐渐推广的涂装新工艺。LASD(可喷涂型阻尼隔声材料)是由树脂或橡胶为主要原料的隔声降噪功能材料,可用于白车身车厢内各部位,替代传统车内沥青阻尼垫,是一种新型环保车内 NVH

（噪声、振动与声振粗糙度）材料。

本文从喷涂型水性丙烯酸液态阻尼材料的工艺先进性，从材料特性、干膜密度、复合损耗因子和车内 VOC（挥发性有机化合物）排放等方面对 LASD 材料进行了分析与研究。LASD 材料比传统固态阻尼垫有较多的优势和发展前景，实现整车减重、较好 NVH 性能、较低的车内 VOC 排放、生产自动化。

目前的 LASD 材料基于产品基材的不同，可分为 PVC（聚氯乙烯）基、橡胶基和水性丙烯酸基。每种材料都各有利弊，对比这三种 LASD 材料，水性丙烯酸基 LASD 在很多方面较其他基材的材料有明显优势，在国内外的使用实绩最多。下面从水性丙烯酸 LASD 的工艺、材料特性及性能、施工设备等方面对 LASD 的研究与应用进行阐述。

1. LASD 工艺简介

（1）LASD 工艺介绍　LASD 工艺归属于涂装工艺。白车身从焊装车间流动到涂装车间后，首先进行涂装前处理和电泳工艺，经电泳烘烤炉后，进入 PVC 焊缝密封和车底防石击涂料（UBC）工序。LASD 工艺通常安排在涂布 PVC 焊缝密封胶和喷涂车底防石击涂料（UBC）工序之间。LASD 工艺便于采用机器人喷涂，LASD 涂料采取中央泵站管路输送的集中供应方式，取代了固态阻尼垫的人工铺设工位。

LASD 工艺流程与固态阻尼垫工艺流程的区别示意图如图 4-84 所示。LASD 材料在密封胶烘干炉中半固化，后续在面涂烘干炉完全固化。喷涂区域、形状、截面厚度，通过汽车 NVH 设计确定，然后通过数模转换或示教设定为机器人工作程序。在不同车型的混流生产线中，可通过车型自动识别技术自动切换机器人的工作程序。

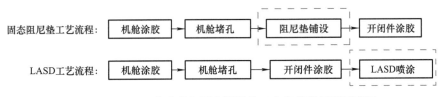

图 4-84　LASD 工艺流程与固态阻尼垫工艺流程的区别示意图

（2）LASD 工艺的先进性

1）LASD 工艺的优劣势分析。LASD 工艺与传统固态阻尼垫工艺相比较，具有以下的优势和劣势：

① 优势：

a. 降噪性能较好：LASD 材料的复合损耗因子在常温（10~30℃）下大于固态阻尼垫，同等体积（面积 × 截面高度）下降噪性能较好。

b. 减重：LASD 材料的干膜密度比固态阻尼垫的小，在同等体积的条件下，LASD 材料的质量相对减重 40%。

c. VOC 更低：LASD 材料的组要成分为丙烯酸、PVC 和橡胶，比起以沥青、炭黑为主要成分的固态阻尼垫，VOC 散发更低。

d. 减少人工，提高效率：LASD 材料通过机器人实现自动化喷涂，比人工作业的固态阻尼垫工艺既提高了生产效率，又减少甚至取消了在恶劣环境下作业的工人，同时相应减少了通风空调能耗。

e. 减少加工和物流成本：对应不同车型不同部位，固态阻尼垫需要预先加工裁切成不同形状（特殊部位的还要增加粘合剂），并配送到铺设工位。而 LASD 工艺，只要材料合适可一种材料自动对应各车型各部位，明显降低了物流成本和减少了生产线空间占用。

f.更好满足设计需求：固态阻尼垫在车身一些部位固定困难、不好贴合。而LASD基本可适应所有部位，可较方便满足NVH设计的需求。

② 劣势：

a.LASD材料、工艺目前处于推广阶段，材料成本相对固态阻尼垫材料成本高。

b.LASD喷涂需要自动化设备投资和运维，固态阻尼垫工艺仅需要简单作业工人。

2）LASD工艺的工厂价值链分析

① 固态阻尼垫：原材料——片状材料——冲裁定型——包装运输——（中转库）——车间内配送——人工铺设——包装回收。

② LASD：原材料——中央泵站——管道自动化输送——机器人自动喷涂（LASD取消预制裁片及相应的中间储存、定置管理等费用，实现零库存操作）。

2.LASD材料的研究

（1）LASD材料的特性 LASD材料的组成成分是乳液、填料、分散剂、表面活性剂、增稠剂及杀菌剂，其中乳液为主体，各成分的功能见表4-5，LASD材料的产品特性见表4-6。目前国内外采用LASD工艺的整车厂大部分采用的材料都是以水性丙烯酸乳液为主体的水性丙烯酸基LASD。丙烯酸乳液是通过丙烯酸酯类在水中聚合而得到的。乳液的成分如图4-85所示，乳液中的聚合物粒子约占50%，水约占49%，乳化剂约占1%。水性丙烯酸LASD的成膜机理示意图如图4-86所示，水性丙烯酸LASD在烘烤过程中水分蒸发，聚合粒子相互熔融成膜。此成膜过程无化学反应，为物理反应。

表4-5 LASD的组成成分及相应功能

原材料	功能
乳液	提供隔声阻尼性能
填料	改善烘烤性能
分散剂	分散填料
表面活性剂	改善存储性能
增稠剂	调节黏度
杀菌剂	改善存储性能

表4-6 LASD材料的产品特性

参数	产品特性
外观	黑色触变性流体
聚合物类别	水性丙烯酸
固含量	79%~83%
水分含量	17%~21%
密度 /（g/cm^3）	1.4~1.9
黏度 /cp	60000~110000
膨胀率（烘烤型）	30%，依烘烤温度不同有所变化
保质期	3个月

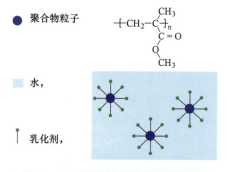

图4-85 丙烯酸乳液的成分示意图

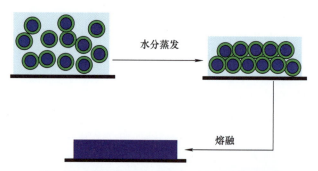

图4-86 水性丙烯酸LASD的成膜机理示意图

（2）LASD 材料的性能验证

1）LASD 工艺减重效果的确认。为了确认液态阻尼垫对车身减重的效果，进行如下验证实验。测试方法：标准条件（140℃，30min）烘烤固化后，采用密度天平测量密度。测试结果见表 4-7，固态阻尼垫以 1 为基准，液态阻尼垫 LASD 的三个厂家的密度分别为 0.5、0.6、0.4g/cm³。LASD 的干膜密度只相当于沥青垫的 40%~60%，在整车上应用同等厚度，同等面积的 LASD 代替沥青垫，可减重 40%~60%。以广汽传祺某 SUV 车型为例：沥青 10.14kg，厂家 1 的 LASD 5.3kg，在整车上应用同等厚度与面积，LASD 代替沥青垫可减重约 47.7%，车身减重 4.84kg。

表 4-7 干膜测试数据表

试样名称	密度值 /(g/cm³)			平均密度值 /(g/cm³)	相对于沥青垫密度
	1	2	3		
固态阻尼垫	1.791	1.785	1.770	1.782	1
厂家 1 LASD	0.908	0.585	0.911	0.892	0.50
厂家 2 LASD	1.050	1.031	1.128	1.070	0.60
厂家 3 LASD	0.829	0.841	0.850	0.840	0.40

2）LASD 工艺 NVH 效果的确认。LASD 涂层的阻尼性能与材料本身的结构密切相关，其将机械能转换为热能的方式主要有 3 种：①高分子链之间的内摩擦；②高分子链与颜填料之间的摩擦；③颜填料与颜填料之间的摩擦。当产生振动时，高分子材料内部链段之间的摩擦贡献阻尼性能，颜填料与高分子链段间的摩擦及颜填料与颜填料间的摩擦均可提高材料的阻尼性能。

复合损耗因子是衡量阻尼性能的参数，测量 LASD 复合损耗因子的方法是悬臂梁法。LASD 与固态阻尼垫的复合损耗因子对比示意图，如图 4-87 所示，从实验结果可以看出在低温和常温状态下（使用时状态），2.5mm 厚度 LASD 比沥青阻尼垫提高 50%。高温状态下材料损耗因子都较低，趋于一致。可喷涂阻尼材料损耗因子明显优于现使用的阻尼垫，对车内低频噪声有较好的吸收效果，可改善整车 NVH 性能。

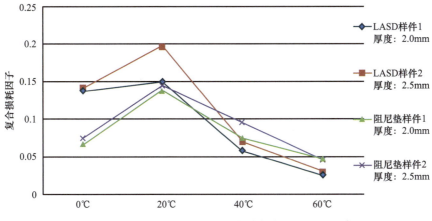

图 4-87 LASD 与固态阻尼垫的复合损耗因子对比示意图

（3）LASD 工艺 VOC 效果的确认。LASD 本身为丙烯酸类的水性涂料，具有低的 VOC 散发特性，对整车 VOC 改善效果明显。LASD 与固态阻尼垫整车 VOC 的对比数据见表 4-8。采用 LASD 替代固态阻尼垫后，车内空气 VOC 浓度明显下降。其中苯系物浓度共下降 36%，醛系物共下降 49%。

表 4-8　整车 VOC 测试结果数据表　　　　　　　　　　（单位：mg/m³）

检测项目	甲醛	乙醛	丙烯醛	苯	甲苯	乙苯	二甲苯	苯乙烯
标准要求	≤ 0.10	≤ 0.05	≤ 0.05	≤ 0.11	≤ 1.10	≤ 1.50	≤ 1.50	≤ 0.26
固态阻尼垫（联洪 磁吸/热塑型阻尼垫）	0.10	0.036	ND	0.007	0.147	0.029	0.097	0.01
LASD（PPG P8040）	0.051	0.03	ND	0.004	0.025	0.005	0.019	0.006

3. LASD 的施工设备

LASD 施工设备主要有四大系统：供胶输送系统、温控系统、流量控制系统及机器人喷涂系统，如图 4-88 所示。以某工厂 60 辆/h、中型乘用车的涂装线为例，LASD 工艺规划 5 台喷涂机器人 4 台喷涂机器人及 1 台开盖机器人。喷涂机器人选用细长臂类型机器人，保证动作灵活性。在第一站设置 1 台开盖机器人（挂顶）。由于车内空间狭小，为减少动作相互干涉，5 台喷涂机器人分两站设置。采用 STOP/GO 搬送方式，搬送精度要求 ≤ ±5mm，并采用视觉定位系统保证定位精度。喷枪根据现场生产条件采用 2D 喷嘴的喷枪。

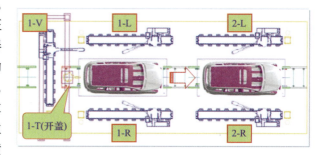

图 4-88　LASD 机器人布局示意图

随着社会对汽车使用及其生产过程（尤其涂装）环保节能的要求不断加严，同时社会进步导致人们对恶劣环境作业的容忍度日益下降。可喷涂水性丙烯酸液态阻尼材料（LASD 材料）是近年发展起来的新材料、新工艺。LASD 材料比传统的沥青固态阻尼垫应用有较多的优势，有助整车轻量化程度增加、较好 NVH 性能和较低的车内 VOC 排放；有助于实现作业自动化、降低作业环境改善的投资。随着 LASD 材料的性能优化及大规模应用，成本将降低，LASD 材料替代传统的固态沥青阻尼垫将成为行业发展趋势。

➡ 作者：
❖ 廖梅东，何凯欣，董松梅. 广州汽车集团乘用车有限公司

参考文献

[1] 赵成文，郭焱，王桂刚，等. 水性阻尼材料阻尼性能影响因素研究 [J]. 城市建设理论研究，2012（30）：21.

4.2 汽车非金属材料轻量化新装备技术

4.2.1 汽车塑料零部件模具设计与制造技术

随着汽车轻量化进程的加速，塑料在汽车中的应用将更加广泛。汽车轻量化使塑料作为原材料在汽车零部件领域被广泛采用，从内饰件到外饰件以及功能件，塑料的身影随处可见。塑料在汽车中的应用在增加，对模具技术的要求也越来越高。高精度、高品质、新工艺、新材料和新技术是未来汽车塑料模具的主要发展方向。

1. 汽车行业对塑料模具需求

塑料被普遍认为是最为理想的汽车轻量化替代材料之一，塑料零部件的使用，除可减轻汽车自重外，还可有效降低传动件之间的摩擦力、提高耐磨性、减少零件数量、降低加工能耗，同时增加汽车的安全性、舒适性和密封性。汽车产品塑化趋势提升了汽车塑料零部件的需求。目前国内外汽车行业已经推广使用塑料作为主要材质的零部件主要分为三类：内饰件、外饰件和功能件。

汽车行业是我国重要的模具消费市场，生产一台普通乘用车需要各类模具上千副及大量注塑零部件。目前，我国模具行业中 30% 左右的模具及配套产品是为汽车行业配套的。汽车产品更新速度的加快对模具行业及其配套产品的需求形成了有力的市场支撑。

汽车行业的快速发展为相关注塑产品及模具产品提供了较为明显的市场空间。未来几年我国汽车行业塑化比率将进一步提高，将增加高精度、高稳定性的注塑件产品的需求。低压一体注塑模具、搪塑模具、发泡模具和快速验证模具等中高端模具产品将面临良好的发展机遇。

塑料模具是塑料零件制造的支撑工艺装备，主要包括注射、挤出、吹塑、吸塑、发泡、压注和搪塑等模具类型。约有 90% 的汽车内外饰塑料零件是通过塑料模具生产的，汽车工业的快速发展促使塑料模具技术向高效生产、环保制造、高品质外观、以塑代钢等方向发展。

2. 叠层模具技术

叠层模具技术即在一套模具中将多个型腔在合模方向重叠布置。这种模具通常有多个分型面，每个分型面上可以布置一个或多个型腔。简单地说，叠层模具就是相当于将多副单层模具叠放在一起，安装在一台注塑机上进行注塑生产，如图 4-89 所示。

叠层模具结构上由叠层热流道系统、专用模架系统、承载导向系统、双向顶出系统、开合模联动系统等多个系统组成。

（1）叠层模具技术特点

1) 叠层模具生产效率超过普通的单层模具一倍或多倍，可大幅度降低注塑生产成本。从结构特点来看，叠层模具将多副型腔组合在一副模具中，充分利用普通注塑设备可满足生产。模具的充填、保压和冷却时间与单层模具相同，这就决定了叠层模具的生产效率将超过普通单层模具一倍甚至多倍，大大提高制品单位时间的产量。

图 4-89 叠层模具

2) 叠层模具可安装在与单层模具相同的注塑机上，无须投资购买额外的机器和设备，从而节约了机器、设备、厂房和新增劳动力的成本。

3）叠层模具制造要求基本上与普通模具相同。据统计，1副双层叠层模具的制造周期比2幅单层模具的制造周期短5%~10%。

4）经生产验证，叠层式注塑模具结构设计合理、可靠，制品尺寸一致性好，模具费用降低30%，成型效率提高一倍或多倍。

5）叠层模具适合于大批量生产形状扁平的大型制品和小型多腔薄壁制品，批量越大，制造生产成本越低。

通常，注塑机与常规模具配合使用时，其本身的注射量和开模行程只使用了额定的20%~40%，没有充分发挥注塑机的性能。与常规模具相比，叠层模具的锁模力只提高了5%~10%，但产品可以增加90%~95%，极大地提高了设备利用率和生产效率，降低了成本。

叠层模具作为一种新型的模具技术得到了不断的发展，特别是与热流道技术的结合，使它成为当今塑料模具发展的一项前沿技术。传统的常规模具设计理论已经不适用于叠层模具设计，因此急需发展一套全新的模具设计理论以指导叠层模具设计。

（2）叠层模具设计要点

1）注塑机最大注射量。叠层模具可以采用冷流道，也可以采用热流道。当使用冷流道时，需要考虑浇注系统凝料所有的塑料量；当采用热流道时，即实现无回头凝料生产，在热流道板和中心主喷嘴中的物料不影响模具所需注射量，可以忽略不计，所以在校核注塑机最大注射量时要视具体情况而定。

2）注塑机注射压力。注射压力的校核主要是检验注射压力能否满足成型的需要。对于叠层模具，大多成型薄壁、投影面积大、流程长的塑件，在充填过程中需要更高的注射压力和注塑速度。而叠层式热流道模具由于采用了热流道技术，相对叠层式冷流道模具来说，能较好地传递注塑压力，故所需要的注射压力比叠层式冷流道模具小，由于流程增加、投影面积增大，所需注射压力要比单层冷流道模具大。在校核注射压力时，应根据各种塑料的注射工艺，并结合计算机模拟流道分析来确定塑胶件的注射压力，再与注塑机额定注射压力比较。

3）注塑机最大锁模力。叠层式注射模具的各层型腔以"背靠背"设置，理论上能在锁模力不增加的基础上在同一台注塑机上实现任意数量的叠层。但是，由于叠层式注射模具的中心主喷嘴及分流板增大了流动通道，使塑件加上浇注系统在分型面上的投影面积有所增大，并且由于叠层而延伸了流道，压力损失比常规单层模具大，注射压力相应增大，致使型腔压力增大，故锁模力有所增加，校核时按相同单层模具所需锁模力增加10%~15%是比较安全的。

4）注塑机开模行程。叠层式注射模具在两个层面分型开模并顶出塑件，当校核开模行程时，对于采用液压—机械式锁模机构的注塑机，则无须考虑模具厚度；当叠层式注射模具上具有侧向分型的抽芯机构时，则需考虑抽芯距离的影响。

5）主喷嘴长度。中心主喷嘴不能太长或太短，这样模具闭合时，中心主喷嘴不会超出注塑机喷嘴在机座后退或前进的最大距离。由于中心主喷嘴要与模具的中间部分在分型时一起移动，所以应确保开模后中心主喷嘴仍留在定模部分内，以防止中心主喷嘴头部的溢料滴入定模型腔壁上。

6）浇注系统。叠层式注射模具既可以采用普通流道浇注系统（即冷流道浇注系统），也可以采用热流道浇注系统。如图4-90所示，热流道浇注系统能够较好地传递注射压力，有利

图4-90　叠层热流道

于提高塑件的成型质量，并易于实现自动化生产，但对塑料品种有一定要求，而且热流道系统价格昂贵。当采用冷流道时，塑件的成型质量稍差，但模具加工容易，故成本较低，所以用何种浇注系统应视具体情况而定。

7）模温控制系统。模温是影响塑件成型质量的重要因素之一，叠层式注射模具设计时应保证各层型腔的温度条件控制一致。对于叠层式热流道注射模具，为减少热流道系统由于热传导的热量损失，应减少模具与热流道板之间的接触面积，并设置相应的隔热垫块。

8）开模机构。为使塑件收缩一致，塑件在各型腔中的停留时间（冷却时间）应当相等，故叠层式注射模具应当确保各层型腔的分型面同时开启。齿轮齿条开模机构（图4-91）和机械连杆开模机构（图4-92）常作为叠层式注射模具的开模机构，前者的技术性能较好，也较经济，但后者的灵活性更大。采用液压辅助开模更容易控制开模时间，但结构较复杂。

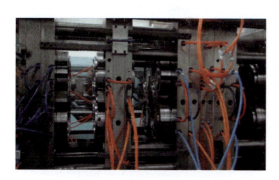
图4-91　齿轮齿条开模机构

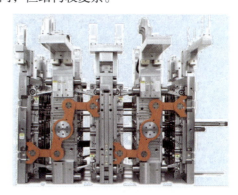
图4-92　机械连杆开模机构

9）脱模机构。根据冷却时间等同要求，叠层式注射模具应对各层型腔中的塑件同时顶出，采用弹簧或者高压空气的脱模机构能够达到这一要求。

3. 汽车内外饰低压一体注塑模具技术

注塑产品的注塑技术可按图4-93所示进行分类，从广义上讲，低压注塑一般指成型过程中模腔内压力小于20.0MPa的注塑成型过程。后注塑、后注塑压缩和后压缩工艺都可以称为低压注塑。

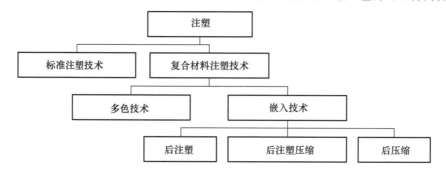
图4-93　注塑模具工艺分类

（1）低压注塑的特点　由于低压注塑产品在注塑过程中会复合一层装饰面料，产品表面会拥有面料表面的极佳质感。常规注塑过程中的缩痕、熔接线等外观缺陷也可以被面料表皮掩盖，同时给予我们很高的产品设计自由度。由于是低压注塑，模具型腔的注塑压力也大大得到降低，对模具钢材的选择范围也更广。表皮与产品的结合无需胶水等产品粘接剂，对汽车气味、VOC影响也最小,如图 4-94 所示。

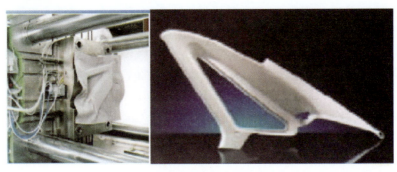

图 4-94　低压注塑特点

(2)低压注塑装饰面料　低压注塑装饰面料应用广泛,常用面料有真皮、PVC 表皮、带 PP-Foam 的 TPO 表皮、PUR 表皮、带无纺布的针织面料表皮、纤维毡等。低压注塑装饰面料组成结构具体见表 4-9。

表 4-9　低压注塑装饰面料组成结构

	壁厚 /mm	原料	功能要求
顶层	纺织品:1~4 金属薄片:0.5~1	PP、PET TPO、PVC、PA	装饰品的表面感觉
发泡层	1~3	PUR、PP、PA	柔软,良好的热绝缘性
后层	无纺布:0.5~1.8g/cm^2	PP、PET	热绝缘,稳定的结合度
基体	2~3	PP、ABS、PC/ABS	外形稳定

(3)低压注塑模具技术　低压注塑模具结构如图 4-95 所示。

1)模具需有集成的装饰材料固定系统。

2)为了防止面料脱落、阳模带有潜入式封口。

3)装饰面料从机器上面放入型腔。

4)潜入式封边/修剪封口依靠装饰材料的形式和壁厚来确定。

5)模具热流道需使用带有自锁喷嘴的热流道系统。

6)在装饰面料的固定边(动模)没有滑动部分,顶出系统在注塑模具注塑边一侧。

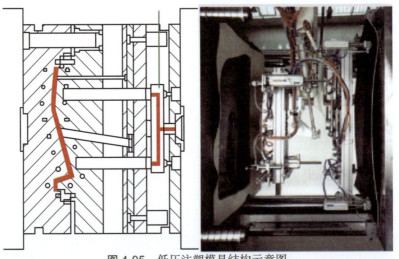

图 4-95　低压注塑模具结构示意图

（4）低压注塑模具典型工艺流程　如图 4-96 所示，是低压注塑的典型工艺流程图，在整个过程中，面料依据产品的外形和面料固定机构的需要进行切割，在完成低压注塑后，边缘会有一定宽度的多余面料，根据外观需求，一般使用的是超声波切割或者焊接方式处理。

图 4-96　低压注塑典型工艺流程图

（5）汽车低压注塑产品　目前汽车内外饰产品中应用低压注塑工艺进行生产的主要有立柱、门板上装饰件、侧围和地毯等，如图 4-97 所示。

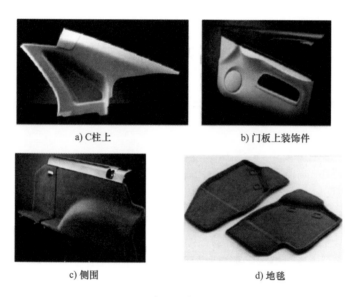

a) C 柱上　　　b) 门板上装饰件

c) 侧围　　　d) 地毯

图 4-97　常见的低压注塑产品

4. 搪塑模具技术

（1）搪塑模具技术简介及工艺特点　搪塑工艺是对带皮纹的搪塑模具（采用镍制壳）对背面或整体进行加热，模具和装有 PVC（或其他材料）粉末的粉箱对接后旋转或一边加热一边旋转（其方式取决于模具的类型和实现搪塑工艺的方法方式），粉箱中的塑料粉末自然落入模具中融化或是胶化，热模表面上就会形成一个形状与仪表板一致的带皮纹的皮套，然后取下粉箱，对模具进行冷却后人工取下得到的 PVC 皮膜（图 4-98）。搪塑皮膜与仪表板框架放在发泡模中，注入 PU 发泡料，熟化后成为搪塑表皮发泡仪表板。搪塑模具加热有 3 种方式：煤气加热（或电加热）、油加热、沙加热。搪塑仪表板的优点是生产的皮套皮纹均匀、清晰、美观。在搪塑工艺未出现以前，主要采用的真空热成型工艺或真空复贴工艺，它是将带皮纹的 PVC 表皮加热，拉伸后吸附在成型模或仪表板框架上，由于 PVC 表皮经过不均匀的拉伸，使皮纹变形影响了美观。而搪塑表皮的皮纹是刻在模具上的，所以得到的表皮皮纹清晰美观。

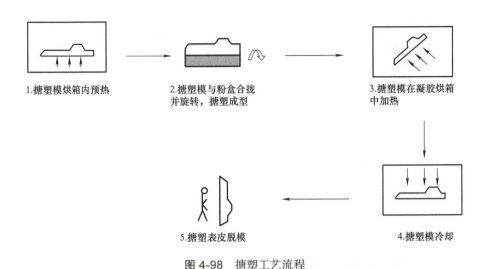

图 4-98　搪塑工艺流程

搪塑工艺特点：

① 采用 PVC 或者 PU 为原材料，搪塑表皮具有良好的耐老化性，手感柔软、舒服。

② 具有良好的弹性和低收缩率，可以设计形状复杂的产品，非常小的弧度，较深的倒角。

③ 表皮纹理均匀美观。

④ 表皮厚度均一，便于长途运输。

（2）搪塑模具制造工艺　搪塑模具制造主要有以下 8 个步骤：

步骤一：制作表皮包覆模。

按照产品 CAD 数据，计算包覆模型的材料收缩率和产品材料的收缩率，预留包覆表皮的厚度，制造包覆模型（图 4-99），将客户认可的表皮，按照客户要求的皮纹方向将表皮包覆在包覆模型（图 4-100）上后，邀请客户对表皮包覆模进行确认。这个工作室搪塑模具的关键，表皮包覆的品质直接决定以后搪塑表皮的质量，表皮包覆要平整，纹理拼接要自然。

步骤二：阴模 1 号。

以步骤一制作的表皮包覆模用树脂制作一个框架，然后去掉表皮包覆模，然后复制出带拼缝线的硅氧胶阴模 1 号（图 4-101）。

步骤三、四：主皮纹和拼缝线修复，客户认可。

制作框架，从硅氧胶阴模 1 号复制出带拼缝线的主模型，再将主模型上的拼缝线进行手工修正（图 4-102），将修正好的主模型（图 4-103）交客户确认。

图 4-99　包覆模型　　图 4-100　将表皮包覆在包覆模型　　图 4-101　带拼缝线的硅氧胶阴模 1 号

图 4-102 手工修正

图 4-103 修正好的主模型

步骤五：阴模 2 号。

从主模型复制出硅氧胶阴模 2 号（图 4-104），此硅氧胶阴模 2 号可以复制 4~6 个电镀型芯。

步骤六~八：电镀型芯模、电镀镍壳模、镍壳模表面处理。

从硅氧胶模 2 号复制出电镀型芯模，然后再将电镀型芯模放入电镀池中进行电镀。电镀完成后，镍壳脱出。最后根据客户的表面光泽度标准对镍壳进行表面处理，处理完成后把镍壳固定在搪塑模框架上（图 4-105），模具制作完成。

图 4-104 硅氧胶阴模 2 号

图 4-105 固定在搪塑模框架上

5. 微孔发泡注塑成型技术

微孔发泡注塑成型技术是利用超临界流体状态的大气气体（如 N_2 或 CO_2）；产生大小及分布均匀的微孔，贯穿于某种聚合物当中的一种新型注射成型技术（图 4-106）。

（1）微孔发泡注射成型技术优势

① 减轻产品质量、节约原材料。

② 减少产品残余应力，改善制品翘曲变形，提高尺寸精度。

③ 混合溶胶流动性增强 20%~40%，黏度低，充填效果明显。

图 4-106 微孔发泡

④ 消除表面缩痕。

⑤ 缩短薄壁制品的成型周期，提高生产效率。

⑥ 减少锁模力要求，节约制造成本。

⑦ 发泡剂成本低廉，环保，适用于所有应用领域。

⑧ 制造过程中污染零排放，制品不含化学残留物。

（2）微孔发泡基本原理 微孔发泡成型过程（图4-107）可分成三个阶段：首先是将超临界流体（CO_2或N_2）溶解到热融胶中行成单相溶体；然后通过开关式喷嘴射入温度和压力较低的模具型腔，由于温度和压力降低引发分子的不稳定性从而在制品中形成大量的气泡核，这些气泡核逐渐长大生成微小的孔洞。

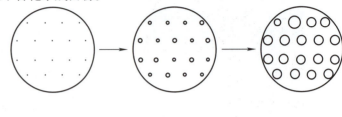

图 4-107 发泡成型过程

发泡后的制品横切面放大如图4-108所示，从中可以看到表层还是未发泡的实体层，这是由于模具温度较低，表面树脂冷却迅速，细胞核没有成长的时间，所以还是未发泡的实体。

（3）微孔发泡产品生产流程 首先N_2或CO_2经过超临界流体控制系统产生超临界流体，再输出到射入界面，通过射入界面打入注塑机螺杆的搅拌区，热熔胶和超临界流体在搅拌区内充分溶解形成单相溶体一定的恒定压力下保持下来，当注塑机发出射胶指令时，开关式喷嘴将会打开将单相溶体射入模具的型腔中，形成微孔发泡产品，如图4-109所示。

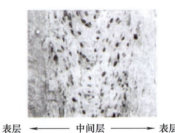

图 4-108 发泡体结构

（4）微孔发泡工艺特点

1）螺杆具有特殊的螺纹设计。超临界流体被射入搅拌区后，需要特殊螺纹来切碎超临界流体，使之与热熔胶充分溶解从而形成单项融体。

2）单项融体必须保持在一定的高压下才不会离析。注塑机的螺筒有单向止逆阀和开关式喷嘴设计，从而在螺筒前端的射出段形成一个密闭高压区间。如图4-110所示，用汽水瓶形象地进行了说明：注射时，开关式喷嘴打开，就如同汽水瓶的盖子被打开一样，单相融体瞬间注入模具型腔开始发泡。

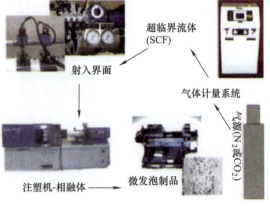

图 4-109 微孔发泡技术流程

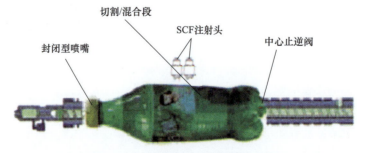

图 4-110 微孔发泡注塑机螺杆喷嘴

用户也可以在现有注塑机上进行升级，更换为 Trexel 特制的设备，如螺杆、螺筒，加装注射器和射入界面系统，外接一个超临界流体控制器来实现。当然，也可以购买一些品牌已整合了这些特制部件的新注塑机。微孔发泡注塑机的螺杆和螺筒是定制件，考虑与注塑机规格的配合，一般选用相若的螺杆直径，长径比通常是 22∶1 或 24∶1，比普通的长一些。值得一提的是，加装了微孔发泡注塑机的螺杆和螺筒之后，仍可以很方便切换回传统注塑，用户可以根据需求灵活安排生产。

6. 单腔双色汽车模具技术

（1）单腔双色模具技术特点　单腔双色模具技术是在一个型腔内完成双色注塑即软硬两腔合二为一。模具是单腔的，同时具备第一种塑料（硬胶）和第二种塑料（软胶）所需要的共同空腔，简化了模具和减少了对注塑机工作空间的需求，也更有利于产品质量的提高，使软硬两胶完美结合。银宝山新的技术团队在细致研究了汽车双色格栅模具的结构特点，开发出动态控制型腔双色隔离技术，通过型腔中分型机构的统一控制开闭，在一套模具中完成双色分步填充成型，达到单腔双色注塑效果。单腔双色注塑成型模具技术改变了传统的双色模设计理念：无须开发两套模具，不需要传统双色注塑机，只需要开发一套模具和一台含有两套注射系统普通注塑机；模具不需要做两个型腔或型芯，注塑时不需后模要做平移或旋转运动，不需要做两次注塑（两个开合模注塑循环周期），采用了一个型腔（一个型芯），只需在一个周期内顺序注胶成型出两种颜色。

（2）单腔双色模具关键技术

1）单腔双色模具结构设计：双色模需要注塑两种材质，有软硬结合，汽车双色模具尺寸比生活日常用品尺寸大，并且模具结构比较复杂。

2）单腔双色浇注系统设计技术：首先经过计算机辅助模流分析后，确定了浇口位置和数量，填充压力等，将可能产生注塑缺陷的参数优化，从而获取最佳注塑成型工艺参数。根据产品的要求设计了两套独立的热流道系统，两个热流道系统叠在一起，两个进胶方向呈 90° 排布。注塑生产设定在同一台注塑机上，此注塑机设有两个交叉的注射系统。两者通过同一台注塑机的信号控制，以达到两者互相协调的目的。

3）单腔双层双色模闸刀片滑块技术：是利用一种特殊滑块的运动来控制成型区域。第一步：当注射硬胶时，第一套浇注系统开始工作，滑块处于复位状态，阻隔了硬胶到达软胶区域，从而填充了预定的成型区域。第二步：当注射软胶时，注塑机发出信号，油缸带动滑块退位，第二套浇注热流道系统开始工作，完成软胶的预定型腔的填充。此特殊滑块是此单腔双层双色模具技术成败的关键，产品的成型、运动以及阻隔封胶都由此滑块负责。

4）单腔双层双色模注塑工艺：选用的注塑机是常用的卧式注塑机，在此基础上，增加一个额外的注射装置，两者组合而成。也就是说一个注塑机有两个注射系统，两者呈 90° 交叉排布，共用一套锁模系统，液压系统。注塑工艺顺序是：模具闭合→硬胶注塑，行位复位→软胶注塑，行位后退→冷却、保压→模具打开→产品顶出→模具闭合。

7. 注塑压缩成型模具技术

（1）注塑压缩成型技术特点　注塑压缩成型技术，利用锁模运动过程中型腔对已注入的塑胶原料进行压缩延展。注射压缩成型能有效消除制品内应力，细微结构均匀，有效提升制品的光学性能以及消除曲面制品的翘曲问题，因此适用于各种热塑性工程塑胶制作的产品，以及有良好抗袭击特性要求的零件，对于能有效提升精密制品品质注塑工艺进行研究开发，尤其是车窗、光学塑料镜片类零部件对制品内应力有着严苛的要求，传统的模具注塑工艺不能满足要求，注射压缩工艺在这种形式下应运而生。

（2）注塑压缩成型关键技术

1）压缩模具设计技术：选择好被注零件的入口及流注通道位置，使之达到填充型腔的良好效果；设计模具伸出的导向刃轨和导向芯部和型腔。有严密的公差配合，以防聚合物渗漏溢出型腔；设计有一个带逆止开关的喷嘴，用以防止聚合物回流入注塑机；对于有通孔的零件，应当使固定在模具一侧的销钉穿入另一侧模具并有良好的滑动配合，以防模具型腔的运动迫使销钉松动或被卡死。

2）注射压缩成型工艺技术：控制压缩参数有模具温度、注射温度和时间、保压压力、保压时间，此种工艺主要是射出成型制程中之外加入模具压缩的制程，亦即在充填之初模具不完全闭锁，当部分塑料注入模穴后，再利用锁模机构闭锁模具，由模心模壁向模穴内熔胶施加压力以压缩成型来完成模穴充填。

8. 典型汽车零部件模具技术应用

（1）多层共挤吹塑燃油箱模具技术　油箱作为汽车燃油系统中一个非常关键的部件，起着极为重要的作用，目前轻量化工艺是使用塑胶油箱代替金属燃油箱。塑料燃油箱目前成型方式是采用的多层共挤吹塑成型的方式，可以成型出形状复杂的异形产品，即充分利用底盘剩余空间形成适合的燃油箱形状，并尽可能地增大燃油箱的容积。本技术是汽车燃油系统中核心产品油箱的新型模具制造技术，进行模具新型结构、制造新工艺、注塑新工艺开发。

主要内容包括：

1）多层吹塑成型模具的吹塑吹气系统技术：油缸机构控制刺针刺入多层型坯，快速吹高温高压气体。

2）吹塑成型倒扣结构脱模系统技术：油管上的固定点有倒扣位，油箱入口要脱螺纹，需要在有限的空间做机构进行脱模。

3）吹塑成型模具的排气系统技术：吹塑过程快，周期短，快速排除出模具内的气体，并且兼有辅助散热作用。

4）吹塑成型模具的材料和配件选用技术：模具工作环境非常潮湿，所有模具零配件也要选择防锈材料。

5）吹塑成型模具的关键尺寸保证技术：吹塑后产品内部空心，产品变形大，车身接触点用不同厚度的调整片进行高度调整；产品的 X、Y、Z 方向的收缩率不同，放出合适的收缩率保证产品质量。

6）吹塑成型模具的冷却系统技术：要有足够的冷却水路，缩短成型周期和保持模具正常工作；多层吹塑的冷却模具，需设计专门的冷却模具辅助冷却，上下2层，共4套。

（2）汽车前端模板塑包钢模具技术　塑胶包钣金一体的汽车前端模板结构，能够降低模块重量和集成多种功能，保持金属件高强度的特性，又有塑胶件灵活复杂设计性。金属加塑胶复合的前端模块在刚度、强度、耐高温和抗老化等多方面具有突出优势。汽车前端模板塑包钢模具技术主要是其成型技术，并解决塑胶与大型钣金件的接合问题。在注塑模以钣金件为嵌件，通过注塑而达到钣金件与塑料的粘合，具备高刚度和轻质的优点，在保证强度的同时又减轻了整车的重量，设计更加自由灵活，包含了以下技术：

1）塑包钢的钣金件表面处理工艺技术：要有利于钣金件和塑胶结合，粘接牢固。

2）塑包钢模具结构设计技术：塑包模的设计需要了解塑胶收缩对五金件的影响，同时五金件对塑胶收缩的限制；五金件在注塑模具中的放置和定位；开合模顺序控制以及注塑参数的调节。

3）钣金嵌件取放夹具技术：一次性完成五金件放置和产品取出的夹具结构通常嵌件注塑夹具先将产品取出后，再将嵌件放入注塑模具内成型。因此，机械手需要往返两次才能完成嵌件放置和产品取出的动作。

4）塑包钢注塑控制工艺控制参数技术。

（3）碳纤维增强热塑性模压板注塑模具技术　一种碳纤维板嵌件的注塑复合制品模具工艺技术，通过将碳纤维材料板制成碳纤维嵌件，并将碳纤维板嵌件植入注塑模具模腔内合模压制成型，根据产品性能选择适当热塑性材料注塑成型，获得以碳纤维嵌件为表面，以热塑性材料为结构的复合材料零件。连续纤维增强热塑性复合材料模压板＋注塑成型复合工艺模塑技术，包含以下关键技术：

1）复合产品模具结构技术：嵌件合模处理机构、产品分型面结构、浇注系统、顶出系统、排气系统及模具零件等结构的设计。由于连续纤维板放入模具后需经过加热处理达到可塑性变形温度，再经过模具合模压制成所需的嵌件形状，碳纤维嵌件的位置和造型影响产品的精度，纤维板在模具内的变形过程需要精确控制，设计并控制好其预变形结构。

2）复合产品成型工艺技术：采用连续纤维板替代以往的金属材料，碳纤维材料的成型工艺和变形处理过程以及热塑性材料的注塑融合成型工艺，碳纤维与塑料的结合性能影响着产品整体的质量，分析连续纤维材料与热塑性注塑材料之间的性能融合情况，设计出嵌件包裹方案，使两者之间紧密地结合在一起。工艺流程为：纤维材料前处理—连续纤维板安装—纤维板压制成型—塑胶料注塑—冷却凝固成型—产品顶出。

其创新点：碳纤复合新材料具有更好的轻量化效果：选择轻质高强度碳纤复合材料替代金属材料成型汽车零件（案例产品钢制 1.038kg，轻质材料复合成型 0.33kg，减重率高达 68%），单个零件减重效果明显，具有较好的轻量化效果。

（4）长碳纤增强复合材料汽车尾门注塑成型技术　长碳纤复合材料作为汽车轻量化中应用得到了快速发展，具有高强度、高模量和低密度，其减重降耗可以满足复杂结构设计等优点，是汽车轻量化理想的材料。注塑型长碳纤增强复合材料具有成型时间短的特点，生产效率比较高，适合大规模生产，汽车尾门内板作为结构件采用以塑代钢技术，目前市面上的汽车尾门内板一般都是钣金结构，已有成功应用。注射型长碳纤塑料尾门内板，物理性能、冲击强度极佳，满足了中高端车型的强度性能要求。

长碳纤增强汽车尾门内板产品前期工艺分析及结构优化：对汽车尾门内板结构的设计，要依据产品的使用质量要求，承受载荷的工作状况来决定制品形状结构。尾门内板结构应能很方便地设计和制造成型模具，在模具设计和注塑过程中的工艺条件实施，能顺利地制造出优质的制品。

尾门内板模具结构设计：模具结构方案包含模具型腔设计、收缩率、分型面设计、顶出结构、油路水路排布、模具材料选择、油缸机构等等。设计合理的浇口数量、浇口尺寸和浇口位置、设计合理的冷却系统，对于保证长碳纤注塑成型产品质量有重要的作用。

汽车工业技术快速发展，节能与环保成为其主旋律，通过轻量化模具技术，以塑料代替金属，不仅能减轻车重，降低燃油消耗和碳排放，还可提高动力性，适应恶劣环境，增加安全性。汽车塑料可回收，从而节省了资源消耗，将在安全和成本方面获得更多的突破。

作者:
- 陈向伟. 重庆长安汽车股份有限公司欧尚汽车研究院
- 段志平，伍世锋，贾宇霖. 深圳市银宝山新科技股份有限公司

参考文献

[1] 张晓陆. 薄板塑件成形熔体Moldflow流动分析 [J]. 模具工业，2011，37(2):5-18.
[2] 刘昌棋. 油箱壳体工艺和模具设计 [J]. 模具工业，2011, 37(5):29-33.
[3] 胡德云，杨浩. 汽车门板复合模设计 [J]. 模具工业, 2012, 38(11):23-26.
[4] 高国利，贾宇霖，黄福胜. 模具零件材料清单的自动生成 [J]. 模具工业，2011.37（1）：25-28.
[5] 刘朝福. 注射模设计师速查手册 [M]. 北京：化学工业出版社, 2010:378-390.
[6] 高国利，黄家强. 模具加程序单的自动化与网络化后处理 [J]. 模具工业，2011，36(4):16-18.

4.2.2 汽车模具热流道成型技术

近年来，针阀式喷嘴在热流道的系统的应用中日益增多。应用时间程序控制器能使多个喷嘴实现平衡浇注，提高了制件的质量。整体式热流道改变了以往的压紧式热流道结构，提高热流道注射的可靠性，促使热流道企业实行一体化组装和热半模的生产。双色注塑和喷嘴斜射技术也得到成功的应用。

1. 塑料注射模热流道技术应用

塑料注射模的热流道技术已越来越广泛地被应用，累积起来的技术成果与日俱增。热流道注射模已经发展成为塑料加工的重要工具。

（1）热流道系统的技术优势

1）因为无流道凝料需要脱模，整个注射过程可实现高效自动化，可以无假日地长时间连续生产。流道中塑料保持熔融状态，能减少了所需的注射和保压时间。当冷流道厚度大于注塑件壁厚时，改为热流道后可缩短冷却时间。冷流道改用热流道后，可增大对型腔的充模压力和注射速率，可以减小注塑件壁厚。对于一模多腔的小型模塑件的注射，由于流道体积的份额较大，改成热流道后，可减少注射时间和塑化时间。改成热流道后，无流道凝料要脱模，缩短了注射操作循环中的开模行程，并消除取出流道凝料所花费的时间。应用热流道注射模的大批量生产，通过缩短注射周期和实现自动化操作，可提高产量。

2）流道中高温熔融的塑料物料有利于压力传递，流道中的压力损失较小，使长流程流道成为可能，也使长流程的大尺寸注塑件成型成为可能。对一模多型腔注射模，保证了生产注塑件密度和收缩的一致性，提高了注塑件的精度。热流道注射模让保压时间更长且有效，可减小塑料制件的收缩率，改善注塑件的质量。

3）减少或消除主流道和分流道废料，降低了材料成本。不但节约了原材料，还节省了对废料处理的工作，削减了废料的回收、分类、粉碎、干燥和贮存工作，可减少粉碎机的数量，节省劳动力，降低能量消耗，节约所需的生产场地，避免因使用回用料引起注塑件质量降低的影响。对于一模多腔注射小型制品，浇注系统的体积愈发达，原材料节约愈明显。

应用热流道技术的优点是原材料损耗减少和易于实现注射加工的自动化。某些大型的薄壁制品的注射，没有热流道技术是困难的，或者是不可能的。热流道浇注系统在注塑模中普及率在国

内已经达到50%。由于汽车上塑料注射成型件的质量要求高,生产批量大,基本上都应用热流道注射模具。

(2)热流道技术的特征　热流道注塑成型是综合性强、难度较高的技术。要长期稳定地注塑生产,涉及模具设计和制造水平,注射工艺规范和热工仪表的自动控制等多方面因素。不仅对热流道技术装备,而且对从业人员的素质和水平有较高的要求。

热流道技术的装备——流道板、喷嘴和温度调节器等的质量要求高,设计和制造困难,如今都由专门的供应商提供,不再由模具制造企业自行制造。这就要求热流道装备生产和供应商,积极地向使用者提供热流道运行性能,提供喷嘴和温度调节器等使用、装配和维护的详细说明,防止随意地选择喷嘴等元器件,还负责热流道系统的设计或选择,并做好售后服务。

热流道技术有无可置疑的优势,了解有关热流道使用的技术难度很有必要。

1)热流道的使用对不同的塑料品种必须使用不同的喷嘴。新的塑料品种必须设计制造新的喷嘴,并经过试验。注射生产中着色塑料的更换是困难和费时的,所应用的流道板和喷嘴应有专门的设计。

2)熔体在长路径的热流道中停留时间过长,尤其是在较长注射周期的情况下,带给热敏性塑料的热损害,有更大的烧损危险。在注射料筒中塑化后,必须防止在热流道中过热。一些热流道系统里的"死点"使塑料长时间停滞,有分解危险。在考虑加工PVC(聚氯乙烯)和POM(聚甲醛)热敏性塑料,高温塑料和添加阻燃剂的塑料,玻纤增强塑料时,所使用热流道应该有应对措施。

3)温度控制误差会引起熔体材料的温度差异,从而导致塑料熔体非均匀填充。热流道系统需要有最佳的温度控制系统、"软启动"的加热系统、流道板的区域温度控制和可靠的喷嘴温度控制。

4)热流道系统使用结果是模具高度增加,注意:它会超过所使用注射机的允许尺寸。

5)充分发挥热流道系统生产优势,先决条件是注射机和模具的自动化连续操作。直到维修或长假才中断生产,进行所需的热流道的清理。操作的员工需要一定操作经验,来避免浇口流涎或塑料熔体泄漏。

6)热流道的多喷嘴浇注系统要有流量和压力的平衡浇注功能,保证各喷嘴出胶注射,能达到注塑件的质量要求。流道几何流程不相等时,实现流变平衡有技术难度。

7)设计好热流道系统的流道板和喷嘴的绝热。它们对模具和环境的热传导、热对流和热辐射应该有正确估测,并给以补偿,务必设计好热流道系统与模具成型型腔之间的热屏障,有效地调节浇口区域温度,控制了浇口热力闭合,能改善浇口附近注塑件的质量。

热流道装备类似机械-电气产品,必须有精密机械加工能力。由于塑料注射模具是单件设计制造,相配套的热流道器件,流道板和喷嘴的设计制造也是单件或小批量的。流道板和喷嘴在高温高压下运行,流道和浇口的加工精度影响塑料熔体输送。

没有一种热流道系统能适用所有塑料材料和所有种类的注射制品。专用的热流道系统能对某种热塑性塑料是适合的,并不能适用另一种塑料。热流道系统的操作还进一步取决于众多因素,如注射量和注射速率,流程长度、模具型腔形状和塑料的着色。

(3)热流道技术发展

1)热流道技术早期发展历程。热流道作为热塑性塑料注射模塑的一门技术,已经应用了40多年。热流道技术的基本原理,早在1940年,E.R.Knowles在美国申请了专利。此热流道注塑模简单实用，现在的热流道与以前的原理大同小异。当时它没有考虑流道板的绝热和节能，也没有温度的控制，喷嘴没能加热，浇口也没有节流调节功能，因此这项专利没有得到广泛应用。

热流道技术在起始阶段发展缓慢，人们对它的兴趣有限。直到1958年，美国了建立INCOE硬壳热流道公司。1965年，波兰有了Plastic公司设计制造热流道的报道。当时只有个别企业在设计和制造热流道系统。

直到1973年爆发了石油危机，塑料原材料价格上涨。注塑行业为了降低制品成本，为了消除注射模流道系统中的废料，有了应用热流道注射生产的需要。制造商的热流道喷嘴和其后的完整热流道系统出现在市场上。但是喷嘴的堵塞、塑胶泄漏、温度调节失灵和技术不完善导致需求下降，造成发展停滞。新生的热流道器件生产企业依靠资金投入和技术发展，使塑料熔体输送可靠，提高了热流道器件寿命和电加热和温度调节质量。在塑料材料传热学和流变学理论基础上，在计算机技术支持下，到了20世纪80年代，系统有较完善的节能设计，这项技术趋向成熟。现今热流道系统市场规模很大，几乎所有热塑性塑料、各种类型的注塑模都能选用到有效的热流道系统。一些高温塑料、热塑性弹性体等材料也都能应用热流道技术。热流道注塑模能模塑生产大型和微型细长筒体和织物衬里等特殊制品。近年来，针阀式喷嘴应用促使了发泡注射技术、微孔塑料的注射技术、共注射技术出现和应用，更促进了叠式注射模的应用和发展。应用针阀式喷嘴还能进行时间顺序控制多点注射，能注射成型无熔合缝的塑料件。

2）国外的热流道技术应用。20世纪90年代，世界上著名品牌的热流道公司进入我国注塑模生产的标准件市场。在我国模具市场影响较大的有加拿大Mold-Masters（马斯特模具）公司、美国DME公司和德国HASCO公司。这些公司在经营初期，流道板在上海加工生产，喷嘴等标准件从国外空运邮寄。如今，所有的热流道器件都在国内加工。为了获取廉价的劳动力，又将生产总部迁到苏州。其中年产值最大的是加拿大Mold-Masters公司和韩国的YUDO(柳道)公司，年经营额上亿元。Mold-Masters公司是世界上生产规模最大的热流道专业公司，也是在热流道领域投入研究精力最多和拥有最多热流道专利的公司。产品制造精致齐全，结构合理，制造精良，营业额大。美国DME和德国HASCO的热流道产品，常由客户指定装在出口的注塑模中。它们的产品质量可靠，但价格高昂。HASCO是世界著名的模具标准件制造商，热流道产品与模具标准件、模架等产品都具有相当好的知名度，产品品种齐全。DME也是世界著名的模具标准件制造商，热流道产品与模具标准件、模架等产品具有同样的知名度，产品的门类比较广。INCOE是热流道专业制造商，其发展历史比较长，以制造大型汽车用注塑产品的热流道系统为长。进驻的还有意大利Thermophay和Hnglass Tooling & Hot Runner Manufacture，新西兰的Mastip和韩国Hot System等有十几家。近年来，美国Ynventive（圣万提）公司以最新的热流道技术进入我国市场，颇具影响力。

各品牌热流道公司有以下经营特征：

① 服务于各国高端汽车行业的塑料注射模具的制造，具有高素质技术人才的团队。不断研发热流道系统的新技术和新装备，有强力的设计、制造和装配的职工队伍。

② 应用塑料注射流动分析软件，辅助热流道系统设计，又有长期的技术经验积累，精心设计和制造的热流道能一次注射成功。塑料熔体在流道和浇口中以合适的剪切速率流动充模，在可行的压力下实现多喷嘴的平衡浇注。

③ 流道板和喷嘴能实现精准和均衡的温度控制。温度测量可靠，绝热隔热有效。热流道系统在工作状态下热补偿量少，节能运行。用陶瓷或钛合金绝热，使用绝热板和辐射片。热流道系统的

能量消耗少。加热器的用料和装配讲究，热效率高。采用铍铜或钼合金制造导热零件，制造喷嘴。

④ 各品牌公司不但有外加热的流道板和众多规格的喷嘴供选择，也有内加热的流道板和喷嘴的供应。不但有气动的针阀式喷嘴，也有液压驱动和电动的针阀式喷嘴供选购。

⑤ 品牌公司的热流道器件，制造的材料优良。采用优质耐磨钢、耐热钢和不膨胀钢。易损零件经镀铬，镀镍或氮化钛表面处理，能保证流道和浇口，及运动零件的工作寿命。

3）国内的热流道技术应用。我国在应用热流道技术方面，上海最先尝试。早在1979年，上海胜德塑料厂试制成功主流道单喷嘴的注射模。但由于加热元件经常烧坏，车间管理很不方便，使用时间不长。直到80年代，引进了国外热流道注射模，大批量生产啤酒周转箱等制品的过程中，消化吸收了先进的热流道技术，翻译出版了许多国外的有关的资料，如《注塑用无流道模具》。相关的专业期刊经常有介绍热流道注射模塑方面的论文。全国各地开始试制热流道注塑模，如1984年齐齐哈尔第二机床厂，设计生产了叉车托盘的热流道注塑模，该热流道系统有分叉的热流道板、8个分喷嘴。一次注射7kg的高密度聚乙烯制件。

20世纪90年代汽车工业快速发展，上海的延锋内饰件厂，大批量生产轿车保险杠，用德国和加拿大进口的热流道注射模。应用多年后，各汽车制造厂开始实现了热流道注射模的国产化。还有饮料瓶的瓶盖，在进口32腔的热流道注射模后，也开始试制国产模具。

20世纪90年代开始，热流道技术开始在中国经济热点地带得到广泛的应用，2000年前后，在长三角和珠三角地区等经济热点区域，由于市场的需要，一些国内的热流道专业公司纷纷成立。其中一些公司的规模和技术水平成长迅速，一些公司甚至能够与欧美知名的热流道公司正面竞争，在上海，热流道系统年销量达到3000套，职工上百人的有上海占瑞模具设备公司，颇具规模，主要服务于汽车、3C电子（计算机、通信和消费类电子产品）、家电及包装行业。浙江地区有四十多家热流道公司。其中，销量较大的有思纳克热流道公司和恒道科技有限公司等。苏州地区也集中几十家专业的公司，其中苏州好特斯模具有限公司规模领先。珠三角地区的热流道专业公司众多。其中，深圳麦士德福科技股份有限公司和东莞贝斯特热流道有限公司的年销量也有上千套，具备一定规模。其余的热流道专业公司，职工大多不到50人，为年销售额几百万的小微型企业。

本行业还出现了生产热流道器件的零配件专门公司，如有热流道电加热盘条与热电偶的供应商。有的专业订单生产针阀式喷嘴的阀针，还有订单粗加工流道板的毛坯。热流道的各种规格电气接线盒，嵌入加热线圈的喷嘴铜套(要用四轴数控机床加工不等距的螺旋槽)，都由专业厂生产供应。驱动阀针的气缸和绝热橡胶板等也都有供应商。网上下订单，零件快递，热流道零配件的专门化生产，促使热流道器件生产周期缩短，节奏加快。

国内有关热流道及注射模塑的专著给生产第一线的技术人员，提供了较全面的塑料材料、注射模塑、传热学、流变学和自动控制的基础知识和理论。

4）注射模塑的热流道装备生产企业的现状。成套热流道器件的供货，通常以模具型腔的注射点数目定价。用喷嘴的数目乘上该喷嘴的单价来付款。热流道装备是一副热流道注塑模总价格的20%左右。多型腔、注射点多的注塑模，可达30%。应用开放式喷嘴的热流道价格可低于20%。

业内资深人士推测，我国热流道装备市场每年销售额有30~40亿元。外资品牌热流道公司占有大部分的销售量。民营热流道公司只占有销售市场不到1/3。有些微型热流道企业还依赖低价销售和"回扣"维持经营。

本产业的投资规模和从业人员数大致达到国际水平。但在技术水平和产品质量上有较大差距。品牌公司每个职工的营销额是民营企业2~3倍。经营较好的民营企业，最近几年的营业额每年递增30%。营业利润在10%~20%。职工工资略高于注塑模生产企业，但低于外资热流道企业。

注射模塑的热流道装备生产企业转型升级的目标是创建民族品牌和国际品牌。十多年来，热流道企业创办了很多，关停也不少。说明发展热流道技术的关键是技术人才。目前，我国还没有从业15~20年或更高阅历的高级工程师。从事此行业的技术人员绝大多数是机械设计和制造专业的学历，他们缺少塑料材料、热工仪表、塑注射工艺和模具方面的知识。最近几年，有不少在品牌热流道公司的从业人员，流回民办企业，或者自己创业。若干年后，依靠一批高级工程师的努力，在塑料加工业的良好发展潮流中，我国会有热流道装备产品品牌的产生。

2. 汽车模具热流道成型技术发展

最近几年来由品牌热流道公司引领，民营企业在针阀式多喷嘴的时间程序控制的注射，整体式热流道和双色热流道三方面取得明显技术进步。

（1）针阀式多喷嘴的时间程序控制的注射　近年来在一些瓶盖类的多型腔注射模塑中，针阀式喷嘴有替代针尖式喷嘴的情况。直接浇口的喷嘴使用越来越少。国外的品牌公司在十多年前，早已积累了应用这些开放式浇口的经验，有成熟的技术，热流道成本低。在注射条件稳定可控状态下，今后开放式浇口喷嘴仍有较好的应用价值。针阀式喷嘴是智能热流道的基本器件。但是，将来不是每副塑料注射模都是热流道浇注，更不是所有热流道注塑模都是智能化的。

1）针阀式喷嘴应用。针阀式喷嘴在热流道的应用中发展，功能不断改善，新产品不断出现。针阀式喷嘴在热流道系统应用中，有四方面的优势。

① 它可确保在塑料制品固化前，准确控制阀针闭合的时间。因此可以确保各个喷嘴在保压后，有时间一致的浇口闭合，可使注射循环时间减少，也使一模多腔的各注射点的计量一致。

② 它在制品上无浇口料头残留，仅有阀针柱销头留下的圆盘痕迹，能满足许多制品表面质量的需求。浇口不存在流涎和拉丝。

③ 它可有较大的浇口通道，浇口直径常用2~7mm。因此可用于低剪切阻抗或对剪切敏感的塑料注射。

④ 适合大型塑料制品的注射，可使其以较低保压压力，获得残余应力较低的制品。

结构泡沫制品和微孔塑料制件注射时使用针阀式喷嘴，可使塑料在输送流道中不能过早发泡。控制喷嘴开放后，使未发泡的熔料迅速充满整个型腔。

尽管针阀式喷嘴有许多优点，但下列因素限制了它们的使用。

① 液压缸或气动缸的使用，需要额外的安装位置，并需要对其附加冷却。

② 需要对驱动缸附设控制系统。

③ 过长的阀针、曲折的环隙流道会使喷嘴中的流程压力损失增加。

④ 针阀式喷嘴在额定300℃以上，压力超过160MPa容易泄漏。高温下的聚合物分子降解后，产生的污垢会进入间隙，使阀针卡死，流道烧结。因此喷嘴损坏时，不能轻易提高温度和增加注射压力，否则会导致各种泄漏等危害。

2）时间程序控制器。时间程序控制器用于针阀式多喷嘴的热流道系统，它有下述功能：

① 对薄壁窄长的制件，多个针阀式喷嘴按程序开启能消除熔合缝，提高制件的抗弯强度。

② 通过对每一个浇口注射量的调节，调整熔合缝位置和走向，可控制两注射点的对接熔合缝的位置。避免光亮可见表面上显现熔合缝，适用大面积和多孔的易生成熔合缝的制品。

③ 控制各个浇口的开闭时间和顺序，实现平衡浇注。不同形体尺寸的多个型腔注射，时间程序控制模塑可以实现各型腔的平衡注射，可降低所需锁模力，尽管会延长一些注射周期。

④ 控制保压补缩的时间，可提高厚壁注塑件的材料密度，可保证一模多腔成型制件的一致性。

3）时间程序控制的注射。以下两个热流道针阀式多喷嘴，用时间程序控制的实例，消除了熔合缝或改善熔合缝的位置。

① 长板条的无缝注射。图 4-111 所示的汽车长垫板，长 825mm，宽 142mm，板厚 2mm，有垫板体积 755cm³。垫板用聚丙烯 PP，用 25% 玻璃纤维增强并用 15% 矿物粉充填，固态密度 1.23g/cm³。230℃时 MFR=23g/10min。注塑模是一模二件对称布局，为了减少有限元单元的数目，只流动分析一个塑料件。

图 4-111b 所示是五个开放式喷嘴同时充模，注塑件中的熔合缝众多。两喷嘴料流间会有较长横穿宽度的熔合缝。实验数据指出，PP 用 20% 玻璃纤维增强时有缝区域的力学性能是无缝材料的 47%。

图 4-111a 所示上有五个阀针控制启闭的喷嘴。流动分析的注射充模时间是 2.1s。G1 喷嘴的阀针开启时间设为 0s，与注塑机螺杆推进同步。G2 和 G3 阀针开启时间设为 0.8s，G4 和 G5 阀针开启时间设为 1.3s。快速充模流动分析结果，最大注塑压力 49MPa，最大锁模力 431t。图 4-111a 所示长垫板上熔合缝比 b 图少许多。因此垫板的强度和刚性有了保证。

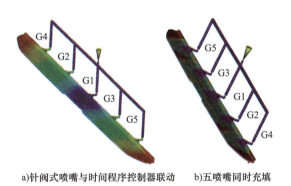

a) 针阀式喷嘴与时间程序控制器联动　　b) 五喷嘴同时充填

图 4-111　长垫板的时间程序控制的注射

② 乘用车散热栅条板注射。图 4-112 所示的乘用车散热栅条板，长 896mm，宽 206mm，高 144mm，壁厚 3mm，有栅板体积 717cm³。用 ABS 注射，熔体温度 230℃，模具温度 60℃。喷嘴 G0 距主流道喷嘴很近，与驱动气缸或油缸有干涉，不能采用针阀式喷嘴。两个 G1 针阀式喷嘴在 1.5s 开启，熔料射入纵向两根撑条。两个 G2 针阀式喷嘴在 2.2s 开启，少量注射推进而提供充分保压补缩，将熔合缝推向板条的里侧，强化了栅条板两侧。流动分析结果，最大注射压力 81MPa，最大锁模力 512t。熔合痕较短小，方向多变。在栅条上没有贯穿的熔合缝，允许电镀修饰处理。

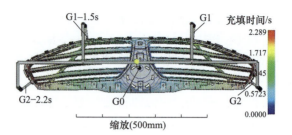

图 4-112 乘用车散热栅条板的时间程序控制的注射

（2）整体式热流道　随着热流道技术在塑料注射模具中广泛应用，传统的流道板与喷嘴在压力下的连接方式，部分被整体式的热流道系统替代。近年来，注塑件在采用针阀式多喷嘴注射时，喷嘴与流道板的螺纹连接成一体。

1）整体式热流道的优势。图 4-113 所示针阀式喷嘴，锥头阀针用油缸活塞驱动。油缸体 3 安装在流道板上。喷嘴壳体 18 上无凸肩，只有浇口套 21 固定在定模板上。

① 整体式热流道的安装热补偿。图 4-113 所示针阀式喷嘴，流道板的横向热膨胀，自中央定位销 20 向外热延伸，需计算预测流道板的横向膨胀量。流道板上喷嘴安装的横向位置尺寸，喷嘴浇口套固装在低温的定模板上。喷嘴的螺纹连接段有 20~300℃ 工作温度。室温下的流道板的注射点经热补偿，在注射工作温度下，流道板上流道轴线能与定模板的喷嘴轴线重合。

② 整体式热流道喷嘴的强度和柔度。喷嘴壳体的壁厚受到熔胶压力的周期性作用，存在开裂的疲劳强度问题。受到内压作用的喷嘴，有最小壁厚的限制。在室温下将多个喷嘴压入定模板的浇口孔中，在热流道系统升温的过程中，螺纹连接的喷嘴还会产生轴线方向的弯曲变形，如图 4-113 所示，在喷嘴螺纹连接段外，割挖周向凹槽，提高轴线方向的弯曲柔度。此凹槽截面由圆弧和斜面组成，防止应力集中。喷嘴筒体的最小壁厚应仍有足够的强度。为了便于整体式热流道的安装，将热流道和喷嘴加热到 120℃，插装到定模板中。

③ 整体式热流道的液压驱动。喷嘴轴线方向的产生热膨胀，不受定模固定板的约束，没有对喷嘴的反压力。坐落在流道板上的油缸需要钛合金绝热，并用水循环冷却。图 4-113 所示锥头阀针由油缸活塞驱动。在很大驱动闭合力作用下，要考虑阀针头冲击浇口洞口的疲劳强度。阀针上的夹固段，可用螺钉 10 调节阀针在活塞上的轴向位置。这种喷嘴阀针在装配过程中，让活塞对油缸的支撑面上受到最大闭合压力，而 40° 锥销头上能有效密封，承受很小的闭合力。

④ 整体式热流道的螺纹连接。如图 4-113 所示，喷嘴头的上细牙螺纹，有六角头并拧紧。六

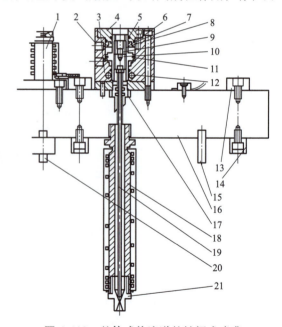

图 4-113　整体式热流道的针阀式喷嘴

1—主喷嘴　2—输油口　3—油缸体　4—缸盖　5—密封圈
6—活塞　7—油封圈　8—挡圈
9—锁紧螺钉　10—调节螺钉　11—活塞密封圈
12—冷却水管　13—承压圈　14—支承圈
15—止转销　16—流道板　17—导套　18—喷嘴壳体
19—锥头阀针　20—中央定位销　21—浇口套

角头端面与流道板之间有足够间隙，让封胶端面有足够的压紧力。还要有防止螺纹连接松动的措施。连接螺牙应有足够强度和较高精度，要能拆卸。螺牙表面经过氮化处理。

整体式热流道系统有 4 个优势，必将成为一种常用热流道结构。

① 相比压力连接，喷嘴与流道板螺纹连接减少了 50% 的熔胶泄漏可能性。

② 喷嘴取消了大直径的凸肩段。没有多个喷嘴凸肩在定模板孔座中的轴向定位一致性问题，避免了一项定模板的加工误差对安装精度的影响。

③ 避免喷嘴凸肩对定模板孔座的热传导，使定模型腔板的冷却更有效。热流道系统的温度分布趋于合理。

④ 直筒式的喷嘴壳体的切削加工方便，省工省料。

2）一体化组装和热半模。整体式热流道是在热流道生产企业进行一体化组装。热半模是整体式热流道生产进一步发展的结果。

① 整体式热流道的一体化组装。在整体式热流道系统中，喷嘴和流道板形成了一个部件。熔体从流道板流进喷嘴，不会产生偏差以及流动死角。喷嘴通过螺纹连接到流道板中，消除了喷嘴与流道板之间的塑胶泄漏。

整体式热流道系统还能够直接预装配液压系统，包括电磁液压控制阀。电器以及液压线路也可以按照客户的要求进行配置。整体式热流道的一体化组装，交付前会经历系统的电气、温度、液压或气压的检测，因此客户可以容易地在模具内进行安装，并尽快投入生产。

当模具或系统需要常规的维护时，整体式热流道的一体化组装部件，可以同样采用简单的步骤从模具上拆卸下来，可以独立模具外进行修理和检测。

通常，整体式热流道的一体化组装降低了维修成本。连接加热器和配电箱的导线被安放在专门设计的金属导管中，这对模具或热流道系统拆卸都是很有利的。同时，能够进行免拆卸日常维护，并降低了接线错误发生的概率。

② 热半模的生产。整体式热流道在完成一体化装配后，由热流道企业加工定模的隔热板、定模固定板和流道型腔板，并装上整体式热流道，完成电工布线，安装水管、气管和油管。除了定模型腔板外，在热流道企业完成定模部分加工和安装。这样保证了热流道系统的主喷嘴、流道板和分喷嘴在定模中的位置精度，改善了热流道生产企业与注射模生产企业的协作关系。热流道企业生产热半模必须有加工定模各模板的能力，备有大型的铣床和磨床以及精密的加工中心。

当系统为针阀式喷嘴时，因气缸/油缸都是已经处于装好状态，故在设计和加工定模固定板和流道型腔板时，已经做好缸体和出线槽的开孔，能有效防止干涉。在设计和调试针阀式热流道系统时，要统筹考虑气缸/油缸的冷却。保证气缸/油缸在额定温度以下，有足够的并联回路和冷却液。现场调试各喷嘴阀针正常启闭。通常，有必要在定模固定板上布置冷却管道。

所有的热流道零部件和各模板都要以四导柱为设计和安装基准，保证热半模在四导柱的引导下精确对准定模型腔板和动模。

（3）双色注射的热流道注塑模

1）汽车灯罩的双色注射。注塑成型汽车灯的灯罩是左右成对产品，平均壁厚 2.5mm。车头的前灯罩有用聚碳酸酯 PC 注射成型。PC 的光学性能和着色性能好，有很好冲击韧性。但在高温和阳光照射下会产生应力开裂。车尾的后灯罩采用聚甲基丙烯酸甲酯 PMMA 注射成型。轻质 PMMA 成型，其成型温度范围大，透明度高，但制品表面硬度低。

部分灯罩用白色透明和红色透光的两种着色塑料，分 2 次注射。如图 4-114 所示，第 1 次注射成型中央的白色 PMMA 的 L 板条。第 2 次在白色条板的两侧，用红色 PMMA 注射成型，与 2 块红色板条粘合成双色灯罩成品。在注塑生产中，为避免生成浇注系统的凝料，汽车灯罩注塑模都应用热流道技术，而且车灯的进胶点在灯罩的曲面上，喷嘴必须斜向注射。

两种材料要有足够的粘接面积，灯罩用板壳侧面粘接，并设计有凹凸企口槽。双色制品的结构应简单。通常，两组份的粘合面应为平整面。

汽车灯罩是双色注射生产的"大型"制品，生产批量大，每周期成型 2 件。成型模具在 1m³ 以上，重达数吨。图 4-114 所示是红白双色汽车灯罩定模型腔。

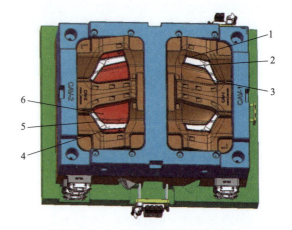

图 4-114　双色汽车灯罩定模型腔

1—第 1 次注射时红板的第 1 凸镶块　2—第 1 次注射时白板型腔
3—第 1 次注射时红板的第 2 凸镶块　4—第 2 次注射时红板的第 1 型腔
5—第 2 次注射白板半成品　6—第 2 次注射时红板的第 2 型腔

二次注射都是冷流道浇注系统，浇口的切离、流道凝料的脱模使模具结构复杂。现代双色注射大都采用无流道凝料的热流道浇注系统注射。

① 定模固定不动，包括热流道浇注系统。除了少数进口的双色注塑机，塑化装置和喷嘴间距是不变的。

② 两种塑料二块流道板，用分喷嘴直接注射。

③ 动模旋转 180° 后，动模型芯的整体位置相反。要防止半成品在转动中从动模中脱落，要保证第 2 次成品型腔正确，注意合模定位可靠。

④ 两套动模都有脱模机构，但只有成品注射位置才有脱模顶出动作。在半成品注射位置，没有脱模运动，致使动模部分单边受力。在合模过程要强使脱模机构复位。因此，脱模机构尽可能设置先复位弹簧，或设计推板复位，还要配置机械手取出双色成品。

⑤ 两套动模型芯的冷却水管接头在注塑模中央。进出口接头并列，防止动模冷却水的软管纠绕。要有足够水压，保证两套动模型芯的冷却充分均衡。

⑥ 双色注射在专用注塑机上两次注射，两个注射循环周期要相同。它们的注射时间和保压时间要协调。

⑦ 大面积双色塑料制件在温度大范围变化时，两种不同塑料在冷热冲击下会脱开，必须考虑两种材料界面粘合。半成品的冷却收缩不能过大。双色注射成型模具的成型收缩率，取决于第 1 次注射成型半成品材料。

2）汽车灯罩的双色热流道。双色热流道采用针阀式喷嘴斜向注射和流道板的双层结构设计。喷嘴头浇口位置喷嘴轴线与成型塑料件表面成斜角时，喷嘴头外的浇口区模具壁厚不一致、不对称。受锐角方向空间的限制，喷嘴头的刚性差，浇口冷却不均衡，而且斜向的阀针圆锥头会使塑料件上浇口冻结不稳定。形成较大的浇口凝料，痕迹异常不规则，这对于汽车灯罩外观是不允许的。因此，喷嘴轴线要与成型塑料件表面垂直，而针阀式喷嘴在模具中斜向注射如图4-115所示。

喷嘴的驱动气缸或油缸坐落在定模固定板里。近年来，整体式热流道系统中的喷嘴和流道板用螺纹连接。此时，气缸或油缸直接安装在流道板上。

流道板的双层结构设计如图4-115所示，件2和件5是两组双层的流道板。流道板接受主流道喷嘴的塑料熔体，分配到各自侧弯流道板的分流道中。在斜向的侧弯流道板平台上安装了针阀式喷嘴。

双层的流道板与斜置的针阀式喷嘴，使热流道系统的结构复杂。为减小流道板体积，减少流道板的热膨胀量，双层流道板设计成三维的交错布置。G1与G2、G3与G4、G5与G6的各对喷嘴相向斜置，而且喷嘴头在前后二个平面。

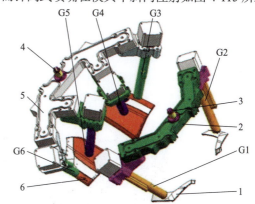

图4-115　一模二件双色灯罩的斜射针阀式喷嘴热流道

G1、G2—第1次半成品注射的针阀式喷嘴
G3、G4、G5、G6—第2次成品注射的针阀式喷嘴
1—第1次注射的半成品　2—第1次注射的双层流道板
3—第1次注射的主流道喷嘴　4—第2次注射的主流道喷嘴
5—第2次注射的双层流道板　6—双色灯罩成品

双层流道平板曲折布局有3个优点：

① 在注射工作温度下侧弯流道板横向热膨胀时，作用在喷嘴轴线两端的弯曲力矩较小。
② 定模对双层流道板的约束力处在较好的平衡状态。
③ 流道平板和流道侧弯板都能在上下两个平面上布排电加热弯管。

➡ **作者**：
❖ 徐佩弦．上海占瑞模具设备有限公司

参考文献

[1] 村上宗雄．注塑用无流道模具 [M]．傅光先，译．北京：化学工业出版社，1988．
[2] 徐佩弦．高聚物流变学及其应用 [M]．北京：化学工业出版社，2003．
[3] 弗伦克勒，扎维斯托夫斯基．注射模具的热流道 [M]．徐佩弦，译．北京：化学工业出版社，2005．
[4] 王建华，徐佩弦．注射模的热流道技术 [M]．北京：机械工业出版社，2005．
[5] 彼得·翁格尔．热流道技术 [M]．杨卫民，丁玉梅，译．北京：化学工业出版社，2008．
[6] 徐佩弦．塑料注射成型与模具设计指南 [M]．北京：化学工业出版社，2014．
[7] 徐佩弦，张占波，王利军．热流道注射模塑 [M]．北京：机械工业出版社，2016．

4.2.3　智能热流道注塑模具应用

在热流道技术不断创新基础上，控制电机驱动喷嘴阀针和多喷嘴的时间程序控制，展现了智能热流道注塑模具的新景。它将成为智能化的注射模塑系统的重要组成环节。

1. 智能热流道技术

智能热流道是智能塑料注射系统的组成部分。只有在智能化的注射系统中，它才能真正体现智能化的价值。目前,智能热流道表现在流道板和喷嘴的加热和温度调节,使塑料熔体在注射周期中维持熔融状态,不产生热损伤热分解,不会因凝固而丧失流动性。

(1)热流道温度控制的智能化　热流道系统的温度控制器/台如图4-116和图4-117所示。流道板分成若干区,用加热盘条嵌在流道板表面的外缘。每个加热区有一个测温的热电偶。它们组成一个加热和温控回路调节单元。每个喷嘴上的加热卷条和热电偶都有一个调节单元。单独调节单元(盒/器)组合成热流道温度控制器。热流道有几十个调节单元,就要用温度控制台。

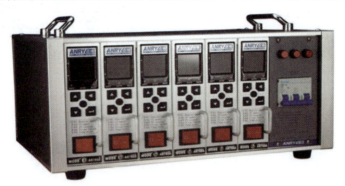

图4-116　热流道系统温度控制器

热流道系统的流道板和喷嘴加热和冷却存在惯性,加热期间存在干扰。要求温度控制系统的响应时间短又有良好稳定性,进行比例(P)、积分(I)和微分(D)的调节。数字式控制器用计算机程序进行PID控制,简便可靠。

数字电子线路的控制器具有微处理器的功能。热流道系统上每个加热区的加热电源、温度测量和控制,有单独温度调节单元。在温度调节器的抽屉式面板上,显示温度测量值和各种参数;输入和显示温度给定值;设定报警温度;设定软启动时间等。在每个温度控制单元的线路板上都有单独的集成块芯片。它是专门为热流道温度控制专门设计的微处理器。它以可编程序控制器(Programmable Logical Controller,PLC)为核心,有CPU运算处理功能,即算术逻辑运算和程序控制功能。还有只读存储器(ROM)和读写存储器(RAM)。ROM存储系统监控程序,不可改写。RAM存储应用程序和数据。PID控制算法用计算机程序存储在ROM存储器中。

图4-117　热流道系统的温度控制台

现代热流道系统都用模糊自整定PID控制流道板和喷嘴的温度。使用模糊控制器必须在线检测被控对象的误差及其变化率。按照调控法则,用模糊条件语句修改系数K_P、K_I和K_D,让PID调节器输出优化的控制量得到良好的温度调节效果,它的全称叫全参数模糊自整定PID调节器,是高精度的温度自动控制方法。

图4-118a所示为温度控制器采用PID控制方式,得到的热流道系统的响应曲线。温度响应曲线有很大的超调量,而且系统进入稳定状态的时间也很长。测定温度与给定温度间有偏差,温控精度为±5%。早期的热流道温度控制器是进行现场调试的。调试时,达到超调量最少,稳定时间最短,得出一组最优的PID调节参数K_P、K_I和K_D。这组最优的调节参数只在一定使用条件

下才能有良好的调节效果。系统受到干扰，如环境温度变化，则需要重新整定 PID 参数，操作过程相当烦琐费时。

早期的热流道温度控制器不能满足使用要求。因而各种智能 PID 温控器相继出现，现在普遍使用温控器的温控精度达到 ±0.5%。图 4-118 所示的模糊自整定 PID 控制方式温控器已商品化。

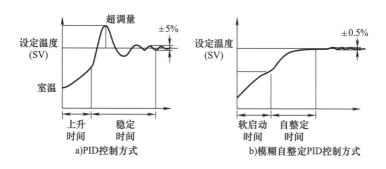

图 4-118　热流道温度控制精度

模糊控制器具有人工智能，能根据热流道系统输出的温度偏差 e 和偏差变化率 $e_c(=de/dt)$ 来决定被控对象的输入。早期的温度控制器的 PID 调节参数 K_P、K_I 和 K_D 由操作人员凭经验输入，后改为将计算机程序存储在微处理器的模糊模块中。先将热流道温度误差和误差变化率分成若干区段，用来判别温度偏差 e 的大、中、小和零；判别温度偏差变化率 e_c 的大、中、小和方向。用自然条件语句转化为模糊条件语句，输出优化的 PID 调节参数 K_P、K_I 和 K_D。在加热器经过升温进入软启动阶段后，控制线路接通模糊自整定的线路，如图 4-119 所示。

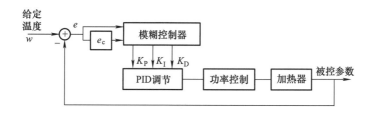

图 4-119　模糊自整定 PID 温度控制器系统图

K_P—比例系数　K_I—微分系数　K_D—积分系数　e—偏差　e_c—de/dt

在模糊自整定 PID 控制阶段，按周期采样 $k=0、1、2\cdots$，获得 $e(k)$ 和 $e_c(k)$，经过模糊控制器的数据处理，得到优化的 PID 调节参数 $K_P(k)$、$K_I(k)$ 和 $K_D(k)$。自整定过程是开关式的功率输出控制，尽管温度控制值变化大，但超调量最少，稳定过程时间短。

图 4-120 所示是微处理器的控制系统的基本框图。若功率控制需要，控制器输出量 u 便用 D/A 转换器，将数字量转成模拟量。反馈信号要用采样器将其断续化，然后再用 A/D 转换器数字化。相对于系统控制参量的变化，采样的频率应足以保证检测量的准确性。

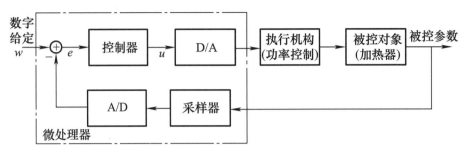

图 4-120　微处理器控制系统的基本框图

热流道系统的温度控制区在 20 个以上的注射模塑越来越多。图 4-116 中，一个热流道温度控制区用一个调节单元控制，势必使温控器过于庞大。图 4-117 所示热流道系统的温度控制台，是多点和单屏幕的工业计算机。它有高速的微处理器，高频率的温度测量功能，用先进的 PID 控制算法，达到 ±0.5% 以上温控精度。它提供稳定可靠加热功率，又有可选择的软启动功能。它有大尺寸液晶显示和触摸屏。对各点的温度数据和电流及功率，有显示报告、记忆统计和报警功能。

（2）智能化热流道温度控制的发展　多年来，智能化热流道温度控制应用效果并不理想。加热状态的流道板和喷嘴上温度分布不均匀，有"热岛"和"冷域"，致使流道中塑料熔体的温度有高低。

大型塑件和一模多腔的注塑模有较多的喷嘴；在流道板上有较多的加热区。当有十几个以上的温度调节器时，各调节器上显示的测量温度对于真实温度存在误差，给定温度对于所需正确温度存在偏差。屏幕显示温度一致，并不说明热流道系统各部位温度一致，也并不是各部位所需的合理温度值。有时会使个别或一些注射点的注射失败，成型的注塑件质量达不到要求。

因此，在塑料熔体试射的最后阶段，要以各个浇口处塑料的流动性和注射质量，来判断温度调节的结果。如各出浇口的出胶有先后；出现流涎和拉丝；以浇口料头和浇口附近注射质量，来判别熔体流动性，调节相应注射点及加热区的给定温度。这项温度调节系统的误差修正工作，需要熟悉热流道系统的设计；需熟悉注射塑料熔体的流动性，需要丰富的实际经验。

热流道温度调节系统误差的原因有 3 个方面。

1）温度调节系统本身的设计和制造的误差，如热电偶的参比端的温度补偿有误差；热电偶的位置和安装质量不佳。又如加热器的质量，它的安装质量优劣，加热器功率密度不均匀。电网电压和环境温度变化，都会使实际温度分布不均衡。

2）热流道浇注系统设计不合理，流道布排不对称，到浇口的流道长度各不相同。浇口的几何尺寸和孔径的制造误差，喷嘴浇口区冷却温度不稳定等因素，会造成热流道温度分布不均衡。

3）流道板是树杈式枝条的柱体，加热盘条以曲线弯折分布在表面。流道板上体积温度和喷嘴长度方向温度分布不均匀，与加热器的布排有关。流道板各位置和各个喷嘴的绝热条件不同，热损耗有多有少，使实际温度分布有高有低，造成各注射点的熔体流动性有差异。

因此，目前根据各注射点和加热区的温度，应对注射熔体流动性的表现，修正各调节器的设定温度值，补偿测定温度和实际温度的偏差。

生产中的流道板的测温调控是一种常用方法。流道板在电热器和热电偶安装后升温加热。测试流道板各注射点的温度。热电偶测试各分流道输出口的温度，它们将影响各多喷嘴的加热温度。调整流道板测试热电偶的测温位置，控制两注射点的温度差在 5℃ 之内。

智能化热流道的发展，要充分利用现有分析软件，开发智能化的热流道的温度场分析软件。

1)现有的流动分析软件,已经具有热流道的主流道、各级分流道、喷嘴流道、喷嘴环隙流道及浇口的塑料熔体的流动分析功能,能预测熔充模流动的剪切速率和各流程的压力损失。还有多个针阀式喷嘴时间程序控制功能,可以用来模拟和辅助设计流变平衡的热流道浇注系统。但是,它是在理想的温度均衡的条件下进行的流动分析。现有物体的温度场的分析软件,也曾经对流道板截面进行热分析。但是,加热和散热条件单一,与工程实际相距较大。

2)热流道的温度场的分析软件,应构建流道板和喷嘴的三维造型,能分析加热器的热量输入,分析热传导、热辐射和热对流的热损失,能预测热流道系统温度场的变化和分布状态。辅助加热器的设置和布局设计,辅助空气隙绝热和阻热支承零件的设计。

2. 针阀式喷嘴阀针的运动控制

近年来,针阀式喷嘴的普遍使用,用控制电机驱动阀针的运动和时间程序器控制多喷嘴的启闭,成为热流道技术发展的亮点。

(1)控制电机的阀针驱动 阀针的电机驱动和控制使热流道注射技术达到一个新水平。提高喷嘴阀针运动的位置和时间精度,保证注射制品质量,也为智能化的热流道注射提供了发展平台。

热流道技术的发展的过程,从单喷嘴到多喷嘴,从开放式浇口到针阀式浇口。现今,针阀式多喷嘴应用递增。气动和液压驱动阀针需要繁杂的控制元件。气缸或油缸、电磁阀、送气和输液管道,占据了定模上的很大空间。电动阀针的行程、位置、速度和加速度能精确调节和监控,能满足高品质注射的要求。许多场合多喷嘴需要电子时间程序控制器,能实现各注射点的时间控制。

阀针的电机驱动和控制如图4-121所示,它主要由步进电机、解码器和控制监视器组成。

图4-121 电机驱动的针阀式喷嘴

1)电脉冲驱动步进电机转动。转动螺母传动螺杆连接阀针作直线往复运动。

2)与步进电机相连的位置传感器和解码器,可检测到阀针的位置和速度信息,有高精度的阀针闭合位置。当阀针对于浇口的闭合位置,不在设定的允许公差范围内,将会报警、报废制件或停产。

3)每个阀针的注射时间和保压时间都能单独调整,可以设定延时开启和关闭时间,可对热流道系统内所有阀针实现时间程序控制,保证针阀式喷嘴的注射和保压的时间精度。

4)控制监视器可实时显示各阀针的运动位置和速度,可用触摸屏设置各阀针的时间和运动参数。

阀针应有1200~1500N的闭合力,能挤进2000×10^5MPa高压塑料熔体中。电动针阀式喷嘴之间的间距为60~120mm。

(2)多喷嘴阀针的运动控制 热流道模具有多个针阀式喷嘴,它们按时间程序控制塑料熔体,先后注射型腔。近年来大型制品壁厚明显减小,更要求避免可见熔合缝和流动痕迹。对于又长又窄的制品,如汽车散热格栅条板、保险杠、长垫板和织物衬里的模塑,要有一系列的针阀式喷嘴,在注射充填型腔时,恰好在料流的前锋打开喷嘴,消除熔合缝。将型腔充满后,所有喷嘴必须打开,以实施保压。

采用阀式浇口程序控制(Sequential Valve Gate,SVG)技术,针阀式喷嘴应采用圆锥形浇口,能可靠闭合无泄漏。浇口套耐用且强度足够，还要有相应的时间控制系统。喷嘴的控制信号，来自注射螺杆推进的启动时间触发控制程序。时间控制器可预设各喷嘴延时开启的时间和关闭时间。SVG 已经能实行 mold flow 计算机模拟分析，经延时时间设置，控制针阀式浇口启闭。SVG 现已普遍应用。

采用 SVG 时，针阀式喷嘴的下游，有小段的冷流道，再用扇形浇口注射，以使注射点附近熔体充模流动顺畅些。但是在喷嘴直接注入型腔时，阀针开启浇口时熔体有爆发式的高剪切的喷射。浇口附近制品上有流动痕，浇口对面会有亮斑。阀针在关闭浇口时，熔体的剪切速率增加，会出现不良的浇口痕迹。Ynventive（圣万提）热流道公司在阀针上装有位移传感器，控制阀针在开启和闭合时的速度，消除了制品上的缺陷。

3. 塑料注射系统的智能化热流道

现代注射机的控制系统，随着电子自动化技术和数控技术的发展，历经变革，现已发展到用微型计算机控制注射机。

注射机控制系统的目标是监控注射加工过程，实现塑料注射成型的塑化、计量、注射、合模、锁模和顶出的基本加工工艺过程。控制效果是最终的注塑制品质量优劣。控制是要使某个工艺参数在一定时间里保持某数值。注射机的众多工艺参数经闭环控制，提高注射加工过程的控制精度。

（1）注射成型过程控制的基本方法　注射机的过程控制的基本方法如图 4-122 所示。过程控制有人工手动，用来装拆模具和检修调整注射机，用于生产准备和试模阶段。由液压系统和电子/电气控制系统联合组成程序控制电路，实现全自动生产。在注射机的安全门关闭后，工艺过程的各个动作按照预定程序自动进行。早期注射机，除了料筒和喷嘴的加热温度为闭环过程控制外，其余压力和速度等工艺参数都用开环过程控制。

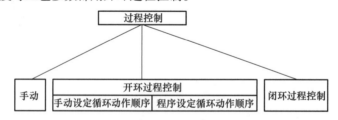

图 4-122　注射成型过程控制的基本方法

闭环控制系统能够反馈输出受控制的信号，并连续将测定值与给定值比较。干扰导致它与给定值之间的偏差，被用来修正被控制的输出量。在闭环控制系统中，必须测量被控制的输出信号。控制器能补偿各种干扰的影响。闭环控制系统有了信号反馈。系统响应对外部干扰和内部参数变化有自行调节功能，对于控制对象有精确的控制。

在开环控制系统，系统的输出量对系统的控制作用没有影响，既不需要对输出量进行测量，也不需要将输出量反馈到系统输入端与输入量进行比较。

现代注射机的温度控制对象增加了热流道系统、液压油和注塑模。有的注射机还会增设熔料温度、螺杆温度和料斗温度等控制。

螺杆位移开环控制必须保持螺杆移动速度的稳定，它是由压力阀的阀芯位置来控制的。而液压系统压力、液压油的温度和塑化熔料对螺杆的反作用力都会影响螺杆移动速度。

现代注射机螺杆位移可切换成闭环控制。螺杆移动速度应该维持恒定，并与给定值进行比较。控制器确定给定值与测定的实际值之间的偏差，并且通过调节流量伺服阀的阀芯位置，使得这个差值趋向于零。这样，系统中的液压力、油温和熔体反压力的影响都被捕获，并被消除。

（2）计算机控制注射机的智能化　注射机的专家系统是现代注射机控制系统的智能化发展方向，如图4-123所示，还有注射制品质量的反馈和工艺参量给定值设定需接入到系统里。可编程序控制器或计算机控制的注射机，能够完成注射加工的状态控制。保证注射加工的温度、压力、位移和时间等参量保持恒定，使注射生产的全部制品的重量和质量稳定。但是，这些工艺过程的指令和参数值的选取，还是依赖操作人员的知识和经验。

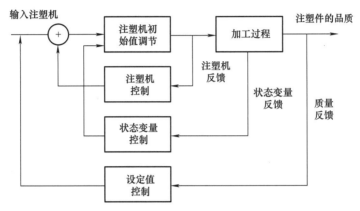

图4-123　完整的注射机的控制系统框图

注射机控制参量的设定，一直困扰着操作者，也影响制品的质量。正确设定注射工艺的众多参数是困难的。一方面，注射加工的控制过程是在间接监控注塑制品的质量；另一方面，注射机的控制对象是多变量、间歇工作，响应滞后且又离散，还不能建立起定量的模型。注射机的专家系统是一种智能的计算机控制系统。它以计算机程序求解高难度的工艺参量的设定值。

"注射机参数的初始化设定"是注射工艺参数设定的重要程序。初始化设定参数通常从生产无缺陷制品前提下开始，并实现高效的生产率。若为提高生产率设置注射周期为最小，会导致制品缺陷出现。一组好的初始化参数，将为以后寻找无缺陷制品的注射打下良好基础。

重要的过程参量有：熔体温度、模具温度、冷却水温度、注射速度、保压压力、保压时间、冷却时间、螺杆转速、热流道的流道板和喷嘴温度。决定和影响这些注射参量的还有注塑机操作和控制参数，如熔体温度由料筒的各段加热温度和塑化背压决定。

注射机的专家系统的程序要有大量的塑料材料、注塑机、注射工艺和注塑模的概念、数据和相关知识，经编辑后存入数据库，也会将一些经验数据汇集到知识库中，把经过应用的某种塑料材料、某类注射模的某种制品的工艺参数存入数据库，需要时作为置换新模具的初始化的工艺参数。也会将典型的注射压力分析曲线和螺杆推进速度曲线存入数据库，需要时作为工艺调试阶段对比校准的依据。

注射机的专家系统的知识库，不但能方便调用，传授给计算机，还应该能不断补充和修正，有学习和丰富知识库的功能。注射工艺知识获取要经过问题识别、概念化和形式化。有些工艺规程要经过注塑件质量检测，反复设计和实验才能完善。

注射工艺参量繁杂且多变，注塑件的质量指标的项目多样。注射机的专家系统要面对许多不确定的问题。而计算机只能处理定量的数据。这就要用模糊理论和模糊推理方法，处理数据的不全或不精确。用语言中的超出、尚可、可行、好或最好一类的词汇，将工艺参量定量化和区间化，并赋予属性，成为隶属函数和模糊集。计算机程序可以确定模糊集之间的关系，也可进行模糊推理。常用"若……则"(if……then),和"若……则……否则"(if……then……else)。

注射机的专家系统的参量优化就是注射成型工艺的优化。从数学的角度理解,工艺优化就是在注塑过程参数空间寻找可行的点。该点对应一组可成型最佳或接近最佳制品质量的工艺参数。

(3)压力测量和控制 注射和保压压力控制时,有压力随时间变化曲线的屏幕显示,要求测量对螺杆头前的熔料注射压力。模具的型腔压力是影响制品收缩率和质量的关键。它的测量和控制是精密注射成型的特征。

目前绝大多数注塑机,测量注射油缸的液压力,提供的压力变化曲线只能间接反映注射和保压过程。将压力传感器安装在螺杆头前的料筒中是最佳选择。

螺杆头前的注射压力测量如图4-124所示。压力传感器嵌装在料筒中,不接触塑料熔体。在螺杆推进位置,熔料的注射压力引起料筒的应力变化由传感器测出。大多数压电传感器输出与机械负荷成正比的信号。这信号必须放大并转化成相应的电压。传感器的输出量与熔体压力成正比,有足够的灵敏度,信号漂移量小。

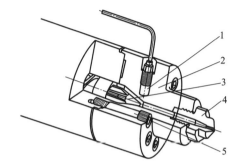

图4-124 嵌装在料筒喷嘴头里压电应力传感器
1—压力传感器 2—料筒 3—螺杆 4—喷嘴 5—连接螺钉

在模具内安装压力传感器,缺少空间,又影响制品外观。对每个注塑制品的生产模具,有一定的使用周期。因此,测量模具型腔压力在技术有难度,在经济上耗费大。测量注射模的型腔压力,可以记录压力变化到保压阶段结束。此后时间塑料熔体收缩,不再与模腔的内壁接触。压力传感器应该安装在浇口输出端的附近,可以较长时间获得压力信息。在型腔的料流末端位置也可设置传感器,可以监测模具分型面上出现飞边时的压力值。

模具型腔压力传感器的设置如图4-125所示,压力传感器直接安装在模具的型腔面上。感应石英元件4能测量高达200MPa的压力,且不受温度影响。传感器表面与塑料熔体接触。传感器上的芯柱2与安装孔应有良好配合。要让芯柱无阻力传力,又要防止熔体侵入。芯柱与型腔面齐平,但还是会在制品表面上留下痕迹。

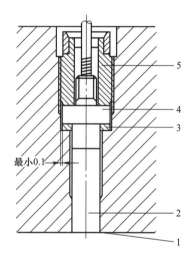

图4-125 压力传感器直接测量模具型腔压力
1—模具型腔表面 2—芯柱 3—垫片 4—感应石英元件
5—安装螺纹管

上海占瑞模具设备公司与奇石乐中国有限公司(Kistler),在热流道注塑模的型腔表面安装了压力和温度传感器。这副模具有大小两个型腔,成型100mm×50mm的盒座和盖。占瑞模具设备公司提供了热流道设备、温度控制器和时间程序控制器。奇石乐公司提供计算机控制注射机和注射模具。在模具的两个型腔的动模型芯表面,浇口附近安装了两对压力和温度传感器。它们外接到过程监测器,又在电容式多点触摸屏上显示注射周期中,型腔压力和温度变化曲线。

联机监测说明热流道智能化是注射过程控制的组成部分。注射机-模具-热流道上温度、压力、运动螺杆及喷嘴阀针的位移都是控制对象。在注射周期中，采集的大量数据与初始的给定数据对比。按注塑件质量指标要求，经智能化处理得到注射机-模具-热流道各工艺参数，调节加热、加压和位移各参量，才能保证精密注塑件的质量。

用热流道注射模塑制品是塑料注射工艺发展过程中的重大改革。热流道技术是注塑成型的一项先进技术。智能热流道注塑模具将成为智能化的注射模塑系统的重要组成环节。

近年来，国内的生产企业在提高热流道装备和元件的质量方面成效显著。热流道系统的设计和元器件制造的技术难度高，又与塑料材料、注射模塑、传热学、流变学和自动控制等学科关系密切。热流道技术发展方兴未艾，期待有更多年轻有为之士加入到这一充满活力和期待的高新技术领域，也希望从事塑料注射模具和注射工艺领域的技术和管理人员大力关注热流道技术发展和支持国内热流道民企的经营。

➡ **作者：**
❖ 徐佩弦. 上海占瑞模具设备公司

参考文献

[1] 村上宗雄. 注塑用无流道模具 [M]. 傅光先，译. 北京：化学工业出版社，1988.
[2] 徐佩弦. 高聚物流变学及其应用 [M]. 北京：化学工业出版社，2003.
[3] 弗伦克勒，扎维斯托夫斯基. 注射模具的热流道 [M]. 徐佩弦，译. 北京：化学工业出版社，2005.
[4] 王建华，徐佩弦. 注射模的热流道技术 [M]. 北京：机械工业出版社，2005.
[5] 翁格尔. 热流道技术 [M]. 杨卫民，丁玉梅，译. 北京：化学工业出版社，2008.
[6] 徐佩弦. 塑料注射成型与模具设计指南 [M]. 北京：化学工业出版社，2014.
[7] 徐佩弦，张占波，王利军. 热流道注射模塑 [M]. 北京：机械工业出版社，2016.

4.2.4 塑料模具数字化设计技术

模具被称为"工业之母"，是塑性成型加工的重要工艺装备，其设计和制造水平直接影响着机械、电子和电器等制品的质量和生产效率。模具的数字化设计和制造技术已成为企业和产品竞争力的重要手段。现代企业的一个重要特点就是发展生产自动化，将生产制造过程中的大量重复性人工操作、数据控制过程，通过各种电子技术和软件支持，转换成软件、机器可识别的应用程序模块，从而简化软件、机器的操作方法，减少人工手动操作环节，降低人为控制的出错率，提升生产制造的自动化程度，节约重复性操作消耗的时间，最终达到提高生产效率的目的，并从质量、时间等方面得到的有效控制，降低相应的成本支出，进一步增加企业的利润空间，促进企业更好地发展。

1. CAD（计算机辅助设计）、CAE（计算机辅助工程分析）与试制协同技术

在模具制造企业已基本实现 CAD 三维数字化建模、CAE 模拟仿真分析，与传统模具设计相比，取得了明显的成效。但是相关经验知识不能很好地传承、模拟仿真数据不能得到有效的验证，无法应用于指导试模工作。影响 CAD、CAE 和试模的协同性的主要原因是 CAE 模拟仿真结果仅限用于模具冷却系统设计和试模结果预测，未真正应用于指导试模参数设置，且试模参数和试模结果未能反馈到 CAE 数据库，造成 CAE 注塑参数的有效性无法得到验证。

因此，开发数字化协同网络管理系统，整合企业在汽车产业模具的设计、CAE、试模和生产的相关知识经验，实现注塑模CAD、CAE和试模生产的流程标准化、执行协同化以及决策智能化。其主要的研究内容包括：

（1）建立CAD/CAE/试模数字化协同管理流程　　CAE模拟仿真数据不能得到有效的验证，无法应用于指导试模工作，主要原因是没有制订标准化的CAD/CAE/试模协同管理流程。协同管理应包括CAD和CAE之间的协同、CAD和试模生产协同、CAE和试模生产协同等方面，如图4-126所示。

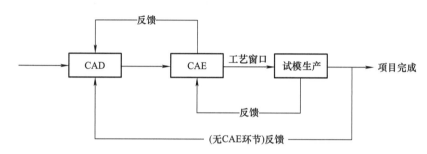

图4-126　CAD/CAE/试模数字化协同管理流程示意图

（2）CAD/CAE/试模协同数据库　　定义基于产品CAD模型和模具相关的关键数据信息，收集和标识产品几何特征、功能特征、模具结构特征、CAE工艺窗口参数、CAE分析结果、历史试模/生产工艺参数、质量报告等信息。根据上述关键数据信息，设计开发数据库系统，具有检索、查询、推理、修改和扩展功能，积累作为企业知识和经验库，为注塑模具CAD、CAE和试模生产提供参考，并能增添新的产业注塑模具的关键数据信息，使之不断丰富。

（3）CAD/CAE/试模数字化协同管理　　模具材料关系到模具成本和可靠性，在满足强度和刚度前提下，通过分析模具的强度和刚度能为模具结构的关键尺寸（主要是厚度）设计提供科学依据，适当减少模具材料，降低成本，尤其是大型模具。由此开发数据接口软件，提取注塑CAE分析得到不同阶段的压力分布数据，并将其映射到模具结构CAE软件中的模具表面作为边界条件，能更加准确地校核注塑模具的强度和刚度。

CAE模拟分析工艺参数与试模设备的控制参数概念完全不一致，其差异导致CAE分析参数不能用于试模参数设置，因此需要建立CAE工艺参数与试制设备的控制参数之间的对应关系，将CAE的工艺窗口数据转换成试模的控制参数，作为试模的参考；并研究生产设备控制器的接口规范、参数输入规则，将注塑CAE的优化工艺参数自动转换成生产设备控制器的指令文件，保存到上述数据库，用于自动化生产。

试模时，除了鉴别最终产品的色、质、量是否满足要求，为了探索注塑CAE分析结果与试模结果的差异根源，需要在模具上安装传感器，记录传感器监测到的注塑历史（如压力、温度等变化历史等），因此需要开发数据接口，提取并比较传感器实测数据与CAE分析数据的差异，探索试模结果与注塑CAE分析结果不相符的根源。

2. 模具数字化设计技术

在模具设计工序环节，都是以图形软件应用为主，完成模具图形分析、模具结构设计和制图标注等。模具设计工序同样还有衍生的物料订购等工作内容。这些工作内容，虽然行业中各企业非常注重标准化的建设与应用，但设计工作的软件操作自动化水平并不高。

根据实际问题，有针对性地开发定向软件功能作为图形软件普适功能的补充，用于模具设计实际应用需求的操作简化、自动化综合处理。但是软件二次开发往往只针对实际工作中某个或某类图形操作的应用需求，只是部分具体细节功能的自动化转变。而随着技术标准化的深入开展，与行业对生产周期的严苛要求发展，在模具设计方面对效率的提升要求也越来越高。建立具有特色产品体系和综合性功能的设计体系，是缩短产品开发周期、提升产品品质的重要手段之一。

具有特色产品体系和综合功能的设计工具体系的研究重点如下：

（1）特色产品知识库建设　知识库应包含知识库主体和输入输出端口，输入端口用于知识库模具和信息的录入，输出端口用于知识的重用和再现。知识建设是将专家的设计经验、设计过程和关键技术点等相关知识，集成到产品模型的信息中的过程，从而为实现产品模具的智能化设计提供充分的信息。

（2）工程知识的标识和推理技术　模具设计的经验、关键技术、结构特点等通常以经验公式、经验值、规则和特征等进行标识，从而最大限度地提高知识库检索效率和质量，同时，提供基于案例、特征和规划等多种推理方式和向导式检索。设计人员通过检索结果，调用快速修改工具进行快速设计。

（3）开放的设计体系集成　设计体系框架（图4-127）包含系统/软件平台、数据库支撑层、通用工具层、快速设计层。在系统/软件平台的基础上，建立模具规格库、标准件库、DFM（可制造性设计）检查规则库以及典型案例库等知识库，知识库为快速设计过程中的知识推理、快速设计和装配、建模规范检查等提供支撑；系统可集成通用的二次开发工具，如实体颜色标识、轻量化、零件属性修改等；最后利用建立数据库、设计知识库以及通用工具插件进行模具快速设计，其中首先根据产品特征属性信息进行相似案例检索，利用标准件库和参数化工具进行快速设计，最后系统可实现分阶段BOM（物料清单）生成和管理，并能对典型零件进行一键2D生成。

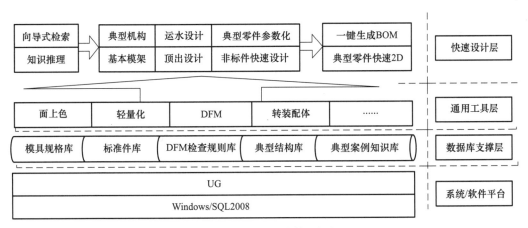

图4-127　开放设计体系框架

3. 模具数字化制造技术

模具数字化制造是先进制造技术的核心，缩短制造周期、减少加工工序，最大限度地保证产品的精度和质量是数字化制造的重要目标。

（1）建立加工参数专家数据库　如何选择合理的加工参数，达到提高加工效率是模具企业面临的重要难点之一。根据设备参数、材料类型、产品特征、加工经验等建立专家数据库，将数据库的数据根据具体的加工类型进行区分和标识，建立规范、标准、最优化的参数列表，使每种加工情形都能够自动获取最优化的加工参数。

（2）基于加工模板库的自动化编程技术　随着对标准化的深入研究，产品特征的加工工艺的规范化是自动化编程的基础。现阶段，数控加工成为模具制造的主流加工手法之一，数控加工参数设置和编程依赖工人的技术水平和经验，导致数控加工质量不稳定、效率低下。对产品凹槽、凸台、孔等特征的加工工艺进行标准化、规范化，并配合使用加工参数专家数据库，建立基于产品特征的加工模板库。编程人员只需选用产品特征对应的加工模板，即可自动调用最优化的数控程序。

（3）模具制造执行数字化管理技术　模具制造执行数字化管理技术是制造型企业信息集成的纽带，是企业实现智能制造战略和实现车间数字化的基本手段。国内大部分制造企业还依靠人力进行生产，因此收集完整、可靠的数据化信息非常困难。模具制造执行数字化管理是制造执行与控制管理系统，由于模具零件制造过程及过程控制的复杂性和专有性，使模具制造执行数字化管理形态有比较大的差异，造成了数字化管理的多样性。现阶段，模具制造执行数字化管理需要解决检测结果和加工信息的追踪和管理问题。

4. 产品全生命周期数字化管理技术

产品全生命周期数字化管理（PLM）是以产品为中心，以应用软件为手段，以灵活应对市场业务需求为目标，通过对企业知识型资产的管理，实现对产品的数据管理、项目管理、变更管理、协同管理、标准化管理和安全管理等，为制造企业提供了一个柔性化的研发管理平台。其研究重点如下：

（1）产品全生命周期内数据的管理和数据变更管理　以产品工艺流管理为主线、涉及产品相关的所有技术数据，包括零组件、设计图纸、工程图纸、工艺文件、产品文件、材料、APQP（产品先期质量策划系统）和项目规划等，并通过打通CAD、ERP（企业资源计划系统）、OA（办公自动化系统）、MES（制造执行系统）等信息管理系统，实现产品全生命周期内数据的管理。由于种种原因，要进行频繁的工程变更，与传统的手工方式相比，PLM变更管理的特点是变更单的评审、数据变更的实施两个过程完全一体化，也就是说变更单评审的通过等同数据变更的完成，可以作用于所有类型的产品数据对象，并能完成数据对象集合的整体变更，从而保证产品数据的完整、准确、一致。

（2）企业及上下游、企业内部不同部门的协同作业　企业通过PLM与供应商协同作业，确保企业及时了解供应商的零部件设计和生产进度，并对零部件的质量进行控制，以降低产品质量缺陷的风险，降低企业的库存，保证产品及时有序的研发。

PLM提供了所有设计数据的共享，工艺人员、生产部门、采购部门可以快速了解设计数据和工艺数据的动态，及时调整工作，提高了企业的反应能力。PLM应与CAD、ERP、OA、MES等信息管理平台集成，打通企业内部的数据流，帮助企业消除了信息孤岛。

设计和制造的目的是要提供满足产品要求的模具。近几年来，计算辅助设计和分析、数字化制造管理系统等诸多优越的制造业先进技术得到飞速的发展，并成为先进模具制造企业的主要管理和工艺手段。目前，企业信息化孤岛现象是影响模具制造企业在数字化进度中的拦路石，打通模具全生命周期管理平台与设计制造、资源管理等平台的数据流，消除信息孤岛，从而实现企业数据流无缝对接和全数字化管理。

➡ **作者**：
- ❖ 陈顺贵. 深圳市银宝山新科技股份有限公司

参考文献

[1] 阮雪榆，赵震. 模具的数化制造技术 [J]. 中国机械工程，2002，13(22)：1891-1893.

[2] 张伯鹏. 信息驱动的数字化制造 [J]. 中国机械工程，1999.10(2)：211-215.

[3] 高国利，贾宇霖，黄福胜. 模具零件材料清单的自动生成 [J]. 模具工业，2011，37（1）：25-28.

[4] 高国利，黄家强. 模具加工程序清单的自动化与网络化后处理 [J]. 模具工业，2011，36(4)：16-18.

4.2.5 同向啮合自清洁双螺杆挤出技术

同向啮合自清洁双螺杆挤出机是加工聚合物基材料的首选，在几年前，它被认为是一款"非常成熟"的技术，很难再取得一些技术上的重大发展和突破，但事实恰恰相反，本文阐述了同向高扭矩、高转速双螺杆挤出机的应用。

1. 同向双螺杆挤出技术发展背景

虽然同向旋转双螺杆设备的几个基本概念在 20 世纪早期就被 Wuensche 和 Easton 申请专利，但同向旋转设计是基于 Erdmenger 元件剖面自清洁几何学原理的，此设计是目前市场上使用的所有双螺杆挤出系统的理论基础。

自清洁剖面元件的初步设计和开发可见于德国专利 862668，此专利于 1952 年被 W. Meskat 和 R. Erdmenger 申请，优先期到 1944 年（没有美国的专利）。那个时候此设计的目的是混合高黏度的液体，如聚合后反应产物。

上述专利以及相关的一系列专利属于 Erdmenger 或他在拜尔的某个同事，确定了基础设计参数，并最后于 1950 年由 Werner 和 Pfleiderer 开发和商业运用 ZSK 双螺杆挤出机，以及之后 50 多年出现了很多复制机型。此设计的关键特征在于其两根螺杆的自清洁性能。它能消除物料在挤出机工艺段行进时的停滞和可能导致的降解。

自清洁几何学螺杆发明的价值在于这对于同向旋转双螺杆挤出系统来说是一个基础专利，而此双螺杆系统目前被广泛应用于塑料、食品和化学领域。

自从同向旋转双螺杆挤出机基础理论被提出后，有了一系列技术上重大的持续改进。包括 Bierdel 发明的一系列新的螺杆元件，有更高自由容积的双头剖面元件（最初在 Erdmenger 专利上使用的是自由容积较低的三头元件），输送能量更高效的新的螺杆芯轴，以及最新的工艺应用技术。而其中最重要的一步是高转速/高扭矩配混技术基本面的识别。这是由 Heidemeyer 于 2000 年 3 月 28 日申请的美国专利 6042260 的基础。

2. 高扭矩、高转速双螺杆配混技术优势

自从第一代高扭矩、高转速 ZSK Megacompounder (Mc) 于 20 世纪 90 年代中期被推出市场以来，新的能量传输技术（传动箱、芯轴和材质）允许在 Mc 比扭矩 11.3 的基础上，额外增加 50% 升级到 Mc 比扭矩 18。

提高能量传输能力的影响在于配混行业产能（生产率）的显著提高，追求更高的效率和系统适应度。

此项技术成功的关键在于提高螺杆转速的同时，提高能量（扭矩）传输能力。在高速运转下的一个系统在某些点会产生足够额外的能量，导致所加工物料的降解，如图 4-128 所示。它表明对于任何 D_o/D_i（外径和内径之比）的螺杆，平均剪切率（能量输入）会随着螺杆转速的提高而线性提高。所以所加工物料的温度也会相应提高。但是，由于双螺杆挤出机首先是运行在一个饥饿吃料模式之下，更高的能量传输能力可使物料在挤出机中能有更高的填充度，所以在同样转速下有更高的产能。图 4-128 比较了低填充度高点和高填充度低点的情况。反过来，填充度的提高对降低熔温也有积极效果。

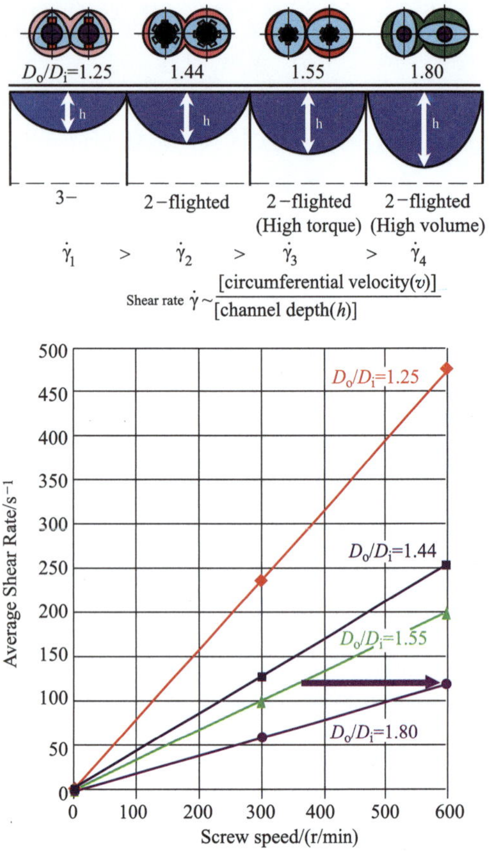

更多的物料进入螺槽的中部（图 4-129），此处螺槽较深（相比于低产能）。它转而使所有物料的平均剪切率下降，结果导致 1kg 物料的能量输入（如总温度）降低。所以工艺人员有足够的弹性来使挤出机运行在更高的转速之下，同时熔温不会超过物料的限定温度。例如，30% 玻纤增强 PA6，使用 3 代 ZSK45 挤出机 ZSK Mc（比扭矩为 11.3），ZSK Mc Plus（比扭矩为 13.6）和 ZSK Mc^{18}（比扭矩为 18）的比较如图 4-130 所示。

在图 4-130 的上部，显示了 3 代 ZSK 的产能和转速关系。更高比扭矩（ZSK Mc18）有最高的产能。图 4-130 的下部显示，它同样有着最低的比能耗。从两个结果（更高的产能和更低的 SEI）的结合来看，这个数据显示了使用最高比扭矩的设备，有着双倍的经济效益。第一，从这几代机型来看，因为更低的 SEI（比能耗，同样也写作 Sme：比机械能），更高比扭矩 PVF 系统有更高的产能，此更高的产能高于比扭矩的提高而导致的线性提高。（在这个具体例子中，PVF 只提高了略高于 50%，但产能提升率则在 70%~80%）产能提升的一般指导在于：现在的产能 = 旧的产能 ×（PVF 高扭矩 / PVF 低扭矩）×（SEI 低扭矩 /SEI 高扭矩）。第二，这里还存在一个额外的单位质量比能耗的节约。

另外需要额外强调一个关于高扭矩高转速配混挤出机的要点。这些机器不一定要运行在最高转速之下，即使这个转速为设计下的转速。产能提高和能耗节约处于任何一个转速之下（图 4-130）。但是，这里有另外一个能耗/转速的协同作用，有着第二个产能的非线性提高因素，即生产经济学。

图 4-128 D_o/D_i 和 RPM 对剪切率的影响

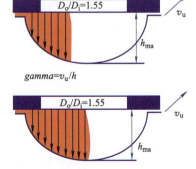

图 4-129 填充度对平均剪切率的影响

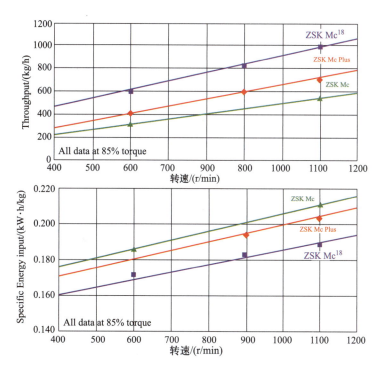

图4-130 30%玻纤增强PA6在不同转速下，使用3代ZSK45挤出机产能和SEI的比较

这种关系的一个例子可发现（图4-131）。图4-131中显示3种比扭矩机型产能对于螺杆转速的曲线关系。SEI同样作为参数因子。此数据来源于在ZSK 58 Mc（$D_o/D_i = 1.55$，torque= 1250 N·m/shaft，PVF = 11.3）上加工ABS接枝共聚物。69%和90%的2个曲线比较了在90%扭矩运行下在低扭矩机型ZSK 58 Supercompounder (Sc)（$D_o/D_i = 1.55$，960N·m/shaft，PVF 8.7）和在Mc（1250N·m/shaft）上的情况。此2款机型有着30%的扭矩差距。对于此例，选择了一个恒定的转速700r/min。在69%扭矩曲线上（在960 N·m芯轴挤出机上90%扭矩运行），产能在660kg/h，SEI在0.19kW·h/kg，熔温为290℃。提高产能到90%扭矩曲线，可发现SEI从0.19降低到0.177kW·h/kg。产能有40%的提高，到930kg/h，不仅仅是预计的30%的提高。同时熔温也降低了15~275℃。这尤其有利于热和剪切敏感物料。它们可以运行在高产能之下，同时有着较低的熔温。

所以，如果290℃的初始温度是安全的，那么从图4-132可看出高扭矩和高转速结合的显著影响。转速提升到1200r/min时，产量可达

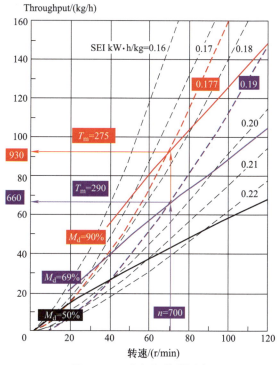

图4-131 高扭矩的利用率

1500kg/h，此时出口温度为290℃，这个温度与低扭矩操作系统相同。但产能则从原来的660kg/h提升了150%以上。

通过产能提高150%以上，得到的生产率和经济提升的影响是显著的。但是，对寻求安装新生产线的厂家来说，这里也有另外一个潜在选项。如果您不需要1500kg/h的产能，只需运行在原来的660kg/h，那么可以选择一款更小的机型。比如，新的ZSK 45 Mc[18]，与ZSK 50 Mc 相比有着高于10%的功率，与ZSK 50Mc⁺ 相比有着略微低的功率（图4-133）。但是，如图4-134所示，与更大的机型相比，它其实可以满足相同的或更高的产能要求。

如图4-130所示，在加工30%玻纤增强PA6的时候，ZSK 45 Mc[18]可以满足600kg/h @600 r/min 以及970kg/h@1100 r/min 的产能。假定在ZSK 45 Mc⁺ 上运行，SEI 为0.18kW·h/kg@600 r/min 以及 0.202kW·h/kg @1100r/min，那么在更大的机型 ZSK 50 Mc⁺ 上，产能约为580kg/h @ 600r/min，此产能 ZSK 45 Mc[18] 就能满足。若在 ZSK 50 Mc⁺ 上产能约为950kg/h，那么在 ZSK 45 Mc[18] 上就能达到同样的或略低的产能（图4-134）。

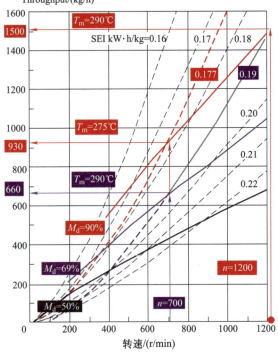

图 4-132 高扭矩和高转速的利用率

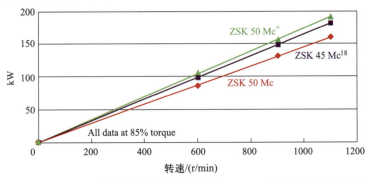

图 4-133 ZSK45 Mc[18] 和之前几代更大外径的 ZSK50 挤出机有效功率的比较

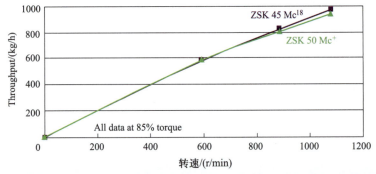

图 4-134 不同转速下 ZSK 45Mc[18] 和更大机型 ZSK 50 Mc⁺ 产能的比较（30% 玻纤增强 PA6）

3. 喂料增强技术（FET）优势

高扭矩挤出工艺只是一种经济实用的技术，目的是充分利用所有的功率达到工艺的优越性。不过，很多配混加工包含了低堆积密度的材料，比如非压缩的亚微粒滑石粉。如果不去除这类原料内部的大量空气，则很难将其喂入挤出机，而且堆积密度越小，原料越容易流态化，导致密度进一步降低，将加剧喂料问题。处理易流态化原料的常见操作步骤是：从储存容器运送到喂料机，从喂料机喂入双螺杆挤出机，进入挤出机的喂料输送段。一些方法可以降低流态化的倾向，比如从储料到喂料使用浓相输送，挤出机喂料口高度的最小化，料斗增加排气口，增加挤出机喂料段输送区的长度。但这些方法最终都会因为体积受限，远远无法达到最经济的产量。

FET 喂料增强技术的原理如下：

FET 的目标是针对难喂料的原料，增加喂料段的进料能力。方法就是通过增加物料和筒壁的协同摩擦系数，减少或消除筒壁的打滑，改进输送效率。

为了提高协同摩擦系数，增强输送效率，可对喂料段特殊设计的多孔透气筒壁施加真空（而不是对原料抽真空），让部分筒壁上附着一层原料。因此这段多孔筒壁上的孔径与原料粉末粒子的直径之间的关系非常重要。此外，最佳的真空度取决于粒子的直径和形状。如果粒子能够穿透筒壁上的孔，那么喂料效率就会降低。不过，穿透孔洞的粉末粒子也能够被真空管线的压力再次吹回。相比于穿孔粉末带来的麻烦，聚合物熔体或其他液体则更关键。这些物料可能覆盖多孔表面，甚至穿过孔洞，堵塞多孔结构。

FET 的工作原理如图 4-135 所示。通过多孔材料来施加真空，在聚合物或填料经过 FET 筒壁段的嵌件时，周围的空气被抽走。因为空气被抽向嵌件，连带着粒子也向嵌件表面运动。空气能通过孔隙，但粒子不能通过，于是覆盖在多孔材料表面。这层粒子或者称之为浓缩聚合物粉末形成的滤饼，能增加筒壁和物料之间的摩擦系数。旋转的螺杆不断更新因真空而粘附在筒壁上的物料，而且粉末的密度在通过嵌件之后也增加了。这两种效应的共同作用带来了更高的输送效率。

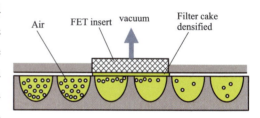

图 4-135 FET 操作原理

通过 FET 可以增加总体产量，但并不止于此。与之前详述的高扭矩配混机型可以提供的优势类似，FET 能增加高填充聚合物配混线的产能，而其他条件不变，其结果就是生产单位产品的能耗下降。更低的单位能耗又能降低产品的温度，减少降解，减少稳定剂的消耗。

用科倍隆最新一代 Mc18 ZSK45 挤出机加工 40% 滑石粉（Luzenac1445）填充 PP（聚丙烯）的数据如图 4-136 所示。如果没有 FET 技术，挤出机的高扭矩就无法发挥。而应用了 FET 技术之后，系统运行时充分利用了 85% 的扭矩，产量增加超过 50%，出料温度显著下降。

物料运行在高转速时，可以达到很高的产能。但是对绝大多数系统来说，对现有机器简单的提升转速不能达到期望的目的。在产能提升时，产品性能可能下降到及格线以下。但是，在高扭矩下提高转速，聚合物加工工艺经济能显著提升，而不损失产品性能。另外，当处理低堆积密度原料遇到困难时，FET 可以给予帮助，以充分利用双螺杆挤出机的最大能力。

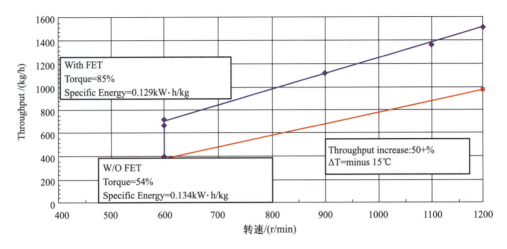

图 4-136 改进喂料量的影响和物料温度

> **作者：**
> ❖ 科倍隆（南京）机械有限公司
> ❖ Paul G. Andersen，科倍隆集团
> ❖ Frank Lechner，科倍隆集团

4.2.6 模塑智能制造物联网生产管控技术

1. 模塑智能制造物联网生产管控的主要技术

注塑成型工业的三大核心技术包括注塑智能控制系统的二维学习控制技术、模内在线质量感知技术、模塑集成工艺管控技术。其中模塑集成的工艺管控技术是指在如图4-137所示的单机智能注塑（即注塑机智能控制系统和模内在线质量感知系统）的基础上，进行数据采集、工艺优化集成等，形成智能化模塑集成管控系统，无须增加额外设备改造成本，即实现注塑行业的提质增效和自动化生产。而模塑智能制造物联网生产管控云平台是充分利用注塑成型的智能化设备互联互通集成网络建设平台，从设备中直接采集生产大数据来进行工艺优化、管理分析，实现去中间环节的高效管理，然后通过云端管控平台和移动端来减少管理成本、提高效率。为模塑智能制造实现自动化、信息化、智能化、网络化提供一种崭新管理模式！

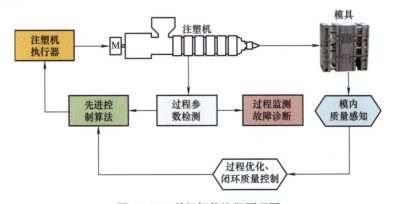

图 4-137 单机智能注塑原理图

2. 工业 4.0 的智能制造与物联网生产管控云平台构建

（1）工业物联网中人、机、物互联互通的必要性和管控方法　模塑行业是我国工业制造业的基础支柱产业，然而目前仍存在诸多问题，制约着我国模塑行业的发展：例如模塑装备水平落后；注塑机加工精度低、稳定性低、重复性差、废品率高；模具成型工艺复杂多变，模具内缺乏质量在线检测；模塑产品成型过于依赖人工，缺乏标准化工艺优化手段；尚未达到数字化等。

生产物联网管控系统是模塑行业向工业 4.0 发展过程中的必然趋势。物联网是利用局部网络或互联网等通信技术把传感器、控制器、机器、人员和物料等通过新的方式联在一起，形成人与物、物与物相联，实现信息化、远程管理控制和智能化的网络。物联网中所有的元素，包括所有的设备、资源及通信等，都是个性化和私有化的。物联网是团队、人、机、物等客观采集信息相联，例如福达智能的 FMS 系统就是人、机、物直接相联的物联网。

模塑智能制造作为工业 4.0 的核心，具体体现在以下 5 个方面：

1）装备智能化：注塑机、模具、配料系统、周边配件等装备的智能化。

2）生产方式智能化：无人（少人）车间，把离散设备互联互通组成连贯的生产线。

3）产品智能化：产品标识二维码（RFID）或条形码，产品可追溯，智能排单，全过程管控等。

4）管理智能化：运用注塑智能管控系统（如福达 FMS 系统），进行去中间环节、高中层信息共享、授权管控等高科技管理手段，只有使"计划"与"生产"密切配合，才能使企业和车间管理人员在最短的时间内掌握生产现场的变化，做出准确的判断和快速的应对，保证生产计划得到合理而快速修正。

5）服务智能化：可将公司管理云平台与供应链的上下游客户共享，更直接地链接客户需求和管理服务。

（2）福达智能注塑管控系统（FMS 系统）的主要特色　FMS 系统主要围绕工业 4.0 的发展方向，着力解决车间设备的信息孤岛和沟通滞后的问题，把人、机、物进行物联网的互联互通，并精确快速地把信息传递给各级管理者；可通过各种终端管理注塑生产的设备运行、订单执行、成本核算和效益测算等情况，实现企业经营管理的利润最大化。

第一，以注塑机控制器为核心。FMS 将注塑生产线上所有周边设备的数据信息集成到注塑机控制器上。FMS 系统集成的数据信息几乎全部来源于本地控制器，因此我们可以通过大量的实时数据来提高生产车间的智能化、信息化，例如生产信息的自动获取发送、多种工艺表的保存与提取、OEE 的自动统计等，如图 4-138 所示。

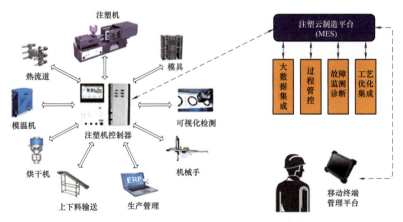

图 4-138　以注塑机为核心的生产线集成管控系统

第二,数据实时传输。FMS将数据信息实时传输到云平台,从而实现大数据集成、过程管控、故障诊断等多种功能。

第三,支持多种移动终端。FMS提供全终端支持,精确快速地把信息传递给各级管理者,使管理者实现移动办公。

(3)福达智能注塑管控系统的主要功能　FMS系统可以实时查看到整个注塑车间的生产机器运行状况、数据采集、维护管理、工艺管理、生产监视、生产排程、报表管理、品质管理和订单生产进度等信息,如图4-139所示,使用户能快速地得到生产车间的统计分析报表等信息。从公司整体运作来看,它连接于上层ERP系统、SCM系统和下位的生产设备DCS系统之间,为企业提供实时、准确的生产数据来源。从现场管理来看,它整合了工厂现场各单位(如:物料、生管、制造、品管和仓管等)的各项生产数据,使各单位迅速得到所需要的相关信息,继而进行分析。达到车间生产管理的透明化诉求,并与ERP/MRPII等企业信息系统进行数据交互,提升了生产管理职能部门的信息共享、协同效率和过程优化。

图4-139　福达FMS系统主要功能模块

主要包含九大功能：智能生产排单、精确成本控制、生产及工艺追溯、高效品质控制管理、产能负荷分析、实时状态管理(图4-140)、车间设备互联管理、去中间环节管理、全终端无纸化办公。

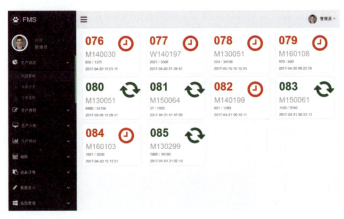

图4-140　机台实时状态统计

3. 模塑智能制造物联网生产管控云平台的应用效果

1）单个企业生产管理去中间环节提高工作效率，减少管理成本的应用效果。从生产角度出发，原有从生产工人到主管、经理、副总经理、总经理的多层次管理与现代互联网时代的去中间环节管理反差很大，效率很低，更谈不上无纸化办公。因此，生产管控物联网可让设备读取的生产数据直接汇成各种报表和利用这些数据来进行工艺优化和管理分析。也就是社会上流行的"管理升级"，大规模生产时代把人变成机器，到了智能制造时代要把机器变成人，这样就可实现机器的智能排单、机器的品质生产管控、机器的报表汇总等等来代替一些人的管理职能。

2）集团化各个企业间的集中管理，清除地域间管控难、各种人员重复配置的成本负担。许多集团企业分布国内外或全国各地做同样一种产品，但是区域间管理难度大，而且同类技术管理人员重复配置，成本开支很大，没能发挥集团管理优势。这种情况在汽车零部件企业更为突出，只要做了某个零部件就得全国设厂配套，不配套就没下阶段订单。所以不断设厂的同时，管理资源不能延伸利用，企业要保持盈利很难。有了生产管控云平台后，技术中心可通过云平台实时准时掌控异地工厂的生产情况，并进行故障诊断、工艺优化。所以各工厂许多技术人员、管理人员就可大量减少，从而提高经营效益。

3）在运用大数据基础上建全国注塑技术服务云平台。在互联网时代，物流、城市交通、酒店业和旅游业等行业都在大数据运用基础上成功建立了许多云平台，也可设想在模塑智能制造基础上建立全国注塑技术服务云平台。首先可邀一些大型注塑企业建立联盟来建立大数据采集服务平台，不断采集大数据来建立专家库，能远程诊断故障，建立远程技术服务中心。其次建立订单调剂中心，平衡注塑产能过剩和产能不足的订单服务中心。最后，借鉴酒店式管理服务而建立注塑工厂管理服务公司，实现专业化、科学化的新型注塑管理模式。

生产物联网管控系统是工业 4.0 发展的必然趋势；FMS 将人、机、物进行物联网的互联互通，并精确快速地把信息传递给各级管理者；FMS 以注塑机控制器为核心，将数据信息实时传输到云平台，从而实现大数据集成、过程管控和故障诊断等多种功能；FMS 通过各种终端实时管理注塑生产的设备运行、订单执行、成本核算和效益测算等情况，实现企业经营管理全面信息化、自动化、智能化和网络化，最终运用工业大数据、云计算、人工智能和物联网的现代管理手段来提高企业经营效益。

➔ 作者：
❖ 杨金表．群达模具（深圳）有限公司
❖ 杨毅．香港科技大学

第 5 章　发展与合作

5.1 国内外汽车轻量化产业政策分析及趋势展望

中国汽车产销量连年第一,已经成为世界最大的汽车市场。汽车产业涉及企业多,覆盖面广,产值规模大,是中国制造业的支柱产业,对国民经济和社会发展起着至关重要的作用。据统计,2016 年中国汽车行业拥有规模以上企业 14110 多家,实现主营业务收入 80185.8 亿元,利润总额 6677.4 亿元,完成固定资产投资 12037 亿元,对经济增长贡献率高达 4.5%。汽车产业在快速发展的同时,也面临着日益突出的能源问题和不断严峻的环境形势。为了实现中国国民经济和社会的可持续发展,《中国制造 2025》明确指出汽车产业应向节能环保方向转型升级。

汽车轻量化是缓解能源危机和保护环境的有效途径。研究表明,汽车重量每减少 10%,就可以节油 5%~8%。在尾气排放方面,汽车重量每减少 100 kg,就可以降低 CO_2 排放 8~11g/km。同时,汽车重量减轻后,加速、爬坡和制动所需的力也会相应减少,汽车的动力系统、传动系统和制动系统可以设计得更小,带来"二次减重"的效果。从车辆动力学角度来看,减轻某些汽车零部件的重量有利于调节汽车轴间载荷分配以及降低汽车重心,操纵性和稳定性会变得更好。对于电动汽车来说,轻量化还有另一收益,就是续驶里程可以显著增加,这对电动汽车的推广具有重要意义。目前,世界各国的高校、科研机构和汽车企业都在致力于研发和推广汽车轻量化。中国科技部发布的《国家重点研发计划》已将汽车轻量化列为"汽车四化"的重点发展方向之一,国家自然科学基金委发布的《中国汽车产业创新发展联合基金项目指南》也将汽车轻量化定为汽车行业大力扶持的三个领域之一。汽车轻量化是汽车产业的核心技术和发展方向,势在必行。

5.1.1　汽车轻量化技术体系

汽车轻量化是一项复杂的系统工程,在成本控制与保证安全性的条件下,综合运用多种技术手段实现汽车产品减重。汽车轻量化技术主要包括轻量化材料替代、结构优化设计和先进工艺应用。

1. 轻量化材料替代

多年的研究和实践表明,轻量化材料的开发和应用是实现汽车轻量化最有效的途径之一。高强度钢、铝合金、镁合金、工程塑料和纤维增强复合材料是最有应用前景的 5 种汽车轻量化材料,已经成为国内外关注的热点,这些材料的制造企业也成为汽车轻量化产业链的重要环节。

高强度钢能够满足减轻汽车重量和提高碰撞安全性的双重需要，而且对汽车企业来说不需要大规模地变更生产设备，在成本与加工工艺方面具有很强的优势，是一种比较容易推广的轻量化材料。根据强度进行分类，可分为高强度钢（HSS，屈服强度在210~550MPa和抗拉强度在270~700MPa）和超高强度钢（UHSS，屈服强度 > 550MPa和抗拉强度 > 700MPa）。根据冶金学特征进行分类，可分为普通高强度钢（包括C-Mn钢、高强度IF钢、BH钢、IS钢、HSLA钢）和先进高强度钢（AHSS，包括DP钢、CP钢、TRIP钢、M钢、HF钢）。国际钢铁协会开展的超轻钢制车身项目取得了车身减重25%的效果。目前，国外乘用车车身中高强度钢的使用量占比为50%~70%。但是，高强度钢仍然存在着密度大、回弹效应、焊接应力大、复杂成型后易引起塑性下降和面畸变等问题，有时还会出现开裂、尺寸精度不良等成型缺陷。Pickett（皮克特）等经过研究发现，AHSS钢质的车身B柱受侧面碰撞时发生了根部断裂。

铝合金与钢相比，具有密度低（$2.7g/cm^3$）、耐腐蚀、成形性好、易回收利用等优点，是一种综合性能很好的轻量化材料。当前汽车用铝合金主要形式为铸造铝合金、锻造铝合金、挤压铝合金和铝合金板材等，在发动机缸体、缸盖、车轮、保险杠横梁、车门、发动机罩盖和翼子板等几十种零部件以及整个车体中得到了应用。2016年，中国每辆乘用车的铝合金平均用量约为120 kg，约占整车重量的8%，北美地区单车用铝均值约180kg，预计2020年中国将达到180kg。压铸铝件是发展最迅速的铝合金制品之一，年复合增长率约为11%，产量预计2020年将达到470万 t/年。

镁合金的密度为$1.8g/cm^3$，比铝还轻，具有很高的比强度和比刚度，但是塑性和成形性比较差，因此汽车的镁合金零部件的制造工艺通常是压铸。为了改善镁合金的成形能力，提高力学性能，德国、美国、加拿大等国家都开展了新型镁合金的研发，通过添加Al（铝）、Mn（锰）、Zn（锌）等元素制成可变形加工的镁合金，并尝试应用于车门内板、车身前端纵梁等部位，拓展了镁合金的应用范围。耐腐蚀性差，尤其是耐电化学腐蚀性差，是镁合金存在的主要问题。镁合金与钢部件连接时，极易出现加速腐蚀。目前，表面处理和添加铝合金隔垫仍是镁合金防腐的主要措施。因此，镁合金在欧美汽车上的用量为5.8~26.3kg，我国平均单车用量不足1kg。耐腐蚀低成本镁合金是汽车镁合金产业的主要发展方向，如果突破，那么镁合金在汽车上的用量将大幅增加。

工程塑料及纤维增强复合材料凭借着密度低（钢材密度的1/7~1/4）、耐腐蚀、加工性好、种类多和适用范围广等特点，在汽车中的使用量逐年增加，国外很多车型的单车用量都已经超过了150kg，我国国产轿车的单车用量为50~110kg，应用范围涵盖了内外饰、前端模块支架、保险杠横梁等数十种汽车零部件。此外，纤维增强复合材料还十分适合于零部件的一体化成型，能够制成具有复杂曲面和多个用途的部件总成，减少汽车零部件数量，利于汽车工业的模块化设计和生产。纤维增强复合材料制件的表面质量好，可以省去或减少涂装工艺。宝马汽车公司于2013年量产的宝马i3电动汽车，车身几乎全部碳纤维增强复合材料（CFRP）和工程塑料，比传统同尺寸车型减重250~350kg，代表了目前国外汽车工业应用此类材料的最高水平。降低以CFRP为代表的高端复合材料的成本，丰富并完善汽车行业用复合材料的标准和法规，增强我国复合材料汽车零部件的设计开发能力，是国产汽车复合材料产业的主要发展方向。

汽车产业具有年产量巨大、成本控制严格、生产节拍快和安全可靠性要求高的特点，单一轻量化材料无法完全满足其制造和使用要求，因此多种轻质材料混合应用是汽车产业的用材趋势，不同部位应用不同的轻量化材料，充分发挥各种材料的优势，实现最优的材料组合，汽车车身用材发展趋势如图5-1所示。

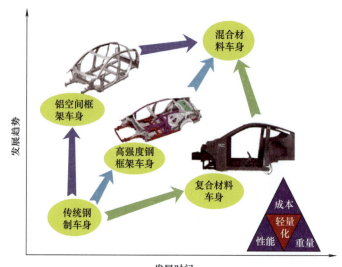

图 5-1 汽车车身用材发展趋势

2. 结构优化设计

结构优化设计是汽车轻量化的重要途径之一，主要用于汽车产品的研发设计阶段，常用的方法有尺寸优化、形状优化、拓扑优化和多目标优化。2000年后，计算机辅助设计（CAD）和分析软件（CAE）已经成为结构优化设计的主要工具，因此CAD/CAE软件开发和销售服务企业也是汽车轻量化产业的一部分。

尺寸优化是出现最早，也是应用最多的一种优化技术，主要用于汽车零部件的壁厚、梁截面尺寸和减重孔尺寸等参数的优化；形状优化主要是改变结构的整体或局部形貌，使结构受力更加均匀，节约材料的用量，从而减重；拓扑优化是以设计空间内的材料分布为优化对象，通过优化算法重新定义材料的分布，给出最佳载荷传递路径，从而确定设计方案，一般用于零件的概念设计阶段，常用的优化算法有变密度法、均匀化法、各向同性惩罚法、泡泡法和水平级法等；多目标优化（MOD）是最符合工程实际需要的优化方法，对汽车承载构件优化设计时往往需要同时考虑多种性能，如刚度、强度、振动噪声舒适性（NVH）、碰撞安全性和疲劳耐久性等，平衡它们之间的矛盾，控制成本并实现减重，最终求得全局最优解。目前，尺寸优化和形状优化应用已经比较成熟。考虑动态载荷和材料各向异性特点的拓扑优化和多目标优化方法，是汽车轻量化领域的研究重点。

3. 先进工艺应用

轻量化材料应用和优化的结构设计最终要通过先进的制造工艺和连接技术来实现。现有的先进制造工艺包括激光拼焊、差厚轧制、热冲压成形、管材液压成形、电磁成形、3D打印、高压铸造、复合材料高压树脂传递成型（HP-RTM）、湿法模压和三维编织成型等；连接技术有自穿孔铆接、机器人胶接、胶焊/胶铆混合连接、搅拌摩擦焊接等。激光拼焊工艺已经在国内外的钢材生产企业和汽车整车企业中得到了广泛的应用，上海宝钢集团拥有23条激光拼焊生产线，年产2200多万片板坯，一汽奔腾轿车中十余个零件应用了激光拼焊技术，降低了生产成本并提高了产品质量。宝马BMW i3 车型采用了HP-RTM工艺和机器人胶接技术，明显缩短了复合材料零部件的生产周期。这些工艺的研发单位和设备制造商成为汽车轻量化产业的重要组成部分，推动了汽车轻量化的发展。

5.1.2 全生命周期内汽车轻量化产业构成

全生命周期分析（LCA）通过考虑一种产品从诞生到消亡各个阶段的能量和排放影响，总体评价整个过程对环境的影响，为产品的材料选择和生产制造提供参考。经过40多年的发展，全生命周期分析已经成为广泛应用的产品环境特征分析和决策支持方法，尤其适用于材料替换类方案的评价和选型。轻量化材料的替换是汽车轻量化的核心内容之一，全生命周期分析必不可少。因此，可以从汽车产品的全生命周期角度出发，梳理汽车轻量化的产业构成。

汽车产品的全生命周期如图5-2所示，主要包括材料制造、零部件加工、产品设计及分析、整车组装生产、汽车的使用及维修、汽车的报废及材料回收等环节。因此，汽车轻量化产业主要包括材料制造企业（钢铁、铝合金、镁合金等金属的冶炼企业，纤维、树脂、塑料等材料的化工制造企业）、零部件制造企业、生产线设备制造企业、汽车整车企业、高校及科研院所、CAD/CAE软件开发及销售服务企业、学会及协会类企业组织、汽车报废拆解及材料回收再利用企业等。

5.1.3 汽车轻量化产业政策解析

为了推进汽车轻量化，世界各大汽车生产和消费国都制定了相应的政策法规，包括制定实施汽车燃油经济性控制法规和标准，制定汽车燃料消耗量限值，提出汽车有害物质和可回收利用率管理要求，同时也包括汽车燃料消耗量相关的奖惩政策、科研资助计划等。

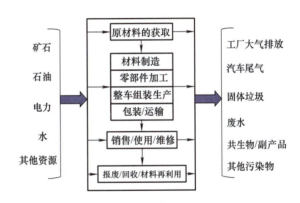

图 5-2 汽车产品全生命周期阶段示意

1. 燃料消耗与尾气排放政策

美国是最早开始强制执行车辆燃料消耗限值的国家，欧美和日本也相继出台多项汽车油耗和排放法规，以促进汽车技术进步，保护大气环境。我国于2004年9月颁布了第一项旨在控制汽车燃料消耗量的国家标准——GB 19578—2004《乘用车燃料消耗量限值》，2010年乘用车新车平均油耗较2003年降低了15%以上。2016年1月1日起，GB 19578—2014《乘用车燃料消耗量限值》和GB 27999—2014《乘用车燃料消耗量评价方法及指标》实施，设定了车型燃料消耗量限值和企业平均燃料消耗量（CAFC）要求，对车型和企业同时考核。在商用车油耗控制方面，我国颁布了GB/T 19233—2008《轻型汽车燃料消耗量试验方法》、GB/T 27840—2011《重型商用车辆燃料消耗量测量方法》、GB 30510—2014《重型商用车辆燃料消耗量限值》和GB 20997—2015《轻型商用车辆燃料消耗量限值》，GB 30510—2014于2014年7月1日开始实施，GB 20997—2015已于2018年1月1日开始实施，加严了商用车辆燃料消耗量要求。交通运输部颁布了JT/T 711—2016《营运客车燃料消耗量限值及测量方法》和JT/T 719—2016《营运货车燃料消耗量限值及测量方法》。

汽车主要生产国家和地区燃料消耗量值目标对比见表5-1。在这些油耗标准体系中，"燃料消耗量限值"与"燃料消耗量评价方法及指标"是互相支撑、相辅相成的关系。限值是国家规定的最低要求，适用于我国汽车产品准入管理环节，其目的是淘汰落后产品，促进汽车燃料消耗量的全面降低,不满足者不能获得《车辆生产企业及产品公告》许可,不允许在我国生产、销售和使用;评价方法及指标是在限值基础上,对汽车企业的燃料消耗量提出要求,允许企业通过调整产品结构来满足企业平均燃料消耗量要求,给企业产品结构调整留出一定的灵活性。

表 5-1 汽车主要生产国家和地区燃料消耗量值目标对比

时间 类别	2015 年		2020 年		2025 年		年降幅 -2020 年	年降幅 -2025 年
	原始	对应国标	原始	对应国标	原始	对应国标		
美国	36.2 mpg	6.7 L/100km	44.8 mpg	6.0 L/100km	56.2 mpg	4.8 L/100km	3.5%	4.2%
欧盟	130 g/km	5.2 L/100km	95 g/km	3.8 L/100km	75 g/km	3 L/100km	5.4%	3.4%
日本	16.8 km/L	5.9 L/100km	20.3 km/L	4.9 L/100km	—	—	3.3%	—
中国		6.9 L/100km		5.0 L/100km		—	5.5%	

除了这些燃料消耗标准和法规的颁布和实施之外,工业和信息化部会同发展改革委、商务部、海关总署和质检总局,发布了《关于加强乘用车企业平均燃料消耗量管理的通知》。这些政策都有力地支撑了国务院发布的《节能与新能源汽车产业规划(2012—2020)》,以实现 2020 年生产的乘用车平均燃料消耗量降至 5.0 L/100km,节能型乘用车燃料消耗量降至 4.5L/100km。

为了控制汽车尾气对大气环境的污染,环保部和质监总局制定了多阶段的机动车污染物排放标准,每次标准的提高,可使单车污染物减少 30%~50%。2013 年 9 月,GB 18352.5—2013《轻型汽车污染物排放限值及测量方法(中国第五阶段)》颁布,已于 2018 年 1 月 1 日实施,这一标准也称为"国五标准",相当于欧盟正在实施的"欧五标准",限制了氮氧化物、碳氢化合物、一氧化碳和悬浮粒子等排放物。重型汽车通过 GB 17691—2005《车用压燃式、气体燃料点燃式发动机与汽车排气污染物(中国)Ⅲ、Ⅳ、Ⅴ阶段》标准进行排放管控,2012 年 1 月 1 日起已经执行第Ⅴ阶段。北京地区于 2013 年颁布并实施了 DB 11/965—2013《重型汽车排气污染物排放限值及测量方法(车载法)》。

在国家的汽车燃料消耗和尾气排放政策下,汽车整车企业只有推进汽车轻量化,才能保证企业的生存和发展,必然也会带动汽车轻量化产业链的上下游企业通过全产业的共同努力最终实现汽车的节能减排。

2. 汽车轻量化相关的奖惩政策

为了进一步推动汽车产业的节能减排,欧美和日东都制定了相应的奖惩政策和科技扶持计划。美国对未达到燃料消耗限值的整车生产企业处以 5 美元/0.1 英里·辆的罚款(注:美国 CAFE 标准中油耗单位为英里/加仑),对购买未达标车辆的消费者征收耗油税,同时也制定了轻量化鼓励政策,即根据车辆的重量来征收消费税和使用税,车辆越轻,税收越少。欧盟通过控制汽车的 CO_2(二氧化碳)排放量来控制油耗,促进汽车轻量化,对于不达标企业进行处罚,并推出了"超级积分"计划,同时根据车型的 CO_2 排放量给消费者收税或发放补贴。日本对汽车产品实施认证制度,针对不达标的企业采取劝告、公布名单、罚款等措施,对设定了汽车重量税,根据重量不同,乘用车 2.5t 以上货车和全部客车按 6300 日元/吨·年征税,2.5t 以下货车按 4400 日元/吨·年,购买低排放汽车的消费者给予补贴和税收减免。我国对油耗不达标的企业会采取公开通报、暂停新产品申报、暂停新建企业等处罚措施,对购买节能环保汽车消费者给予一定的补贴或税费减免，例如：2013年10月1日起至2015年12月31日止，对购买1.6L及以下节能环保乘用车的消费者给予3000元补贴；从2017年1月1日起至12月31日止，对购买1.6L及以下节能环保乘用车的消费者减少2.5%的车辆购置税。

汽车轻量化产业链长，涉及面广，短期收益不明显，为了促进汽车轻量化技术的成熟，各国政府和组织制定并实施了多个科技研发计划。其中，比较有代表性的是美国的新一代汽车合作伙伴计划（PNGV）和先进复合材料制造创新项目（IACMI）、欧盟的超轻汽车计划（SLCAR）、日本的汽车轻量化新构造材料项目——碳纤维复合材料子项（ISMA）、国际钢协的超轻钢制车身计划（ULSAB）、中国的重点研发计划"新能源汽车重点专项"等。

对于汽车企业采取一定的汽车燃料消耗和尾气排放惩罚措施，可以约束企业，并增加开发轻量化产品的压力；对于消费者的补贴和税费减免政策，能够引导消费者购买节能减排的车型，使轻量化的汽车产品得到市场认可，提高市场占有率，刺激整车企业生产轻量化车型。科技研发计划对于汽车轻量化产业链的融合非常重要，在增加汽车轻量化技术储备的同时，可以培养一大批高校和科研院所的汽车轻量化青年人才，为汽车轻量化产业注入强劲的动力。

3. 汽车产品的循环再利用政策

全世界每年报废的汽车超过5000万辆，轻量化材料使用量的增加，尤其是多材料混合应用越来越广泛，给报废汽车材料回收利用带来了新的挑战。欧盟在2000年10月颁布了汽车到期报废指令（ELV，2000），该指令包括M1（总座位数不超过九座的载客车辆）和N1类（最大总设计质量不超过3.5t的载货车辆）汽车，要求2015年后汽车的再回收利用率（含能量回收）至少为95%，再利用率至少为85%（不包含使其成为能量的处理过程）。日本本着"谁使用谁付费"的原则，于2002年制定了《汽车回收利用法》，向汽车消费者征收汽车回收费用，并以汽车粉碎残渣（ASR）为目标，要求到2005年、2010年和2015年，垃圾掩埋场的ASR分别下降30%、50%和70%。美国虽然没有制定国家级的汽车报废回收利用法规，但通过环境保护法规严格限定了汽车产品的制造商、分销商、供应商、零售商和其他参与者在汽车产品报废回收过程中的法律责任，依附于美国成熟的市场机制，已经形成一套完整的汽车产品回收利用运作体系和超过2000亿美元规模的拆解再利用市场，预计2020年可实现95%的再回收利用率目标。

我国于2004年发布并实施了国家标准GB/T 19515—2004/ISO 22628：2002《道路车辆可再利用性和可回收利用性计算方法》，2006年2月发布了《汽车产品回收利用技术政策》（以下简称《技术政策》），2015年6月发布了《汽车有害物质和可回收利用率管理要求》（以下简称《管理要求》）。《技术政策》和《管理要求》提出2017年起所有国产及进口M1类和N1类车辆的可回收利用率要达到95%，其中材料的再利用率不低于85%。

但是，目前我国的汽车报废回收行业还存在诸多问题，与我国汽车生产行业的发展不同步，远远落后于欧美日。具体表现在以下5个方面：

1）政策法规缺乏相应实施细则，可操作性差，汽车生产企业参与度不高，汽车拆解企业数量少且规模小，拆解能力严重不足，造成资源浪费和二次污染。

2）报废汽车回收比率低（当年报废汽车回收量与当年汽车保有量之比），位于10%以下，而且不同地区差距很大。

3）汽车报废回收技术落后，与发达国家成熟的切碎后多重分离技术相比，我国还停留在简单的机械拆解水平，60%~70%的拆解企业为年拆解量在100辆以下的手工操作类作坊式小企业，而且缺少回收技术相关的科研计划支撑。

4）缺乏财政扶持，当回收的材料价值高于其生产成本的时候，回收利用系统才能良性地运转下去，因此政府的资金扶持是十分必要的。

5）报废汽车回收企业分散，无序竞争，缺乏监管和引导，还没有形成完善的全国性回收网络和产业群。

当汽车回收再利用法规推进时，如果没有相应规模的报废汽车回收利用产业，那么势必会影响可回收利用率和汽车材料再利用率。这种不平衡发展到一定程度时，很可能会影响汽车产业，尤其是汽车轻量化产业的发展。材料的持续浪费必然会引起新原材料成本上涨，进而导致汽车轻量化成本上涨，那么汽车轻量化推进会变得更加困难。

4. 重点新材料首批次应用示范指导目录

新材料作为《中国制造2025》的十大发展重点之一，已然成为许多企业的关注焦点。加快发展新材料，对推动技术创新，支撑产业升级，建设制造强国具有重要战略意义。科技部于2017年4月发布了《重点新材料首批次应用示范指导目录》，见表5-2。在非金属材料方面，《目录》中围绕着基础材料、关键战略材料、前沿新材料对应用于汽车的非金属材料进行了规划并提出了性能要求。

表5-2 《重点新材料首批次应用示范指导目录》中非金属材料的材料名称及性能要求

序号	材料名称	性能要求	应用领域
		先进基础材料	
（一）	特种橡胶		
1	氢化丁腈橡胶	ACN%：17%~50%，饱和度80%~99%，门尼黏度20~130	汽车、高铁、轮船、油田、航空航天
（二）	工程塑料		
1	聚芳硫醚类（PAS）系列特种新材料产品（低氯级）	聚芳硫醚砜（PASS）、聚芳硫醚酮（PASK）。分子量5~8万、氯离子含量 < 600ppm	航空航天、核动力、汽车、电子、石油化工、环保
2	聚酰亚胺及薄膜	热塑性薄膜：玻璃化温度 > 240℃，拉伸强度 > 100MPa，冲击强度 > 120kJ/m²，弯曲强度 > 120MPa，可挤出成型，3D打印成型	汽车、石油、化工、纺织工业、电力电子、精密机械制造、航空、航天
3	高流动性尼龙	拉伸强度 > 55MPa，弯曲强度 > 60MPa，简支梁缺口冲击强度 > 8kJ/m²，熔融指数（235℃，0.325kg）10~30，熔点220~225℃	汽车、电子电器、纺织工业
4	芳纶纤维材料制品	灰分 < 0.5%，芳纶纸击穿电压 > 20kV/mm，抗张强度 > 3.2kN/m，芳纶层压板击穿电压 > 40kV/mm，耐热等级达到220℃，阻燃达到VTM-0或V-0级，水萃取液电导率 < 5ms/m，180℃长期对硅油无污损，外观、层间结合状态与进口产品一致	轨道交通、新能源、航空航天、电力装备
5	轴承（传动系统）用工程塑料	在150℃热油、氧环境下放置1000h：拉伸强度 > 90%，非缺口冲击强度 > 80%，弯曲强度 > 90%以上	汽车、机床、家电等
6	汽车核心部件用尼龙复合材料	在85℃、相对湿度85%环境下放置1000h：力学性能保持在80%以上；长期在120℃高温环境下使用不发生形变，冷热冲击循环300次，塑料件不开裂（-40℃和150℃）	汽车

(续)

序号	材料名称	性能要求	应用领域
（三）	先进陶瓷粉体及制品		
1	氮化铝陶瓷粉体及基板	粉体：碳含量 $\leq 3\times 10^{-4}$，氧含量 $\leq 0.75\%$，粒度分布 $D10\leq 0.65\mu m$，$D50\leq 1.30\mu m$，$D90\leq 3.20\mu m$；比面积 $\leq 2.8m^2/g$；基板：密度 $\geq 3.30g/cm^3$，热导率（20℃）$\geq 180W/m\cdot K$，抗折强度 $\geq 380MPa$，线膨胀系数（RT~500℃）$4.6\sim4.8\times10^{-6}$/℃，表面粗糙度 $\leq 0.3\mu m$	高铁、新型显示、新能源汽车、光通信和智能电网
2	高性能氮化硅陶瓷材料	致密度 $\geq 99\%$，弯曲强度 $\geq 900MPa$，维氏硬度 ≥ 1550，断裂韧性 $9\sim10MPa\cdot m^{1/2}$，弹性模量 $\geq 320GPa$，热膨胀系数 $\leq 3.3\times 10^{-6}$，韦布尔模数 >12，热导率 $20\sim90W/m\cdot K$	光伏、风电、航空航天、环保、机械、汽车、冶金、电子
（四）	人工晶体		
1	立方氮化硼复合材料	CBN复合材料元件：磨轮线速度 $>160m/s$，去除率为刚玉复合材料的50倍以上，加工零部件的形位公差精度 $<5\mu m$，表面粗糙度 $<0.3\mu m$	汽车、机床、航天
关键战略材料			
高性能纤维及复合材料			
1	汽车用碳纤维复合材料	密度 $<2g/cm^3$，抗拉强度 $\geq 2100MPa$，抗拉弹性模量 $23000\sim43000MPa$	汽车
2	玄武岩纤维	耐温温度 $-269\sim650℃$，弹性模量 $\geq 80GPa$，抗拉强度 $\geq 3800MPa$	消防、环保、航空航天、汽车、船舶
前沿新材料			
1	石墨烯导电发热纤维及石墨烯发热织物	纤维性能：电阻率 $<1000\Omega\cdot cm$，断裂强度 $>3cN/tex$，干摩擦色牢 >3，熔点 $>250℃$；织物性能：电热辐射转换效率 $>68\%$，表面温度不均匀度 $<\pm5℃$	电子信息、汽车
2	石墨烯导静电轮胎	导电率达 $10\sim5S/m$，普通乘用车轮胎胎面复合石墨烯后，抗撕裂强度提升 50%，模量提升 50% 以上，湿地制动距离缩短 $1.82m$；滚阻降低 6%，使用里程增加1.5倍以上	汽车

5.1.4　汽车轻量化趋势展望

汽车轻量化是汽车产业的核心技术和重要发展方向，已经成为国家制造业的发展战略，《中国制造2025》中多次提到汽车轻量化，涉及了轻量化材料、优化设计、整车轻量化技术等多个方面，《节能与新能源汽车轻量化技术路线图》也将汽车轻量化作为发展战略重点之一。国家工信部、环保部、科技部、交通运输部、发改委、自然科学基金委、质监总局等部门都发布了多项惠及汽车轻量化产业的技术标准、法律法规和研发项目。这些政策促进汽车生产企业提高车辆的燃油经济性，降低尾气排放，鼓励产业联合和技术创新，引导消费者购买节能的汽车产品，有利于提高我国汽车轻量化产业的核心竞争力，为汽车轻量化发展提供了机遇。

汽车轻量化产业在享受发展机遇的同时，还面临着国际汽车巨头竞争、自身技术薄弱、汽车轻量化人才缺乏、轻量化成本高、生产设备依赖进口和汽车回收利用率低等诸多挑战，这些挑战为我国汽车轻量化产业发展指明了方向。中国汽车轻量化产业想要做大做强，首先要解决"受制于人"的问题。以碳纤维增强复合材料应用为例，国内的材料制造、零部件成型、性能测试设备几乎全部进口，CFRP汽车零部件设计和性能分析大都外包给欧洲的设计公司，国内企业的CAE软件基本都是国外品牌，如果这种情况保持或发展下去，那么中国汽车轻量化产业发展将成为国外企业的利润收割场，我国汽车轻量化产业将难言强大。因此，必须要提高我国的综合工业水平，包括轻量化材料的制备、汽车轻量化产品的开发技术、汽车轻量化零部件的制造工艺及装备，轻量化产品的可回收再利用等全产业链赶上国际先进水平。引导汽车零部件制造企业、整车生产企业多使用国产材料和设备，多应用国内高校和科研院所研发的轻量化技术，同时政府在产业链薄弱环节上给予补贴。其次，汽车轻量化产业应与智能网联、新能源汽车产业相结合，充分利用新能源汽车快速发展带来的拉动作用，新能源汽车企业和传统整车生产企业合作，共同推动我国汽车轻量化产业的发展。再次，汽车轻量化产业链中的企业和机构需要注重轻量化人才的培养、储备和团队建设，科学技术发展的关键是人才，汽车轻量化发展的关键也是人才。汽车轻量化属于典型的交叉领域，涉及材料、机械、力学、化学等多个学科，一方面国家可以引导高校设立汽车轻量化学科，另一方面企业可以提高汽车轻量化人才的待遇，在产业中培养出多个高水平的汽车轻量化队伍，提高汽车轻量化产业的国际竞争力。最后，汽车工业中需要有一个完善的报废汽车产品回收产业，实现轻量化材料的回收再利用，这样汽车轻量化产业才能持续发展下去，并助力我国国民经济和社会的可持续发展。

➔ 作者：

- ❖ 李立军．北京航空航天大学交通科学与工程学院
- ❖ 闫建来．中国汽车工程学会

参考文献

[1] 中国经济网.2016 年我国汽车行业对经济增长贡献率高达 4.5%[EB/OL].http://finance.c-hina.com.cn/roll/20170223/4110715.shtml.

[2] 孙凌玉.车身结构轻量化设计的理论、方法与工程实例 [M].北京：国防工业出版社，2011.

[3] 中国汽车工程学会，汽车轻量化技术创新战略联盟，中国第一汽车股份有限公司技术中心.中国汽车轻量化发展——战略与路径 [M].北京：北京理工大学出版社，2015.

[4] Brooke L，Evans H. Lighten up[J]. Automotive Engineering International，2009，117(3):16-22.

[5] 迈利克.汽车轻量化—材料、设计与制造 [M].于京诺，宋进桂，梅文征，等译.北京：机械工业出版社，2012.

[6] 徐建全，杨沿平，唐杰，等.纯电动汽车与燃油汽车轻量化效果的对比分析 [J].汽车工程，2012，34(6)：540-543.

[7] 路洪洲，王智文，陈一龙，等.汽车轻量化评价 [J].汽车工程学报，2015，5(1)：1-8.

[8] 范子杰，桂良进，苏瑞意.汽车轻量化技术的研究与进展 [J].汽车安全与节能学报，2014，5(1)：1-16.

[9] 王广勇，王刚.高强度钢在汽车轻量化中的应用 [J].汽车工艺与材料，2011(1)：1-5.

[10] Hilditch T B，de Souza T，Hodgson P D. Properties and automotive applications of advanced high-strength steels (AHSS)[J]. Welding and Joining of Advanced High Strength Steels (AHSS)：The Automotive Industry，2015：9.

[11] 刘超，王磊，刘杨.汽车用先进高强钢的发展及其在车身设计中的应用 [J].特钢技术，2012，18(2)：1-4.

[12] Pickett A K，Pyttel T，Payen F，et al. Failure prediction for advanced crashworthiness of transportation vehicles[J]. International Journal of Impact Engineering，2004，30(7)：853-872.

[13] 崔选盟.日本汽车回收再利用制度对中国的借鉴意义 [J].环境污染与防治，2008，30(10)：96-99.

[14] 龙少海.目前全国报废汽车回收拆解行业现状与发展趋势 [J].中国废钢铁，2015(2)：20-26.

5.2 我国汽车轻量化发展相关政策解析

5.2.1 汽车轻量化的意义

中国是世界上最主要的工业国家,且拥有全球最大的汽车消费市场。在成为世界第一汽车产销大国后,我国汽车工业已进入一个以核心技术为依托的自主正向开发的黄金发展时期。中国汽车工业协会发布的权威数据表明:我国在 2009 年首次超越美国,成为世界第一汽车产销大国。该年汽车产销量分别为 1379.10 和 1364.48 万辆,同比增长 48.30% 和 46.15%。截至 2016 年我国连续八年蝉联世界第一,2016 年的汽车产销量均超过 2600 万辆。该年我国机动车保有量达 2.9 亿辆,其中汽车 1.94 亿辆;机动车驾驶人 3.6 亿人,其中汽车驾驶人超过 3.1 亿人。然而,该年我国的汽车千人保有量才达到 140 辆/千人,距世界平均水平(2016 年底约 161 辆/千人)仍有较大的差距,距发达国家的千人保有量的差距则更大。2016 年各国千人汽车保有量(辆)如图 5-3 所示。因此,我国汽车普及仍需较长的时间,汽车产业在中国的发展潜力巨大,是实现我国经济可持续发展最强大的推动力之一。

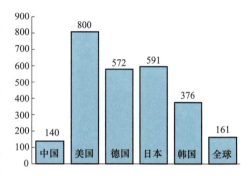

图 5-3　2016 年各国千人汽车保有量(辆)

汽车工业的发展对轻量化、节能减排和安全性等的要求越来越高。降低汽车自重,减少油耗、控制汽车尾气对环境的污染、提高安全行驶性能等均成为汽车行业最为关注的话题。研究表明:约 75% 的能量消耗与整车质量有关,在其他条件不变的前提下,若汽车自重降低 10%,则油耗至少可降低 5%。20 世纪 90 年代以来,以美国为首的世界主要工业大国通过在全球范围内开展的大型研究计划,例如:美国新一代汽车合作伙伴计划、国际钢铁协会主持开展的超轻钢制车身以及超轻钢制车身先进概念车型研究计划等。根据上述计划的要求,美国各大汽车制造商合作开发出几款"概念车"。在用材方面,概念车大量使用了铝合金、镁合金以及塑料,大大降低了汽车自重,从而使燃油消耗量从平均每百公里 9L 降低至 3L。此外,通过汽车结构的轻量化设计还可以带来"二次减重",汽车的动力、传动系统也可相应的减轻质量。研究表明,采用轻质材料与结构优化"二次减重"后,整备质量为 1.229t 的参考车可降至 785kg,且在实现轻量化的同时,还能有效改善汽车的动力性、舒适性和操纵稳定性。这些研究计划使得汽车轻量化技术取得了重大突破,有效地提高了世界汽车的轻量化水平。汽车轻量化技术的发展在很大程度上缓解了全球石油短缺和不断恶化的环境等问题。

众所周知,汽车是大量消耗能源和资源、影响环境、涉及生命安全并需要庞大基础设施支撑的产品,其发展目前正面临来自能源、环保、安全等方面的巨大压力。研究表明,到 2020 年,将近 60% 的石油资源将被交通运输业所消耗,汽车也成为城市大气的主要污染源。因此,通过在减轻汽车自重、降低能耗、减少废气排放等方式提升汽车生产商竞争力的同时,发展节能型电动汽车,突破以轻量化技术为代表的一系列电动汽车关键共性技术,是我国汽车产业实现可持续发展的必然选择。近年来,发展以纯电动汽车为代表的新能源汽车虽然得到了各国的高度重视,但其发展步伐相对缓慢。制约其发展的因素除了电池、电机和电控等技术还不够成熟外,电动汽车的车身用材和结构大多都还是沿用传统汽油车的设计,为保证电动汽车的行驶里程,必须增加电池的重量,如行驶里程200km，电池重量需增加到200kg，这将使新能源汽车不节能。因此，迫切需要通过轻量化实现新能源汽车的重量平衡，才能真正实现既减排又节能的战略目标。德国在新能源电动汽车的发展规划中，已把轻量化作为新能源汽车发展的"重中之重"列入"灯塔计划"，上升为德国国家战略，并认为轻量化技术的突破能够使德国在电动车技术上获得国际领先优势。国家重点研究计划——新能源汽车重点专项实施方案认为轻量化是新能源汽车三大核心科技之一。

5.2.2 汽车轻量化相关政策解读

1. 中国制造 2025

制造业是国民经济的主要支柱，更是我国经济实现"创新驱动、转型升级"的主战场。我国是世界制造大国，制造规模指数在美国、日本、德国之上，而强国指数则明显比这几个主要工业国家要低，即我国还远不是制造强国。强国指数和规模指数的变化曲线如图5-4所示。中国已经具备了建设制造强国的基础和条件：

1）我国制造业拥有巨大市场，需求是最强大的发展动力。

2）我国制造业有着世界上门类最为齐全的独立完整体系，具备强大的产业基础。

3）我国一直坚持信息化与工业化融合发展，在制造业数字化方面掌握了核心关键技术，具有强大的技术基础。

4）我国在制造业人才队伍建设方面已经形成了独特的人力资源优势。

5）我国制造业在自主创新方面已经取得了一些辉煌成就，上天、入地、下海、高铁、输电、发电和国防等各个领域都显示出我国制造业巨大的创新力量。

然而，我国制造业大而不强，存在的突出问题如下：

1）自主创新能力不强，核心技术对外依存度较高，产业发展需要的高端设备、关键零部件和元器件、关键材料等大多依赖进口。如，我国所需的芯片80%以上依赖进口。

2）产品质量问题突出，国家监督抽查产品质量不合格率高达10%，制造业每年直接质量损失超过2000亿元。

3）资源利用效率低，单位国内生产总值(GDP)能耗约为世界平均水平的2倍。

4）产业结构调整刻不容缓，技术密集型产业和生产性服务业弱，产业集聚和集群发展水平低，具有较强国际竞争力的大企业少。

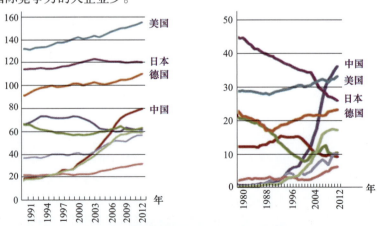

图 5-4 强国指数和规模指数的变化曲线

当前，我国制造业面临严峻挑战。从内部因素看，我国经济发展已由较长时期的高速增长进入中高速增长阶段，前一时期非常成功的经济发展方式已不可持续。转变经济发展方式已刻不容缓，对经济发展的主导力量——制造业创新驱动，转型升级提出了紧迫的要求。从外部因素看，一方面，欧美发达国家推"再工业化"战略，谋求在技术，产业方面继续领先优势，抢占制造业高端，进一步拉大与我国的距离。德国、英国、法国、日本都宣布了新的计划，大力推动制造业复兴。另一方面，印度、印度尼西亚、越南等发展中国家则以更低的劳动力成本承接劳动密集型产业的转移，抢占制造业的中低端。我国制造业正面临来自发达国家和发展中国家的"前后夹击"的双重挑战。制造业面临新一轮工业革命的重大机遇，紧紧抓住世界范围内新一轮科技革命和产业变革与我国加快转变经济发展方式历史性交汇的历史性机遇，将大大加快我国工业化和建设制造强国的进程。

"中国制造 2025"提出"创新驱动、质量为先、绿色发展、结构优化、人才为本"的基本方针，通过"三步走"实现制造强国的战略目标。通过"互联网+"实现制造业的转型升级和我国制造的规模范优势，逐步实现智能制造，打造我国制造新优势，实现由制造大国向制造强国的转变。"中国制造 2025"是在新的国际国内环境下，中国政府立足于国际产业变革大势做出的全面提升中国制造业发展质量和水平的重大战略部署。其根本目标在于改变中国制造业"大而不强"的局面，通过 10 年的努力，使中国迈入制造强国行列，为到 2045 年将中国建成具有全球引领和影响力的制造强国奠定坚实基础。"中国制造 2025"是国家层面的战略规划，增强了行业发展的信心，特别是汽车制造业持续发展的信心。它对引导中国汽车业的转型升级和结构调整，有着非常重要的战略意义，如图 5-5 所示。

图 5-5 "中国制造 2025"发展规划

2. 中国汽车制造 2025

"中国制造 2025"把"节能与新能源汽车"作为重点发展领域，明确了"继续支持电动汽车、燃料电池汽车发展，掌握汽车低碳化、信息化、智能化核心技术，提升动力电池、驱动电机、高效内燃机、先进变速器、轻量化材料、智能控制等核心技术的工程化和产业化能力，形成从关键零部件到整车的完整工业体系和创新体系，推动自主品牌节能与新能源汽车与国际先进水平接轨"的发展战略。表 5-3 从产业规模、创新能力、品牌实力、产业控制力、效益、能源消耗、排放和制造与服务水平等对实现中国汽车制造 2025 所需要突破的关键问题进行了描述。虽然我国是汽车制造大国，但要实现中国汽车制造 2025 的目标，需要整个行业一起协同努力才能完成。

表 5-3　中国汽车制造 2025 要突破的关键问题

	汽车大国	汽车强国
产业规模	小→大	大
创新能力	较弱（模仿）	强（原创、部分原创）
品牌实力	无知名品牌	品牌实力强劲，形成品牌集群效应
产业控制力	较弱，核心零部件、关键设备和核心技术对外依赖严重、"四基"不强	强，掌控核心技术，控制平台、标准，核心零部件和关键设备自给，形成自主可控产业链
效益	附加值低、效益较差	附加值高、效益好
能源消耗	资源、能源消耗大	资源、能源消耗小
环境排放	污染物和碳排放量大，生态环境压力大	污染物和碳排放量小，生态环境压力小
制造与服务水平	传统制造与服务	基于网络的设计、制造、服务一体化
市场特点	高度依赖国内市场	全球化布局与经营

　　2017 年 4 月 27 日工信部、国家发改委、科技部三部委联合印发了《汽车产业中长期发展规划》（以下简称《规划》），"重点任务"中明确了轻量化作为"核心技术攻关"。《规划》在"强化基础能力，贯通产业链条体系"中提出"发展先进车用材料及制造装备"，进一步明确了协同开展高强钢、铝合金高真空压铸、半固态及粉末冶金成型零件产业化及批量应用研究，加快镁合金、稀土镁（铝）合金应用，扩展高性能工程塑料、复合材料应用范围。鼓励行业企业加强高强轻质车身、关键总成及其精密零部件、电机和电驱动系统等关键零部件制造技术攻关，开展汽车整车工艺、关键总成和零部件等先进制造装备的集成创新和工程应用。在《"十三五"交通领域科技创新专项规划》结构轻量化技术中，围绕先进轻量化材料、轻量化先进工艺和轻量化结构优化技术创新，推动结构轻量化技术在汽车产业各领域规模化应用。重点研究高强度钢、轻合金材料（如铝合金、镁合金）、碳纤维等新型材料特性和应用技术，热冲压成型、液压成型等先进制造技术和激光拼焊、胶粘连接等先进连接工艺技术，整车及零部件结构的拓扑、尺寸、形状/形貌、多学科/多目标等优化技术及应用。形成轻量化整车产品和关键零部件的自主开发能力，降低乘用车和商用车产品的平均单车整备质量。2017 年 4 月 14 日科技部《"十三五"材料领域科技创新专项规划》，"十三五"期间，材料领域将围绕创新发展的指导思想和总体目标，紧密结合经济社会发展和国防建设的重大需求，重点发展基础材料技术提升与产业升级、战略性先进电子材料、材料基因工程关键技术与支撑平台、纳米材料与器件、先进结构与复合材料、新型功能与智能材料、材料人才队伍建设。其中汽车用高性能纤维增强复合材料、轻质高强的铝合金与镁合金材料、高性能汽车用钢等均在作为新材料领域专项规划重要内容之一。

　　节能汽车产业化指出到 2020 年，乘用车（含新能源乘用车）新车整体油耗降至 5L/100km，2025 年，降至 4L/100km 左右。重点工作领域：整车轻量化技术，低滚阻轮胎，车身外形优化设计，推广应用铝合金、镁合金、高强度钢、塑料及非金属复合材料等整车轻量化材料和车身轻量化、底盘轻量化、动力系统、核心部件轻量化设计。

　　新能源汽车产业是我国七大战略新兴产业之一，其发展已成为国家发展战略的重要内容之一。新能源汽车产业化是我国新能源汽车产业发展的必经阶段，也是当前我国新能源汽车发展的主要目标和主要内容，在新能源汽车产业化进程中，政策将起到促进和引导的作用。因此有必要围绕"产业化"这一主线制定和完善我国的新能源汽车产业政策，以促进我国新能源汽车产业化进程。"中国制造2025"把"新能源汽车"列为国家重点研发专项，其重点工作领域是研发一体化纯电动平台。要开发高集成度的电动一体化底盘产品技术，高度集成电池系统、高效高集成电驱动总成、主动悬架系统、线控转向／制动系统、集成控制系统，实现整车操纵稳定性、电池组安全防护、底盘系统的轻量化的研究应用。

电动汽车结构轻量化共性技术和轻量化纯电动乘用车集成开发技术是"新能源汽车"国家重点研发专项的重点研究内容。电动汽车结构轻量化共性技的研究内容主要包括：

1）开展电动汽车轻量化材料（复合材料、铝合金、镁合金、高强度钢）性能评价、成形工艺与零部件轻量化结构设计等应用基础研究。

2）研究碳纤复合材料界面与零部件各向异性设计方法。

3）研究全新架构材料－结构－性能一体化设计方法。

4）研究多材料连接数学模型与疲劳设计技术。

5）研究典型零部件与整车轻量化综合评估模型和评价体系。

轻量化纯电动乘用车集成开发技术的研究内容为：开展全新材料与结构形式下的载荷分布与结构优化技术研究，开展车用碳纤维低成本原材料和工艺技术研究，突破碳纤维增强复合材料车体和铝合金电池框架一体化集成设计技术，实现多种轻质材料及多种先进成形工艺集成应用，掌握轻量化的新能源乘用车整车试验验证和评价等核心技术，开发出1款轻量化纯电动乘用车。

综上所述，汽车轻量化已上升到国家战略层面，不仅《中国制造2025》将轻量化列为节能与新能源汽车发展的核心技术，在工信部、国家发改委、科技部等国家部委相继发布的专项方案中，也多次对轻量化技术的发展提出了具体要求。而汽车轻量化目标的达成，离不开高强度钢、镁合金、高性能塑料和碳纤维复合材料等轻量化材料的应用，材料技术的创新与发展已成为推动整车轻量化技术革命的重要途径。

5.2.3 节能与新能源汽车轻量化技术路线

2015年8月，中国汽车工程学会受工信部委托组织编写《节能与新能源汽车技术路线图》，其中"节能与新能源汽车轻量化技术路线"部分由轻量化联盟组织编写，主要内容如图5-6所示。技术路线的制定主要是通过对欧美日国家和地区的世界知名汽车企业调研，从整车轻量化技术措施、关键总成或系统轻量化技术手段和轻量化技术规划与政策三个方面进行了对标。建立了跨专业编写组和专家顾问团队、专家团队，采用现场评审和多轮网络评审相结合的专家审核模式，深度调研企业需求，并充分征求企业的意见和建议，确定了轻量化研究工作的总体思路。充分立足我国汽车行业需求，重点突破，并根据我国汽车价位、市场地位与行业引导制定了轻量化技术路线。路线以典型车身、全新构架底盘等系统或总成重点提出建议，系统分析了轻量化材料、结构、工艺及集成设计等多技术措施，确定了加强了对轻量化应用基础、共性技术、示范与产业化需求的基本方案。《节能与新能源汽车技术路线图》中节能与新能源汽车轻量化技术路线，明确了2016—2030年轻量化阶段目标及技术路线，具体见表5-4、图5-6~图5-8。随着制造技术的突破，轻质材料的制造成本降低，从而促进轻量化材料在汽车上的应用，提高了汽车轻量化水平。

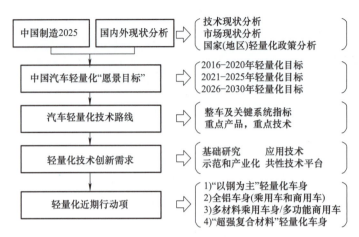

图 5-6 节能与新能源汽车轻量化技术路线制定

表 5-4 2016—2030 年节能与新能源汽车轻量化阶段目标

时间 类别	2016—2020 年	2021—2025 年	2026—2030 年
车辆整备质量	较 2015 年减重 10%	较 2015 年减重 20%	较 2015 年减重 35%
高强度钢	强度 600MPa 以上的 AHSS 钢应用达到 50%	第三代汽车钢应用比例达到白车身重量的 30%	2000MPa 级以上钢材有一定比例的应用
铝合金	单车用铝量达到 190kg	单车用铝量超过 250kg	单车用铝量超过 350kg
镁合金	单车用镁量达到 15kg	单车使用镁合金 25kg	单车使用镁合金 45kg
碳纤维增强复合材料	碳纤维有一定使用量,成本比 2015 年降低 50%	碳纤维使用量占车重 2%,成本比上阶段降低 50%	碳纤维使用量占车重 5%,成本比上阶段降低 50%

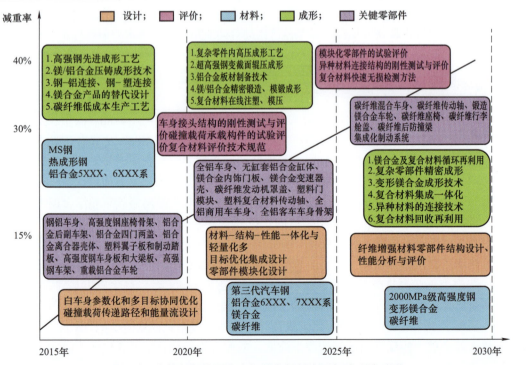

图 5-7 节能与新能源汽车轻量化材料应用与减重关系图

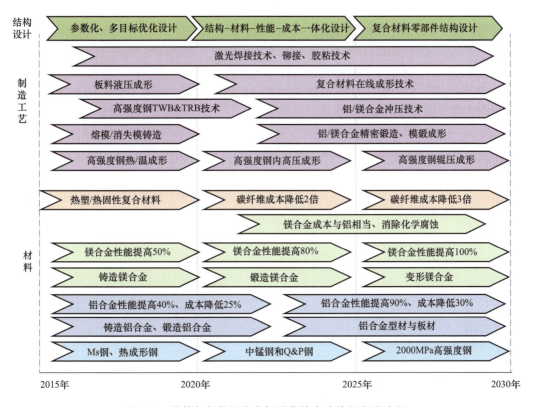

图 5-8　节能与新能源汽车轻量化技术路线的实施途径

5.2.4　节能与新能源汽车轻量化发展建议

1. 继续推动轻量化材料发展

轻量化材料的发展与推广，主要从以下 4 种轻量化材料着手：

1）高强度钢：加快高强、高韧的高品质汽车高强度钢开发，不仅仅要强度提升，也要实现任性提升，如拉伸强度 > 1200 MPa，延伸率也要 > 30%。

2）铝合金：重点突破底盘用高性能铝合金、覆盖件用铝合金板材、车身用铸造铝合金等高性能、高附件铝合金及其应用的关键技术。

3）镁合金：突破传统镁合金思路，加大卤水提取的低成本镁合金材料及其应用的关键技术开发。

4）非金属材料：突破航空航天应用碳纤维复合材料的思路，开发汽车低成本专用再生碳纤维与专属性能的碳纤维增强复合材料，并从材料、工艺上实现碳纤维复合材料低成本、高效率等应用。

2. 加快轻量化应用关键技术开发与基础数据

积极落实《汽车产业中长期发展规划重点工程实施方案》中的关键零部件重点突破工程，围绕轻量化需求培育和扶持关键轻量化材料与零部件企业，培育方向见表 5-5。众所周知，要实现汽车的轻量化，必须有轻量化应用关键技术和基础数据的支撑，因此有必要从以下 4 方面进行技术突破：

1）材料性能评价：加大对轻量化材料高应变载荷下力学性能、吸能性及其评价方法等关键性能的应用研究。

2）制造工艺：加快对短流程、高效率、低成本的先进制造工艺、制造装备等关键技术开发与应用。

3）多材料应用：设立专题开展汽车（如车身）多材料设计与连接等关键技术（如工艺设计、结构设计、性能设计）开发和技术储备。

4）计算材料学：专题研究多种材料连接的数据模型和基于特定结构，在一定载荷下的材料组织、性能、服役特性的计算与模拟等关键技术。

表 5-5　关键零部件和材料重点培育方向

轻量化材料	汽车用钢		轻量化零部件	高性能冲压零部件
				高性能辊压零部件
				1800MPa 热成型零部件企业
	铝合金板材			铸造零部件企业
				锻造零部件企业
	镁合金企业			铸锻零部件企业
	非金属材料	工程塑料和高性能改性能改性材料		高性能零部件企业
		典型复合材料（玻纤、碳纤、玄武岩）		玻纤增强复合材料零部件企业
				碳纤增强复合材料零部件企业

3. 加快汽车轻量化人才培养

针对高校、科研院所，凝练汽车行业轻量化应用关键技术需求与高校、科研院所人才培养结合。深入行业需求，延伸高校、研究院所硕士、博士等研究生人才培养，促进他们进入企业后，能够更好地将轻量化基础理论与工程化应用结合；轻量化联盟与高校、研究院所长期、系统和针对性的合作，旨可以搭建汽车轻量化专业的技术研究团队，培养轻量化青年人才，促进轻量化技术进步与技术积累。

汽车轻量化已上升到国家战略层面，是节能与新能源汽车发展的核心技术。高强度钢、镁合金、高性能塑料和碳纤维复合材料等轻量化材料的应用和材料技术的创新与发展是实现汽车轻量化的重要途径。要实现中国汽车制造 2025 节能与新能源汽车轻量化的目标，需要从轻量化材料开发、轻量化成型技术开发应用与基础数据和汽车轻量化人才培养三个方面大力突破。

➡ 作者：

❖ 赵宣. 国汽（北京）汽车轻量化技术研究院有限公司

参考文献

[1] 王若素，肖寒，白涛，等. 全国机动车保有量——2013 年中国机动车污染防治年报（第Ⅰ部分）[J]. 环境与可持续发展，2014，39(1)：88-90.

[2] 卢金栋. 汽车用轻量化铝合金板材温成形极限研究 [D]. 大连：大连理工大学，2014：1-13.

[3] 肖罡. 汽车用 6013 铝合金板材热成形过程的变形行为及建模方法研究 [D]. 长沙：湖南大学，2016.

[4] 唐见茂，李建龙. 航空航天复合材料应用的最新进展 [J]. 航天器环境工程，2010，27(5)：552-557.

[5] 郭鹏程. 高锰奥氏体 TWIP 钢的单向拉伸变形与拉压循环变形行为的研究 [D]. 秦皇岛：燕山大学，2012.

[6] Yoshitake A. Ultra-light steel auto body-advanced vehicle concept：materials and processing [J]. Yosetsu Gakkai Shi/journal of the Japan Welding Society，200271(8)：559-563.

[7] 陈小复. 从 PNGV 到 FreedomCAR——看美国的新一代汽车开发项目 [J]. 上海汽车，2002(7)：36-40.

[8] 刘静安，王嘉欣. 大型铝合金型材及其用途 [J]. 有色金属加工，2002，31(3)：40-43.

[9] Miller W S，Zhuang L，Bottema J，et al. Recent development in aluminium alloys for the automotive industry [J]. Materials Science & Engineering A，2000，280(1)：37-49.

[10] 周济. 智能制造——"中国制造 2025"的主攻方向 [J]. 中国机械工程，2015，26(17)：2273-2284.

[11] 郭朝先，王宏霞. 中国制造业发展与"中国制造 2025"规划 [J]. 经济研究参考，2015(31)：3-13.

[12] 陈永昌.《中国制造 2025》将强力推进制造业转型升级 [J]. 北方经贸，2015(9)：1-2.

[13] 邹沛江. 从中国制造到中国创造——金融危机下中国制造的出路 [J]. 改革与开放，2010(2)：41-41.

5.3 汽车非金属材料的发展趋势和技术路线

汽车用非金属材料包括塑料、橡胶、热塑性弹性体、摩擦/密封垫类材料、织物/皮革、胶粘剂、发泡材料、树脂基复合材料等。随着汽车轻量化逐渐成为汽车节能技术的核心潮流，塑料由于其重量轻、强度高、耐腐蚀性好、成型性好，越来越广泛地应用到汽车上。

5.3.1 工程塑料

塑料在汽车上的应用已有近 50 年的历史，其对汽车减重、安全、节能、美观、舒服、耐用等功不可没。基于塑料有其他材料所不具备的特性，所以被汽车工业大量采用。特别是随着三次石油危机的爆发及石油资源日益枯竭，对汽车轻质节能要求日益增高，再加上对乘坐舒适安全的要求，发达国家汽车塑料件的用量逐年增加，从 1981 年的平均每辆车 68.4kg，增加到目前平均每辆车 140~150kg。中国汽车塑料件也伴随着中国汽车产业的迅速发展迎来了腾飞的机遇，目前中国各类车型汽车使用塑料达到了每辆车约 140kg，乘用车上塑料用量已达整车自重的 10%，基本达到了世界的先进水平。

在满足使用性能和加工性能的前提下，随着人们环境保护意识增强、对汽车用塑料的回收再生备受重视，更倾向于选用热塑性塑料。在品种的选择上，聚丙烯（PP）的用量明显上升。统计表明，1990 年，世界范围内平均每辆汽车的 PP 使用量为 22.5kg，目前平均每辆车的 PP 使用量已经超过了 100kg。按照汽车应用场合，汽车的塑料零部件主要可分为内饰件、外饰件、发动机室零部件和电器件。目前汽车内饰件已基本实现了塑料化，大部分的外饰件和部分发动机室零部件、电器件也在被塑料零部件所取代。

1. 汽车内饰件

汽车内饰件主要包括仪表板、车门饰板、座椅、转向盘、杂物箱、立柱装饰等，目前这些零部件的表层几乎全部为塑料件，使用的材质主要集中在PP、ABS/PC（聚碳酸酯和丙烯腈-丁二烯-苯乙烯共聚物和混合物）、ABS/PA（聚酰胺和丙烯腈-丁二烯-苯乙烯共聚物和混合物）、PU（聚氨酯）等。

2. 汽车外饰件

汽车外饰件主要包括保险杠、扰流板、挡泥板、挡泥板衬板、门把手等。近年来外饰件的塑料化进程明显加快，随着改性塑料性能的不断提高，外饰件塑料化的比例在显著增加。从使用的材料来看，PP/EPDM（聚丙烯和三元乙丙橡胶混合物）或POE（聚乙烯辛烯共弹性体）、ABS/PC、ABS/PA等仍是重要选择。

保险杠是汽车上较大的外覆盖件之一，作为一个独立的总成安装在汽车上，它对车辆的安全防护、造型效果、空气动力性等有着较大的影响。在众多的塑料材料中，PP/EPDM共混料由于其价格低廉、易加工成型和优良的柔韧性而更受到汽车保险杠制造厂商的青睐。目前随着改性技术的不断进步，大多数材料改性企业采用烯烃类弹性体（POE）取代EPDM作为添加材料，进一步提高了保险杠的安全性能。保险杠未来的发展趋势主要有以下2个方向：

1）保险杠壳体的薄壁化：主要采用性能优于改性PP的材料，要求新材料在流动性、韧性、强度等方面具有良好的性能。

2）保险杠加强横梁塑料化。目前保险杠加强横梁采用的是金属件，未来将发展为复合材料或工程材料，从而在满足零件功能的前提下，提升轻量化的效果。

3. 发动机周边零部件

发动机周边零部件的塑料化始于20世纪70年代，较外饰件和内饰件推迟了20多年，主要是受到发动机周边的环境条件影响所致。由于发动机工作时所产生的热，经过辐射、传导、对流以及受大气环境影响，发动机周边的温差范围是 –40~140℃，特别是当汽车行驶过后停车那一瞬间，其最高温度在140℃以上，因此对塑料的长期耐温性要求很高。所以目前发动机周边零部件塑料多采用了PA、PBT（聚对苯二甲酸丁二醇酯）等材料，起到了轻量化、降成本、减噪声、防振动、耐腐蚀、易成型及易装配等重要作用。据了解，目前国内乘用车平均每辆车使用改性尼龙材料用量为20~35kg，部分车型甚至达到35kg。

发动机周边塑料化部件主要包括缸盖、进气歧管、全塑模块化机滤、全塑机油罐、增压器管等。发动机周边塑料化普及率最高的部件是进气歧管，塑料进气歧管最主要的优点是成本较低，质量较轻（大约为3kg）。此外，由于PA的导热性比铝低，燃油喷嘴和进入的空气温度可较低，不仅可以改善热起动性能，也提高了发动机的功率和转矩，而且塑料进气歧管内壁比较光滑，可减少空气流动阻力，从而改善发动机的性能。

5.3.2 复合材料

树脂基复合材料根据增强体和基体材料不同，分为多种类型的增强复合材料，例如玻璃纤维增强复合材料、玄武岩纤维增强复合材料、碳纤维增强复合材料、生物基纤维增强复合材料等。在汽车行业，习惯上把这些树脂基复合材料简称为"复合材料"。树脂基复合材料在汽车上具有广泛的应用前景，已经成为当前车用非金属材料发展的主流方向。由于对更高性能的追求，随着"以塑代钢、轻量化设计、模块化设计"的趋势，复合材料由于对更高性能的追求，随着"以塑代钢、轻量化设计、模块化设计"的趋势，树脂基复合材料凭借着力学性能良好，重量较轻，可实现零部件的模块化生产等特点，在汽车上具有广泛的应用前景，已经成为当前车用非金属材料发展的主流方向。欧洲曾采用树脂传递模塑成型（RTM）工艺成功试制出某乘用车碳纤维复合材料底板，零件数量由 28 个减少到 8 个，重量减轻约 50%，而车身的性能达到了原钢车身的水平。

现阶段，玻璃纤维增强复合材料应用较为广泛。例如乘用车车身空气导流板、前翼子板、挡泥板延伸部件、发动机罩盖、尾板以及商用车保险杠、翼子板、脚踏板、驾驶室壳体、板簧等。

纤维增强复合材料凭借着密度低（1.45~2g/cm³）、耐腐蚀、加工性好、种类多、适用范围广等特点，在汽车中的使用量逐年增加，国外很多车型的单车用量都已经超过了 150kg，我国国产乘用车的单车用量为 50~110kg，应用范围涵盖了内外饰、前端模块支架、保险杠横梁等数十种汽车零部件。此外，纤维增强复合材料还十分适合于零部件的一体化成型，能够制成具有复杂曲面和多个用途的部件总成，减少汽车零部件数量，利于汽车工业的模块化设计和生产。纤维增强复合材料制件的表面质量好，可以省去或减少涂装工艺。宝马汽车公司于 2013 年量产的宝马 i3 型电动汽车，车身几乎全部碳纤维增强复合材料（CFRP）和工程塑料，比传统同尺寸车型减重 250~350kg，代表了目前国外汽车工业应用此类材料的最高水平。降低以 CFRP 为代表的高端复合材料的成本，丰富并完善汽车行业用复合材料的标准和法规，增强我国复合材料汽车零部件的设计开发能力，是国产汽车复合材料产业的主要发展方向。

碳纤维复合材料的密度一般在 1.6g/cm³ 左右，而钢的密度为 7.8g/cm³。碳纤维复合材料的减重效果最好，但成本也最高。起初，由于成本高、成型时间长，碳纤维仅仅在跑车和少量的昂贵车型上有所应用。随着技术的发展，原材料的价格降低，制造工艺优化，成型周期缩短，碳纤维增强复合材料在其车辆部件上的应用越来越多。并且，各大主机厂纷纷进行碳纤维车身、零部件的开发。

纤维增强复合材料与其他轻量化材料的性能对比见表 5-6 所示。

表 5-6 纤维增强复合材料与其他轻量化材料的性能对比

材料	密度 /(g/cm³)	抗拉强度 /MPa	比强度 /(N/tex)	拉伸模量 /MPa	比模量 /m
高强钢（TRIP780）	7.8	780	100	207	26
铝合金（6系）	2.7	360	133	70	49
镁合金（AZ91）	1.8	240	133	45	25
玻纤增强复合材料（单向）	1.85	960	512	39	21
碳纤维增强复合材料（单向）	1.63	1240	761	215	132

碳纤维复合材料的吸能效果远高于传统金属材料和玻璃钢，而且连续纤维增强的复合材料的抗冲击性也远高于短纤维增强复合材料，这有利于提高汽车的碰撞安全性，不同种轻量化材料的吸能率对比如图 5-9 所示。如果仅从材料性能来讲，碳纤维复合材料是目前最理想的轻量化材料。但是碳纤维复合材料的成本较高，而且成型周期较长，这是制约碳纤维复合材料在汽车工业大规模应用的瓶颈。

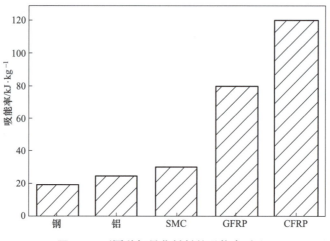

图 5-9　不同种轻量化材料的吸能率对比

（1）碳纤维车身　碳纤维增强复合材料是很理想的汽车覆盖件用非金属材料。它的高强度可以在保证汽车的防撞性的同时，大大降低车身重量。宝马是碳纤维应用的尝试者。宝马从 2009 年开始联合三菱丽阳和西格里两家公司，尝试在其 i 系车型中采用碳纤维复合材料。并通过其在宝马 i 系列车型中的成功尝试，证明了碳纤维不仅仅适用于小批量车型，也可以应用于量产车型中。这也证明了通过使用碳纤维复合材料来实现汽车的轻量化设计（用于新能源车尤其是电动车）的潜力非常之大。2015 年，宝马 i3 的销售接近 24000 台，i8 的销售接近 5500 台。宝马在 i 系列碳纤维车身及零部件积累的经验，成功转移到了宝马其他车型中。在 2015 年欧洲车身会议上展出的全新宝马 7 系中，在 B 柱、车顶纵梁/前横梁、门槛梁、中央通道及 C 柱采用了碳纤维与高强钢结合的方式，提高了车身的扭转刚度，并降低了车身的重量，如图 5-10 所示。2016 年，宝马 7 系实现了 6.4 万台的销售量，长期的销售目标有望达到 10 万台。

国内的碳纤维增强复合材料车身目前还停留在小批量试制阶段。奇瑞艾瑞泽 7（图 5-11）和江苏奥新 e25 都生产了全碳纤维的车身，轻量化效果明显。

图 5-10　宝马 7 系车身碳纤维应用

图 5-11　奇瑞艾瑞泽 7 全碳纤维车身

（2）碳纤维增强复合材料零部件　碳纤维增强复合材料由于其良好的轻量化优势，还广泛应用于轮毂、制动系统、传动系统、内外饰、发动机领域中。

碳纤维轮毂：碳纤维能够大大减少轮毂的质量，从而有助于减少转动惯量。由于簧下质量每减少 1kg，轻量化效果约等于簧上质量的 6kg，所以碳纤维轮毂会显著的改善车辆的操控性能。同时，由于碳纤维材质坚固，韧性好，有利于转向的反应和路感的传递。采取碳纤维轮毂的车型见表 5-7。

表 5-7 采取碳纤维轮毂的车型

公司	车型	应用及效果
福特	Shelby GT350R	碳纤维轮毂重 8.6kg,比同款车型的铝合金轮毂轻 40%
柯尼塞格	AgeraR	碳纤维轮毂,和铝盒金轮毂相比减重 5kg
保时捷	911Turbo S Exclusive 系列	比铝合金减重 20%,强度提高 20%

制动系统:碳纤维制动盘具有出色的耐高温性,可承受 2500℃的温度,并且还能保证性能的稳定,保时捷 918Spider 采取了碳纤维制动盘,可以在 50m 内将车速从 300km/h 降低到 50km/h。

传动系统:碳纤维传动轴不仅可以减轻 40% 以上的重量,还具有非常好的耐久性,丰田 86 的碳纤维传动轴仅重 5.53kg,和钢制传动轴相比,减重 50%。

发动机周边:碳纤维复合材料作为汽车进气系统材料,一方面可减轻重量,达到轻量化的效果;另一方面,碳纤维材料易加工成各种曲面形状,且表面较为光滑,可有效提高进气效率。碳纤维进气歧管如图 5-12 所示。

传动系统:由于汽车传动系统的受力情况相对复杂,要承受很大的转矩。碳纤维由于其较高的比强度和较低的比模量,又具有各向异性,可以很好地替代传统金属材料传动轴,并且碳纤维传动轴可以减轻 50% 以上的重量,还具有优秀的疲劳性和耐久性。

图 5-12 碳纤维进气歧管

5.3.3 车用碳纤维的成型工艺

传统的碳纤维成型工艺多源自航空航天领域,品种较多,批量较小,生产成本高,生产周期长。传统的环氧树脂类碳纤维零部件的固化周期通常超过 4h,无法满足汽车行业大批量、低成本的要求。因此,针对汽车产业,国际上主流的碳纤维企业和汽车企业开发出众多快速成型的工艺。目前,应用比较多、具有应用潜力的碳纤维成型工艺包括 RTM、PCM、SMC、LFT 等。

快速 RTM 成型:RTM 成型工艺是最主要的液体模塑成型技术,它成型周期短、制品纤维含量高、表面光洁度好、尺寸精度高、成本相对较低,但由于传统 RTM 工艺在成型速度上无法满足汽车工业的要求,因此,针对汽车工业开发了快速 RTM 成型技术,成为大型复杂结构碳纤维部件的首选成型技术。

高压 RTM 成型:高压 RTM 是通过增大注射压力提升注射速度的有效方法。采用该工艺注射压力能够达到几千 MPa,保证了较高的合模速度和压制速度,大大缩短部件成型时间,提高了工艺效能。宝马 i3 车身主要采取的就是高压 RTM 成型技术,固化时间在 5min 以内,并且零部件数量仅为传统金属件数量的 1/3。

PCM 成型(预浸料快速模压成型工艺):PCM 成型是把冲压后的碳纤维件半成品放入模具,然后通过加热加压固化的方式成型。由于制品内纤维取向性好,因此制品的强度、刚度相对较高，已成为车用碳纤维近年来应用比较多的成型工艺之一。但是热固性碳纤维复合材料的敏感分解温度比其固化温度高很多，如何回收将是热固性碳纤维发展的一个瓶颈。

SMC模压成型（片状模塑料模压成型）：SMC广泛应用于玻璃纤维增强复合材料，成型效率高，表面质量好，成形周期短，成本低，适合大批量生产。目前，SMC工艺在碳纤维成型方面，主要用于片状短切纤维复合材料的生产，由于纤维的非连续性，制品强度不高，且强度具有面内各向同性特点。而碳纤维的润湿性相对不好，需要对碳纤维进行必要的表面处理，并采用适当的润湿分散剂能够有效提高碳纤维在树脂糊中的润湿性和均匀性。

LFT成型（长纤维增强热塑性树脂复合材料）：LFT成型工艺具有优异的成型加工性成型率高、成品率高，且设备相对简单、工艺成本较低，制品内部由于纤维长度较长而形成骨架结构，使得制品具有较好的抗冲击性和刚度，因此LFT制品可用于受力较大的车体部件。LFT已经在汽车车身上获得了广泛应用，也是具有很大应用潜力的成型工艺。

5.3.4 非金属材料的发展趋势和技术路线

从目前国非金属材料在汽车轻量化中应用的现状和发展趋势来看，玄武岩纤维增强复合材料和生物纤维增强复合材料也是非金属材料的发展方向。玄武岩增强复合材料性能略低于碳纤维增强复合材料，但优于玻璃纤维增强复合材料。其目前在航空航天等领域应用较多，但由于成本远低于碳纤维增强复合材料，开始逐渐得到汽车行业的青睐，开始替代部分玻璃纤维增强复合材料，成为汽车轻量化用材的新宠。生物纤维增强复合材料具有清洁、无污染、便于回收等特点，主要应用在车门内板、仪表板等内饰零部件，在实现汽车轻量化的同时，对改善车内空气质量也有较大的帮助。

宝马i3、i8车型的相继量产以及宝马7系的碳纤维与高强钢的结合应用，让人们对碳纤维在量产车型上的广泛应用有了充分的信心。随着汽车领域对碳纤维的不断研究和应用，碳纤维的成本将进一步下降，高强、轻质的碳纤维增零部件将得到越来越广泛的应用。近年来，电动汽车产业的快速发展。由于电动汽车轻量化，可以使同样电池重量行驶更远的距离，或者同样续航里程可以采取更少的电池重量，故电动汽车对材料的敏感度比传统燃油汽车更低，使得碳纤维在汽车上的应用前景更为广泛。

根据《节能与新能源汽车技术路线图》，碳纤维复合材料到2030年，无论是成本上还是生产周期都会得到大幅度下降，将会达到目前的1/3左右。这将给我国碳纤维行业带来巨大的机遇。当然，碳纤维复合材料在汽车领域的应用，是涉及材料技术、结构优化技术、快速成型工艺、连接技术和回收技术等的系统工程，需要跨产业、跨学科的共同发展。

➔ 作者：

❖ 曲兴. 国汽（北京）汽车轻量化技术研究院有限公司

参考文献

[1] 高春雨. 我国车用改性塑料的发展趋势 [J]. 上海塑料. 2017(2).
[2] 张婧，于今，熊磊，等. 车用碳纤维复合材料性能及成型工艺 [J]. 科技导报，2016，34（8）：26-30.
[3] Mallick P K. Materials, design and manufacturing for lightweight vehicles[M]. Yu Jingnuo, et al,

trans. Beijing：China Machine Press, 2012.
[4] 中国汽车工程学会, 中国汽车轻量化技术战略联盟, 中国第一汽车股份有限公司技术中心. 中国汽车轻量化发展：战略与路径 [M]. 北京：北京理工大学出版社，2015.
[5] 节能与新能源汽车战略咨询委员会, 中国汽车工程学会. 节能与新能源汽车技术路线图 [M]. 北京：机械工业出版社，2016：410.

5.4 上下游协同发展机制推动汽车轻量化发展

汽车轻量化是为了保证和改善汽车使用性能，在满足安全性、经济性、成本的前提下，将轻量化设计、轻量化材料、轻量化制造技术在整车产品上的综合应用。汽车轻量化技术的发展需要将汽车轻量化技术和汽车轻量化产业合作和自主能力提升及产业政策的共同推动下完成。在新的形势下，汽车轻量化技术发展和整车企业的开发离不开产业中各企业的相互配合、共同扶持、相互信任的联合开发模式，这就需要在产业中上下游协同开发一体化发展。

5.4.1 轻量化技术发展现状

汽车的电动化、轻量化以及智能化是当前汽车产业发展的三个重要方向。汽车轻量化是为了保证和改善汽车使用性能，在满足安全性、经济性、成本的前提下，将轻量化设计、轻量化材料、轻量化制造技术在整车产品上的综合应用。在节能与环保越来越受到消费者重视的今天，汽车的轻量化已经成为世界汽车发展的潮流。

汽车轻量化技术包括轻质材料、结构轻量化和先进的制造工艺。

在汽车轻量化发展的初期阶段，大多数整车企业轻量化以轻质材料为主的方案，在保留原有结构设计不变的情况下，保证可接受的性能参数（强度、刚度、模态等），仅仅更换材料便能达到轻量化的目的，其成本和周期最适宜。比如用铝合金、GFRP（玻璃纤维增强塑料）和CFRP(碳纤维增强复合材料)等密度更小的新材料来代替钢材来实现轻量化，用强度更高、板厚更薄的热成型材料（热成型材料本质上还是钢材）代替普通高强度钢来减少加强结构零件的数量实现轻量化。

随着汽车轻量化发展的逐渐深入符合要求的轻质材料减重率趋于平稳，不能满足整车及系统减重目标；即便满足减重目标，由于受轻质材料当前成本过高、新材料导致的制造工艺变更和新工艺生产周期节拍无法满足整车生产节拍等因素的制约而无法实现。结构轻量化日益受到重视。通过结构的合理、精准化设计，对车体的主要承力部件进行加强，对非主要承力部件进行合理的弱化，在满足性能的前提下尽量减小传力通道截面积，合理、精细化地选用材料板厚以实现结构轻量化。

先进制造工艺往往是由于使用了新的轻质材料或新的结构而产生的成型技术、连接技术（包括粘结技术）等。

以铝合金车身的福特 F150 为例，车身减重实现了 40% 以上，整备质量降低了 300kg。车身采用碳纤维和铝合金粘连工艺的宝马 i3，轻量化效果更为明显，纯电动车型整备质量只有 1195kg，比同尺寸的常规车型轻 150kg 左右。

目前车用轻量化新材料的成本普遍都偏高，目前国内每吨车用冷轧汽车板材的成本在 5000~9000 元之间，而每吨铝合金的材料成本高达 4.5 万元，碳纤维的材料成本则更高，每吨约在80万元,又因为其较高的成型废品率问题,让很多中低端车型在碳纤维的使用上更是望而却步,见表5-8。所以目前采用铝合金、碳纤维等新材料作为车身结构的车型都是外资高端品牌车型,铝铸件则较早就在发动机壳体、悬架摆臂、副车架等底盘和动力系统部件上使用,因所占车型开发成本比例较小,搭载车型级别不一。

表5-8 F&S统计的新材料数据对比

材料	密度/（g/cm³）	抗拉强度/MPa	材料价格/（$/lb）
低碳钢	7.8	80	0.35
高强钢（双相钢）	7.85	200	0.5
6系铝合金	2.7	45	1.5~2.0
AZ31镁合金	1.74	32~37	5~7
Ti6Al4V钛合金	4.43	138	14~27
碳纤维增强复合材料成型零件	1.55	300	50+

注：普通强度钢、高强度钢、铝合金、镁合金、钛合金、碳纤维的密度、抗拉强度、材料价格。

主机厂（OEM）使用新型轻量化材料还可能涉及对传统生产线的改造,传统四大工艺中冲压、焊接、涂装生产线面临改造或新建,成为广义的成形加工、装配连接、涂装修饰生产线。其次是铝合金、碳纤维等材料供应链在国内也较为稀缺,铝板的供应商也仅有江苏的诺贝丽斯和天津神户、国内的中铝和南山铝业、西南铝业等工厂,并且能供应全系铝板的也仅有诺贝丽斯一家,目前在常熟设有工厂主要供应捷豹-路虎,碳纤维的主要供应商为日本东丽和帝人,占据了全球的大半份额,但是碳纤维复合材料零部件成形的加工工艺技术最先进的是德国。

5.4.2 轻量化技术发展模式探讨

汽车轻量化技术的发展推动了中国品牌汽车企业及零部件企业,原材料企业和装备制造及模具等相关企业的技术进步。

我国的轻量化技术发展合作模式有以下5个特征：

1）在欧美等发达车企及合资整车企业轻量化技术不断引入的大背景下,中国品牌整车企业对汽车轻量化技术有了新的认知和要求,纷纷成立了相关的材料团队和轻量化团队负责推进轻量化技术,并建立各自的车型规划和前瞻项目研究,并承接国家、省市、中国汽车工程学会及轻量化联盟的课题工作,重点攻关汽车轻量化的相关课题。

2）中国政府和中国汽车工程学会及轻量化联盟,大力推行产业政策扶持,积极倡导和推近高校、科研单位与整车企业相结合重点攻关轻量化技术及重点产业零部件开发。轻量化联盟整合企业各自特点推行企业间合作,推进原材料企业,零部件企业及整车企业合作开发模式,为中国品牌整车企业轻量化进程创造新的合作模式。

3）中国品牌整车企业各自规划企业的轻量化技术路线及符合企业发展战略的轻量化目标,主要的合作模式有整车企业与零部件供应商进行合作开展轻量化的部件研究,整车企业与原材料供应商的合作开展轻量化的部件研究及整车企业与高校、科研单位联合开发轻量化的技术研究。

4）国外零部件及原材料供应商进入到中国品牌整车企业推进先进的材料轻量化方案和在国外的成熟开发经验,促进了大批轻量化零部件的开发,推进了国内新材料和新技术的发展,掀起了中国品牌汽车与外资零部件企业及原材料企业合作的浪潮。

5）地方区域性合作和产业学会的开发模式,在重点汽车企业聚集区域或自贸区,形成重点汽车零部件及轻量化产业和新能源的产业集群,形成产业联盟重点攻关汽车轻量化技术,通过学会的平台拓展资源并整合进行与整车企业有目的有需求的开发模式。

5.4.3 产业政策及自主能力提升需要上下游协同机制

汽车轻量化是世界汽车技术发展的重要趋势，开展汽车轻量化的技术研究与合作模式是新时代的要求，同时也是产业结构调整和产品转型升级的重要措施，为实现供给侧结构性改革，我国汽车产业推行上下游协同发展机制是时代的机遇，是产业的需要，是中国企业提升自主竞争力的迫切需求。

汽车轻量化是一个跨产业的系统工程，涉及冶金、材料、装备、设计、制造、维修、回收再利用等多个相关产业的发展。所以，汽车轻量化产业的形成和发展，需要依托我国相关产业的大力发展。只有相关产业快速发展了，汽车轻量化产业发展才有基础和根基。与国外先进水平相比，我国在汽车用高强钢、铝合金，高性能工程塑料和纤维增强复合材料等领域的发展水平差距较大，特别是产品的一致性和稳定性上。

在相关轻量化评价体系和测试方法等标准领域中，我国目前没有相关标准，同时在整车企业中其重量控制方法和目标设定均处于探索阶段。随着中国汽车工程学会下属的汽车轻量化技术创新战略联盟以及跨行业（汽车、合成树脂、纺织纤维……）的汽车轻量化非金属材料产业联盟（筹）成立，汽车轻量化产业有快速的发展，形成和带动一批相关产业的快速发展，逐步引导了上下游产业协同开发机制。

上下游协同机制推动汽车轻量化发展，成熟的汽车企业采用同步工程模式。欧美等国外整车企业在 PV 阶段（项目立项前期）具有前瞻的技术和情报分析团队，调研市场情况，流行趋势，消费者喜好心理，科研机构、院校和企业新材料新技术研发方向，潜在竞争对手发展规划，设备和成型制造技术等。经过以上的调研分析和大数据的汇总，在根据整车企业的车型谱系规划和用材趋势及轻量化目标和成本分析等综合因素确定相关方案，与相关企业进行联合开发，包括整车一级零部件供应商、原材料供应商、模具等加工制造商和技术研发结构和第三方测试机构共同进行。目前，国内的整车制造企业开发模式以两种为主要形式，第一种主要为合资及外资为主体的整车制造商，由整车企业定制技术方案，材料组成组分（包括原材料的生产厂家及商品牌号和产地）由零部件供应商负责采购、加工制造和组装（部分厂家指定生产制造设备或生产线，定制工艺流程和参数）；第二种方式以自主品牌居多，由整车企业定制出整车和系统及子系统、零部件总成要求，给出基本技术方案、材料组分、工艺成型方式，整车企业会根据黑、灰、白匣子的等级下发技术开发文件。由零部件供应商根据整车企业系统或基本要求选择可以符合要求的材料和加工制造工艺，零部件企业承担较多责任。

采用第一种方式的企业，实际上是产品已经开发完成（比如合资企业引进产品国内生产）。供应商是纯粹的"合同制"类型供应商。这种方式是传统的汽车开发模式和供应商角色。采用第二种方式的是企业需要自主开发产品，产品开发能力不足或部分专用技术欠缺，需要拥有专用技术的供应商参加联合开发。这种方式就是目前汽车企业逐步采用的同步工程开发模式，参与开发的供应商是主机厂的"合作伙伴"。

在新的形势下，汽车轻量化技术发展和整车企业的开发离不开产业中各企业的技术互补，共同扶持，相互信任的联合开发模式，这就需要在产业中上下游协同开发，整车企业提出开发需求及系统目标，零部件企业储备成型技术及工艺探索，按照目标分解需求，原材料企业根据需求及目标探索开发，设备及模具企业提供技术支持，形成由产业联盟主导，整车制造厂为核心，零部件企业及原材料企业为主体,设备及模具企业为辅助的上下游协同机制推动汽车轻量化发展。

5.4.4 汽车轻量化下的上下游协同发展

在汽车轻量化的大背景下,很多新的材料、新的工艺和结构应运而生。相比于有着百年汽车历史的欧洲车厂,中国品牌汽车企业着实显得经验不足。在新材料的应用和选材上,分析和验证上,性能目标的制定上尤为凸出,而此时的国内原材料商由于产业结构的调整和在市场环境的趋势下纷纷将眼光盯在已经连续八年持续增长的汽车市场。此时不得不面对整车企业无法给出具体的复合材料性能目标,复合材料企业又无法提供出完整的开发技术方案。

角色的互换推进了轻量化的进程,在此过程中双方均在磨合当中,部分企业更快地适应了角色的进化大力推进了轻量化技术的发展,行业协会和轻量化联盟在此背景下给双方或多方建立了沟通平台共同推进上下游协同发展。

针对推进的过程中零部件企业和原材料企业仍面临着巨大的挑战,如图 5-13 所示。

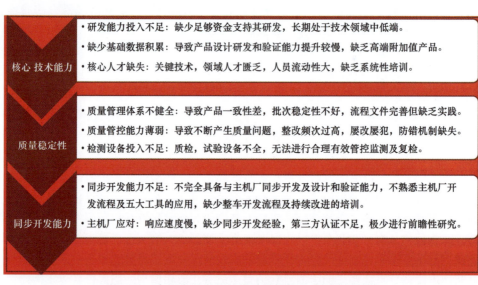

图 5-13 产业发展中原材料及零部件企业面临的挑战

综上所述,汽车轻量化技术的发展离不开上下游协同发展的推进,主机厂、零部件企业、原材料企业、模具企业及设备和相关的辅助产业都需共同推进产业化的发展而作出努力,在这一过程中都要进行各自角色的互换及进化,通过上下游协同发展机制共同促进汽车轻量化的技术发展,实现全产业链联合发展,实现技术进步。

➡ 作者:
  ❖ 杨洁,王利刚. 国汽(北京)汽车轻量化技术研究院有限公司
  ❖ 李智. 华晨汽车工程研究院

参考文献

[1] 中国汽车工程学会,中国汽车轻量化技术战略联盟,中国第一汽车股份有限公司技术中心. 中国汽车轻量化发展:战略与路径 [M]. 北京:北京理工大学出版社,2015:12.

5.5 汽车非金属材料轻量化推进供应商角色进化

由于汽车在经济社会的带动效应以及汽车制造业在近半个多世纪的飞速发展，人类拥有的工业技术几乎全部在汽车工业中得到应用。有别于传统的汽车制造，在汽车轻量化技术，尤其是非金属材料轻量化技术的发展过程中，汽车价值链（从材料、制造、使用、维护修理，到报废回收再利用）各环节实际上都参与介入到汽车新产品的开发过程中。

5.5.1 汽车产品开发的同步工程模式

传统的汽车产品开发模式，是串行开发模式，即按照产品开发过程顺序开展各项开发活动。在串行模式下，供应商的任务是：

1）接受主机厂的订单（产品图纸数模、关键工艺设定、技术条件、预期供应量等）。
2）制定制造工艺，准备工艺装备。
3）生产样件，提供给主机厂进行设计验证和制造匹配验证。
4）根据验证的结果和主机厂指令进行设计或工艺修改。
5）第二轮试制和验证……循环往复直到产品定型正式供货。在这种模式下，主机厂承担绝大部分以至全部的开发责任。

串行模式存在一些缺陷：

1）开发周期长。
2）产品设计结构和制造工艺可能并非最优，导致成本偏高、质量不稳定。
3）受主机厂知识限制，新技术、新材料并不总是能适时运用到新产品上，导致产品竞争力不足……

现代的汽车工业从20世纪80年代开始，在激烈的外部竞争和新技术、新材料层出不穷的环境下，新产品开发的同步工程模式，逐步得到应用、认同和推广。同步工程又称并行工程，是指产品各个系统设计、工艺的同步进行。汽车制造业在同步工程模式下，在设计环节整车设计开发和零部件开发同步进行，在冲压、焊接、涂装、总装、检测、关键非金属零件等工艺环节相关业务同步进行。有别于传统串行开发模式，许多工作——比如商品企划、可制造性可维护性分析校核（虚拟的和实验的）、产品功能实现虚拟分析校核、成本工程、同类产品过往缺陷的规避等，在市场、制造（整车和零部件）等单位的业务协同和专业知识支援下，融合到设计开发的各个阶段中。

同步工程的效益是明显的。资料显示：传统模式下发现问题一般在小批量试生产阶段，而实行同步工程后在设计阶段就可以发现问题，时间提前了3~6个月；传统模式下遗留到大批量生产的问题比较多，实行同步工程后，遗留到大量生产的问题数减少80%。

通过产品开发同步工程技术的运用，企业产品开发周期缩短、生产准备周期缩短、产品质量提升、制造成本下降、新材料新技术得到应用，企业竞争力得到提高。

5.5.2 同步工程模式下汽车供应商的角色和任务

作为汽车产品开发同步工程模式的一个典范，丰田精益产品开发体系获得了全球汽车业界的关注，其理念、工作流程、应用工具成为不少汽车企业新产品开发工作体系和工作方法学习借鉴的样板。在我国自主品牌汽车成长发展的过程中，不少规范的成功企业，在其新产品正向开发的实践中,根据企业自身的条件,借鉴学习丰田精益产品开发体系推进实施同步工程,取得了不同程度的成功。

丰田产品开发体系分为流程、高技能员工、工具和技术三大类,共 13 个开发原则,涵盖了包括产品开发、文化体制、素养、流程、人员及工具等。该体系非常重视供应商的作用——原则 8:将供应商完全整合到产品开发体系中。

应用同步工程模式的主机厂(比如丰田)认为,顾客购买汽车并不在意车辆的零部件来自哪家供应商,他们期望的是产品可靠的质量(他们选择该品牌产品时所期待的质量)。主机厂要求必须确保每个零部件都能反映出主机厂的质量水平。因此,主机厂把供应商作为产品开发体系的重要组成部分,并采取分级分类管理。例如,丰田对其供应商实行分层级的管理,丰田主要和第一级供应商(即直接向丰田提供完整子系统的供应商)打交道。第一级供应商管理第二级供应商(向一级供应商供应零部件或原材料的供应商),依此类推。特殊情况下,比如采购量大的钢材、树脂类原材料,其供应商通常按定义属于二级三级供应商(也可能同时也是一级供应商),丰田也直接与这些供应商打交道,实行集中采购(全车的同类原材料统一由丰田出头谈判,锁定供货条件、规格和价格),以获得质量和成本的可靠控制。

为了进一步管理供应商群,丰田的供应商被分成四大类角色(表 5-9)。

表 5-9 供应商的成熟度和在产品开发中所起的作用

	合同制	咨询式	成熟的供应商	合作伙伴
设计职责	客户	联合设计	供应商	供应商
产品复杂性	简单零件	简单组件	复杂组件	完整的子系统
由客户提供的技术规格	完整的设计或者是供应商的目录产品	详细的技术规格	关键的技术规格	概念
供应商对技术规格的影响	无	有所体现	协商	合作
供应商介入的时间	样车	概念批准以后	概念车	概念预研
部件测试职责	客户	供应商加入	联合	供应商
供应商开发能力	略有	较强	强	独立齐全

第一类,合作伙伴。最高级别。这些公司在汽车行业或相关行业与领先的汽车企业(主机厂)规模相当,技术上独立自主,有能力设计子系统和部件,拥有完整的样件制造和测试能力。在汽车产品开发的概念阶段,他们就参与整车设计,提供子系统或部件的设计方案,完成相关部分技术规格的开发。同时,派出一批"客座工程师"(项目责任工程师和各专业工程师)到主机厂相关开发部门联合工作。在其后,无论是继续在主机厂联合设计还是回到供应商总部进行深化设计,这些客座工程师同时也承担着供应商与主机厂关键技术联络人的角色。必要时(尤其是一种新材料新工艺新设计被首次应用时),作为这种合作模式的延伸,到了产品试生产和量产阶段,个别客座工程师还会被委任为"驻场工程师",配合主机厂协调解决生产中和市场上出现的质量问题。

第二类,成熟的供应商。在丰田体系中,第一级供应商中的大多数,他们距离"合作伙伴"仅半步之遥。他们具备非常成熟的工程设计和制造能力,但和"合作伙伴"相比,其自主性稍差,更多地依靠主机厂给予指导。他们负责的产品不会太复杂,并遵循主机厂提供的技术规格。在不同地区的产业环境中,主机厂对这一类供应商采取的做法不一样。以丰田为例,在日本,对这一类供应商丰田仅提供"大约(gurai)"的技术规格作为设计约束目标,然后双方在后面的详细设计(深化设计)过程中,协调合作形成具体详细的最终技术规格;而在美国,美国供应商则要求丰田提供明确的指示,包括详细的技术规格和公差,否则就按兵不动(注:案例来源于 20 世纪末的调查)。

在主机厂（如丰田）同步开发体系中，主机厂希望"成熟的供应商"有主见，会主动向主机厂提出建议，对主机厂给出的要求能提出质疑，对产品开发过程提供可以增加价值的建议。

第三类，咨询式的供应商。诸如蓄电池和轮胎类物品的供应商。主机厂看重他们的技术专长，他们影响主机厂新产品的技术规格的方式是向主机厂推荐其新产品新技术。这一类产品通常在技术上不是太复杂，除了在样车测试和量产初期阶段，主机厂与这类供应商合作较多外，在工程化设计方面的合作没有前两类那么多。

第四类，合同制的供应商。比如通用材料、通用零件（比如紧固件、火花塞）的供应商，主机厂根据技术规格直接从潜在供应商的产品目录中选取。或者，主机厂给出特殊的工程设计，然后选取供应商。第一级的供应商群里往往有许多这类供应商，即使是合同制的，主机厂对他们仍会在Q（质量）、C（成本）、D（准时交货）方面进行密切监控，必要时进行辅导，并持续寻求降低成本。

5.5.3 汽车非金属材料轻量化环境下供应商角色的进化

在汽车非金属材料轻量化环境下，为保证新产品QCD目标的达成，主机厂尤其需要供应商具备同步完成下述任务的能力。

（1）第四类供应商

1）开发阶段：对主机厂发放的零部件设计进行生产性分析或验证，如果不可行，要及时反馈，提出设计变更意见；生产能力和生产准备日程分析确认，如果不能响应主机厂技术规格书和开发大日程，要及时反馈，与主机厂协调；必要时，提供非正式工装样件……

2）生产准备阶段：提供正式工装样件，配合主机厂进行工艺验证（与对偶件的配合性，装配工艺性，表面质量等）和优化；如有要求，以正式工装样件，独立或配合主机厂，完成第三方试验认证（如涉及安全的法规认证，涉及可靠性的企业标准道路试验、老化试验、耐腐蚀试验等）；企业内部的质量保证能力和生产能力检讨、优化……

（2）第三类供应商

1）开发阶段：对主机厂选择的目录内产品，结合主机厂新产品的开发目标，评审其适用性和合理性；配合主机厂完成工程样车的设计验证[有可能在供应商的专业实验室（场）进行]，提出设计优化建议；其他（同第四类供应商要求）……

2）生产准备阶段：（大约同第四类供应商）……

（3）第二类供应商

1）开发阶段：在主机厂产品概念构筑或模型阶段，能根据主机厂的"大约"技术规格、关键技术路线和成本目标，推荐部件设计方案（2个以上）供评审；参加主机厂的方案评审并提供专业意见，领会主机厂意图，根据评审会确定的技术方向配合主机厂开展实施方案设计；同步开展设计可行性模拟分析、制造可行性分析（如成形模拟分析）、工装模具的初步设计及加工可行性分析；根据分析结果，配合主机厂一次优化设计、发布详细技术规格；其他（同第三类供应商）……

2）生产准备阶段：进行生产工艺验证；根据内部试验（物理性能、化学性能）和生产工艺验证，工程样车及生产样车的性能试验和工艺验证的结果，配合主机厂进行二次优化设计，包括推荐性能更合适的材料、优化结构等专业意见；其他（同第三类供应商）……

（4）第一类供应商

1）开发阶段：在主机厂产品构筑阶段，能根据开发目标，向主机厂推荐相关子系统（总成）

技术路线和解决方案，派出"客座工程师"驻在主机厂，参与联合设计、技术评审和关键技术规格的制定；接受主机厂的委托，在必要的约束条件下（比如，对于非金属材料车身总成，主机厂负责内外造型、主要截面的边界条件、RPS（Reference Point System，定位点系统）等），承担子系统的结构设计、工艺开发、虚拟分析、样件测试验证（主要在其实验室）等工作；提供子系统非正式工装样件搭载在主机厂工程样车，联合进行设计验证；根据虚拟分析和设计验证结果，同时配合主机厂的优化要求，提出子系统一次优化方案，完成实施；完成子系统详细技术规格；其他（同第二类供应商）……

2）生产准备阶段：提供正式工装样件完成法规认证和企业标准试验验证，完成整车工艺验证；完成内部生产工艺验证、总成性能测试验证；根据上述验证以及工程样车和生产样车试验的结果，分析不符合项目的原因，提出优化改进方案并在主机厂认可下组织实施；其他（同第二类供应商）……

5.5.4 总结

能源危机和环境保护成为人类当今面临的重大战略问题，发展清洁能源汽车成为各国共识，随之产生大量的工程技术难题向工程界挑战。汽车轻量化是挑战之一，非金属材料（包括高性能纤维复合材料）的应用是可选技术路线之一。

同步工程开发模式是近30年获得汽车行业广泛并不同程度运用的产品开发模式。在这一模式下，供应商需要承担更多的开发责任。

在汽车非金属材料轻量化的环境下，各种新材料（树脂、高性能纤维、复合材料）在汽车上应用，解决产品开发问题和工业化生产问题，运用同步工程模式是解决处理汽车企业和非金属材料供应商技术协同的有效可行途径。在全球新的发展环境下，同步工程模式实际上也是一种知识共享、价值链协同方式。

在汽车同步工程开发模式下，需要我国非金属材料供应商完善第四类供应商基本能力（先进的生产技术，可靠的质量保证能力，充分的生产能力，及时的供应能力，自主的现场技术问题解决能力），尽快提升到具备第二类供应商基本能力（初步的新材料应用产品开发，配合协助主机厂完成相关产品开发，基本完备的产品测试手段，配合主机厂分析解决新材料相关质量问题）。在具备条件和符合企业发展战略前提下，通过能力建设，逐步达到第一类供应商的能力（新材料新技术应用技术开发，完整的新材料应用产品开发能力）。

在《中国制造2025》的指导下，伴随着清洁能源汽车的发展和传统汽车的技术进步，非金属材料将会有广阔的发展空间。一定要把握发展契机，及时提升企业能力，通过知识共享价值链协同，参与汽车轻量化技术开发发展进程，这是非金属材料供应商的历史机遇。在这个进程中，供应商需要完成能力提升和角色进化的重大任务。

➔ 作者：

❖ 陈建伟．广州汽车集团乘用车有限公司

参考文献

[1] 褚德春，曲立．同步工程在汽车开发中的应用 [M]．北京：机械工业出版社，2011．
[2] 摩根．丰田产品开发体系 [M]．北京：中国财政经济出版社，2008．

"鉴·新"《汽车非金属材料轻量化应用指南》出版历程回顾

一、走进区域

2017年2月23—25日,中国合成树脂供销协会一届六次理事会期间,在关于汽车轻量化的论述中,中汽创汽车零部件投资控股有限公司执行总裁田亚梅女士对"鉴·新"做了预告,"鉴·新"项目正式启动。

2017年3月7日,"聚合力·促发展"汽车材料轻量化发展研讨会在苏州成功举办,50余人参会。前途汽车、长城华冠、苏州奥杰汽车、苏州万隆、苏州海拓等汽车主机厂及零部件企业与南京聚隆、中广核俊尔、锦湖日丽、株洲时代、山东广垠、上海凯赛等材料企业深度沟通,为汽车轻量化发展贡献力量!

2017年3月8日,汽车材料轻量化座谈会在常州孟河镇成功举行。政府领导、协会专家、材料企业、汽车零部件企业代表等30余人参加。常州市新北区经济发展局、常州市新北区孟河镇领导出席此次会议。明宇交通器材、江苏永成汽车、佳乐、飞拓模塑、亨达车业、九鼎车业、安江车辆、曙光车业、美高塑件、永光车业、华嘉车业、华光中奇、五一灯具等零部件企业领导参与,与材料企业代表就新材料、轻量化等热点问题进行探讨。

2017年4月22日,以"转型升级·绿色崛起"为主题的汽车材料轻量化发展主题座谈会在宁波隆重举行。来自各地的汽车主机厂、零部件企业、材料企业、设备模具企业等60余位嘉宾出席参与此次活动,大力促进了材料企业与零部件企业的互动,强化了上下游企业的对接。

2017年6月23日,主编田亚梅女士在深圳与深圳模具企业分享汽车轻量化用模具专用材料的现状与发展趋势等。

2017年9月4—6日,"鉴·新"项目组工作人员参加由中国汽车工程学会主办的"2017(第十一届)中国汽车轻量化技术研讨会",重点参与了非金属材料分会场的活动,与来自主机厂、零部件厂、非金属材料企业的专家在现场交流。

  2017年9月26日,以"集众智·谋大势"为主题的"2017汽车产业创新发展战略论坛暨主机厂交流会"在重庆永川盛大举办。来自重庆市永川区人民政府、国内各大协会和学会、研究院所、整车及零部件企业,以及汽车行业上下游供应端企业的领导及代表共计100余人出席了本次会议。9月27日,主编田亚梅女士主持了主机厂闭门会,来自广汽乘用车、北汽研究院、华晨汽车工程研究院、重庆长安、比亚迪、上汽通用五菱、腾势新能源、北京长城华冠、众泰汽车、重庆比速汽车、潍柴汽车等主机厂,以及来自北汽模塑、延锋海纳川、宁波华翔等企业的领导们进行了深入的讨论。

  2017年11月22日,由"鉴·新"项目组筹备参与的汽车轻量化非金属材料产业联盟研讨会在海口成功举办,120余人到场,主编田亚梅到场并发表讲话,并表示将积极推动汽车非金属材料轻量化应用。

2018年10月,主编田亚梅、副主编王旭和陈建伟以及"鉴·新"项目专家委员会、编写委员会的部分人员齐聚沈阳、辽阳,与主机厂、零部件企业代表等300余人共同参加新能源汽车产品线创新与绿色智能轻量化科技应用论坛,就新能源汽车与智能汽车的新生态产品线、汽车绿色制造与轻量化技术、网联技术与智能科技开发应用等话题进行深入交流。

二、走进企业

"鉴·新"项目组先后考察了优秀零部件及材料企业:延锋海纳川、北汽模塑、北汽李尔、顺德鸿塑等。

2017年6月2日,主编田亚梅携海纳川市场开发部项目经理杜方走进延锋海纳川汽车饰件系统有限公司进行参观交流,以期增进了解,夯实合作基础。2017年6月5日,主编田亚梅携海纳川市场开发部高级经理朱元走进北汽模塑、北汽李尔等企业。

2017年7月7日,"鉴·新"项目组携科莱恩涂料(上海)有限公司相关人员走进北汽李尔交流。

2017年7月28日,"鉴·新"项目组携塞拉尼斯企业相关人员赴延锋海纳川采育工厂交流考察。

三、企业互访对接会

"鉴·新"项目组携7家材料企业:江苏澳盛、北化院、天津泰煜辉、上海锦湖日丽、苏州润佳、中广核俊尔、广州市聚赛龙走进北汽模塑研发中心。

作者小传

田亚梅

中汽创汽车零部件投资控股有限公司执行总裁、国际汽车轻量化绿色科技联盟副主席，工程管理硕士、高级工程师。原中国汽车零部件工业公司总裁，创建了中国汽车零部件塑料发展中心、中国汽车零部件电子电器发展中心、中国汽车零部件联合销售集团并担任秘书长、理事长等职务。

在汽车行业长达40多年的工作过程中，对中国汽车零部件的感情已经深深地烙在了田亚梅女士的心中。也许，谈情怀总有些矫情，不过在汽车这个背负着民族制造业崛起希望的行业里，我们却又如此渴望这种情怀。

在这40年的工作中，田亚梅女士目睹了中国汽车产业，尤其是汽车零部件产业从小到大的成长过程，真切地感受到这种蒸蒸日上的变化，而40多年的光阴，也让她成长为一位既了解汽车行业又知晓汽车零部件产业的资深"汽车人"，在这40多年间，始终致力于为中国汽车产业强盛而至诚服务，书写着中国汽车零部件产业发展的理想与荣光。

久有凌云志　实干创未来——工厂一线的技术能手

1971年，在那个"工人阶级领导一切"的年代，田亚梅女士分配到了北京汽车工业公司汽车零部件厂工作。不到20岁的田亚梅光荣地成为北京汽车工业公司汽车零部件厂的一名生产制造的一线工人。

在机械加工行业，由于其工艺应用的独特性和差异性，造就了一线工人的价值枢纽地位，也成就了肯钻研、懂专业的年轻人的战场，在20世纪70年代的中国更为如此。她努力学习，车铣刨磨钳工样样精通，在生产过程中不断积累经验。"多一门手艺多一种可能"一直是田亚梅的信条之一。在她看来，一专多能的最大好处就在于能够及时发现问题。她也不断地在工作中发现问题然后寻找解决方案，从而不断地提高自己。田亚梅认为，终身学习是干好这一行所必备的。那期间，她经常去全国及上海学习先进技术，回到北京就立刻进行实操。应用到产品生产中。短短几年时间，她几乎干遍了所有工种。

据田总回忆：那个年代，"倪志福钻头"在制造业中流行，田亚梅对此刻苦钻研，终于在北京市技术能手大赛举行的磨钻头、刀具比赛中收获了第一名的成绩。许多人不理解，"谁爱跟这些铁疙瘩打交道？"但年轻的田亚梅不顾别人的看法，始终坚持着自己的理想。知识分子家庭出身的她放弃了插队和当教师的机会，毅然选择了前往工厂。而这一切都源于她"特别爱动手"的特质。因为爱动手,只要哪里有新技术,田亚梅就跑过去学,学回来自己再创新。在她看来,做好一个行业,除了积累、经验、天赋,还需要的是"热爱",热爱才有热情,有激情才更有干劲,才能在苦累的时候坚持下去。当然,那么一点点好奇心也是必不可少的。创新的细胞在年轻的心中不断分裂繁殖、生根、发芽。

青春当搏击　梦想始腾飞——不断创新的技术干将

在一线成长了6年后,田亚梅迎来了人生的一次重要转折,她如愿进入北京工业大学机械设计专业学习。四年的青春,如饥似渴地学习知识,这开启了她全新的人生。田亚梅的大学毕业设计的作品是液压自动双头镗床,这正是当时北京汽车起动机厂的革新项目。当时,国内能做到液压设备就已经很了不起,更何况是双头镗床。

在毕业设计中,田亚梅在工厂的经历在此刻派上了用场。据田总回忆:"在工厂工作时,使用过液压机床。一些液压阀坏了就自己维修,原理都清楚,在毕业设计时便显得得心应手。白天设计,晚上制造,成功交付了毕业设计作品。后来,北京起动机厂一直使用我们设计并制造的设备进行生产制造,提高了生产效率。"

从1982年开始,田亚梅在北京汽车工业公司主抓企业产品开发、设计研发、技术管理、制造工艺、生产运营,先后为北京汽车、一汽、二汽、克莱斯勒切诺基、上海大众、广州标致等企业提供汽车零部件关键产品的配套服务,配套产品包括汽车翼子板、转向盘、进气歧管、发动机气门室盖、油底壳、风扇、水泵、正时齿轮、汽车轮毂、保险杠、散热器格栅、开关、汽车灯具、高压软管等几十种,获得多种最佳设计、最佳制造奖项。当时,她带领团队设计的高压软管的八瓣模工装,得到了主机厂的一致好评,直至现在,这些工装仍然运转在主机厂的机器上,只是换了装备机械手的自动流水线。

总是不断要求进步的田亚梅根据工作需要在北京化工大学选修了高分子物理化学、材料科学与工程、模具制造、设备与工艺等课程的学习。这些课程的学习,无疑又为田亚梅的后续工作提供了很大的帮助。1983年,北京汽车工业公司汽车零部件厂与北京化工大学成立"技术推广中心",着力推动塑料成型加工与模具设计和制造水平的提升。据田总回忆:"当时要开发发动机正时齿轮SMC技术,我们和北京化工大学教授一起到哈尔滨汽车零件二厂学习工艺技术,共同攻破了当时的技术难题,回来后为北京汽车工业公司的车型配套,效果良好,这项工作获得了多项科研奖项。"

在技术革新上,田亚梅的成就多不胜数,她将所学习的知识在技术创新上进行了充分的发挥,自此也开启了她与零部件的不解之缘。当然,产品开发、技术管理和企业的精良团队分不开的。在田亚梅的团队中,有来自日本早稻田大学、德国大学,以及国内知名院校毕业的一群最具活力的高才生,在田亚梅的领导下,形成了浓厚的创新氛围,他们在创新中积累宝贵经验,也在创新中谱写着绚丽多彩的青春。

激起大变革　聚集大能量——挥洒热血的主战场

1988年,田亚梅进入中国汽车零部件工业公司工作,先后在中国汽车零部件工业公司担任副总经理、总经理等职务。中国汽车工业总公司、中国汽车零部件工业公司的任务是代表国家对汽车零部件产业进行布点、投资、规划、管理、引进合资。引进先进装备制造业、组织经销商贸易洽谈和交易,谋划全球采购和技术合作成为田亚梅的主要工作。在此期间,田亚梅多次组织中国汽车零部件工业公司旗下的企业进行合资合作洽谈,当之无愧地成为中国汽车零部件行业海外汽车零部件合资合作、项目引进第一人。

合资合作洽谈，需要有基层经验打底，也需要有前沿的眼光。那时，田亚梅的身影出现在了世界各国汽车企业生产流水线的参观现场，不断学习国外先进的生产理念和技术。由于有从事制造和设计工作的前期积累，她总能很快地了解到企业的技术优势和投资潜力，在合资引进中做到目光如炬、一针见血。因此，许多国内的企业都愿意在田亚梅的带领下出国洽谈合作。

在三个五年计划期间，田亚梅领导下的中国汽车零部件工业公司，在全国范围内，对60种关键汽车零部件布点78家汽车零部件企业，总投资达800多亿元，这些企业包括长沙汽车电器、济南汽配进排气门、成都汽配凸轮轴、福建活塞活塞环、四平仪表、成都减振器、哈尔滨汽车电器、延锋伟世通、上海汽车电器、上海汇众、上海小糸灯具、蚌埠滤清器、湘火炬、万向集团、鹤壁汽车电器、辽宁曙光、金华汤西齿轮、保定风帆蓄电池、许继集团、许昌传动轴、浙江三花、重庆青山、安徽宁国、山东渤海活塞等，所投产的产品均产生了巨大的经济效益，很多地区现在的产业集群已经达到上千亿元。

田亚梅不满足于此，1989—1990年，她马不停蹄地创建了中国汽车零部件塑料发展中心、中国汽车零部件电子电器发展中心，并组织企业出国考察进行技术引进、合资合作，引进关键汽车零部件企业多达几十家，组织的合资合作洽谈项目多达100余项，与博世、德尔福、伟世通、江森、李尔、德国海拉、法雷奥、电装、爱信精机、日本小糸车灯、玛汀瑞亚、杜邦、巴斯夫、TRW、美国辛辛那提等世界知名企业进行了业务洽谈、合作，积极推进了汽车零部件配套国产化进程，也帮助多家企业和区域的资产规模达到百亿级，甚至是千亿级。

合资的道路并不是一帆风顺的，或许这也是所有伟大事业的必经之路。田总谈道："我们对美国、德国、日本以及加拿大等国家在技术合资方面依然有着很大的需求，用全球的战略眼光去洽谈项目，在合资并购过程中找到恰如其分的企业实现精准的对接，这些都需要前沿的眼光和坚持不懈的态度，合作共赢，说起来简单，做起来还是很有难度的。庆幸的是，我做到了。"

怀揣梦想和敬意，在提高企业经济效益的同时，田亚梅不断地为促进汽车相关工业的发展而努力，通过信息交流、技术服务、专家咨询、培养人才、销售服务等多种形式促进汽车零部件、塑料、模具、设备及电子技术的开发与应用，对全国的汽车零部件产业的集聚做出了巨大贡献。

引领产业集聚　提升行业价值——打造中国汽车零部件产业集群

随着汽车产业的不断发展，以建立汽车产业集群，打造产业链集聚效应促进汽车产业的发展成为行业发展的重要课题。

2000年后，田亚梅开始负责中国汽车零部件产业基地建设的工作，她不仅带领中国汽车零部件产业基地以及相关企业探索高新技术领域，打造核心配套体系，创造了巨大的经济效益，还促进汽车零部件产业及相关工业、塑料、模具、设备及电子技术的开发与应用，还依托央企强大的品牌优势，整合政府、行业、资金等资源对汽车零部件产业进行集聚，倾力打造以汽车零部件生产、研发、检测为主的汽车零部件产业基地，已先后在全国各地区建立了10余个产业基地，通过整合供应链资源，提供集成服务，以及为产业基地根据区域特点制定产业集聚规划方案提供指导性建议，引导各地区差别化发展、错位竞争发展，促进了汽车零部件产业全面发展，也提高中国汽车零部件产业基地在行业中的权威性。

2002年，中国汽车零部件产业基地与杭州市政府签约建立"杭州的萧山中国汽车零部件萧山产业基地"，引进了台湾裕隆、中誉房车、中升、卡尔森等知名汽车零部件企业，创建了千亿级的产业集群。

2009年底，中国汽车零部件工业公司与苏州市签约，建设中国汽车零部件苏州产业基地，

2012年建成中国汽车零部件苏州研发检测大厦,引进了清华大学汽车工程研究院,并围绕主机厂逐步形成了发动机系统、底盘系统、汽车电子系统、汽车内饰系统、智能装备等各具特色的10余个产业基地,在这些产业基地里,实现了智能制造在生产线上的应用。而这一切,田亚梅功不可没。

筑力于此,执着前行——潜心推动"鉴·新"项目助力轻量化技术发展

"凡益之道,与时偕行",能够变通趋势,把握时机,做出适于时代需要的判断和选择是一件难能可贵的事。

随着新一代信息通信与新材料、新工艺、新技术与汽车产业融合速度的加快,中国的汽车行业迎来深度变革期与战略机遇期。其中,汽车轻量化作为材料技术、制造技术和结构设计技术集成的综合工程,成为汽车零部件产业发展的重中之重。为解决中国汽车零部件企业多年来对原材料和元器件的重视不够,上下游企业的协作不畅的弱点,田亚梅开始不遗余力地推动"鉴·新"项目,对接整车厂、零部件、材料、模具、设备等各类行业的需求,促进上下游产业链深度融合,推动汽车轻量化技术的应用。

《汽车非金属材料轻量化应用指南》(以下简称"《指南》")就是"鉴·新"项目最重要的成果。《指南》将优秀汽车零部件企业的轻量化应用创新案例进行整合并集结成册,以期改善国内汽车零部件企业设计开发能力不足、缺乏工程经验积累的短板,同时助力汽车零部件企业突破制约产品升级的关键技术,应用新技术和新材料促进产品向轻量化、绿色化、电子化方向升级。田亚梅期望《指南》的出版能为下阶段提升中国品牌汽车零部件的整体轻量化水平夯实基础,能够真正推动将轻量化技术落到实处,服务于汽车行业的快速发展。

《指南》的出版将是田亚梅对于汽车工业的又一巨大贡献,这本书既是田亚梅为汽车制造业和汽车后市场服务毕生心血的结晶,也为我国在汽车轻量化创新发展上做出卓越贡献企业提供了绝佳展示平台,其编写工作体现了"政府扶持+协会推动+企业创新"三位一体的全新格局,这也是汽车轻量化技术创新应用的突破方式。

《人类群星闪耀时》一书记录了斯蒂芬·茨威格的一句话,"一个人生命中最大的幸运,莫过于在他的人生中途,即在他年富力强的时候发现了自己生活的使命。"纵观田亚梅女士的履历,大半生都与汽车有关。从接触汽车零部件生产制造到服务汽车产业和后市场发展,田亚梅亲历和见证了汽车零部件企业及汽车后市场产业的五次转型,从北京西郊汽配城厂房筹建到策划招商逐步形成规模,从启动全国各地百余家汽配城建设到推动汽车零部件交易快速剧增,40余载光阴荏苒,岁月将一段段轰轰烈烈的往事定格成一幕幕记忆,历久弥新;40余载初心不改,在自己的行业里不断磨炼技艺,在自我完善的过程中不断追求极致,这就是田亚梅的工匠精神。在未来的篇章里,在未来的工作中,田亚梅还将继续秉承初心,追逐她的汽车梦。

陈建伟

陈建伟，原广汽乘用车副总经理。从1971年进入广州汽车制造厂当工人、助理工程师起，陈建伟在广州标致汽车有限公司、广州轿车有限公司、广州本田汽车有限公司、广州汽车集团乘用车有限公司历任中高级技术管理岗位，投身汽车工业至今47年。

1971年至1986年，陈建伟在广州汽车制造厂担任铸工、钳工、金属模具组副组长、车间技术组副组长，在汽车铸件大量生产方式下的金属模具设计和加工工艺方面积累了丰富经验，期间多次获厂技术革新奖。在当时缺乏先进加工手段的条件下，陈建伟通过改进创新模具的结构设计，以及自行设计制造机床属具工具，把当时复杂型面模具的加工方法从手工为主改进为机械加工为主，大幅度提高了模具的精度和制造效率，同时解决了缺乏熟练模具钳工的难题。其中，6缸汽车发动机曲轴模具的结构创新，明显提高了球墨铸铁曲轴毛坯的精度，大幅减少了毛坯切削余量（–70%），使发动机曲轴加工线的生产负荷明显降低，合格率大幅提升。

1986年到1997年，陈建伟在中法合资广州标致汽车有限公司，先后担任工艺研究室车身工艺组长（焊接、涂装），总装工艺室主任（总装、线束、座椅），生产科长，工艺科副科长（主持工作），生产部经理助理，后勤供应部（物流控制）副经理。通过国外技术考察、系统培训和合资企业的工作实践，陈建伟消化吸收并初步掌握国际先进汽车生产技术，为在国家改革开放大背景下建立中国现代化汽车工业体系、管理现代化汽车企业进行了卓有成效的探索实践和经验积累。1997年到1998年，陈建伟在过渡性的广州轿车有限公司担任工业部经理，在外方完全退出的背景下，主持企业的正常生产活动。

1998年到2007年，陈建伟在广州本田汽车有限公司先后担任生产部长兼公司副主任检查技术者、广本二厂建设总指挥（LPL）/增城工厂厂长，主持和参与主持创建了有业内创新示范效应的广州本田生产、质量、安全精益生产体系。在该体系有效控制下，广州本田实现连年超额生产，产品质量行业领先，有关经验在国内获得介绍推广。陈建伟积极推进技术创新，在主持广本二厂（增城工厂）设计建设中，通过组织技术合作开发，新工厂实现了多项技术创新（如国内行业及本田汽车全球首家实现废水零排放绿色工厂）和大量关键工艺装备国产化（如冲压、焊装、注塑、搬送等），成为业内标杆，推动和支持了中国机械装备行业的技术进步。该项目荣获"2007年机械工业优秀工程咨询勘测设计奖一等奖"和"2008年度全国优秀工程勘察设计奖铜奖"。

2009年，陈建伟荣获"全国机械工业劳动模范"称号。

2007年到2012年，陈建伟参加广汽自主品牌乘用车(传祺)项目，担任集团自主品牌（代号GA）项目组副组长兼工厂组副组长、广汽乘用车有限公司副总经理（技术、质量、制造），直接参与引进技术谈判；领导新工厂规划设计和建设、生产和技术管理体系建设，建立起规划合理、投资节约、工艺先进、管理体系健全的广汽乘用车有限公司化龙工厂并成功投产；参与组织传祺汽车产品的设计开发，协助建立起适应广汽条件、院厂协同的产品开发流程，以及产品全生命周期管理的供应链建设、生产准备、质量管理等系列工作流程和责任分工框架；组建了广汽乘用车有限公司技术中心，承担工厂规划设计、产品开发工艺同步工程、制造过程设计和工艺装备技研究、过程控制技术指导、产品应用质量分析的技术支持、组织新产品试制和生产准备、企业技术管理等功能，为广汽乘用车有限公司稳定现生产、同时密集投放新产品开拓新基地，奠定了技术和组织人才条件。以上工作为传祺汽车可持续发展打下初步基础，传祺汽车成功服务了2010年广州亚运会亚残运会。陈建伟个人荣获国家和省六单位授予"广州亚运会、亚残运会先进个人"称号（省部级劳模待遇）。"自主开发的传祺系列中高级轿车及其技术"项目获广州市科学技术奖一等奖和广东省科学技术奖励二等奖。陈建伟是主要参与人。

2012年底到2016年中，陈建伟到龄退休返聘任广汽乘用车有限公司专家委员会主任，参与协调指导了广汽菲克广州工厂项目的合作谈判和规划建设，工厂于2016年4月成功投产。2016年中起，任广汽乘用车（杭州）公司顾问，参与协调指导广汽乘用车有限公司杭州工厂20万辆/年改造和生产，工厂于2017年底成功投产，成为广汽传祺新的经济增长点。

2013年，陈建伟出任"国际汽车轻量化绿色科技联盟"执行理事，参加行业相关技术咨询交流活动，以个人积累的汽车生产技术和企业管理经验助力推进中国汽车技术革命。

王旭

王旭，教授级高级工程师，国务院政府专家特殊津贴获得者；曾任北京汽车研究总院党委书记、副院长／北汽股份汽车研究院党委书记、副院长／副院长；现任北京北汽德奔汽车技术中心有限公司监事会主席兼新技术总工程师，北汽集团汽车新材料与轻量化首席专家，北汽所属汽车零部件、材料、越野车等公司和国家新能源汽车技术创新中心技术专家顾问。

　　1982年，王旭开始从事材料科学与工程和汽车工艺技术专业工作。三十多年以来，主持过多项省部、国家级科技攻关项目并获省部级科技进步一、二、三等奖六项，获十余项知识产权发明及实用新型专利以及国际知识产权组织发明专利金奖。

　　王旭是北汽集团轻量化总体技术工作推进组组长，是汽车行业和北汽研发体系汽车材料科学与工程相关技术领域带头人，是国家"十三五"重点科技攻关项目课题"新能源车非稀土镁合金轮毂研发与应用开发"的技术攻关总体负责人。王旭带领北汽集团内各相关单位团队，长期从事汽车行业新材料、轻量化的开发应用工作。2018年，王旭带领集团跨公司联合团队进行技术创新攻关，在"轻量化特种功能结构攻关和产业化""汽车底盘簧下系统轻量化新技术"等项目上取得重大技术创新成果。

　　社会兼职：中关村创新平台——石墨烯工业创新联盟副理事长、工信部"中国新材料和装备及成型技术工业创新联盟"常务理事、中欧国际汽车轻量化绿色科技创新联盟副主席、中国复材学会汽车委员会副主任、中国汽车工业科技进步奖评委、国汽轻量化技术联盟专家委员。科技部、工信部和北京市科技项目专家库（材料与工艺）评审专家成员、北京市科委"交通材料创新实验室"技术专家成员等。

后　　记

　　田亚梅女士与化塑汇联合编写的《汽车非金属材料轻量化应用指南》（以下简称《指南》）一书终于付梓，这是田亚梅女士在汽车行业工作46年成果的最佳诠释。时光荏苒，她虽身处钢铁纵横的汽车行业，却有着不输于男性的果敢和魄力，凭借非凡的专业能力和管理能力在汽车行业绽放，并且长达46年之久。在汽车行业快速发展的今天，她又勇敢地肩负起了推动中国汽车非金属材料轻量化行业健康、快速发展的重任。为达成这一使命，年过六旬的她又重新出发，直面行业变革，助力产业蜕变。

　　"鉴·新"项目于2016年12月启动，在这两年多的时间里，田总带领项目组不断深入全国各个地区，与入选"鉴·新"企业的掌门人进行了深入的对话和交流，全方面地了解了企业在推动中国汽车轻量化发展方面所作出的创新举措。项目启动前期的8个月间，她亲力亲为，带领团队举办了15场线下交流研讨会和企业互访对接会，足迹遍及郑州、平顶山、苏州、常州、宁波、深圳、上海、广州、北京、重庆、海口、沈阳、长沙等城市。通过实地考察，了解企业轻量化技术创新实力与管理经验，组织企业互访对接会，搭建上下游交流平台，为汽车轻量化技术发展提供更多的案例参考及经验借鉴。在田总的带头下，化塑汇联合中国合成树脂供销协会，对接汽车厂、汽车零部件企业、新材料企业、模具企业、设备企业，打破围墙和篱笆，促进上下游产业协同发展的工作也得到了工业和信息化部的支持与认可，正式批文支持"汽车轻量化非金属材料产业联盟"的筹备。

　　因此，本次《指南》出版的意义极为深远，它不仅深刻剖析了非金属材料轻量化发展的现状，记录了最先进的轻量化技术，同时也对上下游产业如何实现精准对接进行了探索。这是汽车轻量化发展最好的时代，也是一个机遇与挑战并存的时代。汽车行业的不断发展势必对车用材料提出越来越多的需求，轻量化之路是漫长的，我们才刚刚上路，《指南》既是田总几十年积累的展示，也是我们在起跑线上立下的一个坐标，我们还会不断前行。

　　本书的顺利出版也离不开"鉴·新"项目组优秀的团队，他们拼搏奋进、吃苦耐劳，在这本书的出版过程中做出了成绩，也收获了成长。最后，感谢《指南》专家委员会、编写委员会的所有成员，感谢所有关注、关心本书出版的专家领导和业界同仁！"鉴·新"项目组愿与汽车从业者一起乘风破浪，助力汽车行业扬帆远航！

王丙娥

"鉴·新"项目主任

推荐阅读

编号	书名	作译者	定价
1	节能与新能源汽车技术路线图	节能与新能源汽车技术路线图战略咨询委员会、中国汽车工程学会编著	299.00
2	节能与新能源汽车技术路线图年度评估报告.2018	中国汽车工程学会、丰田汽车公司	168.00
汽车先进技术译丛			
3	轻量化设计：计算基础与构件结构（原书第10版）（第2版）	（德）伯恩德·克莱恩（Bernd Klein）著；陈力禾译	199.00
4	智能车辆手册（卷Ⅰ）	（美）阿奇姆·伊斯坎达里安（Azim Eskandarian）主编；李克强等译	299.00
5	智能车辆手册（卷Ⅱ）	（美）阿奇姆·伊斯坎达里安（Azim Eskandarian）主编；李克强等译	299.00
6	汽车人因工程学	（英）盖伊.H.沃克（Guy H.Walker），（英）内维尔.A.斯坦顿（Neville A.Stanton），（澳）保罗.M.萨蒙（Paul M.Salmon）著；王驰通译	149.00
7	地面车辆原理	（加）黄祖永（Jo-Yung Wong）著；贾振中、李升波、胡晓松译	199.00
8	汽车嵌入式系统手册	（法）尼古拉斯·纳威特，（法）弗朗西斯·西蒙—莱昂著；李惠彬等译	168.00
汽车技术创新与研发系列丛书			
9	汽车静态感知质量设计与评价（精装）	曹渡	188.00
10	汽车内外饰设计与实战手册（第2版）（精装）	曹渡、苏忠	199.00
11	汽车尺寸工程技术（精装）	曹渡、刘永清	168.00
12	汽车车身噪声与振动控制（精装）	庞剑	168.00
13	汽车内外饰设计（精装）	邱国华	168.00
汽车先进技术论坛丛书			
14	GD&T基础及应用 第2版	王廷强	69.90
15	汽车NVH综合技术	刘显臣	79.90

更多汽车图书最新书讯，请关注机械工业出版社旗下公众号"车界瞭望"

以上图书在京东、当当、亚马逊、天猫及全国各大新华书店均有销售
团购热线：010-88379735
零售热线：010-68326294 88379203
编辑热线：010-88379353 13744491@qq.com